Nietzsches Perspektiven

Nietzsches Perspektiven

Herausgegeben von
Steffen Dietzsch und Claudia Terne

DE GRUYTER

Frontispiz: @ Ruth Tesmar. Farbige Collage, aus der Bildfolge zu Dante Aligheris
Göttlicher Komödie: Die Hölle, Der Läuterungsberg, Das Paradies (3-bändige Prachtausgabe,
Berliner Wissenschafts-Verlag, 2006), „Eule" aus der Folge „Das Paradis".

ISBN 978-3-11-036042-4
e-ISBN 978-3-11-036655-6

Library of Congress Cataloging-in-Publication Data
A CIP catalog record for this book has been applied for at the Library of Congress.

Bibliografische Information der Deutschen Nationalbibliothek
Die Deutsche Nationalbibliothek verzeichnet diese Publikation in der Deutschen
Nationalbibliografie; detaillierte bibliografische Daten sind im Internet über
http://dnb.d-nb.de abrufbar.

© 2014 Walter de Gruyter GmbH, Berlin/Boston
Satz: jürgen ullrich typosatz, Nördlingen
Druck und Bindung: CPI books GmbH, Leck
♾ Gedruckt auf säurefreiem Papier
Printed in Germany

www.degruyter.com

MIX
Papier aus verantwor-
tungsvollen Quellen
FSC® C003147

Zueignung

Im Sommer 1983 wurde an der Humboldt-Universität zu Berlin eine Habilitations-
arbeit verteidigt, die seinerzeit jeder Philosophischen Fakultät in Deutschland zur
Ehre gereicht hätte. Diese Arbeit – *Von der anspornenden Verachtung der Zeit.
Studien zur Kulturkritik und Ästhetik Friedrich Nietzsches. Ein Beitrag zu ihrer
Rezeption* – wurde von Renate Reschke vorgelegt.

Damit war hier ein neuer, freier Ton in der philosophie- und kulturhistorischen akademischen Forschung vernehmbar geworden. Renate Reschke hatte es
mit großem Fleiß und mit geistig-praktischer Resistenz und Renitenz geschafft,
die Wiederentdeckung eines großen Unvergessenen in die Wege geleitet zu haben (schade, dass die Gutachten zu ihrer Arbeit aus dem Universitätsarchiv verschwunden sind ...).

Das wurde natürlich nicht ohne Widerstand hingenommen. Die amtlichen
Ideologiebehörden nutzten die „Oppositionslegende" Wolfgang Harich, der – mit
auch hierzulande so lange nicht mehr gehörten – inquisitorischen Verdikten und
Konsequenzen drohend und tobend gegen den sich hier anbahnenden philosophischen Freisinn in der Gesellschaft der DDR polemisierte.

Nur blieb Renate Reschke von diesen bis ins Persönliche gehenden Attacken
völlig unberührt. Sie hat im Hörsaal, im Freundeskreis und in ihrer nun folgenden
Publikationstätigkeit weiter um genaues Lesen und je eigenes Verstehen dieses
exemplarisch modernen Denkers geworben. Sie hatte uns allen einen Eindruck
„für den mythischen Zauber dieses Lebensschauspiels" (Thomas Mann an Oscar
Schmitt-Halin, Brief vom 3. Mai 1948) vermitteln wollen.

Ihr nächstes größeres Projekt war dann der Versuch, ein Werk Nietzsches für
einen DDR-Verlag zu kommentieren und herauszugeben. Damit war sie bei Lekto-
ren verschiedener Verlage auf gespanntes und skeptisches Interesse gestoßen.
Einer ihrer drei Habilitations-Gutachter, Wolfgang Heise, hatte sogar schon an
den Berliner Aufbau-Verlag eine entsprechende Denkschrift gerichtet: „Vorschlag
für eine Ausgabe der wichtigsten Werke Friedrich Nietzsches". Aber eigentlich
hätte doch aus langer Erfahrung mit der Ideologiepraxis in jener Zeit klar sein
müssen: Je „offizieller" so etwas geplant wurde, umso klarer war die abzusehende
Ablehnung (so etwas funktionierte – und wenn, dann immer bloß einmal – nur
durch ein subversives Netzwerk, wie die singuläre Edition der Essays von José
Ortega y Gassets 1987 beim Berliner Verlag Volk & Welt zeigte[1]). Und es war wieder
Wolfgang Harich, der sich offiziös, sozusagen als „Volkes Stimme" der ideologi-

---

1 Vgl. *Fenster zur Welt. Eine Geschichte des DDR-Verlags Volk & Welt.* Hrsg. v. Simone Barck u.
Siegfried Lokatis, Berlin: Ch. Links 2003, S. 172 u. S. 326.

schen Orthodoxie, ins Zeug legte und in einem Brief an Wolfgang Heise (vom 23. August 1985) dekretierte, dass das Werk Nietzsches in der DDR für immer ungedruckt zu bleiben hätte – „nie, keine Zeile!".

Aber Renate Reschke blieb mit einer donquixotesken Unbeirrbarkeit dieser Editionsidee verbunden. Sie gab im Sommer 1985 ihr Druckmanuskript zu Nietzsches *Die fröhliche Wissenschaft* an den Reclam-Verlag nach Leipzig. Hier lag es dann die nächsten fünf Jahre – bis es nach dem Umbruch im Frühjahr 1990 endlich erscheinen konnte. Ihr war mit Nietzsche immer klar: *„Es giebt im Geistigen keine Vernichtung ...."* (NL 1886/87, 7[53]; KSA 12, S. 312).

Renate Reschke fand zu Nietzsches Denken seit Mitte der siebziger Jahre. Als wissenschaftliche Assistentin an der Filmhochschule Potsdam-Babelsberg machte sie in ihren Vorlesungen und Seminaren zur Geschichte der Ästhetik ihre Studenten natürlich auch mit einem so weit wirkenden Werk wie dem Nietzsches bekannt. Sie wollte, anders als manche vorsichtigere Gleichgesinnte, keinen Nietzsche „mit-Beinamen" (etwa ein „marxistisches" Nietzschebild ...), sondern sie wollte immer ihre eigenen Horizonte dieses Denkers finden. Ihr geistiger Habitus war jetzt schon von einer Maxime bestimmt, die sie später bei Nietzsche identifizierte: „zu-Ende-denken-lernen". – Ihre Dissertation von 1972 war dem Werk Hölderlins gewidmet, einem der Lieblinge Friedrich Nietzsches. Für diese wissenschaftliche Leistung erhielt sie von der Humboldt-Universität den Fichte-Preis erster Klasse.

Als junge Habilitandin (seit 1978) suchte sie sofort den wissenschaftlichen Kontakt zu bekannten Nietzscheforschern in und außerhalb Deutschlands, so – nahe liegend –beispielsweise zu den Professoren Müller-Lauter, Reinhart Maurer und auch zu Karlfried Gründer in Westberlin. Diese Kontakte vermittelten ihr die entsprechenden Standards der internationalen philosophischen Forschung. Daran orientierte sie sich immer sehr konsequent. Das machte es ihr schließlich auch leichter, nach dem Umbruch von 1989 eine akademische Kontinuität wahren zu können.

Seit Anfang der neunziger Jahre war sie an der Initiative beteiligt, die Nietzscheforschung fest zu institutionalisieren. Das ging von Naumburg aus, als sie sich gemeinsam mit Hans Martin Gerlach und Ralf Eichberg für eine „Förder- und Forschungsgemeinschaft Friedrich Nietzsche e.V." einsetzte und *Jahrbücher zur Nietzscheforschung* (Bd. 1: 1994, jüngst Bd. 20: 2013) herausgegeben wurden. Das führte dann im Oktober 2008 zur Gründung der „Friedrich-Nietzsche-Stiftung" Naumburg (Saale), deren geistiges Profil seither von Renate Reschke entscheidend geprägt wurde.

Die vielen Schüler und Doktoranden, die sich zumal in den beiden letzten Jahrzehnten im Hörsaal um sie versammelten, schätzen sie wegen ihres pädagogischen Imperativs: *Nicht Philosophie will ich euch lehren, sondern ihr sollt zu philosophieren lernen.*

Am 14. September 2014 feiert Renate Reschke ihren siebzigsten Geburtstag.

Salut, Renate – mit dem Lächeln des Röckeners, „dass, wenn auch Nichts von heute sonst Zukunft hat, doch gerade unser *Lachen* noch Zukunft hat!" (JGB 7,223).

Berlin, 8. März 2014   Steffen Dietzsch
                                                                              Claudia Terne

Inhaltsverzeichnis

Zueignung —— VII

Abkürzungsverzeichnis —— XV

Werner Stegmaier
Die Freiheit des Philosophierens und das Amt der Philosophie
  Nietzsches Vorschläge in unserer Orientierung —— 1

Beatrix Himmelmann
Nietzsches Philosophie der Macht als Philosophie der Endlichkeit —— 15

Martin A. Völker
**Zur Vorgeschichte des Übermenschen: Literarischer Paracelsismus
bei Woldemar Nürnberger (1817–1869)** —— 31

Jutta Georg
Das dionysische Prinzip —— 45

Leila Kais und Steffen Dietzsch
Nietzsches letzte Frage
  Oder: der erste Satz einer neuen Genesis —— 59

Helmut Heit
Ende der Säkularisierung?
  Nietzsche und die große Erzählung vom Tod Gottes —— 68

Sören Reuter
Philosophie als Ausdruck des Persönlichen
  Zum Zusammenhang zwischen Wissenschaft,
  Kunst und Erkenntnis bei Nietzsche —— 85

Stephan Günzel
Über Geschichte. Zur Funktion geographischer Metaphern bei Nietzsche —— 111

Udo Tietz und Cathleen Kantner
Staatskritik und Antiinstitutionalismus bei Nietzsche und Marx —— 133

Peter André Bloch
Nietzsches Beziehungen zu den Frauen über die Musik —— 163

Volker Gerhardt
„Ich war immer *verurtheilt* zu Deutschen ...“
Verdi und Wagner in Urteil Nietzsches —— 202

Andreas Urs Sommer
„Gebildetheit“ als kulturkritischer Kampfbegriff
Nietzsche liest Wagner (à rebours) —— 219

Ludger Lütkehaus
„Schreibkugel ist kein Ding gleich mir (...)“
Von der Nichtentwicklung Friedrich Nietzsches zum *Typewriter* —— 238

Hans von Seggern
Man lernt nicht kennen als was man liebt
Die „Leidenschaft der Erkenntnis“ von Spinoza zu Freud —— 241

Ralf Eichberg
**Nietzschemenschen – Kurt Liebmann,
Alexander Mette und der Dion-Verlag** —— 254

Hans Gerald Hödl
Der Begriff des Ressentiment als Kategorie kulturwissenschaftlicher Analyse
Ansatzpunkte bei Nietzsche, Scheler und Freud —— 272

Jens Thiel
**„... vergessen Sie mich nicht und heben Sie mir
die Arbeit für die Friedenszeit auf“**
Joachim Ritter, die Wissenschaftspolitik im „Dritten Reich“
und die „Arbeitsgemeinschaft“ der Nietzsche-Ausgabe —— 287

Volker Riedel
Zur Nietzsche-Rezeption Heinrich Manns —— 305

Knut Ebeling
Nietzsches Monster. Bataille, Schleef, Kittler —— 332

Marco Brusotti
„Lauter dunkle Machtbeziehungen"
Foucault, Nietzsche und die Diskontinuität —— **346**

Karol Sauerland
Mein Leben mit Nietzsche in Polen —— 364

Steffen Dietzsch
Deutschland-Perspektiven nach Nietzsche
Geheimes Deutschland und *Europa* —— **374**

Nicola Nicodemo
Die moralische Aufgabe der „guten Europäer"
und die „zukünftigen Europäer" —— 385

Bibliographie Renate Reschkes —— 407

Zu den Autoren —— 417

Personenregister —— 419

Abkürzungsverzeichnis

Nietzsche: Werkausgaben

BAW	Nietzsche, *Historisch-kritische Gesamtausgabe Werke*, 5 Bände, hrsg. von H.J. Mette, C. Koch u. K. Schlechta, 1933–42.
GOA	Großoctavausgabe. Werke, Bd. I–VIII, hrsg. v. Arthur Seidl; 2. Abt.: Nachlaß, Bd. IX–XVI, hrsg. v. E. u. A. Horneffer, E. Holzer, P. Gast O. Weiß u. E. Förster-Nietzsche; 3. Abt.: Philologica, Bd. XVII–XIX, hrsg. v. E. Holzer, O. Crusius u. W. Nestle, Leipzig: Naumann 1899–1909 und Leipzig: Kröner, ab 1910–1913, sowie Registerband Leipzig: Kröner 1926.
KGB	„Kritische Gesamtausgabe Briefwechsel" (= Nietzsche, *Briefwechsel. Kritische Gesamtausgabe*, begründet von Giorgio Colli und Mazzino Montinari, weitergeführt von Norbert Miller und Annemarie Pieper, Berlin/New York: De Gruyter 1975 ff. (24 Bände in 3 Abteilungen)).
KGW	„Kritische Gesamtausgabe Werke" (= Nietzsche, *Werke. Kritische Gesamtausgabe*, begründet von Giorgio Colli und Mazzino Montinari, weitergeführt von Wolfgang Müller-Lauter und Karl Pestalozzi, ab Abt. IX,4 von Volker Gerhardt, Norbert Miller, Wolfgang Müller-Lauter und Karl Pestalozzi, Berlin/New York: De Gruyter 1967 ff. (geplant ca. 50 Bände)).
KSA	„Kritische Studienausgabe" (= Nietzsche, *Sämtliche Werke. Kritische Studienausgabe*, 15 Bände, hrsg. von Giorgio Colli und Mazzino Montinari, 2. durchges. Aufl., München/Berlin/New York: dtv/De Gruyter 1999).
KSB	„Kritische Studienausgabe Briefe" (= Nietzsche, *Sämtliche Briefe. Kritische Studienausgabe*, 8 Bände, hrsg. von Giorgio Colli und Mazzino Montinari, München/Berlin/New York: dtv/De Gruyter 1986).

Nietzsche: Einzelnachweise

AC	Der Antichrist. Fluch auf das Christenthum
CV	Fünf Vorreden zu fünf ungeschriebenen Büchern
CV 3	Der griechische Staat
DW	Die dionysische Weltanschauung
EH	Ecce homo. Wie man wird, was man ist

EH MAM	Menschliches, Allzumenschliches
EH Schicksal	Warum ich ein Schicksal bin
EH WA	Der Fall Wagner
EH weise	Warum ich so weise bin
FW	Die fröhliche Wissenschaft („la gaya scienza")
FW Vorrede	Vorrede zur zweiten Ausgabe
GD	Götzen-Dämmerung oder Wie man mit dem Hammer philosophirt
GD Alten	Was ich den Alten verdanke
GD Fabel	GD, Wie die „wahre Welt" endlich zur Fabel wurde
GD Streifzüge	Streifzüge eines Unzeitgemässen
GD Vernunft	Die „Vernunft" in der Philosophie
GM	Zur Genealogie der Moral. Eine Streitschrift
GM I	Zur Genealogie der Moral. Erste Abhandlung
GM II	Zur Genealogie der Moral. Zweite Abhandlung
GM III	Zur Genealogie der Moral. Dritte Abhandlung
GT	Die Geburt der Tragödie
GT Versuch	Die Geburt der Tragödie, Versuch einer Selbstkritik
JGB	Jenseits von Gut und Böse. Vorspiel einer Philosophie der Zukunft
M	Morgenröthe. Gedanken über die moralischen Vorurtheile
M Vorrede	Vorrede von 1886
MA I	Menschliches, Allzumenschliches. Ein Buch für freie Geister. Erster Band
MA I Vorrede	Vorrede von 1886
MA II	Menschliches, Allzumenschliches. Ein Buch für freie Geister. Zweiter Band
MA II Vorrede	Vorrede von 1886
NL	Nachgelassene Fragmente/Notate/Aufzeichnungen Nietzsches
NW	Nietzsche contra Wagner. Aktenstücke eines Psychologen
NW Apostel	Wagner als Apostel der Keuschheit
NW loskam	Wie ich von Wagner loskam
NW Musik	Eine Musik ohne Zukunft
PHG	Die Philosophie im tragischen Zeitalter der Griechen
SE	Schopenhauer als Erzieher
UB	Unzeitgemässe Betrachtungen
UB I	Unzeitgemässe Betrachtungen, Erstes Stück: David Strauss der Bekenner und der Schriftsteller
UB II	Unzeitgemässe Betrachtungen, Zweites Stück: Vom Nutzen und Nachtheil der Historie für das Leben

UB III	Unzeitgemässe Betrachtungen, Drittes Stück: Schopenhauer als Erzieher
UB IV	Unzeitgemäße Betrachtungen, Viertes Stück: Richard Wagner in Bayreuth
VM	(MA II) Erste Abtheilung: Vermischte Meinungen und Sprüche
WA	Der Fall Wagner. Ein Musikanten-Problem
WL	Ueber Wahrheit und Lüge im aussermoralischen Sinne
WS	(MA II) Zweite Abtheilung: Der Wanderer und sein Schatten
Z	Also sprach Zarathustra. Ein Buch für Alle und Keinen
Z I	(Z) [Erster Teil]
Z I Freunde	Vom Freunde
Z I Krieg	Vom Krieg und Kriegsvolke
Z I Vorrede	Zarathustra's Vorrede
Z I Weiblein	Von alten und jungen Weiblein
Z II	(Z) Zweiter Theil
Z II Selbst-Ueberwindung	Von der Selbst-Ueberwindung
Z III	(Z) Dritter Theil
Z III Tafeln	Von alten und neuen Tafeln

Werke Michel Foucaults:

AW	Foucault, Michel: *Archäologie des Wissens*. Frankfurt a. M.: Suhrkamp 1995.
OD	Foucault, Michel: *Die Ordnung der Dinge. Eine Archäologie der Humanwissenschaften*. Frankfurt a. M.: Suhrkamp 1980.
Schriften 1	*Dits et Écrits. Schriften*. Bd. 1. Frankfurt a. M.: Suhrkamp 2001.
Schriften 2	*Dits et Écrits. Schriften*. Bd. 2. Frankfurt a. M.: Suhrkamp 2001.
Schriften 3	*Dits et Écrits. Schriften*. Bd. 3. Frankfurt a. M.: Suhrkamp 2001.
Schriften 4	*Dits et Écrits. Schriften*. Bd. 4. Frankfurt a. M.: Suhrkamp 2001.
WG	Foucault, Michel: *Wahnsinn und Gesellschaft. Eine Geschichte des Wahns im Zeitalter der Vernunft*. Frankfurt a. M.: Suhrkamp 1969.

Werke und Briefe Heinrich Manns:

Ewers	Mann, Heinrich: *Briefe an Ludwig Ewers*. Hrsg. von Ulrich Dietzel und Rosemarie Eggert. Berlin/Weimar: Aufbau 1980.

GW	Mann, Heinrich: *Gesammelte Werke*. Redaktion: Sigrid Anger. Bd. 1–18 und 24. Berlin/Weimar: Aufbau 1965–1987.
HMA	Akademie der Künste, Berlin, Heinrich-Mann-Archiv.
HMEP	Mann, Heinrich: *Essays und Publizistik. Kritische Gesamtausgabe*. Hrsg. von Wolfgang Klein, Anne Flierl und Volker Riedel. Bielefeld: Aisthesis 2009 ff. – Band 1: *Mai 1889 bis August 1904*. Hrsg. von Peter Stein unter Mitarbeit von Manfred Hahn und Anne Flierl. 2013; Band 2: *Oktober 1904 bis Oktober 1918*. Hrsg. von Manfred Hahn unter Mitarbeit von Anne Flierl und Wolfgang Klein. 2012; Band 3: *November 1918 bis 1925*. Hrsg. von Bernhard Veitenheimer mit Vorarbeiten von Barbara Voigt [im Druck]; Band 5: *1930 bis Februar 1933*. Hrsg. von Volker Riedel. 2009; Band 6: *Februar 1933 bis 1935*. Hrsg. von Wolfgang Klein mit Vorarbeiten von Werner Herden. 2009.
HMS	Akademie der Künste, Berlin, Heinrich-Mann-Sammlung.
MuM	Mann, Heinrich: *Macht und Mensch. Essays*. Mit einem Nachwort von Renate Werner und einem Materialienanhang, zusammengestellt von Peter-Paul Schneider. Frankfurt a. M.: Fischer 1989 (= StE).
Mut	Mann, Heinrich: *Mut. Essays*. Mit einem Nachwort von Willi Jasper und einem Materialienanhang, zusammengestellt von Peter-Paul Schneider. Frankfurt a. M.: Fischer 1991 (= StE).
NB hm	Akademie der Künste, Berlin, Nachlassbibliothek Heinrich Mann.
NuG	*Nietzsches unsterbliche Gedanken*. Eingeleitet von Heinrich Mann, ausgewählt von Golo Mann., hrsg. und mit einem Nachwort von Wolfgang Klein. Berlin: Aufbau 1992.
SJ	Mann, Heinrich: *Sieben Jahre. Chronik der Gedanken und Vorgänge. Essays*. Mit einem Nachwort von Hans Wißkirchen und einem Materialienanhang, zusammengestellt von Peter-Paul Schneider. Frankfurt a. M.: Fischer 1994 (= StE).
StE	Mann, Heinrich: *Studienausgabe in Einzelbänden*. Hrsg. von Peter-Paul Schneider. Frankfurt a. M.: Fischer 1986 ff.
Tag	Mann, Heinrich: *Es kommt der Tag. Deutsches Lesebuch*. Mit einem Nachwort von Uwe Naumann und einem Materialienanhang, zusammengestellt von Peter-Paul Schneider. Frankfurt a. M.: Fischer 1992 (= StE).
TM/HM	Mann, Thomas / Mann, Heinrich: *Briefwechsel 1900–1949*. Hrsg. von Hans Wysling. 3., erw. Ausgabe. Frankfurt a. M.: Fischer 1995 [²2005].

VK   Mann, Heinrich: *Verteidigung der Kultur. Antifaschistische Streitschriften und Essays*. Hrsg. von Werner Herden. Berlin/Weimar: Aufbau 1971 [²1973].

Sonstige Werke

Politeia   Platon: „Der Staat". In: *Werke in acht Bänden*, griechisch und deutsch (griechischer Text von Émile Chambry, deutsche Übersetzung von Friedrich Schleiermacher), hrsg. von Gunther Eigler, Bd. 4, Darmstadt: Wissenschaftliche Buchgesellschaft 1990.

Sonstige Abkürzungen

BArch	Bundesarchiv
BDC	Berlin Document Center
DFG	Deutsche Forschungsgemeinschaft
GSA	Goethe- und Schiller-Archiv Weimar
NS	Nationalsozialismus
NSDAP	Nationalsozialistische Arbeiterpartei Deutschlands
NSDDB	Nationalsozialistischer Deutscher Dozentenbund
St HH	Staatsarchiv Hamburg
UA	Universitätsarchiv
Uk.	Unabkömmlich(-Stellung)

Werner Stegmaier
Die Freiheit des Philosophierens und das Amt der Philosophie

Nietzsches Vorschläge in unserer Orientierung

Die Philosophie hat keinen vorgegebenen Gegenstand und keine vorgegebene Methode, sondern schafft sie sich selbst oder, sofern sie sich an schon geschaffene Gegenstände und Methoden hält, entscheidet sich für die einen oder die andern. Auch Renate Reschke, ursprünglich Kulturwissenschaftlerin und Germanistin, also Quereinsteigerin in die Philosophie wie Nietzsche, hat sie sich geschaffen, in Gestalt vor allem der Kulturkritik und der Ästhetik, so wie *sie* sie verstanden und betrieben hat, oft, aber keineswegs nur, im Anschluss an Nietzsche und lange unter widrigen Bedingungen, von denen sie sich nicht beirren ließ. In der mutigen eigenen Entscheidung für Gegenstand und Methode liegt gegenüber den anderen Wissenschaften eine der Freiheiten der Philosophie, *von* diesen und *für* diese Freiheiten lebt sie, und Renate Reschke hat ihren ganz eigentümlichen Gebrauch davon gemacht, der für *sie* charakteristisch wurde und *sie* auszeichnet. Die Philosophie, in die sie eingetreten war, kann auf diese Weise der menschlichen Orientierung überhaupt neue Spielräume, neue Perspektiven, neue Horizonte eröffnen, und wo mehr Freiheiten der Orientierung sind, bieten sich auf lange Sicht auch mehr Lebensmöglichkeiten für die Menschen.

Solche Freiheiten entdeckt man nicht mit einem Mal und auch nicht nach vorgegebenen Regeln. In Europa können wir auf einen inzwischen über zweieinhalb Jahrtausende anhaltenden Prozess ihrer Entdeckungen zurückblicken, der manchmal rasch, manchmal zögernd, selten entschieden, oft unfreiwillig, nie geradlinig und sehr lange gar nicht im Bewusstsein der Befreiung verlief und von dem man darum auch heute nicht sagen kann, wohin er noch führen wird. Denn Befreiungen sind keineswegs immer willkommen, auch im Denken nicht. Sie setzen die Orientierung Risiken der Desorientierung aus, können hinfällig machen, woran man sich bisher dankbar gehalten hat, und so scheut man vor ihnen zurück oder sucht sich doch, wenn ein neuer Horizont weit draußen zu neuen Denk- und Lebensmöglichkeiten einlädt, in seiner Nähe um so fester in den vertrauten engeren Horizonten einzurichten. Wir kennen das nicht nur in der alltäglichen Orientierung, sondern auch in der Orientierung großer Philosophen.

Um so willkommener kann dann ein Amt sein, das Amt einer Philosophie-Professorin, eines Philosophie-Professors in einem gehörig weiten Sinn, das nicht nur ein auskömmliches Leben sichert, sondern auch klare Pflichten und Rechte vorgibt und so schon hinreichend orientiert – und darüber die neuen Freiheiten des Denkens, die Philosophierende schaffen könnten, leicht vergessen lässt. Man sieht, für Philosophierende kann selbst etwas so Selbstverständliches wie ein Amt zum Problem werden, wenn nicht zu einem amtlichen, so doch zu einem halbamtlichen. Fragen wir also am Rande des Amtes: Wie könnte, nun ganz abgesehen von der jeweiligen Person und von der Denomination der Professur, das Amt das Philosophieren einer Philosophie-ProfessorIn beeinflussen? Wie verhalten sich Philosophie und Amt zueinander? Natürlich, das kommt auf den Begriff an, den man von der Philosophie und von einem Amt hat. Was ein Amt ist, könnte leichter zu sagen sein. Beginnen wir (1.) also damit, was ein Amt ist, gehen dann (2.) zum Begriff der Philosophie und (3.) zum Amt der Philosophie über, um dann (4.) eine mögliche Antwort auf die Frage „Wie prägt das Amt die Philosophie?" zu geben und zuletzt (5.) über das Amt hinauszublicken.

1 Amt

Ein Amt ist im Wortsinn etwas „Offizielles", es ist mit einer öffentlichen Aufgabe, einem *officium*, einer Pflicht verbunden, nach der Brockhaus-Enzyklopädie „ein auf Dauer festgelegter Geschäftskreis im Dienst anderer". Das *officium* ist ein *ministerium*, die „Pflicht" ist ein „Dienst". Das deutsche Wort „Amt" kommt vom lateinischen *ambactus*, dem Gefolge eines Dienstherrn. Im Mittelalter vergaben Lehnsherren „Dienstlehen" oder „Amtslehen"; mit einem Amt steht man im Dienst eines Herrn. Doch – wir können aufatmen – der Dienst galt nicht einfach dem Herrn, sondern einer Aufgabe im Auftrag des Herrn. So war der „Beamtete" durch sein Amt bis zu einem gewissen Grad gegen Willkür des Dienstherrn geschützt. Ämter entstehen mit staatlichen Ordnungen, sind Teil geregelter Herrschaftsstrukturen, in die sich auch Dienstherren einzufügen haben; die Dienstherren wurden im Mittelalter ihrerseits von höheren Herrn mit Herrschaftsaufgaben belehnt.

Der „Beamte" oder „Amtswalter" „bekleidet", wie man sagt, sein Amt auf Zeit, er ist nur das Kleid, die austauschbare Oberfläche des Amtes, das ihn überlebt. Heute sprechen wir von „Stellen", auf denen die „Stelleninhaber" wechseln. Auf einer solchen Stelle hat man die Befugnis zu Entscheidungen im Sinn der Aufgaben, die man zu erfüllen hat, und hat damit Macht. Dies ist jedoch eine meist bescheidene und unauffällige Macht – führende PolitikerInnen sind keine Beamten –, und sie fällt um so weniger auf, je sachgemäßer, d.h. ohne Rücksicht auf Eigeninteressen, man seine Aufgaben erfüllt. Die Macht, die ein Amtswalter ausübt, ist die Macht der Ordnung, in der er steht und die er aufrechtzuerhalten die Pflicht hat. Im modernen Rechtsstaat hat der Dienstherr lediglich darauf zu achten, dass die AmtsinhaberInnen die ihnen zugewiesenen Aufgaben sachgemäß und gewissenhaft erfüllen; er darf nicht ohne weiteres in ihre Amtsausübung eingreifen. Das schafft eine klar begrenzte Freiheit, einen Spielraum. Zugleich achten die InhaberInnen benachbarter Stellen, die KollegInnen, streng darauf, dass die jeweiligen anderen die Grenzen ihrer Aufgaben, ihre Kompetenzen, nicht überschreiten; BeamtInnen kontrollieren einander immer auch gegenseitig und ProfessorInnen erst recht. So schafft ein Amt in einem modernen Rechtsstaat einen Spielraum für eigene, sachorientierte Entscheidungen in den Grenzen einer Stelle mit vorgeschriebenen Aufgaben.

2 Philosophie

Was Philosophie ist, ist weit schwerer zu sagen, und es ist, auch unter KollegInnen, sehr umstritten. Weil die Philosophie die Freiheit hat, ihren Gegenstand und ihre Methode selbst zu bestimmen, wird jede und jeder Philosophierende die Philosophie etwa so bestimmen, wie sie oder er sie betreibt, und es gibt offensichtlich große Spielräume, sie zu betreiben. Ziehen wir darum, auch im Sinn von Renate Reschke, die Grenzen der Philosophie möglichst weit und halten wir uns an die Bestimmung der Philosophie, die Emmanuel Levinas in einem kämpferischen Artikel zum *Fall Spinozas* getroffen hat, ohne das Wort „Philosophie" zu gebrauchen: „Abendland bedeutet Freiheit des Geistes." (Levinas 1992, S. 153) Was bedeutet das, wenn ein Levinas das sagt? Unter „Abendland" versteht Levinas die griechisch-christliche Tradition, die bis zur Shoah die jüdische Tradition weitgehend ausgeschlossen hat. Die „Freiheit des Geistes" ist dann eine Freiheit mit Grenzen. „Geist" war und ist, mit unterschiedlichen Spielräumen in ihren unterschiedlichen Sprachen, der leitende Begriff der europäischen Philosophie. Auch er wurde natürlich unterschiedlich bestimmt, bedeutete aber überall so etwas wie „lebendiges und belebendes Unterscheiden-Können", wobei man wieder fragen kann, was dann „Leben" heißt. Man kann es seinerseits wieder vom Geist und seiner Freiheit her bestimmen und dann sagen, Geist sei das, was Freiheit ins Leben bringt. Das wäre dann eine zirkelhafte Bestimmung, die jedoch den Vorteil hat, den Kreis um den Spielraum zu ziehen, in dem die abendländische Philosophie sich seit jeher bewegt hat.

Und wir befinden uns ja, sofern die Philosophie selbst die Freiheit zu ihrer Bestimmung hat, immer schon in einem Zirkel oder immer schon *im* Kreis der Philosophie. Ihre Selbstbestimmung darf und muss zirkelhaft sein, weil sie selbstbezüglich ist und die Philosophie gar nicht anders anfangen könnte.

Aber deshalb schwebt der Geist nicht schon frei über Dingen und Menschen. Er ist natürlich, daran zu zweifeln fiele heute niemandem mehr ein, an Menschen gebunden, die ihrerseits an ihre Natur und an ihre Gesellschaft gebunden sind.

Der Geist oder was wir so nennen hat seinerseits nur einen Spielraum in den Grenzen der natürlichen und gesellschaftlichen, aber auch der moralischen und religiösen Bedingungen, unter denen er wirkt. Sie können sich ändern, und so kann sich auch das Wirken des Geistes und damit er selbst oder seine Bestimmung ändern.

Die Art seines Wirkens war nach Levinas im Abendland durch ein Paradox geprägt. Die Grenze des Geistes lag danach eben darin, sich für unbegrenzt zu halten: „Alle seine Tugenden und einige seiner Laster", fährt Levinas an derselben Stelle fort,

> rühren daher. Freiheit des Geistes verweist sehr genau auf die Sorge, ein inneres Band zur Wahrheit zu unterhalten: zurückstehen, sich verschwinden machen hinter dem Wahren, aber in diesem Sich-verschwinden-Machen sich als Herr fühlen, wie der Mathematiker, der sich der Evidenz beugt, sich dabei aber einer überlegenen Freiheit bewusst ist. (Levinas 1992, S. 153)

Man verstand sich als Geist so, dass man sich in den Dienst der Wahrheit stellte, und blieb doch zugleich der Herr der Bestimmung der Wahrheit. Man war, in der Sprache des Amtes, Amtswalter und Dienstherr zugleich und damit völlig souverän, beaufsichtigte sich selbst in seinem Dienst an der Wahrheit. So vergaß man leicht die Grenzen der Spielräume, in denen sich der Geist bewegt. Könnte man sie vollkommen durchschauen, müsste die Freiheit des Geistes zur Einheit der Philosophie führen, müsste jede und jeder sie am Ende gleich verstehen, und es dürfte keine Diskussionen über ihre Gegenstände und Methoden geben. Aber dazu sind die Grenzen der Spielräume der Philosophie, ihre natürlichen, gesellschaftlichen, moralischen und religiösen Bindungen, viel zu komplex.

Hält sich der Geist für souverän, ohne es wirklich zu sein, erliegt er einer gefährlichen Selbsttäuschung. Er glaubt dann in seiner Selbstgewissheit alles Übrige als ungewiss in Frage stellen, in seiner Selbstsicherheit alles Übrige verunsichern zu können, so wie es zu Beginn der Neuzeit Descartes versuchte. Levinas hat das als „Versuchung zur Versuchung" beschrieben, und verglich den Geist des Abendlandes mit Odysseus, der, um auch noch den verführerischen Gesang der Sirenen hören zu können, der jedem, der ihn hörte, den Tod brachte, seine Gefährten, die das Schiff steuerten, mit denen sie die Insel der Sirenen passieren sollten, sich die Ohren mit Wachs verstopfen, sich selbst aber mit offenen Ohren an den Schiffsmast binden ließ. Odysseus genoss die Gefahr der unumschränkten Freiheit des Geistes, die sich auch noch dem sicheren Tod aussetzen kann, von einem noch sichereren Ort aus. Aber indem er befahl, sich binden zu lassen und in der Gefahr nicht auf seine Befehle zu hören, die alle ins Verderben geführt hätten, war er doch nur paradoxer Herr der Freiheit seines Geistes. Der Geist, heißt das, kann seine Selbstversuchung und Selbstgefährdung nur bestehen, indem er sich von andern binden lässt. Er muss sich vor seiner eigenen Freiheit in Sicherheit bringen.

Die abendländische Philosophie hat versucht, die Freiheit des Geistes immer weiter zu steigern und dabei immer mehr ihre Bindungen entdeckt. Hegel, in vielem ihr Vollender, der sich auch selbst so verstand, hat sie als „Fortschritt im Bewusstsein der Freiheit" bestimmt[1] – wohlgemerkt, nicht in der Freiheit selbst, sondern im Bewusstsein der Freiheit. Hegel suchte selbst den sichersten Ort dafür – und entdeckte das selbstbezügliche, sich selbst rechtfertigende, also zirkelhafte System. Dessen Anfangs- und Schlussbegriff sollte eben der „Geist" sein. Die jüdische Tradition, der Levinas zum ersten Mal nachhaltig Gehör auch in der abendländischen Tradition der Philosophie verschaffte, hat dagegen ein anderes Modell des Geistes hervorgebracht. Sie wusste sich stets an ein Unbegreifliches und Übermächtiges, an Gott gebunden, orientierte sich beharrlich an der Tora, deren Ursprung sie Gott selbst zuschrieb, und befragte sie zur immer neuen Orientierung im Wandel der Zeit. Aus dem unbegreiflichen Gott sollte alles zu begreifen sein: Das war ebenfalls eine paradoxe Vorgabe, durch die die jüdische Tradition die Freiheit des Geistes *zugleich* ermöglichte *und* begrenzte. Sie hat damit das Modell eines begrenzten Spielraums der Freiheit des Geistes geschaffen, dessen Grenzen beweglich und damit ungewiss bleiben. So bringt die Steigerung der Freiheit nicht nur eine stärkere Gewissheit und Selbstsicherheit mit sich, sondern zugleich auch eine tiefere Ungewissheit und Verunsicherung seiner selbst. Die Freiheit hat zwei Seiten.

So hat Nietzsche die Freiheit des Geistes zu denken begonnen. Er löste sich seinerseits kritisch aus der griechisch-christlichen Tradition und brachte den Juden hohe Achtung entgegen. Er hat die Formel der „Freiheit des Geistes" oft verwendet und sich die „eigentlichen Philosophen" als „freie Geister" gewünscht, hat wie keiner zuvor auf die Steigerung der Freiheit des Geistes gedrängt, doch eben im tragischen Bewusstsein, dass sie, je mehr sie gesteigert würde, desto mehr auch ihre Grenzen und Abgründe sehen würde. Es ging ihm um die Befreiung des Geistes eben von der Selbsttäuschung, in der die europäische Philosophie über Jahrtausende befangen war und weithin noch ist.

Der Sinn der Freiheit des Geistes ist dann nicht mehr seine Selbstgewissheit und Selbstsicherheit, sondern seine Fähigkeit zur Neuorientierung im Wandel der Zeit, deren man sich nie sicher sein kann. Neuorientierungen fordern immer auch Selbstüberwindungen, Infragestellungen gerade von Selbstgewissheiten und Selbstsicherheiten und Mut, sich tieferer Ungewissheit auszusetzen. Nietzsche

---

1 Hegel (1970), S. 32: „Die Weltgeschichte ist der Fortschritt im Bewußtsein der Freiheit – ein Fortschritt, den wir in seiner Notwendigkeit zu erkennen haben."

hat das in seinen Notaten „aktiven Nihilismus" genannt. In unserer heutigen weniger dramatischen, weniger pathetischen Sprache ist Freiheit des Geistes eben die Kraft zur Neuorientierung bis hinein in die Grundfragen der Philosophie. Die Philosophie hat sich gerne als grundlegend für die alltägliche und die wissenschaftliche Orientierung verstanden, und dieser Anspruch ist oft belächelt worden. Denn man konnte ja nie wirklich auf sie bauen, sie konnte gerade mit ihrer Freiheit des Geistes kein Grund im Sinn eines festen Fundaments sein. Sie kann keinen Grund *legen*, aber immer tiefere Gründe *freilegen*, als Grundlagen*kritik*, Kritik scheinbar fester Fundamente. Der Freiheit des Geistes neue Spielräume zu verschaffen, indem man ihm seine Sicherheiten nimmt, ist aber ein bedenkliches und gefährliches Geschäft; sicher ist dann nur noch, dass es keine Sicherheiten gibt.

So gesehen, ist es erstaunlich, dass man die Philosophie hat gewähren lassen, ja, dass man sogar Stellen an Universitäten für sie geschaffen hat, die bis heute wiederbesetzt werden. Davon muss man sich etwas versprochen haben, wenn nicht Sicherheiten im Denken, die die Philosophie ja immer wieder enttäuschte, dann eben die Kraft zur Neuorientierung von Grund auf? Immerhin war es die Dynamik ihrer Neuorientierungen, die die europäische Kultur bisher ausgezeichnet und mit der sie die übrigen Kulturen infiziert hat. Und seit die Evolutionstheorie plausibel gemacht hat, dass es in der Welt keine festen Bestände und auch keinen notwendigen Fortschritt zu einem festen Ziel hin gibt, könnte es umso mehr die Aufgabe der Philosophie sein, die Kraft zur Neuorientierung zu klären und zu mehren.

3 Das Amt der Philosophie

Kann das nun die Aufgabe eines Amtes sein? Soviel ist vorerst immerhin sicher: Moderne Rechtsstaaten gewähren an ihren Universitäten auch Philosophinnen und Philosophen eine große Freiheit, und das Amt einer Philosophie-Professorin oder eines Philosophie-Professors gehört auch heute noch zu den schönsten und begehrtesten, die eine Gesellschaft vergeben kann. Die Philosophie an der Universität ist als Wissenschaft (mehr oder weniger) anerkannt, eingereiht unter die anderen Wissenschaften, im unmittelbaren und fruchtbaren Austausch mit ihnen, und manchmal heißen sogar noch ganze Fakultäten nach der Philosophie: Philosophische Fakultät.

Das Amt verleiht das offizielle Recht zu philosophieren, mit der Autorität des Amtes, und die Amtspflichten einer ProfessorIn, die sie mit diesem Recht übernimmt, sind klar: Sie hat ihre Wissenschaft zu verwalten und zu pflegen, sie Studierende einsichtig zu lehren, sie gegenüber anderen Fächern und in der

Öffentlichkeit zu vertreten und sie mit eigenen Forschungen zu bereichern. Das sind Freiheiten, aber auch Beschränkungen, also wiederum begrenzte Spielräume. Sie gelten für alle ProfessorInnen an Universitäten, aber wie gelten sie für Philosophie-ProfessorInnen?

Nach Nietzsche, bei dem wir zuletzt angekommen sind und der die Spielräume der Philosophie enorm erweitert hat, verträgt sie sich *nicht* mit einem Amt. Nietzsche hat seine frühe *Unzeitgemässe Betrachtung* zu *Schopenhauer als Erzieher*, seinem wichtigsten philosophischen Lehrer, der heftig gegen die „Universitäts-Philosophie" gewettert hatte, so geschlossen:

> Genauer zugesehn, ist jene „Freiheit", mit welcher der Staat jetzt [...] einige Menschen zu Gunsten der Philosophie beglückt, schon gar keine Freiheit, sondern ein Amt, das seinen Mann nährt. Die Förderung der Philosophie besteht also nur darin, dass es heutzutage wenigstens einer Anzahl Menschen durch den Staat ermöglicht wird, von ihrer Philosophie zu *leben*, dadurch dass sie aus ihr einen Broderwerb machen können [...]. (SE 8; KSA 1, S. 413 f.)

Das war schon Schopenhauers Hauptpunkt. Lebt man von der Philosophie, korrumpiert man sie auch schon. Aber lebte man als Philosoph von etwas anderem, z.B. von einem Unternehmen oder, wie Schopenhauer selbst, von einem ererbten Vermögen, könnte natürlich auch das korrumpieren. Lebensnöte können immer korrumpieren. Aber dabei beließ es Schopenhauer nicht. Im Dienst des Staates, ihres Herrn, wollten Universitäts-Philosophen, meinte er, schließlich nichts anderes als die „Landesreligion" bestärken, was den erklärten Atheisten besonders empörte. Darüber seien selbst Kant und die Deutschen Idealisten nicht hinausgekommen. „[S]chon Kant war," setzt Nietzsche fort und schließt sich auch selbst ein, „wie wir Gelehrte zu sein pflegen, rücksichtsvoll, unterwürfig und, in seinem Verhalten gegen den Staat, ohne Grösse: so dass er jedenfalls, wenn die Universitätsphilosophie einmal angeklagt werden sollte, sie nicht rechtfertigen könnte." (SE 8; KSA 1, S. 414.) Richtig ist daran sicher noch immer, dass der Staat als Dienstherr die Spielräume der Lehre an seinen Universitäten durch bestimmte Widmungen der Stellen festlegt und nur beruft, wer sich dem fügt. Und er wird, so Nietzsche, „immer nur Philosophen begünstigen [...], vor denen er sich nicht fürchtet", sie im Übrigen aber als Feinde behandeln. Danach wäre der Staat, der den Philosophen alimentiert, der Hauptfeind der Freiheit des Geistes. „Sollte wohl je", so Nietzsche weiter,

> ein Universitätsphilosoph sich den ganzen Umfang seiner Verpflichtung und Beschränkung klar gemacht haben? Ich weiss es nicht; hat es einer getan und bleibt doch Staatsbeamter, so war er jedenfalls ein schlechter Freund der Wahrheit; hat er es nie getan — nun, ich sollte meinen, auch dann wäre er kein Freund der Wahrheit. (SE 8; KSA 1, S. 414 f.)

Das ist vernichtend, und in der Tat fand sich große, grundstürzende Philosophie lange nicht an Universitäten. Ohnehin nicht in der Antike, als es Universitäten noch gar nicht gab. Die Pioniere, die sogenannten Vorsokratiker oder, wie man jetzt sagt, „frühgriechischen Philosophen", standen zunächst allein. Die Philosophie musste überhaupt erst öffentliche Anerkennung finden. Diese verschaffte ihr vor allem Sokrates. Er berief sich auf einen göttlichen Auftrag, um die scheinbaren Gewissheiten der Athener über ihr Wissen so lange zu untergraben, bis man ihn anklagte und hinrichtete, wodurch er – eine welthistorische Paradoxie – unsterblich wurde. Meist in Berufung auf ihn gründeten spätere Philosophen dann ihre eigenen „Schulen", eigene Forschungs- und Lehranstalten, in denen dann auch nur ihre Philosophie gepflegt wurde. Wieder Spätere führten sie fort, entwickelten die Lehren unter neuen Bedingungen weiter, immer in Konkurrenz mit anderen Schulen.

Im Hochmittelalter, als in Europa die Universitäten gegründet wurden, zog auch die Philosophie dort ein, als Grundlagenwissenschaft für alle übrigen Wissenschaften? Freilich streng kontrolliert von den Autoritäten der Theologischen Fakultäten. Denn man hatte zu dieser Zeit ein vergleichsweise festes, von Platon und Aristoteles ererbtes und in die christliche Lehre aufgenommenes Wissen zu verwalten, war sich im Wissen sicher geworden, konnte „Summen" dazu verfassen. Das änderte sich radikal in der frühen Neuzeit. Nachdem die Gewissheit des metaphysischen Wissens verlorengegangen war, lebten viele großen Erneuerer der Philosophie in ständiger Existenznot und Gefahr. Bruno, wegen Ketzerei aus seinem Orden verstoßen, floh von einer geistigen Hauptstadt Europas in die andere und wurde schließlich in Rom hingerichtet. Descartes und Spinoza lebten vorsichtig im Verborgenen. Spinoza lehnte um seiner geistigen Unabhängigkeit willen einen Ruf an die Universität Heidelberg ab. Andere, wie Hobbes, Leibniz, Vico, verdingten sich Aristokraten und Fürsten als Privatsekretäre oder Erzieher des Nachwuchses, wurden Bibliothekare und ähnliches. Locke konnte von seinem Erbe leben. Während es Vico auf einen Lehrstuhl für Rhetorik schaffte, scheiterte Hume mit zwei Bewerbungen um eine Professur für Philosophie. Nur Adam Smith, Moralphilosoph und Erfinder der Marktwirtschaft, erhielt früh einen Lehrstuhl, verließ ihn aber wieder, um ebenfalls Aristokraten zu erziehen, und wurde schließlich Zollkommissar von Schottland. Andere mussten über lange Perioden ins Ausland, was immerhin zu einem vielfältigen Austausch unter ihnen führte. Rousseau, ein allzu eigenwilliger Kopf, hätte sich gar nicht in ein öffentliches Amt finden können, er lehnte selbst eine Bibliothekarsstelle ab, provozierte die Zensur seiner Schriften und sah sich unentwegt verfolgt. Voltaire war mehrmals in Haft und im Exil, wurde aber auch Mitglied der französischen Akademie und der Tafelrunde Friedrichs II. in Sanssouci. Er konnte wie nur wenige der übrigen von seinen Schriften, außerdem von königlichen „Pensionen" und schließlich von einem geschickt und skrupellos angereicherten Vermögen leben, musste aber weiter mit Zensur und Inhaftierungen rechnen, bis er schließlich in Paris als höchste geistige Autorität gefeiert wurde. Kaum einer schaffte es, wie Bentham, ganz ungeschoren als Privatgelehrter durchzukommen.

Erst Kant, Fichte, Schelling, Hegel waren Philosophie-Professoren, mussten jedoch noch um ihre Ämter bangen oder sich fügen. Ihnen unter anderen war es aber auch zu verdanken, dass mit den preußischen Reformen die Universitäten bald auch über Preußen hinaus zu Stätten wenn nicht schon des freien, so doch eines freieren Geistes geworden waren. Das verhinderte nicht, dass allzu unzeitgemäße Denker wie Schopenhauer, Stirner, Marx, Kierkegaard von ihnen ausgeschlossen blieben. Heute wäre das wohl kaum anders. Nietzsche war Universitäts-Professor, aber nicht für Philosophie. Seine Bewerbung um die Professur für Philosophie war von den Baslern abgelehnt worden, vielleicht aber gar nicht wegen der geistigen Freiheit, die er sich genommen hatte, sondern weil es ihm, als Autodidakten in der Philosophie, der er stets blieb, schlicht an der nötigen Vorbildung fehlte. Denn zum Amt eines Philosophie-Professors gehört natürlich auch strenge Schulung und Gelehrsamkeit in seinem Fach.

Erst im 20. Jahrhundert waren die bedeutendsten philosophischen Köpfe auch Universitäts-Professoren und genossen als solche hohes gesellschaftliches Ansehen. 1933 machte Heidegger gar den Versuch, sich von der Universität aus zum Führer des Führers aufzuschwingen, womit er freilich kläglich scheiterte. Bertrand Russell war Universitäts-Professor, wurde es, nachdem er für seinen damals noch sehr unpopulären Pazifismus ins Gefängnis gegangen war, erneut und lehrte noch in hohem Alter die Regierungen der mächtigsten Staaten mit seinen Moral-Tribunalen das Fürchten. Auch Wittgenstein, von Hause aus reich wie sein Mentor Russell, kehrte nach langem Zögern an die Universität zurück. Nur Sartre verweigerte sich und hielt als freier Schriftsteller mit seinem politischen Engagement die französische Gesellschaft über Jahrzehnte in Unruhe. Derrida bewarb sich, man ließ ihn aber nur bedingt zu, Levinas berief man sehr spät. Unter den Größen der Analytischen Philosophie hatte es Frege noch schwer, die Mitglieder des Wiener Kreises, die mehrheitlich selbstverständlich Universitäts-Karrieren anstrebten, mussten vor den Nazis fliehen, Quine, Putnam, Goodman, Davidson bekleideten in den USA dann Lehrstühle an den angesehensten Universitäten. Auch die jetzt in Deutschland und über Deutschland hinaus bekanntesten Philosophen, Habermas und Sloterdijk, waren oder sind ebenfalls Universitäts-Professoren. Schwer vorzustellen, dass das Amt, soweit sie es anstrebten und erhielten, ihre philosophische Freiheit eingeschränkt hat.

So scheinen Schopenhauers und Nietzsches Angriffe auf die Universitäts-Philosophie überholt. Doch Nietzsche trägt außer dem Argument, dass Universitäts-Philosophen von staatlichen Stellen leben wollen und dafür gern die Wahrheit opfern, noch ein weiteres vor, ein philosophischeres, nämlich, dass sie Wahrheiten lehren müssen, die sie gar nicht haben, und die sie, wenn sie sie hätten, nicht jedermann zumuten könnten:

> [K]ann sich eigentlich ein Philosoph mit gutem Gewissen verpflichten, täglich etwas zu haben, was er lehrt? Und das vor Jedermann zu lehren, der zuhören will? Muss er sich nicht den Anschein geben, mehr zu wissen als er weiss? muss er nicht über Dinge vor einer unbekannten Zuhörerschaft reden, über welche er nur mit den nächsten Freunden ohne Gefahr reden dürfte? Und überhaupt: beraubt er sich nicht seiner herrlichsten Freiheit, seinem Genius zu folgen, wann dieser ruft und wohin dieser ruft? dadurch dass er zu bestimmten Stunden öffentlich über Vorher-Bestimmtes zu denken verpflichtet ist. Und dies vor Jünglingen! Ist ein solches Denken nicht von vornherein gleichsam entmannt? Wie, wenn er nun gar eines Tages fühlte: „heute kann ich nichts denken, es fällt mir nichts Gescheutes ein" — und trotzdem müsste er sich hinstellen und zu denken scheinen! (SE 8; KSA 1, S. 416)

Nun, beamtete Philosophen beschränken sich dann eben, wie es weithin üblich geworden ist, auf bloße Philosophiegeschichte oder bloße Interpretation kanonischer Texte oder bloße Perfektionierung logischer Argumentationen oder bloß geistreiches Reden. Der junge Nietzsche verlangte mehr und blieb auch dabei: auf der Universität dürfe nicht nur eine „Kritik der Worte über Worte", sondern müsse die „einzige Kritik einer Philosophie" gelehrt werden, „die möglich ist und die auch etwas beweist, nämlich zu versuchen, ob man nach ihr leben könne". Das freilich sei „nie auf Universitäten gelehrt worden" (SE 8; KSA 1, S. 417). So nennt er es zuletzt

> eine Forderung der Kultur, der Philosophie jede staatliche und akademische Anerkennung zu entziehn und überhaupt Staat und Akademie der für sie unlösbaren Aufgabe zu entheben, zwischen wahrer und scheinbarer Philosophie zu unterscheiden. Lasst die Philosophen immerhin wild wachsen, versagt ihnen jede Aussicht auf Anstellung und Einordnung in die bürgerlichen Berufsarten, kitzelt sie nicht mehr durch Besoldungen, ja noch mehr: verfolgt sie, seht ungnädig auf sie — ihr sollt Wunderdinge erleben! (SE 8; KSA 1, S. 421 f.)[2]

Erfrischende Sätze eines jungen Professors der Klassischen Philologie. Doch wenn die Philosophie mit der Aufgabe der immer neuen Befreiung des Geistes

---

2 Vgl. Heidegger (1989), S. 156: „Die Philosophie, hier nur verstanden als denkende Besinnung auf die Wahrheit und die Fragwürdigkeit des Seyns, nicht als historische und ‚Systeme' anfertigende Gelehrsamkeit, hat an der ‚Universität' und vollends in der Betriebsanstalt, die sie werden wird, keinen Ort. Denn sie ‚hat' überhaupt nirgendwo einen solchen, es sei denn jenen, den sie selbst gründet, zu dem aber kein Weg von irgend einer festen Einrichtung aus unmittelbar hinzuführen vermag."

auch ein Amt in der Gesellschaft hat, wer sollte entscheiden, wer dieses Amt ausüben sollte, wenn nicht der Staat oder von ihm eingerichtete Institutionen? Wer sonst? Die Medien? Wir sehen, was in den Medien als Philosophie gilt, und das war auch schon für Nietzsche, zu dessen Zeiten es gerade einmal Zeitungen und Bücher gab, eine Horror-Vorstellung. Bürger und Wutbürger aber beziehen ihre Informationen und Meinungen weitgehend aus den Medien. So schützt heute gerade das Amt der Philosophie an einer Universität das Philosophieren vor dem Schielen nach billiger Popularität.

Aber der junge Nietzsche machte noch einen weiteren Vorschlag, nämlich „ausserhalb der Universitäten ein höheres Tribunal" entstehen zu lassen, das sie

> überwache und richte; und sobald die Philosophie aus den Universitäten ausscheidet und sich damit von allen unwürdigen Rücksichten und Verdunkelungen reinigt, wird sie gar nichts anderes sein können, als ein solches Tribunal: ohne staatliche Macht, ohne Besoldung und Ehren, wird sie ihren Dienst zu thun wissen, frei vom Zeitgeiste sowohl als von der Furcht vor diesem Geiste. (SE 8; KSA 1, S. 425)

Und dann lässt er die Katze aus dem Sack: „kurz gesagt, so wie Schopenhauer lebte, als der Richter der ihn umgebenden sogenannten Kultur." (SE 8; KSA 1, S. 425) Der eigene verehrte Lehrer, der wohl Universitäts-Philosoph, aber nicht Universitäts-Professor wurde, obwohl er alles daran gesetzt hatte, es zu werden, soll über Wahr und Falsch, Gut und Schlecht in der Philosophie richten. Das wäre nun eine Horror-Vorstellung für uns, selbst wenn man sich sicher wäre, es mit einem philosophischen Genius zu tun zu haben. Gerade die Philosophie, deren Aufgabe und Amt es ist, die Maßstäbe von Wahr und Falsch, Gut und Schlecht in Frage zu stellen, sobald sie jemand für sicher hält, wollen wir nicht einem Einzelnen überlassen, wer es auch sei. Da hat sich unser demokratisches Bewusstsein auch gegen einen philosophischen Genius wie Nietzsche durchgesetzt. So könnte es also doch sinnvoll für moderne Gesellschaften sein, an ihren Universitäten Ämter für Philosophie-ProfessorInnen vorzuhalten.

4 Wie prägt das Amt die Philosophie?

Aber womit haben wir *dann* zu rechnen? Ein besoldetes Amt entspannt, beruhigt. So kann es ein besonnenes Philosophieren erleichtern. In einem modernen Rechtsstaat zwingt das Amt einer Philosophie-ProfessorIn so wenig, dass es sie kaum zu prägen scheint. Selbst seiner Pflicht zur Lehre und zur Veröffentlichung wissenschaftlicher Forschungsergebnisse kann man sich ein gutes Stück entziehen, auch wenn das nicht die Regel ist: Meist wird die gewährte Freiheit honoriert, und die Pflichten werden mit großem Engagement erfüllt. Kant, der lange auf eine geeignete Professur hatte warten müssen, unterschied sorgfältig bei seinem „anfänglich frei übernommenen, späterhin mir als Lehramt aufgetragenen Geschäfte der *reinen Philosophie* [...]" (Vorrede, Schlußanmerkung in: Kant 1913, S. 122). Er unterschied das Geschäft im Amt, das an die Vorgaben des Amtes gebunden ist, vom öffentlichen Geschäft, d.h. den Veröffentlichungen, die über den anonymen Buchmarkt vertrieben werden und die möglichst wenig Beschränkungen unterliegen sollten, und dieses öffentliche Geschäft wieder in die Philosophie nach dem Schulbegriff, also für Fachleute und Studierende, und nach dem Weltbegriff, also für gebildetes Publikum, das philosophische Veröffentlichungen zu lesen bereit ist, wenn sie nur lesbar sind. Ähnliches erwartet man heute noch von einer Philosophie-ProfessorIn. Nur ist seit der humboldtschen Universitätsreform die Grenze von amtlichem und öffentlichem Geschäft noch durchlässiger geworden: Man darf und soll heute auch lehren, was man selbst erforscht hat.

Dennoch, die Pflicht zu lehren und zu veröffentlichen *zwingt* zur Fixierung von Ergebnissen. Da aber gerade in der Philosophie Ergebnisse immer nur vorläufig sein können, verrät man damit ein gutes Stück von der Freiheit des Geistes. Und da ist das Fach inzwischen ziemlich weit gegangen. Nach der Kette großer philosophischer Neuorientierungen im 19. und in der ersten Hälfte des 20. Jahrhunderts – sagen wir: zwischen Kant und Levinas – hat man sich in den letzten Jahrzehnten mehr und mehr darauf verlegt, es anderen Wissenschaften, insbesondere den mathematischen Naturwissenschaften, gleichzutun und doch auf möglichst gesichertes positives Wissen hinzuarbeiten. Man besteht nun also doch darauf, wie andere Wissenschaften vorgegebene Gegenstände nach vorgegebenen Methoden zu untersuchen, und setzt dabei voraus, dass alles durch logisch standardisierte Argumente fass- und überprüfbar sei. Was sich dem nicht fügt – und dazu gehören eben die großen Neuorientierungen, die auch neue Standards der Argumentation mit sich bringen können –, muss dann eben beiseite bleiben. So hat sich eine Kultur wunderbar scharfsinniger Argumentation entwickelt, weitgehend losgelöst von der alles relativierenden Philosophiegeschichte, ein weltweit verbreiteter blühender Schulbetrieb, in dem man immer neue Lager bilden und Truppen von Argumenten gegeneinander antreten lassen kann. Und dafür gibt es auch viele Abnehmer, vor allem in der Angewandten Ethik wie Umweltethik, Bio- und Medizinethik, Medien- und Wirtschaftsethik und vielen andern Zweigen, die alle höchst schätzenswerte Klärungen, Begründungen und Handlungsvorgaben erbracht haben und weiter erbringen. Hier hat die Philosophie ein neues Amtsverständnis gewonnen und sich mit ihm erfolgreich unentbehrlich gemacht. Wenn schon Ämter für Philosophie-ProfessorInnen, dann müssen sie auch etwas Greifbares, Feststellbares, Gesichertes bringen, abrufbare Ergebnisse einer disziplinierten Wissenschaft, und sie haben sie erbracht.

Natürlich hat auch das eine Kehrseite. Mit den Gegenständen und Methoden muss man auch die Spielräume des Philosophierens beschränken. Man muss auf Konsens hinarbeiten und darauf seine Argumente ausrichten. Man muss, um einen Bestand allgemein gültiger Argumente zu erarbeiten, daran glauben, dass Argumente dann gut sind, wenn alle sie akzeptieren und, wenn nicht alle sie akzeptieren, so doch akzeptieren könnten oder sollten – auch wenn man weiß und ständig erfährt, dass jeder frei ist, ein Argument zu akzeptieren oder nicht, und man darum, wenn überhaupt, den einen nur mit diesem, den andern mit jenem Argument überzeugen kann, kaum aber alle mit demselben, und dass neue Argumente sich, auch in der Wissenschaft, meist nicht so durchsetzen, dass sie gleich alle überzeugen, sondern zunächst nur wenige und ihnen sich dann, wenn sie über eine entsprechende Autorität verfügen, andere und dann vielleicht immer mehr anschließen, so dass man schließlich glaubt, sie seien an sich wahr. So besteht die Gefahr, dass das Philosophieren nicht nur in seinen Spielräumen beschränkt, sondern auch durch scheinbar an sich wahre Argumente dogmatisiert wird.

Doch wo Gefahr ist, kommt auch in der Philosophie das Rettende. In den vergangenen Jahrzehnten haben wir auch eine große Gegenbewegung erlebt, die gegen eben solche Positivierungen des Philosophierens, Fixierungen von Ergebnissen, Beschränkungen von Gegenständen und Methoden, Selbstfestlegungen auf Konsense und Dogmatisierungen von Argumenten anging, ähnlich erfolgreich, nun aber weniger nach dem Schulbegriff als nach dem Weltbegriff der Philosophie. Und hier hat Renate Reschke tatkräftig mitgewirkt.

Aber nicht nur in der Forschung kann Philosophie-ProfessorInnen ihr Amt dazu bringen, sich selbst zu dogmatisieren, sondern auch und gerade in der Lehre. Denn hat man wöchentlich seine acht Stunden Lehre vorzutragen, muss man natürlich mit vorzeigbaren, argumentierbaren und zumindest für die jeweiligen Studierenden plausiblen Ergebnissen kommen. Und dazu wird man sich unwillkürlich und unweigerlich selbst disziplinieren, manchen Zweifel zurückhalten, manche allzu verwegenen Gedanken nicht mehr riskieren, manche allzu anstößigen Themen nicht mehr berühren, kurz, man wird mit der Zeit um der Lehrbarkeit von Lehren willen unmerklich Selbstzensur üben. Und wenn jemand selbst eine Neuorientierung des Philosophierens vorantreibt und das vielleicht auch noch plausibel, so lauert auf ihn eine vielleicht noch verführerischere Sirene, die Selbstdogmatisierung seines Philosophierens: Denn wiederholen PrüfungskandidatInnen, was man in Vorlesungen und Seminaren vorsichtig als bloße wissenschaftliche Meinungen und Gedankenexperimente vorgetragen und diskutiert hat, mit Bekennermut als klare Wahrheit, wird man schließlich gerne auch selbst an die Wahrheit seiner Meinungen glauben. Und wahrscheinlich um so mehr, je älter man wird.

5 Jenseits des Amts einer Philosophie-Professorin

Damit komme ich zu einem natürlichen Ende und fasse zusammen: Wenn das Amt von Sorgen befreit und dadurch zum Amt der Philosophie, der Sorge für die Freiheit des Geistes, beiträgt, so lädt es doch auch zur Selbstfeststellung, Selbstbestätigung, Selbstdogmatisierung ein. Aber wenn man, alt genug geworden, das Amt hinter sich hat, materiell sorgenfrei gestellt ist und doch nicht mehr lehren und keinen pädagogischen Optimismus mehr verbreiten muss? Winkt dann einer Philosophin, einem Philosophen nicht die große Freiheit zu neuen Abenteuern des Denkens, die sie niemand anderem mehr zumuten und vor niemandem mehr rechtfertigen müssen? Fallen dann nicht alle Beschränkungen von ihnen ab? Haben sie dann nicht ideale Bedingungen des Philosophierens erreicht? Das sind jedenfalls wundervolle Möglichkeiten. Die Eule der Minerva kann dann losfliegen, wie hoch, wie weit, wie lange, liegt, je nachdem, bei den Göttern oder bei der großen Vernunft des Leibes.

Literaturverzeichnis

Hegel, Georg Wilhelm Friedrich (1970): „Vorlesungen über die Philosophie der Geschichte". In: *Werke in zwanzig Bänden*. Theorie Werkausgabe, Bd. 12, Frankfurt am Main: Suhrkamp.
Heidegger, Martin (1989): „Beiträge zur Philosophie (Vom Ereignis)". In: *Gesamtausgabe*, Abt. III, Bd. 65, hrsg. v. Friedrich-Wilhelm von Herrmann, Frankfurt am Main: Klostermann.
Kant, Immanuel (1913): „Anthropologie in pragmatischer Hinsicht". In: *Kants gesammelte Schriften*. Akademie-Ausgabe, Bd. 7, Berlin: De Gruyter, S. 117–333.
Levinas, Emmanuel (1992): *Schwierige Freiheit. Versuch über das Judentum*. Aus dem Frz. übers. v. Eva Moldenhauer. Frankfurt am Main: Suhrkamp.

Beatrix Himmelmann

Nietzsches Philosophie der Macht als Philosophie der Endlichkeit

Zu Recht gilt Nietzsches Gedanke vom „Willen zur Macht" als eines der Gravitationszentren seines Denkens. Was diesen Gedanken auszeichnet, ist zum einen, dass in ihm das Spezifische der philosophischen Weltdeutung Nietzsches zum Ausdruck kommt und sich fassen lässt. Und gerade weil er Nietzsches philosophischen Entwurf in seinen wesentlichen Zügen zu studieren erlaubt, ist dieser Gedanke vom „Willen zur Macht" zum anderen auch in besonderem Maße geeignet, die systematische Tragfähigkeit seiner Philosophie auszuloten. Behält Nietzsche Recht, wenn er die Macht und das Machtstreben als den *einen* Grundantrieb herausstellt, der alle menschliche Aktivität fundiert? Oder gibt es auch Gegenkräfte, die ihm entgegentreten beziehungsweise entgegentreten sollten?

Eine Antwort auf diese Frage zu suchen, erscheint reizvoll und schwierig nicht zuletzt deshalb, weil Nietzsches Philosophie der Macht das Moment der „Vielheit" gegeneinander wirkender Kräfte bereits enthält und sogar betont. So könnte es sein, dass es etwas über die Macht und das Machtstreben der verschiedenen Individuen und ihrer Verbände Hinausweisendes gar nicht gibt. „*Alle* wirkende Kraft [wäre] eindeutig zu bestimmen als: *Wille zur Macht*", wie Nietzsche vermutet (JGB 36). Was traditionell als Gegengewicht zur Macht angesehen wird, indem es ihr Grenzen setzt, zum Beispiel Recht, Wahrheit und Moral wäre dann als eine bestimmte Konstellation zwischen Mächten zu begreifen bzw. zu entlarven. Der Anspruch einer Grundlegung dieser Ideen in Ordnungen, die unabhängig von der Macht und ihrem jeweiligen Gefüge zu denken sind, müsste folgerichtig als bloße Ideologie zum Zwecke der Verschleierung der Realitäten verstanden werden.

Und genau darauf kommt es Nietzsche an: eine philosophische Deutung der menschlichen Existenz und sogar des „Lebens" im Ganzen zu formulieren, die der Endlichkeit beider in elementarer und vorbehaltlos bejahender Weise Rechnung trägt.[1] Eine solche Deutung aber scheint seine Philosophie der Macht anbieten zu können, indem sie grundsätzlich alles, und damit auch alle unsere sogenannten Werte und Maßstäbe, auf das jeweils vorhandene, situativ bestimmte Verhältnis verschiedener aufeinander wirkender Kräfte zurückzuführen erlaubt. Darüber

---

1 Nietzsches Philosophie der Endlichkeit wird in sehr erhellender Weise von Pavel Kouba sowohl dargelegt als auch verteidigt (vgl. Kouba 2001). Den Aspekt der Bejahung des Lebens diskutiert grundlegend und systematisch Bernard Reginster (vgl. Reginster 2008).

hinaus „gibt" es für Nietzsche nichts; Ideen des Rechten, des Guten oder Bösen, welche die jeweiligen Machtverhältnisse in ihrer Vergänglichkeit und Endlichkeit überschreiten, sieht er als „Fiktionen" an.[2] Sie dienen, meint er, nur dazu, der von uns nicht nur zu ertragenden, sondern gutzuheißenden Endlichkeit unserer Existenz auszuweichen. Dass es sich hier um eine dezidiert antiplatonische Position handelt, ist evident.

Im Folgenden soll zunächst Nietzsches Philosophie der Macht in ihren Grundzügen in Erinnerung gerufen und zugleich gezeigt werden, dass sie den Schwerpunkt seines Denkens bildet. Anschließend soll – in exemplarischer Weise – eines der potentiellen Gegenprinzipien zum Prinzip der Macht, der Gedanke von Recht und Gerechtigkeit, in den Blick genommen werden. Dabei sind Nietzsches Begriffe von Recht und Gerechtigkeit vorzustellen, die sich seiner Philosophie der Macht einfügen. Ob seine Darlegungen überzeugen, ist freilich zu prüfen. Damit stellt sich auch die Frage nach Reichweite und Grenzen der von Nietzsche entwickelten Deutung der Welt aus der Idee des Willens zur Macht.

1 Grundlegung zu einer allumfassenden Weltdeutung oder: Vom Willen zur Macht

Ein Strukturmerkmal der Macht, das Nietzsche von Anfang an hervorhebt, ist ihr relationaler Charakter. Von einer Macht lässt sich nur sinnvoll sprechen, wenn sie in Relation zu einer anderen Macht gedacht ist. Dies lässt sich bereits an dem Gegensatz zwischen dem Apollinischen und Dionysischen studieren, die der junge Nietzsche ausdrücklich als „Mächte" einführt (GT 2, 4), in deren Divergenz und Konkurrenz die tragische Weltdeutung der Griechen gründet. Apollinische Klarheit, Durchsichtigkeit, Schönheit, Gestalt und Form kontrastieren dem dionysischen Prinzip der Auflösung und Zerstörung des Geformten und Individuellen, der Undurchsichtigkeit und Rätselhaftigkeit des ungegliederten „Ur-Einen". Entscheidend ist die Spannung zwischen diesen beiden komplementären Mächten, aus der die Energie einer Lebenshaltung erwächst, die dem Dasein in seiner Widersprüchlichkeit gewachsen ist und die Nietzsche an der tragischen, vorsokratischen Weltauslegung der Griechen entdeckt und bewundert. Für sich genommen und aus dem Bezug auf seinen Widerpart gelöst, führte jedes dieser Elemente nur zu einer Einseitigkeit, die verderblich und verengend wirkte: das Apollinische zur Versteifung erstarrter Formen, die Bewegung und Veränderung

---

2 Vgl. z.B. GD Vernunft 2; KSA 6, S. 75.

ausschließt, das Dionysische zu bloßer Dynamik, zum Zerfließen, das Differenz und Struktur auflöst.

Dies Moment des produktiven Antagonismus, das für die Kultur des Einzelnen wie der Gemeinschaft unverzichtbar ist, spielt für Nietzsches Argumentationen zu verschiedenen Themenfeldern eine tragende Rolle. Denken wir an seine Überlegungen zur agonal verfassten Kultur der Griechen, die er im frühen Stück über *Homer's Wettkampf* vorträgt und denen zufolge die hervorragendsten ihrer Leistungen sich allein dem „Wettspiel der Kräfte" verdanken. Denken wir an das Erfordernis historischer wie unhistorischer Perspektiven, die uns erst in ihrer Dualität zum „Leben und zur That" befähigen (UB II Vorwort) und deren Verhältnis Nietzsche in seiner Betrachtung über *Nutzen und Nachtheil der Historie für das Leben* erörtert.

Auch die zum Beispiel im *Zarathustra* nebeneinander gestellten und einander kontrastierenden Konzeptionen des „Übermenschen" und der ewigen Wiederkunft des Gleichen können in diesem Zusammenhang erwähnt werden. In der Idee des Übermenschen stellt Nietzsche den schöpferischen Menschen vor, der in eine ungewisse und zu gestaltende Zukunft hinein das nie Dagewesene schafft, der das Abgelebte zurück- und hinter sich lassen muss, so dass er ein *„Übergang* und ein *Untergang* ist" (Z I Vorrede 4). Im Gedanken der ewigen Wiederkunft des Gleichen und des *amor fati* legt Nietzsche dagegen eine umfassende Bejahung, die Affirmation und Akzeptanz des Gegebenen und Vorhandenen in seiner Schönheit und Größe wie seiner Hässlichkeit und Kleinheit nahe. Soll keine dieser beiden Haltungen grundsätzlich zugunsten der jeweils anderen aufgegeben werden, und für eine solche Auflösung ihres Kontrastes spricht in den Texten Nietzsches nichts, so scheint sich auch hier eine produktive Spannung zu ergeben: Je nach Lage der Dinge könnte es nötig sein, dem Neuanfang und der schöpferischen Tat gegen das Alte und Abgestandene zu ihrem Recht zu verhelfen oder – im Gegenteil – nur noch Ja zu sagen, nichts mehr zu beklagen und allenfalls durch „Wegsehen" noch zu verneinen, wie Nietzsche beispielsweise im Aphorismus 276 der *Fröhlichen Wissenschaft* erläutert (FW 276).

Im Rahmen dieses Denkens, das die Ambivalenz der verschiedenen Perspektiven und die Notwendigkeit des Wechsels der Standpunkte betont, gewinnt Nietzsches Begriff der Macht seine spezifische Kontur. Angesichts der gelegentlich vertretenen Einschätzung, der Wille zur Macht stehe bei ihm für nichts als ein primitives Auslassen von Stärke oder gar Gewalt verbunden mit dem Versuch, sich alles andere zu unterwerfen und untertan zu machen, ist deshalb erneut hervorzuheben: Es geht Nietzsche in seiner Rede von der Macht und vom Willen zur Macht stets um ein *Verhältnis* zwischen Einheiten, denen jeweils eine bestimmte Stärke sowie – in einem übertragenen Sinn – Bedeutung, Wert und Wichtigkeit zukommen. Nietzsche stellt die Macht in ihren verschiedenen physischen, psychologischen und intellektuellen Facetten vor. Als eine isolierte, absolute Macht aber kann sie niemals auch nur gedacht werden. Denn sie bedarf immer eines *Anderen*, um Macht überhaupt sein zu können. Ohne etwas, das ihr entgegensteht, wäre sie eine leere Macht, die gleichsam ins Nichts stieße. Das heißt, die Macht bedarf eines Widerstandes, einer Gegenmacht, an der sie sich zeigt und als Macht allererst entfaltet. Die absolute Macht, die Einzelmacht ist also – genau besehen – ein Unding. Somit ist, wo von Macht sinnvoll die Rede ist, immer auch schon mindestens eine weitere Macht als Gegenmacht gesetzt. Entsprechend schreibt Nietzsche: „Der Wille zur Macht kann sich nur an *Widerständen* äußern; er sucht nach dem, was ihm widersteht" (NL 1887, KSA 12, S. 424).

Alles in einzelne Zentralitäten sich aufspaltende menschliche Leben, ja überhaupt alles Leben, ist nach Nietzsche jeweils durch Macht geleitet, der es nicht bloß um Erhaltung, sondern um Steigerung dessen geht, was sie als Macht *ist* und darstellt.[3] „Der leibhafte Wille zur Macht [...] wird wachsen, um sich greifen, an sich ziehen, Übergewicht gewinnen wollen, – nicht aus irgend einer Moralität oder Immoralität heraus, sondern weil er *lebt*, und weil Leben eben Wille zur Macht *ist*." (JGB 259) Der Wille zur Macht ist in diesem Sinn gebieterisch und schöpferisch.

Entscheidend aber ist, was bereits betont wurde: Er kann sich nur im Widerstreit mit anderem Willen zur Macht entfalten. Deshalb will er auch seinen Gegensatz. Dieses grundlegende Strukturelement des Begriffs vom Willen zur Macht, das ihn mit den anderen zentralen Lehren Nietzsches als das auch sie tragende Bewegungs- und Steuerungselement verbindet,[4] wird in einer Passage aus Zarathustras Rede „Von der Selbst-Ueberwindung" sehr schön deutlich. Sie richtet sich an die „Weisesten", die Wille zur Wahrheit nennen, was nach Nietzsche Wille zur Macht ist. Das Leben selbst, so lässt Zarathustra wissen, habe zu ihm vom Willen zur Macht und der ihm inhärenten Selbstüberwindung wie folgt geredet: „Dass ich Kampf sein muss und Werden und Zweck und der Zwecke Widerspruch: ach, wer meinen Willen erräth, erräth wohl auch, auf welchen krummen Wegen er gehen muss! Was ich auch schaffe und wie ich's auch liebe, – bald muss ich Gegner ihm sein und meiner Liebe: so will es mein Wille." (KSA 4, S. 148).

Nietzsches auf den ersten Blick so befremdlich anmutende Rede von den Feinden, die sich der mutige und starke Mensch geradezu herbeiwünscht, ist in genau diesem Sinn zu verstehen.[5] An solchen Feinden, das heißt zum Beispiel: an

---

3 Vgl. JGB 36, 259; GM II 12; Z II Selbst-Ueberwindung.
4 Das Moment der Steuerung, das in der Behauptung des Gewichtes gerade dieser Erkenntnis- oder Handlungsperspektive in gerade dieser Situation liegt, versucht Nietzsche mit Hilfe der Rede vom „Willen" zur Macht zu fassen.
5 Vgl. Z I Krieg; Z I Freunde; GT Versuch; MA I 498; MA II Vorrede 7.

widersprechenden Meinungen, entgegengesetzten Überzeugungen, einem anderen Glauben, die ihn herausfordern, vermag er zu wachsen. Im Gegenzug ist für Nietzsche der „Fanatismus", mit dem Menschen sich an einer einzigen Überzeugung als unbestreitbarer Gewissheit festhalten, das untrügliche Zeichen ihrer Schwäche und Unsicherheit.[6] Das Maß der Beweglichkeit des Denkens wird zum Maß seiner Lebenstauglichkeit. Lebensverneinend ist in Nietzsches Augen ein Denken, das die offene und allein situationsabhängig zu bestimmende Bedeutung der Dinge nicht erträgt.

Mit allem notwendigen Bestimmen, Interpretieren und Werten aber geben wir unserem Leben eine Form, und darin liegt Nietzsche zufolge eine schöpferische „Lust". Solche Bestimmung vollzieht sich jeweils innerhalb einer spezifischen Konstellation verschiedener Kräfte und damit innerhalb eines sich stets verändernden Kräftefeldes.[7] Am Widerstand des Entgegenstehenden bilden sich unsere Überzeugungen, Interpretationen und Tugenden aus – und sie müssen wieder überwunden werden. Allein um den Preis der Erstarrung und der Wirklichkeitsverleugnung ließe sich eine solche permanente „Umwerthung aller Werthe" nach Nietzsche suspendieren.

Die Welt und der Mensch als Teil der Welt, der in ihr zu erkennen und zu handeln, zu lieben und zu bewundern und zu verneinen vermag, ist somit als ein Geflecht von Mächten zu begreifen, die in Verhältnissen zueinander stehen und deren Wert oder Unwert nur aus ihrer jeweiligen Position innerhalb der je situationsgebundenen Signatur dieses Geflechts zu beurteilen sind. Etwas Absolutes, Unbedingtes, ein letzter Sinn und ein letztes Wort, etwas uneingeschränkt zu Bejahendes oder Verneinendes kann es in der so beschaffenen Welt und daher für den Menschen nicht geben. Dies ist Nietzsches Überzeugung und eine Konsequenz seiner Lehre vom Willen zur Macht, insofern sie als Fundament seiner Philosophie, d.h. seines Entwurfs eines adäquaten menschlichen Selbst- und Weltverständnisses gelten kann.

Es ist ersichtlich, dass dieser Entwurf antiplatonische und antichristliche Züge trägt. Etwas schlechthin Gutes, wie es Platon in der Idee des Guten fasst, oder die Vorstellung vom Heil, das uns von den Widersprüchen und von der Endlichkeit des Lebens, wie wir es kennen, erlöst, können keinen Platz in ihm finden. Denn solche Ideen transzendieren das Machtgefüge, den notwendigen Widerstreit der Kräfte, in den Nietzsche alle Lebenszusammenhänge einschließlich der menschlichen eingebunden sieht. Deshalb werden Ideen wie die des schlechthin Guten oder die des wahren Heils von ihm als etwas, das der Pro-

---

6 Vgl. FW 347; KSA 3, S. 583.
7 Vgl. NL 1888, KSA 13, S. 257–260.

duktivität eines lebendigen Spiels der Kräfte abträglich ist, verworfen. „Alles Unbedingte gehört in die Pathologie", heißt es in *Jenseits von Gut und Böse*. „Der Einwand, der Seitensprung, das fröhliche Misstrauen, die Spottlust" dagegen seien „Anzeichen der Gesundheit" (JGB 154).

Gelten diese Beobachtungen aber auch für unsere Begriffe von Recht und Gerechtigkeit, von Moralität und Wahrheit? Was könnte es bedeuten, dass wir Recht und Gerechtigkeit relational, wenn auch nicht relativistisch, zu verstehen haben ebenso wie das moralisch Gute und die Wahrheit? Was sollte es heißen, dass wir sie als Mächte von begrenzter und unvollkommener Funktion nicht nur zu akzeptieren haben, sondern sie uns – um des Lebens willen – gar nicht anders wünschen sollten? Wie würden wir erklären können, dass wir auch ihre Gegenteile, also Unrecht und Ungerechtigkeit, moralisch Böses und die Unwahrheit wollen – eben weil zu jeglicher Einzelmacht ein Widerständiges, ihr Entgegenstehendes, ohne dass sie als Macht nichts bedeutete, zu verlangen und gutzuheißen ist?

Soll die Grundkonzeption der Philosophie Nietzsches, wie sie in ihren wesentlichen Zügen skizziert wurde, tragfähig sein, müssten wir plausible und akzeptable Antworten auf diese Fragen finden können. Gerade an den Ideen, die traditionell als Gegengewichte zur Macht gelten, indem sie ihr Grenzen setzen, hätte die Überzeugungskraft von Nietzsches Philosophie der Macht sich zu erweisen. Recht und Gerechtigkeit gehören zu den wichtigsten solcher Ideen. Deshalb sollen im Folgenden und in exemplarischer Absicht Nietzsches Begriffe von Recht und Gerechtigkeit, die er aus dem Gedanken des Willens zur Macht entwickelt, untersucht werden.

2 Grenzen des Machtprinzips? Nietzsches Begriffe von Recht und Gerechtigkeit

Schon in der zweiten der *Unzeitgemässen Betrachtungen* argumentiert Nietzsche, dass zum menschlichen Leben wesentlich die Ungerechtigkeit gehört. Alles Tun sei voller „Blindheit" und Einseitigkeit, indem es sich auf das Eine, das ins Werk gesetzt werden soll, unter Absehung aller Handlungsalternativen und ihres Rechts konzentrieren und zusammenziehen müsse (KSA 1, S. 253–254.). Insofern sei der Handelnde stets „gewissenlos", so Nietzsche unter Berufung auf Goethe.[8] Die Gerechtigkeit nennt er eine „unmögliche Tugend" (KSA 1, S. 286).

---

[8] „Der Handelnde ist immer gewissenlos; es hat niemand Gewissen als der Betrachtende." (= Maximen und Reflexionen 241); vgl. Goethe 1977, S. 522.

Dennoch brauchen wir Begriffe der Gerechtigkeit und bilden sie nach Maßgabe der für alle Lebensvollzüge, wie Nietzsche meint, konstitutiven Machtverhältnisse aus. Gerechtigkeit versteht Nietzsche deshalb im Sinne eines Ausgleichs zwischen den Ansprüchen, die zwei Mächte gegeneinander haben. Und ihren Ursprung sieht er an die Voraussetzung der ungefähr gleichen Stärke beider gebunden.[9] Solche Stärke bemisst sich an der jeweiligen „Machtstellung", das heißt dem Wert, den dasjenige, was einer an Macht hat und ist, für den Anderen besitzt. Ein „Gleichgewicht" der Mächte gilt Nietzsche deshalb als Basis der Gerechtigkeit.[10] Sie bietet die Voraussetzung einer für beide vorteilhaften Verständigung und des beiden nützenden Austausches von Leistungen und Gütern, wohingegen die Haltung der Konfrontation und die Möglichkeit gegenseitiger Schädigung für beide nachteiliger wäre. Die Aussicht auf eine Schwächung des Anderen würde die Wahrscheinlichkeit der eigenen Schädigung nicht überwiegen. Das einsichtige, kluge Selbsterhaltungsstreben der einzelnen Mächte erscheint als Quell der Gerechtigkeitsvorstellung. Eine Bestätigung dieser Theorie findet Nietzsche „in dem furchtbaren Gespräche der athenischen und melischen Gesandten", das Thukydides in seinem Geschichtswerk so anschaulich wie eindrücklich vor Augen stellt (MA I 92).

Ein für Nietzsche entscheidender, nach allem zuvor Bedachten aber sicher nicht überraschender Gesichtspunkt ist die Instabilität oder, positiv gewendet, Dynamik, die alle Machtverhältnisse auszeichnet. Ständig verschieben sich die Konstellationen der Kräfte, die aufeinander wirken. Selbst jeder Mensch für sich allein ist ja Nietzsche zufolge als eine „Vielheit von ‚Willen zur Macht'" anzusprechen, deren Zusammenspiel sich stets neu organisiert (NL 1885, KSA 12, S. 25). Es gibt jederzeit nur „augenblickliche Macht-Feststellungen", die jeweils Ausdruck einer bestimmten „Macht-Lage" sind (NL 1885, KSA 12, S. 26). Alles Lebendige ist eben in unaufhörlicher Bewegung und Veränderung begriffen.

Erst vor dem skizzierten Hintergrund wird sichtbar, was es bedeutet, dass es im Gegenzug zum sich selbst verzehrenden beständigen Wechsel, zur Vielheit, in die sich der Wille zur Macht auseinanderlegt und öffnet, nach Nietzsche einen ebenso ungeheuren Willen zum „Fest-*machen*", zum „Wahr-Dauerhaft-*Machen*" (NL 1887, KSA 12, S. 384) gibt, wie er sich beispielsweise in jedem Vertrag manifestiert. Durch ihn legen sich verschiedene Parteien auf die Anerkennung und Einhaltung bestimmter fixer Regeln ihres Miteinanderumgehens fest, unangesehen der an ihnen selbst und am Anderen zukünftig eintretenden Veränderungen:

---

9 Vgl. hier und im Folgenden MA I 92 und MA I 93.
10 Vgl. WS 22. In wegweisenden Interpretationen hat Volker Gerhardt diese Grundlage des Nietzscheschen Rechtsdenkens ausgeleuchtet. Vgl. Gerhardt 1996, insbes. 144–154; Himmelmann 2001.

Veränderungen mit Rücksicht auf ihre Machtstellung und mit Blick auf die anders gewordene Herausforderung, welche die Welt in ihrer verwandelten Gestalt nun darstellt.

Der Vertrag ist ein wechselseitiges und durch einschlägige Sicherheiten zusätzlich bekräftigtes Versprechen; und Nietzsche hält es für eine staunenswerte Leistung des Menschen, zum Versprechen überhaupt fähig zu sein. Denn dazu hat er seinen Willen in die offene Zukunft hinein zu binden: „wie muss dazu der Mensch selbst vorerst *berechenbar, regelmässig, nothwendig* geworden sein, auch sich selbst für seine eigne Vorstellung" (GM II 1). Indem er, wie wir sagen, dem Anderen sein Wort gibt, *macht* er sich selbst als unverwechselbares Individuum dennoch „bis zu einem gewissen Grad nothwendig, einförmig, gleich unter Gleichen" (GM II 2). Er tut dies im Bewusstsein des Souveräns, der über sich selbst bestimmt und damit über sich selbst Macht hat. Er hält es für ein „ausserordentliches Privilegium", sich und anderen verantwortlich sein zu können (GM II 2).

Gerechtigkeit ist in diesem Sinne *Herstellung* einer Berechenbarkeit des Umgangs der Individuen untereinander, die als je einzigartige und in sich selbst organisierte Einheiten aufeinander wirken. In einem bemerkenswerten nachgelassenen Fragment über die Gerechtigkeit, wie sie das in Verträgen zwischen zwei Mächten niedergelegte Recht fundiert, notiert Nietzsche:

> Es führt irre — wenn man die Gerechtigkeit mit einer Wage in der Hand darstellt: das richtige Gleichniß wäre, die Gerechtigkeit auf einer Wage stehen zu machen dergestalt, daß sie die beiden Schalen *im Gleichgewicht* hält. Man stellt aber die G<erechtigkeit> meistens falsch dar: man legt ihr auch falsche Worte in den Mund. Die Gerechtigkeit spricht nicht: „jedem das Seine", sondern immer nur „wie du mir, so ich dir". Daß zwei Mächte im Verhältniß zu einander dem rücksichtslosen Willen zur Macht einen Zaum anlegen und sich einander nicht nur *gleich* lassen, sondern auch als gleich *wollen*, das ist der Anfang alles „guten Willens" auf Erden. Ein Vertrag enthält nämlich nicht nur eine bloße Affirmation in Bezug auf ein *bestehendes* Quantum von Macht, sondern zugleich auch den Willen, diese Quanten auf beiden Seiten als etwas *Dauerndes* zu affirmiren und somit bis zu einem gewissen Grade selbst aufrecht zu erhalten: — darin steckt, wie gesagt, ein *Keim* von allem „guten Willen".[11]

Gerechtigkeit besteht also für Nietzsche nicht darin, Rechte anzuerkennen, die Individuen etwa als solchen und an sich zukämen – weil man sie zum Beispiel als Personen, die mit Freiheit und einem je eigenen Willen begabt sind, zu achten hätte. Die Kant zitierende Rede vom „guten Willen" darf daher auch nicht so verstanden werden, als ob Nietzsche sich dessen Gedanken eines „ohne Ein-

---

11 NL 1886/1887, KSA 12, S. 221. Das Fragment 5[82] wird zitiert nach dem verbesserten Text in KGW IX/3, S. 67 f.

schränkung" Guten, als das der „gute Wille" nach Kant ja anzusehen ist,[12] etwa zu eigen machte. Im Gegenteil: Dass zwei Mächte sich als „gleich *wollen*" wertet Nietzsche als eine „Ehrung" und Bejahung, die eine der anderen angedeihen lässt und die man sich nicht schuldet. Ihr Quell sei, wie Nietzsche in einigen Aphorismen in *Jenseits von Gut und Böse* ausführt,[13] der „Egoismus", wie er insbesondere die „vornehme Seele" auszeichne. Er gehe einher mit dem „unverrückbaren Glauben, dass einem Wesen, wie ‚wir es sind', andre Wesen von Natur unterthan sein müssen und sich ihm zu opfern haben". Solchen Egoismus will Nietzsche als keine moralisch zu bewertende Größe verstehen, sondern als einen „Thatbestand", den die vornehme Seele „ohne jedes Fragezeichen" hin- und annehme: als „die Gerechtigkeit selbst". In derselben Weise anerkennt sie „mit ihr Gleichberechtigte". Nietzsche wertet die „Feinheit und Selbstbeschränkung", die sie sich im Verkehr mit ihres Gleichen auferlegt, als „ein Stück ihres Egoismus *mehr*": denn sie „ehr[e] *sich* in ihnen und den Rechten, welche sie an dieselben abgiebt". Die vornehme Seele gibt und nimmt, erklärt Nietzsche im Einklang mit der Überlegung des zitierten Fragments über das Fundament der Gerechtigkeit, „aus dem leidenschaftlichen und reizbaren Instinkte der Vergeltung heraus, welcher auf ihrem Grunde liegt". Immer nur „wie du mir, so ich dir", spreche die Gerechtigkeit, so hatten wir bereits gehört.

Gerechtigkeit ist für Nietzsche also ein relationaler Begriff, der an Machtverhältnisse und Ordnungen des Ranges gebunden ist, denen gemäß er je und je neu und situationsabhängig zu bestimmen ist. Deshalb steht Nietzsche einem Prinzip, das einen jeden Menschen verpflichtete, „sich gegenseitig der Verletzung, der Gewalt, der Ausbeutung (zu) enthalten, seinen Willen dem des Andern gleich (zu) setzen" ablehnend gegenüber (JGB 259). Umfassend und allgemein gültig genommen, würde es sich sofort als „Wille zur *Verneinung* des Lebens, als Auflösungs- und Verfalls-Princip" erweisen, meint er. Insofern dürften „Rechtzustände", wie er in einem wohlbekannten Abschnitt der *Genealogie der Moral* schreibt, „immer nur *Ausnahme-Zustände* sein" – „theilweise Restriktionen des eigentlichen Lebenswillens, der auf Macht aus ist" (GM II 11; KSA 5, S. 312f.). Rechtsordnungen gelten ihm als „Mittel im Kampf von Macht-Complexen", den er durch die beiden gegenläufigen Momente der Selbsterhaltung und Selbstüberwindung geleitet sieht. Der Dynamik dieser Prozesse enthobene und sie überschreitende bzw. ihr zugrundeliegende „Menschenrechte", resümiert Nietzsche lakonisch in einer Nachlass-Notiz, „giebt es nicht" (NL 1877, KSA 8, S. 482).

---

12 Kant 1911, S. 393.
13 Hier und im Folgenden: JGB 265. Vgl. JGB 259.

3 Orientierungen jenseits des Machtprinzips. Zur kritischen Begrenzung der Philosophie der Endlichkeit

Sollten wir dieser von Nietzsche konsequent vertretenen Auffassung eines aus den jeweiligen Machtverhältnissen resultierenden Verständnisses von Recht und Gerechtigkeit zustimmen? Zurückhaltung ist sicher angebracht. Mag es nämlich auch faktisch und ebenfalls genealogisch betrachtet so sein, dass das Recht sich weitgehend nach den Machtverhältnissen richtet, so folgt daraus gar nicht, dass es sich so auch verhalten sollte. Die von Nietzsche diskreditierte Dimension einer Orientierung, welche die tatsächlichen Kräfteverhältnisse in ihrer je spezifischen Konstellation überschreitet und einen davon unabhängigen Maßstab des Rechten enthält, könnte sich als durchaus fruchtbar und sogar unverzichtbar erweisen. Es könnte sich zeigen, dass die von Nietzsche vielgeschmähten Ideen für menschliches Leben wenigstens unentbehrlich sind.

Wie und auf welcher Grundlage auch immer solche Ideen näher zu bestimmen sind, so besteht ihre Funktion offensichtlich darin, unserem Tun eine Richtung zu weisen, die über die – theoretische – Beurteilung und – praktische – Beantwortung einer bestimmten Situation gemäß der in ihr wirksamen Kräfteverhältnisse hinausgeht. Ideen scheinen eine Perspektive zu eröffnen, die einen über die besonderen Einzelfälle hinausgreifenden Gesichtspunkt zur Geltung bringt. Alle die für solche Einzelfälle konstitutiven Machtkonstellationen in der sie jeweils definierenden Dynamik müssen in dieser speziellen Perspektive deshalb unberücksichtigt bleiben.

Damit aber stehen solche Ideen im Widerspruch zu allen Voraussetzungen, die Nietzsche in Hinsicht auf das Verständnis von Recht und Gerechtigkeit in Anspruch genommen hatte. Es ist offensichtlich, dass der Satz „wie du mir, so ich dir", der Nietzsche zufolge hier zentral ist, allein standpunkt- und situationsgebunden und damit relational und dynamisch genommen sinnvoll ist und Bedeutung hat. Dasselbe gilt für seinen Begriff der „Mächte" und die an ihr schlichtes Da- und Sosein gebundene Vorstellung von Gerechtigkeit. Denn im Egoismus solcher Mächte, die sich selbst in ihrem Streben nach Wachstum und Erweiterung bejahen, sieht Nietzsche ja einen „Thatbestand" und „die Gerechtigkeit selbst".[14]

Diese Vorstellung von Gerechtigkeit als etwas, das in seiner zu allen Sinnen sprechenden *Realität* greifbar ist und dessen Wirkungen sich unzweideutig zei-

---

14 Vgl. wiederum JGB 265.

gen und erfahren lassen, ist für den entschieden anti-platonischen und anti-idealistischen Ansatz Nietzsches grundlegend. Sie verbindet sich überdies und folgerichtig mit dem Gedanken vom „Pathos der Distanz". Er bringt das Recht und die Macht zum Ausdruck, denen die Vornehmen, Höhergestellten und Hochgesinnten – also die durch ihre soziale Stellung und ihr Ethos Herausragenden – die Lizenz entnehmen, „sich selbst und ihr Thun als gut, nämlich als ersten Ranges" zu empfinden und anzusetzen, und dies „im Gegensatz zu allem Niedrigen, Niedrig-Gesinnten, Gemeinen und Pöbelhaften". Solches Empfinden und Setzen heißt, auf eine nicht reaktive, sondern ursprüngliche und, wie Nietzsche zu verstehen gibt, „gesunde" Weise „Werthe zu schaffen". Diese Zusammenhänge legt er bekanntlich besonders deutlich in der ersten Abhandlung zur *Genealogie der Moral* auseinander.[15] Auch für das neunte Hauptstück in *Jenseits von Gut und Böse*, das den Titel „Was ist vornehm?" trägt, sind sie leitend.

Die Tradition, auf die Nietzsche nicht nur mit dem Kant zitierenden Begriff des „guten Willens", sondern auch mit der an Platons Bestimmung der Gerechtigkeit erinnernden Formel „jedem das Seine" anspielt und gegen die er seine Konzeption in Stellung bringt, hatte freilich das Verständnis dieser Tugend nicht wie Nietzsche an der Realität des sich selbst gutheißenden, starken Menschen orientiert. Und für den starken Menschen ist eben kennzeichnend, dass er in Relation mit Seinesgleichen Anerkennung und Selbstbeschränkung übt und in Relation mit den als niedrig Eingeschätzten Herablassung, Verachtung und Nutzbarmachung. Gegenüber einem Denken, das sich darauf beschränkt, sich in der Endlichkeit solcher Verhältnisse einzurichten und situativ zu orientieren im Sinne des „wie du mir, so ich dir", hatte die Tradition für die Unerlässlichkeit noch einer anderen Dimension des Denkens argumentiert. Auch dieses Denken ist ein relationales Denken. Es fordert den Menschen aber ganz andersartig und jenseits der nach Stärke und Schwäche gegliederten Machtverhältnisse, in denen bald diese und bald jene Haltung nottut: bald die Betonung des dionysischen gegenüber dem apollinischen Element, weil es Erstarrungen aufbricht, bald die unhistorische gegenüber der historischen Einstellung, weil sie gerade jetzt zur Tat ermutigt, bald das Erdulden und Ertragen der Wirklichkeit im *amor fati*, weil Aufbegehren und Veränderung hier und jetzt fehl am Platze wären, und bald die genau entgegengesetzten Perspektiven in wieder anderen Situationen. Die von solcher Urteilskraft zu unterscheidende Dimension des Denkens erhebt sich über die Antagonismen der erfahrbaren, empirischen Welt und ihre je spezifische Bewältigung insofern, als sie den Menschen in seiner Endlichkeit mit sich selbst

---

15 Vgl. GM I 2; KSA 5, S. 259. Alle Zitate finden sich auf der angegebenen Seite. Vgl. auch JGB 260.

konfrontiert. Dabei geht es nicht darum, diese Endlichkeit und diese in endlichen Verhältnissen unerlässliche Urteilskraft zu verleugnen oder zu unterschätzen. Es geht darum, zu ihnen in ein adäquates Verhältnis zu treten. Und so kann es sich nur um ein Selbstverhältnis handeln, das jetzt in den Blick rückt.

Indem er auch nur seine Endlichkeit thematisiert, befindet sich der Mensch ja im Übrigen stets schon in dieser Art von Verhältnis. Auch im Werk Nietzsches finden wir ein solches Selbstverhältnis artikuliert, vor allem in der Auseinandersetzung mit dem „Tod Gottes". Aber Nietzsche möchte es auf der anderen Seite überwinden und als einen Bezug entlarven, der sich an der Vorstellung einer uns unverständlichen „wahren Welt" orientiert. Von solch schlechter und verderblicher Metaphysik, meint Nietzsche, sollten wir uns verabschieden (vgl. GD Fabel; KSA 6, S. 80 f.). Ob man hier nun die Metaphysik als Schreckbild ins Spiel bringt oder nicht: Was spricht eigentlich in der Sache dagegen, mit Platon zu fragen, was wir denn meinen, wenn wir von Gerechtigkeit sprechen, oder mit Kant die Idee eines guten Willens zu bedenken – unabhängig von den im Besonderen zu lösenden Konflikten? Mit solchem Fragen nämlich beginnen wir an uns selbst zu arbeiten, anstatt bloß in selbstgerechter Weise, wenn auch im Machtkampf mit anderen ebenso selbstgerecht verfahrenden Parteien, den Realitäten Genüge zu tun. Wenn die von Nietzsche eingeführte „vornehme Seele" ihren Egoismus, der die Anerkennung mit ihr „Gleichberechtigter" durchaus erlaubt und einschließt, als „die Gerechtigkeit selbst" begreift und wenn von dieser Seele gilt, dass sie „ungern überhaupt nach ‚Oben' (blickt), – sondern entweder *vor* sich, horizontal und langsam, oder hinab: – *sie weiss sich in der Höhe*", liegt darin nicht eine ganz unangemessene Einschätzung der menschlichen Wirklichkeit? Selbst wenn die zum Ausdruck kommende unangefochtene Selbstgewissheit nur auf den von Nietzsche so genannten „höheren Typus ‚Mensch'" gemünzt ist, spricht sie überhaupt zu seinen Gunsten?[16] Warum nämlich belasten sich Menschen mit Fragen

---

16 Man könnte das Konzept der „vornehmen Seele" mit Nietzsche interessanter und überzeugender gestalten, als es in den Aphorismen des neunten Hauptstücks in *Jenseits von Gut und Böse* erscheint. Man hätte dann die am Beispiel Goethes exemplifizierte Weite einer solchen Seele zu betonen, die „so viel als möglich auf sich, über sich, in sich hineinnimmt" (GD Streifzüge 49). Entsprechend sagt Nietzsche, dass „der *höchste* Mensch [...] der Mensch wäre, welcher den *Gegensatz-Charakter des Daseins* am stärksten darstellte, als dessen Glorie und einzige Rechtfertigung" (NL 1887, KSA 12, S. 519); dazu eingehend: Reschke 2012. Goethe selbst freilich liegt die Anmaßung fern, die sich in Nietzsches Gedanken des großen Menschen als Maßstab der Dinge ausspricht (vgl. Reschke 2012, S. 520). Dies scheint Nietzsche auch anzuerkennen, wenn er, gegen das Aufstreben zum Höheren und Höchsten, das Goethe in der Schluss-Szene des *Faust* gestaltet, und gegen das aus ihr stammende Wort des Doctor Marianus „Hier ist die Aussicht frei, der Geist erhoben" (V. ¹1989–¹1990) einwendet: „Es giebt aber eine umgekehrte Art von Menschen, welche auch auf der Höhe ist und auch die Aussicht frei hat — aber *hinab* blickt." (JGB 286).

wie denen nach der Gerechtigkeit oder dem guten Willen, auch wenn die vorgetragenen Antworten strittig bleiben? Doch offensichtlich, weil sie die Notwendigkeit nicht gewaltsamer, eben intellektueller Auseinandersetzung über einige der Grundlagen unseres Lebens und seiner Gestaltung sehen, die sich anscheinend nicht einfach im Zuge eines durch Machtverhältnisse entschiedenen Streits der Meinungen gewinnen lassen.

Die Frage, ob es zum Beispiel einen Begriff der Gerechtigkeit gibt, der für den einzelnen Handelnden verbindlich ist ohne Rücksicht auf die spezifischen Machtverhältnisse, muss nicht von vornherein sinnlos sein. Aufs Äußerste zugespitzt wird diese Frage in Platons *Politeia* verhandelt. Angenommen, da ist ein Gut (*agathon*), das wir Gerechtigkeit nennen und das wir um seiner selbst willen lieben, nicht nur weil es im Austausch mit Anderen nutzbringend und vorteilhaft ist. Auch die mit ihm verbundenen Effekte seien nur die besten und preiswürdigsten. Dann müssten wir zeigen können, dass das Leben des Gerechtesten, der jedoch allen als der Ungerechteste gilt und entsprechend behandelt wird, dem Leben des Ungerechtesten, der aber allen als der Gerechteste erscheint und entsprechend gerühmt wird, dennoch vorzuziehen ist.

Dies Gedankenexperiment wird im Anschluss an die Geschichte vom Ring des Gyges entwickelt (*Politeia*, 359b ff.). Der Ring gewährt Gyges die Möglichkeit, sich unsichtbar zu machen, und erlaubt ihm deshalb, im Verborgenen zu tun, was immer ihm beliebt, „recht wie ein Gott unter den Menschen" (*Politeia*, 360c). Würde Gyges oder irgendjemand sonst diese Lizenz etwa nicht nutzen, um alle seine ansonsten durch die Macht von Recht und Gesetz in Schranken gehaltenen Bedürfnisse und Wünsche nach Herzenslust auszuleben? Und dabei kann er, selbst wenn er die abscheulichsten Schandtaten begeht, sogar den Schein des Gerechten erwecken und ist so auch noch in der Lage, alle Ehren und allen Ruhm zu genießen, den die Welt zu bieten hat. Wenn die Menschen, so wie sie sind, also überhaupt einen Begriff der Gerechtigkeit ausbilden und ihm Geltung verschaffen, dann doch offensichtlich allein, weil sie eben die Magie eines Allmacht verschaffenden Ringes nicht besitzen. Deshalb müssen sie mit Verhältnissen von Macht und Gegenmacht rechnen und sich auf diese einstellen. Genau darin wurzle die Entstehung und das Wesen (*ousia*) der Gerechtigkeit, die zur Einsetzung von Gesetzen führt und zum Institut des Vertrags. Geboren aus dem Geist klug verfahrender Schadensbegrenzung, eröffne sie den Spielraum zwischen dem Vortrefflichsten, das im zuverlässig straflosen Tun des Unrechten bestehe, und dem Übelsten, das im Erleiden des Unrechten ohne Möglichkeit der Genugtuung liege (*Politeia*, 358e–359b). So argumentieren die Sophisten, und die Affinität ihrer Position zu der von Nietzsche vertretenen ist evident. Auch ist klar, dass hier von Gerechtigkeit als etwas, das intrinsisch und unabhängig vom Machtkalkül gut wäre, nicht die Rede sein kann. Im Gegenteil ist die Gerechtigkeit der Macht in diesem Modell zu Diensten, indem sie ihr die Klugheit beigesellt. Haben also doch die Macht und entsprechend die Philosophie der Macht das letzte Wort?

Platons Sokrates nimmt die beschriebene und von Glaukon vorgetragene Herausforderung an. Es stellt sich heraus, dass er einen Begriff der Gerechtigkeit explizieren kann, der intrinsisch gut und verbindlich ist. An zwei Untersuchungsgegenständen, im Großen der Verfassung der Stadt und im Kleinen der Verfassung des einzelnen Menschen,[17] zeigt Sokrates, dass sie dann gerecht zu nennen sind, wenn die in ihnen jeweils wirksamen Kräfte so geordnet sind, dass jede das Ihrige verrichtet (*Politeia*, 432b–441e). Das Entscheidende, das hier nur grob angedeutet werden kann, ist die Idee einer Ordnung der verschiedenen Kräfte und der mit ihnen verbundenen Energien, die Zusammenstimmung (*xymphonia*) und Freundschaft (*philia*) unter ihnen stiftet. Das, was die Reflexion als vernünftig für das Ganze erweist, soll herrschen, und ihm sollen sich alle Lebenskräfte fügen. Darin liegt eine Befreiung, die über den Zwang zum stetigen Mehrhabenwollen (*pleonexia*) und über den endlich-unendlichen Kreislauf der Behauptung, Sicherung und Steigerung von Macht hinausführt. Harmonie und Maß, die mit der Einsicht wachsen, erscheinen demgegenüber als Grundlagen des gerechten und darin auch glücklichen Lebens. Dass der Gerechteste, als der nach Platon zweifelsohne Sokrates anzusehen ist, von denjenigen, denen er den Weg zur Befreiung aufzeigen möchte, getötet wird – wovon vorausdeutend im Höhlengleichnis die Rede ist (*Politeia*, 517a) –, muss nicht gegen diese Einschätzung sprechen.

Die Suche jedenfalls nach dem, was gerecht und ungerecht auch jenseits der Ausbalancierung der in je bestimmten Machtverhältnissen wirksamen Kräfte bedeuten könnte, hat ihren Wert. Er besteht genau wie mit Blick auf andere Vernunftbegriffe darin, sich über das eigene Selbstverständnis und eine ihm entsprechende Einrichtung und Gestaltung des Lebens Klarheit zu verschaffen. Dass hier weder Fanatismus noch Dogmatik im Spiel sein müssen, wie Nietzsches Identifizierung solcher Selbstverständigung mit der Sehnsucht nach einer „wahren Welt" suggeriert, zeigen nicht zuletzt die häufig ergebnisoffenen Dialoge Platons. Dieses, was schon Sokrates Selbsterkenntnis nennt und was die Griechen für ein göttliches Gebot hielten, *gnōthi seauton*, zielt auf nichts anderes als die Prüfung der Orientierungen menschlichen Lebens.

Dass die Fähigkeit zu und das Bedürfnis nach solcher Orientierung gegeben ist, lässt sich schon an ihrem buchstäblichen, und das heißt im Raum situierten Vollzug demonstrieren. Seit je haben sich die Menschen nicht damit zufrieden gegeben, sich allein im jeweils nächstliegenden Umfeld zurechtzufinden – etwa

---

17 Zum Motiv der Einführung dieser beiden Untersuchungsgegenstände vgl. *Politeia*, 368c–369a.

um ihren Geschäften in bestmöglicher Weise nachzugehen. Von Beginn an haben sie auch auf ein Ganzes ausgegriffen, vom Ganzen der Erde und ihrer Bewohner bis hin zur Unermesslichkeit des Universums, um sich im Rahmen solcher Horizonte in einem allgemeineren und vom Tagesgeschäft und seiner Bewältigung unabhängigen Sinn zu positionieren. Es ist ersichtlich, dass diese zusätzliche Perspektive einen neuen und anderen Blick auf die eigene Existenz erlaubt, der sie in ihrem Selbstverständnis nicht unberührt lässt.

Analog verhält es sich mit den im Denken wirksamen Orientierungen. Auch dort beschränken die Menschen sich nicht auf das Nächstliegende, die aktuellen Konflikte und die hier und jetzt zu meisternde Situation, in denen man sich zurechtfinden muss. Auch im Denken nehmen wir uns heraus, das Ganze ins Auge zu fassen: indem wir zum Beispiel grundsätzlich Fragen nach Gerechtigkeit und Ungerechtigkeit, nach Verantwortung und Schuld, nach Vergebung und Strafe und dergleichen mehr stellen und uns sogar im Verhältnis zur Vorstellung eines Göttlichen zu begreifen suchen, indem wir uns mit ihm konfrontieren. Es versteht sich, dass auch in dieser Sphäre gilt: Sie eröffnet Horizonte des Denkens, die über die Beurteilung und Behandlung der Dinge nach Maßgabe nur situativ einzuschätzender Kräfte- und Machtverhältnisse unendlich hinausgreifen. Und es ist evident, dass diese zusätzliche Perspektive einen neuen und anderen Blick auf die menschliche Existenz und ihre Position erlaubt, der Folgen für ihr Selbstverständnis hat. Nicht von ungefähr spricht Platon in diesem Zusammenhang von *periagōgē*, Umwendung.[18]

Sollten wir nun aber diese Dimension der Betrachtung, die gegenüber der direkten und direkt wirksamen Ausrichtung auf die endlichen Konstellationen unseres Lebens seltsam verquer erscheint, suspendieren und über Bord werfen? Nichts Geringeres, so sieht es aus, möchte Nietzsche empfehlen. Nachdem die Geschichte der Metaphysik mit Platons Idee einer „wahren Welt" begonnen habe, die für den Weisen, den Frommen und den Tugendhaften auch als erreichbar gegolten habe,[19] müssten wir ihr heute den Abschied geben: „Die ‚wahre Welt' – eine Idee, die zu Nichts mehr nütz ist, nicht einmal mehr verpflichtend, – eine unnütz, eine überflüssig gewordene Idee, *folglich* eine widerlegte Idee: schaffen wir sie ab!" (GD Fabel; KSA 6, S. 81)

Es sollte jedoch deutlich geworden sein, dass wir bei solcher Reduktion der Horizonte des Denkens auf die Aspekte des Endlichen und Vorläufigen, des in

---

18 *Politeia*, 515c, 518d–e.
19 Dass zum Beispiel die Gerechtigkeit oder ein in vollkommener Weise „gerechter Mensch" jemals Wirklichkeit und damit „erreichbar" sein könnten, wurde von Platon selbst allerdings nicht angenommen. Wir können und müssen zufrieden sein, solchen Mustern (*paradeigmata*) nahe zu kommen. Vgl. *Politeia*, 472b–d.

den Spannungsverhältnissen von Macht und Gegenmacht Hervortretenden und nur situativ Gültigen, die Nietzsche hier als Inbegriff der uns angehenden Welt vermutlich vor Augen stehen, auch unendlich viel zu verlieren haben. Und es könnte sich sogar herausstellen, dass Nietzsche selbst am Ende auf Orientierungen gar nicht verzichten mag, die über diese Sphäre der endlichen Konflikte, Siege und Niederlagen hinausweisen. Ein Indiz dafür ist, dass er beispielsweise am *Ideal* der Freundschaft durchaus festgehalten hat.[20]

Literaturverzeichnis

Gerhardt, Volker (1996): *Vom Willen zur Macht: Anthropologie und Metaphysik der Macht am exemplarischen Fall Friedrich Nietzsches*. Berlin/New York: De Gruyter.

Goethe, Johann Wolfgang (1977): „Maximen und Reflexionen". In: *Artemis-Gedenkausgabe der Werke Goethes*, Bd. 9, Zürich: Artemis, S. 497–664.

Himmelmann, Beatrix (2001): „Gleichheit und Differenz: Nietzsches Gerechtigkeitsbegriff im Licht einer aktuellen Debatte". In: Seelmann, Kurt (Hrsg.): *Nietzsche und das Recht*, Stuttgart: Franz Steiner, S. 85–92.

Kant, Immanuel (1911): „Grundlegung zur Metaphysik der Sitten". In: *Kants gesammelte Schriften*. Akademie-Ausgabe, Bd. 4, Berlin: Reimer (De Gruyter), S. 385–463.

Kouba, Pavel (2001): *Die Welt nach Nietzsche. Eine philosophische Interpretation*. München: Wilhelm Fink.

Politeia: Platon: „Der Staat". In: *Werke in acht Bänden*, griechisch und deutsch (griechischer Text von Émile Chambry, deutsche Übersetzung von Friedrich Schleiermacher), hrsg. von Gunther Eigler, Bd. 4, Darmstadt: Wissenschaftliche Buchgesellschaft 1990.

Reginster, Bernard (2008): *Affirmation of Life: Nietzsche on Overcoming Nihilism*. Cambridge, MA: Harvard University Press.

Reschke, Renate (2012): „‚[...] so beginnt die Philosophie mit einer Gesetzgebung der Größe'. Größe in philosophischer, ästhetischer und kulturkritischer Sicht bei Friedrich Nietzsche". In: Caysa, Volker/Schwarzwald, Konstanze: *Nietzsche – Macht – Größe*. Berlin/Boston: De Gruyter, S. 29–50.

van Tongeren, Paul (2014): „Friendship and Nihilism". Vortrag vom 07.01.2014 auf der Tagung *„Mit Nietzsche nach Nietzsche": 125 Jahre nach Turin. Offene, internationale Tagung des Kollegs Friedrich Nietzsche*, Weimar, 5. bis 8. Januar 2014.

---

20 So Paul van Tongeren in einem in Weimar gehaltenen Vortrag (van Tongeren 2014).

Martin A. Völker

Zur Vorgeschichte des Übermenschen: Literarischer Paracelsismus bei Woldemar Nürnberger (1817–1869)

Rettet euren Genius! soll den Leuten zugerufen werden, befreit ihn! Thut alles, um ihn zu entfesseln. (NL 1875, KGW IV/1, S. 167)

Einem erhabenen Alpengebirge gegenüber sitzt der alte Scheidekünstler, zur Linken seine Werke, und über den Bergen flammt glühende Morgenröthe empor, verkündend einen Tag der Wahrheit und Klarheit: holdselige, weibliche Gestalten sollen es nun die Musen sein oder gar wunderbare Elementargeister in anmuthigster Erscheinung, Undinen, Sylphen und Saganen wandeln schwebenden Fußes darüber her. (Nürnberger 1847a, S. 48)

Im Sommer 1830 überdenkt Heinrich Heine (1797–1856) auf der Insel Helgoland sein bisheriges Leben. Er lässt die publizistischen Anstrengungen Revue passieren, die er bis dahin unternommen hatte, um die „armen Mitdeutschen" aus ihrer Behaglichkeit zu reißen und „in die Bewegung hineinzuhetzen" (Heine 1995, S. 353). Seine zur Schau gestellte Niedergeschlagenheit resultiert aus der Überzeugung, den literarischen „Guerillakrieg[]" (Heine 1995, S. 353) anführen zu müssen, und dem bitteren Eingeständnis, dass sich alle verfügbaren Kräfte, die er angewandt hatte, als unzureichend erwiesen haben. Die politische Krise wird zu einer persönlichen Niederlage. Die Freiheit stellt sich als ein „böser Traum" (Heine 1995, S. 357) heraus. Verzweiflung zieht die Suche nach Erbauung nach sich, und der „heimliche Hellene" Heine liest die Bibel. Er sinnt der Heilsgeschichte nach und problematisiert mit der Nachfolge Christi das einseitige Streben nach Vergeistigung. „Ein großes Heilmittel", schreibt er, „liegt in der politischen Bewegung und in der Kunst" (Heine 1995, S. 359). Die nach Helgoland dringenden Nachrichten über die revolutionären Ereignisse in Paris versetzen den Deprimierten, der die Erfolg versprechende Kur kennt, in Euphorie. Der Himmel hängt nun voller Geigen, die See duftet nach frisch gebackenem Kuchen, neuer Mut keimt in ihm auf, die Sehnsucht nach Ruhe ist vergessen. Der alte Kampfgeist ist geweckt, aber das durch die Julirevolution ausgelöste Hochgefühl währt nur kurz. Heines Einschätzung der Weltverhältnisse, zu der er auf Helgoland gelangt, erweist sich als bleibend: „[O]bgleich ich mich marterte für das allgemeine Heil, so wird doch dieses wenig dadurch gefördert. Die Welt bleibt, nicht im starren Stillstand, aber im erfolglosesten Kreislauf." (Heine 1995, S. 368)

Exemplarisch beschreibt Heine das den Vormärz-Autoren eigene unentwegte Schwanken zwischen Hoffnung und Resignation sowie eine verzweifelte Sinnsuche, die ihn aus dem gesellschaftlichen Geschehen in die Religion, in die Kunst und wieder zurück führt. Die gescheiterte Revolution des Jahres 1848 verstärkt das Gefühl, einem in Wahrheit bösen Weltgeist ausgeliefert zu sein, und begünstigt jenen tief gehenden und irreversiblen Pessimismus, der das Œuvre des heute kaum bekannten Woldemar Nürnberger durchzieht (vgl. Völker 2010, S. 662f.). Dieser in der ostbrandenburgisch-neumärkischen Stadt Landsberg an der Warthe beheimatete Arzt und Schriftsteller behandelt das rastlose Streben nach Erkenntnis und Erlösung, an dessen Ende stets der Homo patiens steht: der Mensch in Not, die auf ihre Ängste und ihre Verzweiflung zurückgeworfene Kreatur. Theodor Storm (1817–1888), der größte Bewunderer Nürnbergers, nennt dies 1878 das „Faustische Element", das sich nicht allein auf den literarischen Stoff bezieht, sondern das als „Faktor der Dichtung" in Betracht kommt (Storm 1913, S. 93). Storm weist in diesem Zusammenhang auf Nürnbergers Gedichtsammlung *Bilder der Nacht* (1852) hin, in der variantenreich das ewige Ungenügen, die Unbefriedigtheit und das Verlorensein geschildert werden und in der Nürnberger nach Storms Auffassung wie kein anderer mit der „Fackel seiner Poesie von der alltäglichen Oberfläche in Tiefen und Abgründe der Menschenbrust und des Menschenlebens hinableuchtet" (Storm 1913, S. 94).

Das Faustische als „Faktor der Dichtung" beinhaltet das Versagen der Religion als Trostspenderin und Medium der Transzendenz. In den *Bilder[n] der Nacht* erzählt Nürnberger die Geschichte eines Priesters, der seiner Gemeinde „das Nichts des Lebens [...] enthüllt" und der, während er die titelgebende Zeile „Leicht kann der Tod Euch treffen" auslegt, von einem herunterfallenden Altarbild, von dem „Bildniß des Salvator [des Erlösers]", erschlagen wird (Nürnberger 1852a, S. 67). Dass Erfüllung und Erlösung dem Menschen unmöglich sind, wird in dem Nachtstück *Pontius und Pilatus* (vgl. Nürnberger 1852b) deutlich: In der Nacht erwacht der jugendliche Pontius, ein vom Leben jenseits der Klostermauern magisch angezogener Mönch. Für einen Moment spielt er mit dem Gedanken, seiner Kirche den Gehorsam und die Gefolgschaft zu verweigern. Das in ihm aufkeimende Verlangen nach „Herzen", „Lippen" und „Armen", das die Kirche als sündhaft und teuflisch einstuft, stellt für ihn ein genuin menschliches und deshalb anzuerkennendes Bedürfnis dar:

> Ein lichter Engel schläft die holde Welt,
> [...]
> O dreimal Heil dem! der nicht heilig ist,
> Gesegnet der, so der Versuchung unterliegt,
> Und nennt er's auch des bösen Satans List,
> Nennt's eine Schlang', die giftig ihn umkreist.
> (Nürnberger 1852b, S. 20)

Die Szenerie wechselt, und vor dem Leser taucht Pilatus auf:

> Ein wilder Abenteurer, der genoß,
> Was immer nur im Leben zu genießen,
> Aus jedem Becher trank, der sich ergoß,
> Und alle Rosen pflückte, die da sprießen,
> Der Alles that, was nur zu thun gewährt,
> Dem Alles ward, was immer er begehrt.
> (Nürnberger 1852b, S. 21)

Außer sich vor Enttäuschung stürzt er sich, die Welt verfluchend, von einer Klippe. Es ist gewiss, dass sich Pontius früher oder später zu einem Pilatus wandelt und das Leben in und außerhalb des Klosters vollkommen misslingt. Nürnberger weist auf die existenzielle Qualität der Redensart „Von Pontius zu Pilatus laufen" hin. Zwischen beiden gibt es keinen Weg, da Pontius und Pilatus identisch sind. Egal wie er es anstellt, der Mensch läuft ins Leere, seine beschränkten Kräfte erschöpfen sich in ziel- und sinnloser Bewegung.

Der Hoffnungslosigkeit entspricht eine Kunst, die ihre von der Religion übernommene Heilsfunktion eingebüßt und ihr Humanitätsideal verloren hat. In der Dichtung *Undinentänze* (vgl. Nürnberger 1852c) erwartet der Protagonist die nächtlichen Wassergeister. Ihre Schönheit beflügelt die Fantasie, sie werden als pure Poesie wahrgenommen. Der ersehnte Undinenkuss hat allerdings schwerwiegende Folgen, denn er bringt die Untauglichkeit für das Leben mit sich:

> Kein Glück und kein Gelingen krönt fürder meinen Plan,
> Kein Ende, kein Vollbringen wird dem, was ich begann!
> (Nürnberger 1852c, S. 56)

Die künstlerische Inspiration, die der Erzähler dem Einfluss der Undinen verdankt, ist eine entsprechend infernalische. Die Einheit des Schönen, Wahren und Guten ist zerschlagen.

1906 gibt der Wiener Schriftsteller Peter Altenberg (1859–1919) die Losung aus: „*Ästhetik ist Diätetik! Schön ist, was gesund* ist. Alles andere ist teuflische Irrlehre!" (Altenberg 1906, S. 128) Bei Nürnberger hat die teuflische Irrlehre die ästhetisch gesetzte Norm und Normalität verdrängt. Die Behandlung des Ungesunden, Hässlichen und Verzerrten entspricht dem Leben in einer absurden Epoche. Nürnberger bestimmt seine Zeit als Übergangsperiode:

> Noch ist der Durchgangs-, der Modificationsprozeß nicht vollendet, und es lassen sich die Nüançen der neuen Gestaltungen noch nicht absehen. Am Ende befinden sich die socialen Zustände im Allgemeinen in einem solchen Durchgangs- und Modifikationsprozeß; denn

daß die neue Zeit vollständig vorbereitet ist: daß nur noch einige Stützen, Keile und Blöcke wegzuhauen sind, um das Schiff frank und frei hinabtanzen zu lassen, dürfte wohl kaum bezweifelt werden. Daher das Schwüle, das Unbehagliche in den Verhältnissen wie in der Stimmung des Einzelnen; das Verzerrte, das wahnsinnig, das kindisch Uebereilte: das unbestimmt, rastlos Suchende, sich ziellos Abquälende und Abmühende: daher das höhnisch Genießende, und im höhnischen Genuß bübisch Prahlende und Triumphirende: daher die verödete, lieblose Uebersättigung, die teuflisch raffinirte Genußsucht. Wüst und dunkel umwölkt ist der Horizont: brächen sie nur erst los, die verhaltenen Schläge: wenn doch einmal zerstört ist, was zu zerstören war, das heißt unterlockert, unterminirt: besser schauen beim bleichen Zucken zahlloser Blitze, als fortleben, fortvegetiren in der schwülen Nacht trostloser Erwartung. – – – (Nürnberger 1858a, S. 298 f.)

Die letzten Zeilen erinnern an Heine, der seine Zeitgenossen aus ihrer Behaglichkeit reißen will. Nürnberger geht jedoch ungleich radikaler vor, wenn er die Lust an der Zerstörung und das sardonische Lachen zu integralen Bestandteilen einer der Situation angemessenen Dichtungsart und Lebensweise macht. Helgoland ist bei ihm folglich nicht die mit politischem Symbolgehalt aufgeladene Insel, auf der August Heinrich Hoffmann von Fallersleben (1798–1874) 1841 das *Lied der Deutschen* dichtet. In Nürnbergers *Geschichte von der bleichen Aurora* (vgl. Nürnberger 1858b) ist sie der Lebensraum entmenschter Geschöpfe, die dem Wahnsinn anheimfallen und im Leben stehend vom Tod gezeichnet sind. Inmitten einer albtraumhaften Szenerie suchen sie das Glück, das sich stets als Büchse der Pandora entpuppt. Eine Bestie mit dem Namen Hans bzw. Hänschen, die ihrem Gefängnis entflieht und von den Insulanern ermordet wird, klagt in Todesangst ihren Schöpfer an:

Warum erschufst du mich? Daß Du Dich weidest an meinem Sterben! Mein Blut ist Blut, und mein Nerv ist Nerv, und mein Schmerz ist Schmerz! Warum erschufst Du mich als einen Verfluchten, Verwünschten, Verzauberten! (Nürnberger 1858b, S. 92)

Dieser Ausspruch radikalisiert die biblische Klage Jesu im Evangelium nach Markus: „Mein Gott, mein Gott, warum hast du mich verlassen?" (Mk 15, 34), weil die Gottverlassenheit bei Nürnberger nicht wie in den Psalmen in Heilsgewissheit umschlägt (vgl. Ps 22, 1–32). Die Hoffnung, dass Gott den Menschen findet, noch bevor der Mensch Gott zu suchen beginnt, hat sich erledigt. Der Vorstellung von einem liebenden Gott erscheint unrechtmäßig. Gott muss ein Sadist sein, vorausgesetzt, er existiert.

In der Verzweiflung projiziert Heine seine Hoffnungen auf Persönlichkeiten, die allen Widerständen trotzend in das Weltgeschehen eingegriffen haben. Auf der Insel Helgoland denkt er an Napoleon (1769–1821), Goethe (1749–1832) und Shakespeare (1564–1616), in Cuxhaven an Martin Luther (1483–1546) und Thomas

Müntzer (um 1489–1525). Diese Gestalten kommen ihm in den Sinn, weil sie sich nicht wie die übrige Menschheit nach den Gesetzen von Ebbe und Flut bewegten (vgl. Heine 1995, S. 369), sondern sie das Unmögliche gewagt und den Kampf mit den scheinbar festgefügten Elementen aufgenommen haben. Bei Nürnberger lässt sich eine ähnliche Suche nach titanenhaften Gestalten feststellen, die ihre Zeitgenossen herausfordern, indem sie tradierte Grenzen überschreiten und sanktionierte Lebensentwürfe hinter sich lassen. Aber anders als bei Heine erscheinen sie bizarr, sie zeichnen sich durch extreme Verhaltensweisen und eine gewisse Verkommenheit aus, deretwegen man sie ächtet. Je größer die Verachtung, die man ihnen entgegenbringt, desto mehr Bewunderung verdienen sie offenbar in den Augen Nürnbergers. Die Verachtung der Mehrheit unterstreicht die Größe des Genies.

Theophrast von Hohenheim (1493–1541), genannt Paracelsus, bietet sich in dieser Hinsicht als literarische Figur geradezu an, und zwar nicht allein deshalb, weil er wie Nürnberger Arzt war (vgl. Dallett 1984). Paracelsus repräsentiert für Nürnberger den „tiefen Schmerz des Nichtverstandenseins" und wird auf diese Weise zum Antipoden einer alles nivellierenden, alles nach ihrem Bild umschaffenden Gegenwart (Nürnberger 1847a, S. 47).

In zwei Texten, gearbeitet nach Quellen (vgl. Rixner 1829), eignet sich Nürnberger Paracelsus literarisch an: 1847 schildert er in der Erzählung *Zertrümmerter Genius* (vgl. Nürnberger 1847a) die letzten Lebenstage des Gelehrten in Salzburg anhand der fiktiven Tagebuchaufzeichnungen seines Schülers Olavius Severinus. 1854 erscheint die Novelle *Die Fahrt zur Königin von Britania* (vgl. Nürnberger 1854), die 1863, integriert in den Alchemisten-Roman *Diana-Diaphana* (vgl. Nürnberger 1863), erneut veröffentlicht wird (vgl. Nürnberger 1863, Bd. 2, S. 199–260 sowie Bd. 3, S. 68–93 und S. 252–260). Die von Nürnberger beschriebene paracelsische Lebensweise spricht jedem diätetischen Ansatz Hohn, Paracelsus' Verhalten lässt jede Etikette vermissen, es ringt eher dem Teufel als seinen Mitmenschen Lob ab (vgl. Nürnberger 1847a, 28 f.). Seine Gegner behaupten, er sei ein verworfenes Subjekt, „ein Schwein" mit dem äußeren Erscheinungsbild „eines Krämers oder Fuhrknechtes" (Nürnberger 1847a, S. 15). Nürnberger beschreibt Paracelsus als einen Trinker, der nach durchzechter Nacht nur dadurch zu wecken ist, indem man ihm eine Stunde lang Schimpfnamen ins Ohr ruft. Er ist ein Furcht einflößender Leuteschinder (vgl. Nürnberger 1847a, S. 22), in dessen Nähe man seines Lebens nicht sicher sein kann, ein Choleriker, der mit Berserkerwut in seinem Laboratorium arbeitet (vgl. Nürnberger 1847a, S. 6). Die außerhalb der Gesellschaft lebenden Zigeuner nennt er seine Freunde. Frauen und Sexualität lehnt er ab, weil ihn beides an das Tierische und Stoffliche ketten würde. Paracelsus umgibt sich mit der Aura des Geweihten und Auserkorenen. „Niemand mag zween Herren dienen, und der eine Leib muß weg" (Nürnberger 1854, S. 45), lässt Nürnberger ihn sagen. „Hätten die Apostel wollen mit ihren Ehefrauen leben, zu Markte fahren, Provisionen, Pensionen, Salarien und Stipendien einnehmen, so hätte Christus nichts mit ihnen ausgerichtet." (Nürnberger 1854, 45 f.) Seinen Gehilfen Severinus tadelt Paracelsus scharf, weil er Anna Dryander bzw. Baumann, die Tochter eines Kirchendieners, liebt:

> Satanischer Nebulo und gotteslästerlicher Helluo [...] also auch Er macht sich mit dem Mikrokosmus, den Wir das Weib nennen, zu thun, und legt der Dirne da die Hand auf die Schulter, als wär's der Deckel von der Schmelzpfanne! [...] Da muß eine Seele sein, keusch und klar wie der Born im Felsen; da muß ein Auge sein, nicht verblendet von der Höllengluth der Leidenschaft, der Neigung zum Weibe! [...] Ich für meinen Theil stehe in den Vierzigern, aber noch nimmer hat meine Hand eines Weibsen Hand berührt, es sei denn der Krankenden oder auf dem Secirsaal, und auch dann brauchte ich mannigfach aromatische Mixturen, um des bösen Wesens los zu werden, und der Kerl hier steht mit der Dirne am hellen Tage da, und schaut sie an, als wollt Er sie hinunterschlukken gleich einer Honig-Latwerge! (Nürnberger 1847a, S. 18 f.)

Nürnbergers Paracelsus-Bild entspricht den Aussagen des Johannes Herbst bzw. Oporinus (1507–1568), den der an die Basler Universität berufene Paracelsus 1527 als Famulus annimmt (vgl. Steinmann 1967, S. 3). Paracelsus sei ein Mann gewesen, mit dem man nicht zusammenleben konnte, schreibt Oporinus rückblickend (vgl. Steinmann 1967, S. 4 f.). Er habe bei ihm jede Frömmigkeit und Gelehrsamkeit vermisst. Paracelsus sei selten nüchtern gewesen, er war ein Angst einflößender und verschwendungssüchtiger Grobian. Manchmal erschien er ihm als ein seine Umgebung täuschender Schwätzer, manchmal als begnadeter Heiler. Oporinus schrieb die Vorlesungen seines Meisters nach und übersetzte dessen Texte ins Lateinische. Vergeblich hoffte er darauf, durch ihn rasch und umfassend mit der Medizin und Chemie vertraut zu werden (vgl. Steinmann 1967, S. 3). Die Enttäuschung, die aus Oporinus' Schilderung spricht, bezieht sich aber hauptsächlich auf das Idealbild eines Gelehrten, dem Paracelsus nicht entsprach, nicht entsprechen wollte. Paracelsus verkörperte das Gegenteil des von Oporinus gesuchten vorbildlichen Humanisten.

Nürnberger verstärkt den Eindruck, den man aus Oporinus' Darlegung gewinnt, dennoch avanciert Paracelsus bei ihm zu einer positiv besetzten Figur. Nürnberger münzt die Makel und Laster in Tugenden um und degradiert Oporinus zu einer missliebigen Person. Der Famulus wird als ein schurkenhafter Trunkenbold dargestellt (vgl. Nürnberger 1854, S. 80), der seinem Meister um jeden Preis die vermeintlichen Geheimnisse abjagen will, obwohl er ihm an Intellekt und praktischen Fähigkeiten hoffnungslos unterlegen ist. Sein Übermut und seine Unachtsamkeit lassen Oporinus vom Rand eines Schiffes, auf dem er wie ein Artist balanciert und gymnastische Übungen vollführt, abrutschen und in die Brandung stürzen. Das Ableben seines Gehilfen kommt Paracelsus gelegen, es erscheint ihm als „ein Wink des Himmels" (Nürnberger 1854, S. 91), weil er vorher bereits den Entschluss gefasst hatte, seine Gunst einem anderen Famulus zu schenken. Vergleicht man den hybrishaften, durchtriebenen und verlachenswerten Famulus bei Nürnberger mit dem wahren Oporinus, der in späteren Jahren in Basel als Buchdrucker wirkt und voller Dünkel auf Paracelsus herabsieht, so ist eine inhärente Humanismus-Kritik zu erkennen: die Gesittung der Humanisten und ihre gepflegten Umgangsformen sind Fassade. Nürnbergers Paracelsus lässt sich nicht vereinnahmen und verteidigt seine Unabhängigkeit. Seine Arroganz und seine Rohheit fungieren als Schutzschild, mit dem er sich nichtswürdige Menschen vom Leib hält. Seine Kenntnisse erwecken Neid und Missgunst. Sein Außenseitertum provoziert. Deshalb wird er in Nürnbergers Erzählung *Zertrümmerter Genius* im Auftrag angesehener Bürger ermordet, die mit dieser Tat ihr wahres Wesen enthüllen. Der Humanismus, der dem Einzelnen und seiner Andersartigkeit wenig Raum lässt und eine aggressive Tendenz beinhaltet, hat für Nürnberger seine Unschuld und damit seine Glaubwürdigkeit verloren.

Die Humanismuskritik beschränkt sich nicht auf eine bestimmte Epoche, sie geht nahtlos in eine Kritik der aufklärerisch geprägten Moderne über. Johann Christoph Adelung (1732–1806) weist Paracelsus eine zentrale Rolle in seiner *Geschichte der menschlichen Narrheit* (7 Bde., 1785–89) zu (vgl. Adelung 1789, S. 189–364), und ausgerechnet dieser, im aufklärerischen Sprachgebrauch, „philosophische Unhold" lockt bei Nürnberger die „würdevollen" Gelehrten und „guten" Bürger aus der Reserve.

Mit der Figur des Paracelsus greift Nürnberger gezielt ein vorhandenes Feindbild auf. Indem er es weiter ausgestaltet, durchkreuzt er die auf eine seichte und sentimentale Elementargeisterdichtung abgestimmte Lesererwartung. In diesem Punkt knüpft er dort an, wo der heute unbekannte Berliner Schriftsteller Gustav Nicolai (1795–1868) aufgehört hatte. In seinem Roman *Die Geweihten oder der Kantor von Fichtenhagen* (2 Bde., 1829) persifliert Nicolai die in der Salonkultur seiner Zeit verankerte romantische Sehnsucht nach dem Wunderbaren und Fantastischen, die sich zwar thematisch an Paracelsus anlehnt, sich aber emanzipiert und sukzessiv im Trivialen verliert. Nicolais Romanfigur Ambrosius Nistel schreibt ein Libretto mit dem Titel „Der klingende Duft", ein allegorisch-zauberisches Werk, in dem sich alles um „Luft und Duft, um singen und klingen, um ahnen und sehnen" (Nicolai 1829, Bd. 1, S. 257) dreht. Nistel lässt Vertreter der belebten Naturreiche auftreten: Wasser-, Luft- und Erdgeister, Gnome, Salamander, Undinen. Nicolai verspottet ein als Poesie missverstandenes Wortgeklingel und kontrastiert die dichterische Esoterik mit dem bürgerlichen Alltag und den basalen Lebensphänomenen. Die Hauptfigur Graupner will seiner Angebeteten Nistels Text vortragen, aber die Liebeserklärung endet in einem Desaster: Als der liebestolle Graupner vor Schönlottchen auf die Knie geht macht sich der zuvor genossene Grünkohl bemerkbar (vgl. Nicolai 1829, Bd. 2, S. 140). Der „klingende Duft" erhält eine prosaische, gänzlich unidealische Note. Im Zeichen einer sich herausbildenden realistischen Kunst kritisiert Gustav Nicolai die märchenhafte, mystisch-ästhetische Traditionslinie, die von Nicolas Montfaucon de Villars (1635–1673) und seiner romanhaften Darstellung *Le Comte de Gabalis, ou Entretiens sur les sciences secrètes* (1670) zu Christoph Martin Wieland (1733–1813) und dessen Gedicht *Oberon* (1780) führt und auf Novalis (1772–1801) zuläuft.

Woldemar Nürnberger fühlt sich ebenso wie Nicolai berufen, die Dichtkunst vom Himmel auf die Erde zurückzuholen. Nicht das rosa umwölkte Reich der Naturgeister und poetischen Ideen, sondern Paracelsus selbst, dem er eine außergewöhnliche sinnliche Präsenz verschafft, steht im Zentrum seiner literarischen Arbeit. Ihr Ausgangspunkt ist Paracelsus' Schädel. Der Arzt Nürnberger weist in der Einleitung seines *Zertrümmerten Genius* auf den Bericht des Samuel Thomas von Sömmerring (1755–1830) hin (vgl. Nürnberger 1847a, S. 4), der den Kopf des Gelehrten 1812 untersucht hatte. Sömmerring entdeckte eine Fissur, die ihn darauf schließen ließ, dass Paracelsus an den Folgen eines Sturzes verstorben sei. Das Gerücht eines gewaltsamen Todes erhielt damit neue Nahrung, und Nürnberger formt aus diesem Untersuchungsergebnis die zeit- und gesellschaftskritische Geschichte eines Mordes.

Trotz seiner „rauhen Beredtsamkeit" (Nürnberger 1854, S. 39f.), seiner Arroganz und seines schlechten Betragens geht von Paracelsus eine große Faszination aus. Er besitzt die Fähigkeit, geisterhafte Gestalten hervorzubringen und wieder verschwinden zu lassen (vgl. Nürnberger 1847a, S. 10–13), wenngleich kaum zu entscheiden ist, ob die albtraumhaften Erscheinungen der Retorte entspringen oder ihre Wahrnehmung dem Alkohol zuzuschreiben ist. Der misshandelte Famulus Severinus hält nicht nur deshalb an seinem Herrn fest, weil Paracelsus imstande ist, Gold herzustellen, sondern weil der Weg dorthin als ersehnte Teilhabe an einer überirdischen Erkenntnis und an einem allumfassenden Wissen interpretiert wird. Paracelsus unverständliche Sprache lässt erahnen, dass er das Festgefügte trennen und wieder verbinden kann. Das alchemistische *Solve et Coagula* zeigt an, dass er im Gegensatz zu den profanen Menschen den Elementen nicht hilflos ausgeliefert ist:

> Schaust Du den Tempel des Götterhauses, da drinnen die sich badende philosophische Königin weilt; der philosophische König ersteht aus dem Brautbett der krystallenen Gattin, strahlend wie ein Karfunkel! Die zwölf Arbeiten sind gethan! es ist die Coagulation aus des Löwen rosenfarbenem Blute und von des Adlers weißen Gluthen! (Nürnberger 1847a, S. 17)

Paracelsus' Herrschaft über die Elemente konterkariert die durch die instrumentelle Vernunft bewirkte industrielle Beherrschung und Ausnutzung der Naturkräfte in der Gründerzeit (vgl. Zimmermann 1859).

Nürnberger schreibt, dass Paracelsus den Leser in die „*spagyrischen* Tiefen" (Nürnberger 1854, S. III) blicken lässt. Zudem könne er „über den Sternen" (Nürnberger 1847a, S. 41) wandeln. Wie kein anderer Mensch füllt Paracelsus den Raum zwischen Himmel und Erde vollkommen aus. Er bedient die Sehnsucht nach der mystisch-religiösen Ganzheitserfahrung, nach dem als beglückend erfahrenen Ineinandergreifen von Mikrokosmos und Makrokosmos. Nürnbergers Paracelsus schreibt sich eigenmächtig in die Geschichte der Heiligen ein, indem er sein Rezept zur Transmutation der Metalle in einen Folianten mit Predigten des Augustinus (354–430) einträgt (vgl. Nürnberger 1854, S. 40). Nürnberger macht Paracelsus zu einer modernen Erlösergestalt, die wie der Sohn Gottes verfolgt und ermordet wurde, und auf die man in einer Zeit „als Ausdruck einer Entwickelungsperiode, eines neuen Zustandes der menschlichen Dinge" (Nürnberger 1847a, S. 50) zurückblicken muss. Paracelsus, dieser im übertragenen Sinne „gekreuzigte Genius" (Nürnberger 1847a, S. 51), verdient einen Nachruhm, der dieser hohen Bedeutung entspricht. Ein steinernes Denkmal zu seinen Ehren und Nürnbergers eigene schriftstellerische Aneignung fungieren als „Kniebeugung vor dem Unendlichen im Endlichen, dem Unsterblichen im Sterblichen" (Nürnberger 1847a, S. 51), womit die religiöse Qualität der Verehrung unterstrichen wird. Nürnberger fordert die Redaktionen jener Journale, die über seine Paracelsus-Schrift *Zertrümmerter Genius* berichten, dazu auf, insbesondere die Verklärung des Paracelsus zu verbreiten, offensichtlich mit der Intention, die Jünger zu suchen und zu sammeln, um mit der Mission beginnen zu können (vgl. Nürnberger 1847a, S. 51).

Auf den ersten Blick wirkt das auf Paracelsus bezogene religiöse Engagement irritierend, weil Nürnberger kaum eine Gelegenheit auslässt, um den Idealismus zu schleifen und dem Gelächter preiszugeben. Dem zweiten Blick enthüllt sich, dass Nürnberger die Erlösungssehnsucht seiner Leser durchaus ernst nimmt. Allerdings ersetzt er die biblische Imitatio Christi (vgl. Mk 8, 34), die an einem stummen und sadistischen Gott ausgerichtet ist und deshalb ihre Berechtigung verloren hat, durch die Imitatio Paracelsi. Der Einzelne ist aufgerufen, sich auf die innerweltlichen Kräfte zu beschränken. Er soll Paracelsus, in dem alle Naturkräfte zusammenwirken, nacheifern. In seiner Person konzentriert sich die allgemeine Lebenskraft, er verkörpert das Lebensprinzip. In den Anmerkungen seines *Zertrümmerten Genius* stellt sich Nürnberger vor, der dänische Paracelsist Petrus Severinus (d. i. Peder Sørensen, 1542–1602) sei der Sohn seiner Famulus-Figur Olavius Severinus, und dieser Sohn hätte seine vitalistische Schrift *Idea medicinæ philosophicæ* (1571) in Anlehnung an die Erzählungen und Erinnerungen seines Vaters verfasst (vgl. Nürnberger 1847a, S. 52).

Eine weitere historische Persönlichkeit repräsentiert für Nürnberger ein urwüchsiges, von Gott losgerissenes Kraftzentrum: es ist Thomas Müntzer, den er in seinen *Bilder*[n] *der Nacht* behandelt (vgl. Nürnberger 1852d). Wie im Falle des

Paracelsus lässt er ihn im grellen und falschen Licht seiner Gegner erscheinen. Er zeigt ihn am Vorabend der Schlacht bei Frankenhausen, wie er sich agitatorisch für den entscheidenden Kampf rüstet. Gegenüber seinen bäuerlichen Kriegern, die angesichts der propagandistischen Stärke der Fürsten ihren Mut verloren haben und überlegen, ihren Anführer auszuliefern, präsentiert sich Müntzer als unantastbar und von Gott berufen, er stellt sich als der biblische Held Gideon dar und bezeichnet sich sogar als „Gottes Sohn" (Nürnberger 1852d, S. 39). Am Ende wollen die Bauern mit Müntzer an der Spitze gegen die fürstlichen Ausbeuter, gegen die Armee des Antichristen kämpfen. Es bleibt ihnen fatalerweise verborgen, dass Müntzer selbst mit dem Teufel im Bunde steht und er die naiven und manipulierbaren Bauern ins Verderben führen wird.

Paracelsus und Müntzer stellen zwei Ausprägungen eines Phänomens dar, welches das 19. Jahrhundert bestimmt: es geht um die Genese des Übermenschen. In diesem Jahrhundert, schreibt Leo Berg (1862–1908) 1897, sei ein neuer Gott geboren worden (vgl. Berg 1897, S. 3).

> Als der alte Gott tot war, erschlagen von seinen eigenen Dienern, erstickt von der Liebe seiner Propheten [...] da musste, wer die menschliche Natur kannte, auf die Schöpfung eines neuen Gottes [des Übermenschen] bedacht sein. (Berg 1897, S. 3)

Nürnberger benutzt den Begriff „Übermensch", um die Figur des verbrecherischen Wilm in der Novelle *Ein Tag in der Waldschmiede* (vgl. Nürnberger 1856) zu beschreiben. In einer Fußnote heißt es:

> In den Jungeln (Dschungeln), den undurchdringlichen und unerforschten Bambusrohrsümpfen der genannten Inseln [Java und Sumatra], sollen, nach englischen Reiseberichten, wirklich entsetzliche Wesen leben, die den physiologischen, durchaus consequenten und vielen andern derartigen Uebergängen ganz analogen Uebergang zu Menschen und zum dämonischen Uebermenschen, dem Teufel, bilden. (Nürnberger 1856, S. 22)

Während Wilm, wie auch Müntzer, eine Gestalt vorstellt, „welche der Welt und ihrem Gotte, und dem Gotte in seinem eigenen Busen den blutigen, unversöhnlichen Krieg erklärt hat" (Nürnberger 1856, S. 27), erscheint Paracelsus im Licht der religiösen Verklärung. Beider Kräfte wirken zwar in entgegengesetzter Richtung, aber jeder verkörpert auf seine Weise eine „stürmisch-gigantenhaft[e]" (Nürnberger 1847a, S. 50) Naturgewalt und das von Petrus Severinus erörterte *principium vitale in natura* (vgl. Bastholm 1979, S. 65). Ihr Handeln entspricht den Erfordernissen einer Übergangsperiode: Energie freisetzen und retardierende Elemente zerstören.

Die kultur- und zeitbedingte Notwendigkeit des Übermenschen lässt Nürnberger nach seiner historischen Möglichkeit fragen. Er antwortet mit einer erweiterten Mythendeutung, die genau genommen eine Mythenkritik darstellt. Götter und Halbgötter sind für ihn keine Personifikationen physischer und moralischer Kräfte, sie lassen sich auf vorsintflutliche Wesen zurückführen, die einst bestaunt wurden und an die man sich in den Mythen erinnert. Einige wenige seltsame Menschengestalten hätten die erste Veranlassung zu der Gestaltung der Dryaden oder Erinnyen gegeben. Sie starben aus als die ersten jetzigen Menschen auftraten. Er sehe nicht ein, schreibt Nürnberger,

> warum man nicht annehmen will, daß wirklich ein Menschengeschöpf mit Flügeln an den Füßen (eine fliegende Eidechse ist doch auch gar eine wundersame Creatur), dabei ein hülfreiches, gutes, vielgewandtes, zur Gestaltung des Gottes Merkur Anlaß gegeben haben soll; daß es wirklich gräuliche Geschöpfe gegeben hat, die gleich den Harpyien den frommen Aeneas auf seiner Fahrt beunruhigt haben; daß endlich auf dem Berge Olymp eine Anzahl dieser Wesen eben hierher gerettet vor der Ueberschwemmung, noch eine Zeit lang, allmählig aussterbend, ein heiteres Leben geführt haben, das den armseliger begabten Gestalten aus der nunmehr eintretenden Lebensperiode der Erde eben ein Götterleben schien. (Nürnberger 1847b, S. 206)

Die euhemeristische Mythendeutung, die sich auf reale Vorgänge und natürliche Entwicklungen bezieht, tritt hier an die Seite der symbolischen.

Der literarische Paracelsismus hinterfragt das bequeme und angepasste Leben, er verunsichert das Individuum und wertet es zugleich auf. Nürnbergers Nihilismus geht nicht zwingend in völlige Resignation über. Dass die menschlichen Klagen von Gott unbeantwortet bleiben, ist zunächst eine niederschmetternde Erfahrung, weil sie zur Gewissheit führt, dass kein guter Gott jemals in das menschliche Leben eingreifen wird. Der Einzelne erscheint zwar verlassen und mitleiderregend, aber in Wahrheit wird er sich selbst wiedergegeben. Das Schiff, das Paracelsus zu einer hochstehenden Patientin bringen soll, trägt seinen Namen: „„Monarch der Arkanen'" (Nürnberger 1854, S. 86). Nürnberger kreiert eine starke Persönlichkeit, die bei sich selbst angekommen ist. Paracelsus zeigt, dass man an sich glauben muss, dass man sich ermannen und über sich hinauswachsen soll. Paracelsus weiht seinen Gehilfen Severinus in den Vorgang der Gold-Herstellung ein, er demonstriert seine Macht und avanciert zum Vorbild, wobei nicht der materielle Wert oder ökonomische Nutzen des Goldes, sondern dessen Symbolgehalt zählt. Der Schriftsteller Julius Grosse (1828–1902) schreibt in seinem Volksschauspiel *Fortunat*: „Gold heißt das Uebermenschliche!" (Grosse 1896, S. 64)

Der Übermensch ist eine Gestalt der Krise und des Übergangs. Als solche kündigt Paracelsus nach Nürnbergers Auffassung die Morgenröte einer neuen Zeit, den „Tag der Wahrheit und Klarheit" (Nürnberger 1847a, S. 48) an. Aus der Asche der höchsten, allgemeingültigen Werte erhebt sich die individuelle Wertsetzung, mit der man sich notgedrungen auf eine kämpferische Auseinandersetzung mit der Mehrheit einlässt. Paracelsus, dieser Vertreter eines antibürgerlichen Heroismus, verkörpert den unbedingten Glauben an die Illusion der eigenen Stärke und an die Kraft, selbstständig erzeugen und frei verneinen zu können. Seine mystische Sprache offenbart die Macht der Imagination und Suggestion. Er ist vielleicht ein Scharlatan, aber ein solcher, der selbst an seine angeblich vorhandenen Fähigkeiten glaubt (vgl. Nürnberger 1854, S. III). Nürnberger lässt ihn ein flammendes Plädoyer für die Willenskraft und die Entschlossenheit halten:

> [I]hr müßt euch durchaus an den Gedanken gewöhnen, da ihr nun einmal ein Adept seid, daß euch unterthan ist das Sichtbare wie das Unsichtbare. Ihr müßt ergreifen und halten, nicht schmachten und sehnen; ihr müßt wissen und nicht ahnen, und wofern euch etwas verwehrt bliebe, so hätten sich eure Sinne noch nicht erschlossen, es wäre nur Lug und Trug gewesen; und wenn euer Herz fortfährt zu schlagen, so ist es nur die schwache Seele, die es erregt; aber nicht der ewig klare Geist, der über seine Fläche schweift und schwebt beim Erkennen, wie der Geist des allmächtigsten Gottes schwebt über der Fläche der Wässer. Schaut hinein in die Wirbel, doch laßt euch nicht verführen, und wenn ihr seht, was darüber schwebt, so ist es wohl ein großer Gewinn, aber es ist nicht Alles, es sei euch unterthan; wie ihr den Laubfrosch verachtet, und sonstiges Gewürm und Kröte, und sind doch aus den Sternen geboren, so sollt ihr auch die Undinen verachten, und wenn ihre Blicke eure Gedanken so klar und leuchtend machten, als wär es fließendes, *per arcanum* eben gebornes, ewig jugendliches Gold. (Nürnberger 1854, S. 10)

Es ist die freie Entscheidung eines jeden, ob er sich mobilisieren lässt, sich die vorgeführte dämonische Tatkraft zu eigen macht, oder ob er als Duckmäuser, ewig zaudernd und still leidend, zugrunde gehen möchte. Wer einem Übermenschen wie Paracelsus folgt, der lässt sich auf das wilde Denken und gefährliche Leben ein. Für die ungeahnten Möglichkeiten und grandiosen Aussichten nimmt er einen ungewissen, mithin schlimmen Ausgang in Kauf. Dem unkultivierten, unzivilisierten Übermenschen steht das gezähmte, in Fesseln unterschiedlichster Art geschlagene Individuum gegenüber. Bei Nürnberger ist dies eine Alchemisten-Figur mit dem bezeichnenden Namen „Kätzlein" (vgl. Nürnberger 1863), „der doch niemand anders ist, als ich selbst" (Nürnberger 1858c, S. 17), wie der Autor bekennt. Voller Dramatik führt Nürnberger die im 19. Jahrhundert erstarkende Sehnsucht nach dem von Jacob Burckhardt (1818–1897) beschriebenen „großen Individuum" (vgl. Burckhardt o. J., S. 278–299) vor Augen. Nürnberger erkennt zugleich dessen utopischen Charakter sowie die Unmöglichkeit, dieses große Individuum selbst zu sein.

Literaturverzeichnis

Adelung, Johann Christoph (1789): *Geschichte der menschlichen Narrheit, oder Lebensbeschreibungen berühmter Schwarzkünstler, Goldmacher, Teufelsbanner, Zeichen- und Liniendeu-*

ter, Schwärmer, Wahrsager, und anderer philosophischer Unholden. Bd. 7. Leipzig: Weygandsche Buchhandlung.

Altenberg, Peter (1906): *Pròdrŏmŏs*. Berlin: S. Fischer.

Bastholm, Eyvind (Hrsg.) (1979): *Petrus Severinus og hans Idea medicinæ philosophicæ. En dansk paracelsist. Idea medicinæ er oversat af Hans Skov* (= Acta Historica Scientiarum Naturalium et Medicinalium. Editit Bibliotheca Universitatis Hauniensis, Bd. 32). Odense: Universitetsforlag.

Berg, Leo (1897): *Der Übermensch in der modernen Litteratur. Ein Kapitel zur Geistesgeschichte des 19. Jahrhunderts*. Paris/Leipzig/München: Langen.

Burckhardt, Jacob (o. J.): *Weltgeschichtliche Betrachtungen. Historisch-kritische Gesamtausgabe*. Mit einer Einleitung und textkritischem Anhang von Rudolf Stadelmann. Pfullingen: Neske.

Dallett, Joseph B. (1984): „Woldemar Nürnbergers Paracelsus-Roman". In: Domandl, Sepp (Hrsg.): *Kunst und Wissenschaft um Paracelsus. Vorträge 1982/1983* (= Salzburger Beiträge zur Paracelsusforschung, Folge 23). Wien: Verband der wissenschaftlichen Gesellschaften Österreichs, Verlag, S. 50–60.

Grosse, Julius (1896): *Fortunat. Ein Volksschauspiel in fünf Aufzügen nebst einem Vorspiel*. Wien: Dt. Dichterheim.

Heine, Heinrich (1995): „Ludwig Börne. Eine Denkschrift" [1840]. In: *Werke in fünf Bänden*, Bd. 3: *Die romantische Schule und andere Schriften über Deutschland*, hrsg. v. Rolf Toman, Köln: Könemann, S. 321–474.

Nicolai, Gustav (1829): *Die Geweihten oder der Kantor aus Fichtenhagen. Humoreske in zwei Theilen*. 2 Bde. Berlin: Schlesingersche Buch- und Musikhandlung.

Nürnberger, Woldemar [M. Solitar] (1847a): „Zertrümmerter Genius. Des Theophrastus Paracelsus von Hohenheim letzte Lebenstage. Aus seines Famulus des jungen Olavius Severinus eigenhändigem Tagebuche zum ersten Male an's Licht gestellt". In: Nürnberger, Woldemar (Hrsg.): *Charitinnen. Phantasiestücke und Humoresken, nebst einem lyrischen Album: im Sinne der Milde herausgegeben*, Landsberg a. d. W.: Volger & Klein, S. 1–52.

Nürnberger, Woldemar [M. Solitar] (1847b): „Reisephantasien aus As-moll". In: Nürnberger, Woldemar (Hrsg.): *Charitinnen. Phantasiestücke und Humoresken, nebst einem lyrischen Album: im Sinne der Milde herausgegeben*, Landsberg a. d. W.: Volger & Klein, S. 153–206.

Nürnberger, Woldemar [M. Solitaire] (1852a): „Leicht kann der Tod Euch treffen. Eine Geschichte". In: Nürnberger, Woldemar: *Bilder der Nacht. Balladen, Notturnos, Romanzen, Ghaselen und stille Thränen*, Landsberg a. d. W.: Volger und Klein, S. 66–68.

Nürnberger, Woldemar [M. Solitaire] (1852b): „Pontius und Pilatus. Ein Notturno". In: Nürnberger, Woldemar: *Bilder der Nacht. Balladen, Notturnos, Romanzen, Ghaselen und stille Thränen*, Landsberg a. d. W.: Volger und Klein, S. 19–21.

Nürnberger, Woldemar [M. Solitaire] (1852c): „Undinentänze. Eine Aventura". In: Nürnberger, Woldemar: *Bilder der Nacht. Balladen, Notturnos, Romanzen, Ghaselen und stille Thränen*, Landsberg a. d. W.: Volger und Klein, S. 50–56.

Nürnberger, Woldemar [M. Solitaire] (1852d): „Thomas Münzer am Vorabend der Schlacht bei Frankenhausen. In drei Notturnos". In: Nürnberger, Woldemar: *Bilder der Nacht. Balladen, Notturnos, Romanzen, Ghaselen und stille Thränen*, Landsberg a. d. W.: Volger und Klein, S. 37–44.

Nürnberger, Woldemar [M. Solitaire] (1854): *Die Fahrt zur Königin von Britania. Theophrastus Paracelsus ab Hohenheim fragmentarisch dargestellt. Novelle*. Landsberg a. d. W.: Volger & Klein.

Nürnberger, Woldemar [M. Solitaire] (1856): „Ein Tag in der Waldschmiede. Eine Waldnovelle". In: Nürnberger, Woldemar: *Dunkler Wald und gelbe Düne. Zwei Novellen*, Leipzig: Heinrich Matthes, S. 1–144.

Nürnberger, Woldemar [M. Solitaire] (1858a): „Der Studenten-Hof". In: Nürnberger, Woldemar: *Das braune Buch. Novellen, Phantasiestücke und Historien*, Leipzig: Heinrich Hübner, S. 289–299.

Nürnberger, Woldemar [M. Solitaire] (1858b): „Die Geschichte von der bleichen Aurora, oder: Der Vetter aus Barbadoes. Eine Historie". In: Nürnberger, Woldemar: *Das braune Buch. Novellen, Phantasiestücke und Historien*, Leipzig: Heinrich Hübner, S. 61–131.

Nürnberger, Woldemar [M. Solitaire] (1858c): „Eine Irrfahrt im dänischen Archipelagus. Nordisches Reisebild". In: Nürnberger, Woldemar: *Das braune Buch. Novellen, Phantasiestücke und Historien*, Leipzig: Heinrich Hübner, S. 1–60.

Nürnberger, Woldemar [M. Solitaire] (1863): *Diana-Diaphana oder die Geschichte des Alchymisten Imbecill Kätzlein. Phantastischer Roman nach alter Chronika*. 3 Bde. Nordhausen: Adolph Büchting.

Rixner, Thaddä Anselm/Siber, Thaddä (Hrsg.) (1829): *Leben und Lehrmeinungen berühmter Physiker am Ende des XVI. und am Anfange des XVII. Jahrhunderts, als Beyträge zur Geschichte der Physiologie in engerer und weiterer Bedeutung*. Heft 1: *Theophrastus Paracelsus, mit dessen Portrait*. Zweite vermehrte und verbesserte Auflage, Sulzbach: In des Kommerzienraths J. E. v. Seidel Kunst- und Buchhandlung.

Steinmann, Martin (1967): *Johannes Oporinus. Ein Basler Buchdrucker um die Mitte des 16. Jahrhunderts* (= Basler Beiträge zur Geschichtswissenschaft, Bd. 105). Basel/Stuttgart: Helbing & Lichtenhahn.

Storm, Theodor (1913): *Sämtliche Werke*. Bd. 9: *Spukgeschichten und andere Nachträge zu seinen Werken*. Mit Erlaubnis der Erben des Dichters hrsg. v. Fritz Böhme. Braunschweig/Berlin: G. Westermann.

Völker, Martin A. (2010): „Woldemar Nürnberger (1817–1869)". In: *Killy Literaturlexikon. Autoren und Werke des deutschsprachigen Kulturraumes*, 2., vollständig überarbeitete Auflage, hrsg. v. Wilhelm Kühlmann in Verbindung mit Achim Aurnhammer, Jürgen Egyptien, Karina Kellermann, Steffen Martus u. Reimund B. Sdzuj, Bd. 8: *Marq–Or*, Berlin/New York: De Gruyter, S. 662–663.

Zimmermann, W. F. A [d.i. Carl Gottfried Wilhelm Vollmer] (1859): *Die Macht der Elemente und ihre Benutzung im täglichen Leben. Belehrende Unterhaltungen über das industrielle Wissen unserer Zeit und die Geschichte der Technik*. 2 Bde. Leipzig: Ambrosius Abel.

Jutta Georg
Das dionysische Prinzip

Renate Reschke hatte 2012 in ihrem Text „Utopien und Kritik mit Dionysos: Zwischen Macht und Rebellion, Gewalt und Illusion" sowohl die Bedeutung, sprich den utopischen Gehalt, des Dionysischen als auch dessen Rezeption (u.a. Musil, Bloch, Heinrich Mann, Wildebrandt, Conradi, Widmann, Schlaf, Benjamin, Bölsche) nachgezeichnet und dabei die elementare Bedeutung des tanzenden Gottes für Nietzsches Denken herausgearbeitet.

Neben der ungeheuren Wirkung des Dionysos auf und in der Bildenden Kunst wäre bezüglich seiner Rezeption in der Musik und Darstellenden Kunst noch die Wirkung dieses Topos auf die Nach-Wagnerianischen Komponisten zu komplettieren, etwa auf Strauss und hier insbesondere auf Salome und Elektra, die sich einem rauschhaften Tanz überlassen. Mit Musik ist bei Nietzsche auch der Tanz assoziiert als eine vollständige Entäußerung und Selbstüberwindung, eine uneingeschränkte Bejahung physiologischer Potenzen. Für die Dramaturgie von *Salome* und *Elektra* hat der Tanz als dionysischer Rausch eine exklusive Bedeutung. Der Bitte ihres Stiefvaters Herodes, den Tanz der sieben Schleier zu tanzen, entspricht Salome in vollständiger libidinöser Entgrenzung, um so jeden Wunsch von ihm erfüllt zu bekommen. Sie freilich fordert den Kopf des Jochanaan auf einem Silbertablett, um ihn zu küssen, nachdem er sich ihr verweigert hatte. Ihre Bitte wird, obwohl sie Entsetzen auslöst, erfüllt, aber sie wird danach getötet. Der Schleiertanz also ihr Totentanz: „Warum sahst du mich nicht an? Hättest du mich angesehen, du hättest mich geliebt. Ich weiß es wohl, du hättest mich geliebt. Und das Geheimnis der Liebe ist größer als das Geheimnis des Todes..." (Strauss 1933, S. 35) Mit dieser Offenbarung am Ende der Oper stellt Salome die Liebe über alle Mächte, namentlich über die des Glaubens. Erlösung liegt allein in der Erfüllung fleischlicher Begierde, in einem dionysischen Ja zu den Leidenschaften. Auch Elektra tanzt; sie tanzt sich in den Tod. Durch ihre Rache an der Mutter Klytemnästra und ihren Tanz, der unaufhaltsam ihre Selbstauslöschung bringt, die sie bejaht, bejaht sie die Liebe zu ihrem Schicksal und ist so eins geworden mit den dionysischen Mächten der Natur. Und für das Tanztheater sind die Choreografien von Isodara Duncan, Pina Bausch und Sasha Waltz zu nennen. Dies vorab.

Im Folgenden sollen die kritischen und utopischen Anteile von Nietzsches Dionysos-Semantik diskutiert und die Frage gestellt werden, ob wir uns ihnen anzuschließen vermögen. Vorausgeschickt sei, wie sehr das Dionysische, der Übermensch und die ewige Wiederkehr des Gleichen in diesem Potenzial zusammenstehen und damit nicht zuletzt Metaphern für ein bilderlos Zukünftiges sind. „Unter dem Zeichen des Dionysos zu philosophieren, heißt

Perspektiven umzustellen, schöpferisch zu sein, ein Schaffender, der vernichten muss, um schaffen zu können", so Reschke (2012, S. 189)[1] Und weiter „Das Phänomen Dionysos bediente und stillte einen geistig-kulturellen Hunger nach Befreiung aus einer sinnen- und lustfeindlichen Moral, aber auch aus den intellektuellen Fängen einer Geisteslandschaft, deren Philosophie sich in zu dünner (Nietzsche hätte gesagt, in anämischer, lebensfeindlicher) Luft neohegelianischer und neukantianischer Denksysteme bewegte und deren Künste sich in bigott-verschämten Bildern von Sinnlichkeit und dürrer Lebensfülle übten. Was Wunder, wenn das Bild des trunkenen Gottes mit seinen Ekstasen und die Dithyramben auf eine unverstellte Sinnlichkeit als großer Wurf einer Befreiung wörtlich genommen und mit überzeichneten Sprach- und Gedankenorgien [...] geantwortet wurde." (Reschke 2012, S. 184.)[2]

Eine Einspruchsdimension, die schon der frühe Nietzsche mit dem Dionysischen gegen die moderne Dekadenz formulierte, die sich aber in den späten Semantiken verliert und verlieren muss, ist der Hinweis auf die Eingebundenheit des Individuums ins Kollektiv und auf die Aufhebung der Klassenschranken im dionysischen Rausch zugunsten von Freiheit.

„Jetzt ist der Sclave freier Mann, jetzt zerbrechen alle die starren, feindseligen Abgrenzungen, die Noth, Willkür oder „freche Mode" zwischen den Menschen festgesetzt haben. Jetzt,

---

1 „Die Bedeutung, die Nietzsche dem Dionysischen beimißt, ist charakteristisch für seine ganze Geistesart: als Philolog hat er mit seiner Deutung der Dionysoskultur einen neuen Zugang zur Welt der Alten gesucht; als Philosoph hat er diese Deutung zur Grundlage seiner ersten einheitlichen Weltanschauung gemacht; und über alle seine spätern Wandlungen hinweg taucht sie noch in seiner letzten Schaffensperiode wieder auf; verwandelt zwar, insofern ihr Zusammenhang mit der Metaphysik Schopenhauers und Wagners zerrissen ist, aber sich doch gleich geblieben in dem, worin schon damals seine eigenen verborgenen Seelenregungen nach einem Ausdruck suchten; verwandelt erscheint sie zu Bildern und Symbolen seines letzten, einsamsten und innerlichsten Erlebens. Und der Grund dafür ist, daß Nietzsche im Rausch des Dionysischen etwas seiner eigenen Natur Homogenes herausfühlte: jene geheimnisvolle Wesenseinheit von Weh und Wonne, von Selbstverwundung und Selbstvergötterung, – jenes Übermaß gesteigerten Lebens, in welchem alle Gegensätze sich bedingen und verschlingen, und auf das wir immer wieder zurückkommen werden." (Andreas-Salomé 1923, S. 61 f.). Hierfür würde eine Stelle im vorletzten Brief Nietzsches an Cosima Wagner vom 3. Januar 1889 sprechen: „Dies Mal aber komme ich als der siegreiche Dionysos, der die Erde zu einem Festtag machen wird..." (KSB 8, S. 573).
2 „Die Begeisterung für alles Rauschhafte, das als Machtgefühl und dieses als Ausdruck individueller Freiheit erkannt und bis zum Exzess beschrieben, gemalt, gelebt wurde. Mit einer Tendenz zum Abgrund hin, eingedenk der Tatsache, dass es sich nicht nur um eine ‚intellektuelle Sinnlichkeit' (Heinrich Mann) gehandelt hat." (Reschke 2012, S. 184) „Stets wurde der Dithyrambos begleitet vom Spiel der Doppelflöte. [...] Es waren wohl diese aufreizenden und lautstarken Töne, die man dem Instrument entlocken konnte, die es für orgiastische Melodien prädestinierten, wie sie sowohl als Begleitung auf der Bühne als auch im ekstatischen Kult und in dionysischen Mysterienweihungen eingesetzt wurden." (Wetzig 2013, S. 58 f.)

bei dem Evangelium der Weltenharmonie, fühlt sich Jeder mit seinem Nächsten nicht nur vereinigt, versöhnt, verschmolzen, sondern eins, als ob der Schleier der Maja zerrissen wäre [...]Singend und tanzend äussert sich der Mensch als Mitglied einer höheren Gemeinsamkeit [...]." (GT Versuch; KSA 1, S. 29 f.)[3]

Im Spätwerk wird das Dionysische dann dem tragischen Künstler und der Ausnahmenatur zugeschrieben; als Inkarnation schöpferischen Tuns ist Dionysos ein Künstler, ein göttlicher allzumal. Schon in *Die Geburt der Tragödie* klassifiziert Nietzsche den dionysischen Künstler als einen, der „gänzlich mit dem Ur-Einen, seinem Schmerz und Widerspruch, eins geworden [ist] und [er] producirt das Abbild dieses Ur-Einen als Musik [...]" (GT Versuch; KSA 1, S. 43 f.). Eine weitere Konnotation des Dionysischen ist sein Zusammenstehen mit Nietzsches Topos des Amor fati als ein tragisches Ja zum Leben. In: „Was ich den Alten verdanke" aus *Götzen-Dämmerung* klassifiziert er sich als Botschafter des Wiederkunftsgedankens, letzten „Jünger des Philosophen Dionysos" und als Verkünder der:

---

3 Für Nietzsche ist Dionysos der eigentliche Bühnenheld der griechischen Tragödie, getragen und verkörpert vom Chor, der die Leiden des Gottes deklamiert, und von daher kann er in seiner Auseinandersetzung mit Wagner, in dem es ihm um eine Revitalisierung des antiken Tragödienideals zu tun war, für nichts anderes votieren, denn für eine musikalische und keine librettistische Umsetzung des Pathos. Entsprechend lesen wir in *Der Fall Wagner*, es sei ein Unglück für die Ästhetik gewesen, das Drama in Handlung zu übersetzen. „Das antike Drama hatte grosse *Pathosscenen* im Auge – es schloss gerade die Handlung aus (verlegte sie v o r den Anfang oder hinter die Scene)." (WA; KSA 6, S. 32). Und: „Der Chor der griechischen Tragödie, das Symbol der gesammten dionysisch erregten Masse, findet an dieser unserer Auffassung seine volle Erklärung [...] dass die einzige ‚Realität' eben der Chor ist, der die Vision aus sich erzeugt und von ihr mit der ganzen Symbolik des Tanzes, des Tones und des Wortes redet. Dieser Chor schaut in seiner Vision seinen Herrn und Meister Dionysus und ist darum ewig der dienende Chor: er sieht wie dieser, der Gott, leidet und sich verherrlicht, und handelt deshalb selbst nicht. Bei dieser, dem Gotte gegenüber durchaus dienenden Stellung ist er doch der höchste, nämlich dionysische Ausdruck der Natur und redet darum, wie diese, in der Begeisterung Orakel- und Weisheitssprüche: als der mitleidende ist er zugleich der weise, aus dem Herzen der Welt die Wahrheit verkündende. So entsteht denn jene phantastische und so anstössig scheinende Figur des weisen und begeisterten Satyrs, der zugleich ‚der tumbe Mensch' im Gegensatz zum Gotte ist: Abbild der Natur und ihrer stärksten Triebe, ja Symbol derselben und zugleich Verkünder ihrer Weisheit und Kunst: Musiker, Dichter, Tänzer, Geisterseher in einer Person." (GT Versuch; KSA 1, S. 62ff.) Unstreitig, dass Dionysos für das Theater in der Antike zuständig war. „Die *thea* der Prozession, die ‚Schau' einer sich entladenen Energie, die sich durch Musik, Lärm, Tanz, wilde körperliche Bewegung, durch Zeichen der Ausnahme und durch phallische Demonstration manifestiert, wird zur Schaubühne des *theatron*, zum Rund, in das ‚der kommende Gott' einzieht und erscheint. Er ist *theates* (‚Zuschauer'), Akteur und sogar Anführer seiner Entourage von Mänaden und Satyrn." (Bierl 2013, S. 34 f.)

Psychologie des Orgiasmus als eines überströmendes Lebens- und Kraftgefühls, innerhalb dessen selbst der Schmerz noch als Stimulans wirkt, gab mir den Schlüssel zum Begriff des tragischen Gefühls [...] Das Jasagen zum Leben selbst noch in seinen fremdesten und härtesten Problemen; der Wille zum Leben, im Opfer seiner höchsten Typen der eignen Unerschöpflichkeit frohwerdend – das nannte ich dionysisch, das erriet ich als die Brücke zur Psychologie des tragischen Dichters. Nicht um von Schrecken und Mitleiden loszukommen, nicht um sich von einem gefährlichen Affekt durch dessen vehemente Entladung zu reinigen – so verstand es Aristoteles –: sondern um, über Schrecken und Mitleid hinaus, die ewige Lust des Werdens selbstzusein, – jene Lust, die auch noch die Lust am Vernichten in sich schliesst ..." (GD Alten; KSA 6, S. 160.)

Hier also analogisiert Nietzsche das Dionysische mit dem Tragischen[4] und stellt es mit ihm in einen kausalen Metakontext. Soll diese Metakontextualität aber gestiftet worden sein, weil die tragische Bejahung ihre höchste Ausgestaltung in der dionysisch entgrenzten Bejahung der ewigen Wiederkehr erfährt? Das kann bejaht werden, weil das Weltverhältnis des Einzelnen in der Aneignung stets tragisch umgewidmet und umgewertet werden muss, steht die tragische Bejahung in einem Verpflichtungs- und Verantwortungsverhältnis zum übergeordneten Prinzip des Organischen: des Dionysischen. Im Frühjahr 1888 unterstreicht Nietzsche einmal mehr seinen Anspruch, eine „Experimental-Philosophie, wie ich sie lebe", geschaffen zu haben, die in „einem *dionysischen Jasagen* zur Welt" bestehe.

Und „meine Formel dafür ist amor fati ... – Hierzu gehört, die bisher verneinten Seiten des Daseins nicht nur als nothwendig zu begreifen, sondern als wünschenswerth: und nicht nur als wünschenswerth in Hinsicht auf die bisher bejahten Seiten, [...] sondern um ihrer selber willen, als der mächtigeren, fruchtbareren wahreren Seiten des Daseins, in denen sich sein Wille deutlicher ausspricht." (NL 1888, KSA 13, S. 492f.)

In diesem berühmten Nachlassfragment vom Herbst 1887: „Mein neuer Weg zum ‚Ja'" überschrieben, in dem Nietzsche ein Jasagen zur Welt bis zur ihrer absoluten Wiederkunft und Ewigkeit fordert (NL 1887, KSA 12, S. 455), benennt er den eigentlichen, man muss wohl sagen, ethischen Auftrag des Dionysischen und des Tragischen,[5] und zu diesem Imperativ gehört auch die Haltung des Amor fati.

---

4 „Insofern bedeutet die tragische Objektivität – auch wenn sie im Mythos begründet ist – nicht bloß eine archaische Mitgift, sondern eine ästhetisch-imaginative Erfindung von anhaltender Wirkung. Nietzsches Bestehen auf der Maske des Dionysos, hinter der sich alle tragischen Helden finden, ist insofern noch immer gültig: Nämlich daß Subjektivität in Objektivität aufgehoben wird." (Bohrer 2007, S. 78)
5 „‚Ja, was ist dionysisch?'" (GT Versuch 4; KSA 1, S. 15) fragt Nietzsche im „Versuch einer Selbstkritik". Und antwortet mit einer Kaskade an Elogen auf die griechische Kultur, wie er sie versteht

Hier verschränkt er den Topos des Dionysischen mit dem des Amor Fati als einer besonderen Liebe: tragisch und bejahend. Dies gelingt freilich nur einer bestimmten Perspektive, Nietzsche klassifiziert sie als „hohen Punct der Perspektive",[6] die nicht zuletzt dionysische Energien anvisiert und mobilisiert. Georg Picht behauptet, Nietzsches dionysischer Pessimismus zeige eine „Liebe zum eigenen Untergang [als] die geschichtliche Selbstüberwindung, das Über-sich-Hinausgehen des Lebens" (Picht 1988, S. 357).[7] Im Rückblick auf *Die Geburt der Tragödie* aus *Ecce homo* schreibt er, das Dionysische verkörpere die umfassendste Form der Bejahung, um der ewigen „Lust am Werden" zu entsprechen, „die auch noch die L u s t am V e r n i c h t e n in sich schliesst..." (EH; KSA 6, S. 312.) Es sei „ein verzücktes Jasagen zum Gesammt-Charakter des Lebens, als dem in allem Wechsel Gleichen, Gleich-Mächtigen, Gleich-Seligen" (NL 1888, KSA 13, S. 224).[8] In dieser ewigen Lust am Werden ist ohne jede Zweifel die Bejahung des Wiederkunftgedankens impliziert. Nicht zuletzt durch diese Bejahung steht das Dionysische für eine maximale Intensivierung des Begehrens, der Entgrenzung, der Überschreitung und der Macht, und zwar ausdrücklich in dem Bewusstsein einer entsprechenden

---

und mit einer unversöhnlichen Kritik an der das Leben bedrohenden christlichen Kultur und Moral. Dionysos gerät zur Kampfansage gegen den vernünftelnden Optimismus der Moderne, gegen bigotte Bürgermoral unter dem Zeichen des Kreuzes. Als solche vereinigt er alles Starke, Kraftvolle, Lustvolle, Steigerungswillige auf sich, fokussiert alle Umwertung der Werte auf den grundlegenden Wert eines Daseins, in der Spannung zwischen Leben und Leiden, Machtwillen und interner Tragik. Dionysos gerinnt „zum Gegenbild zu den kulturellen Eckdaten der modernen Kultur: ‚Müdigkeit, Missmuthigkeit, Erschöpfung, Verarmung des Lebens', gegen den ‚heimliche[n] Instinkt der Vernichtung'" (GT Versuch 5; KSA 1, S. 18f.), gegen Verfall, Verkleinerung und Verleumdung. „Die dionysische Weltanschauung als zukunftsweisend, kraftvoll, aber auch als realistisch einsichtig in die Daseinsbedingungen für alles Leben, als die reflektierende Seite einer Überlebensstrategie, die um die Notwendigkeit rauschhaften Selbstbetruges als Form der Selbstbehauptung weiß, ohne den das Leben nicht zu ertragen, zu leben wäre." (Reschke 2012, S. 189)

6 „Es gibt einen gewissen hohen Punct des Lebens: haben wir ihn erreicht, so sind wir mit all unserer Freiheit [...] noch einmal in der grössten Gefahr der geistigen Unfreiheit und haben unsere schwerste Probe abzulegen." (FW; KSA 3, S. 521f.)

7 „Das bedeutet, daß jede Gestalt des Lebens ihre Erfüllung in der Ermöglichung einer höheren Gestalt des Lebens, also in ihrem eigenen Untergang findet. [Im] ‚dionysischen Pessimismus' [...] gelangt die Freiheit des Geistes, die aus der ‚Götzen-Dämmerung' hervorgeht, zu ihrer Vollendung." (Picht 1988, S. 356f.).

8 „ein Drang zur Einheit, ein Hinausgreifen über Person, Alltag, Gesellschaft, Realität, als Abgrund des Vergessens, das leidenschaftlich-schmerzliche Überschwellen in dunklere vollere schwebendere Zustände [...] die große pantheistische Mitfreudigkeit und Mitleidigkeit, welche auch die furchtbarsten und fragwürdigsten Eigenschaften des Lebens gutheißt und heiligt, aus einem ewigen Willen zur Zeugung, zur Fruchtbarkeit, zur Ewigkeit heraus: als Einheitsgefühl von der Nothwendigkeit des Schaffens und Vernichtens..." (NL 1888, KSA 13, S. 224).

Intensivierung des Leidens.[9] Womit auch gesagt ist, und das zeigt das ganze Ausmaß des Auftrags, der mit dem Vollzug dionysischer Räusche verbunden ist: Lust und Leid stehen untrennbar ineinander, daraus folgt, dass nur starke Naturen und tragisch-dionysische Künstler diese Räusche, die sich nun als Dispositive für eine Elite entbergen, leben können, weil sie hier eine Steigerung ihrer eigenen Energien erleben und ausleben. „Die Lust am Chaos zeichnet den höheren Menschen aus." (Goedert 1988, S. 156.) Der Rausch ist bei Nietzsche die Entgrenzung einer physiologischen Elite.[10]

Rausch, Tanz und Fest

Nietzsches vielfältige und ambivalente Semantik des Dionysischen fokussiert nicht zuletzt die ästhetische Dimension der Machtsteigerung durch Kunst. Seine Antihaltung zum Kunst*werk* zielt auf die Verengung und Abgeschlossenheit im Werkcharakter, er wendet sich gegen die Stillstellung der Potenzen im Werk, dieser setzt er das Unabgeschlossene, das Moment des Transzendierens, entgegen. Dionysische Kunst als Sphäre des Ja sagenden Scheins ist Willen zur Macht in der schönsten Form des ekstatischen Jas.[11] Mit der schöpferischen

---

9 „Das Bedürfnis, die Grenzen des eigenen Körpers und des bewussten Seins zu überschreiten, scheint ein menschliches Grundverlangen zu sein. Ekstasetechniken aus anderen kulturellen Kontexten wie die Trancetänze der südafrikanischen San, die Tänze im Derwischtum der islamischen Mystik, im Schamanentum und im christlichen Mittelalter bezeugen eine vom kulturellen Umfeld unabhängige Sehnsucht nach zeitweisen Bewusstseinsänderung." (Wetzig 2013, S. 56)

10 „Dionysos ist also Emblem und Personifikation seiner überschäumenden Energetik und rasenden Performanz, die wegen der mangelnden Aussage bei manchen ausschließlich nach rationalen Kriterien vorgehenden Zeitgenossen sinnlos erscheint. Aufgrund des vermeintlichen Unsinns des wilden Treiben stößt der Gott bei seiner Ankunft auf Widerstand. Die wenigen, die sich Bakchos ganz hingeben, verschmelzen im ekstatischen Tun mit ihm und werden damit zu seinen Eingeweihten. Die unverständlichen, barbarischen Laute werden für sie zur Poesie, die gesamte Raserei zur tieferen Religion, die sogar bald Alleinansprüche stellen konnte." (Bierl 2013, S. 37)

11 In werkgeschichtlicher Perspektive ist Schopenhauers Willensmetaphysik für Nietzsche entscheidend für die Entwicklung seiner eigenen Willenssemantik, weil mit Schopenhauers Willensbegriff eine Konzeption in den philosophischen Diskurs eindringt, der den Willen als grundlegenden Motor des Organischen und damit auch des menschlichen Daseins begreift. Auf der einen Seite ist Schopenhauers Ästhetik das verbindende Glied zu Wagner und essenziell für *Die Geburt der Tragödie*, andererseits ist aber Nietzsches Semantik des Dionysischen der entscheidende Schritt weg von Schopenhauers Willensmetaphysik und damit auch von Wagner, denn nur dieses könne die Inkarnation einer ekstatischen Steigerung des Willens zur Macht ohne jede Beschränkung sein.

Dimension des dionysischen Chaos ist die erlösende Potenz von den facettenreichen Idealisierungen und Mythenbildungen der abendländischen Zivilisation benannt. Zum Retter und Vorbild wird der tragisch-dionysische Künstler, der seine „eigene Mächtigkeit und Selbsterlösung noch den Dingen zu Gute kommen lassen" kann. Das ist seine Größe, er kann „die Ökonomie im Großen [bejahen] welche das Furchtbare, Böse, Fragwürdige rechtfertigt, und nicht nur... rechtfertigt" (NL 1887, KSA 12, S. 557). Wir stellen fest, das Dionysische ist nicht nur als Dispositiv einer vollständigen Entgrenzung des Selbst ambivalent, sondern auch in den Wirkungen und Auswirkungen seines Gehalts aus Kritik und aufklärerisch utopischem Entwurf. Insbesondere in seiner utopischen Dimension ist es doppelgesichtig: gleichermaßen kreativ schaffend und zerstörend. Oder sollte man sagen kreativ schaffend und dabei zerstörend? So wird es sein, denn in der Kreation des Neuen muss Altes geradezu eliminiert werden. Zur Rolle des tragischen Künstlers in diesem Prozess führt Picht aus, er sei eine vorbildhafte und „repräsentative Gestalt des Menschen", weil er in seinem Schaffen über sich „hinaussteigt, indem es Bedingungen schafft, unter denen neue Formen des Schaffens möglich werden" (Picht 1988, S. 155f.). Diese Bedingungen, man könnte sie auch Voraussetzungen nennen, sind die steigernden Gesetzmäßigkeiten des Willens zur Macht, der im dionysischen Künstler das Kunst*schaffen* Ereignis sein lässt, eines freilich, in dem es nur um diese Machtauslassungsorgien geht, die dieser exekutiert. In der nicht mehr kontrollierbaren Rauschdynamik, und er soll sie auch gar nicht kontrollieren, schafft er dabei auch Grausames und Schreckliches, legitimiert deshalb, weil er nicht nur die kurz- und mittelfristigen Folgen sieht, sondern um den großen Zusammenhang weiß, will sagen, facettenreiche Gewalt ist unverzichtbar. Damit macht das Dionysische macht die Künstler*natur* mit ihrem unbedingten Willen und Mut, sich all seinen Triebdimensionen zu stellen, stärker als andere Willen zur Machtkonstellationen.

Vom Frühwerk bis in den späten Nachlass bleibt die Rauschthematik das essentielle Medium des Dionysischen. Dionysos ist der Gott des Rausches, das immerhin teilt Nietzsches Semantik mit den antiken Überlieferungen.[12] Als ein physiologischer Erregungszustand, als Ekstase und Exzess[13] überschwemmt er

---

12 „Er ist von überbordender Energie und überschwänglich strotzender Lebenskraft. Alles lässt er sprießen und gedeihen. [...] Seine Merkmale und Verantwortungsbereiche sind ferner: 1. Wein und Rausch; 2. wilde Natur, Vegetation und Animalität; 3. Wahnsinn und Ekstase; 4. Unterwelt und der Tod, wobei Einweisungen in Mysterien Perspektiven auf ein gesegnetes Leben im Jenseits eröffnen; 5. Erotik, sexueller Trieb und Liebe; 6. Tanz, Musik und Performativität; 7. Maske und Verkleidung; 8. Fiktion, Täuschung, Illusionen, Imagination, Vision und Wunder." (Bierl 2013, S. 34)

13 Es liegt nahe, Batailles Topoi *Wollust* und *Exzeß* als Weiterentwicklung von Nietzsches Rauschkonzeption zu verstehen: Wie im Rausch wird auch hier jede Perzeption von Realitäten

individuelle Grenzen, lässt sie eins werden mit Natur und schafft so eine physiologisch-kreative Erlebniseinheit, die jedoch nicht mehr wahrnehmbar ist. Im Rausch sind die Raum-Zeitempfindungen – als Voraussetzung der Ekstase – außer Kraft gesetzt, damit ist er unablässiges Transzendieren der Transzendenz und ein Moment der Ewigkeit. Dort also ist man angstfrei, in summa: frei. Bernhard Lypp notiert: „die rauschhafte Entfesselung von Bedeutsamkeit ist gleichzusetzen mit dem F r e i s e i n von jeglichem Ethos des Ressentiments. Das ist die Bestimmung von Freiheit [...]." (Lypp 1984, S. 368.)

> „Jenes V o l l k o m m e n - m a c h e n, V o l l k o m m e n - s e h e n, welches dem mit geschlechtlichen Kräften überladenen cerebralen System zu eigen ist [...] andrerseits wirkt jedes V o l l - k o m m e n e und S c h ö n e als unbewußte Erinnerung jenes verliebten Zustandes und seiner Art zu sehen – jede V o l l k o m m e n h e i t, die ganze S c h ö n h e i t der Dinge erweckt durch contiguity die aphrodisische Seligkeit wieder. [...] Die v o l l k o m m e n g e w o r d e n e W e l t, durch *Liebe* ..." (NL 1887, KSA 12, S. 325 f.)

Der Rausch, stets mit dem Geschlechtlichen konnotiert, ist – so könnte man sagen –, das ultimative Gegenmodell zum asketischen Ideal und zum priesterlichen Paradigma. Herrscht dort Neid, Geiz, Kleinmut und Sinnenfeindschaft, so hier Verschwendung, Fülle, Verausgabung, Sinnenlust. Er ist eine Trias aus aufgelöster Individualität, Objekt und Material; eine Erlebniseinheit, die selbst diese Einheit nicht mehr ins Empfinden bringt; als Ekstase ist sein Prototyp das Orgiastische. Zu den Räuschen gehören bei Nietzsche – und auch hier glaubt er sich eins mit der antiken Überlieferung –, auch die Feste, die Musik und der Tanz. Zarathustra verkündet, nur im Tanz könne das Höchste symbolisiert werden, und an den tanzenden Gott Dionysos vermag selbst der Antichrist noch zu glauben, weil der Rausch mit dem kosmischen Geschehen verschmolzen, ja nicht zuletzt sein Ausdruck ist. Hatte Vergil notiert, Göttliches zeige sich in einer Haltung, eine Aussage, die sich bis zu Benjamins Aura-Begriff for-

---

außer Kraft gesetzt. Batailles Topos der Souveränität, der mit seinem der Verschwendung verschwistert ist und durchaus auch die brutalen Dimensionen einer souveränen Existenz umfasst, so etwa in seiner Schrift: *Der souveräne Mensch Sade*, teilt mit Nietzsches Semantik des dionysischen Rausches relevante Übereinstimmungen. Die „Wollust" ist kein Appendix der Existenz, sondern totalitär zu denken; als Rausch und damit als das Gesamt des In-der-Welt-Seins. „Der *Exzeß* steht seinem Begriff nach, außerhalb der Vernunft. Die Vernunft verbindet sich mit Arbeit [...] Aber die Wollust setzt sich über die Arbeit hinweg, deren Ausübung der Intensität des wollüstigen Lebens abträglich ist [...] wollüstiges Tun, selbst wenn es für nützlich gehalten wird, wesentlich *exzessiv*, und das um so mehr, als die Wollust im allgemeinen keine Folgen kennt; sie ist Selbstzweck; ein Verlangen nach dem Exzeß, den sie darstellt [...] daß die Wollust stärker ist, wenn sie am Verbrechen haftet, und dass, je schauderbarer das Verbrechen, desto größer die Wollust ist." (Bataille 1974, S. 165)

terbt,[14] so ist das Göttliche hier das Prinzip des kreativen und destruktiven Schaffens. „Auf der Suche nach dem Körper(lichen) findet er Dionysos, den tanzenden Gott; [...] entdeckte er den Symbolwert fürs Heitere und Leichte, für den freien Geist." (Reschke 2000, S. 265.) Der Status des Tanzes ist eingebettet in Nietzsches Forderung nach einer „Kunst der Feste", in denen die Räusche zelebriert werden, ein weiteres Gegenmodell zum Werkcharakter der Artefakte: „Ich will gegen die Kunst der Kunstwerke eine höhere Kunst lehren: die der Erfindung von Festen." (NL 1881, KSA 9, S. 506)

> „Jetzt und ehedem. Was liegt an aller unsrer Kunst der Kunstwerke, wenn jede höhere Kunst der Feste abhanden kommt! Ehemals waren alle Kunstwerke an der grossen Feststrasse der Menschheit aufgestellt, als Erinnerungszeichen und Denkmäler hoher und seliger Momente. Jetzt will man mit den Kunstwerken die armen Erschöpften und Kranken von der grossen Leidensstrasse der Menschheit bei Seite locken, für ein lüsternes Augenblickchen; man bietet ihnen einen kleinen Rausch und Wahnsinn an." (FW; KSA 3, S. 446)

Der Tanz freilich ist dem Hiatus zwischen Subjekt und Objekt und gleichermaßen von mundanen und subjektiven Bezügen, vorgelagert. Entsprechend klassifiziert Renate Reschke Nietzsches Tanzsemantik:

> „Im bacchantischen Taumel entgrenzt er die Tanzenden aus anstrengender Sozialisation und entlastet vom Druck einer unnatürlichen Individuation durch aufgehobene Kulturschranken gegen die Natur; die *boukoloi* tanzen nach dem Gesetz, nach der Ordnung des Gottes. In den Dionysien herrscht eine göttliche Ordnung: Die Raserei und die *mania* folgen einer spezifischen paradoxen Choreographie, die in sich Formen der Identifikation und Orientierung am Göttlichen trägt und Gestalt gibt." (Reschke 2000, S. 266.)[15]

---

14 Anders als Nietzsche, hält Adorno am Werkcharakter fest, übergibt die Entschlüsselung ihres Wahrheitsgehalts freilich der Philosophie: „Der Wahrheitsgehalt der Kunstwerke ist die objektive Auflösung des Rätsels eines jeden einzelnen. Indem es die Lösung verlangte, verweist es auf den Wahrheitsgehalt. Der ist allein durch philosophische Reflexion zu gewinnen. Das, nichts anderes rechtfertigt Ästhetik. [...] Den Wahrheitsgehalt begreifen postuliert Kritik. Nichts ist begriffen, dessen Wahrheit oder Unwahrheit nicht begriffen wäre, und das ist das kritische Geschäft. Die geschichtliche Entfaltung der Werke durch Kritik und die philosophische ihres Wahrheitsgehalts stehen in Wechselwirkung. Theorie der Kunst darf ihr nicht jenseitig sein, sondern muß ihren Bewegungsgesetzen sich überlassen, gegen deren Bewußtsein die Kunstwerke hermetisch sich abdichten." (Adorno 1974, S. 193 f.)

15 Schon in der nachgelassenen Schrift: *Die dionysische Weltanschauung* wird der Tänzer mit den dionysischen Menschen, die weder von Schönheit geblendet noch nach Wahrheit strebten, identifiziert, er stehe vielmehr in einer „Mittelwelt zwischen Schönheit und Wahrheit", [er gehe] „über die Schönheit hinaus [...] Er strebt nicht nach dem schönen Schein, aber wohl nach dem Schein, nicht nach der Wahrheit [...]" (DW; KSA 1, S. 567).

In Nietzsches Denken symbolisiert der Tanz die unablässige Bewegung, das Werden, damit die „Wahrheit" des ewigen Kreislaufs des Entstehens und Vergehens (Wiederkunftslehre) und ist so das Gegenbild zum „Geist der Schwere"[16] oder, wie es Nietzsche fasst, alles Gute ist leicht. „Dionysos' Geheimnis offenbart sich im Tanz, es ist Tanz." (Reschke 2000, S. 264.)[17] Mit dem Topos „Geist der Schwere"[18] bezeichnet Nietzsches die metaphysisch religiösen Ideologien und folgert, der Mensch ertrage sich schwer, weil er zu viele schwere Wertungen wie „gut und böse" trage, darum verurteilt er Ideologien, die das Leben mit einem Sinn aufladen, den es nicht habe: Wir leben im Schein,[19] in verschiedenen Schat-

---

16 „Im Bild des Tanze(n)s wird die ganze Phänomenologie des illusionär gewordenen christlichen Machtanspruches transparent. Mit quasi dionysischen Lachen wird deren Sinnenfeindlichkeit im Sinne des Wortes hinweggetanzt, mit leichtem Fuß und leiser Überlegenheit. Der leichtluftig wirbelnde Tanz des Dionysos steht im direkten Gegensatz zur tradierten Kreuzes-Ikonographie und Kreuzigungs-Choreografie [...]." (Reschke 2000, S. 270) Wie bekannt, endet *Ecce homo* mit dem Ruf: „D i o n y s o s   g e g e n   d e n   G e k r e u z i g t e n ... " (EH; KSA 6, S. 374). Der Gekreuzigte steht für Triebunterdrückung, Moral, Wahrheit und Vernunft, Nihilismus und Dekadenz. Als Inbegriff des Selbsttopfers, als Inkarnation des Mitleidens, ist er für Nietzsche ein Symbol der Schwäche und Degeneration, das alles könne mit dem Dionysischen überwunden werden. „Alle Instinkte, welche sich nicht nach Aussen entladen, w e n d e n   s i c h   n a c h   I n n e n – dies ist das, was ich die V e r i n n e r l i c h u n g des Menschen nenne: damit wächst erst das an den Menschen heran, was man später seine ‚Seele' nennt [...] dieser narr, dieser sehnsüchtige und verzweifelte Gefangene wurde der Erfinder des ‚schlechten Gewissens'. Mit ihm aber war die grösste und unheimlichste Erkrankung eingeleitet, von welcher die Menschheit bis heute nicht genesen ist, das Leiden des Menschen a m   M e n s c h e n, a n   s i c h: als die Folge einer gewaltsamen Abtrennung von der thierischen Vergangenheit, eines Sprunges und Sturzes gleichsam in neue Lagen und Daseins-Bedingungen, einer Kriegserklärung gegen die alten Instinkte, auf denen bis dahin seine Kraft, Lust und Furchtbarkeit beruhte." (GM II; KSA 5, S. 322f.)
17 „Indem sich die Mänaden ekstatisch tanzend durch den Raum bewegen und ihre Sinnlichkeit unmittelbar dem Betrachter vor Augen führen, durchbrechen sie die Normen der Körperlichkeit. Der sich bewegende Körper gerät in einen direkten Kommunikationszusammenhang mit den göttlichen Kräften des Dionysos. Die physische Ausführung, der Tanz, ist Auslöser der spirituellen Erfahrung und untrennbar mit der dionysischen Ekstase verbunden." (Wetzig 2013, S. 58)
18 In einem Notat vom Sommer 1883 schreibt Nietzsche: „Sieg über den Geist der Schwere" (NL 1883, KSA 10, 11[19], S. 382).
19 „Schein ist für mich das Wirkende und Lebende selber, das so weit in seiner Selbstverspottung geht, mich fühlen zu lassen, dass hier Schein und Irrlicht und Geistesstarre und nichts Mehr ist, – dass unter all diesen Träumenden auch ich, der ‚Erkennende', meinen Tanz tanze, dass der Erkennende ein Mittel ist, den irdischen Tanz in die Länge zu ziehen und es insofern zu den Festordnungen des Daseins gehört, und dass die erhabene Consequenz und Verbundenheit aller Erkenntnisse vielleicht das höchste Mittel ist und sein wird, die Allgemeinheit der Träumerei und Allverständlichkeit all dieser Träumenden unter einander und eben damit d i e   D a u e r   d e s T r a u m e s   a u f r e c h t   z u   e r h a l t e n." (FW; KSA 3, S. 417). Das Bekenntnis zum Schein und zur Täuschung muss bei Nietzsche umstandslos als eines zur Maske und Maskerade erweitert werden;

tierungen von Scheinbarkeit. Der traditionelle Pessimismus und hierzu zählt auch der romantische und damit Wagner,[20] führe mit seinem Geist der Schwere Klage über das schlechte Allgemeine und entwerte damit das Leben, weil er es am Ideal einer jenseitigen, quasi idealen Welt messe. Demgegenüber bejahe der tragische Pessimismus (Amor fati) – zu dessen höchster Ausformung das dionysische Prinzip zu zählen ist –, die diesseitige in all ihren Schattierungen. Im Nachlass schreibt er:

> „Zu begreifen: Daß alle Art Verfall und Erkrankung fortwährend an den Gesammt-Wert-urtheilen mitgearbeitet hat: daß in den herrschend gewordenen Werturtheilen décadence sogar zum Übergewicht gekommen ist: daß wir nicht nur gegen die Folgezustände alles gegenwärtigen Elends von Entartung zu kämpfen haben, sondern alle bisherige décadence rückständig, d.h. lebendig geblieben ist. Eine solche Gesammt-Abirrung der Menschheit von ihren Grundinstinkten, eine solche Gesammt-Décadence des Werturtheils ist das Frage-zeichen par exellence, das eigentliche Räthsel, daß das Thier „Mensch" dem Philosophen aufgibt. [...] sind das nicht Alles gleichfalls Verfalls- und Erkrankungs-Phänomene? ... Das excessive Wichtignehmen von Moralwerthen oder von „Jenseits"- Fiktionen, oder von socialen Nothständen oder von Leiden überhaupt: jede solche Übertreibung eines einzelnen Gesichtspunktes ist an sich schon ein Zeichen von Erkrankung. Ebenfalls das Überwiegen des Neins über das Ja!" (NL 1887–1888, KSA 13, S. 89 f.)

Nietzsche ist der Philosoph der Masken und der Maskierungen. In „Der Wanderer und sein Schatten" notiert er: „Mediocrität als Maske. – Die Mediocrität ist die glücklichste Maske, die der überlegene Geist tragen kann, weil sie die grosse Menge, das heisst die Mediocren, nicht an Maskirung denken lässt –: und doch nimmt er sie gerade ihretwegen vor, – [...]" (MA II; KSA 2, S. 627). In einem Brief an Franz Overbeck vom 10. Februar 1883 aus Rapallo behauptet Nietzsche freilich, er leide unter seiner Maske: „Mein ganzes Leben hat sich vor meinen Blicken zersetzt; dieses ganze unheimliche verborgen gehaltene Leben, das alle sechs Jahre einen Schritt thut und gar nichts eigentlich weiter will als diesen Schritt: während alles Übrige, alle meine menschlichen Beziehungen, mit einer Maske von mir zu thun haben, und ich fortwährend das Opfer davon sein muß, ein ganz verborgenes Leben zu führen." (KSB 6, S. 326)

20 „Wagner hat an die Liebe geglaubt, wie alle Romantiker dieses tollen und zuchtlosen Jahr-zehnds. Was blieb davon zurück? Diese unsinnige Vergötterung der Liebe, und, nebenbei, auch der Ausschweifung und selbst des Verbrechens – wie falsch scheint uns das heute! [...]Wir sind strenger geworden, härter, ungeduldiger gegen solche Vulgär-Psychologie, welche sich gar noch damit ‚idealistisch' glaubte, – wir sind cynisch selbst gegen diese Verlogenheit und Romantik des ‚schönen Gefühls'– [...]" (NL 1888, KSA 13, 15[14], S. 414). Womit deutlich wird, dass Liebe und Rausch als orgiastische Entgrenzung Antipoden sind. In *Menschliches, Allzumenschliches*, wo er 1886 in der Vorrede zu Teil II, im Rückblick auf das Ende der 1870er Jahre bemerkt, er habe von Richard Wagners Kunstkonzeption Abschied nehmen müssen, der als ein „morsch gewordener, verzweifelnder Romantiker [...] plötzlich, hülflos und zerbrochen, vor dem christlichen Kreuze [...]" niedergesunken sei. Er empfinde „Ekel vor dem Femininischen und Schwärmerisch-Zucht-losen dieser Romantik, vor der ganzen idealistischen Lügnerei und Gewissens-Verweichlichung [...]". (MA II; KSA 2, S. 372).

Epilog

„In alle Abgründe trage ich noch mein segnendes Jasagen … Aber das ist der Begriff des Dionysos noch einmal. […] Der Reichste an Lebensfülle, der dionysische Gott und Mensch, kann sich nicht nur den Anblick des Fürchterlichen und Fragwürdigen gönnen, sondern selbst die fürchterliche That und jeden Luxus von Zerstörung, Zersetzung, Verneinung; bei ihm erscheint das Böse, Unsinnige, Hässliche gleichsam erlaubt, in Folge eines Ueberschusses von zeugenden, befruchtenden Kräften, welcher aus jeder Wüste noch ein üppiges Fruchtland zu schaffen im Stande ist." (EH; KSA 6, S. 345 und FW; KSA 3, S. 620)

Selbst wenn wir Nietzsches Anliegen, mit seiner Utopie des Dionysischen, Mensch und Welt von Triebunterdrückung zu befreien, teilen, fragt sich, ob das von ihm gewählte Therapeutikum tatsächlich das Mittel der Wahl – im Rausch findet sich keinerlei Orientierung für Besseres –, sein kann. Oder soll etwa die ungehemmte Triebauslassung in allen ihren Dimensionen per se das Bessere sein? Selbst wenn man dem zustimmt, bleibt anzumerken, wie wenig Nietzsche das Zukünftige bebildert. Auch wenn das Programm ist, und davon darf man ausgehen, ist das doch angesichts eines furors der Zerstörung, dem wir auch geopfert werden können und sollen, zu wenig. Und warum zerstören die destruktiven Potenziale tatsächlich auch das, was Nietzsche vernichtet wissen will, und wohin führt ein nicht reglementiertes Ausleben der destruktiven Potenziale? Ins Nichts? Kaum abzuweisen, dass hier Zerstörung pur ins Werk gesetzt werden könnte. Was der Einspruchscharakter des Dionysischen und seine Dimensionen von Freiheit und Befreiung betrifft, so überzeugt Nietzsche zumindest und nicht zuletzt in seinem aufklärerischen Impetus über Triebunterdrückung und Sinnenfeindschaft, über die depressiven und degenerierenden Potenzen und Effloreszenzen von Metaphysik, Moral und Religion.[21] Jedoch, die aufklärerische Seite des dionysischen

---

21 Steht der normative Moralcode antithetisch zu unserer Triebstruktur, fragt sich welche Folgen Anpassung und Selbstverleugnung haben? Würden diese nicht im Lauf der Zeit so gravierend werden, dass eine Erkrankung der Individuen, Dekadenz hätte Nietzsche gesagt, unserer Kultur im Abendland die Folge ist? Diese Diagnose ist durch eine Vielzahl von Fakten zu belegen, und unsere Sensibilität ist nicht zuletzt durch die moral- und kulturkritischen Schriften Nietzsches, Freuds, Benjamins, Blochs, Adornos, Horkheimers, Foucaults und anderer, geschärft geworden. Ihre Diskurse hinterfragen die kantische Perspektive, den Menschen aus seiner selbstverschuldeten Unmündigkeit herauszuführen. Triebdominanz bedeutet, universelle, moralische Normen als Werte zu sehen, die degenerierende (Nietzsche) und pathologische (Freud) Konsequenzen für uns haben. Über Triebunterdrückung (Antipode des Dionysischen) und ihre Folgen aufzuklären, ist ein zentrales Anliegen der Freudschen Theorie. Er fokussiert dabei nicht zuletzt die religiös eingeforderte und motivierte, auf ihr ruhe die zivilisatorische Entwicklung des Menschen auf; eine erzwungene Sublimation, opfere der Einzelne doch seine Trieblust der Gottheit. Religiöse Entschädigung sei aber fiktiv, suggeriere sie doch eine Verminderung der individuellen Belastungen,

Immoralisten ist nur die eine, und sie ist ohne die andere, die gewaltsam zerstörende, nicht zu haben. Unsere definitive Bewertung des Dionysischen scheint demnach ambivalent bleiben zu müssen. Würden wir zum Gewaltexzess ja sagen, stimmten wir nur nolens volens allen Opfern dieser Potenzen, und damit nicht zuletzt unserer Selbstopferung, zu. Soweit freilich sollte unser Masochismus nicht gehen. Wäre er damit nicht krankhafter als der unserer Unterordnung unter die Systeme der Verneinung und damit unter die, denen wir uns zwangsläufig qua Zivilisation und Kultur unterworfen haben? Letztlich bleibt bei all dem ein bitterer Geschmack, nicht nur deshalb, weil wir weder im Ja noch im Nein glücklich (ja nicht einmal zufrieden) sein und werden können, sondern auch, und das scheint mir gewichtiger, weil sich die Frage aufdrängt, ob nicht zuletzt doch nur dieser tanzende Gott Dionysos mit seiner unermesslichen Machtfülle Recht behalten könnte als Symbol einer Befreiung von Triebunterdrückung mit all ihren Folgen für Selbst und Welt, auch wenn wir uns hierfür opfern müssten? Dieses Recht behalten einmal unterstellt, bedeutet freilich nicht, dass wir dem dionysischen Prinzip folgen müssten und wie auch? Eine Frage, die sich umstandslos nach unserer Zustimmung oder Ablehnung der Herrschaft des Übermenschen und unserem Willen, sich in den Circulos vitiosus deus (Klossowski 1986) der ewigen Wiederkehr des Gleichen zu begeben, verlängert werden müsste und sollte.

> „Wenn kein Ziel in der ganzen Geschichte der menschlichen Geschicke liegt, so müssen wir eins hineinstecken: gesetzt nämlich, daß ein Ziel uns n ö t h i g ist, und uns andrerseits die Illusion eines immanenten Zieles und Zwecks durchsichtig geworden ist. Und wir haben Ziele deshalb nöthig, weil wir einen Willen nöthig haben – der unser Rückgrat ist. „Wille" als Schadenersatz für „Glaube", d.h. für die Vorstellung, daß es einen g ö t t l i c h e n Willen giebt, Einen, der etwas mit uns vorhat." (NL 1886–1887, KSA 12, S. 236)

Amor fati und da capo, liebe Renate!

Literaturverzeichnis

Adorno, Theodor W. (1974): *Ästhetische Theorie*. Frankfurt am Main: Suhrkamp.
Andreas-Salomé, Lou (1923): *Friedrich Nietzsche in seinen Werken*. Dresden: Reissner.
Bataille, Georges (1974): *Der heilige Eros*. Berlin: Ullstein.

---

die durch die Triebversagungen entstehe; eine ideelle Versöhnung der Individuen mit dem unvermeidlichen Verzicht, das nennt Freud den „seelischen Besitz der Kultur". Als kulturelles Phänomen sei Religion eine Form der Ersatzbefriedigung, sie versuche die „Sinnenwelt" mit einer „Wunschwelt" zu kompensieren.

Bierl, Anton (2013): „Der vielnamige Dionysos. Wesen und Funktion des Gottes im Spiegel seiner Beinamen". In: Philipp, Michael (Hrsg.): *Dionysos. Rausch und Ekstase*, Hamburg: Hirmer, S. 30–39.

Bohrer, Karl Heinz (2007): *Großer Stil. Form und Formlosigkeit in der Moderne*. München: Hanser.

Goedert, Georges (1988): *Nietzsche der Überwinder Schopenhauers und des Mitleids*. Würzburg: Königshausen & Neumann.

Klossowski, Pierre (1986): *Nietzsche und der Circulus vitiosus deus*. München: Matthes & Seitz.

Lypp, Bernhard (1984): „Dionysisch-apollinisch: ein unhaltbarer Gegensatz. Nietzsches ‚Physiologie' der Kunst als Version ‚dionysischen' Philosophierens". In: *Nietzsche-Studien*, 13, S. 356–373.

Picht, Georg (1988): *Nietzsche*. Stuttgart: Klett-Cotta.

Reschke, Renate (2000): „Die andere Perspektive". In: Gerhardt, Volker (Hrsg.): *Friedrich Nietzsche, Also sprach Zarathustra* (= Klassiker Auslegen, Bd. 14), Berlin: Akademie Verlag, S. 193–214.

Reschke, Renate (2012): „Utopien und Kritik mit Dionysos: Zwischen Macht und Rebellion, Gewalt und Illusion". In: Reschke, Renate/Brusotti, Marco (Hrsg.), *„Einige werden posthum geboren". Nietzsches Wirkungen*, Berlin/Boston: De Gruyter, S. 183–208.

Strauss, Richard (1933): *Salome* [1905], London: o. A.

Wetzig, Saskia, (2013): „Tanzende Mänaden und musizierende Satyrn. Antike Bilder dionysischer Ekstase". In: Philipp, Michael (Hrsg.): *Dionysos. Rausch und Ekstase*, Hamburg: Hirmer, S. 61–65.

Leila Kais und Steffen Dietzsch
Nietzsches letzte Frage

Oder: der erste Satz einer neuen Genesis

Das Übermenschliche ist das Menschliche.
Henri Lefebvre (1939)

Was hat Nietzsche zuletzt geistig bewegt? Hat er es niedergeschrieben? – Ist es sein „Indem ich dich vernichte Hohenzollern, vernichte ich die Lüge", mit dem Giorgio Colli und Mazzino Montinari die Edition der nachgelassenen Fragmente abschließen, oder das anrührende „Sie können von diesem Brief jeden Gebrauch machen, der mich in der Achtung der Basler nicht heruntersetzt", aus dem letzten Brief an Jacob Burckhardt vom 6. Januar 1889 (KSB 8, S. 579) oder gar seine Klage über ein großes Unglück, das über ihn gekommen sei, vom März 1889 aus Jena, Station *Männer II* der Binswanger-Klinik, irrigerweise sein „Testament" genannt (Lütkehaus 2009) ...?

Nein, Nietzsches letzte spirituelle Äußerung ist eine Frage ... und eine Antwort. Dies betrifft etwas Zusammenfassendes in systematischer Absicht über sein Werk. – Und so heißt es dann zuletzt bei ihm: „Hat man mich verstanden? – *Dionysos gegen den Gekreuzigten...*" (EH Schicksal 9; KSA 6, S. 374). – Viele zweifeln ob bei diesen letzten Texten, „in diesem Fließen der Diskursspiele ein einziges, kontinuierlich denkendes und schreibendes Autor-Ich mitsamt einem von ihm gewollten Textsinn" (Detering 2010, S. 12) überhaupt zu identifizieren sei.

1

„Dionysos philosophos". – „Ich war der Erste", sagt Nietzsche in einer Vorarbeit zu *Ecce homo*, „der zum Verständniß des *älteren* Hellenen jenes wundervolle Phänomen, das auf den Namen Dionysos getauft ist, wieder ernst nahm. Mein verehrungswürdiger Freund Jakob Burckhardt in Basel verstand durchaus, dass damit Etwas Wesentliches gethan sei: er fügte seiner Cultur der Griechen einen eignen Abschnitt über das Problem bei" (NL 1888, KSA 13, S. 626f.).

Von allem Anfang an sucht Nietzsche das Phänomen *Dionysos* zu begreifen. Und wir können ihn darin bei einem Prozess der Selbstfindung als kritischen Metaphysiker beobachten.

Es ist bei Nietzsche hierbei nicht ein vielleicht bloß philologisch-gelehrtes Verstehen dieses Mythos beabsichtigt; sondern: „Dionysos ist die Gestalt, in die sich ihm dieser [...] Mythus objektiviert. In ihm wollte Nietzsche sein ganzes Philosophieren, alles nur Gedankliche einschmelzend, zusammenfassen." (Jaspers 1936, S. 330) Mit diesem Doppelaspekt des Dionysos, gleichermaßen *Gestalt* und *Synthesis* zu repräsentieren, nähert sich Nietzsche jener großen, letzten Frage, mit der seit Kant das Philosophieren – vor allem außerhalb der Grenzen der Fakultäten – beschlossen wird: Was ist der Mensch?

In der Epiphanie, in der Nietzsche das Dionysische uns zuerst – enigmatisch – präsentiert,

> „erscheint vor dem Thore dieses höllischen Labyrinthes ... ein grosses Segelschiff, schweigsam wie ein Gespenst dahergleitend. Oh diese gespenstische Schönheit! Mit welchem Zauber fasst sie mich an! Wie? [...] Sitzt mein Glück selber an diesem stillen Platze, mein glücklicheres Ich, mein zweites verewigtes Selbst? Nicht todt sein und doch auch nicht mehr lebend? Als ein geisterhaftes, stilles, schauendes, gleitendes, schwebendes Mittelwesen? Dem Schiffe gleichend, welches mit seinen weissen Segeln ... über das dunkle Meer hinläuft! Ja! *Ueber* das Dasein hinlaufen! Das ist es! Das wäre es!" (FW 2; KSA 3, S. 424)[1]

Nietzsche versteht sich – wie in diesem Bild – als der „letzte Jünger und Eingeweihte des Gottes Dionysos", der ein „Zweideutiger" ist, ein „Versucher-Gott, dem ich", bekennt Nietzsche, „einstmals, wie ihr wisst, in aller Heimlichkeit und Ehrfurcht meine Erstlinge dargebracht habe" (JGB; KSA 5, S. 238).

Dionysos – wie Nietzsche – mag die Menschen, aber auf besondere Weise! So zitiert ihn Nietzsche einmal mit der Äußerung: „Der Mensch [und hier exemplarisch Ariadne! – die Verf.] ist mir ein angenehmes, tapferes, erfinderisches Tier, das auf Erden nicht seinesgleichen hat, es findet sich in allen Labyrinthen noch zurecht. Ich bin ihm gut: ich denke oft darüber nach, wie ich ihn noch vorwärts bringe und ihn stärker, böser und tiefer mache als er ist." (JGB; KSA 5, S. 239) Darin gerade sieht auch Nietzsche seine strikteste Bestimmung, denn das dionysische Mysterium – das ist der Wille zum Leben. Aber nicht, wie man einfach – passiv – lebt, sondern wie man sich und die Welt sozusagen hervorbringt, belebt, Leben erschafft – denn:

> „Nicht ist es gut,
> Seellos von sterblichen
> Gedanken zu sein."
> (Hölderlin 1970, 1, S. 491f.)

---

1 „Es ist seine Schiffsepiphanie heute schon von einem wundervollen griechischen Vasenbild, das für Nietzsche kaum noch existierte, allgemein bekannt." (Kerényi 1945, S. 31). Vgl. auch von Salis 1930, S. 14f.

Und zu so einem *seellosen* Gedanke, der dem Leben gegenüber gleichgültig bleibt, war inzwischen, wie es Nietzsche in seiner kulturellen Umwelt empfand, exemplarisch der Name des ehemals *ens perfectissimum* ruiniert worden. „Der Begriff ‚Gott' erfunden als Gegensatz-Begriff zum Leben, – in ihm alles Schädliche, Vergiftende, Verleumderische, die ganze Todfeindschaft gegen das Leben in eine entsetzliche Einheit gebracht!" (EH Schicksal; KSA 6, S. 373 f.)

2

Im mythologischen Bild des Dionysos entwirft Nietzsche – namentlich im *Zarathustra* – ein Gleichnis des labyrinthisch verstrickten Menschen, – des Menschen, wie es in einer seiner Leitdichtungen heißt, in „des Lebens labyrinthisch irren Lauf" (Goethe 1887, S. 5).

Im Dionysischen erlebt der Mensch eine Kraft der Rückverbrüderung, die ihn als Einzelnen zurückbringt in eine Allgemeinheit des Menschlichen. Mit dem *dionysischen Menschen* hat Nietzsche einen neuen Typus von Interindividualität entworfen, da er „sich in die Allgemeinheit der Menschen zurückverbrüdert" (Ross 1980, S. 578).

Rückblickend aus Sicht des *Ecce homo* konstatiert er einmal dieses urwüchsige Menschen-Problem. Er beklagt da nämlich, Bezug nehmend auf Zarathustras Sonnen-Gesang, des Menschen Furcht und Einsamkeit: „Dergleichen ist nie gedichtet, nie gefühlt, nie *gelitten* worden: so leidet ein Gott, ein Dionysos. Die Antwort auf einen solchen Dithyrambus der Sonnen-Vereinsamung im Lichte wäre *Ariadne* … Von allen solchen Räthseln hatte Niemand bisher die Lösung, ich zweifle, daß je Jemand auch hier nur Räthsel sah." (EH Z; KSA 6, S. 348)

Was aber ist dieses Rätsel? Es überhaupt zu erkennen, haben nur diejenigen eine Chance, die nicht „mit feiger Hand einem Faden nachtasten" (Z III, 1; KSA 4, S. 197) wollen, wie es im *Zarathustra* heißt. Diese Verbundenheit mit Dionysos ist für Nietzsche das – nahezu Königsberger – schismatische Zeichen, an dem sich Menschen untereinander erkennen könnten, denn die Freien Geister „verachten den ‚Strick', den die ‚Tugendhaften' ihnen aufzwingen möchten, um sie zu ihrer eigenen Tugend hinüberzuretten" (Roos 1940, S. 132).

Dionysos ist also weit mehr als nur ein Dämon des Rausches oder die mythologische Gestalt des Weins. Vielmehr ist er vor allem, mit Tillichs Begriff, gewissermaßen *theonomisch* zu begreifen: als großer Verwandler, Verschwender und Entrücker. Er „reicht dem Irrenden keinen Faden. Er fordert ihn nur auf, den Mut nicht zu verlieren. – Die Dionysos-Lehre enthält als ihr Kernstück die Behauptung, dass die stolzeste Gesinnung den leitenden Faden verwirft" (Roos 1940, S. 131).

Es ist dies eben das *Ja* zur labyrinthischen Situiertheit des Menschen, d.h., „es geht überall gefährlich zu, man ist nicht umsonst mit der schönen Ariadne befreundet, für das Labyrinth besteht eine eigene Neugierde" (NL 1888, KSA 14, S. 484). Gerade dadurch also konstituiert sich sozusagen ein *Neuer Mensch* im Menschen. Denn beide – Dionysos wie Christus – sind für sich „das mythologische Symbol des Doppel-Ichs" (Roos 1940, S. 139).

3

„Der Sinn ist jedenfalls der", so wäre die Situation Nietzsches mit den Worten von Freund Köselitz zu resümieren, „als Nietzsche nur *Held* (Theseus) war, ging er von Ariadne (Wagner) fort; da er Überheld *Gott* (Dionysos) wurde, naht er sich ihr wieder – ohne Gegnerschaft, ohne Mitleid, aber warnend: an mir wirst du zugrunde gehen, ich bin dein Labyrinth!" (Overbeck/Köselitz 1998, S. 308). Das bezieht sich auch auf eine andere Notiz Nietzsches: „Ariadne träumend: ‚vom Helden verlassen träume ich den Über-Helden'." (NL 1883, KSA 10, S. 433)

In der zuvor zitierten Schlusssentenz – *„Ich bin dein Labyrinth"* – aus der *Klage der Ariadne* bemerkt der vertraute Freund Köselitz, wie Nietzsche die mythologische Vorlage ganz nach Eigenem interpretiert, sie sogar umkehrt. Ariadne, die Herrin des Labyrinths, erfährt in Dionysos nun selber das Labyrinth. Das aber bedeutet auch: In der Beziehung beider ist wieder Reziprozität eingezogen. Es ist dies Nietzsches letztes Wort, „da Dionysos und Ariadne als das goldene Gleichgewicht der Dinge aus seiner Seele symbolhaft emportauchen" (Podach 1930, S. 57). Denn: In Ariadne „trifft Dionysos zuletzt auf sich selbst" (Allemann 1974, S. 61). Beide sind in einer vollkommenen Selbstverstrickung miteinander verwoben. Gerade so wie Menschen es genau dann sind, wenn die das Dionysische als Bestimmung annehmen in den Fährnissen des Lebens. Was aber heißt das? Nichts weniger, als die – gewissermaßen – „Handlungslogik" des Labyrinths aufnehmen und bereit sein, in dionysischer Aktivität alles ‚So ist es' „umzuschaffen in ein ‚So wollte ich es!'" (EH; KSA 6, S. 348) als „die *Tortur* des Schaffenmüssens, als *dionysischer Trieb*" (NL 1885, KSA 12, S. 116).

Dionysos-Nietzsche macht uns dabei zuletzt mit dem tiefsten Geheimnis des Labyrinths bekannt. Das ist seine Konstellation der „ewigen Wiederkehr". Das Wort Nietzsches dafür: „Das Verlangen nach *Zerstörung*, Wechsel, Werden kann der Ausdruck der übervollen, zukunftsschwangeren Kraft sein (mein terminus ist dafür, wie man weiß, das Wort ‚dionysisch')!" (FW 5; KSA 3, S. 621) Dieser dionysische Impetus ist also ein Ewig-sich-selber-Schaffen und ein Ewig-sich-selber-Zerstören – „ein Nordwind bin ich reifen Feigen" (NL 1883, KSA 10, S. 457).

Nietzsche-Dionysos findet dementsprechend seine tiefste Bestimmung als Künstler, im Dichten, im Musizieren. Dort also, wo seine „dionysische Mitgift" (EH; KSA 6, S. 305) am stärksten wirkt. Dort, wie exemplarisch gerade im Dithyrambos, wo „sprachgewaltiges Ausbrechen, Strömen" (Reinhardt 1935, S. 103), Umgang mit Grausamem, Eruptivem, Zugrunde-Gehen, Elementarischem etc. formbestimmt, formvollendet möglich wird. Nietzsche sieht dafür eben die Kunst an als die Verkehrsform der „Bejahung des Vergehens *und Vernichtens*", als „das Entscheidende in einer dionysischen Philosophie, das Jasagen zu Gegensatz und Krieg, das *Werden* mit radikaler Ablehnung auch selbst des Begriffs ,*Sein*'" (EH, GT; KSA 6, S. 313). Anders als der Logos, wirft die Kunst sozusagen Schatten, entgeht damit sich selbst und bricht aus. In dieser die sichtbare Form übersteigenden Maßlosigkeit liegt ihre dionysische Freiheit, denn jede Freiheit ist reine, blinde Kraft und Leben ohne Maß.

4

„Die Gestalt des Dionysos ist vieldeutig", das erkannte auch einer der dionysischen Nietzscheverehrer, Ernst Jünger, und: „Wenn wir beiseite lassen, ob sich ein Gott oder ein Titan hinter ihr verbirgt, kann sie beiderweis begriffen und verehrt werden." (Jünger, E. 1993, S. 259) Ihm wird begreiflich, dass Dionysos durchaus ein *kommender* Gott ist, „dessen Erscheinung die Welt plötzlich verwandelt" (Otto 1996, S. 171) und dass man also sieht, „daß Dionysos kein durchaus heitrer Festherr ist" (Jünger, E. 1995, S. 59).

Zu der dionysischen *Eigenheit alles Lebendigen* in Geist und Geschmack gehört nun aber, wie Nietzsche schon erkannte, „eine Sympathie für das Schreckliche und Fragwürdige, weil man, unter Anderem, schrecklich und fragwürdig ist" (NL 1887, KSA 13, S. 90). Das aber hat Folgen für den Blick auf das Geschichtliche, das relativiert nämlich alle eingebildete Logik des Geschichtlichen.

Wie sein Bruder Ernst gehörte auch Friedrich Georg „zu den Verfechtern der Rückkehr zu einer zyklischen Zeitauffassung" (Gnoli/Volpi 2002, S. 118). An Gerhard Nebel schrieb er einmal: „Von der kyklischen Zeit bringen Sie mich nicht so leicht ab […] In mir löst die Wahrnehmung der Wiederkehr nicht den mindesten Ekel aus, vielmehr knüpfen sich an sie sehr freudige Bewegungen" (Jünger, F.G. 2001, S. 186), nämlich: „entgegen aller Technik, die den Weltrhythmus zu mechanisieren und auf ihre laufenden Bänder zu zwingen sucht" (Jünger, F.G. 2001, S. 184).

Der dionysische Mensch bewegt sich nicht mehr in den Bahnen des geschichtlichen Ablaufs, deren Strukturformen, wie *Vergangenheit* oder *Zukunft*, verlieren hier ihre Bedeutung. Denn Dionysos ist einer, der die Zeit wendet, der sich wandelnde, die Menschen verwandelnde Gott.

Er ist also – wie dann Christus – ein Gott der Wandlung, durch den dem Werdenden das Gewordene als Widerspruch ins Bewusstsein kommt. Und Titanen zerreißen ihn dann schließlich, „auf Heras Anstiften hin [...] und sie aßen von seinem Fleisch" (Kerényi 1994. S. 152).

Diese Bluttat gehört – wie Passionen überhaupt! (vgl. Eliade 2007, S. 145ff.) – zu den spirituell-praktischen Gründen in der Entstehungsgeschichte unseres Menschengeschlechts: „Zeus geriet in Zorn und erschlug die Titanen mit seinem Blitz. Aus der Ausdünstung der Getroffenen bildete sich Ruß. Daraus wurde ein Stoff und aus diesem Stoff sind die Menschen entstanden." (Kerényi 1994, S. 152)

Aber auch die über den Gekreuzigten erzählte Geschichte, dessen Metamorphose in den „Neuen Menschen", in die *Person* Christi, wird konstitutiv gewissermaßen in Freund-Feind-Bildern erzählt. In Bildern der Erniedrigung und Demütigung des Einen durch den Anderen. Dadurch aber kann uns auch klar werden, dass wir selber als ‚Neue Menschen' ein paradoxes Selbstverhältnis ausweisen, uns selber zugleich Freund-Feind sind, fähig zugleich zum Guten wie zum Bösen, oder vielmehr: unfähig zum Guten, ohne den Umweg über das Böse. „[E]s ist mit dem Menschen wie mit dem Baume. Je mehr er hinauf in die Höhe und Helle will, um so stärker streben seine Wurzeln erdwärts, abwärts, in's Dunkle, Tiefe, – ins Böse." (Z; KSA 4, S. 51)

Damit geht der Mensch an sich selbst zugrunde, und doch soll er sich dabei ganz um seinen Untergang versammeln, ihn in sich einschließen, wie seine werdende Frucht, und vor ihm hergehen als einer, der einen Größeren ankündigt, als er es ist. Damit fordert er das Verhängnis heraus und gewinnt sich, indem er sich verschwendet. Das ist der Gipfel der Revolte. Denn: „La liberté est ‚le sacré temporal des hommes'." (Polin 1977, S. 207)

5

Was folgt daraus für die Philosophie? – Vor allem eins: Die Bedingung der Möglichkeit der Begreifbarkeit des besonderen anthropologischen *Sacré*: also die transzendentale „Zweieinigkeit des Menschen" (Gundolf 1920, S. 163).

Die aber kann man exemplarisch vom Lebendigen, – vom *Künstler*, vom *Krieger*, vom *Denkenden* – lernen: denn gerade diese „sagen Ja zu allem Fragwürdigem und Furchtbaren selbst, er ist *dionysisch* ..." (GD Vernunft; KSA 6, S. 79). Gerade sie also geben uns, wie Friedrich Georg Jünger sagt, „eine Anschauung von der unbesiegbaren, alles vor sich niederwerfenden Kraft des Dionysos"

(Jünger, F.G. 1941, S. 543). – Gerhard Nebel hat von dieser Sicht auf Dionysos gesagt, „daß man sich dem Dionysischen *nur noch* auf dem derart [von Friedrich Georg Jünger – die Verf.] gebahnten Wegen nähern kann" (Nebel 1948, S. 57).

Nietzsches votiert wohl zunächst für den griechischen Gott, weil ihm der mit seiner Wandlungsfähigkeit, seinen Masken, seinem Widerspruch, seiner Kultur der Distanz und nicht zuletzt wegen seines gnadenlosen Schicksals, namentlich so wie er von Seinesgleichen grausam zu Tode gebracht wird, archetypisch für das einsteht, was er den „höheren" Menschen nennt.

Dionysos ist uns also auf andere Weise, diesseitiger als die Botschaft von Golgatha, als ein Symbol unseres Menschseins gegenwärtig, nämlich, um es mit Walter F. Otto auszudrücken, als „des in Eins verschlungenen Lebens und Sterbens ... (es) verfolgen ihn Not und Leiden; die Siege werden zu Niederlagen, und von strahlender Höhe stürzt ein Gott in die Schrecken des Untergangs" (Otto 1996, S. 182).

Aber dann, in seinen letzten klaren Augenblicken, sieht es Nietzsche plötzlich: In dem, was er an Dionysos schätzt, ist der Nazarener doch gar kein Antipode, sondern eher ein Bruder im Geiste – als Gekreuzigter, als Christus, kurz: „wie ungeheuer sie einander gleichen" (Susman 1954, S. 135).

> „In Knechtsgestalt, sind sie erkannt,
> Die Allebendigen, die Kräfte der Götter.
> [...]
> Des Vaters Strahl, der reine, versengt es nicht
> Und tieferschüttert, die Leiden des Stärkeren
> Mitleidend, bleibt in den hochherstürzenden Stürmen
> Des Gottes, wenn er nahet, das Herz doch fest."
> (Hölderlin 1970, 1, S. 356f.)

Das ist, wie es Gundolf richtig gesehen hat, „keine Privatmystik", sondern ein philosophisches Wissen, „dessen Chiffren den Griechen das Doppelschicksal des Dionysos, in den Evangelien die Zwienatur Christ, dem Dante der Doppelsinn Beatrices" (Gundolf 1920, S. 163) war. Dadurch wird Nietzsche gewahr, wie „die ‚Schönheit' des Übermenschen sichtbare Gestalt gewinne" (Salaquarda 1996, S. 113). – Oder von heute her in den Worten von Gilles Deleuze: „Durch seinen Tod scheint Christus vom jüdischen Gott unabhängig zu werden: er wird universell und ‚kosmopolitisch'." (Deleuze 1979, S. 47)

Und so unterzeichnet Nietzsche dann seine letzten Ariadne-Briefe mit *Dionysos oder der Gekreuzigte*! Es werden nämlich beide vorderhand Erniedrigte funktional vergleichbar, denn wie Christus „holte auch Dionysos die Seelen aus dem Hades" (von Barloewen 1984, S. 35). – Nietzsches Vermutung, „Einige werden posthum geboren" (AC, KSA 6, S. 167), trifft exemplarisch auf den – kenotisch generierten[2] – Übermenschen zu.

*

Beide Götter beginnen ein zweites Leben nach dem Tode. Auf Dionysos bezogen heißt das: „Die Größe der Idee des Dionysos lebt fort in der Tragödie", sie ist „im Kult des Dionysos zu ihrer weltgeschichtlichen Gestalt herangewachsen" (Otto 1996, S. 189). So erkennen wir – und das ist eine anthropologisch-kulturphilosophische Pointe im Blick auf *Nietzsches letztes Frage* – am Ende von Nietzsches Denkweg gar keinen Abbruch seines Denkens, sondern seine Vollendung im Hinweis auf die Metamorphose des *Sacré*, die mit dem Tod Gottes erfolgt: „Gott starb: nun wollen *wir*, – dass der Übermensch lebe." (Z; KSA 4, S. 357)

Also: „Nietzsches Gottesbild, zwischen Dionysos und Christus gespannt, ist seit der Schul- und Studentenzeit hochgradig ambivalent, schwankt zwischen Heiden- und Christentum", – ist also „das Abbild seines Urbildes, – der in seiner Tiefenseele zerrissene Mensch" (Düsing 2007, S. 197 f.).

Das aber ist eine Besinnung, die Nietzsche zu einer schöpfungspraktischen Konsequenz führt: denn welche Schlussfolgerung muss aus dem *Tod Gottes* gezogen werden? Die nämlich, das sei „der erste Satz der neuen Genesis" (Jünger, E. 1949, S. 352), die aber dann – und das ist durchaus kein Trost – dem Menschen aufgegeben ist.

Literaturverzeichnis

Allemann, Beda (1974): „Nietzsche und die Dichtung". In: Steffen, Hans (Hrsg.): *Nietzsche. Werk und Wirkungen*, Göttingen: Vandenhoeck & Ruprecht

Barloewen, Constantin von (1984): *Clown. Zur Phänomenologie des Stolperns*. Frankfurt a. M.: Suhrkamp.

Deleuze, Gilles (1979): *Nietzsche: Ein Lesebuch*. Berlin: Merve.

Detering, Heinrich (2010): *Der Antichrist und der Gekreuzigte: Friedrich Nietzsches letzte Texte*. Göttingen: Wallstein.

Düsing, Edith (2007): *Nietzsches Denkweg*. München: Wilhelm Fink.

Eliade, Mircea (2007): „Das ‚Normale' des Leidens". In: Eliade, Mircea: *Vom Wesen des Religiösen. Schriften u. Erinnerungen*, hrsg. v. Hans-Joachim Sinn, Frankfurt/Leipzig: Insel.

Gesthuisen, Johannes (1986): *Das Nietzsche-Bild Hans Urs von Balthasars*. Rom: Pontificiae Universitatis Gregorianae.

---

2 Vgl. Gesthuisen 1986, S. 114 f.

Goethe, Johann Wolfgang von (1887): „Faust. Eine Tragödie". In: *Goethes Werke*. Weimarer Ausgabe, Abt. I, Bd. 14, Weimar: Böhlau.

Gnoli, Antonio/Volpi, Franco (2002): *Die kommenden Titanen. Gespräche mit Ernst Jünger*. Wien: Karolinger.

Gundolf, Friedrich (1920): *George*. Berlin: Bondi.

Hölderlin, Friedrich (1970): „Wie wenn am Feiertage". In: *Sämtliche Werke und Briefe*, Bd. 1, Hrsg von Günter Mieth, Berlin/Weimar: Aufbau.

Jaspers, Karl (1936): *Nietzsche*. Berlin/Leipzig: de Gruyter.

Jünger, Ernst (1949): *Heliopolis*. Stuttgart: Klett-Cotta.

Jünger, Ernst (1993): *Siebzig verweht*. Bd. 3. Stuttgart: Klett-Cotta.

Jünger, Ernst (1995): *Siebzig verweht*. Bd. 4. Stuttgart: Klett-Cotta.

Jünger, Friedrich Georg (2001): *„Inmitten dieser Welt der Zerstörung"*. Briefwechsel mit Rudolf Schlichter, Ernst Niekisch und Gerhard Nebel, Hrsg. von Ulrich Fröschle und Volker Haase, Stuttgart: Klett-Cotta.

Jünger, Friedrich Georg (1941): *Pan und Dionysos*. In: *Corona. Zweimonatsschrift*, 10, Nr. 5.

Jünger, Friedrich Georg (2001): *Griechische Mythen*. Frankfurt a. M.: Klostermann.

Kerényi, Karl (1945): *Bachofen und die Zukunft des Humanismus*. Mit einem Intermezzo über Nietzsche und Ariadne, Zürich: Rascher.

Kerényi, Karl (1994): *Dionysos. Urbild des unzerstörbaren Lebens*. Stuttgart: Klett-Cotta.

Lütkehaus, Ludger (2009): „Nietzsches Testament". In: *NZZ*, 27. Aug. 2009.

Lefebvre, Henri (1939): *Nietzsche*. Paris: Editions sociales internationales.

Nebel, Gerhard (1948): *An der Mosel*. Wuppertal: Marées.

Otto, Walter F. (1996): *Dionysos. Mythos und Kultus*. Frankfurt a. M.: Klostermann.

Overbeck, Franz/Köselitz, Heinrich (1998): *Briefwechsel*. Hrsg. v. David Marc Hoffmann, Berlin/ New York: de Gruyter.

Podach, Ernst F. (1930): *Nietzsches Zusammenbruch*. Heidelberg: Wolfgang Rothe.

Polin, Raymond (1977): *La liberté de notre temps*. Paris: J. Vrin.

Reinhardt, Karl (1935): „Nietzsches Klage der Ariadne". In: *Die Antike*, 11, Nr. 1.

Roos, Carl (1940): *Nietzsche und das Labyrinth*. Kopenhagen: Gyldendal.

Ross, Werner (1980): *Der ängstliche Adler. Friedrich Nietzsches Leben*. Stuttgart: dtv.

Salaquarda, Jörg (1996): „Noch einmal Ariadne". In: *Nietzsche-Studien*, 26.

Salis, Arnold von (1930): *Theseus und Ariadne*. Berlin/Leipzig: de Gruyter.

Susman, Margarete (1954): *Gestalten und Kreise*. Zürich: Diana.

Helmut Heit
Ende der Säkularisierung?

Nietzsche und die große Erzählung vom Tod Gottes

Im Februar 2014 ging eine Meldung durch die deutsche Presse, wonach kaum zehn Prozent der US-Bürger davon überzeugt seien, dass Gott oder eine andere höhere Macht absolut keinen Einfluss auf die Entstehung des Universums und des Lebens habe. Einer Studie der amerikanischen Forscherin Elaine Howard Ecklund zufolge fänden sich sogar bei den meisten Naturwissenschaftlern nach wie vor religiöse Überzeugungen.[1] Meldungen dieser Art fügen sich gut in die Beobachtung, dass die Religionen auch im Zeitalter der Individualisierung und Pluralisierung der Lebenswelten nicht von der Bildfläche verschwinden, sondern womöglich gar an Bedeutung gewinnen. Nicht wenige sprechen daher im Gegensatz zu Nietzsches Diagnose vom Tod Gottes inzwischen vielmehr von einem Ende der Säkularisierung und einer Rückkehr der Religionen, die sich nicht allein an der Konjunktur nicht-traditionaler Religiosität festmacht, sondern auch an der Renaissance des Religiösen im Feld der Politik.[2] Besonders die Attentate islamischer Fundamentalisten auf verschiedene Ziele in den USA vom 11. September 2001 gelten als dramatisches Geschichtszeichen für die ungebrochene wenn nicht erstarkende Relevanz religiöser Orientierungen. Auch die anschließende Rhetorik eines Kampfes der Kulturen im Stile einer Verteidigung des christlichen Abendlandes machte die vorherigen Ideen eines post-religiösen Endes der Geschichte schnell vergessen. Gerade im Feld der Identitätspolitik hat die Religion eine bemerkenswerte Renaissance erlebt.[3] Ist Gott von den Toten auferstanden?

Vertraut man aktuellen statistischen Erhebungen, so glauben in den alten Bundesländern im Jahre 2013 immerhin 52 Prozent der Befragten an Gott oder ein göttliches Wesen, in den neuen Bundesländern sind es 23 Prozent. Im Vergleich mit Daten von 2008 kann man in der Bundesrepublik allenfalls eine leichte

---

1 Konkreter Anlass der Meldung war ein Vortrag der Professorin der Rice University beim Jahrestreffen der *American Association for the Advancement of Science* vom 13. bis 17. Februar in Chicago. Ecklund hatte ihre – übrigens nicht unumstrittenen – Thesen und Daten bereits umfassend dargelegt in Ecklund 2010.

2 Vgl. etwa Bruce 2002, Graf 2004, oder Höhn 2007.

3 Im Kontext globaler politischer und ökonomischer Krisen scheint es allerdings manchen „nicht verwunderlich, dass sich die in Religion reflektierte Sinnproblematik als Suche nach ‚Identität' artikuliert, wenn diese nämlich für die westliche Welt ebenso wie für außereuropäische Kulturen höchst prekär geworden ist" (Gephart/Waldenfels 1999, S. 265).

Tendenz zugunsten religiöser Orientierung im Osten des Landes festmachen, während der Westen auf diesem Niveau stagniert. Im internationalen Vergleich gehört Deutschland damit zu den weniger religiösen Ländern, im Unterschied zu Staaten wie der Türkei, Indien oder den USA, wo sich mehr als 90 Prozent der Bevölkerung als sehr oder ziemlich religiös bezeichnen. Auch im internationalen Vergleich deuten die Studien allerdings eher auf eine gleichbleibend hohe Bedeutung der Religionen als auf eine signifikante Re-Sakralisierung.[4] Man wird daher nicht zwingend von einem aktuellen Ende der Säkularisierung reden müssen, sondern sollte wohl vielmehr konstatieren, dass an der großen Erzählung von einer kontinuierlich und quasi notwendig fortschreitenden Säkularisierung der Welt von vornherein etwas nicht stimmte. Der katholische Theologe Hans-Joachim Höhn kommt vor dem Hintergrund solcher Überlegungen zu dem Schluss: „Dass die Moderne einmal ganz von der Religion loskommen könnte, gehört offensichtlich zu den Illusionen, von denen sie loskommen muss." (Höhn 2008, S. 14)

Es scheint, als wäre mit dieser Feststellung auch ein zentraler Gedanke Nietzsches als Illusion entlarvt, wenn man denn die Negation des jüdisch-christlichen Gottes mit lexikalischer Gewissheit zu den Grundbeständen der zentralen Gedanken Nietzsches zählen darf (vgl. Köster 2000). In der *Genealogie der Moral* gilt ihm der „unbedingte redliche Atheismus" als letzte Entwicklungsphase, Schlussform und innere Folgerichtigkeit der christlich-abendländischen Kulturentwicklung. Der Atheismus ist „die Ehrfurcht gebietende K a t a s t r o p h e einer zweitausendjährigen Zucht zur Wahrheit, welche am Schlusse sich die L ü g e i m G l a u b e n a n G o t t verbietet" (GM 3; KSA 5, S. 409). Entzieht sich der Glauben an Gott diesem Verbot oder warum geht er nicht, wie alle großen Dinge, an sich selbst zugrunde „durch einen Akt der Selbstaufhebung" (GM 3; KSA 5, S. 410)?[5] Mit Blick auf diese Problemkonstellation werde ich im Folgenden der Frage nachgehen, was sich heute ausgehend von Nietzsche über das große Narrativ vom Tode Gottes sagen lässt. Unser Augenmerk liegt damit auf dem doxastischen Aspekt der Säkularisierung, während andere Aspekte wie etwa der politische Laizismus kaum beachtet werden. Dazu möchte ich in einem ersten Abschnitt eine kurze Orientierung über die Religionskritik im 19. Jahrhundert geben, zumal sich Nietzsches Position insbesondere durch den Vergleich mit Feuerbach und Marx schärfer konturieren lässt (1). Danach erläutere ich die spezifische Form seiner Religionskritik als einer Selbstaufhebung des Willens zur Wahrheit, vor allem anhand einer kontextuellen

---

4 Die Ergebnisse der im Auftrag der Bertelsmann-Stiftung durchgeführten Studien von Detlef Pollack, Olaf Müller und Gerd Pickel wurden 2013 auf der Seite www.religionsmonitor.de publiziert.

5 Zur komplexen Beziehung siehe Hartung, Schlette (Hrsg.) 2012.

Interpretation des Abschnitts 125 „Der tolle Mensch" aus *Die fröhliche Wissenschaft* (2). In einem abschließenden dritten Teil komme ich auf die Situation der Philosophie nach dem Tode Gottes zurück (3). Dabei zeigt sich, dass Nietzsches Auseinandersetzung mit Gott nicht für fromme (oder zweifelnde) Menschen interessant ist.

1 Religionskritik im 19. Jahrhundert: Feuerbach, Marx, Nietzsche

Im Verlauf des 19. Jahrhunderts sieht sich die Religion, zumal in ihrer europäisch-christlichen Ausprägung, einer Reihe von kritischen Einwürfen ausgesetzt, die nicht zuletzt in kulturkritische Auseinandersetzungen münden. Diese Einwände ergeben sich insbesondere von Seiten der Philosophie, der Philologie und den Naturwissenschaften. In wenigen Stichworten soll diese Konstellation in Erinnerung gerufen werden, um die Stellung Nietzsches darin hervortreten zu lassen. Besonders bemerkenswert ist vielleicht die zentrale Rolle der klassischen Philologie für die Religionskritik des 19. Jahrhunderts. Durch die von Wellhausen und anderen veranstalteten historisch-kritischen Analysen der biblischen Texte sowie die Leben-Jesu-Forschung erweist sich der historische Charakter dieses Schrifttums. Mitnichten handelt es sich bei dem literarischen Nachlass eines vorderasiatischen Hirtenvolkes unmittelbar um heilige Dokumente göttlicher Inspiration, wie selbst das protestantische Bibel-Lexikon von 1869 feststellt: „Die Bibel ist formell betrachtet eine Sammlung von Schriften, welche aus ferner Vorzeit überliefert sind." (Schenkel 1869, S. 308)[6] Auch von Seiten der Naturwissenschaften erfahren die kosmologischen Berichte der christlichen Tradition eine Konkurrenz, welche die Rolle Gottes in der Welt zu untergraben scheinen. Das deutlichste Beispiel dafür ist die Evolutionstheorie, die eine Alternative zur biblischen Erklärung für die Entstehung und Entwicklung des Menschen anbietet und ihn in die Naturgeschichte einbindet, auch wenn Darwin selbst die Idee der Existenz Gottes durchaus nicht durch seine Theorien widerlegt sah. Nach einer bekannten (aber nicht nachgewiesenen) Anekdote soll Pierre-Simon Laplace im Jahre 1802 eine Frage Napoleons nach dem Ort Gottes in seinem mechanistischen Weltbild mit dem Satz beantwortet haben: „Ich komme ohne diese Hypothese

---

6 Die theologischen Autoren unterscheiden aber natürlich die Heilige Schrift durch ihren Inhalt entschieden von allen anderen Literaturerzeugnissen. Die Bedeutung der nüchtern-philologischen Betrachtung religiöser Texte für das Denken Nietzsches schon während seiner Schulzeit in der Pforte ist verschiedentlich hervorgehoben worden. Vgl. Sommer 2014.

aus." Der Gedanke an Gott fällt dem methodischen Postulat der Sparsamkeit zum Opfer. Ihren Niederschlag finden diese Entwicklungen intellektuell in den Debatten um Darwinismus und Materialismus, und kulturell – zumindest im deutschen Reich – im Kulturkampf und einer relativen Säkularisierung des Verhältnisses von Kirche und Staat.

Auch im Felde der Philosophie erweist sich die Beziehung zur Religion als spannungsgeladen. Schon Immanuel Kant hatte den verschiedenen Versuchen philosophischer Gottesbeweise eine Abfuhr erteilt und in der *Kritik der reinen Vernunft* festgestellt, „daß der Begriff eines absolut notwendigen Wesens ein reiner Vernunftbegriff, d.i. eine bloße Idee sei, deren objektive Realität dadurch, daß die Vernunft ihrer bedarf, noch lange nicht bewiesen ist" (Kant 1990, B 620). Die Nicht-Existenz Gottes ist damit zwar ebenso wenig bewiesen, aber die Gretchenfrage wird auf diese Weise doch in das Feld der praktischen Vernunft verlegt. Auch die seit Leibniz so genannte Frage nach der Theodizee, wonach die gleichzeitige Allmacht, Allweisheit und Allgüte Gottes in einem Spannungsverhältnis zu den historischen Erfahrungen von Elend und Unrecht steht, wurde von Kant als ein Problem bezeichnet, dass keiner philosophischen Lösung von dem Gerichtshof der Vernunft zugänglich sei. Im Kontext besonders der französischen Aufklärung macht sich unter führenden Intellektuellen ein philosophischer Atheismus breit, der sich jedoch nicht zwingend auf Fragen der privaten Religiosität erstreckt. Hegel hatte mit Blick auf diese Formen der Religionskritik betont, die Religion sei „das Werk der sich offenbarenden Vernunft, und ihr höchstes, vernünftigstes. Es sind absurde Vorstellungen, daß Priester dem Volk zum Betrug und Eigennutz eine Religion überhaupt gedichtet haben usf.; es ist ebenso seicht als verkehrt, die Religion als eine Sache der Willkür, der Täuschung anzusehen" (Hegel 1994, S. 65). Aber dieser Versuch einer geschichtsphilosophischen Versöhnung von Vernunft und Religion konnte schon bald keine verbindliche Überzeugungskraft mehr entfalten, zumal es sich bei Hegel ohnehin um eine Vernunftreligion handelt, in der sich der bloß empirische Gehalt der traditionellen Religion weitgehend verflüchtigt: „Gott selbst ist todt." (Hegel 1999, S. 414)

Die für Nietzsche vielleicht wichtigste unmittelbar religionskritische Lektüre könnte *Das Wesen des Christentums* (1841) von Ludwig Feuerbach gewesen sein, eine Studie, die er auf einem Geburtstagszettel einträgt (BAW I, S. 251). Wir wissen nicht, wie seine Mutter auf diesen Wunsch reagierte, es ist nicht einmal gesichert, dass Nietzsche das Buch besaß. Aber ein Brief an Krug und Pinder vom 27. April 1862 ist deutlich in der Stimmung Feuerbachs geschrieben und endet mit den Worten: „Unter schweren Zweifeln und Kämpfen wird die Menschheit männlich: sie erkennt in sich ‚den Anfang, die Mitte, das Ende der Religion.' Lebt herzlich wohl! Euer Fritz" (KSB 1, S. 202). Sowohl die Entwicklungsmetaphorik als auch die indizierte Dramatik der Ereignisse verweisen auf Feuerbachs Text, aus dem

Nietzsche zudem eine zentrale Stelle als Zitat paraphrasiert: „Der Mensch ist der Anfang der Religion, der Mensch ist der Mittelpunkt der Religion, der Mensch ist das Ende der Religion." (Feuerbach 1971, S. 218) Mit dieser anthropogenen Rekonstruktion des Religiösen wird weder die Nicht-Existenz Gottes bewiesen, noch die kulturhistorische Funktion der Religion direkt bestritten. Der zentrale Gedanke ist vielmehr, dass es sich um eine unreflektierte Projektionsleistung handelt, die in ihrer Naivität einem Erwachsenen nicht angemessen ist. „Gott, das objektive Wesen der Religion, ist das sich selbst gegenständliche Wesen des Menschen. Die Religion ist das kindliche Wesen der Menschheit. [...] Die Religion bejaht, heiligt, vergöttert, d. i. vergegenständlicht das menschliche Wesen. Dies ist das allgemeine Wesen der Religion." (Feuerbach 1971, S. 234)[7] Aufgrund dieser und ähnlicher Lektüren bis hin zu David Friedrich Strauss' *Das Leben Jesu* im Jahre 1865 kann man davon ausgehen, Nietzsche habe seinen Gottesglauben zwischen 1861 und 1865 verloren. Religion gilt ihm fortan als eine kreative aber unbewusste Leistung, die den Kosmos als menschengemäß konzipiert, ohne sich dabei als Urheber dieser schöpferischen Tätigkeit zu erkennen. Diesen für Feuerbach sehr zentralen Gedanken macht sich auch Nietzsche zu eigen und entwickelt ihn weiter.

Unter den Jung-Hegelianern verbreitet sich indes auch eine andere Art der Religionskritik, die für Nietzsches Beschäftigung mit diesem Thema soweit ich sehe weniger einschlägig ist. „Heil einer Religion, die dem leidenden Menschengeschlecht in den bittern Kelch einige süße, einschläfernde Tropfen goss, geistiges Opium, einige Tropfen Liebe, Hoffnung und Glauben!" – So schreibt Heinrich Heine in seiner *Denkschrift für Ludwig Börne* und führt damit die Opium-Metapher in die Diskussion um die Religion ein (Heine o. J., S. 129). Besonders durch die satirische Anspielung auf Paulus' Brief an die Korinther wird die narkotisierende Funktion von Glaube, Hoffnung und Liebe als bloßer Jenseitsvertröstung betont. Berühmtheit erlangte diese Metapher aber vor allem durch eine Notiz von Karl Marx, der ihr zugleich eine besondere Wendung gibt: „Das *religiöse* Elend ist in einem der *Ausdruck* des wirklichen Elendes und in einem die *Protestation* gegen das wirkliche Elend. Die Religion ist Seufzer der bedrängten Kreatur, das Gemüt einer herzlosen Welt, wie sie der Geist geistloser Zustände ist. Sie ist das *Opium* des Volkes." (Marx 1958, S. 378) Bei der Religion handele es sich zwar – ganz im Sinne der Religionskritik von Feuerbach – um eine illusionäre Projektionsleistung der Menschen, die aber von Marx als notwendig falsches Bewusstsein verstanden wird. Sie ist Reaktion auf einen Zustand, welcher der Illusion bedarf. Im Unterschied zu dem Vorwurf priesterlicher Heuchelei betont Marx so eine doppelte

---

7 Auch im ‚Antichrist' findet sich die These wieder wonach ein Volk im Gottesbegriff „seine Lust an sich" in ein fingiertes höheres Wesen „projicirt" (AC; KSA 6, S. 182).

Funktion der Religion, sowohl die Folge und Legitimation gesellschaftlichen Unrechts zu sein, wie auch der implizite Protest dagegen. Dabei ist die häufig falsch zitierte Wortwahl von Marx zu beachten. Er charakterisiert die Religion als Opium *des* Volkes und macht damit deutlich, dass es sich um eine selbst gewählte Droge handelt. Marx wendet sich entschieden gegen ein verkürztes Bild der politischen Funktionen von Religion als einem bloß instrumentell eingesetzten Trostmittel *fürs* Volk und streicht den Doppelcharakter von Protest und Narkotikum heraus. Konsequente Religionskritik muss sich daher nach Marx in einer praktischen Kritik fortsetzen, d.h. in einer Abschaffung der Ursachen des Bedürfnisses nach Religion. Im Unterschied zu Marx verfolgt Nietzsche weniger die politischen und sozialen Ursachen der Religion, aber er hat dafür ein schärferes Bewusstsein von den Grenzen einer illusionslosen, wissenschaftlichen Weltbetrachtung. Anstelle einer sozioökonomischen Reduktion der Religion auf Ideologie widerlegt Nietzsche den Glauben an Gott im Modus des Narratives, jedoch durchaus auch in revolutionär-transformativer Absicht.

2 Der Tod Gottes und die Selbst-Aufhebung der Metaphysik

In der Regel denkt man bei der Religionskritik Nietzsches eher an die schrillen Töne, wie sie sich in *Der Antichrist* finden und insbesondere im Gesetz gegen das Christentum. Seine Invektiven gegen das Christentum scheinen irgendwie übertrieben und heute trotz der stockenden Säkularisierung nicht mehr zeitgemäß. Gott ist tot – na und, wer ist Gott? Man kann sich daher mit Recht fragen, ob gegenüber der hartnäckig persistierenden Religion nicht eine Strategie der lächelnden Distanz besser wäre, ein „Lob der Lauheit", wie Andreas Urs Sommer es in einer Aufforderung zum „Religionsverzicht" vorgeschlagen hat (Sommer 2013, S. 13)? Tatsächlich hat Heinrich Köselitz schon im September 1883 in einem Brief an Nietzsches Freund und religionskritischen Waffenbruder Franz Overbeck eine solche Vorgehensweise begrüßt. „Gedankensysteme, wie die religiösen, werden durch Freund und Feind am Leben erhalten, und durch Feinde oft mehr, als durch Freunde." Gerade die energischsten Kritiker und Atheisten bleiben in ihrer Ablehnung doch immer auf den Gegenstand der Kritik bezogen – ein Grund vielleicht, warum Nietzsche so eine produktive Anziehung auf Theologen und (zweifelnde) Christen ausübt. Demgegenüber betont Köselitz, der „gefährlichste Widersacher aber ist hier Der, der weder Feind noch Freund ist, der Objective, der Glückliche, der die Seelennoth, und ihr Bedürfniss nach Befriedigung durch falsche Gedankenbilder, nicht hat und kaum kennt." Dieses Vermögen spricht er Overbeck zu, während Nietzsche zu sehr an der Seelennot des gottlosen Christen leide: „Nietzsche kämpft direct gegen das Christenthum: damit ist er unabsichtlich ein Erhalter desselben." (Hoffmann 1998, S. 147) Nietzsche seinerseits bringt indes eine Rechtfertigung für seinen direkten und erhitzten Kampf vor, die besonders mit Blick auf sein Ziel einer *Überwindung* und nicht bloß eines Erschlaffens oder Verlusts des Christentums relevant ist:

> „Es ist nothwendig zu sagen, we n wir als unseren Gegensatz fühlen – die Theologen und alles, was Theologen-Blut im Leibe hat – unsere ganze Philosophie ... Man muss das Verhängnis aus der Nähe gesehn haben, noch besser, man muss es an sich erlebt, man muss an ihm fast zugrunde gegangen sein, um hier keinen Spass mehr zu verstehn (– die Freigeisterei unserer Herrn Naturforscher und Physiologen ist in meinen Augen ein S p a a s s , – ihnen fehlt die Leidenschaft in diesen Dingen, das L e i d e n an ihnen –). Jene Vergiftung reicht viel tiefer als man denkt." (AC; KSA 6, S. 174)

Nietzsche markiert so nicht nur eine persönliche Feindschaft gegenüber den Vertretern einer bestimmten akademischen Disziplin, zumal ihn hinsichtlich der persönlichen Nähe zum „Verhängnis" mit den Theologen sicher mehr verbindet als mit den Naturforschern. Er deutet vielmehr an, dass Problem der Religion auf einer viel fundamentaleren Ebene zu verorten. Die tiefe Kenntnis und Verletztheit gilt ihm als Voraussetzung, um bei der Kritik des Objekts nicht allzu frühzeitig nachzulassen und seine Gefahr zu unterschätzen. Das Problem des christlichen Gottes reduziert sich nicht mit dem Grad der allgemeinen Akzeptanz religiöser Doktrinen oder gar mit dem jeweiligen kulturellen und politischen Einfluss der kirchlichen Institutionen. Daher sind die naturwissenschaftlichen Freigeister ebenso wie die nüchternen Philologen und Genealogen des Christentums zwar durchaus Verbündete Nietzsches im Kampf gegen das Christentum, aber letztlich verfolgt er ein anderes Ziel als diese. Zu diesem Ziel könnte es sich auch als nötig erweisen, in der Kritik auch als Erhalter des Christentums zu wirken. Warum Nietzsche mit Blick auf das Christentum keinen Spaß versteht und worauf seine Kritik zielt, lässt sich durch eine Untersuchung des Aphorismus 125 im Kontext seiner intertextuellen Bezüge erhellen.

Den Auftakt des dritten Buches der *Fröhlichen Wissenschaft*, in dessen Zentrum dann der Aphorismus 125 gehört, ist es der erste Absatz mit dem Titel „N e u e K ä m p f e", der sowohl den Tod Gottes wie auch die daraus resultierenden Aufgaben thematisiert. „Gott ist todt: aber so wie die Art der Menschen ist, wird es vielleicht noch Jahrtausende lang Höhlen geben, in denen man seine Schatten zeigt. – und wir – müssen auch noch seinen Schatten besiegen." (FW 3; KSA 3, S. 467). Auf diese Weise gibt Nietzsche dem gedanklichen Verlauf seiner Kette von Aphorismen in diesem Buch von vorneherein eine bestimmte Richtung: 1. Der Tod Gottes wird im Stile einer Feststellung präsentiert. 2. Mit dem Tod Gottes hat sich das Phänomen seiner Wirkungen noch nicht erledigt, und 3. Dem imaginierten Kollektivsubjekt „wir" kommt nun die Aufgabe zu, auch die indirekte Präsenz, die Schatten Gottes zu überwinden. Die folgenden Abschnitte sind einer Reihe von Warnungen und Kritiken gewidmet, die als Schatten Gottes zu interpretieren sind. Im direkt anschließenden Abschnitt 109 warnt Nietzsche seine Wir-Gruppe davor, die Welt als lebenden Organismus oder als teleologische Maschine zu begreifen, dem Kosmos „Herzlosigkeit und Unvernunft oder deren Gegensätze nachzusagen" (FW 3; KSA 3, S. 468), Naturgesetze zu postulieren, einen Gegensatz von Lebendigem und Totem, sowie unvergängliche Substanzen zu unterstellen. „Wann werden uns alle diese Schatten Gottes nicht mehr verdunkeln?" (FW 3; KSA 3, S. 468 f.).

Es ist bemerkenswert, dass die zunächst diskutieren Schatten Gottes nicht im Felde der Religion liegen, nicht einmal direkt im Felde der Moral oder des etwaigen Sinns der menschlichen Existenz, sondern im Felde der Kosmologie und Ontologie. In den Grundbestandteilen unserer ordnenden Weltauffassung sieht Nietzsche einen Mechanismus am Werk, der strukturell den religiösen Gottes-Projektionen gleicht. Die Menschen perzipieren die Welt als einen für uns lebensdienlich geordneten Kosmos. „Der Gesammt-Charakter der Welt ist dagegen in alle Ewigkeit Chaos, nicht im Sinne der fehlenden Notwendigkeit, sondern der fehlenden Ordnung, Gliederung, Form, Schönheit, Weisheit, und wie alle unsere ästhetischen Menschlichkeiten heissen" (FW 3; KSA 3, S. 468). Wenn Nietzsche so vor bestimmten ontologischen Annahmen warnt, aber zugleich selbstsicher behauptet, dass Wesen der Welt sei tatsächlich, in alle Ewigkeit sogar, Chaos, stellt sich natürlich die Frage nach der Rechtfertigung für diese alternative Überzeugung. Im folgenden Abschnitt 110 gibt er nach der hier vorgeschlagenen Lesart auf diese Frage eine Antwort, die dann im Abschnitt 113 noch vertieft wird.

Der Gedanke, den Gesamtcharakter der Welt als Chaos zu begreifen, folgt aus dem kulturhistorischen Entwicklung und Sublimierung der Suche nach einem beständigen und geordneten Kosmos selbst; einer Kulturhistorie, die ihrerseits auf dem Glauben an die wahrhafte Existenz eines solchen Kosmos beruhte. Dieser Glaube brachte einen Typus hervor, der sein Denken und seine Existenz auf die Annahme des Seienden gründet, aber: „Die feinere Entwickelung der Redlichkeit und der Skepsis machte endlich auch diese Menschen unmöglich" (FW 3; KSA 3, S. 470). Es sind die Wissenschaften selbst, die unser Gespür für die menschlich-allzumenschlichen Projektionsleistungen in unseren Prozessen der Welt-Interpretation schärfen und so schließlich den Glauben an eine ontologische Ordnung und die Möglichkeit der Erkenntnis von Wahrheit untergraben. In diesem Sinne ist die Überzeugung, die Welt sei Chaos und nicht Kosmos, die Überzeugung also, das Gott tot ist, selbst das Produkt der konsequenten Suche nach Gott. Der Trieb zur Wahrheit untergräbt damit seine eigenen Grundlagen.[8] Als eine neue Wahrheit bewiesen ist der Gedanke des Chaos damit gerade nicht, sondern er gilt Nietzsche als die am besten bestätigte und nächstliegende wissenschaftliche Hypothese. Gleichzeitig ist sich Nietzsche darüber im Klaren, dass auch der Wille zur Wahrheit aus einer Lebensnotwendigkeit entstanden ist. Der Mensch kann nicht im Chaos leben, ganz gleich, ob die Welt in alle Ewigkeit Chaos ist oder nicht. Aus dieser Konstellation heraus stellt sich die vielleicht paradoxe Aufgabe, die Errungenschaften des selbst-reflexiven Willens zur Wahrheit *und* die Kraft zur Erschaffung eines menschengemäßen Kosmos gleichermaßen zu bewahren. Denn „nachdem auch der Trieb zur Wahrheit sich als eine lebenerhaltende Macht b e w i e s e n hat" kommt den Denkenden der entscheidende experimentelle Kampf zwischen dem Wahrheitswillen und den notwendigen und lebenserhaltenden Irrtümern zu (FW 3; KSA 3, S. 471). Bei diesen Denkern wäre dann wohl auch zu erwarten, „dass zum wissenschaftliche Denken sich auch noch die künstlerischen Kräfte und die practische Weisheit hinzufinden" (FW 3; KSA 3, S. 474)

Ausgehend von dieser Überlegung kann Nietzsche in den Abschnitten 111 und 112 weitere Schatten Gottes problematisieren, indem er die Idee der Autonomie des Logischen auf Lebensbedingungen und physiologischen Konstitutionen des Menschen bezieht, und das Prinzip der Kausalität als menschliche Projektion begreift: „Es ist genug, die Wissenschaft als eine möglichst getreue Anmenschlichung der Dinge zu betrachten," (FW 3; KSA 3, S. 473). Erst in den Abschnitten 114 bis 120 kommt Nietzsche auf religiöse, moralische und existenzielle Fragen zu sprechen, wobei auch hier die Denkfigur vorherrscht, normative Überzeugungen als biologisch und sozial bedingte Konventionen zu dechiffrieren. Der Aphorismus 121 betont dann noch einmal in entschiedener Deutlichkeit und quasi zusammenfassend den projektiven und perspektivischen Charakter unserer Weltauffassung:

> Wir haben uns eine Welt zurecht gemacht, in der wir leben können – mit der Annahme von Körpern, Linien, Flächen, Ursachen und Wirkungen, Bewegung und Ruhe, Gestalt und Inhalt: ohne diese Glaubensartikel hielte es jetzt Keiner aus zu leben! Aber damit sind sie noch nichts Bewiesenes. Das Leben ist kein Argument; unter den Bedingungen des Lebens könnte der Irrthum sein. (FW 3; KSA 3, S. 477 f.)

---

8 In der *Genealogie der Moral* bringt Nietzsche diese Selbstaufhebungsfigur besonders prägnant zum Ausdruck: „Nachdem die christliche Wahrhaftigkeit einen Schluss nach dem andern gezogen hat, zieht sie am Ende ihren s t ä r k s t e n S c h l u s s, ihren Schluss g e g e n sich selbst; dies aber geschieht, wenn sie die Frage stellt ‚w a s b e d e u t e t a l l e r W i l l e z u r W a h r h e i t?' ..." (GM 3; KSA 5, S. 410).

Der Mensch kann nicht im Chaos leben. Der Wille zur Wahrheit erweist sich in Nietzsches Lesart als eine Kraft, die von dem Postulat eines vernunft-, d.h. menschengemäß geordneten Kosmos ausgeht. Der Glaube an die Wissenschaft ist ein Schatten Gottes. Im Prozess seiner fortgesetzten Entwicklung untergräbt dieser Glaube seine eigenen Voraussetzungen und zeigt uns schließlich die Welt als Chaos. Die Abschnitte 122 und 123 skizzieren diese Selbstaufhebungsfigur in unterschiedlichen Hinsichten, während dann der Aphorismus 124 mit der Metaphorik der Schifffahrt, des offenen Meeres und des „Horizont des Unendlichen" auf die so gewonnenen neuen Freiheitsräume hinweist, die es nach dem Tod Gottes zu erschließen gilt (FW 3; KSA 3, S. 480). Nietzsche diagnostiziert mit dem Tod Gottes das Ende der Metaphysik schärfer als andere und skizziert einen Raum neuer Möglichkeiten. In diesem Kontext erschließt sich auch der zentrale und berühmte Aphorismus 125, der nun eingehender betrachtet werden soll:

> Der tolle Mensch. − Habt ihr nicht von jenem tollen Menschen gehört, der am hellen Vormittage eine Laterne anzündete, auf den Markt lief und unaufhörlich schrie: „Ich suche Gott! Ich suche Gott!" − Da dort gerade Viele von Denen zusammen standen, welche nicht an Gott glaubten, so erregte er ein grosses Gelächter. Ist er denn verloren gegangen? sagte der Eine. Hat er sich verlaufen wie ein Kind? sagte der Andere. Oder hält er sich versteckt? Fürchtet er sich vor uns? Ist er zu Schiff gegangen? ausgewandert? − so schrieen und lachten sie durcheinander. Der tolle Mensch sprang mitten unter sie und durchbohrte sie mit seinen Blicken. (FW 3; KSA 3, S. 480)

Der Autor der *Fröhlichen Wissenschaft* wendet sich hier im Modus der Erzählung direkt an seine Leser. Eine literarische Figur, der tolle Mensch, trifft in einer nicht näher bezeichneten Stadt auf nicht-religiöse Menschen und spricht mit ihnen über Gott. Es ist interessant, dass dieser tolle, verrückte und jedenfalls nicht-normale Mensch in einer Vorstufe unter dem Namen „Zarathustra" firmierte.[9] Auch das Szenario und die intertextuellen Bezüge der Erzählung sind bemerkenswert. Die erste und nächstliegende Assoziation ist sicher die zu einer bekannten Anekdote, die Diogenes Laertius überliefert hat. Der kynische Philosoph Diogenes von Sinope (ca. 405−320 v. Chr.) „zündete bei Tage ein Licht an und sagte: ich suche einen Menschen" (Diogenes Laertius 1998, VI, 41), offenbar um so sein Ungenügen am gegenwärtigen Menschen zu dokumentieren. Darüber hinaus ist an einen Bericht aus der Apostelgeschichte zu denken, wonach Paulus bei seinem Versuch, die Athener Philosophen zur christlichen Religion zu bekehren, einiges an Spott erntete. „Einige von den epikureischen und stoischen Philosophen diskutierten mit ihm, und manche sagten: Was will denn dieser Schwätzer? Andere

---

9 Vgl. Montinari 1980, S. 256 f., wo die Vorstufe aus dem Jahre 1881 abgedruckt ist.

aber: Es scheint ein Verkünder fremder Gottheiten zu sein." (*Apostelgeschichte*, 17, 18) In beiden Episoden treffen Einzelne auf Gruppen, in deren Kontext ihr Verhalten exzentrisch und unpassend erscheint, obwohl sie für sich den Besitz einer relevanten Wahrheit beanspruchen. Das Geschrei um den Tod Gottes ist für die säkularen Freigeister, die Naturforscher und Physiologen, denen der tolle Mensch auf dem Markt begegnet, ebenfalls exzentrisch und „toll". Christoph Türcke hat zudem darauf hingewiesen, dass der Ort des Geschehens bemerkenswert ist. Warum sollte man Gott auf einem Marktplatz suchen? „Der Markt ist die Brutstätte der abendländischen Philosophie – und damit auch ihrer geschichtsmächtigsten Erzeugnisse: der metaphysischen Ideen." (Türcke 1989, S. 16) Der Marktplatz stellt so schon die räumliche Verbindung her zwischen dem Tod Gottes und dem Scheitern der abendländischen Metaphysik. Dass diejenigen, welche nicht an Gott glauben, mit Gelächter reagieren, dokumentiert in Nietzsches Augen nur, dass sie die Tragweite der Ereignisse nicht durchschaut haben.

> Wohin ist Gott? rief er, ich will es euch sagen! W i r h a b e n i h n g e t ö d t e t, — ihr und ich! Wir Alle sind seine Mörder! Aber wie haben wir diess gemacht? Wie vermochten wir das Meer auszutrinken? Wer gab uns den Schwamm, um den ganzen Horizont wegzuwischen? Was thaten wir, als wir diese Erde von ihrer Sonne losketteten? Wohin bewegt sie sich nun? Wohin bewegen wir uns? Fort von allen Sonnen? Stürzen wir nicht fortwährend? Und rückwärts, seitwärts, vorwärts, nach allen Seiten? Giebt es noch ein Oben und ein Unten? Irren wir nicht wie durch ein unendliches Nichts? Haucht uns nicht der leere Raum an? (FW 3; KSA 3, S. 481)

Während Feuerbach oder Marx in ihrer Religionskritik den seit je projektiven und ideologischen Charakter des Gottesglaubens betonen, unterstellt die Rede vom Tod Gottes, dass es einmal einen Gott gab, der nun eben tot ist. Darin ist kein Widerspruch zur Projektionsthese zu sehen, sondern eine andere Schwerpunktsetzung: Wir haben Gott geschaffen, aber dadurch war er für uns real und wirksam. Nun haben wir ihn „getötet". Gott war eine soziale Tatsache, die ihre Geltung nun eingebüßt hat. Indem der tolle Mensch die Implikationen des Todes Gottes ausführt, wird die schon in den vorangegangenen Abschnitten verdeutlichte ontologische und metaphysische Dimension des Ereignisses klar sichtbar. Der Tod Gottes erscheint als Horizontverwischung, als radikalisierte kopernikanische Revolution und als Auflösung des Kosmos in ein Chaos.[10] Besonders mit

---

10 Die menschliche Notwendigkeit unserer Erfahrungswelt einen Horizont zu geben, erläuterte Nietzsche bereits in der zweiten Unzeitgemäßen Betrachtung (UB II; KSA 1, S. 251). Auch das Motiv der post-kopernikanischen Orientierungslosigkeit taucht wiederholt auf; besonders bekannt ist die Version zum Auftakt von *Ueber Wahrheit und Lüge im aussermoralischen Sinne* (WL; KSA 1, S. 875).

Blick auf die Loslösung von allen Sonnen kann man neben der astronomischen Assoziationen auch an die metaphorische Bedeutung der Sonne als Quelle und Bedingung der Erkenntnis denken, wie sie seit Platons Sonnengleichnis bekannt ist.[11] Der Tod Gottes zieht die Einsicht in die ungerichtete Dynamik des bloßen, chaotischen Werdens nach sich und entzieht damit den menschlichen Erkenntnisbemühungen selbst den Boden. Da nun nicht nur Oben und Unten, sondern auch Wahr und Falsch, und Gut und Böse fraglich werden, birgt der Tod Gottes die Gefahr des Nihilismus. Vor diesem Hintergrund lässt sich einerseits „erahnen, warum der tolle Mensch toll wurde: Jedes Denken, das sich nicht betrügen will, ist genötigt, die Metaphysik als geozentrische Unwahrheit zu stürzen – und stürzt sich dabei selbst, denn es ist selbst auf diese Unwahrheit hin organisiert" (Türcke 1989, S. 31 f.). Andererseits zeigt der weitere Verlauf der Erzählung, in welche Richtung Nietzsche die Aufmerksamkeit lenken möchte:

> „Gott ist todt! Gott bleibt todt! Und wir haben ihn getödtet! Wie trösten wir uns, die Mörder aller Mörder? Das Heiligste und Mächtigste, was die Welt bisher besass, es ist unter unseren Messern verblutet, — wer wischt diess Blut von uns ab? Mit welchem Wasser könnten wir uns reinigen? Welche Sühnfeiern, welche heiligen Spiele werden wir erfinden müssen? Ist nicht die Grösse dieser That zu gross für uns? Müssen wir nicht selber zu Göttern werden, um nur ihrer würdig zu erscheinen? Es gab nie eine grössere That, — und wer nur immer nach uns geboren wird, gehört um dieser That willen in eine höhere Geschichte, als alle Geschichte bisher war!" (FW 3; KSA 3, S. 481)

Ohne die Möglichkeiten eines nachhaltigen Scheiterns der Säkularisierung ernsthaft in Erwägung zu ziehen, gilt dem tollen Menschen der Tod Gottes als ein unumkehrbares Ereignis. Damit wird sowohl der romantischen Rückkehr zur alten Religion ebenso eine Absage erteilt wie den verschiedenen Spielarten eines neuen Spiritualismus. In diesen Zeilen drückt sich die so vielleicht voreilige Überzeugung aus, dass die Aufklärung nicht rückgängig gemacht werden kann, zumindest nicht für die, die sie vollzogen haben. Der Prozess der Säkularisierung, darauf verweisen die an Wilhelm von Ockham erinnernden Messer, hat sich nicht mit einem Schlag vollzogen, sondern nach und nach die Idee Gottes zum Verbluten gebracht. Schließlich erscheint sie als eine überflüssige Hypothese, auf die man – wie Laplace – aus ökonomischen Gründen besser verzichtet. Im drastischen Unterschied zu diesen nüchternen Assoziationen schlägt der Text zugleich eine genuin religiöse Sprache an: Blut und Wasser, Reinigung, Sühnfeiern und heilige Spiele gehören ganz in die Tradition der Religionen. Geht es also doch um

---

[11] *Politeia*, 507c–509b. Zur Rolle der Astronomie und insbesondere der Sonnemetaphorik im Denken Nietzsches vgl. Treccani 2014.

eine – wenn auch veränderte – religiöse Reaktion auf den Tod Gottes? Schaut man sich jedoch die Art von Sühnefeier an, die in Form einer (rhetorischen?) Frage vorgeschlagen wird, so weist das doch in eine andere Richtung: „Müssen wir nicht selber zu Göttern werden, um nur ihrer würdig zu erscheinen?" (FW 3; KSA 3, S. 481). Nietzsche leitet aus der Ermordung Gottes keine notwendige Konsequenz, sondern eine sittliche Forderung ab, die uns selbst an die Stelle des toten Gottes treten heißt, um so der Tat im Nachhinein eine Rechtfertigung zu geben. Der nächste Satz ersetzt bereits das Fragezeichen und konstatiert, dass jedenfalls alle Nachgeborenen durch diese Tat in eine höhere Geschichte gehören. Mit dem Tod Gottes, d.h. mit dem Ende der Idee einer menschengemäß, vernünftig geordneten Welt, entsteht die Möglichkeit – und damit offenbar auch die sittliche Forderung – für die Menschheit, sich selbst zum bewussten Subjekt ihrer Geschichte zu erheben. Man könnte daher zuspitzend sagen: Nur wenn wir selbst zu Göttern werden, hatte der Tod Gottes einen positiven Sinn. Werden wir nicht selbst zu Göttern, bleibt der Mensch im gott- und sinnlosen Chaos des bloßen Durchwurstelns zurück.

> „Hier schwieg der tolle Mensch und sah wieder seine Zuhörer an: auch sie schwiegen und blickten befremdet auf ihn. Endlich warf er seine Laterne auf den Boden, dass sie in Stücke sprang und erlosch. „Ich komme zu früh, sagte er dann, ich bin noch nicht an der Zeit. Diess ungeheure Ereigniss ist noch unterwegs und wandert, — es ist noch nicht bis zu den Ohren der Menschen gedrungen. Blitz und Donner brauchen Zeit, das Licht der Gestirne braucht Zeit, Thaten brauchen Zeit, auch nachdem sie gethan sind, um gesehen und gehört zu werden. Diese That ist ihnen immer noch ferner, als die fernsten Gestirne, — und doch haben sie dieselbe gethan!" — (FW 3; KSA 3, S. 481f.)

Die Begegnung zwischen dem tollen Menschen und den Ungläubigen auf dem Markt endet in gegenseitigem Befremden, der tolle Mensch kann mit seinem Licht diese Menschen nicht erreichen. Ähnlich wie Diogenes von Sinope oder Paulus in Athen zieht sich der tolle Mensch zurück, ohne seine Publikum zu erreichen. Ihm scheint, dass die Konsequenzen der Ermordung Gottes noch nicht in ihrem vollen Umfang erkannt und die Schatten Gottes noch allenthalben präsent sind, so als beruhe ihre Existenz nicht auf dem Körper, dessen Derivat sie sind. Dennoch wird die Faktizität und auch Unhintergehbarkeit der Tat entschieden betont, auch wenn sie bis auf weiteres unerkannt bleibt. Nietzsche war fasziniert davon, dass mancher Stern vielleicht seit Jahrtausenden aufgehört hatte zu existieren, während wir ihn doch noch immer allabendlich am Firmament sehen. In dem Gedanken einer astronomischen Verspätung drückt sich jedoch eine Zwangsläufigkeit aus, die es so in der Geschichte der Kultur nicht gibt. Der Blick auf die Beziehung zwischen dem tollen Menschen und den Ungläubigen zeigt, dass mehr als eine Reaktion auf den Tod Gottes möglich ist. Aus der Perspektive des tollen Menschen ignorieren die Ungläubigen allerdings die weitreichenden Konsequenzen der Tat und vergeben sich daher der enormen Möglichkeiten für ein Höherentwicklung des Menschen. Daraus resultiert wohl auch seine relative Frustration:

> Man erzählt noch, dass der tolle Mensch des selbigen Tages in verschiedene Kirchen eingedrungen sei und darin sein Requiem aeternam deo angestimmt habe. Hinausgeführt und zur Rede gesetzt, habe er immer nur diess entgegnet: „Was sind denn diese Kirchen noch, wenn sie nicht die Grüfte und Grabmäler Gottes sind?" – (FW; KSA 3, S. 482)

Mit diesem Schluss wird deutlich, dass der tolle Mensch tatsächlich besonders an dem Tod Gottes leidet und grundsätzlich mit der religiösen Vorstellungswelt verbunden zu bleiben scheint – warum sollte er sonst Kirchen aufsuchen und eine Totenklage für den ewigen Gott anstimmen. Es fehlt ihm in der Tat an der ironischen Distanz, die Köselitz an Overbeck lobt und die wohl auch den Ungläubigen auf dem Marktplatz eigen ist. Allerdings lässt sich die nachdrückliche Gereiztheit vor dem Hintergrund der bisherigen Ausführungen womöglich besser nachvollziehen, da für Nietzsche nicht allein das Gedeihen oder Verderben einer spezifischen Religion auf dem Spiel steht. Die Menschen haben im Laufe ihrer Geschichte den unterschiedlichsten Göttern Aufmerksamkeit und Glauben geschenkt; tausende von ihnen wurden und werden erfunden und wieder vergessen. Mit der platonisch-christlichen Tradition des Abendlandes – und diese allein ist für Nietzsche wirklich relevant – verbindet sich jedoch nach dieser Lesart für Nietzsche erst- und einmalig die kulturelle Option, aus der Folge von kindischen Projektionen heraus zu treten und die Menschheit zum bewussten, erwachsenen Subjekt ihrer Geschichte zu machen. So könnte man jedenfalls seine Version des großen Narrativs von der Säkularisation und Aufklärung erzählen. Hat sich dieses Narrativ heute erledigt?

3 Philosophie nach dem Ende der Säkularisierung

Nietzsches Hauptaugenmerk bei der Rede vom Tod Gottes liegt nicht auf der Begründung, sondern auf der Reichweite dieses Ereignisses. Der fortschreitende Verlust an Glaubwürdigkeit der Gotteshypothese erscheint ihm als eine notwendige Konsequenz des fortschreitenden Willens zu Wahrheit. Gott wird nicht direkt widerlegt oder falsifiziert – wie sollte das auch möglich sein? –, sondern er wird zu einer überflüssigen und unplausiblen Hypothese, die nicht länger mit guter intellektueller Redlichkeit vereinbar scheint. Daher bemerkt Nietzsche wenige Abschnitte nach der Erzählung vom tollen Menschen: „Jetzt entscheidet unser Geschmack gegen das Christentum, nicht mehr unsere Gründe" (FW 3; KSA 3, S. 485). Vielleicht hätte Nietzsche mehr Gewicht auf die Gründe gegen das Christentum legen können, aber sie schienen ihm wohl stichhaltig und allgemein bekannt genug. Sie sind Teil einer allgemeinen Entwicklung im ausgehenden 19. Jahrhundert, die Gregor Schiemann mit Blick auf den Übergang vom klassischen zum modernen Weltbild treffend als „Wahrheitsgewissheitsverlust" bezeichnet hat. Die ungebrochene Relevanz des Religiösen widerlegt weder die Gründe noch den Geschmack gegen das Christentum, sie zeigt vielmehr, dass Religionen sich aus weiteren Quellen speisen. Von Marx hätte Nietzsche lernen können, dass die kulturelle Bedeutung der Religion und des Glaubens an Gott nicht von der Wahrheit oder vom Urteil der Philosophen abhängt, sondern von ihrer Lebenspraxis – aber eigentlich wusste er es selbst. Mit denen, für die der alte Gott noch lebt, spricht der tolle Mensch nicht.

In *Die fröhliche Wissenschaft* geht es Nietzsche weniger um die hartnäckige Existenz des christlichen Gottes, die er unterschätzt. Darin ist er womöglich ein allzu optimistisches Kind des Zeitalters der Säkularisierung. Ihm ist vielmehr daran gelegen, die Schatten Gottes zu bekämpfen und dem Menschen die Möglichkeit neuer Horizonte aufzuzeigen. Die Konzentration auf die tatsächlichen Implikationen dieser Entwicklung scheint mir unabhängig von den Aussichten der Säkularisierung ungebrochen verdienstvoll, denn „Gottesleugnung ist Aufklärung, aber eine Aufklärung, die nicht weiss, was sie tut, ist keine" (Türcke 1989, S. 24). Im Unterschied zu Feuerbach oder Marx, zur kritischen Bibel-Quellenforschung und Naturwissenschaft oder zu den ungläubigen Freigeistern des Marktes spürt Nietzsche die Schatten Gottes in Philosophie, Wissenschaft, Moral und den asketischen Idealen auf. So versucht er, über die Religionskritik im engeren Sinne hinaus, die Mechanismen einer systematische Selbst-Verkleinerung und Selbst-Täuschung des Menschen bewusst zu machen. Darauf deutet auch eine wie mir scheint sehr bedeutsame Passage aus dem vierten Buch der *Fröhlichen Wissenschaft*:

> „Wir erst haben die Welt, d i e d e n M e n s c h e n E t w a s a n g e h t, geschaffen! — Gerade dieses Wissen aber fehlt uns, und wenn wir es einen Augenblick einmal erhaschen, so haben wir es im nächsten wieder vergessen: wir verkennen unsere beste Kraft und schätzen uns, die Contemplativen, um einen Grad zu gering, — wir sind w e d e r s o s t o l z, n o c h s o g l ü c k l i c h, als wir sein könnten." (FW 4; KSA 3, S. 540)

Obwohl der Wille zur Wahrheit selbst im Verlauf seiner kritischen Selbstreflexion den Gedanken nahelegt, dass die Menschen durch ihre sinnlich-physiologische Organisation und ihre sprachlich-kulturell geprägten Denkformen aktiv an der Gestaltung ihrer Erfahrungswelt beteiligt sind, verharren sie doch immer wieder in dem Gefühl der kontemplativen Passivität. Wie Nietzsche demgegenüber betont, entziffert das Erkenntnissubjekt nicht bloß passiv rezipierend Gottes Buch der Natur, sondern ist selbst der Anfang, die Mitte und das Ende seiner Welt. Aus den projektiven Dimensionen der menschlichen Interpretationswelten leitet Nietzsche jedoch keine pessimistisch-erkenntniskritische Haltung ab, sondern betont im Gegenteil den befreienden und erhebenden Charakter dieser Einsicht. Es ist daher sicher kein Zufall, dass Nietzsche das 1887 publizierte fünfte Buch der *Fröhlichen Wissenschaft* wiederum mit der Feststellung beginnt „dass ‚Gott todt ist‘, dass der Glaube an den christlichen Gott unglaubwürdig geworden ist" (FW 5; KSA 3, S. 573). Nun ist indes die Stimmung nicht länger dramatisch, exzentrisch und toll, sondern geradezu gelassen und heiter – wobei allerdings nicht länger eine beliebige Menge auf dem Markt angesprochen wird, sondern einige wenige:

> In der That, wir Philosophen und „freien Geister" fühlen uns bei der Nachricht, dass der „alte Gott todt" ist, wie von einer neuen Morgenröthe angestrahlt; unser Herz strömt dabei über von Dankbarkeit, Erstaunen, Ahnung, Erwartung, — endlich erscheint uns der Horizont wieder frei, gesetzt selbst, dass er nicht hell ist, endlich dürfen unsre Schiffe wieder auslaufen, auf jede Gefahr hin auslaufen, jedes Wagniss des Erkennenden ist wieder erlaubt, das Meer, unser Meer liegt wieder offen da, vielleicht gab es noch niemals ein so „offnes Meer". – (FW 5; KSA 3, S. 574)

Der Tod Gottes eröffnet neue Optionen, auch wenn viele verzagt am Ufer stehen oder in die Arme der alten oder neuen Kirchen zurückkehren. Wie tot Gott heute wirklich ist und welche Möglichkeiten sich daraus praktisch ergeben, liegt nicht bei Nietzsche, sondern bei uns. Säkularisierung und Emanzipation kann scheitern, aber Nietzsches Auseinandersetzung mit Gott bleibt – so oder so – provokant. In jedem Fall darf man sie als Einladung verstehen zu der von Renate Reschke so treffend genannten „anspornenden Verachtung der Zeit".

Literaturverzeichnis

Bruce, Steve (2002): *God is Dead: Secularization in the West*. Oxford: OUP
Diogenes Laertius (1998): *Leben und Meinungen berühmter Philosophen*. Hrsg. v. Otto Apelt. Hamburg: Meiner.
Ecklund, Elaine H. (2010): *Science vs. Religion: What Scientists Really Think*. Oxford: OUP.
Feuerbach, Ludwig (1971): *Das Wesen des Christentums*. Berlin: Akademie.
Gephart, Werner/Waldenfels, Hans (1999): *Religion und Identität. Im Horizont des Pluralismus*. Frankfurt a. M.: Suhrkamp.
Graf, Friedrich Wilhelm (2004): *Die Wiederkehr der Götter. Religion in der modernen Kultur*. München: C.H.Beck.
Hartung, Gerald/Schlette, Magnus (Hrsg.) (2012): Religiosität und intellektuelle Redlichkeit. Tübingen: Mohr Siebeck.
Hegel, Georg Wilhelm Friedrich (1994): „Vorlesungen über die Geschichte der Philosophie. Einleitung in die Geschichte der Philosophie". In: *Vorlesungen. Ausgewählte Schriften und Manuskripte*, Bd. 6, hrsg. v. Pierre Garniron u. Walter Jaeschke, Hamburg: Meiner.

Hegel, Georg Wilhelm Friedrich (1999): „Glauben und Wissen, oder die Reflexionsphilosophie der Subjectivität in der Vollständigkeit ihrer Formen, als Kantische, Jacobische und Fichtesche Philosophie". In: *Gesammelte Werke*, Bd. 4, hrsg. v. Hartmut Buchner u. Otto Pöggeler, Hamburg: Meiner.

Heine, Heinrich (o. J.): „Ludwig Börne. Eine Denkschrift". In: *Heines Sämtliche Werke*, Bd. 9, hrsg. v. Julius Zeitler, Leipzig: Tempel Verlag.

Hoffmann, David Marc (Hrsg.) (1998): *Supplementa Nietzscheana. Franz Overbeck – Heinrich Köselitz (Peter Gast) Briefwechsel*. Berlin/New York: de Gruyter 1998.

Höhn, Hans-Joachim (2007): *Postsäkular. Gesellschaft im Umbruch – Religionen im Wandel*. Paderborn: Schöningh.

Höhn, Hans-Joachim (2008): „Religion im Aufwind? Beobachtung – Kritik – Plädoyer". In: *FIPH Journal*, 12, Nr. 1.

Kant, Immanuel (1990): *Kritik der reinen Vernunft*. Nach der ersten und zweiten Originalausgabe. Hrsg. v. Raymund Schmidt. Hamburg: Meiner.

Köster, Peter (2000): „Gott". In: Ottmann, Henning: *Nietzsche-Handbuch: Leben, Werk, Wirkung*, S. 245–248, Stuttgart: Metzler.

Marx, Karl (1958): „Zur Kritik der Hegelschen Rechtsphilosophie. Einleitung". In: Marx, Karl/Engels, Friedrich: *Werke*, Bd. 1, Berlin: Dietz.

Montinari, Mazzino (1980): *Friedrich Nietzsche. Kritische Studienausgabe. Kommentar zu den Bänden 1–13*. Berlin/New York: de Gruyter.

Politeia: Platon: „Der Staat". In: *Werke in acht Bänden,* griechisch und deutsch (griechischer Text von Émile Chambry, deutsche Übersetzung von Friedrich Schleiermacher), hrsg. von Gunther Eigler, Bd. 4, Darmstadt: Wissenschaftliche Buchgesellschaft.

Schenkel, Daniel (Hrsg.) (1869): *Bibel-Lexikon. Realwörterbuch zum Handgebrauch für Geistliche und Gemeindemitglieder*. Bd. 1. Leipzig: F.A.Brockhaus.

Sommer, Andreas Urs (2013): „Religionsverzicht. Ein Memorandum". In: *Information Philosophie*, Nr. 2/2013.

Sommer, Andreas Urs (2014): „Nietzsche und die Religionswissenschaft". In: Heit, Helmut/Heller, Lisa: *Handbuch Nietzsche und die Wissenschaften. Natur-, Geistes- und Sozialwissenschaftliche Kontexte*, Berlin/Boston: de Gruyter.

Türcke, Christoph (1989): *Der tolle Mensch. Nietzsche und der Wahnsinn der Vernunft*. Frankfurt a. M.: Fischer.

Treccani, Irene (2014): „Nietzsche und die Astronomie". In: Heit, Helmut/Heller, Lisa: *Handbuch Nietzsche und die Wissenschaften. Natur-, Geistes- und Sozialwissenschaftliche Kontexte*, Berlin/Boston: de Gruyter.

Sören Reuter

Philosophie als Ausdruck des Persönlichen

Zum Zusammenhang zwischen Wissenschaft, Kunst und Erkenntnis bei Nietzsche

1 Ästhetik und ästhetische Formeln

Nietzsche beginnt seine schriftstellerische Karriere mit einem Bekenntnis zu einer „aesthetische[n] Wissenschaft", die mit der Behauptung einhergeht, dass die „Fortentwickelung der Kunst an die Duplicität des Apollinischen und des Dionysischen gebunden ist" (GT, KSA 1, S. 25). Mit viel Pathos entfaltet er in der *Geburt der Tragödie* eine „Artistenmetaphysik", die sich der Schopenhauerischen Philosophie verpflichtet fühlt und in Wagner einen befreundeten Künstler weiß, an den sich das Werk im Grunde auch richtet. Ende der 1880er Jahre konstatiert Nietzsche, dass er Ästhetik nur als „angewandte Physiologie" betreiben könne (NW, KSA 6, S. 418). In einem nachgelassenen Fragment spricht er Tacheles: „Wagner von Anfang bis zum Ende ist mir unmöglich geworden, weil er nicht gehen kann, geschweige denn tanzen. Aber das sind physiologische Urtheile, keine aesthetische: nur — habe ich keine Aesthetik mehr!" (NL 1886/1887, KSA 12, 7[7], S. 285). Dies entspricht der Einsicht, nur noch von „meiner Aesthetik" sprechen zu können (vgl. WA, KSA 6, S. 13). Neben diesen beiden Positionen, der frühen und der späten, verdient eine Aussage Nietzsches über ein Grundproblem der Ästhetik aus dem Winter 1876/77 Aufmerksamkeit. Sie entsteht im Vorfeld der Aphorismensammlung *Menschliches, Allzumenschliches* und beginnt den Gedankengang mit der Feststellung, dass es eine „doppelte Aesthetik" gibt:

> „Die eine geht von den Wirkungen der Kunst aus und schliesst auf entsprechende Ursachen; sie steht mit diesem Verfahren unter dem Zauber der Kunst und ist selber eine Art Dichtung und Rausch: ein Hineinklingen der Kunst in die Saiten der Wissenschaft. Die andere Aesthetik geht von den vielfach absurden und kindischen Anfängen der Kunst aus: sie vermag die thatsächlichen Wirkungen daraus nicht abzuleiten und wird desshalb versuchen, die Empfindung über die Kunst überhaupt zu ermässigen und jene Wirkungen auf alle Weise zu verdächtigen, als ob sie erlogen oder krankhaft seien. Woraus klar wird, welche Aesthetik der Kunst nützt, welche nicht und inwiefern beide keine Wissenschaft sein können." (NL 1876/1877, KSA 8, 20[1])

Entweder verfehlt die Ästhetik ihren Gegenstand, sie kann der Kunst dann nicht einmal nützen; oder sie unterliegt dem Rausch der Kunst und erweist sich als ihr

Verbündeter, sie vermag ihr zu nützen, verliert aber dadurch offenbar ihren Status als Wissenschaft. Damit ist ein Dilemma umrissen, das Nietzsches eigene Situation sehr gut beschreibt und eine Mehrschichtigkeit der Argumentationsebenen widerspiegelt, die bereits die *Geburt der Tragödie* durchzieht. Eine Ästhetik, die ihren Gegenstand, die Kunst, verfehlt, weil sie den kreativen Umgang mit Kunst einem moralisierenden und rationalen Maßstab unterwirft, erkennt Nietzsche im „ästhetischen Sokratismus". Den Leitspruch Sokrates' „alles muss bewusst sein, um gut zu sein", übersetzt Euripides in die ästhetische Formel: „alles muss bewusst sein, um schön zu sein" (GT, KSA 1, S. 87). Das eigene Plädoyer für eine Ästhetik, die sich mit Dionysos und Apollon an Namen des klassischen Altertums orientiert, steht dagegen im Zeichen einer berauschenden Kunst. Sie nützt und dient ihr, erweist sich aber durch ihren Dienst, folgt man der Selbsteinschätzung Nietzsches, nicht als Wissenschaft. Ihr Ziel ist die Verherrlichung großer Kunst, und wenn man die spätere „Selbstkritik" zur *Geburt der Tragödie* hinzunimmt, das Leben selbst (GT, KSA 1, S. 14). Ästhetik, so ließe sich in einer ersten Arbeitshypothese festhalten, unterliegt für Nietzsche offenbar nicht dem Anspruch der Wissenschaft.

Studiert man die *Geburt der Tragödie* und die an sie unmittelbar anknüpfenden Schriften, springen drei prägnante Formeln in das Blickfeld, in denen sich herausragende Bedeutungsweisen des Ästhetischen einzukapseln scheinen. Im Zentrum der *Geburt der Tragödie* spreizt sich Nietzsche zur These auf; dass „nur als ästhetisches Phänomen" Dasein und Welt ewig gerechtfertigt werden können. In der *Philosophie im tragischen Zeitalter der Griechen* bekennt Nietzsche, dass ihn nur das „Persönliche" an den Philosophen interessiere, weil es gerade das „Persönliche" sei, das ihm als unwiderleglich gelte. Die philosophischen Systeme als solche seien längst überholt. Er will in diesem Sinne eine Geschichte philosophischer Lebensformen erzählen, die durch einen bestimmten Typus repräsentiert werden. Die Hintergrundannahme dieser Überlegung können wir uns so zurecht legen, dass das vorsokratische Weltbild eine bestimmte Menge an möglichen Grundpositionen birgt, von denen jeweils eine von einem Philosophen eingenommen und zu seinem herrschenden Gedanken verabsolutiert wurde. Darin können wir ihn, so Nietzsche, bewundern, auch wenn wir seine Ansichten im Einzelnen nicht mehr zu teilen bereit sind. In *Ueber Wahrheit und Lüge im aussermoralischen Sinne* spricht Nietzsche hingegen von Subjekt und Objekt als zwei „absolut verschiedenen Sphären", zwischen denen es weder Kausalität noch Richtigkeit, sondern „höchstens ein ästhetisches Verhalten" gebe (WL, KSA 1, S. 884). In diesem von Nietzsche nicht publizierten Essay wird bezweifelt, dass wir mittels der Sprache einen kognitiven Zugang zum Wesen der Dinge haben. Als Leser dieser Schrift lernen wir, dass die Welt der Dinge eine reine Konstruktion des Intellekts darstellt und dass wir es „nie mit der Wahrheit zu tun haben", sondern uns immer nur in

„einem Meer von Metaphern" bewegen, und dass dieser Zustand für Menschen alternativlos ist.

In diesem Beitrag interessiert mich der Zusammenhang dieser drei Formeln. Der Ausgangspunkt meiner Überlegungen ist, dass sie nicht von einander isoliert werden können, sondern zusammengehören, miteinander verwoben und in einer einzigen Idee begründet sind. Dafür steht Nietzsches Reflexion über die Bedeutung des Ästhetischen für das Leben. Im Rahmen dieser Reflexion spielt seine Erkenntniskritik eine wesentliche Rolle, ohne dass es jedoch geboten wäre, ihr eine eigenständige Funktion zuzusprechen und ihr damit eine Eigendynamik zu ermöglichen. Nietzsche versteht Philosophie als Ausdruck des Persönlichen. Ich möchte dafür plädieren, auch Nietzsches Erkenntniskritik als Ausdruck des Persönlichen zu verstehen. Damit will ich sagen, dass Nietzsche in und mit seiner Erkenntnis- und Sprachkritik ein epistemisches Modell von der Wirklichkeit entwickelt, das nicht primär der Wirklichkeit, sondern den Grundprinzipien seiner ästhetischen Weltdeutung zu entsprechen versucht. Dies gilt es in einer Analyse seiner Erkenntniskritik zu bedenken.

2 Kunst und Realität im Kontext der „Artistenmetaphysik"

Es gibt in der *Geburt der Tragödie* zwei verschiedene Ebenen, auf denen Nietzsche über Kunst und Kunstwerke reflektiert. Wie diese zwei Ebenen zusammengehören, ist allerdings nicht ganz klar. Wenn Nietzsche über Rausch und Ekstase spricht und darüber, dass aus diesen Zuständen lyrische Gedichte und sogar Tragödien hervorgehen, ist evident, dass er über den Ursprung von Kunstwerken nachdenkt. Sein erstes offizielles Statement darüber war der öffentliche Vortrag über „Das griechische Musikdrama" vom Februar 1870. Dieser konfrontierte die Zuhörerschaft mit der These, dass wir die klassische Tragödie im Grunde nicht kennen, da wir sie nur „als Text" vor uns haben. Dafür gibt es auch einen einfachen Grund: Die klassische Philologe könne sie auch nur als Text rekonstruieren, weil ihre ursprüngliche Form, die man sich als Musikdrama vorstellen müsse, nicht überliefert wurde. Der Philologe stoße dadurch an seine Grenzen und müsse sich folgerichtig außerhalb seines Faches nach analogen Formen umsehen, die es ihm erlauben, einen adäquaten Zugang zur griechischen Tragödie zu finden. Dabei denkt Nietzsche bekanntermaßen an Wagners Oper, die ihm das Tor zum Verständnis des antiken Dramas öffnet.

In seinem Buch über *Die Verklärung des Gewöhnlichen* geht Arthur C. Danto der Frage nach, was ein Kunstwerk von einem Ding oder Werk unterscheidet, das offensichtlich kein Kunstwerk ist, aber mit einem Kunstwerk identisch zu sein scheint (vgl. Danto 1991). Ausgangspunkt für diese, zunächst sonderlich anmutende Überlegung war die Ausstellungsinstallation von Andy Warhols „Brillo Boxes", eine Auftürmung von Kisten mit Topfreinigern, die identisch schien mit Kisten voll Topfreinigern, wie sie auch im Supermarkt zu finden waren. Danto löst dieses kunstphilosophische Problem dadurch, dass er ein Kunstwerk so definiert, dass es „über etwas ist", und zwar in einem metaphorischen Sinne, dass es einen Verursacher hat und dass dieser Verursacher über einen Stil verfügt.[1] Kunsttheoretisch in diesem Sinne vereinfacht, sind Nietzsches Aussagen über die griechische Tragödie Aussagen über ein Kunstwerk. Die Tragödiendichtungen von Aischylos und Sophokles dramatisieren für jeden nachvollziehbar den Untergang großer Heldenfiguren. Hinter diesem verberge sich, so Nietzsche, allerdings die Geschichte des Dionysos, dessen Leiden auf die Bühne gebracht und vom Zuschauer mitverfolgt werden könne. Die Erhöhung der Kunst, die Nietzsche in der *Geburt der Tragödie* bis zur „Metaphysik der Kunst" treibt, bleibt in ihrer Verherrlichung großer Kunst nachvollziehbar, auch wenn in philosophischer Sicht Nietzsches Rede vom „Ur-Einen", das sich im Kunstwerk selbst anschaut, sowie die an Schopenhauer und Hartmann angelehnte Philosophie des Unbewussten, die hinter dieser Konzeption wirkt, im Verständnis Schwierigkeiten bereitet.[2] Das Erlebnis der Wagnerischen Oper stilisiert Nietzsche zu einem ästhetischen Urerlebnis, das nicht nur nachvollziehbar werden lässt, was sich in den tragischen Festspielen der Dionysien ereignet hat, sondern Einblick in die Kunstmächtigkeit des Lebens selbst gewährt. Diese Ebene über die Bedeutung von Kunst zu reden, schließt Nietzsche mit seiner bekannten Formulierung ab, dass „nur als a e s t h e t i s c h e s Phänomen das Dasein und die Welt ewig gerechtfertigt [ist]. Nur insoweit der Genius im Actus der künstlerischen Zeugung mit jenem Urkünstler der Welt verschmilzt, weiß er etwas über das ewige Wesen der Kunst" (GT, KSA 1, S. 47 f.). An anderer Stelle heißt es über das „aesthetische Urphänomen", das wir uns in der Regel zu kompliziert vorstellen: „man habe nur die Fähigkeit, fortwährend ein lebendiges Spiel zu sehen und immerfort von Geisterschaaren umringt zu leben, so ist man Dichter; man fühle nur den Trieb, sich selbst zu verwandeln und aus anderen Leibern und Seelen herauszureden, so ist man Dramatiker" (GT, KSA 1, S. 60 f.). Mit Danto können wir diese Aussage so verstehen, dass die Ästhetisierung der Welt die Verherrlichung von Kunstwerken, aber auch eine Verklärung der gewöhnlichen Dinge einschließt. Wir können

---

1 Dantos Position ist natürlich komplexer, als ich sie darstelle, sie ist zudem nicht unumstritten, was aber an dieser Stelle nicht Gegenstand meiner Überlegungen sein soll. Zur Kritik an Danto vgl. Lüthi 2006.
2 Vgl. Fleischer 1988, Gerhardt 1984, zur Hartmann-Rezeption Nietzsches vgl. Crawford 1988.

etwas, das kein Kunstwerk ist, verzaubern und so verklären, dass es uns als Kunstwerk gegenübertritt. Mit dieser Einsicht ist Nietzsche seiner Zeit weit voraus.[3]

Die zweite Ebene über Kunst und über ein ästhetisches Vermögen zu reden, schließt sich an die ästhetische Rechtfertigungsfomel an, und zwar in der Hinsicht, als man fragen kann, was es genau bedeutet, die Welt und das Dasein aus der Perspektive des „Ur-Einen" zu betrachten und als ästhetisches Phänomen zu rechtfertigen. Bemerkenswerter Weise gibt Nietzsche auf diese Frage zwei ineinandergreifende, aber gleichwohl unterschiedliche Antworten: Zum einen stellt er heraus, dass wir erst im Verschmelzen mit dem Ur-Einen wirklich etwas über das Wesen der Kunst erfahren, zum anderen verweist er auf eine anders geartete Fähigkeit, die sich darin offenbart, wenn wir zum Beispiel erkennen müssen,

> „dass das Wahrhaft-Seiende und Ur-Eine, als das ewig Leidende und Widerspruchsvolle, zugleich die entzückende Vision, den lustvollen Schein, zu seiner steten Erlösung braucht: welchen Schein wir, völlig in ihm befangen und aus ihm bestehend, als das Wahrhaft-Nichtseiende d.h. als ein fortwährendes Werden in Zeit, Raum und Causalität, mit anderen Worten, als empirische Realität zu empfinden genöthigt sind." (GT, KSA 1, S. 38 f.)

Abstrahiert man von dem ineinander verschachtelten Gedankengefüge, bleibt übrig, dass Realität nicht das ist, wofür sie gemeinhin gehalten wird. Wir sollen uns vorstellen können, dass unser Realitätsbegriff womöglich auf einer Illusion beruht. Von einer höheren Perspektive aus, erweist sich Realität als ein künstlich erzeugter Schein. Diese Einsicht können wir aber nur durch eine theoretische Reflexion erbringen. Wenn Nietzsche ein paar Seiten später postuliert, dass Dasein und Welt nur als ästhetisches Phänomen gerechtfertigt werden können, muss der Leser annehmen, dass sich die Rede vom ästhetischen Phänomen sowohl auf das Produzieren und Erleben von Kunst als auch auf die Ästhetisierung der Realität selbst bezieht. Denn beides ist mit der Annahme des Ur-Einen als Urkünstler der Welt untrennbar verknüpft. Da die Reflexionsebenen ineinander verwoben sind, ist es schwierig, ihre unterschiedlichen Implikationen einschließlich ihrer unterschiedlichen Bedeutung zu erkennen. Dass sie differente Prämissen haben, lässt sich daran ersehen, wenn man sie in ihrem von einander abweichenden Verhältnis zur Realität betrachtet.

Darauf, dass die griechische Tragödie aus dem Chor entstanden ist, legt Nietzsche großen Wert. Die primäre Funktion, die dem Chor nämlich zugewiesen

---

3 Vgl. „Aesthetica. Die Zustände, in denen wir eine Verklärung und Fülle, in die Dinge legen und an ihnen dichten, bis sie unsere eigene Fülle und Lebenslust zurückspiegeln". (NL 1887, KSA 12, 9[102], S. 393)

wird, ist die, von der „gemeinen Realität" abzuschirmen und den Zuschauer von einer normalen, interessegeleiteten Sicht auf die Realität zu einer ästhetischen und idealisierten Sicht auf die Dinge zu verführen. Das Mittel hierzu ist die musikalische Erregung. Erst wenn der Zuschauer in dieser Weise erregt ist, erkennt er im Chor nicht mehr die maskierten Schauspieler, sondern die verzauberten Diener des Dionysos. In der Terminologie Schopenhauers, der Nietzsche weitestgehend folgt, setzt das ästhetische Erlebnis die Aufhebung des Satzes vom zureichenden Grunde voraus. Sie befreit vom „principium individuationis" und macht für ein ästhetisches Erlebnis empfänglich. Es ist aber etwas vollkommen anderes, wenn wir demgegenüber die Realität selbst als Schein erkennen sollen. Dass unsere Realitätsempfindung im Rausch gleichsam einen Einbruch erleidet, impliziert keineswegs, dass unsere normale Sicht auf die Realität nur eine scheinbare ist. Im ersten Fall erwartet Nietzsche, dass wir von der Realität abstrahieren; im zweiten verlangt er, dass wir die Realität selbst, also das In- und Miteinander von Raum, Zeit und Kausalität als ein ästhetisches Konstrukt eines uns unbekannten Akteurs verstehen lernen sollen. Die herausragende Bedeutung der ästhetischen Rechtfertigungsformel liegt sicherlich in der Stilisierung des Kunsterlebnisses zu etwas Metaphysischem, ihre erkenntniskritische Provokation liegt hingegen darin, vom Leser etwas zu erwarten, womit er in keiner Weise rechnen kann, nämlich seinen gewohnten Begriff von Realität nicht nur zu überdenken, sondern vollkommen neu zu fassen. Es ist wichtig zu sehen, dass die Wertschätzung von Kunst keineswegs impliziert, dass wir unseren gewöhnlichen Glauben an die Realität der Dinge preisgeben müssen, auch wenn dieser vorübergehend seinen Halt verlieren kann. Die Wahrnehmung von Kunst verlangt für Nietzsche, dass wir zwischen Realität und Kunst unterscheiden. Das Kunsterlebnis kann dazu führen, dass wir Realität anders wahrnehmen, Aspekte in den Blick bekommen, die wir vorher nicht oder anders gesehen haben; es kann ein gesteigertes und gleichsam auch mystisches Lebensgefühl zum Ausdruck bringen, es beinhaltet, dass wir die Dinge verzaubert sehen und uns selbst verzaubern lassen, aber es ist nicht ohne weiteres ersichtlich, was die Erfahrung von Kunst mit einer Skepsis gegenüber dem Realitätsverständnis zu tun hat und worin der Grund hierfür liegt. Es würde keinerlei Schwierigkeiten bereiten, ein Realist zu sein und gleichwohl daran zu glauben, dass sich einem in der Kunsterfahrung das Wesen der Welt offenbart und dass sich ein Grad von Freiheit erleben lässt, den man sich höher nicht mehr vorstellen kann. Die Besonderheit der nietzscheschen „Metaphysik der Kunst" scheint aber gerade darin zu liegen, mit einer Ästhetisierung der Welt einen realitätsskeptischen Gedanken untrennbar zu verknüpfen. Von innen heraus mag diese Verknüpfung evident sein, von außen gesehen, ist sie es nicht. Der realitätskritische Gesichtspunkt wird in der *Geburt der Tragödie* nicht weiter thematisiert, sondern erst in *Ueber Wahrheit und Lüge im aussermora-*

lischen Sinne wieder aufgegriffen, wo die eigentliche epistemische Qualität dieses Motivs im Denken Nietzsches deutlich hervortritt. Bevor ich darauf eingehe, möchte ich dem Zusammenhang zwischen den beiden oben beschriebenen Reflexionsebenen des Ästhetischen an einem anderen Ort aufspüren, der zunächst in keiner Weise dazu prädestiniert zu sein scheint.

3 „Hier wird ihm am nützlichsten sein die Vereinigung von Plato u. Kant"

Im Sommersemester 1871 hält Nietzsche zum ersten Mal seine Einführungsvorlesung in das Studium der klassischen Philologie,[4] also genau in der Zeit, wo er große Teile der *Geburt der Tragödie* fertigstellt und für den Druck vorbereitet. Er orientiert sich hierbei weitestgehend an seinem Lehrer und Mentor Friedrich Ritschl, einem der bedeutendsten Philologen Mitte des 19. Jahrhunderts. Im Zentrum der Vorlesung stehen die von Ritschl vertretene historisch-kritische Methode sowie der Vorbildcharakter der klassischen Antike, der vom klassischen Philologen eine ästhetische Wertschätzung abverlangt. Beides kann nur auf Kosten eines Identitätsverlustes voneinander getrennt werden: „Die philosoph. Voraussetzung der klass. Philologie ist die Klassicität des Alterthums. Wir wollen die allerhöchste Erscheinung begreifen u. mit ihr verwachsen. Hineinleben ist die Aufgabe." (KGW II/3, S. 345) Nietzsche beginnt seine Einführung in das Studium der klassischen Philologie mit einer Begriffsklärung, die sicherstellt, dass „enkyklios" nicht etwa allgemeine Vorkenntnisse der Philologie oder eine Allgemeinbildung im gewöhnlich, trivialen Sinne bezeichnet, wie es der Bedeutung nach in der Antike der Fall war, sondern „den ganzen Kreis philologischer Wissenschaften" umfasst. Nachdem der ungeheure Aufgaben- und Wissensbereich des klassischen Philologen benannt ist, folgt eine knappe Erzählung der Geschichte der Philologie seit der Renaissance. Den Hauptteil eröffnet Nietzsche mit der Frage, was einen klassischen Philologen definiert und welche Voraussetzungen er mitbringen muss, um als guter Philologe gelten zu können. Die aufgeführten Kriterien „1. pädagog. Neigung 2. Freude am Alterthum. 3. reine Wissensgier" müssen miteinander, also in der Person „verschmolzen" sein und dürfen nicht vereinzelt auftreten (vgl. KGW II/3, S. 366). Dem reinen Gelehrtentum wird damit ebenso eine Absage erteilt wie einem dilettantischen Umgang mit den klassischen Werken. Fehlt dem

---

4 Vgl. „Encyclopaedie der klass. Philologie", SS 1871, KGW II/3, S. 339–437. Ob Nietzsche die Vorlesung auch, wie angekündigt, im WS 1873/74 gehalten hat, ist unklar.

reinen Gelehrten das ästhetische Verständnis, zieht der Dilettant das Kunstwerk auf seine Ebene herunter. Beachtung verdient der Aspekt, dass Nietzsche, nachdem er Missverständnisse über die Definition des klassischen Philologen ausgeräumt hat, die Einführung in die „Methode der Hermeneutik" als eine „philosoph. Vorbereitung zur Philologie" untertitelt.

Die Tatsache, dass Nietzsche eine philosophische Vorbereitung dem methodischen Herzstück der klassischen Philologie (Kritik und Hermeneutik) voranschickt, ist selbst nichts Ungewöhnliches. Auch August Boeckh, ein Vertreter der sogenannten Sachphilologie, dem Ulrich von Wilamowitz-Moellendorff folgen sollte, hatte seine Enzyklopädie, die einen allgemeinen Bekanntheitsgrad besaß, aber erst nach seinem Tode herausgegeben wurde, mit einer philosophischen Einführung verbunden, in der er herausstellte, was Philologie im Kern zu leisten habe, nämlich „das Erkennen des vom menschlichen Geist Producirten, d.h. des Erkannten[...]. Es wird überall von der Philologie ein gegebenes Wissen vorausgesetzt, welches sie wiederzuerkennen hat" (Boeckh 1877, S. 10). Wenn sich für Boeckh die Philologie in erster Linie als universale Aufgabe der Rekonstruktion des klassischen Altertums darstellt, und zwar in allen ihren Facetten und Spielarten und ohne Festlegung auf ein bestimmtes Werturteil, sieht Nietzsche gerade hierin die Gefahr der Beliebigkeit sowie des Historismus und fokussiert ein ganz anderes Moment in seiner philosophischen Propädeutik.[5] Im Zuge einer Vorbereitung für das Studium der klassischen Philologie möge der Studierende zunächst ein Jahr Philosophie studieren, „damit er nicht einmal dem Fabrikarbeiter gleicht, der seine Schraube jahraus jahrein macht" (KGW II/3, S. 369f.). Nietzsche geht allerdings noch einen Schritt weiter. Der klassische Philologe „muß aber fortwährend sich an der Philosophie festhalten, damit sein Anspruch auf Klassicität des Alterthums gegenüber der modernen Welt nicht wie eine lächerliche Anmaßung klingt". Er muss sich gegenüber dem Fortschritt in den Wissenschaften kritisch verhalten, wenn darunter die „politischen religiösen u. künstlerischen Triebe verkümmern" (KGW II/3, S. 370). Der Moderne stellt er das auf dem Konzept der Universalität wie Synthese beruhenden Ideal der „aeschyl. Zeit" entgegen: „u. alles ganz u. harmonisch". Die Einübung in das ästhetische Urteilsvermögen erprobt der angehende Philologiestudent an Goethe

---

5 Nietzsches erste Erwähnung der Enzyklopädie liegt zwischen Februar 1868 und Oktober 1869. Boeckhs Enzyklopädie wird unter dem Stichwort „universale Philologie" rubriziert. „Sie ist das Wiedererkennen des Erkannten, Reproduktion des Produzirten." Nietzsche kritisiert, dass Boeckhs Begriff von der Philologie auf der einen Seite zu weit sei, weil der Unterschied zwischen Philologie und Geschichte zu verschwinden droht, und auf der anderen Seite, dass seine Konzeption der Sprache zu eng sei, was zum Beispiel die „homerische Frage" zeige.(KGW I/5, 75[3], S. 196).

und Schiller, was ihn allerdings auch zur Einsicht führt: „Die griechische Kunst die einzige, die die nationalen Bedingungen überwunden: hier kommen wir zuerst zur Humanität d.h. nicht Durchschnittsmenschheit, sondern höchste Menschheit" (KGW II/3, S. 371). Erst durch den so klassifizierten Humanitätsbegriff gewinnt man Klarheit über den griechischen Staat, versteht und akzeptiert, warum in diesem Sklaven nötig warum waren und welche Rolle die Frau in ihm zu spielen hatte. Es ist vor allem wichtig, „daß man nicht den Begriff der Humanität falsch faßt: mit den ‚Grundrechten' hat sie nichts zu thun" (KGW II/3, S. 371). Der Philologe muss „einen contemplativen Geist haben" (KGW II/3, S. 372) und sich des ungeheuren Stellenwerts der Philosophie im klassischen Alterthum bewusst werden, bevor er überhaupt sich Einzelfragen der Philologie zuwenden kann, ohne „den Faden zu verlieren" (KGW II/3, S. 371). Was es für den Anwärter auf das Studium der klassischen Philologie heißt, zunächst Philosophie studieren zu müssen, expliziert Nietzsche abschließend in der folgenden Zusammenfassung:

> „Hier wird ihm am nützlichsten sein die Vereinigung von Plato u. Kant. Er muß erst von dem Idealismus überzeugt werden u. seine naiven Anschauungen von Realität corrigiren: hat er dies<e> fundamentale Einsicht gewonnen, dann wird er den Muth zu großen Betrachtungen gewonnen haben u. vor dem anscheinend Paradoxen nicht erschrecken: der gemeine Menschenverstand wird ihm nicht mehr imponiren. Er muß jetzt den Muth haben, allein seinen Weg zu suchen." (KGW II/3, S. 372)

Die Grundlagendiskussion, die Nietzsche in dieser philosophischen Einleitung skizzenartig ausbreitet, beinhaltet all die Momente, die in der *Geburt der Tragödie* sowie in den ihr unmittelbar vorangehenden wie nachfolgenden Schriften auftauchen und unterschiedlich thematisiert werden: die Klassizität und der Vorbildcharakter des Altertums, die Suche nach modernen Größen der Kunst, die Kritik des reinen Gelehrten sowie die Kritik des Historismus, die Funktion des griechischen Staates, die Rolle des griechischen Weibes, die Frage nach dem Aufbau der Bildungsanstalten sowie die Aufforderung, selbständig seinen Weg zu suchen. Aufschlussreich erscheint mir, dass für die philosophische Vorbereitung des Studiums der klassischen Philologie eine „Vereinigung von Plato u. Kant" als nützlich empfohlen wird; das ist bemerkenswert insofern, als Platon zu den Denkern zählt, die Nietzsche in ihrer Bedeutung sehr ambivalent einstuft. Dasselbe gilt übrigens für sein Verhältnis zu Kant. Unabhängig von der Frage, warum die Auseinandersetzung mit Platon „nützlich" sein kann (dazu später mehr), scheinen Platon und Kant für die Gegenüberstellung von Antike und Gegenwart und zugleich für einen Idealismus zu stehen, der mit einer Korrektur der „naiven Anschauungen von Realität" verbunden ist. Diese verweist, zumal in Bezug auf Kant, auf eine eindeutige epistemische bzw. erkenntniskritische Ausrichtung. Sie steht offenbar in einem Begründungszusammenhang mit der Behauptung, dass im Zuge dieser Kritik der „gemeine Menschenverstand" nicht mehr „imponiren" und ein Raum für „große Betrachtungen" eröffnet wird. Mir scheint es legitim, an dieser Stelle zwei Schlussfolgerungen zu ziehen, die sich aus dem Gesagten ergeben und sich auf den Charakter der philosophischen Vorbereitung sowie deren Verhältnis zur Philologie als Wissenschaft beziehen. 1) Pointiert Nietzsche in seiner Enzyklopädievorlesung gerade die Positionen, die er in seinen populär-wissenschaftlichen Abhandlungen dieser Zeit thematisiert, liegt es nahe, diese immer auch unter dem Gesichtspunkt einer philosophischen Grundlegung für den beruflichen Werdegang des klassischen Philologen zu interpretieren. Die philosophische Propädeutik dient dem Verständnis des klassischen Altertums und seiner Wertschätzung, ist aber nicht mit dem Verfahren der historisch-kritischen Methode und insbesondere der Textkritik gleichzusetzen. Wie Benne überzeugend gegen die herkömmliche Meinung herausgearbeitet hat (vgl. Benne 2005), ist von einem Bruch Nietzsches mit der Philologie zu diesem Zeitpunkt (vielleicht später auch nur bedingt) nicht auszugehen. Vielmehr strebt Nietzsche eine Form der Synthese an, die seinem schwierigen und spannungsreichen Verhältnis zum Gelehrtendasein weitest möglich entgegenkommt: Der Wissenschaftsanspruch der klassischen Philologie bleibt bestehen, muss sich aber eine philosophische Grundlegung gefallen lassen, die angesichts ihres universalen Anspruchs für Vertreter der klassischen Philologie schwer zu akzeptieren gewesen sein dürfte. Liest man die *Geburt als Tragödie* als philosophie-ästhetische Einübung im Rahmen einer Enzyklopädie der klassischen Philologie, ließe sich womöglich der eigentümliche Charakter dieser Schrift leichter verständlich machen. Es wird klar, warum Nietzsche zu diesem Zeitpunkt sehr wohl als klassischer Philologe spricht und unter welcher Voraussetzung er dies tut, und es wird auch klar, warum Ulrich von Wilamowitz-Moellendorffs Polemik gegenüber Nietzsche über das Ziel hinausschießt. Er wirft Nietzsche Unwissenschaftlichkeit vor, wo es Nietzsche eigentlich um etwas ganz anderes ging.[6] Nietzsche selbst war sich bereits im Vorfeld der Publikation des schmalen Grats, auf dem er mit seiner Schrift wandeln würde, durchaus bewusst, was die folgende Notiz aus dem Jahr 1871 eindrucksvoll vermittelt:

> „Mittel wie die Schrift zu lesen: solche welche durch die Musik mit brünstiger Phantasie in das innere Verständniß hineingeleitet worden sind. Für Philologen: der allergrößte Theil ist im strengsten Sinne beweisbar, freilich nur für solche, welche die Grundsätze Schopenhauer's billigen." (NL 1871, KSA 7, 9[37], S. 285)

---

6 Zum Streit um die *Geburt der Tragödie* vgl. Gründer 1969, zu Wilamowitz' Polemik gegenüber Nietzsche vgl. ausführlich Benne 2005.

Die philosophische Grundlegung ist in sich komplex und gleichsam universalistisch ausgeprägt. Sie spitzt sich auf eine „Korrektur" naiver Anschauungen zu, deren Grund im „gemeinen Verstand" verortet wird. Der Kritik des „gemeinen Verstandes" kommt im Rahmen der historisch-kritischen Methode eine große Bedeutung zu. Kritik impliziert einen hohen Grad an Sensibilisierung für alle Formen der Überlieferung, befreit von einem naiven Vertrauen in das Gegebensein eines Textes, infiziert den Philologen mit dem Gefühl des Verdachts, dass Texte immer verderbt sein können, sie verlangt ein psychologisches Gespür für das Aushorchen und Befragen von Zeugen. Redakteure können, wie Nietzsche selbst mustergültig in seiner ersten großen Arbeit im „Rheinischen Museum" demonstriert hat, den Text im Zuge eigener Interessen so geschickt manipulieren, dass es kaum jemandem auffällt.[7] Die Kritik des „gemeinen Verstandes" scheint jedoch nicht auf das Instrumentarium philologischer Arbeitsweise zu zielen, sondern eine erkenntniskritische Intention zu verfolgen, für die der Name Kant steht. Diese Kritik steht wiederum nicht für sich selbst, sondern ermöglicht den „Weg zu großen Betrachtungen".

4 Der Boden, auf dem man steht. Nietzsches Kritik naiver Anschauungen

Der Begriff des Naiven spielt in der *Geburt der Tragödie* eine zentrale Rolle, hier allerdings in eindeutiger Bezugnahme auf eine ästhetische Kategorie. Nach Nietzsche gilt Homer für die deutschen Klassiker (insbesondere Goethe und Schiller) als Inbegriff eines naiven Autors. Er stellt jedoch klar, dass eine solche Charakterisierung so lange missverständlich und unzureichend ist, als man versteht, aus welchen kulturellen, gesellschaftlichen wie weltanschaulichen Bedingungen die sogenannte Naivität Homers, die im Grunde nur ein Oberflächenphänomen darstellt, hervorgegangen ist. Zu diesem Zweck gilt es, „das kunstvolle Gebäude der a p o l l i n i s c h e n C u l t u r gleichsam Stein um Stein abzutragen, bis wir die Fundamente erblicken, auf die es begründet ist" (GT, KSA 1, S. 34). Naiv bedeutet mit Blick auf Homer die Transformation einer als unheilvoll erlebten Welt in eine, in der es sich sehr wohl zu leben lohnt, weil diese Welt „als der vollkommene Sieg der apollinischen Illusion" (vgl. GT, KSA 1, S. 37) eine ästhetisch verklärte Weltsicht ist. Die Kritik „naiver Anschauungen", die Nietzsche in seiner Enzyklopädievorlesung andeutet, hat jedoch keine primär ästhetische,

---

7 Vgl. „Zur Geschichte der Theognideischen Spruchsammlung" vgl.: KGW II/1.

sondern eine epistemische Intention. Das wird schon allein dadurch deutlich, dass Nietzsche von Kant und nicht von Schiller spricht. Das Naive bei Homer ist Ausgangspunkt einer Auflösung und Rekonstruktion eines oberflächlich Einfachen und Schönen in seine, regelrecht entgegensetzten Existenzbedingungen. Die Kritik des Naiven in epistemischer Hinsicht verfolgt jedoch dieselbe Intention wie die Kritik des Naiven in ästhetischer Hinsicht. In beiden Fällen geht es um eine Kritik des Oberflächlichen als etwas, das unmittelbar gegeben erscheint. Die Kritik des unmittelbar Gegebenen setzt in der Philosophie- und Wissenschaftsgeschichte der Neuzeit an zwei Schwerpunktthemen an: einmal am Begriff der Schwere, zum anderen an der aristotelisch-scholastischen Konzeption der Sinneswahrnehmung. Aus der Kritik am aristotelischen Begriff der Schwere entwickelt sich das mechanistische Kraftmodell, das in Newtons Gravitationsgesetz seinen präzisesten Ausdruck gefunden hat. Im weiten Spektrum wahrnehmungsphilosophischer Problemstellungen erweist sich die Frage nach dem Status der Sinnesqualitäten als eine ausgesprochen zähe und schwer zu beantwortende. Was sind Farben und wie sind sie auf Objekte bezogen, wenn sie nicht mehr als Eigenschaften der Dinge verstanden werden können, wie es von Aristoteles und den Denkern der Scholastik behauptet wurde? (vgl. Perler/ Wild 2008, Einleitung) Eine philosophische Beschäftigung mit einer Theorie der Farbe ist aus dem Grunde geeignet, in Nietzsches Kritik naiver Anschauungen einzuführen, weil sie die Dimension des Problems sehr schön verständlich macht, bei dem Nietzsche offenbar ansetzt. Wir können nämlich die Wahrnehmung von Farben als Inbegriff und Prototypus einer naiven Anschauung der Wirklichkeit verstehen. Farben spielen in allen Lebensbereichen eine wichtige Rolle: in Gestalt von Signalen, in der Mode, im Essen, in der Wahrnehmung der Natur, als Symbole für Leidenschaften und Affekte. Wir empfinden sie als Quasi-Eigenschaften der Dinge. Auch wenn wir seit Galilei und Descartes wissen, dass Farben keine Eigenschaften der Dinge darstellen, sondern durch die materielle Feinstruktur der Dinge wie die Konstitutionsweise des menschlichen Gehirns bedingt sind, hat dies nicht die Wahrnehmung der Farben, sondern lediglich die philosophische und ästhetische Reflexion darüber verändert.[8] Die Tatsache, dass gerade die neuzeitliche Philosophie ihre erkenntnistheoretischen Modelle vor dem Hintergrund der Sinneswahrnehmung entwickelt und für die philosophischen Fragen eine Antwort sucht, die im Zuge einer Befreiung von den Dogmen der aristotelisch-scholastischen Philosophie vakant werden, wie die Frage nach dem Subjekt und dem Objekt des Erkennens, danach, wie der Wahr-

---

8 Zur Diskussion vgl. Perler/Wild 2008, Maund 1995. Bei beiden findet sich eine ausführliche Diskussion der Literatur zu diesem Themenkomplex.

nehmungsprozess und wie die Relation zwischen Wahrnehmung und Wissen zu denken ist, macht verständlich, dass Nietzsches Korrektur naiver Anschauungen mit einer kritischen Analyse der Sinneswahrnehmung zusammenfällt. Die wiederum wird durch eine Kritik der Sprache flankiert. Dadurch zeichnet sich Nietzsches spezifische Eigenart in der Auseinandersetzung mit erkenntnistheoretischen Fragen aus. In *Ueber Wahrheit und Lüge im aussermoralischen Sinne* macht Nietzsche explizit, woran man eine naive Anschauung der Dinge zu erkennen vermag.

Naiv ist unsere Annahme, wenn wir mittels der Worte die Dinge so bezeichnen, wie sie tatsächlich sind. Wir bezeichnen etwas als Schlange und sehen tatsächlich nur etwas, das sich windet (WL, KSA 1, S. 878). Wir geben Dingen einen Namen und glauben, damit schon etwas über diese Dinge zu wissen. Wir sehen Bäume und denken, dass jedes Blatt dem anderen gleicht, weil wir die Identität der einzelnen Blätter voraussetzen, obwohl diese einander vielleicht nur ähnlich sind. Wir halten jemanden für ehrlich, weil wir unterstellen, dass seine Ehrlichkeit Ausdruck einer Idee der Ehrlichkeit sei (vgl. WL, KSA 1, S. 880). Wir glauben, dass Dinge eine Substanz haben, aber tatsächlich haben wir nur die Idee einer Substanzialität des Subjekts auf die äußeren Dinge projiziert. Wir glauben, dass Dinge „hart" sind, haben aber nur eine „subjektive Reizung" erlebt (WL, KSA 1, S. 878). Wir glauben, dass Dinge rot, grün, blau oder gelb sind und übersehen dabei, dass es sich auch hierbei nur um eine Form von Kontingenz handelt, deren eigentlicher Grund uns vollkommen unbekannt ist. Das Verhältnis zwischen Reiz und Bild beruht nicht auf Kausalität, sondern auf Gewohnheit (vgl. WL, KSA 1, S. 884). Insgesamt gilt: Unsere Erkenntnis von den Dingen ist eine Illusion, weil unser Realitätsbegriff selbst auf einer Illusion beruht. Ich möchte für das, was Nietzsche als Illusion, Fälschung oder auch Fiktion bezeichnet, einen einfachen Erklärungshintergrund anbieten, der auf Descartes' Definition einer „verworrenen Idee" zurückgeht. Für Descartes ist zum Beispiel unsere Vorstellung von Farben eine verworrene Idee (vgl. Perler 2006, Maund 1995, S. 19 f.). Das „verworren" bezieht sich nicht auf den Zustand desjenigen, der eine Farbe wahrnimmt, sondern auf das eigentliche Objekt der Farbwahrnehmung. Hinzu kommt, dass das Verhältnis zwischen dem physikalischen Grund der Farbe (die Wellenlänge) und dem subjektiven Farbempfinden ein a-kausales ist. Es gibt keinen logisch einsichtigen und bisher auch nachweisbaren Grund, warum eine bestimmte Wellenlänge ein bestimmtes Farbmuster hervorruft. Nietzsche scheint die cartesische Idee des Verworrenen als Inbegriff eines naiven Wirklichkeitsverständnisses schlechthin zu verstehen. Nicht einzelne Teile unserer Ideen von den Dingen sind verworren, sondern alle unsere Vorstellungen von den Dingen sind verworren, weil sie auf etwas uns vollkommen Unbekanntes Bezug nehmen, das wir nur als das sogenannte „Ding an sich" benennen können. Nicht eine

Kausalität ist uns unbekannt, sondern „wir verstehen keine einzige Kausalität, aber wir haben unmittelbare Erfahrungen von ihnen."[9]

Nietzsches Sprach- und Erkenntniskritik erschüttert unser Vertrauen in die Wirklichkeit. Ein solches Wachrütteln, das unter der Voraussetzung argumentiert, dass die Rhetorik einen nicht wegzudenkenden Bestandteil der natürlichen Sprache darstellt, muss keineswegs bedeuten, dass Erkenntnis unmöglich und unser Wahrheitsverständnis komplett revisionsbedürftig ist. Die Intention dieser Kritik ließe sich als Sensibilisierung für den Umgang mit der Alltagssprache verstehen. Die radikale Form, in der sie sich im Zuge dieser Kritik darstellt, wäre nur das Mittel hierzu. Bereits Rüdiger Bittner hat sich zu Recht gegen eine solche Deutung gestellt, die Nietzsches Erkenntniskritik relativiere, sie gleichsam weichspüle, um damit ihrer Radikalität entgehen zu können (Bittner 1987). Tatsächlich zeigt sich die Bedeutung dessen, was Nietzsche mit einer Kritik der naiven Anschauung intendiert, erst dann, wenn man sie in der ganzen Dimension ihrer Radikalität darzustellen und sie im Kontext seiner philosophischen Ästhetik zu begreifen versucht. Dazu ist es erforderlich, den methodischen und philosophischen Ausgangspunkt der Argumentation Nietzsches und die Aussagekraft seiner Argumente in den Blick zu nehmen.

In der oben zitierten Passage aus der Enzyklopädievorlesung hieß es über den Studierenden, an den Nietzsche die Forderung richtete, sich mittels eines Kurses in der Philosophie auf das Geschäft der Philologie vorzubereiten: „Er muß erst vom Idealismus überzeugt werden [...]." (KGW II/3, S. 372). Was ist damit gemeint? Der Terminus „Idealismus" hat zahlreiche Bedeutungen, von denen an dieser Stelle nur eine in Betracht gezogen werden soll. In erkenntnistheoretischer Hinsicht bezieht sich der Terminus Mitte des 19. Jahrhunderts auf eine bestimmte Strömung der Erkenntnisphilosophie, die gemeinhin als nachkantianisch bezeichnet wird und in einem engen Zusammenhang mit den Naturwissenschaften steht (vgl. Köhnke 1986). Der methodische Ausgangspunkt dieser Tradition, die ab Mitte des 19. Jahrhunderts eine Standardposition einnimmt, ist auch für Nietzsche Ausgangspunkt seiner Kritik. Der Idealismus behauptet, dass die Grundlage für das Verhältnis des Menschen zur Außenwelt die Empfindung darstellt. Erst durch die Verarbeitung der auf die Sinnesorgane einwirkenden Empfindungen durch den Intellekt gewinnt der Mensch eine Vorstellung der Wirklichkeit. Die Grundüberlegung geht dahin, so etwas wie eine „black box" anzunehmen, die Sinnesdaten aufnimmt und im Zuge einer Verarbeitung auf die Außenwelt zu-

---

9 Vgl. NL 1872/1873, KSA 7, 19[210]. Vgl. auch NL 1872/1873, KSA 7, 19[121]. Im Hinblick auf die Chladnische Klangfigur heißt es in WL: „Wie der Ton als Sandfigur, so nimmt sich das räthselhafte X des Dings an sich einmal als Nervenreiz, dann als Bild, endlich als Laut aus. Logisch geht es also jedenfalls nicht bei der Entstehung der Sprache zu". (WL, KSA 1, S. 879)

rückprojiziert. Was wir Wirklichkeit nennen, stellt eine solche Rückprojektion dar. Die erkenntnistheoretischen Modelle, die sich von diesem methodischen Ausgangspunkt her definieren, müssen sich im Wesentlichen mit zwei Fragen beschäftigen, deren Klärung Aufschluss über den Zusammenhang zwischen Wahrnehmung und Wissen zu geben hat: Zum einen steht die Frage im Raum, ob und wie sich aus der Ordnung der Empfindungen ein Rückschluss auf die Ordnung der Dinge ziehen lässt; zum anderen ist evident, dass im Rahmen dieser Konstellation dem Intellekt eine besondere Funktion zukommt. Denn allein von der Art und Weise, wie der Intellekt definiert und worin seine Funktion gesehen wird, hängt die Vorstellung eines logischen und strukturellen Aufbaus der Dinge ab.[10] Hierfür steht maßgeblich die Kritik des Kausalitätsbegriffs, die Nietzsche in *Ueber Wahrheit und Lüge im aussermoralsichen Sinne* mit seiner Fabel über den Menschen aufgreift, der den Intellekt zwar erfunden, sich aber damit eine irreversibel erscheinende Verstellung der Dinge eingehandelt hat.

Erst vor diesem idealistischen Hintergrund lässt sich Nietzsches zentrale These verständlich machen, der zufolge es zwischen Subjekt und Objekt keine Entsprechung, „keine Causalität, keine Richtigkeit, keinen Ausdruck", sondern „höchstens ein ästhetisches Verhalten" gibt (WL, KSA 1, S. 884). Der idealistische Ausgangspunkt bestärkt nicht nur, sondern forciert regelrecht einen extrem subjektivistischen Standpunkt, der sich durch das gesamte Denken Nietzsches hindurchzieht, wie ein spätes Notat deutlich macht: „Das Subjekt allein ist beweisbar: *Hypothese*, daß es nur Subjekte giebt — daß ‚Objekt' nur eine Art Wirkung von Subjekt auf Subjekt ist ... ein modus des Subjekts." (NL 1887, KSA 12, 9[106], S. 306) Eine solche Hypothese hat ein gleichsam solipsistisches Erkenntnissubjekt zur Voraussetzung und die Annahme, dass die eigentliche Realität von einer ganz anderen Art ist als diejenige, die wir erfahren und erkennen können. Auf der Grundlage dieser Annahme erscheint die erlebte Wirklichkeit als eine ideale Konstruktion, die nicht wahr ist, aber mit Hilfe logischer Instrumente, wie dem Identitätssatz oder dem Kausalitätsprinzip, eine erkennbare, aber immer nur scheinbar erkennbare Wirklichkeit hervorbringt. Die Rede von Metaphern als Formen der Übertragung gibt zu verstehen, dass uns der eigentliche Grund der Wirklichkeit vollkommen unbekannt ist und dass dem Intellekt kein a priori gültiges Instrument zur Verfügung steht, diesem Grund jemals entsprechen zu können. Dass es allein ästhetische Kategorien sind, mittels

---

10 Einer der bekanntesten Verfechter dieser Position ist der Naturwissenschaftler und Philosoph Hermann von Helmholtz, der den idealistischen Ausgangspunkt vehement vertreten, aus ihm aber nicht, wie Nietzsche, skeptische Konsequenzen gezogen hat. Dass wir Konstanz in den Dingen, also auch Naturgesetze entdecken können, ist für ihn allerdings eine Tatsache, weder eine logische Notwendigkeit noch eine subjektive Konstruktion. Vgl. Reuter 2014.

derer wir das Gefühl von Realität erzeugen, stellt keine Einsicht in den Erkenntnisprozess dar, sondern beansprucht die Zustimmung vom Leser dadurch, dass wir einfach keine andere Erklärungsgrundlage haben („*höchstens* ein ästhetisches Verhalten"; Hervorhebung S. R.). Das ist als Plädoyer zu verstehen, dass wir die Erklärung für die Konstituierung einer Gegenstandserfahrung allein auf einer ästhetischen Ebene suchen sollen, wenn wir sie denn tatsächlich anstreben. Wenn wir an dieser Stelle noch einmal zurückgehen auf die Erklärung, die Nietzsche mit Blick auf die Naivität Homers gegeben hatte, lässt sich feststellen, dass Nietzsche zur Beschreibung der Erkenntnissituation genau dasselbe Argument anführt. In der Weise, wie bei Homer die Welt des Schreckens durch die apollinische Kultur der olympischen Götterwelt bezwungen und überwunden wird, entsteht Realität dadurch, dass eine uns unerkennbare und chaotische Wirklichkeit, angesichts derer wir hilflos und verloren wären, durch ein Regelwerk bezwungen werden muss.[11]

Der Idealismus, den Nietzsche im Auge hat, meint ein Doppeltes: Auf der einen Seite bezeichnet er den methodischen Ausgangspunkt, den er sich im Zuge seiner Lektüre von Afrikan Spirs Abhandlung „Denken und Wirklichkeit" lapidar notiert mit „Ich habe nichts als Empfindung und Vorstellung" (NL, KSA 7, 574). Auf der anderen Seite verweist der Idealismus auf die Konstruktion einer idealen, metaphysischen Welt in Gestalt einer Substanzmetaphysik, die dem Erkenntnissubjekt als Denknotwendigkeit erscheint. So müssen wir zum Beispiel nach Spir akzeptieren, dass

> „der Inhalt unserer Wahrnehmungen beim Sehen, Betasten, Riechen, Schmecken u.s.w. aus nichts anderem als unseren eignen Sinnesempfindungen [besteht], wie es nachgewiesenermaßen in der That der Fall ist, – dann enthält unsere Erfahrung, welche uns in dem Empfundenen eine außer uns liegende Körperwelt vorspiegelt, eine systematisch organisirte Täuschung, und eben die Constatirung dieser Thatsache ist – Idealismus."[12]

Damit wird deutlich, dass und wie beide Aspekte des Idealismus zusammenhängen und sich gegenseitig bedingen, was Nietzsche durch die „Vereinigung von Plato u. Kant" zum Ausdruck bringt. Wie sich die Konstruktion einer idealen Welt bei Platon ausnimmt, erläutert er seinen Studenten in seiner „Einführung in das

---

11 Vgl. „die Welt der ‚Phänomene' ist die zurechtgemachte Welt, die wir als real empfinden. Die ‚Realität' liegt in dem beständigen Wiedererkennen gleicher, bekannter, verwandter Dinge, in ihrem logisirten Charakter, im Glauben, daß wir hier rechnen, berechnen können. 3) der Gegensatz dieser Phänomenal-Welt ist nicht ‚die wahre Welt', sondern die formlos-unformulirbare Welt des Sensationen-Chaos, – also eine andere Art Phänomenal-Welt, eine für uns ‚unerkennbare'." (NL 1887, KSA 12, S. 395f.)
12 Spir 1883, S. 18, zu Nietzsches Spir-Lektüre vgl. Reuter 2009.

Studium der platonischen Philosophie". Den ersten Teil dieses Vorlesungszyklus hat Nietzsche im Wintersemester 1871/72 gehalten (vgl. KGW II/2). Stark zusammengefasst, lautet seine These folgendermaßen: Platons Ideenlehre wurzelt in einer skeptizistischen Erkenntnistheorie, die auf Heraklit zurückgeht. Heraklit lehrt, dass alle Dinge ständig im Fluss sind. Die Wahrnehmung kann demzufolge nur auf eine Wirklichkeit Bezug nehmen, der prinzipiell die Konstanz fehlt, was zur Folge hat, dass sich aus der sinnlichen Wahrnehmung kein Wissen generieren lässt.[13] Wenn es Wissen geben soll, kann dieses Wissen nur durch etwas hervorgebracht werden, das nicht wahrnehmungsbedingt ist. Das sind die Begriffe, die sich allerdings bei Platon durch ihre Ausrichtung auf das Gute als primär moralischen Ursprungs ausweisen. Gegen die sinnliche Wirklichkeit gerichtet, entwickelt Platon nach Nietzsche also eine ideale Welt in Gestalt seiner Ideenlehre, in der und durch die allein Wissen möglich ist. Aus der Perspektive dieser idealen Welt wird im Zuge dessen die reale sinnliche Welt abgewertet. Platons Misstrauen gegenüber der Kunst findet hierin ihren Grund.

Nietzsches Erklärungsmodell birgt eine Reihe von Schwierigkeiten. An dieser Stelle möchte ich eine herausgreifen und zu erläutern versuchen. Sie betrifft den Aspekt, von dem die Überlegungen ihren Ausgang nahmen, nämlich die Kritik der naiven Anschauung.

Für Nietzsche scheint es einen inneren Zusammenhang zwischen der platonischen Metaphysik und der transzendentalphilosophischen Analyse zu geben. Dieser hat mit seiner Vorstellung von Idealismus zu tun hat, den Platon und Kant seiner Meinung nach vertreten. Deshalb können sie auch in einem Atemzug genannt werden. Das Verknüpfungsmoment zwischen der Metaphysik Platons und der Transzendentalphilosophie Kants erkennt Nietzsche offenbar im Substanzbegriff, der bei beiden Denkern ein vergleichbarer zu sein scheint, weil er als eine notwendig anzunehmende Konstruktion einer vergleichbaren Situation entspringt. In beiden philosophischen Systemen geht es offenbar darum, dem Fluss des Werdens etwas Dauerhaftes und zeitlos Gültiges entgegen zu setzen. Dass Nietzsche dem kantischen Substanzbegriff diese Funktion verleiht und zwischen der „transzendentalen Analytik" und den „Analogien der Erfahrung", in denen Kant tatsächlich die Bedeutung des Substanzbegriffs erläutert, nicht unterschei-

---

13 Interessant ist, dass Nietzsche hier noch eine schwache und eine starke Leseart der Position Heraklits unterscheidet. Die schwache besagt keineswegs, dass alle Dinge ständig im Fluss sind, sondern nur, dass sie irgendwann vergehen müssen. Konstanz und damit auch Erkenntnis ist im Rahmen dieser schwachen Leseart durchaus möglich, was für die starke nicht gilt, der sich Platon anschließt. Es hat etwas von Ironie, dass Nietzsche zunächst geneigt ist, Platon schlechte Philologie vorzuwerfen, weil er die schwache Leseart für die richtige hält, dann aber doch selbst die Platon zugeschriebene Deutung Heraklits übernimmt. Vgl. KGW II/2, S. 150.

det, hängt vermutlich mit seiner Lektüre von Afrikan Spirs „Denken und Wirklichkeit" zusammen (Spir 1873, vgl. Reuter 2009). Für Spir ist der Begriff der Substanz eine „Norm des Denkens", die als logische Voraussetzung von etwas Unbedingtem, auf die Wirklichkeit projiziert wird. Dadurch wird es möglich, die Begriffswelt Platons und die transzendentalphilosophische Analyse Kants als Ausdruck einer vergleichbaren, wenn nicht sogar identischen Intention zu deuten, die sich nur unterschiedlich darstellt. Die Ontologie Platons findet gleichsam in der kantischen Analyse der Vernunft eine naturalistische Basis. Oder anders formuliert: Nietzsche erkennt in der Substanzkategorie Kants, die aus seiner Sicht eine notwendige Bedingung von Erfahrung formuliert, die metaphysische Konstruktion Platons wieder, die sich als Gegenentwurf zu Heraklits Philosophie des Werdens verstand. Vor diesem Hintergrund lässt sich verständlich machen, dass Nietzsche von der Anwendung einer „populären Metaphysik" sprechen kann, wenn wir zum Beispiel den Dingen Eigenschaften zusprechen:

> „Das Wesen der Definition: der Bleistift ist ein länglicher usw. Körper. A ist B. Das was länglich ist, ist hier zugleich bunt. Die Eigenschaften enthalten nur Relationen. Ein bestimmter Körper ist gleich so und so viel Relationen. Relationen können nie das Wesen sein, sondern nur Folgen des Wesens. Das synthetische Urtheil beschreibt ein Ding nach seinen Folgen, d.h. Wesen und Folgen werden identificirt, d.h. eine Metonymie. Also im Wesen des synthetischen Urtheils liegt eine Metonymie; d.h. es ist eine falsche Gleichung. D.h. die synthetischen Schlüsse sind unlogisch. Wenn wir sie anwenden, setzen wir die populäre Metaphysik voraus, d.h. die, welche Wirkungen als Ursachen betrachtet. Der Begriff „Bleistift" wird verwechselt mit dem „Ding" Bleistift. Das „ist" im synthetischen Urtheil ist falsch, es enthält eine Übertragung, zwei verschiedene Sphären werden neben einander gestellt, zwischen denen nie eine Gleichung stattfinden kann. Wir leben und denken unter lauter Wirkungen des Unlogischen, in Nichtwissen und Falschwissen."[14]

Zunächst fällt auf, dass Nietzsche keinen Unterschied zwischen primären und sekundären Eigenschaften macht. Er scheint damit Hume und seiner Kritik an Descartes und Locke zu folgen, für die zum Beispiel „bunt" und „hart" (das Beispiel, das Nietzsche anführt, vgl. WL, KSA 1, S. 878) zu primären Qualitäten zählen, weil sie auf die geometrische Beschaffenheit eines Dings Bezug nehmen oder, wie im Fall „hart", Ausdruck der Undurchdringlichkeit eines materiellen Körpers sind.[15] Was an dieser Stelle jedoch interessieren soll, ist die Frage, warum wir mit der einfachen Prädizierung „Der Bleistift ist länglich und zugleich bunt" populäre Metaphysik betreiben sollen. Für Nietzsche supponieren wir offenbar in

---

14 NL 1872/1873, KSA 7, S. 496; und NL 1872/1873, KSA 7, S. 481 f.
15 Zur Position Humes vgl. Wild 2008.

der Subjekt-Prädikat-Relation etwas Substanzielles, was der „eigentlichen" Wirklichkeit, die uns vollkommen unbekannt ist, nicht entspricht. Die Prädizierung ist unlogisch, weil wir angeblich Ursache und Wirkung verwechseln. Nehmen wir ein selbst gewähltes Beispiel, das zeigt, dass Nietzsches Argumentation sich selbst aufzuheben scheint: „Peter sieht dämonisch aus."[16] Oder, um eine in grammatikalisch-syntaktischer Hinsicht größere Nähe zu Nietzsches Beispiel herzustellen: „Peters Blick ist dämonisch." Es gehört nicht viel dazu, im Beispielsatz eine Metapher zu erkennen. „Dämonischer Blick", „sieht dämonisch aus" oder „kämpft bärenstark" sind im traditionell rhetorischen Sinn Tropen, die dem Bereich der Metapher zugeschrieben werden. Wenn wir in der Formulierung „kämpft bärenstark" immerhin wissen, dass es Bären gibt und das weite Assoziationsfeld „Bär" die Grundlage für den Vergleich mit einem „bärenstarken Kämpfen" darstellt, verhält es sich in den Formulierungen „dämonischer Blick" oder „sieht dämonisch aus" anders. Wir verstehen die Metapher, d.h. wir verstehen diesen Satz, sofern ihn jemand äußert, ohne voraussetzen zu müssen, dass Dämonen wirklich existieren. Wir haben in diesem Fall eine Wirkung, ohne dass es nötig wäre, diese als „Ursache zu betrachten". Es ist unklar, was wir genau – mit Blick auf Ursache und Wirkung – miteinander verwechseln sollen. Wir müssen nicht an die Existenz von Dämonen glauben, um zu verstehen, dass und wie es möglich ist, dämonisch auszusehen. Wir müssen lediglich annehmen, dass es eine Disposition gibt, dämonisch auszusehen, wenn wir dazu aufgefordert werden, zu erklären, wie es dazu kommen kann, dass jemand einen dämonischen Blick hat. Wir können auf Konventionen der Sprache sowie auf kulturelle Eigentümlichkeiten verweisen. Es ist aber schwer erkennbar, dass wir damit eine Sphäre betreten, die uns vollkommen unbekannt ist.

Versuchshalber können wir jetzt einmal so tun, als ob der Satz „der Bleistift ist länglich und zugleich bunt" eine metaphorische Aussage darstellt, wie sie im Satz „Peter sieht dämonisch aus" geäußert wird. Dass die Sprache ausschließlich in Tropen operiert, ist ja Nietzsches Grundüberzeugung. Stellen wir den Satz „der Bleistift ist länglich und bunt" auf dieselbe Ebene wie der Satz „Peters Blick ist dämonisch", würde das bedeuten, dass wir zum Beispiel das Prädikat „bunt" und das Substantiv „Bleistift" äußern und verstehen können, ohne voraussetzen zu müssen, dass es eine uns unbekannte Substanz geben oder eine uns unbekannte Ursache zu einer uns bekannten Eigenschaft transformiert werden muss. Etwas hat die Disposition, wie ein Bleistift auszusehen, und dieses Etwas, das die Disposition hat, wie ein Bleistift auszusehen, hat die Disposition, länglich und bunt

---

16 Das Beispiel ist beliebig, aber Barry Maund entnommen, wo es um die Diskussion des Dispostionsbegriffs geht. Vgl. Maund 1995, S. 35.

zu sein. Wir können uns im Hinblick auf die Zuweisung von Eigenschaften täuschen, und sollten wir uns täuschen, können wir dies in der Regel auch erkennen, sofern die geeigneten Mittel dazu zur Verfügung stehen. Nietzsches Auffassung, dass wir populäre Metaphysik betreiben, wenn wir Dingen Eigenschaften zuweisen, kontrastiert mit der eigenen Einsicht, der zufolge die Sprache im Kern rhetorisch sei. Die rhetorische Natur der Sprache reicht aus, Dingen Eigenschaften zuzuweisen, ohne dabei eine metaphysische Voraussetzung machen zu müssen. Nun kann Nietzsche zwar sagen, dass wir Gott nicht loswerden, weil wir die Grammatik nicht loswerden, und die Grammatik womöglich Philosophen dazu verführt, mehr in die Dinge hineinzulegen, als tatsächlich in ihnen steckt, aber das stellt bereits eine Reflexion über die möglichen Implikationen der in der Sprache verwendeten Begriffe dar und ist von einer natürlichen oder auch naiven Anwendung der Sprache selbst zu unterscheiden.

5 Der Boden, woraus Großes wächst – Werk und Persönlichkeit

Die Überlegung, ob und in welcher Form Nietzsches Kritik der „naiven Anschauungen" Plausibilität zugesprochen werden kann, spielt jedoch für die Frage nach dem Zusammenhang zwischen seiner Metaphysik der Kunst, seiner Aussage über die Funktion des Persönlichen und seiner Erkenntniskritik keine Rolle. Meine eingangs formulierte These war, dass Nietzsches erkenntnis- und sprachkritischen Reflexionen nicht aus dem Konzept einer universalen Ästhetisierung von Dasein und Welt herausgelöst werden können, ohne damit ihren Stellenwert im Rahmen seiner Philosophie massiv zu verändern, und dass Nietzsche seine Philosophie selbst als Ausdruck des Persönlichen verstanden wissen wollte. Ich möchte diesen Gedanken nun wieder aufgreifen und erläutern, was ich damit meine.

Ästhetische Kategorien treten in Nietzsches Schrift *Ueber Wahrheit und Lüge im aussermoralischen Sinne* so konzentriert und kompakt auf, dass sie keinem Interpreten entgehen können. Die mit am häufigsten zitierten Passagen sind die von der Metapher als Übertragung eines Nervenreizes erst in Bilder und dann in Laute sowie die von Nietzsches These, dass wir es nie mit der Wahrheit, sondern mit einem „Meer von Metaphern" zu tun haben.[17] Unübersehbar ist, dass Nietzsche der Phantasie für das Denken einen überragenden Stellenwert beimisst. Das

---

17 Vgl. Schlechta/Anders 1962, Borsche 1994

Dichten geht dem Denken voran, in Form eines „Auswählens" zum Beispiel (vgl. NL 1872/1873, KSA 7, S. 445ff.), das dem „Auswählen" des Philosophen zu entsprechen scheint, wenn dieser im Zuge einer persönlichen Wertschätzung der Dinge seinen Erkenntnistrieb bändigt (vgl. WL, KSA 1, S. 816). Die Sinnstiftung als philosophischer Gesetzgebungsakt, der sagt, was groß und wertvoll sein soll, findet sich bereits in den Tiefenschichten des Denkens wieder. Wissenschaft erweist sich als der Versuch, das begriffsmäßig einzuholen, was die Phantasie bereits vorgegeben hat. Die Klärung des Zusammenhangs zwischen Logik und Ästhetik ist eine sich hieraus stellende Aufgabe (vgl. Abel 1987). Nietzsche hat allerdings das Ästhetische auch dort lokalisiert, wo der Bereich der Erfahrung verlassen wird und damit die These vom Primat des Ästhetischen vor dem Begriff sich weder unmittelbar nachvollziehen lässt noch überprüft werden kann. Dazu zählt bereits Nietzsches Grundannahme, dass zwischen den getrennten Sphären Subjekt und Objekt „höchstens ein ästhetisches Verhalten" stattfinden könne. Diese spiegelt sich letztlich in der Rede von der Metapher als Übertragung eines Reizes in ein Bild wieder. Wenn das Verhältnis zwischen Grund und Folge unbekannt ist, weil wir über den Grund im Sinne des „Ding an sich" nichts wissen, können wir demzufolge auch nicht wissen, dass es eine ästhetische Kategorie sein soll, die dieses Verhältnis bestimmt. In ähnlicher Weise gilt dies auch für die Vermutung Nietzsches, dass sich zum Beispiel in der „Nerventhätigkeit" Lust- und Unlustempfindungen abspielen, aus deren ineinander greifende Bewegung dann erst die „Empfindung des Bildes" hervorgehe (vgl. NL 1872/1873, KSA 7, S. 448). Wenn die Rede von der Metapher als einer epistemischen Grundkategorie des Ästhetischen sich nicht auf Erfahrung gründen kann, weil sie sich der Erfahrbarkeit entzieht, sollte sie – anders als in der *Geburt der Tragödie*, wo es um die Erfahrbarkeit des Kunstwerks ging – auch nicht als Aussage über das Ästhetische als Erfahrung verstanden werden. Ich plädiere vielmehr dafür, die Rede von der Metapher als Forderung Nietzsches aufzufassen, den Bereich der Erfahrung, der sich der Erfahrbarkeit oder auch der einfachen Erkennbarkeit entzieht, was nicht das gleiche ist, der Kategorie des Ästhetischen zu unterwerfen und damit dem Ästhetischen einen universalen Anspruch zu verleihen.

Wenn das Ästhetische in dieser Hinsicht die Forderung darstellt, etwas auf eine bestimmte Art und Weise zu begreifen, ist klar, dass wir den Sinn dieser Forderung begreifen können, es aber nicht unbedingt erforderlich oder gar möglich ist, die Proposition des Geforderten selbst begreifen zu müssen. Wenn zum Beispiel Damir Barbarić eine paradoxe Konstellation in den Denkvoraussetzungen Nietzsches zu erkennen glaubt, zumal in der „Rätselhaftigkeit" von Nietzsches Begriff des Unendlichen, und gleichwohl versucht, dieser durch ein „Nachfühlen" entsprechen zu können, erscheint mir ein solches Ansinnen weder sinnvoll noch durchführbar zu sein (vgl. Barbarić 2011, S. 10). Viel hilfreicher als ein Bemühen, etwas verstehen zu wollen, was sich dem Verständnis entzieht, scheint mir hingegen die Frage nach der Motivation und Intention zu sein, mit der Nietzsche die ihm wichtigen Dinge zu betrachten und zu bewerten versucht. Sollten wir bestimmte erkenntnistheoretische Aussagen Nietzsches nicht verstehen, verstehen im Sinne der Überprüf- und Nachvollziehbarkeit durch eigene oder wissenschaftliche Erfahrung, wie es zum Beispiel die metaphysische Konzeption des Ur-Einen als des Ur-Künstlers in der *Geburt der Tragödie* oder die Rede über die metaphorische Bedeutung des Epistemischen ist, sind die Möglichkeiten des Verstehens noch nicht erschöpft. Wir können sowohl nach der Intention Nietzsches fragen als auch darnach, wofür die Konzeption des Ästhetischen überhaupt stehen soll.

Aufschluss hierüber könnte der Gedanke des Persönlichen bringen. Nietzsches These lautet vereinfacht, dass jede Philosophie, insbesondere jede große Philosophie Ausdruck der Persönlichkeit des Denkers ist. In einem philosophischen Modell werde gleichsam ein herrschender Gedanke wirksam. Erst durch diesen, durch eine Gesetzgebung der Größe, zeichne sich ein Philosoph aus. Fehlt ein herrschender Gedanke dieser Art, handelt es sich im besten Fall um Wissenschaft, nicht aber um Philosophie. Die Bedeutung des Persönlichen im Denken Nietzsches lässt sich von zwei Seiten aus beschreiben: Auf der einen Seite zeigt Nietzsche eine große Neigung, sich über das Persönliche einen Zugang zum Denker zu verschaffen. Aussagekräftig ist in diesem Sinne seine frühe Abhandlung über *Die Philosophie im tragischen Zeitalter der Griechen*. Auf der anderen Seite versteht Nietzsche explizit, wie in *Ecce homo*, sein eigenes philosophisches Werk als Wirk- und Entfaltungsstätte des Persönlichen. Ich versuche zunächst an einem Beispiel zu zeigen, wie Nietzsche den Zugang zum Persönlichen eines großen Denkers herstellt. Dabei lasse ich mich von dem Gedanken leiten, dass die Aspekte, die für Nietzsche in der Bewertung des Anderen wichtig waren, zugleich für ihn selbst Relevanz besaßen. Als Beispiel wähle ich seine Platon-Interpretation, die exemplarisch in der Vorlesung über die *Einführung in das Studium der platonischen Dialoge* vorgeführt wird. Auf diese Vorlesung bin ich oben bereits kurz eingegangen, als es darum ging, wie und vor welchem Hintergrund Platon die heraklitische These vom Werden der Dinge deutet.

Das Spannende dieser Vorlesung ist die Verschränkung philologischer Kritik mit einer philosophischen Interpretation. Die philologische Kritik setzt bei der Frage nach der Chronologie der platonischen Dialoge an, die Nietzsche konträr zur allgemeinen akzeptierten Auffassung von Schleiermacher beantwortet. Nietzsches Antwort setzt sich aus zwei Teilaspekten zusammen: Konstitutiv für das philosophische Selbstverständnis Platons sind seine politischen Reisen, die uns seiner Meinung nach mehr Aufschluss über die Person geben als das schriftstellerische Werk. Erst im Zuge dieser Reisen nach Syrakus erkennt Platon seine

eigentliche Berufung als politischer Reformer. Platon sei, der „agitatorische[]
Politiker, der die ganze Welt aus den Angeln heben will und unter anderem
auch zu diesem Zwecke Schriftsteller ist" (KGW II/2, S. 9). Erst danach, also ab
seinem 40sten Lebensjahr, tritt Platon als Schriftsteller in Erscheinung. Das zweite
Moment betrifft die Frage nach dem Verhältnis zwischen Inhalt und Form der
platonischen. Dialoge. Wie sollen wir Platons Schriften lesen? Gegen Schleiermachers These, die Aufgabe der Dialoge sei es, den Unwissenden wissend zu
machen, setzt Nietzsche eine Stelle aus dem Phaidros, wo Sokrates sagt, dass die
Schrift dazu diene, „den schon Wissenden wiederzuerinnern" (KGW II/2,
S. 10). Es geht also in den platonischen Dialogen in keiner Weise um Belehrung,
sondern um die Selbstvergewisserung des bereits Gewussten. „Aber nach Plato
hat die Schrift überhaupt nicht einen Lehr- und Erziehungszweck, sondern nur
einen Erinnerungszweck für den bereits Erzogenen und Belehrten." (KGW II/2,
S. 12) Die Dialoge sollen daran erinnern, wie der Wissende wissend geworden ist.
Sie wenden sich an bereits Belehrte und damit an einen eingeweihten Kreis von
Zuhörern und Mitdenkern. Auf der Grundlage dieser Annahmen entwirft Nietzsche
eine eigene, von Schleiermacher abweichende Chronologie und Bewertung der
einzelnen platonischen Dialoge, was an dieser Stelle jedoch nur erwähnt sein soll.

Das Beispiel zeigt zunächst, dass Nietzsche sehr wohl und sehr genau differen-
zieren kann zwischen der Kraft und dem Ausdruckswillen einer philosophischen
Intention und der philosophischen Grundaussage, die er kritisch beurteilt und
ablehnt. Zum anderen scheinen es gerade diese zwei Momente zu sein, die für
Nietzsches eigenes Verständnis des Persönlichen, also auch für seine eigene philosophische Intention von großer Bedeutung sind. Das philosophische Werk besteht im Wesentlichen aus der Sinngebungsfrage einerseits und der Darstellungs-
kompetenz andererseits. Auf der einen Seite ist der Philosoph ein Gesetzgeber, als
solcher ist er ein „Tyrann des Geistes", der seine philosophische Grundüberzeugung absolut setzt; auf der anderen Seite erweist sich das philosophische Werk als
Ausdruck des eigenen Gesetzgebungswillens. Wenn bei Platon die Intention der
Dialoge darin liegt, sich eines bereits Gewussten zu vergewissern, wird vorausgesetzt, dass die Wissensfrage, um die es geht, bereits beantwortet ist. Die Frage,
die sich dann stellt, kann nur die sein, ob der inszenierte Dialog dem bereits
Gewussten entspricht, ob es ihm gelungen ist, den Verlauf einer Argumentation,
wie sie einmal stattgefunden hat, so wiederzugeben, dass der Leser in ihm das
ursprüngliche Gespräch und das ursprünglich Gedachte wieder zu erkennen vermag. Die ästhetische Bedeutung der Dialoge liegt, so gesehen, allein in der Kunst,
diese Entsprechung so überzeugend wie möglich herzustellen. Das Bewertungs-
kriterium erweist sich damit als ein intrinsisches, weil nur derjenige es anwenden
und auch überprüfen kann, der mit der ursprünglichen Situation vertraut und,
besser noch, an ihr aktiv beteiligt war. Jemand, der von außen an den Text heran-

geht, wird diese, seine innere Dimension nicht erfassen, sondern zwangsläufig verfehlen. Er muss zwangsläufig denken, dass er belehrt werden soll, obwohl die Belehrung keine oder nur eine untergeordnete Rolle spielt. Wenn wir uns erinnern, war dies genau die Situation, die Nietzsche zum ersten Mal in seinem Vortrag über *Das griechische Musikdrama* thematisiert hatte. Was würde es bedeuten, wenn wir diese elementare interpretatorische Voraussetzung auf Nietzsche selbst anwenden? Zunächst ließe sich die *Geburt der Tragödie* als Ausdruck einer doppelten Intention begreifen: Sie demonstriert, dass und wie wir über Wagners Oper gleichsam von innen heraus einen Zugang zur griechischen Tragödie finden können, und gleichzeitig wäre sie als Akt der Selbstvergewisserung eines bereits Gewussten zu deuten. Sie wendet sich an einen Leser, mit dem der Autor durch eine gemeinsame Weltanschauung und durch die gemeinsam geteilten Grundsätze sich verbunden weiß. Primär wendet sie sich an Wagner, an den auch das Vorwort gerichtet ist, sowie an die engeren Freunde, die Schopenhauers Weltbild teilen, und – nicht zu vergessen – auch an die eigenen Studenten der klassischen Philologie, die sehr wohl erkannt haben dürften, was Nietzsche in der *Geburt der Tragödie* zum Ausdruck bringen wollte und wie sie selbst die Schrift zu lesen hatten.

Gegenüber Platon gibt es allerdings auch einen gewichtigen Unterschied, der die Grundsätze des Denkens betrifft, die bei Nietzsche nicht in der ratio, sondern im Willen liegen. Hintergrund hierfür ist bekanntermaßen Schopenhauers philosophisches Hauptwerk *Die Welt als Wille und Vorstellung*. Die paradigmatische Bedeutung, die Nietzsche dem Willen beimisst, gilt für ihn auch später noch, als er sich von Schopenhauer zunehmend distanziert hat.

Was heißt nun Wille in der philosophischen Konzeption Nietzsches? Da es im Rahmen dieses Beitrags nicht möglich ist, die Grundgedanken seiner Philosophie in all ihrer Komplexität darzustellen, beschränke ich mich darauf, den primären Gesichtspunkt hervorzuheben, der sich aus der *Geburt der Tragödie* ergibt und der durch die alles überragende Bedeutung des Ästhetischen repräsentiert wird. Was aus der *Geburt der Tragödie* spricht, ist ein Wille, der nicht, wie bei Schopenhauer die Resignation, sondern die Steigerung seiner selbst im Kunstwerk anstrebt. Er ist keine andere Form der Existenz und der philosophischen Reflexion zu akzeptieren bereit, als eben eine unter ästhetischem Vorzeichen. Wir dürfen diesen Willen jedoch nicht als Ausdruck einer ästhetizistischen Einstellung missverstehen. Tatsächlich ist diese Entscheidung, das Leben als ästhetisches Phänomen zu verstehen, mit der Vorstellung von Kraft, diese Entscheidung auch durchzustehen und für sie einzustehen, nicht zu trennen.[18] Wenn wir einmal hypothetisch diesen

---

18 Zum Kraftbegriff als ästhetischer Kategorie vgl. Menke 2008, der große Teile seiner Überlegungen Nietzsche widmet.

Gedanken als den herrschenden Gedanken Nietzsches annehmen, ist evident, dass die Sprach- und Erkenntniskritik nicht parallel oder eigenständig neben diesem Lebensleitfaden bestehen kann, sondern dass sie in ihn integriert sein muss und ihn auch zum Ausdruck zu bringen hat. Damit ist vereinfacht gesagt, dass wir Nietzsches erkenntnis- und sprachkritische Reflexionen im Grunde so lesen müssen, als wären sie darauf ausgerichtet, die Welt als ästhetisches Phänomen zu deuten. Sie erweisen sich als der Versuch, die ästhetische Weltsicht in ein erkenntnistheoretisches Modell zu übersetzen, das dieser Weltsicht entspricht. Damit ließe sich zum Beispiel auch verständlich machen, warum Nietzsche in *Ueber Wahrheit und Lüge im aussermoralischen Sinne* die ästhetischen Kategorien nicht begründen oder rechtfertigen muss, sondern, von seinem Blickwinkel aus gesehen, nur anzuwenden braucht. Wir können diesem Gedanken noch einen Aspekt hinzufügen. Wenn Philosophie Ausdruck des Persönlichen ist und das Schreiben für Nietzsche in erster Linie ein Akt der Selbstvergewisserung der eigenen Grundsätze darstellt, wird nachvollziehbar, dass die Kernfrage, die sich aus dem Innendasein dieser Konzeption von Philosophie stellt, nicht diejenige ist, ob die vorgebrachten Argumente zutreffend sind und in welcher Weise sie sich in den philosophischen Diskurs integrieren lassen, sondern ob und wie sie sich gegenüber den eigenen Grundsätzen verhalten und diesen entsprechen. Die Frage nach der Angleichung, die Wolfgang Müller-Lauter mit und nach Heidegger in seinem Nietzsche-Buch aufgegriffen und in der Frage nach dem „neuen" Wahrheitsbegriff Nietzsches thematisiert hat (vgl. Müller-Lauter 1971), zielt weniger auf die Erkenntnis von Wirklichkeitsstrukturen als auf das Verhältnis zwischen Inhalt und Form des Geschriebenen. Oder, wie Nietzsche es im Zarathustra formuliert: „Von allem Geschriebenen liebe ich nur Das, was Einer mit seinem Blute schreibt. Schreibe mit Blut: und du wirst erfahren, dass Blut Geist ist." (KSA 4, S. 48)

Literaturverzeichnis

Abel, Günter (1987): „Logik und Ästhetik". In: *Nietzsche-Studien*, 16, S. 112–148.

Benne, Christian (2005): *Nietzsche und die historisch-kritische Philologie*. Berlin/New York: de Gruyter.

Bittner, Rüdiger (1987): „Nietzsches Begriff der Wahrheit". In: *Nietzsche-Studien*, 16, S. 70–90.

Boeckh, August (1877): *Encyklopädie und Methodologie der Philologischen Wissenschaften*. Hrsg. v. Ernst Bratuscheck. Leipzig: Teubner.

Borsche, Tilmann (Hrsg.) (1994): *Centauren-Geburten. Wissenschaft, Kunst und Philosophie beim jungen Nietzsche*. Berlin: de Gruyter.

Crawford, Claudia (1988): *The Beginnings of Nietzsche's Theory of Language*. Berlin/New York: de Gruyter.

Barbarić, Damir (2011): *Im Angesicht des Unendlichen. Zur Metaphysikkritik Nietzsches*. Würzburg: Königshausen & Neumann.

Danto, Arthur C. (1991): *Die Verklärung des Gewöhnlichen. Eine Philosophie der Kunst*. Frankfurt a. M.: Suhrkamp.

Fleischer, Margot (1988): „Dionysos als Ding an sich. Der Anfang von Nietzsches Philosophie in der ästhetischen Metaphysik der ‚Geburt der Tragödie'". In: *Nietzsche-Studien*, 17, S. 74–90.

Gerhardt, Volker (1984): „Von der ästhetischen Metaphysik zur Physiologie der Kunst". In: *Nietzsche-Studien*, 13, S. 374–393.

Gründer, Karlfried (Hrsg.) (1969): *Der Streit um die Geburt der Tragödie*. Hildesheim: Olms.

Köhnke, Klaus Christian (1986): *Entstehung und Aufstieg des Neukantianismus. Die deutsche Universitätsphilosophie zwischen Idealismus und Positivismus*. Frankfurt a. M.: Suhrkamp.

Lüthi, Michael (2006): „Das Ende wovon? Kunsttheoretische Anmerkungen zu Dantos These vom Ende der Kunst". In: Menke, Christoph/Rebentisch, Juliane (Hrsg.): *Kunst. Fortschritt. Geschichte*, S. 57–66, Berlin: Kadmos.

Maund, Barry (1995): *Colours. Their Nature and Representation*. Cambrigde: Cambridge University Press.

Menke, Christoph (2008): *Kraft. Ein Grundbegriff der ästhetischen Anthropologie*. Frankfurt a. M.: Suhrkamp.

Müller-Lauter, Wolfgang (1971): *Nietzsche. Seine Philosophie der Gegensätze und die Gegensätze seiner Philosophie*. Berlin/New York: de Gruyter.

Perler, Dominik (2006): *René Descartes*. München: C.H. Beck.

Perler, Dominik/Wild, Markus (Hrsg.) (2008): *Sehen und Begreifen. Wahrnehmungstheorien der Neuzeit*. Berlin/New York: de Gruyter.

Reuter, Sören (2009): *An der „Begräbnissstätte der Anschauung". Nietzsches Bild- und Wahrnehmungstheorie in Ueber Wahrheit und Lüge im aussermoralischen Sinne*. Basel: Schwabe.

Reuter, Sören (2014): „Nietzsche und die Sinnesphysiologie und Erkenntniskritik". In: Heit, Helmut/Heller, Lisa (Hrsg.): *Handbuch Nietzsche und die Wissenschaften*, Berlin/Boston: de Gruyter, S. 79–106.

Schlechta, Karl/Anders, Anni (1962): *Friedrich Nietzsche. Von den verborgenen Anfängen seines Philosophierens*. Stuttgart-Bad Cannstatt: Frommann-Holzboog.

Spir, Afrikan (1873): *Denken und Wirklichkeit. Versuch einer Erneuerung der kritischen Philosophie*. 2 Bde. Leipzig: Findel.

Spir, Afrikan (1883): *Studien*. Leipzig: Findel.

Wild, Markus (2008): „Hume über das Wahrnehmungsobjekt". In: Perler, Dominik/Wild, Markus (Hrsg.): *Sehen und Begreifen. Wahrnehmungstheorien der Neuzeit*, Berlin/New York: de Gruyter, S. 287–317.

Stephan Günzel
Über Geschichte. Zur Funktion geographischer Metaphern bei Nietzsche[1]

Die Frage nach der Sprachverwendung war in der Philosophie des zwanzigsten Jahrhunderts mit dem *linguistic turn* unumgänglich geworden: Auch Friedrich Nietzsche wurde bisweilen als Vorläufer der sich auf Ludwig Wittgenstein rück- beziehenden Tradition angesehen (Cavell 1992, S. 259, und Danto 1998, S. 23). Hierfür ist eine Klärung der Funktion des Schreibens in geographischen Termini bei Nietzsche insofern hilfreich, weil mit ihr die Frage nach der Sprache, welcher sich Philosophie bedient oder in der sie qua schriftlicher Manifestation „denkt", im Ganzen betroffen ist. Auch in dieser Hinsicht ist Nietzsche als entscheidender Umdenker zeitgenössischer intellektueller Selbstverständlichkeiten und bisweilen epochenübergreifender Konstellationen zu verstehen. Hayden White hat Ersteres in Bezug auf Nietzsches verändertes Reden und Schreiben über Geschichte, und Jacques Derrida Letzteres auf Nietzsches Veränderung des Sprachverständnisses durch veränderten Sprach- und Schreibvollzug überhaupt wegbereitend untersucht. Beide kommen darin überein, in Nietzsches Schreibsprache eine Abkehr von der rhetorischen Figur der Metonymie zugunsten der bereits von Aristoteles in ihrem Charakter bestimmten Metapher festzustellen.[2] Dieses begründet sich sowohl in Nietzsches jeweiligem Philosophieren, als auch in seiner eigenen, teils nur in Ansätzen ausgeführten Sprachkonzeption. Mit Derrida zeigt sich dabei, dass die Verwendung von Metaphern ein bestimmtes Verhältnis der Sprache zur Erde durchkreuzt, welches durch den Gebrauch von Metonymien hervorgebracht worden sei.

---

1 Folgendes liefert eine bislang ausstehende metaphorologische Begründung für einen bereits in der Dissertationsschrift des Verfasser (*Geophilosophie. Nietzsches philosophische Geographie*) ausgeführten Lesart Nietzsches, die 2001 auf Vermittlung von Renate Reschke beim Akademie Verlag erschienen ist (Günzel 2001). Im Gegensatz zu anderen hat sie die Relevanz der Raumthematik nicht nur für die Nietzscheforschung, sondern für die methodische Ausrichtung der Philosophie und Kulturwissenschaften geahnt. – Dieser Text sei ihr in großer Dankbarkeit gewidmet.

2 Zu Nietzsches Hinwendung zur Rhetorik siehe auch Goth 1970.

1 Kritik der geschichtsphilosophischen Rhetorik

Wie White in seiner Untersuchung *Metahistory. Die historische Einbildungskraft im 19. Jahrhundert in Europa* zeigt, kann eine „tropologische Wende"[3] von Georg Wilhelm Friedrich Hegels zu Nietzsches Schreiben über Geschichte festgestellt werden:[4] Während Hegel größtenteils metonymischer Sprech- und damit Erklärungsweisen verpflichtet sei, geht Nietzsche nach White (1994, S. 57 f.) direkt gegen die Form der Metonymie mit Mitteln der Metapher an; oder wie später Manfred Riedel es auf den Punkt bringt, „[ist] Nietzsches Denkweise [...] weder dialektisch noch ironisch, sondern *tropologisch*: eine Logik des ständigen Umkehrens" (Riedel 1999, S. 9). Hegels metonymisches Schreiben ist nach White wiederum eine Reaktion auf die ironische Form der Geschichtsschreibung des achtzehnten Jahrhunderts gewesen, die sich – wie es beispielsweise bei ihren Vertretern Voltaire, Hume, Kant und anderen beobachtet werden könne – besonders des Tropus der Ironie im Schreiben über Geschichte bediente, d.h. die gewünschte Aussage durch die Negation mittels einer oppositionellen Figur quasi verdeckt auszusagen, ohne jene beim Wort nennen zu müssen. Die „Epoche der Metonymie" sei insofern die Antwort auf die Lücke, welche die „Ära der Ironie" hinterlassen habe. In der Nachfolge und unter Aufnahme Johann Gottfried Herders habe Hegel entsprechend dasjenige Schreiben über Geschichte als Methode seiner philosophischen Geschichtsinterpretation in der Weise ausgeprägt, dass durch die rhetorische Setzung eines Teils für ein Ganzes bzw. einer dieses Ganze durch eines seiner Teile reduzierenden Erklärung (wie insbesondere dem „Geist") Singuläres für universelle Geschichtsdeutungen herangezogen (vgl. White 1994, S. 57 f.).[5]

Die beiden Formen der Metonymie können zum einen Ursache-Wirkungs-Verhältnisse sein, in denen von einer „Folge" bzw. einem zunächst beliebigen, sich erst als „Folge" konstituierenden Sachverhalt auf ihre Verursachung, oder

---

3 Dies ist eigentlich eine Verdopplung, da „Tropen" bereits selbst schon „Wendungen" bedeutet. Vielmehr muss umgekehrt von der linguistischen Betrachtung der Geschichtsschreibung aus gesagt werden, dass „Kehren" oder „Turns" zunächst immer einen anderen Sprachgebrauch anzeigen, durch welchen erst ein verändertes Denken und Wahrnehmen möglich wird bzw. als ein solches erscheinen kann: *„Tropen* sind's, nicht unbewußte Schlüsse, auf denen unsre Sinneswahrnehmungen beruhn. Ähnliches mit Ähnlichem identificiren — irgendwelche Ähnlichkeit an einem und einem andern Ding ausfindig machen ist der Urprozeß." (NL 1872/73, KSA 7, 19[217], S. 487; kursiv v. Verf.)
4 Zur Auseinandersetzung mit Whites Deutung der Geschichtsphilosophie Hegels siehe die Kritik von Zill 1996, S. 90 f., sowie Kohlhammer 1998.
5 Bereits eine der ersten kritischen Untersuchungen der Rolle der Bilder und Gleichnisse in der Philosophie durch Rudolph Eucken (1880, S. 57 f.) versucht, Hegels Bildgebrauch von dem in der Philosophie üblichen abzusetzen.

zum anderen Verhältnisse sein, in denen von einer Handlung jeweils immer vorgängig auf einen sie verursachenden Agenten zurück geschlossen wird. Die metonymische Redeweise begleite somit ein fundamentaler Dualismus, der im zweiten Fall zwischen einem Bereich der Gründe oder Ursachen und einem Bereich der Wirkungen oder Folgen immer schon unterscheide respektive ihn voraussetze. Im ersten Fall findet zudem eine folgenreiche Umkehrung der ontologischen „Gewichtung" statt: Berücksichtigt man diesen metonymischen Effekt der Sprachkonstitution, so wird die von Nietzsche registrierte platonische Umwertung der vorangegangenen ontologischen Wertigkeit offenkundig: Aus den Bezeichnungen *post res* werden Ideen *ante res* (NL 1886/87, KSA 12, S. 253).

Eine der Metonymie verwandte Figur, auf die auch White (1994, S. 52f.) hinweist, bildet gleichfalls ihre Zuspitzung: die Synekdoche, welche den außerhalb des Verursachten liegenden, den bildhaften und greifbaren Erklärungsanteil der Metonymie in ein Inneres (dem „Wesenscharakter") des beurteilten Sachverhaltes verwandelt. Nietzsches Angriff gegen dieses metonymisch-synekdochische Sprechen und Denken ist bekannt:[6] „Die gefährlichsten dieser ‚Begriffe' sind jene, die die Grundlage aller Moral bilden: Gut und Böse. Mit Hilfe der Metonymie erschaffen die Menschen Handelnde und Triebkräfte *hinter* den Erscheinungen." (White 1994, S. 431.) – Was Nietzsche nach White der metonymischen Geschichtsschreibung und ihrem Hauptvertreter entgegensetzt, ist das Schreiben in Metaphern:[7] „Nietzsche spricht von einer Historiographie, die *bewußt* metahistorisch in ihrer Theorie und ‚übergeschichtlich' in ihren Zielsetzungen sei. Damit votiert er für eine *ihrer selbst bewußte* [sic!] *metaphorische* Wahrnehmung des historischen Feldes [...]." (White 1994, S. 61.)

Der Einsatz der Metapher vollziehe sich innerhalb von Nietzsches Schreiben, seinem Credo folgend (vgl. von Tebartz-van Elst 1994a und 1994b.), also „bewusst": Nietzsche stelle sich absichtlich über den Bereich der eigentlichen, historischen Abläufe und „metaphorisiert" diesen dann nach White durch Hervorbringung eigener, „starker" Interpretationen geschichtlicher Ereignisse (White 1994, S. 428–430).[8] Metaphern sind folglich in Nietzsches Schriften auch

---

6 „Die Abstraktionen sind Metonymien d.h. Vertauschungen von Ursache und Wirkung. Nun aber ist jeder Begriff eine Metonymie und in Begriffen geht das Erkennen vor sich. ‚Wahrheit' wird zu einer Macht, wenn wir sie erst als Abstraktion losgelöst haben." (NL 1872/73, KSA 7, S. 481f.) – Vgl. auch NL 1872/73, KSA 7, S. 486; NL 1872/73, KSA 7, S. 489; NL 1872/73, KSA 7, S. 495f.

7 „Die Metapher ist für den ächten Dichter nicht eine rhetorische Figur, sondern ein stellvertretendes Bild, das ihm wirklich, an Stelle eines Begriffes, vorschwebt." (GT 8; KSA 1, S. 60.)

8 Allerdings lässt sich White wiederum allzu leicht von der Metapher des „Überhistorischen" in Nietzsches Kategorisierungen dazu verleiten, diese wörtlich zu nehmen: Die eigentlich historisch-

keineswegs Notlösungen, weil sich ihm ein „eigentlicher" Sinn versagen würde (den die metonymische Rhetorik verspricht). Vielmehr verdächtigt Nietzsche das Sprechen in Metonymien und Synekdochen der gezielten Irreführung im ontologischen Hinsicht; also in der Beantwortung der Frage „Was (die Welt) ist?":[9]

> Nietzsches Ziel als Philosoph ist es, die Ironie zu überwinden, indem er das Denken einerseits von allen metonymischen Deutungen der Welt (wie sie die Lehren einer mechanistischen Kausalität und eine entmenschlichende Wissenschaft hervorbringen) und andererseits von allen synekdochischen Sublimierungen (wie sie die Lehren von „höheren" Ursachen, Göttern, Geistern und Moraliäten bewirken) zu lösen und es zum Genuß seiner metaphorischen Fähigkeit zurückzuführen sucht, zu dem Vermögen, sich „mit Bildern zu vergnügen" und die Welt für pure Erscheinung zu nehmen. (White 1994, S. 430.)

Die Metapher bedeutet demnach für Nietzsche zweierlei: Sie ist ihm einerseits Ausdruck einer anderen Ontologie der Welt bzw. letztlich der Verzicht auf sie, wenn Ontologie als *Meta*physik eine Welt hinter der bestehenden annimmt.[10] – Seine Ontologie ist aus diesem Grund in sprachlicher Hinsicht keine Meta*physik*, wohl aber willentlich Meta*phorik*.[11] Seine Erkenntnistheorie lehrt deshalb die Univozität des Seins (Deleuze 1997, S. 82) – geht also von Ideen *in res* aus –, weil jede Aussage über die Welt einer bestimmten Art des Sprechens unterliegt: der des Kreativen, der jeweiligen Hervorbringung von Welt in der Sprache in jedem Moment der Artikulation, des Schreibens oder des Zeichnens. Sie ist damit ande-

---

kreative Arbeit wird von Nietzsche nachweislich als „unhistorisch" apostrophiert, ein „überhistorischer" Standpunkt als fast nicht möglich bzw. als logisch widersprüchlich erklärt (Salaquarda 1984).

9 White bemerkt in diesem Zusammenhang, dass „[e]s gewiß kein Zufall [ist], daß die herausragenden Geschichtsphilosophen des 19. Jahrhunderts [...] vornehmlich Sprachphilosophen waren. [...] Während die großen Historiker im 19. Jahrhundert Geschichte in den Formen der Metapher, der Metonymie, der Synekdoche und der Ironie verfaßten, schreiben die Geschichtsphilosophen *über das Schreiben von Geschichte* von einem Standpunkt aus, der seinerseits auf diesen Tropen beruht" (White 1994, S. 555 f.).

10 „Was ist also Wahrheit? Ein bewegliches Heer von Metaphern, Metonymien, Anthropomorphismen kurz eine Summe von menschlichen Relationen, die, poetisch und rhetorisch gesteigert, übertragen, geschmückt wurden, und die nach langem Gebrauche einem Volke fest, canonisch und verbindlich dünken: die Wahrheiten sind Illusionen, von denen man vergessen hat, dass sie welche sind, Metaphern, die abgenutzt und sinnlich kraftlos geworden sind, Münzen, die ihr Bild verloren haben und nun als Metall, nicht mehr als Münzen in Betracht kommen." (WL 1; KSA 1, S. 880 f.)

11 Hier ist der ansonsten stichhaltigen Analyse von Podoroga (1995) zu widersprechen, der Nietzsches Schreiben innerhalb einer *Metaphysik der Landschaft* behandelt.

rerseits eingestandenes, konstruktives Mittel der Erzeugung von Welt bzw. Welten,[12] zugleich aber auch immer schon ihr Einbruch in den Text.[13]

2 Metaphorisierungen der Metonymie

Bei dieser Einsicht setzt auch die Erörterung des Metapherngebrauchs bzw. das ihm zugrundeliegende Verständnis durch Nietzsche in der Rezeption Jacques Derridas an, für den Nietzsches Schreiben in ähnlicher Weise wie für White gekennzeichnet ist: „Nietzsche dehnt die Grenze der Metaphorik so weit aus, daß er jedem Aussagen lautlicher Art eine metaphorische Kraft zuspricht: übermitteln wir nicht während der Zeit des Sprechens das, was in sich selbst heterogen ist?" (Derrida 1988, S. 220)

Nach Derrida hat Nietzsche die Sprache somit in zwei Richtungen transformiert: Er hat zum einen ihren Status – darin stimmt Derridas Diagnose mit der Whites unmittelbar überein – als grundlegend „metaphorisch" diagnostiziert.[14] White sieht hierin Nietzsches Absetzung von Hegel.[15] Für Derrida kündigt sich darüber hinaus ein noch grundlegenderes Potential an: Das einer Kritik des auf die Bedeutung der mündlichen Rede fixierten, die Effekte der Rhetorik – für Derrida ein Aspekt der paradigmatisch zu verstehenden Schriftlichkeit, die jeder Mündlichkeit unweigerlich innewohne – dabei vernachlässigenden Phono- bzw. Logozentrismus, welcher Derrida zufolge eben die gesamte okzidentale Metaphy-

---

12 Ein vergleichbares Projekt, über die Analyse von Beschreibungsweisen die jeweilige Berechtigung verschiedener, inkongruenter, aber real-existierender Welten bzw. Weltversionen aufzuweisen, die der Vermittlung fähig sind, verfolgte auch Nelson Goodman (1993). – Wie Nietzsche nach White geht Goodman (1988) dabei nicht von den designierten Inhalten, sondern von der Weise des Bedeutens aus.

13 Das „Reale" bricht selbst in die Schrift hinein und stellt sich als Chorem neben die Phoneme und Grapheme: „Wenn hier Schrift vorliegt, so die des *Realen selbst*, eigenartig polyvok und nie bijektiv, linearisiert; eine transdiskursive, keine diskursive Schrift [...]." (Deleuze/Guattari 1988, S. 50.)

14 Darin folgt auch René Schumacher (1997, S. 19) Nietzsche: Er möchte jedoch noch – mit Nietzsche – „gradmäßig" zwischen „frischen" Metaphern, bei denen wir um ihren metaphorischen Status wissen, und „Worten", deren Metaphorizität vergessen sind, unterscheiden.

15 Oder wie es Deleuze (1991, S. 210) formuliert: „Zwischen Hegel und Nietzsche ist jeder Kompromiß ausgeschlossen." – Buci-Glucksmann sieht anders als White oder Derrida keine grundlegende Differenz zwischen Strukturen der Sprache, sondern nur innerhalb der Metaphern selbst, den antihegelianischen Affekt dennoch unterstreichend: „Alle Begriffe dieser [hier Merleau-Pontys] ‚Intra-Ontologie' – Höhlung, Falte, Aufklaffen oder Abweichung – sind nichts anderes als der Versuch, ein nicht-hegelianisches und nicht-reflexives Negatives zu denken." (Buci-Glucksmann 1997, S. 202)

sik durchziehe und ihr Denken und Philosophieren bereits auf der Ebene ihres aufzeichnenden Selbst-Vollzugs folgenreich strukturiere:

> „Es gibt somit zwei Interpretationen der Interpretation [...]. Die eine [sc. die metonymische] träumt davon, eine Wahrheit und einen Ursprung zu entziffern [...]. Die andere [sc. die metaphorische], die dem Ursprung nicht länger zugewandt bleibt, bejaht das Spiel [...]. Diese zweite Interpretation der Interpretation [...] [hat] uns Nietzsche vorgezeichnet [...]." (Derrida 1994b, S. 441)[16]

Zum anderen führt Nietzsche – und hier stimmen Whites und Derridas Diagnosen nur im Befund, jedoch nicht in ihren Folgerungen überein – die metonymisch bedingte, dualistische Ontologie in eine durch die Metapher erzeugte, monistische „Nicht-mehr-Ontologie" über. Dies bedeutet, dass im Denken Derridas der strukturelle Charakter der Sprache als Schrift im Sinne eines Geflechts oder Feldes von aufeinander verweisenden Zeichen die „Wahrheit" des Denkens als Schrift-Sprache kennzeichnet.[17] Die Folge der von Nietzsche begonnenen maximalen „Ausdehnung des metaphorischen Grenzbereichs"

> „[läuft] auf recht merkwürdige Weise darauf hinaus[], aus jedem Signifikanten eine Metapher des Signifikats zu machen, während doch der klassische Metaphernbegriff nur die Ersetzung eines Signifikats durch ein anderes bezeichnet, wobei auf diese Weise der eine der Signifikant des anderen wird. Besteht das Vorgehen Nietzsches nicht darin, den Bereich des Diskurses auf alles auszudehnen – unter dem Namen Metapher, welche die klassische Rhetorik auf nicht weniger merkwürdige Weise als ganz eigene Figur, die *Metonymie des Zeichens*, angesehen hat?" (Derrida 1988, S. 347, Anm. 33)

Nietzsche hat also die Metonymie nicht direkt verabschiedet und sie durch die Metapher ersetzt, sondern der Metapher diejenige Eigenschaft der Metonymie

---

16 Derridas Kritik ist ihrerseits allerdings wieder „ironisch", insofern Nietzsche den phonozentrischen Charakter aller „Aussagen" nicht stigmatisiert, sondern ihm geradewegs zur vollen Entfaltung verhilft.

17 „Mit der Radikalisierung der Begriffe der *Interpretation*, der *Perspektive*, der *Wertung*, der *Differenz* und aller ‚empiristischen' oder nicht-philosophischen Motive, die die abendländische Philosophie bis heute nicht zur Ruhe kommen ließen, und die nur die eine, allerdings unvermeidliche Schwäche hatten, auf dem Boden der Philosophie gewachsen zu sein, sollte Nietzsche, ohne *einfach* (mit Hegel und wie Heideggers es möchte) *innerhalb* der Metaphysik zu bleiben, entscheidend zur Befreiung des Signifikanten aus seiner Abhängigkeit, seiner Derivation gegenüber dem Logos, dem konnexen Begriff der Wahrheit oder eines wie immer verstandenen ersten Signifikats beigetragen haben. Die Lektüre, und damit die Schrift, der Text wären für Nietzsche ‚ursprüngliche' [...] Operationen gegenüber einem Sinn, [...] der also nicht bezeichnete Wahrheit [...] in der Präsenz eines Logos [...] oder apriorisch notwendige Struktur wäre." (Derrida 1994a, S. 36 f.)

zugewiesen, die es dieser ermöglicht, jeweils als Platzhalter, als stellvertretender Bedeutungsgeber für anderes bzw. das Andere zu gelten.[18] White, der nicht den ganzen Umfang von Nietzsches Eingriff reflektiert, sieht darin einen kritischen Akt gegen die kausalistisch-teleologischen Erklärungsmuster der Geschichtsphilosophie gerichtet, die Kontingenz jeglicher Erklärung selbst offenzulegen. Mittels einer Sprachkritik wird das Nachdenken über Geschichte auf seine narrativen Ermöglichungsbedingungen verwiesen. Derridas Betrachtung geht weiter und sieht in Nietzsches verstärktem Metapherngebrauch, von einer metonymischen Dynamik getragen, eine grundsätzliche Umkehrung des Sprachverständnisses seiner wie der noch folgenden Zeit.

Bislang setzte die Verwendung der Metonymie entweder voraus, es gäbe ein Reich „objektiver Realitäten", welches durch unseren Zeichengebrauch benannt wäre. Dieser sei eingestandenermaßen zwar immer „konventionell" und komme damit der erwünschten „Objektivität" nur begrenzt nahe, lege aber die Referenz auf das Unerreichbare notwendig zugrunde. – Oder die Verwendung der Metonymie setzte voraus, innerhalb der Sprache selbst müsse es kartesisch „erste Begriffe", platonisch „Ideen", oder, modern zumindest „erste Metaphern" geben, auf deren Bedeutungsgehalt neue Begriffe, Begriffsschöpfungen oder Bezeichnungen zurückgreifen, indem sie sich metonymisch an die freie Bindungsstelle, an den Signifikantenteil eines Zeichens „anheften".[19]

---

18 Auf die Kombination von Metapher und Metonymie bzw. ihre gegenseitige Angleichung in Nietzsches Theorie der Tropen hat auch Paul de Man (1988a, S. 152) hingewiesen. – Zur metonymischen Bewegung der Metapher siehe auch Derrida 1987.

19 Die Bedeutung der „objektiven Realität" in der Scholastik und noch bis Descartes bestand genau in dieser Repräsentation des (Begriffs-)Gegenstandes als ein Teil der Idee in ihr: Deleuze und Guattari wenden sich in der Folge von Nietzsches philosophisch-rhetorischer Umkehrung gegen die von Gottlieb Frege (1986a) herkommende und noch in dieser Tradition verhaftete Unterscheidung zwischen „Sinn" oder „Gehalt" und „Bedeutung" oder „Referenz" bzw. „Intension" und „Extension" eines „Begriffs": Indem auch wiederum die sich Frege anschließende analytische Sprachphilosophie philosophische Begriffe auf Aussagen mit möglichem Wahrheitswert, auf Propositionen zu reduzieren sucht, verkennt und eliminiert sie den Unterschied zwischen philosophischen und wissenschaftlichen Äußerungen, welche sich nur auf gegebene bzw. gesetzte Sachverhalte beziehen. Begriffe als Propositionen aufgefasst oder allererst zu solchen gemacht, haben genau genommen keine „Intension", die von ihrer „Extension" eindeutig unterscheidbar, geschweige denn autonom existent wären. Die „Intension" ist, kurz gesagt, das *Dass* der Extension und im nachmetaphysischen Denken ein Relikt. Dagegen haben nach Deleuze und Guattari (1996, S. 158–160) Begriffe (als philosophische) keine solche, den Sinn von Aussagen über Sachverhalte bestimmende Referenz auf die Sachverhalte – die „Exo-Referenz" der Proposition –, aber eine „Konsistenz", die sehr wohl als eine auf ein Außen verweisende „Exo-Konsistenz" (bezüglich anderer Begriffe) verstanden werden kann. Zugleich haben Begriffe dabei eine „Auto-Referenz", die zwischen den einzelnen Komponenten des philosophischen Begriffs

Nietzsches „Chemie der Begriffe" (MA I, 1; KSA 2, S. 23 f.) hingegen verarbeitet nach Derrida (1988, S. 214) diese Einsicht als quasi-transzendentale *„Bedingung der Unmöglichkeit"* „eigentlichen" Sprechens. Anstatt auf die naheliegende Konsequenz zu verfallen, aus der Erklärung der apriorischen „Uneigentlichkeit" der Sprache heraus den Vorzug des Schweigens vor der Verfehlung der Rede zu empfehlen, hebe Nietzsche das apriorisch Objektivität verfehlende Sprechen in seinem Sprachvollzug – d.h. seinem Schreiben – heraus.

Wie er zum Ende seines erst 1896 erschienenen Traktats „Ueber Wahrheit und Lüge im aussermoralischen Sinne" von 1873 darlegt,[20] sei der Typus des „intuitive[n] Mensch[en]" bzw. des Künstlers als Gegentypus zum „vernünftige[n] Mensch[en]" (WL 2; KSA 1, S. 889) – der auf metonymische Referenzen vertraut – dem Leiden an der stetigen Verwerfung, Neuschaffung und -bewertung von Begriffen *als* Metaphern ausgesetzt (Kofman 1996, S. 204 f.). Sein sprachliches Pathos trage jenen, welcher die Einsicht in die metonymisch wirksame Metaphorik der Sprache erlangte, in das Zentrum des zutiefst problematischen Status der Begriffe, wo er auf „Intuitionen" angewiesen bleibt, während sich sein Gegenüber in „gespenstische[n] Schemata" und „Abstraktionen" (WL 2; KSA 1, S. 888 f.) erginge. Dies sei der Grund, warum er, der „intuitive Mensch", in „lauter verbotenen Metaphern und unerhörten Begriffsgefügen [redet]" (WL 2; KSA 1, S. 889).

Wiederum stellt Derrida daran anschließend fest, dass die Kluft zwischen dem in der Sprache vermeintlich Ausgesagten – der Signifikation des Signifikanten – und dem in ihr überhaupt Benennbaren – dem Signifikat – die vorgängige Konstitution eines Sinnraums der Sprache sei: „Der Raum der Sprache (*language*), das Feld ihrer Spielräume, wird eben gerade durch die Differenz zwischen dem Wesen, dem Eigentlichen und dem Zufälligen aufgetan." (Derrida 1988, S. 238)

Bereits als eine Strategie der platonisch-kartesisch-modernen Tradition gekennzeichnet, gibt es innerhalb dieses sich eröffnenden Raumes der Sprache

---

besteht, die legitimierend wirkende Selbstreferenzialität und Selbstsetzung des Begriffs. – Wie Nietzsche von einem so eingeschränkten Frege den Unterschied zwischen wissenschaftlichen und philosophischen Aussagen lernen könnte, hätte umgekehrt Frege von Nietzsche ein anderes Verständnis des Funktionierens und Komponierens philosophischer Begriffe (nichts anderes hat auch Frege gemacht, wenn er einen philosophischen Begriff zum Verständnis wissenschaftlicher Begriffe entwirft) lernen können: den Unterschied zwischen dualistisch-metonymischer Referenzialität der wissenschaftlichen Proposition und holistisch-metaphorischer Konstruktion des philosophischen Begriffs. – Einen Annäherung daran findet sich gleichwohl beim späten Frege (1986b).

20 Die Gründe Nietzsches, diesen Text nicht zu publizieren, liegen auf der Hand: Die sprachtheoretischen Kernthesen darin sind von Nietzsche aus Gustav Gerbers Abhandlung *Die Sprache als Kunst* – zum eigentlichen Zweck der Ausarbeitung einer Rhetorikvorlesung – abgeschrieben worden. (Siehe dazu Stingelin 1988, S. 346–349, Meijers/Stingelin 1988 und Meijers 1988.)

allerdings erneut Strategien, gegen die Virulenz der metonymisch wirksam gewordenen Metaphern seitens der, mit Nietzsche gesprochen, „vernünftigen" Menschen vorzugehen: Sie suchen innerhalb der („ihrer Wahrheit nach") metaphorisch gewordenen Sprache nach „ersten Metaphern", die den „Grund" des Sprechens bilden sollen. Doch dieses Unternehmen ist nach Nietzsche wie nach Derrida zum Scheitern verurteilt: „Bereits die Zeichen [...], aus denen diese Behauptung [der „Gründer"-Begriffe (*concepts ,fondateurs'*)], von den Tropen und der *arche* angefangen, gebildet sind, sind selbst metaphorisch befrachtet." (Derrida 1988, S. 218)[21] – Vielmehr: „[entspricht] [d]as Grundlegende [...] dem Begehren nach dem festen und letztendlichen *Boden*, nach dem Bereich der planmäßigen Gestaltung, nach der *Erde* als Stütze einer künstlichen Struktur." (Derrida 1988, S. 218; kursiv v. Verf.)

Hier erfolgte die Feststellung einer wichtigen Randbedingung dieser Auffassung: Bloß metonymisches, referentielles, jegliches mono-signifikante Sprechen bzw. Theoretisieren und Gebrauchen von Sprache entspringt nach Derrida dem alten Wunsch der sprachbegabten Gemeinschaftswesen nach „Bodenhaftung", welche der Sprache verliehen werden soll, ihrem eindeutigen Bezug zum „Sein" schlechthin, Referenz auf das Allumfassende, die semiotisch vergötterte „Erde" – der Planet als transzendentaler Signifikant.

Dagegen ist die „Wahrheit" der Sprache mit Nietzsche nach Derrida die Loslösung von erdgebundenen, präsignifizierten Bedeutungsgehalten. Sie gleitet auf der Fläche untereinander metonymisch[22] verknüpfter und sich verknüpfender Metaphern. Dabei schafft sie eine neue, autochthone Erde (als Paradox: einer „bodenunabhängigen Erde"), einen neuen Erd- bzw. Sprachkörper,[23] fragmen-

---

21 „Diese Schicht von ‚Gründer'-Tropen, dieser Belag von ‚ersten' Philosophemen (angenommen, die Anführungszeichen sind hier eine ausreichende Vorsichtsmaßnahme), kann nicht beherrscht werden." (Derrida 1988, S. 214) – So formuliert Christiaan Hart Nibbrig ausgehend von Nietzsche für eine Theorie der Metapher: „Der Versuch, zu bestimmen, was Metaphern sind und was sie leisten, ist selber metaphorisch bestimmt." (Hart Nibbrig 1993, S. 9)

22 „[I]n der *Geo-Topik* besteht das Beschreiben nicht einfach in der empirischen Registrierung bloßer Daten. [...] Die Beschreibung ist wesentlich metonymisch." (Buci-Glucksmann 1997, S. 72; kursiv v. Verf.)

23 Unnachahmlich formuliert Nietzsche den Gedanken des Übertrags zwischen „Körper", „Erde", „Sprache" und „Wirklichkeit" in der frühen Notiz eines Aphorismus: „Unsere Meinungen: die H a u t , die wir uns umlegen, in der wir gesehen werden wollen, oder in der wir uns sehen wollen; das Äußerlichste, der Schuppenpanzer um die Gedanken eines Menschen. So scheint es. Andererseits ist die Haut ein Erzeugniß wir wissen nicht welcher Kräfte und Triebe, eine Art A b l a g e - r u n g , fortwährend sich stückweise lösend und neubildend. – Lautbilder und Sehbilder als Hieroglyphen für bestimmte Eindrücke und Gefühle sind das Material der Meinungen, Verfeinerungen des Ohr- und Gesichtssinnes und eine Relation zwischen beiden." (NL 1880, KSA 9, 6[339], S. 282f.)

tiert und beweglich wie die Erdoberfläche selbst. Ein Gleiten von Erdschollen und Kontinentalschichten, ein Neuverteilen von Meeren und Landmassen, von Schichten und Landschaften – ein Umschichten des „Geschichtes"[24] von vorausliegenden Bedeutungen.[25]

Die Verwendung geographischer Indikationen fällt nicht von sich aus in metonymische Referenzialität zurück: Eine „redliche" und konsequente Anwendung dieser geschilderten Art zu philosophieren (Nancy 1986), zu denken und zu schreiben würde sich im Bedeutungs-„Zwischen" aufhalten, zwischen Erde und Himmel, der zweiten möglichen Transzendenz der Sprache, die nicht auf Sachverhalte, sondern auf das Bedeutungs- und Begriffsreich der (platonischen) Ideen referiert.[26] Das Denken wird geographisch im stärksten Sinne: Konstruktion eines Raums; Schnittfläche und Ebene.[27] – Mit anderen Worten: es „wird Karte". Die

---

24 Sprachlich ist hier die geographisch-geologische Dimension des philosophischen Geschichtsdenkens durch „das Geschichte" statt „die Geschichte" benannt. – Vgl. hierzu auch die Überlegungen im Rahmen der Einführung einer Metahistorie durch Friedrich Gottl (1904, S. 25): Dessen Schrift, Grenzen der Geschichte, bildete wiederum für Heidegger (1993, S. 388, Anm. 1) den Anstoß, sich in Sein und Zeit der systemisch eigentlich ausgeschlossene Weltgeschichte am Ende seiner Abhandlung zuzuwenden.

25 Dies gilt nicht zuletzt gerade für die Sprache der Philosophie: „Die Begriffe [...] sind [...] Zwängen der Erneuerung, der Ersetzung, der Mutation ausgesetzt, die der Philosophie eine bewegte Geschichte und ebenso eine bewegte Geographie verschaffen [...]." (Deleuze/Guattari 1996, S. 13; kursiv v. Verf.) – Diese Eigenschaft leitet sich nach Deleuze und Guattari vom Begriff der Begriffe in seiner politischen Funktion ab: „Werden [sc. und nicht Utopie] aber ist der eigentliche Begriff. Aus der Geschichte erwachsen und in sie zurückfallend, ist es doch keine Geschichte. In ihm selbst ist weder Anfang noch Ende, sondern nur Mitte. Deshalb ist es eher geographisch als geschichtlich." (Deleuze/Guattari 1996, S. 128; kursiv v. Verf.)

26 Mit Alain Badiou (1998, S. 113) kann das Denken dieses Bereichs des Zwischens ein „Platonismus des Mannigfaltigen" genannt werden: Badiou hatte 1989 in seinem Manifest für die Philosophie, welches Deleuze und Guattari zur zwei Jahre darauf erscheinenden Konkretisierung einer „Geophilosophie" anhielt, gegen den fast durchgängigen, opportunistischen Anti-Platonismus der Philosophie des zwanzigsten Jahrhunderts, für den nicht zuletzt auch Nietzsche mitverantwortlich gewesen sei, an einem Wahrheitsanspruch festgehalten. (Vgl. Badiou 1998, S. 107 ff.)

27 „Die mentalen Landschaften verändern sich über die Zeitalter hinweg nicht auf beliebige Weise: Es muß hier ein Berg sich erheben und dort – noch kürzlich – ein Fluß verlaufen, damit der Boden nun trocken und eben, diese oder jene Gestalt, diese oder jene Textur besitzt. Allerdings können sehr alte Schichten aufsteigen, sich einen Weg durch die Formationen bahnen, die sie überdeckt hatten, und direkt auf der aktuellen Schicht zutage treten, auf die sie eine neue Krümmung übertragen. [...] Die philosophische Zeit ist somit eine grandiose Zeit von Koexistenz, die das Vorher und Nachher nicht ausschließt, sie aber in einer stratigraphischen Ordnung übereinanderschichtet. Sie ist ein unendliches Werden der Philosophie, das sich mit deren Geschichte überschneidet, nicht aber mit ihr verschmilzt." (Deleuze/Guattari 1996, S. 68) – „Es ist dies eine transzendentale Logik (man kann sie auch Dialektik nennen), die sich dem Erdboden und allem anschmiegt, was er trägt [...]." (Deleuze/Guattari 1996, S. 165)

hierzu benötigte „Leichtigkeit"[28] und Ungebundenheit des Sprechens wie der Sprache bzw. das Bewusstsein von der transzendentalen Metaphorizität – die „*vertigo*" (Sloterdijk 1987, S. 63f.) der Vernunft, welche sich im Widerstreit mit der „Gravität" der propositionalen Wahrheit befindet, – ist dabei nur selten zu erreichen und noch schwerer auszuhalten. Aber obwohl die poietische Zentrifugalkraft stets durch die semantische Schwerkraft affiziert wird hat Nietzsche „Leichtigkeit" vielleicht gerade deshalb als Quintessenz seines Philosophierens betrachtet: „Ich will es so schwer haben, wie nur irgendein Mensch es hat: erst unter diesem Drucke gewinne ich das gute Gewissen dafür, etwas zu besitzen, das wenige Menschen haben und gehabt haben: *Flügel* — um im Gleichnisse zu reden." (Nietzsche an Marie Baumgarten, 28.05.1883, KGB III/1, Nr. 421) – Oder an anderer Stelle: „Ich bin im Ganzen merkwürdig *schwebend* [...]." (Nietzsche. an Heinrich Köselitz, 01.07.1883, KBG III/1, Nr. 428; kursiv v. Verf.).

3 Katachrestische Geographie der Sprache

Derrida gibt dabei zu bedenken, dass „man" dem alten Streben nach Gewissheit zufolge „[b]eim Klassifizieren der ursprünglichen (natürlichen) Metaphern [...] wohl ziemlich schnell auf die Mythologie der vier Elemente [sc. Erde, Wasser, Luft und Feuer] zurückkommen [dürfte]" (Derrida 1988, S. 220), nachdem man die Metaphern auf zwei „große Grundformen", jene, die „durch sich selbst ursprünglicher scheinen", und jene, „deren Gegenstand aufgehört hat, ursprünglich, natürlich, einfach zu sein", zurückgeführt hat. Diese umfasse den Bereich der „*techne*" bzw. des „*nomos*" und jene den der „*physis*" (Derrida 1988, S. 215) bzw. des „*logos*". Die Natur-Kultur-Differenzierung sei so eine auf das Sprachverständnis oder die Verfasstheit der Sprache rückführbare, jedoch keinesfalls eine primär „ontologische" Unterscheidung.

Es zeigt sich nach Derrida innerhalb der Suche der Philosophie nach „ersten Begriffen" – also in der Meta*physik* – ein Bestreben, „natürlichste" Begriffe bzw. Metaphern respektive Metonymien zu wählen, da sie dem vorbegrifflichen Sein nahe zu kommen vorgeben. Ihre „Natürlichkeit" manifestiert sich in der gezielten Anwendung naturnaher Metaphern, deren natürlichste die mit geringstmöglichen Variationen auf der „ursprünglich" bezeichneten Objektseite der metaphorischen

---

28 Nietzsche läßt Zarathustra bekennen: „Auf, lasst uns den Geist der Schwere tödten!" (Z, I; KSA 4, S. 49) und: „[I]ch [bin] dem *Geist der Schwere* feind [...], das ist *Vogel-Art* [...]." (Z, III; KSA 4, S. 241; kursiv v. Verf.).– Die Leichtigkeit macht die große Gemeinsamkeit des sonst heterogenen Metaphernfeldes bei Nietzsche aus: „Die Feder, der Flügel, die Luftreise, das sehr Leichte; so lauten die Metaphern Nietzsches [...]." (Buci-Glucksmann 1997, S. 18.)

Konstruktion sind. „Erde" ist dabei nicht ein Element unter anderen, sondern das ausgezeichnete, die anderen bergende Element. So weist bereits Aristoteles auf das Manko hin, dass es in der Philosophie bzw. der Metaphysik zwar entweder wiederholt Reduktionen des Seienden auf ein Element, abgesehen von dem der Erde, gegeben hat, oder aber Zuschreibungen erfolgten, in denen die Erde bloß als Gesamt der Elemente gedacht wurde: „Denn alle Elemente haben ihren Anwalt gefunden, außer der Erde. Diese gab niemand an, außer wenn einer sagte, die Seele entstehe aus allen Elementen oder sie sei die Gesamtheit der Elemente." (Aristoteles 1966, 405b) – Die Erde hingegen als ontologische wie auch sprachliche Transzendentalität zu begreifen, steht nach Aristoteles noch aus. Entsprechend müsste sich ein Begriffsdispositiv herausstellen lassen, das die Präferenz der Metaphysik für physisch-anorganische, territorial-terrestrische oder geographische Signifikate belegt.

Derrida selbst ordnet philosophische Metaphern in zwei Gruppen: Zum einen in den Bereich der *physis*, welcher die „physischen, animalischen" und „biologischen" Metaphern umfasst, und zum anderen in den Bereich der *techne* und des *nomos*, dem die „technischen, künstlichen, ökonomischen, kulturellen, sozialen" Metaphern angehören (Derrida 1988, S. 215).[29] Bezeichnenderweise ist der Bereich „geographischer" Metaphern von Derrida in der Klassifizierung ausgespart worden, denn diese würden eine eigene Gruppe von Metaphern umfassen, die sich in einer Zwitterstellung zwischen den „natürlichen" und den „künstlichen", den „ersten" und den „abgeleiteten" befinden. Mit ihnen wäre eine Gruppe von Metaphern bestimmt, die gerade Derridas Befund bestätigen, dass Denken bzw. Sinn notwendigerweise in einem (Begriffs-)Raum auf der „primären" Grundlage naturnaher Metaphern statthat bzw. sie diesen eröffnen und adäquat „repräsentieren" könnten.[30]

Geographische Metaphern fallen – zunächst – nicht bloß in den (Sinn-) Bereich der *physis* und nicht rein in den des *nomos*. Sie beziehen sich zwar auf natürliche Gegebenheiten, jedoch nicht durch „natürliche" Metaphern, sondern mittels wiederum aus Geologie, Botanik, etc. – also dem Bereich der „ersten" Metaphern – abgeleiteten. Die geographischen Metaphern sind entsprechend mögliche Metainstanzen innerhalb beider Metaphernbereiche, von denen dem

---

29 Weiterhin spricht Derrida ohne Zuordnung von den „organische[n], mechanische[n], [...] historische[n], mathematische[n] – geometrische[n], topologische[n], arithmetische[n]" Metaphern (Derrida 1988, S. 215).

30 Einen Versuch, der geographischen Zwischen-Logik des Örtlichen bzw. des geographischen, nicht-leeren Raumes nachzudenken, hatte Derrida (1990) in einem Vortrag zum Andenken an Jean-Pierre Vernant im Rekurs auf die Platonische Bestimmung des „Ortes" zu unternehmen begonnen, ihn allerdings entgegen seiner Ankündigung nicht weiter verfolgt.

einen der Bezug zum Sein zugestanden, dem anderen als verloren aberkannt und nur mittels des Umwegs über erste Metaphern zuerkannt wird.[31] Die geographischen Metaphern aber haben den Bezug und haben ihn zugleich nicht. – Sie haben beides offenkundig *meta*phorisch.[32]

Daraus folgt, dass sie von den Gründungsmetaphern (ob der metonymischen Dynamik) meta*phorisch* sprechen. Sie machen von ihnen einen – so bestimmte bereits Aristoteles (Aristoteles 1972, 1457b) die Eigenart der Metapher – uneigentlichen Gebrauch, indem sie die „ersten" Metaphern der Metaphysik und des logozentrischen Denkens gerade dadurch missbrauchen, dass sie diese aussprechen.[33] – Anders gewendet: Sie können in einem ihnen eigentümlichen Sinn vom Sein durch die offensichtliche und doppelte Verfehlung „eigentlich" sprechen.[34]

Von Derrida blieb dieser „Raum der Metapher" weder unentdeckt noch unbenannt, jedoch verbindet er mit ihm keinen eigenen Bereich innerhalb einer möglichen Klassifizierung der Metaphern. Dennoch stellt er eine diesem Bereich – im metaphorisch „wörtlichen" Sinne – „gegenüberliegende" Metapher heraus, die im Zentrum des Strebens der Metaphysik nach einer „zentralen" Metapher zu

---

31 Dies widerspricht der gängigen Auffassung – auch noch besonders in der Philosophie –, wonach die „Landschaft" als „Statthalter des Seins" gegenüber der Geographie als deren Repräsentationsweise das Primäre sei. – So bei Maurice Merleau-Ponty: „Zurückgehen auf die ‚Sachen selbst' heißt zurückgehen auf diese alle Erkenntnis vorausliegende Welt, *von* der alle Erkenntnis spricht und bezüglich deren alle Bestimmung der Wissenschaft notwendig abstrakt, signitiv, sekundär bleibt, so wie *Geographie* gegenüber der *Landschaft*, in der wir allererst lernten, was dergleichen wie Wald, Wiese und Fluß überhaupt ist." (Merleau-Ponty 1974, S. 5; kursiv Verf.) – Verkannt wird hier die Codierungsleistung, der mental wie physisch konstruktive Aspekt der „Landschaft": ihr je schon „geographisch-Sein".
32 Auch Derridas (1992, S. 19 und 36 f.) Untersuchung der mental-politischen Geographie Europas fußt auf dieser Einsicht.
33 Jener häretische Umgang mit dem Vokabular der traditionellen Metaphysik bzw. traditioneller Deutungen – wie beispielsweise mit den Figuren des antiken Schauspiels durch Nietzsche in *Die Geburt der Tragödie* – gebe nach de Man der Metapher die Wirkungsweise des „Symbolisch-Allegorischen": „Die Metapher bedeutet [sc. bei Nietzsche] nicht das, was sie sagt, aber letzten Endes sagt sie doch, was ihr Sagen bedeutet; [...]. Solch ein Begriff von Metapher deckt sich genau mit der Auffassung von Sprache als einem System symbolischer *Bedeutung* [...]." (de Man 1988a, S. 131)
34 „Daß Nietzsche sich der Metapher bedient, scheint mir darin seine Bestimmung des Seins zu zeigen, daß das Sein nur metaphorisch, d.h. übertragen, indirekt, nur in seinen an sich *verfehlten* Zeichen ausgedrückt oder gesagt werden kann; metaphorisch, das heißt etymologisch in einer μετα-φορα, in einer Umstellung, Verschiebung, bzw. Entstellung. [...] In dieser ‚Semiontologie' [...] weichen Wahrheit und Sein von sich selbst jeweilig ab. [...] Die metaphorische Darstellung war also eine innere Notwendigkeit. Diese Darstellung [...] des Seins führt uns dann, so scheint mir, zu einer gründlich neg-entropischen Ontologie [...]." (Blondel 1984, S. 105 f.; kursiv v. Verf.)

stehen scheint: Es ist die Sonne.[35] – Ihre Position als Zentralgestirn des philosophischen Denkens zeigt a fortiori den notwendigen Entzug der Bedeutung als metonymisch wirksamen. Die „Sonnenwende" verweist zurück auf die metaphorische Begriffsgeographie des von ihr erleuchteten Planeten.[36]

---

35 „Damit erscheint zugleich das Paradox der Selbstimplikation der Metapher nicht mehr als ein bloß formales Paradox; es drückt sich materiell durch die Selbstimplikation der dominierenden Metapher von Licht und Heim aus, in denen sich die Metaphysik selbst in ihrer ursprünglichen Metaphorizität bezeichnet. Indem Licht und Bleibe Idealisierung und Aneignung darstellen, stellen sie zugleich den Prozeß der Metaphernbildung selbst dar und stiften die Selbstrekurrenz der Metapher." (Ricœur 1991, S. 266.)
36 Derrida (1988, S. 234 ff.) geht derart vor, dass er anhand der Metapher der „Sonne" – und wiederum in ihrer Iteration der „Blume" – den sich wiederholenden Rückgriff der Metaphysik auf das „Heliotrop", das zentrale Bild bzw. die Idee der Ideen und die zentrale Trope der Metaphysik herausstellt, welche die Sonne in ihrer Funktion als Zentrum des Sonnensystems – ihres Systems – der Form wie dem Inhalt nach zugleich ist: „Nun, von diesem Gesichtspunkt aus [daß die sinnlich wahrnehmbare Sonne immer un-eigentlich gekannt und daher un-eigentlich genannt wird] ist die Sonne das sinnlich wahrnehmbare Objekt schlechthin. Sie ist das Paradigma des sinnlich Wahrnehmbaren *und* der Metapher: sie dreht (sich) und versteckt (sich) fortwährend. Da der metaphorischen Trope immer ein sinnlich wahrnehmbarer Kern innewohnt oder vielmehr etwas, das wie das sinnlich Wahrnehmbare jederzeit vermag, konkret oder in persona nicht präsent zu sein, und weil in dieser Hinsicht die Sonne der sinnlich wahrnehmbare Signifikant des sinnlich Wahrnehmbaren schlechthin ist, das sinnlich wahrnehmbare Modell des sinnlich Wahrnehmbaren (Idee, Paradigma oder Parabel des sinnlich Wahrnehmbaren), wird die Drehung der Sonne immer die Bahn der Metapher gewesen sein. [...] Metapher heißt also Heliotrop, heißt zugleich der Sonne zugewandte Bewegung und Drehbewegung der Sonne." (Derrida 1988, S. 241 f.) – Blumenberg kam vor Derrida zu einer ähnlichen Einschätzung der Bedeutung der Sonnenmetaphorik bei Aristoteles: „[I]n der Herleitung der Kreisbewegung des Himmels aus der Nachahmung der reinen Vernunft durch die Weltseele [ist] *die Struktur der Metapher selbst metaphorisch hypostasiert* [...]." (Blumenberg 1998, S. 176) – Die Struktur der Beziehung zwischen Eigentlichem und Uneigentlichem repräsentiert sich nach Derrida ein weiteres mal innerhalb des traditionellen, metaphysischen Metaphernraums in der Beziehung zwischen Erde und Sonne: „Indem sie [die Sonne] den metaphorischen Raum der Philosophie strukturiert, stellt sie das Natürliche der philosophischen Sprache dar. [...] Innerhalb der metaphysischen Alternative, die die formale oder artifizielle Sprache der natürlichen Sprache gegenüberstellt, müßte uns der Begriff ‚natürlich' immer auf die *physis* als Sonnensystem zurückbringen oder, genauer gesagt, auf eine bestimmte Geschichte der Beziehung Erde/Sonne im System der Wahrnehmung." (Derrida 1988, S. 242) – Trotz der Evidenz der Darstellung warnt Derrida im Wissen um die Gefahr der „Heimsuchung" der Kritik durch ihren Gegenstand: „Aber machen wir daraus nicht zu schnell eine Wahrheit der Metapher." (Derrida 1988, S. 242) – Erstmals hatte sich Derrida (1995, S. 94–106) in dem 1968 in *Tel Quel* erschienen Text über „Platons Pharmazie" der „zentralen" Rolle der Sonne im metaphorisch-philosophischen Kosmos des okzidentalen Denkens gewidmet. – Zuletzt spielt die Bewegung des Sonnenlaufs eine Rolle beim Faßbarmachen der auf Gleichheit bzw. Ausgleich zielenden Ökonomie des Tausches (vgl. Derrida 1993, S. 15).

Den Bereich, in welchem sich Metaphern durch ihre Stellung zwischen dem Natürlichen und dem Künstlichen ansiedln können, benennt Derrida mit der rhetorischen Figur der Katachrese. Die Diagnose des Status des „Missbrauchs" (wie die wörtliche Übersetzung für gr. *katachresis* lautet) der Metapher, der den geographischen Metaphern zugeschrieben wird – als die „Wahrheit" der „Wahrheit" der Metapher –, übernimmt Derrida wiederum von dem französischen Sprachforscher Fontanier aus dessen Textbeigabe *Supplement à la théorie des tropes*:[37] „Die Katachrese besteht im allgemeinen darin, daß ein Zeichen, das einer ersten Idee zugeteilt worden ist, auch einer neuen Idee zugeteilt wird, die ihrerseits kein oder kein anderes eigenes Zeichen in der Sprache besitzt." (zit. n. Derrida 1988, S. 246)[38] – Wie vorweggenommen, zeigt die Katachrese genau jene Strukturmerkmale, die der Gruppe der geographischen Metaphern zugesprochen wurde:

> „Folglich stellt sie [die Katachrese] jede Trope mit einem zwangsläufigen und notwendigen Gebrauch dar, jede Trope, aus der ein rein *extensiver Sinn* folgt; dieser eigentliche Sinn sekundären Ursprungs, der dem *eigentlichen ursprünglichen Sinn* und dem *übertragenen Sinn* zwischengelagert ist, kommt seinem Wesen nach aber mehr dem ersten als dem zweiten nahe, obwohl er selbst prinzipiell *übertragen* sein konnte." (Zit. n. Derrida 1988, S. 246)

Analog zur Zwischenposition der geographischen Metapher sind bei der katachrestischen Verwendung von Begriffen die Worte jeweils in einem sekundären, abgeleiteten Sinn aktiv: Sie rekurrieren auf vorgeblich ursprüngliche und erste Bedeutungen bzw. Ideen – jedoch durch Übertragung. Ihre Verwendung ist „uneigentlich eigentlich".[39] Die entscheidendste Folgerung ist aber die, dass dies

---

37 Derrida bezeichnet in Anspielung auf den systembezogenen Titel der Schrift – und natürlich im Horizont seines weiteren Schreibens – die Bewegung der sich entziehenden Bedeutung der Metapher als „*tropische Supplementarität*" (Derrida 1988, S. 214; kursiv v. Verf.).

38 Fontanier spielt das Verhältnis von Signifikat zu Signifikant in der Begrifflichkeit von „Idee" und „Wort" durch.

39 So ist hier auch Blumenbergs (1998, S. 12) Annahme zu widersprechen, es gäbe „absolute Metaphern", die eine „metaphorologische *Paradigmatik*" wiederum in „Felder ab[]grenzen" könne. Zwar haben Metaphern unzweifelhaft eine „*Geschichte*" (Blumenberg 1998, S. 13) und können sie analytisch in Gruppen zusammengefasst werden, aber „absolut[en]" und damit definitorisch mehr oder minder eindeutigen Charakter haben sie außerhalb ihres speziellen Ortes in der Philosophie in keinem Fall. (Der Terminus „absolute Metapher" wurde bereits 1956, vier Jahre vor Blumenberg von Hugo Friedrich (1973, S. 74) – ebenfalls hinsichtlich des problematischen Status geographischer Metaphorik – eingeführt.) – Das Spiel der fortlaufenden Substitution von „Gemeintem" in einer Metapher durch andere Metaphern bleibt intakt: Beispielsweise muss Blumenberg selbst den Begriff der „Felder" einführen, um das auszudrücken, was er unter der Form einer möglichen Sammlung und Gruppierung von Metaphern versteht. Dabei ist die Bezeichnung „Feld" selbst katachrestisch: Es ist notwendigerweise so zu nennen, aber „eigentlich"

genau der Grundvorgang des Sprechens bzw. – die Annahme ihrer Nichtkorrespondenz mit der „Welt" vorausgesetzt – der Sprache ist: So bestimmt Fontanier in einem weiteren Schritt die Beziehung der drei rhetorischen Stilformen – Metonymie, Synekdoche und Metapher – als schon durch einen jeweiligen katachrestischen Gebrauch charakterisiert; nämlich durch *„Übereinstimmung"*, *„Verbindung"* und *„Ähnlichkeit"* (zit. n. Derrida 1988, S. 246).

Auch Nietzsche kennzeichnet zufolge der Aufzeichnung seiner Vorlesung über antike Rhetorik, die er im Sommersemester 1874 in Basel hielt,[40] die Redewendungen grundsätzlich durch den Übertragungscharakter, der zunächst „uneigentliches" Sprechen bedeutet: „Bei Tropen handelt es sich um *Übertragungen*: Wörter statt anderer Wörter gesetzt: *an Stelle des Eigentlichen das Uneigentliche.*" (KGW I, 4, S. 449; kursiv v. Verf.)[41] – Und dies ist auch für Nietzsche der grundsätzliche Charakter allen Sprechens, zugleich auch des Wahrnehmens. Paradoxerweise zeigt sich, dass die Frage nach der Korrespondenz der Begriffe mit der „Welt" auf den Umstand verweist, dass – verfolgt man die aufgezeigt Logik noch eine Stufe weiter – eine angenommene Referenz der Sprache auf bedeutete Realität gerade den exemplarisch katachrestischen Gebrauch der Sprache abgibt, der in der „Übertragung" von Bedeutung besteht. Von hier aus fällt auch ein anderes Licht auf eine pragmatische oder „pragmatistische" Sprachauffassung: Vereinfacht gesprochen, vertritt diese Position die Auffassung, dass der „Gebrauch" die „Bedeutung" der Sprache bestimme. Das heißt, der Kontext der Kommunikation, die Umwelt und ihre Sprecher sowie ihre jeweilig situativen Voraussetzungen und – nicht zu vergessen – ihre Absichten definieren erst, was die „Bedeutung" für einen möglichen Beobachter oder auch für die Teilnehmer gewesen sein wird (Peirce 1985, S. 63, und James 1977, S. 123–150). Darauf kann nun erwidert werden, dass nicht der Gebrauch der Sprache, wohl aber ihr notwendiger Missbrauch ihre Bedeutung und ihren Sinn bestimmt.

Nicht nur wird der Versuch der rekonstruierenden Beschreibung des gewesenen Sinns in den supplementierenden Sog der stets katachrestischen Sprache

---

unzutreffend. So zeigt sich innerhalb von Blumenbergs (Blumenberg 1998, S. 77–90 und S. 142–165) Annahmen nicht nur, dass er das vermeintlich „Absolute" der Metaphern nicht „auf den Begriff bringen" kann – und deshalb auch nur die „Funktionen" dieser Metaphern bestimmen kann –, sondern auch, dass er die „Metaphernfelder" selber wiederum mittels geographische Metaphern bestimmen zu müssen scheint. – Erst vier Jahre später redefinierte Blumenberg (1993, S. 80) das vermeintlich „Absolute" als „Grenzwert".

40 Zu den betreffenden Quellen Nietzsches siehe Most/Fries 1994. – Ihre Entdeckung für die Philosophie bzw. als relevant für den Philosophen Nietzsche ist neben anderen vor allem Phillipe Lacoue-Labarthe (1986) zu verdanken.

41 „[K]ein Ausdruck bestimmt und umgränzt eine Seelenbewegung ganz fest, daß er als die eigentliche Darstellung der Bedeutung angesehen werden könnte." (KGW I, 4, S. 449.)

hineingezogen, sondern schon das intentionale Moment der einzelnen Akteure wird von dem Spiel der missbräuchlichen Übertragungen von ihnen notwendig entäußert werden müssen. – Dies wusste Nietzsche, als er gegen die pragmatische Auffassung der Sprache innerhalb der Geschichtsschreibung die Betonung auf die (rhetorischen) Praxis der Geschichtsschreibung legte.

4 Geophilosophisches Schreiben

Was folgt nun für den philosophischen Diskurs und für den Nietzsches im Besonderen, wenn Derrida abschließend feststellt, „[d]ie philosophische Sprache" sei „ein System von Katachresen, ein Schatz an ‚erzwungenen Metaphern'" (Derrida 1988, S. 248)? – Zum einen, dass Nietzsche in sprachtheoretischer Hinsicht die „Metapher der metaphorischen Produktion selbst dar[]stell[t]" (Derrida 1988, S. 251) und so die Wahrheit der schon katachrestischen Benutzung jeder Metapher anzeigt. Zum anderen steht die Konsequenz für das philosophische Schreiben zur Disposition: Wie im Falle des Sprechens ist zunächst zwischen dem Schreiben von immer „Uneigentlichem" und dem Nicht-Schreiben (als Schweigen über das „Eigentliche") zu wählen. Fällt die Entscheidung für das Schreiben, so kann es wiederum mindestens zwei Wege geben: Zum einen, Schreiben zu „vervielfältigen", und so dem Faktor Rechnung tragen, dass „das Metaphorische von Anfang an nach Pluralregeln funktioniert" (Derrida 1988, S. 256). Dies ist im Anschluss an Nietzsche die vorherrschende Strategie Derridas, der neben der Aufweisung dieses Umstandes zusätzlich eine Pluralisierung der Formen seiner Texte vornimmt.

Die andere Möglichkeit weist auf den Bereich der geographischen Metaphern hin, welcher die Katachrese „an sich" ausmacht. – Dieser Weg zeigt abermals zwei Möglichkeiten auf: Einerseits kann das Schreiben in vor allem geographischen Metaphern die Unzulänglichkeit der Sprache und dabei zugleich ihren konstruktivistischen Anteil kenntlich machen, welcher in der überdeutlichen Verwendung von augenscheinlich klaren Bezugnahmen besteht. Andererseits kann eine auf diesen Umstand hin aufmerksam gewordene philosophische Betrachtung jeweilige Philosophien auf ihren Versuch der Festschreibung von Bezügen in dem erzeugten Sinnraum hin befragen, indem sie die in ihnen dominierenden geographischen Metaphern untersucht.

Die philosophische Geographie Nietzsches hat dementsprechend auch diese zwei Dimensionen: Sie kann bei ihm *zum einen* als Methode der Philosophie bzw. des Reflektierens über das Denken – als eine Kartographie – betrachtet werden. „Das Lesen solcher [sc. Kierkegaards, Nietzsches oder Heideggers] philosophischer Texte schließt die Möglichkeit des Überschreitens als Annäherung an die Realität des physikalischen Raumes jenseits des Textes aus. Es geht um den Raum des gelesenen Textes selbst, um den *Textraum*." (Podoroga 1995, S. 122.) – Entsprechend entsteht das Paradox einer offenen Selbstreferenzialität: „Der Raum des Lesens ist der Ort des Denkens als Ereignis, wobei das Ereignis dem Denken vorausgeht und es in sich einschließt." (Podoroga 1995, S. 125.)

Die Kartographie oder Geographie ist in ihrem Status zwischen Künstlichem (Konstruktion) und Natürlichem (Wiedergabe) dem verwandt, was Nietzsche von der Rhetorik selbst behauptet:

> „Das eigentliche Geheimniß der rhetorischen Kunst ist nun das weise Verhältniß beider Rücksichten, auf das Redliche und das Künstlerische. Überall, wo die *Natürlichkeit* nackt nachgeahmt wird, fühlt sich der künstlerische Sinn der Zuhörer beleidigt, wo dagegen rein ein künstlerischer Eindruck erstrebt wird, wird leicht das moralische Zutrauen des Hörers gebrochen. Es ist ein Spiel auf der Grenze des Ästhetischen u. des Moralischen: jede Einseitigkeit vernichtet den Erfolg." (KGW II/4, S. 434.)

Dabei ist Nietzsches philosophische Geographie selbst die Konstruktion eines eigenen Denkraumes, d.h. die Anwendung dieser erlangten Einsicht. Von hier aus eröffnet sich *zum anderen* die Dimension und Möglichkeit der Kritik anderer philosophischer Geographien bzw. Geographien des Denkens:

> „Alles geschieht im höchsten Grade unfreiwillig, aber wie in einem Sturme von Freiheits-Gefühl, von Unbedingtsein, von Macht, von Göttlichkeit... Die Unfreiwilligkeit des Bildes, des Gleichnisses ist das Merkwürdigste; man hat keinen Begriff mehr; was Bild, was Gleichniss ist, Alles bietet sich als der nächste, der richtigste, der einfachste Ausdruck. Es scheint wirklich, um an ein Wort Zarathustra's zu erinnern, als ob die Dinge selber herankämen und sich zum Gleichnisse anböten [...]. Dies ist *meine* Erfahrung von Inspiration; [...]. (EH, Z 3; KSA 6, S. 340.)

Nietzsches „Anschauungsmetapher[n]" (WL 1, KSA 1, S. 882) lassen sich daher besser in ihrer „Intensität" fassen denn durch Synonyme übertragen (Meyer 1998, 50): „Was eintritt", so Deleuze und Guattari (1988, S. 7) „sind Maschineneffekte, nicht Wirkungen von Metaphern." Hierbei erfolgt durch Nietzsches „sprachliche[] Immanenz" (Groddeck 1989, S. 497) eine Umkehrung der traditionellen Unterscheidung von „Begriff" und „Symbol" (Meyer 1998, S. 103), wodurch letzterem durch Nietzsche eine höhere Präzision in der Erfassung respektive Erschaffung ihres „Gegenstandes" beigemessen wird. Die kreationistische Symbolik gerät dabei zu einer neuen Form der Begrifflichkeit, gar zu einer veränderten „Ratio". Die Metapher bei Nietzsche ist nach Meyer (1998, S. 81) das „‚Andere der Rationalität'".die sich mittels metaphorisch-bildhafter Annäherung von mehreren Seiten bzw. durch mehrere Sinnessphären hindurch „aussagt".

Alternierend lässt sich mit Manuel De Landa im Anschluss an Deleuze von einem quasi-morphologischen „Diagramm" sprechen, welches (die) Sprache produziert. Diese Bezeichnung schlägt auch Blumenberg in Bezug auf Nietzsches Schreiben vor. Blumenbergs bei Nietzsche diagnostizierter, philosophiehistorischer Diagrammatik wiederum vorlaufend spricht Biser (1962, S. 68) hinsichtlich der Versuche Nietzsches, den „Tod Gottes" in landschaftlicher Metaphorik mitzuteilen, von einem „*hermeneutischen Grenzfall*", welcher der Sprache eine derartig konkrete, nicht-metaphorische Metaphorik oder – aufgrund der Anonymität der Orte im Text – unrepräsentative Bildhaftigkeit abnötige. Und Hugo von Hofmannsthal notierte hierzu bereits 1898 nach der Lektüre von *Also sprach Zarathustra* in sein Tagebuch: „Zarathustra von Nietzsche. / Wie entstanden? / aus dem Bedürfnis *das Ereignis in jeden Gedanken an sich zu gestalten. / ein Übergangsproduct zwischen Denken / und Bildern.* Wirkt wie Embryonen." (Hofmannsthal 1978, S. 116; kursiv v. Verf.) Auch Karl Jaspers hat eine ähnlich emphatische wie inhaltlich entsprechende Beschreibung von Nietzsches Denken – speziell auf dessen Landschaftsbilder bezogen – gegeben: „*Die Landschaft ist der Hintergrund von Nietzsches Denken*; wer diesen Hintergrund einmal sah, ist von ihm bezwungen. Wie er in unendlichen Verwandlungen des Ausdrucks *zum Leser spricht und unmerklich in ihn übergeht*, das wird eine allgemeinverständliche Sprache, in der der Gehalt Nietzscheschen Wesens [...] wie geborgen ist. *In seiner Welt sind Natur und Elemente* nicht nur wie anschauliche Gemälde oder wie gehörte Musik, sondern wie *undarstellbarer Typus des Wirklichen*, das unmittelbar als es selbst spricht." (Jaspers 1981, S. 368; kursiv v. Verf.).

Literaturverzeichnis

Aristoteles (1966), *Über die Seele*, übersetzt von Willy Theiler, hrsg. v. Ernst Grumach. Werke in deutscher Übersetzung, Bd. 13, Berlin: Akademie.

Aristoteles (1972), *Poetik*, übersetzt von Walter Schönherr, hrsg. v. Ernst Günther Schmidt, Leipzig: Reclam.

Badiou, Alain (1998): *Manifest für die Philosophie*. Aus dem Französischen von Jadja Wolf und Eric Hoerl. Wien: Turia & Kant.

Biser, Eugen (1962): *„Gott ist tot". Nietzsches Destruktion des christlichen Bewußtseins*. München: Kösel.

Blondel, Eric (1984): „Nietzsches metaphorisches Denken". In: *Nietzsche – Kontrovers IV*, hrsg. v. Rudolph Berlinger und Wiebke Schrader, Würzburg: Königshausen & Neumann, S. 92–109.

Blumenberg, Hans (³1993): *Schiffbruch mit Zuschauer. Paradigma einer Daseinsmetapher*. Frankfurt a. M.: Suhrkamp.

Blumenberg, Hans (1998): *Paradigmen zu einer Metaphorologie*. Frankfurt a. M.: Suhrkamp.

Buci-Glucksmann, Christine (1997): *Der kartographische Blick der Kunst*. Aus dem Französischen von Andreas Hiepko. Berlin: Merve.

Cavell, Stanley (1992): „Austin at Criticism". In: *The Linguistic Turn. Essays in Philosophical Method*, hrsg. v. Richard Rorty, Chicago/London: University of Chicago Press [1967], S. 250–260.

Hamacher und Peter Krumme, mit einer Einleitung von Werner Hamacher, Frankfurt a. M.: Suhrkamp. S. 146–163.

Danto, Arthur C. (1998): *Nietzsche als Philosoph*. Aus dem Englischen von Burkhardt Wolf. München: Fink.

De Landa, Manuel (1997): *A Thousand Years of Nonlinear History*. New York: Swerve.

Deleuze, Gilles (1997): *Differenz und Wiederholung*. Zweite, korrigierte Auflage, aus dem Französischen von Joseph Vogl. Fink: München.

Deleuze, Gilles (1991): *Nietzsche und die Philosophie*. Aus dem Französischen von Bernd Schwibs. Hamburg: Europäische Verlagsanstalt.

Deleuze, Gilles/Guattari, Félix (1988): *Anti-Ödipus. Kapitalismus und Schizophrenie*. Aus dem Französischen von Bernd Schwibs. Frankfurt a. M.: Suhrkamp.

Deleuze, Gilles/Guattari, Félix (1996): *Was ist Philosophie?* Aus dem Französischen von Bernd Schwibs und Joseph Vogl. Frankfurt a. M.: Suhrkamp.

De Man, Paul (1988b): „Rhetorik der Persuasion". In: *de Man, Paul: Allegorien des Lesens*, aus dem Amerikanischen von Werner Hamacher und Peter Krumme, mit einer Einleitung von Werner Hamacher, Frankfurt a. M.: Suhrkamp, S. 164–178.

Derrida, Jacques (1987): „Der Entzug der Metapher". Aus dem Französischen von Alexander García Düttmann und Iris Radisch. In: *Romantik, Internationale Beiträge zur Poetik*, hrsg. v. Volker Bohn, Bd. 1: *Literatur und Philosophie*, Frankfurt a. M.: Suhrkamp, S. 317–355.

Derrida, Jacques (1988): „Die weiße Mythologie. Die Metapher im philosophischen Text", aus dem Französischen von Mathilde Fischer und Karin Karabaczek-Schreiner. In: Derrida, Jacques: *Randgänge der Philosophie*, erste, vollständige deutsche Ausgabe, Wien: Passagen, S. 205–258 und S. 344–355.

Derrida, Jacques (1990): *Chora*. Aus dem Französischen von Hans-Dieter Gondek. Wien: Passagen.

Derrida, Jacques (1993): *Falschgeld. Zeit geben I*. Aus dem Französischen von Andreas Knop und Michael Wetzel. München: Fink.

Derrida, Jacques (1994a): *Grammatologie*. Aus dem Französischen von Hans-Jörg Rheinberger und Hanns Zischler. Frankfurt a. M.: Suhrkamp.

Derrida, Jacques (1994b): „Die Struktur, das Zeichen und das Spiel im Diskurs der Wissenschaft vom Menschen (1966)". In: Derrida, Jacques: *Die Schrift und die Differenz*, aus dem Französischen von Rodolphe Gasché, Frankfurt a. M.: Suhrkamp.

Derrida, Jacques (1995): „Platons Pharmazie". In: Derrida, Jacques: *Dissemination*, aus dem Französischen von Hans-Dieter Gondek, Wien: Passagen, S. 69–190.

Eucken, Rudolf Christof (1880): *Ueber Bilder und Gleichnisse in der Philosophie*. Leipzig: Veit.

Frege, Gottlob (1986a): „Über Sinn und Bedeutung". In: Frege, Gottlob: *Funktion, Begriff, Bedeutung. Fünf logische Studien*, hrsg. und eingeleitet von Günther Patzig, Göttingen: Vandenhoeck & Ruprecht, S. 40–65.

Frege, Gottlob (1986b): „Der Gedanke. Eine logische Untersuchung". In: Frege, Gottlob: *Logische Untersuchungen*, hrsg. und eingeleitet von Günther Patzig, dritte, durchgesehene und bibliographisch ergänzte Auflage, Göttingen: Vandenhoeck & Ruprecht, S. 30–53.

Friedrich, Hugo (1973): *Die Struktur der modernen Lyrik. Von der Mitte des neunzehnten Jahrhunderts bis zur Mitte des zwanzigsten Jahrhunderts*. Fünfte Auflage der erweiterten Neuausgabe. Rowohlt: Reinbek bei Hamburg.

Gasser, Peter (1995): „‚Columbus Novus' – Zum rhetorischen Impetus von Nietzsches Philosophie. In: *Nietzsche-Studien. Internationales Jahrbuch für die Nietzsche-Forschung*, Bd. 24, S. 137–161.

Goodman, Nelson (1988): *Tatsache, Fiktion, Vorhersage.* Aus dem Amerikanischen von Hermann Vetter, mit einem Vorwort von Hilary Putnam. Frankfurt a. M.: Suhrkamp.

Goodman, Nelson (1993): *Weisen der Welterzeugung.* Aus dem Amerikanischen von Max Looser. Frankfurt a. M.: Suhrkamp.

Goth, Joachim (1970): *Nietzsche und die Rhetorik.* Tübingen: Niemeyer.

Gottl, Friedrich (1904): *Die Grenzen der Geschichte.* Leipzig: Duncker & Humblot.

Günzel, Stephan (2001): *Geophilosophie. Nietzsches philosophische Geographie.* Berlin: Akademie.

Groddeck, Wolfram (1989): „„Oh Himmel über mir'. Zur kosmischen Wendung in Nietzsches Poetologie". In: *Nietzsche-Studien. Internationales Jahrbuch für die Nietzsche-Forschung,* Bd. 18, S. 490–508.

Hart Nibbrig, Christiaan (1993): *Metapher: Übersetzung.* Lausanne: Centre de traduction littéraire.

Heidegger, Martin (1993): *Sein und Zeit.* Unveränderter Nachdruck der fünfzehnten, an Hand der Gesamtausgabe durchgesehenen Auflage mit den Randbemerkungen aus dem Handexemplar des Autors im Anhang. Tübingen: Niemeyer.

Hofmannsthal, Hugo von (1978): „Tagebuchnotizen zu ‚Also sprach Zarathustra' (1898)". In: *Nietzsche und die Deutsche Literatur,* Bd. 1: *Texte zur Nietzsche-Rezeption 1873–1963,* mit einer Einführung hrsg. v. Bruno Hillebrand, München/Tübingen: dtv/Niemeyer, S. 116.

James, William (1977): *Der Pragmatismus. Ein neuer Name für alte Denkmethoden.* Aus dem Amerikanischen von Wilhelm Jerusalem, mit einer Einleitung hrsg. v. Klaus Oehler. Hamburg: Meiner.

Jaspers, Karl (1981): *Nietzsche. Einführung in das Verständnis seines Philosophierens.* Nachdruck der vierten, unveränderten Auflage 1974. Berlin/New York: de Gruyter.

Knodt, Reinhard (1999): „Vom Schweigen und Vergessen. Die Sprache im Angesicht der Natur bei Nietzsche". In: *„Jedes Wort ein Vorurteil". Philologie und Philosophie in Nietzsches Denken* (Collegium Hermeneuticum, Bd. 1), hrsg. v. Manfred Riedel, Köln/Weimar/Wien: Böhlau, S. 227–236.

Kofman, Sarah (1996): „Nietzsche und die architektonische Metapher. Metaphorische Bauwerke", aus dem Französischen von Uta Wegstroht. In: *Architektur als politische Kultur. Philosophia Practica,* hrsg. v. Hermann Hipp und Ernst Seidl, Berlin: Reimer, S. 191–211.

Kohlhammer, Siegfried (1998): „Die Welt im Viererpack. Zu Hayden White". In: *Merkur. Deutsche Zeitschrift für europäisches Denken,* H. 9/10 (Sonderheft: *Postmoderne. Eine Bilanz*), S. 898–907.

Lacoue-Labarthe, Phillipe (1986): „Der Umweg", aus dem Französischen von Thomas Schestag. In: *Nietzsche aus Frankreich.* Hrsg. v. Werner Hamacher, Frankfurt a. M./Berlin: Ullstein. S. 75–110.

de Man, Paul (1988a): „Rhetorik der Tropen". In: de Man, Paul: *Allegorien des Lesens,* aus dem Amerikanischen von Werner Hamacher und Peter Krumme, mit einer Einleitung von Werner Hamacher, Frankfurt a. M.: Suhrkamp.

de Man, Paul (1988b): „Rhetorik der Persuasion". In: de Man, Paul: *Allegorien des Lesens,* aus dem Amerikanischen von Werner Hamacher und Peter Krumme, mit einer Einleitung von Werner Hamacher, Frankfurt a. M.: Suhrkamp.

Meijers, Anthonie (1988): „Gustav Gerber und Friedrich Nietzsche. Zum historischen Hintergrund der sprachphilosophischen Auffassungen des frühen Nietzsches". In: *Nietzsche-Studien. Internationales Jahrbuch für die Nietzsche-Forschung,* Bd. 17, S. 369–390.

Meijers, Anthonie/Stingelin, Martin (1988): „Konkordanz zu den wörtlichen Abschriften und Übernahmen von Beispielen und Zitaten aus Gustav Gerber: Die Sprache als Kunst (Bromberg 1871) in Nietzsches Rhetorik-Vorlesung und in ‚Ueber Wahrheit und Lüge im ausser-moralischen Sinne'". In: *Nietzsche-Studien. Internationales Jahrbuch für die Nietzsche-Forschung*, Bd. 17, S. 350–368.

Merleau-Ponty, Maurice (1974): *Phänomenologie der Wahrnehmung*. Aus dem Französischen und eingeführt durch eine Vorrede von Rudolf Boehm, Berlin: de Gruyter

Meyer, Katrin (1998): *Ästhetik der Historie. Friedrich Nietzsches „Vom Nutzen und Nachteil der Historie für das Leben"*. Würzburg: Königshausen & Neumann.

Nancy, Jean-Luc (1986): „„Unsere Redlichkeit!' (Über Wahrheit und Lüge im moralischen Sinne bei Nietzsche)". In: *Nietzsche aus Frankreich*. Hrsg. v. Werner Hamacher, Frankfurt a. M./Berlin: Ullstein S. 169–192.

Passmore, John (1957): *A Hundred Years of Philosophy*. London: Duckworth.

Peirce, Charles Sanders (1985): *Über die Klarheit unserer Gedanken*. Einleitung, Übersetzung und Kommentar von Klaus Oehler. Frankfurt a. M.: Klostermann.

Podoroga, Valerij A. (1995): „Metaphysik der Landschaft", aus dem Russischen von Dirk Uffel-mann. In: *Orte des Denkens. Neue russische Philosophie*, mit einem Gespräch mit Jacques Derrida und einem Nachwort von Rainer Grübel, hrsg. v. Arne Ackermann, Harry Raiser und Dirk Uffelmann, Wien: Passagen, S. 117–140.

Ricœur, Paul (1991): *Die lebendige Metapher*. Mit einem Vorwort zur deutschen Ausgabe, aus dem Französischen von Rainer Rochlitz. (Übergänge. Texte und Studien zu Handlung, Sprache und Lebenswelt, Bd. 12), München: Fink.

Riedel, Manfred (1999): „Zum Geleit". In: *„Jedes Wort ein Vorurteil". Philologie und Philosophie in Nietzsches Denken* (Collegium Hermeneuticum, Bd. 1), hrsg. v. Manfred Riedel, Köln/Weimar/Wien: Böhlau, S. 1–14.

Salaquarda, Jörg (1984): „Studien zur Zweiten Unzeitgemäßen Betrachtung". In: *Nietzsche-Studien. Internationales Jahrbuch für die Nietzsche-Forschung*, Bd. 13: *Grundfragen der Nietzsche-Forschung*, S. 1–45.

Schumacher, René (1997): *„Metapher". Erfassen und Verstehen frischer Metaphern* (Basler Studien zur deutschen Sprache und Literatur, Bd. 75). Tübingen/Basel: Francke.

Sloterdijk, Peter (1987): *Kopernikanische Mobilmachung und ptolemäische Abrüstung. Ästhetischer Versuch*. Frankfurt a. M.: Suhrkamp.

Stingelin, Martin (1988): „Zu Nietzsches Bibliothek und Lektüre. Nietzsches Wortspiel als Reflexion auf poet(olog)ische Verfahren". In: *Nietzsche-Studien. Internationales Jahrbuch für die Nietzsche-Forschung*, Bd. 17, S. 336–349.

Tebartz-van Elst, Anne (1994a): *Ästhetik der Metapher. Zum Streit zwischen Philosophie und Rhetorik bei Friedrich Nietzsche*. Freiburg i. Br./München: Alber.

Tebartz-van Elst, Anne (1994b): „Ästhetischer Weltbezug und metaphysische Rationalität. Zur epistemischen Funktion der Metapher bei Nietzsche". In: *Nietzsche oder „Die Sprache ist Rhetorik"* (= Figuren, Bd. 1), hrsg. v. Josef Kopperschmidt und Helmut Schanze, München: Fink, S. 109–126.

White, Hayden (1994): *Metahistory. Die historische Einbildungskraft im 19. Jahrhundert in Europa*. Aus dem Amerikanischen von Peter Kohlhaas. Frankfurt a. M.: Fischer.

Zill, Rüdiger (1996): „Die Tropen des Historischen. Hayden White und Hegel". In: *Hegel-Jahrbuch 1995*, hrsg. v. Andreas Arndt, Karol Bal und Henning Ottmann, Berlin: Akademie, S. 84–93.

Udo Tietz und Cathleen Kantner
Staatskritik und Antiinstitutionalismus bei Nietzsche und Marx

Im Umfeld seiner Untersuchungen zur Gouvernementalität kommt Michel Foucault zu einer interessanten Feststellung, die sich auf das neuzeitliche Institutionenverständnis bezieht:

> „Es ist bekannt, welche Faszination heute die Liebe zum Staat und das Erschrecken vor dem Staat ausüben; es ist bekannt, wie sehr man sich die Geburt des Staates, seine Geschichte, seine Verstöße, seine Macht und seine Missbräuche angelegen sein lässt. Diese Überbewertung des Problems des Staates findet man meines Erachtens im Wesentlichen in zwei Formen. In einer unmittelbaren, affektiven und tragischen Form. Im Lied vom kalten Ungeheuer, das uns gegenübersteht. Das Problem des Staates wird aber noch auf eine zweite Art überbewertet – und zwar in einer paradoxen, weil offensichtlich den Staat reduzierenden Form –, nämlich in Gestalt einer Analyse, die den Staat auf eine bestimmte Anzahl von Funktionen wie beispielsweise die Entwicklung der Produktivkräfte und die Reproduktion der Produktionsverhältnisse reduziert." (Foucault 2006, S. 65)

Dieser Überbewertung des Staates gegenüber bestreitet Foucault nicht nur, dass der Staat jemals die behauptete „Einheit", „Individualität" und „Funktionalität" besaß, er bestreitet auch, dass dem Staat jemals die institutionentheoretische Bedeutung zukam, die ihm die unmittelbare, affektive und tragische sowie die paradoxe und reduzierende Formen der Staatskritik zusprechen. Vielmehr sei die „Gouvernementalisierung des Staates", also nicht die „Verstaatlichung der Gesellschaft" das Problem, mit dem wir in der Gegenwart konfrontiert seien. Im Folgenden wollen wir nicht die These von der „Gouvernementalisierung des Staates" diskutieren, sondern die beiden Varianten der Staatskritik, die nach Foucault in der Überbewertung des Problems des Staates und seiner Institutionen übereinkommen. Wir werden zeigen, dass sich beide Varianten der Staats- und Institutionenkritik spiegelbildlich zueinander verhalten und noch dort untergründig miteinander kommunizieren, wo sie am weitesten voneinander entfernt scheinen. Abschließend werden wir versuchen, aus beiden Varianten der Staats- und Institutionenkritik Argumente zu reformulieren, denen sich auch moderne Staats- und Institutionentheorien nicht verschließen können.

1 Staat und Institutionen bei Marx und Nietzsche

Wie immer man zu der eingangs zitierten These Foucaults stehen mag, wonach das Problem des Staats in zweifacher Weise überbewertet wurde, sicher scheint zunächst, dass für die erste, die unmittelbare, affektive und tragische Form dieser Überbewertung, die Staats- und Institutionenkritik Friedrich Nietzsches steht, der den Staat als das „kälteste aller kalten Ungeheuer" bezeichnete und für die zweite, die paradoxe und reduzierende Form der Überbewertung, die Staats- und Institutionenkritik von Karl Marx, der den Staat als den Überbau einer Gesellschaft verstand, der durch einen bestimmten Stand der Produktivkräfte und Produktionsverhältnisse determiniert ist. Beide Varianten der Kritik verhalten sich spiegelbildlich zueinander. So wie die unmittelbare, affektive und tragische Form der Staatskritik den Staat in einer paradoxen und reduzierenden Form begreift, so begreift die paradoxe und reduzierende Form der Staatskritik den Staat in einer unmittelbaren, affektiven und tragischen Form.

Dabei gehen beide Varianten der Staatskritik davon aus, dass der Staat nicht das ist, als was er noch bei Hegel begriffen wurde: nämlich ein an und für sich Vernünftiges (Tietz/Kantner 2012, S. 141ff.), weshalb es sich hier wie dort um eine *Staatskritik unter nachidealistischen Bedingungen* handelt. Sowohl Marx als auch Nietzsche bestreiten Hegels These, dass das Wirkliche vernünftig und die Vernunft wirklich sei. – wobei beide auch darin übereinkommen, dass diese Vernunft, die bei Hegel die einer absoluten Idee sein sollte, in staatstheoretischer Hinsicht nicht der determinierende Faktor ist, durch den der Staat und seine Institutionen zu verstehen sind.

2 Staats- und Institutionenkritik bei Marx

Die Auseinandersetzung mit dem Problem des Staates und seiner Institutionen durchzieht alle Schaffensperioden von Marx. Seine eigene Staats- und Institutionentheorie entwickelt er in direkter Auseinandersetzung mit Hegel. Sie ist von vornherein als kritische Theorie formuliert, genauer: als ein philosophischer Antiinstitutionalismus, der nicht nur zeigen will, dass die Wirklichkeit, von der Hegel sagte, sie sei vernünftig, so vernünftig nicht sei, sondern auch, dass der Staat nicht da steht, wo Hegel will, nämlich über der bürgerlichen Gesellschaft. Deshalb vermag er auch nicht deren Widersprüche auszugleichen, sondern sei als ein Überbauphänomen zu verstehen, das sich über einer entfremdeten ökonomischen Basisstruktur erhebt. Mit dieser Basisstruktur werde auch der Staat dereinst verschwinden.

Marx beginnt die Auseinandersetzung mit Hegel dort, wo dieser selbst seine Theorie des modernen Staates formuliert: in den *Grundlinien der Philosophie des Rechts*. Der Grund hierfür ist der, dass Marx die „*deutsche Rechts- und Staatsphilosophie*" als die „einzige mit der *offiziellen* modernen Gesellschaft *al pari* stehende *deutsche Geschichte*" betrachtet (Marx 1957c, S. 383). Diese Auseinandersetzung setzt beim letzten Abschnitt der Rechtsphilosophie ein, bei der Staatsauffassung – für Hegels Analyse der bürgerlichen Gesellschaft interessiert Marx sich noch nicht. Zunächst einmal geht es Marx um die Klärung der Frage nach der Rolle des Staates in der gesellschaftlichen Entwicklung und seine Stellung in Bezug auf Familie und bürgerliche Gesellschaft. Familie und bürgerliche Gesellschaft verdanken ihr Dasein bei Hegel einem anderen Geist als dem ihrigen. Sie sind keine Selbstbestimmungen, sondern von einem Dritten gesetzt. Der Zweck ihres Daseins ist nicht ihr Dasein selbst und sie sind nur von der Idee abgeschiedene Voraussetzungen. Genau dies bestreitet Marx. Für ihn sind Familie und bürgerliche Gesellschaft „das Treibende" und „die Voraussetzungen des Staates …, die eigentlich Tätigen", die „*sich selbst* zum Staat" machen. Familie und bürgerliche Gesellschaft sind „die natürliche … und die künstliche Basis" des Staates, aus deren realer Bewegung dieser hervorgeht (Marx 1957a, S. 206 f.).

Zwar sprach Hegel das Faktum aus, dass der politische Staat nicht sein kann ohne die „natürliche Basis der Familie und die künstliche Basis der bürgerlichen Gesellschaft" sein könne. Aber diese sind „*getan* von der wirklichen Idee; es ist nicht ihr eigener Lebenslauf, der sie zum Staat vereint, sondern es ist der Lebenslauf der Idee". Für Hegel ist dieses Faktum eine Tat der absoluten Idee, weshalb Marx erklärt, in dessen System sei zwar die empirische Wirklichkeit, wie sie ist, aufgenommen und auch vernünftig ausgesprochen, aber eben nicht wegen ihrer eigenen Vernunft, sondern wegen einer anderen, die diese fundiert. Die Tatsache, von der Hegel ausgeht, werde so nicht als solche, sondern als mystisches Resultat gefasst; das Wirkliche werde damit zum Phänomen, das den Inhalt der Idee bildet. Kurz: die grundlegenden Beziehungen in der Hegelschen Rechtsphilosophie stehen auf dem Kopf, so dass in ihr „die Bedingung [...] als das Bedingte, das Bestimmende [...] als das Bestimmte, das Produzierende [...] als das Produkt seines Produktes gesetzt" sei (Marx 1957a, S. 207).

Dieses Ergebnis ist nicht trivial. Denn von nun an wird Marx im Rahmen seiner Staatskritik beständig auf diesen Sachverhalt aufmerksam machen. Der Staat und seine Institutionen seien nicht die Macht über der bürgerliche Gesellschaft, „sondern die Macht der Stütze. Die Stütze ist das Mächtige" (Marx 1957a, S. 320). Der wirkliche Staat, der faktisch nur als „*politischer Staatsformalismus* existiert", wird von Hegel zwar richtig als „Staatsformalismus" und als „Formalismus des Staates" beschrieben. Insofern aber der bürgerliche Staat eben der Staat ist, in dem das Staatsinteresse als wirkliches Interesse des Volkes „nur formell" neben dem wirklichen Staat existiert – denn in Wahrheit ist dessen wirkliches Interesse nicht das Allgemeine, sondern ein Besonderes –, bleiben alle Voraussetzungen des egoistischen Lebens außerhalb der Staatssphäre in der bürgerlichen Gesellschaft bestehen, aber eben als Eigenschaften der bürgerlichen Gesellschaft. Die „weltliche Spaltung zwischen politischen Staat und der bürgerlichen Gesellschaft", zwischen *bourgeois* und *citoyen* bleibt so erhalten und wird nur scheinbar durch den „politischen Staatsformalismus" aufgehoben, während Marx mit Rousseau meint, dass die Abstraktion des politischen Menschen in einer direkten Demokratie ohne Gewaltenteilung aufgehoben werden müsse (Marx 1957b, S. 370).[1]

> „Erst wenn der wirkliche individuelle Mensch den abstrakten Staatsbürger in sich zurücknimmt und als individueller Mensch in seinem empirischen Leben, in seiner individuellen Arbeit, in seinen individuellen Verhältnissen, *Gattungswesen* geworden ist, erst wenn der Mensch seine „forces propres" als *gesellschaftliche* Kräfte erkannt und organisiert hat und daher die gesellschaftliche Kraft nicht mehr in der Gestalt der *politischen* Kraft von sich trennt, erst dann ist die menschliche Emanzipation vollbracht." (Marx 1957b, S. 370)

So ist Hegel „nicht zu tadeln, weil er das Wesen des modernen Staates schildert, wie es ist, sondern weil er das, was ist, für das *Wesen des Staates* ausgibt. Dass das Vernünftige wirklich ist, beweist sich im *Widerspruch* der *unvernünftigen Wirklichkeit*, die an allen Ecken das Gegenteil von dem ist, was sie aussagt, und das Gegenteil von dem aussagt, was sie ist" (Marx 1957a, S. 266). Wenn nun aber nicht der Staat die bürgerliche Gesellschaft, sondern diese jenen bestimmt, dann muss das, was bei Hegel als das Bewirkte und Bestimmte ausgegeben wird, wieder als das verstanden werden, was es in Wahrheit ist: die Ursache und das Bestimmende, weshalb es gelte, die grundlegenden Beziehungen zwischen bürgerlicher Gesellschaft und Staat, die bei Hegel auf dem Kopf stehen, wieder auf die Füße zurück zu stellen.

Seit seiner Kritik an der Hegelschen Rechtsphilosophie aus dem Jahre 1841/42 war Marx der Überzeugung, dass nicht der Staat die Basis der bürgerlichen Gesellschaft sei, sondern dass umgekehrt diese die Grundlage von jenem ist, was ihn dazu bringt, eine generelle Abhängigkeit des Politischen vom Ökonomischen ins Auge zu fassen – die Behauptung, „daß das Recht ebensowenig eine eigene Geschichte hat wie die Religion" ist dann der konsequente Ausdruck dieser These. Marx erhebt quasi Hegels bürgerliche Gesellschaft zum Leitmodell des historischen Materialismus, wobei die ökonomische Präzisierung und Historisierung des Gesellschaftsbegriffs dann auch die Differenz zwischen dem Gesellschaftsbegriff

---

1 Vgl. hierzu auch: Kantner 2012, S. 165.

der *Deutschen Ideologie* und dem von Feuerbach ausmacht. So knüpfen Marx und Engels also einerseits an Hegel an, der als erster systematisch mit der Einführung der bürgerlichen Gesellschaft als einer Ebene zwischen Familie und Staat der Entstehung der neuzeitlichen Wirtschafts- und Tauschgesellschaft Rechnung getragen hatte. Andererseits wird von ihnen das Hegelsche Ableitungsverhältnis von Staat und bürgerlicher Gesellschaft mit dem Argument bestritten, dass bei Hegel das wirkliche Ableitungsverhältnis geradewegs auf dem Kopf steht, weshalb man es umstülpen müsse.

Die Metapher der Umstülpung, des vom Kopf auf die Füße Stellens, ist dabei wörtlich zu nehmen. Gerade weil die Hegel-Kritik des jungen Marx eine Kritik in praktischer Absicht ist, muss sein ideologiekritischer Ansatz ihn zu einer materialistischen Umkehrung der Hegelschen Staatstheorie führen, denn erst mit dieser Umkehrung wird die geschichtsphilosophische Vernunft in eine vernünftige Form gebracht, so dass damit auch die Kritik der bürgerlichen Gesellschaft ein tragfähiges Fundament findet. Und dann wird auch klar, dass der „politische Staat ... sich ebenso spiritualistisch zur bürgerlichen Gesellschaft wie der Himmel zur Erde" verhält (Marx 1957b, S. 355).

Marx bestreitet Hegel aber nicht nur die Plausibilität des Bedingungsverhältnisses von Staat und bürgerlicher Gesellschaft. Gleichzeit und in diesem Zusammenhang insistiert er gegen Hegel darauf, dass die Demokratie „die Wahrheit aller anderen Staatsformen" sei und dass „alle Staatsformen zu ihrer Wahrheit die Demokratie haben und daher eben, soweit sie nicht Demokratie sind, unwahr sind". Denn diese geht vom Menschen aus und macht den Staat zum verobjektivierten Menschen, während Hegel vom Staat ausgeht und den Menschen zum versubjektivierten Staat macht. Die Demokratie löst diesen falschen Schein auf.

> „Die Demokratie ist das aufgelöste *Rätsel* aller Verfassungen. Hier ist die Verfassung nicht nur *an sich*, dem Wesen nach, sondern der *Existenz*, der Wirklichkeit nach in ihren wirklichen Grund, den *wirklichen Menschen*, das *wirkliche Volk*, stets zurückgeführt und als sein eigenes Werk gesetzt. Die Verfassung erscheint als das, was sie ist, freies Produkt des Menschen [...] In der Demokratie ist das *formelle* Prinzip zugleich das *materielle* Prinzip. Sie ist daher die wahre Einheit des Allgemeinen und Besonderen. [...] In allen von der Demokratie unterschiedenen Staaten ist der *Staat*, das *Gesetz*, die *Verfassung* das Herrschende, ohne daß er wirklich herrschte, d.h. den Inhalt der übrigen nicht politischen Sphären materiell durchdringe. In der Demokratie ist die Verfassung das Gesetz, der Staat selbst nur eine Selbstbestimmung des Volks und ein bestimmter Inhalt desselben, soweit er politische Verfassung ist. Es versteht sich übrigens von selbst, daß alle Staatsformen *zu* ihrer Wahrheit die Demokratie haben und daher eben, soweit sie nicht die Demokratie sind, unwahr sind." (Marx 1957a, S. 231)

Deshalb sagt Marx auch: „Die Demokratie verhält sich zu allen übrigen Staatsformen als zu ihrem alten Testament" – eine These, die weiter zu verfolgen sich gelohnt hätte, die aber sofort wieder unter der Wucht der Kapitalismusanalyse begraben wird.

Übrig bleibt das für den Antiinstitutionalismus von Marx charakteristische schiefe Entsprechungsverhältnis von kapitalistischer Warenproduktion und „bloß formaler" Demokratie. Die Kritik an jener Form negativer Freiheit, die nach Hegels Analyse konstitutiv für die moderne Welt und daher auch für den modernen Staat sein sollte, hat Marx im Rahmen einer Ideologiekritik am Naturrecht entfaltet, die dieses als theoretischen Ausdruck eines der Struktur der bürgerlichen Gesellschaft anhaftenden Scheins betrachtete. Diese Kritik, die dann im Rahmen der ökonomischen Analysen durch die Kritik am Äquivalententausch fortgeführt wird, lässt sich als eine Kritik an der Legitimationsfunktion des im Naturrecht behaupteten Zusammenhangs zwischen Freiheit, Gleichheit und Privateigentum verstehen. Theoretisch wird diese Kritik durch die Kritik der Nationalökonomie begründet, die dann auch den Kommunismus als das praktische Resultat der Aufhebung des Privateigentums vorstellt.

Die Nationalökonomie betrachtet „Privateigentum und Arbeit" als die beiden Elementarformen der bürgerlichen Gesellschaft. Sie ist, so Friedrich Engels in den *Umrissen zu einer Kritik der Nationalökonomie*, eine „komplette Bereicherungswissenschaft", die als „eine natürliche Folge der Ausdehnung des Handels (entstand), und mit ihr trat an die Stelle des einfachen, unwissenschaftlichen Schachers ein ausgebildetes System des erlaubten Betrugs" (Engels 1957, S. 499) – eine Intuition, die in ähnlichen Formen nicht nur unter Globalisierungsgegnern auch heute noch vertreten wird.

> „Die Nationalökonomie faßt das Gemeinwesen des Menschen, oder ihr sich betätigendes Menschenwesen, ihre wechselseitige Ergänzung zum Gattungsleben, zum wahrhaft menschlichen Leben unter der Form des Austausches und des Handels auf. Die Gesellschaft, sagt Destutt de Tracy, ist eine Reihe von wechselseitigen échanges. Sie ist eben diese Bewegung der wechselseitigen Integration. Die Gesellschaft, sagt Adam Smith, ist eine handelstreibende Gesellschaft. Jedes ihrer Mitglieder ist ein Kaufmann. Man sieht, wie die Nationalökonomie die entfremdete Form des geselligen Verkehrs als die wesentliche und ursprüngliche und der menschlichen Bestimmung entsprechende fixiert." (Marx 1968, 451)

Für Marx und alle, die dem entfremdungstheoretischen Ansatz folgten, gilt, dass die ökonomische Bestimmung der bürgerlichen Gesellschaft als der durch den Austausch begründeten Verbindung zwischen Menschen die „entfremdete Form des geselligen Verkehrs" ist und dass diese deshalb auch nur die „Karikatur seines wirklichen Gemeinwesens, seines wahren Gattungslebens" sein kann, dass sich nach Hegel im Staat zusammenfassen sollte. Dabei wird die Auffassung, den Handel und damit dann auch den Markt als den Ort der gesellschaftlichen Entfremdung zu denken, wie folgt begründet:

„Die Nationalökonomie [...] geht aus von dem Verhältnis des Menschen zum Menschen, als dem des Privateigentümers zum Privateigentümer. Wenn der Mensch als Privateigentümer vorausgesetzt wird,[...] so ist der Verlust oder das Aufgeben des Privateigentums eine Entäußerung des Menschen, wie des Privateigentums selbst. Den Fall der Gewalt ausgenommen – wie komme ich dazu, an einen andern Menschen mein Privateigentum zu entäußern? Die Nationalökonomie antwortet richtig: Aus Not, aus Bedürfnis. Beide Eigentümer werden also getrieben, ihr Privateigentum aufzugeben ... Jeder entäußert einen Teil seines Privateigentums an den anderen. Die gesellschaftliche Beziehung [...] ist also die Wechselseitigkeit der Entäußerung. [...] Der Tausch oder der Tauschhandel ist also der entäußerte Gattungsakt. Eben darum erscheint er als Tauschhandel. Es ist darum ebenso das Gegenteil des gesellschaftlichen Verhältnisses."(Marx 1968, 451 ff.)[2]

Marx erkennt in der durch den Tausch zustande gebrachten Form von Gesellschaftlichkeit lediglich eine entfremdete Sozialität, weil sich ja jeder Privateigentümer im Verkauf entäußert, wobei er in diesem Zusammenhang ganz offensichtlich übersieht, dass jeder Verkauf immer auch ein Ankauf ist, so dass er den gesellschaftlichen Tausch eigentlich als Einheit von Entäußerung und Aneignung hätte beschreiben müssen, weshalb die wechselseitige Entäußerung auch eine wechselseitige Aneignung darstellt. So aber kommt er zu dem Resultat, dass die durch den gesellschaftlichen Tausch zustande gebrachte Beziehung „ein bloßer Schein" und damit „Nichts" ist. Denn die „Absicht der Plünderung, des Betrugs liegt notwendig im Hinterhalt", weil „unser Austausch ein eigennütziger ist", so dass „wir uns notwendig zu betrügen" suchen. Knapp gefasst heißt das: Unter den Bedingungen des Privateigentums ist der Austausch nichts anderes als ein aufgehobener Raub, aufgehoben unter der Voraussetzung, dass das „Reich der physischen Kraft gebrochen" ist, und daher eine permanente Übervorteilung wenigstens der persönlichen Intentionen der Tauschenden. Sie sind eigennützig und egoistisch, weshalb die im Tausch präsentierte Sozialität reiner Schein, die Einheit des Gebens und Nehmens bloßes Theater und die Entäußerung und Übervorteilung der eigentliche Kern der Sache ist. Sie beruht auf einer nur negativen Freiheit, die Freiheit innerhalb des Staatsformalismus, bei der er sich in Wahrheit nur um die Freiheit handelt „alles zu tun und zu treiben, was keinem anderen schadet". Es ist die Freiheit als Menschenrecht und das Menschenrecht der Freiheit, die tatsächlich das „Menschenrecht des *Privateigentums*" ist (Marx 1957b, S. 364).

Und wenn man diese Prämisse, die auch später noch als richtig unterstellt bleibt, als gültig akzeptiert, wenn also die durch den ökonomischen Verkehr

---

2 Noch im *Kapital* wird Marx an dieser These festhalten. Vgl. Marx 1980, S. 180 ff., S. 455 und S. 596. Vgl. dazu Tietz 2010, S. 73 f.

realisierte Gesellschaft tatsächlich die Entfremdung vom „wirklichen Gemeinwesen" darstellt, dann ist es zunächst nicht unplausibel, die Negation der Entfremdung durch den Ausschluss des ökonomischen Austauschs, des Markts und des Privateigentums herbeizuführen – weshalb dann die marxistische Antwort auf die gesellschaftlichen Widersprüche und allen sich daraus ergebenden Folgen von einer so faszinierenden Einfachheit ist: Wenn diese Widersprüche durch die Vermögens- und Eigentumslosigkeit der Proletarier verursacht sind, dann ist die Wiederherstellung des Gemeineigentums am Produktivvermögen die strikte und ein für allemal gültige Lösung des Problems. Daher sagen dann auch Marx und Engels im Kommunistischen Manifest: Die Kommunisten können „ihre Theorie in dem einen Ausdruck: Aufhebung des Privateigentums, zusammenfassen" (Marx 1977, S. 475) – und genau dies hat dann die sog. ‚Oktoberrevolution' (1917) unter der Führung von Lenin und Trotzki vollzogen, nämlich die Lösung des sozialen Problems durch die Liquidierung der Gesellschaftlichkeit und der Etablierung eines totalitären Staates, in dem gleich zu Anbeginn die Freiheit der Person als abgeschafft wurde. (Vgl. Ruben 1998, S. 5–18)

Die Frage, was denn eine mehr als nur „formale", also eine „substantielle" Form der Demokratie wäre, erscheint auf Grund der Umkehrungsoperation von Basis und Überbau nun als müßig, weil ja ohnehin nur die Basis umgewälzt werden müsse, wenn der Überbau ins Meer der Geschichte verklappt werden soll (Wellmer 1993, S. 85). Dass das Reich der Freiheit unter diesen Auspizien zu einem abstrakt-utopischen Projekt werden muss und seine Verwirklichung zu einem real-sozialistischen Alptraum ist inzwischen bekannt, was von den philosophischen Gründen nicht gesagt werden kann, da doch immer wieder die gute Idee dieser Konstruktion gegen ihre schlechte Realisierung verteidigt wird.

In der Folgezeit wird das Verhältnis von Staat und bürgerlicher Gesellschaft von Marx zwar dahingehend konkretisiert, dass er nun die bürgerliche Gesellschaft, die bereits Hegel als „Sphäre des Egoismus, des *bellum omnium contra omnes*" betrachtete, als das Prinzip des Schachers und des durchgeführten Egoismus betrachtet, das als das die bürgerliche Gesellschaft strukturierende Prinzip freilich erst „rein als solches hervor(tritt), sobald die bürgerliche Gesellschaft den politischen Staat vollständig aus sich heraus geboren hat" (Marx 1957b, S. 377). Hat sie dies aber einmal getan, hat sich das siegreiche Bürgertum seinen der bürgerlichen Gesellschaft entsprechenden Staat geschaffen, tritt das „durchgeführte Prinzip des *Individualismus*" (Marx 1957a, S. 285) unverblümt auf. Dieses Prinzip tritt freilich nicht allein auf. Mit ihm treten nun auch jene Widersprüche offen zutage, die die bürgerliche Gesellschaft über sich hinaus treibt.

Diese durch die Geschichte selbst gestellte Aufgabe kann nach Marx nur durch eine radikale, eine allgemein-menschliche Revolution gelöst werden, eine

Revolution, die auch noch dort weiter macht, wo die politische Revolution stehen bleibt. Denn die politische Revolution, die Marx auch als die „Revolution der bürgerlichen Gesellschaft" bezeichnet, ließ die Aufgabe ungelöst, zusammen mit dem Feudalsystem auch das System des Schachers und des durchgeführten Egoismus zu beseitigen. Sie ließ die „Pfeiler des Hauses" stehen, dass die radikale Revolution zum Einsturz bringen soll. Marx will die „Organisation der Gesellschaft" ersetzen durch eine Organisation, „welche die Voraussetzung des Schachers, also die Möglichkeit des Schachers" aufhebt. Und dazu müsse auch die Grundlage der bürgerlichen Gesellschaft revolutioniert und der Kritik unterworfen werden. Genau dies habe die bloß politische Revolution nicht getan. Sie begnügte sich mit der Herstellung der bloß formalen staatsbürgerlichen Freiheit und Gleichheit und verhielt sich ansonsten „zur bürgerlichen Gesellschaft, zur Welt der Bedürfnisse, der Arbeit, der Privatinteressen, des Privatrechts, als zur *Grundlage ihres Bestehens,* als zu einer nicht weiter begründeten *Voraussetzung,* daher als zu ihrer *Naturbasis"* (Marx 1957b, S. 369).

Und so geht Marx gegen Hegel daran, dessen Dialektik durch Umstülpung von ihrer „spekulativen Hülle" zu befreien und in den Dienst einer Kritik zu stellen, die *alle Verhältnisse* umwälzt, in denen der Mensch ein beleidigtes und geknechtetes Wesen ist. Das Vernünftige, das Hegel nur in der Form des Begriffs fasste, müsse erst noch verwirklicht werden – und zwar vom Proletariat.

> „Wie die Philosophie im Proletariat ihre *materiellen,* so findet das Proletariat in der Philosophie seine *geistigen* Waffen, und sobald der Blitz des Gedankens gründlich in diesen naiven Volksboden eingeschlagen ist, wird sich die Emanzipation der *Deutschen* zu *Menschen* vollziehen [...] In Deutschland kann *keine* Art der Knechtschaft gebrochen werden, ohne *jede* Art der Knechtschaft zu brechen. Das *gründliche* Deutschland kann nicht revolutionieren, ohne *von Grund aus* zu revolutionieren. Die *Emanzipation des Deutschen* ist die *Emanzipation des Menschen.* Der Kopf dieser Emanzipation ist die *Philosophie,* ihr Herz das *Proletariat.* Die Philosophie kann sich nicht verwirklichen ohne die Aufhebung des Proletariats, das Proletariat kann sich nicht aufheben ohne die Verwirklichung der Philosophie." (Marx 1957c, S. 391)

Was Sklaven, Plebejern und Leibeigenen versagt blieb – die Demütigung und Unterdrückung, der sie unterworfen waren, geistig und materiell nach vorn zu durchbrechen –, den Proletariern würde es gelingen. Nur wer nichts ist, kein Band und keine Würde in der Gesellschaft hat, kann die Gefolgschaft aufkündigen und alles werden. Indem die Proletarier unter Führung ihrer revolutionären Avantgardepartei das letzte Gefecht der Klassengesellschaft ruhmreich bestehen, rächen sie ihre weniger glücklichen Vorläufer und berichtigen zugleich die gesamte menschliche Vorgeschichte. Die Bourgeoisie, die alle gesellschaftlichen Verhältnisse revolutionierte, verliert den letzten Kampf für alle Herrscherklassen und das Proletariat siegt für alle Beherrschten. Und von nun an, so der diagnosti-

sche Befund, ist nicht nur die Vorgeschichte als eine Geschichte von Klassenkämpfen beendet, von nun an werden auch die Springquellen des gesellschaftlichen Reichtums fließen und die „freie Entwicklung eines jeden die Bedingung für
die freie Entwicklung aller sein" (Marx/Engels 1958, S. 74). Damit hat der Staat als
„Herrschaftsinstrument" der jeweils herrschenden Klasse alle seine Funktionen
verloren. Die „abscheuliche Maschine der Klassenherrschaft" wandert ins geschichtliche Kuriositätenkabinett. Indem der Stoffwechselprozess des Menschen
mit der Natur der gemeinschaftlichen Kontrolle der frei assoziierten Produzenten
unterworfen wird, soll der gesellschaftliche Zwangszusammenhang gebrochen
und die lebendige Arbeit vom Joch der toten befreit werden. Damit „fällt unver-
meidlich der Staat. Die Gesellschaft, die die Produktion auf Grundlage freier und
gleicher Assoziation der Produzenten neu organisiert, versetzt die ganze Staats-
maschine dahin, wohin sie dann gehören wird: ins Museum der Altertümer,
neben das Spinnrad und die bronzene Axt" (Engels 1960, S. 168).

Friedrich Engels hat diesen Gedanken dann in der Schrift *Die Entwicklung des
Sozialismus von der Utopie zur Wissenschaft* noch einmal konkretisiert:

> „Das Proletariat ergreift die Staatsgewalt und verwandelt die Produktionsmittel zunächst in
> Staatseigentum. Aber damit hebt es sich selbst als Proletariat, damit hebt es alle Klassen-
> unterschiede und Klassengegensätze auf, und damit auch den Staat als Staat. Die bisherige,
> sich in Klassengegensätzen bewegende Gesellschaft hatte den Staat nötig, das heißt eine
> Organisation der jedesmaligen ausbeutenden Klasse zur Aufrechterhaltung ihrer äußeren
> Produktionsbedingungen, also namentlich zur gewaltsamen Niederhaltung der ausgebeute-
> ten Klasse in den durch die bestehende Produktionsweise gegebnen Bedingungen der
> Unterdrückung (Sklaverei, Leibeigenschaft oder Hörigkeit, Lohnarbeit). Der Staat war der
> offizielle Repräsentant der ganzen Gesellschaft, ihre Zusammenfassung in einer sichtbaren
> Körperschaft, aber er war dies nur, insofern er der Staat derjenigen Klasse war, welche selbst
> für ihre Zeit die ganze Gesellschaft vertrat: im Altertum Staat der sklavenhaltenden Staats-
> bürger, im Mittelalter des Feudaladels, in unsrer Zeit der Bourgeoisie. Indem er endlich
> tatsächlich Repräsentant der ganzen Gesellschaft wird, macht er sich selbst überflüssig.
> Sobald es keine Gesellschaftsklasse mehr in der Unterdrückung zu halten gibt, sobald mit
> der Klassenherrschaft und dem in der bisherigen Anarchie der Produktion begründeten
> Kampf ums Einzeldasein auch die daraus entspringenden Kollisionen und Exzesse beseitigt
> sind, gibt es nichts mehr zu reprimieren, das eine besondre Repressionsgewalt, einen Staat,
> nötig machte. Der erste Akt, worin der Staat wirklich als Repräsentant der ganzen Gesell-
> schaft auftritt – die Besitzergreifung der Produktionsmittel im Namen der Gesellschaft –, ist
> zugleich sein letzter selbständiger Akt als Staat. Das Eingreifen einer Staatsgewalt in gesell-
> schaftliche Verhältnisse wird auf einem Gebiete nach dem andern überflüssig und schläft
> dann von selbst ein. An die Stelle der Regierung über Personen tritt die Verwaltung von
> Sachen und die Leitung von Produktionsprozessen. Der Staat wird nicht „abgeschafft", *er
> stirbt ab*. Hieran ist die Phrase vom „freien Volksstaat" zu messen, also sowohl nach ihrer
> zeitweiligen agitatorischen Berechtigung wie nach ihrer endgültigen wissenschaftlichen
> Unzulänglichkeit; hieran ebenfalls die Forderung der sogenannten Anarchisten, der Staat
> solle von heute auf morgen abgeschafft werden." (Engels 1967, S. 223)

Für Marx und Engels ist klar: Der Staat und seine Institutionen stehen nicht als ein Allgemeines über der zerrissenen bürgerlichen Gesellschaft, sondern sind deren adäquater Ausdruck, nämlich der Ausdruck einer entfremdeten ökonomischen Basisstruktur. Analoges gilt für die Politik und das Recht. Sie sind keine Naturformen des gesellschaftlichen Lebens, sondern ebenfalls gebunden an die Klassenspaltung und die Überordnung des Staates über die Gesellschaft. Die politische Form der Vermittlung der gesellschaftlichen Konflikte ist die Entstehungsursache bestimmter Bewusstseinsformen, in denen Politik und Recht als von der realen Basis der Gesellschaft unabhängig begriffen werden. Die Realität dieser Illusionen besteht in diesem Zusammenhang darin, dass sie die real vorhandene Verselbständigung der gemeinsamen Institutionen erfassen, die von oben auf die Gesellschaft herabwirken, weshalb sich die Kritik einerseits auf diese Bewusstseinsformen und auf die von ihnen erfasste Überordnung des Staates über die Gesellschaft und andererseits auf einen Staat selbst bezieht, der sich den Individuen gegenüber verselbständigt hat und daher auch nur eine „scheinbare Gemeinschaft" (Marx/Engels 1958, S. 74) bildet, ein Gedanke, den Marx fortan systematisch wiederholen wird.

Der Staat verkörpert in der Klassengesellschaft nicht wirklich das Allgemeininteresse, eben weil er nicht die Interessen der gesamten Gesellschaft vertritt, sondern nur die Interessen der jeweils herrschenden Klasse. Er ist daher auch nur eine „illusorische", nicht aber eine reale Gemeinschaftlichkeit, wenngleich er eine reale, die Klassengesellschaft beherrschende Instanz ist. In der Klassengesellschaft hat er allein die Funktion, die Antagonismen zu bändigen, die die Gesellschaft im Inneren zu zerreißen drohen, wozu er Institutionen erschafft, die über der innerlich zerrissenen bürgerlichen Gesellschaft zu stehen vorgeben, obgleich sie in Wahrheit nur der Ausdruck von partikularen Sonderinteressen sind.

> „Da der Staat die Form ist, in welcher die Individuen einer herrschenden Klasse ihre gemeinsamen Interessen geltend machen und die ganze bürgerliche Gesellschaft einer Epoche zusammenfaßt, so folgt, daß alle gemeinsamen Institutionen durch den Staat vermittelt werden, eine politische Form erhalten. Daher die Illusion, als ob das Gesetz auf dem Willen, und zwar auf dem von seiner realen Basis losgerissenen, dem *freien* Willen beruhe." (Marx/Engels 1958, S. 62)

Erstarrt die Geschichte unter den Blicken der dialektischen Logik Hegels zum Stillstand, so gerät sie unter der Perspektive von Marx wieder in Bewegung. Die Geschichte wird zu einer Geschichte von Klassenkämpfen und das Proletariat unter Führung einer revolutionären Avantgardepartei zum Exekutor des Fortschritts. Marx wirft dem Proletariat den weiten Mantel des Hegelschen Weltgeistes um, der das Vernünftige denken und in eins realisieren muss. Gerade hierin erweist sich Marx als treuer Schüler Hegels. Seine Kritik an Hegel, geschieht im Namen von dessen eigenem Prinzip, insofern es Marx analog zu Hegel um eine Versöhnung von Begriff und Wirklichkeit geht. Die späteren ökonomischen Arbeiten liefern nur eine nachträgliche Begründung einer Wahrheit, die von Anfang an auf Punkt und Komma fest stand: dass der geschichtliche Gang sich in der staats- und institutionenbefreiten kommunistischen Gesellschaft vollenden würde. Dem „System der in ihre Extreme verlorenen Sittlichkeit" stellt Marx mit Hegel die These gegenüber, dass das Universum gottgeladen sei und dass der seiner selbst bewusste Mensch sich durch Arbeit zum Heil emporhebt, nur dass Marx im Unterschied zu Hegel die Arbeit als wirkliche Arbeit fassen will, als Praxis und nicht mehr nur als geistige Arbeit, als Arbeit des Begriffs. Der Blick des Ökonomen Marx war geschärft und begrenzt durch Hegels Idee von der dialektischen Selbst- erzeugung des Menschen durch und vermittels Arbeit, weshalb im Marxismus dann auch die Herstellung des „Reichs der Freiheit" allein nach dem Muster des instrumentellen Handelns gedacht wurde, was eine der geistesgeschichtlichen Wurzeln für die technokratische Erstarrung des Staatssozialismus sein dürfte (vgl. Tietz 2010, S. 59 ff.).

3 Staats- und Institutionenkritik bei Nietzsche

Auch bei Nietzsche durchzieht die Auseinandersetzung mit dem Problem des Staates und seiner Institutionen alle Schaffensperioden. Und auch seine Theorie ist von vornherein als kritische Theorie formuliert – und zwar ebenfalls als ein philosophischer Antiinstitutionalismus, der sich kritisch auf die deutsche Wirk- lichkeit und kritisch auf jene Theorien bezieht, die diese Wirklichkeit in staats- theoretischer Hinsicht verteidigen. Analog zu Marx geht auch Nietzsche in diesem Zusammenhang davon aus, dass diese Wirklichkeit nicht vernünftig ist, dass der Staat nicht als ein Allgemeines über der bürgerlichen Gesellschaft steht und dass Hegel den Staat vergottet. Er hält es allerdings gar nicht mehr für nötig, diesen Beweis in Form einer Auseinandersetzung mit Hegels Staats- und Institutionen- theorie zu führen. Dies erscheint ihm bereits so überflüssig, dass er meint, hierfür gar keine weitere Begründung mehr angeben zu müssen. Seine eigene Position entwickelt Nietzsche daher nicht in Auseinandersetzung mit modernen Staats- und Institutionentheorien, sondern in einer Auseinandersetzung mit griechischen Vorbildern, die in einer Rehabilitation des Staatsideals mündet, wie es Platon im *Staat* entworfen hatte. Nietzsche greift hinter die Moderne auf Platon zurück, weil er zwischen dem modernen und dem antiken, genauer: zwischen dem modernem und dem spartanischem Staat strukturelle Analogien zu erkennen meint, die es erlauben, in diesem jenen besser zu erkennen. Damit aber nicht genug: Gleichzeitig und in diesem Zusammenhang gewinnt Nietzsche im Rahmen seiner Auseinandersetzung mit Platon einen normativen Maßstab, der zur Kritik an der spezifisch modernen Staatsform taugen soll. Wo wie in der Gegenwart der Typus des „internationalen heimatlosen Geldeinsiedlers" sich anschickt, „die Politik zum Mittel der Börse und Staat und Gesellschaft als Bereicherungsapparat ihrer selbst zu missbrauchen" (CV 3; KSA 1, S. 774), da verdient dieser Staat jede Kritik der Welt.

Dass Nietzsche hinter die Moderne auf Platons Staatsideal zurückgreift, um einen Maßstab zur Kritik am zeitgenössischen Staat zu gewinnen, hat einen vergleichsweise einfachen Grund. Da eine reflexive Maßstabsbegründung im Sinne transzendentaler und dialektischer Begründungsfiguren für Nietzsche ausscheidet – dass die Moderne jene Maßstäbe aus sich selbst schöpfen könnte, die in staats- und institutionentheoretischer Hinsicht dann zur Kritik taugen, erscheint ihm kaum mehr möglich: „denn aus uns selbst haben wir Modernen gar nichts" (UB; KSA 1, S. 273) –, da also der Weg nach vorne in Richtung einer reflexiven Maßstabsbegründung versperrt ist, greift Nietzsche hinter die Moderne zurück und erborgt sich die Normativität dieser Maßstäbe aus der griechischen Antike, der somit richterliche Kompetenzen übertragen werden.

Dieses Griechenlandideal reicht zurück bis zum Klassizismus Winkelmanns, zum Ideal einer allseitigen Persönlichkeit und ästhetischen Erziehung des Menschengeschlechts bei Schiller, zu Goethes Vereinigung von Helena und Faust sowie zur „Hölderlinheimat der deutschen Seele" (vgl. Ottmann 1999, S. 44).

Obwohl dieses Ideal auf die Zukunft gerichtet sein sollte, wies es eher auf die Brüchigkeit der eigenen Zeit hin, mehr auf die Klassik und deren Griechenlandsehnsucht als Vorbild der Humanität und Kultur, denn auf Politik, Recht und Moral der Gegenwart. Kurz: Nietzsches Maßstäbe und Ideale sind eher rückwärtsgewandte Utopie denn Brückenschlag zur eigenen Zeit, eher Metaphysik und Ästhetik denn Politik oder Moral im traditionellen Sinn (vgl. Ottmann 1999, S. 44).

Hierfür gibt es einen vergleichweise einfachen Grund. Mit Platon ist Nietzsche davon überzeugt, dass der Staat ein Erziehungsstaat zu sein habe. Daher feiert er seinen Idealstaat als „das Vorbild eines wahren Denkerstaats", freilich mit dem Unterschied, dass Nietzsche, anders als Platon, die Künstler aus diesem Staat nicht vertreiben will. Bei ihm stehen sie gleichberechtigt neben den Philosophen, weshalb er beide zu den Exempla des Genialen zählt. Dieses überpolitische und apolitische Staatsideal ist in einer zweifachen Konfrontation entworfen: in politischer Hinsicht gegen den nationalen Machtstaat Bismarcks, gegen den sozialistischen Wohlfahrtsstaat Lassalles sowie gegen den bürgerlichen Rechtsstaat. Und in philosophischer Hinsicht gegen jene „Ungeheuer", die in unterschiedlicher Weise bei Hobbes und Hegel ihre philosophische Vergötzung erfuhren – den sozialistischen Träumern entgegnet Nietzsche dann etwas später: „so wenig

Staat wie möglich'" (MA I, Nr. 473, KSA 2, S. 308) und den philosophischen Staatsvergötzungen wird er seine giftige Formulierung vom „kältesten aller kalten Ungeheuer" (Z 1; KSA 4, S. 61) entgegenschleudern.

Dieser Erziehungsstaat gründet in einem ursprünglichen Akt der „Unterwerfung", mit dem der Kriegszustand und damit der Kampf aller gegen alle beendet, wird und der Kulturzustand beginnt. Dabei führt die Entwicklung vom „Nothzustand" und „Raubstaat" zum „Kulturstaat", in dem es weder um Rechte und Freiheiten oder gar um das Glück aller geht, sondern einzig und allein darum, gegen den lügnerischen Geist der Neuzeit ein „Refugium der Kultur" aufzubauen. Natürlich ist auch Nietzsche nicht entgangen, dass auch ein solcher Staat eine ordnungspolitische Aufgabe zu erfüllen hätte: Die Herstellung von Ruhe und Ordnung in einer Gesellschaft von Menschen, die von egoistischen und eigennützigen Motiven geleitet sind. Analog zu Hobbes, Kant und Hegel geht also auch er davon aus, dass der Staat Ruhe und Ordnung gegen die egoistischen und eigennützigen Interessen von rationalen Akteuren durchsetzen können muss. Aber dies soll nicht seine einzige Aufgabe sein. Ja, es ist noch nicht einmal seine wichtigste. Diese besteht vielmehr darin, die Kultur zu befördern. Oder wie Nietzsche sagt: Der Staat soll die „Basis der *Kultur*" abgeben (NL 1873/74, KSA 7, S. 734). In Umkehrung zu Marx, für den der Staat ein Überbauphänomen darstellt, das sich auf der Basis einer entfremdeten ökonomischen Basisstruktur erhebt, die in der modernen Form der „Lohnsklaverei" ihre Ursachen hat, meint Nietzsche, die Kultur sei der Überbau des Staates, oder besser: der Staat habe die Basis der Kultur zu sein. Versteht man ihn anders, etwa in Form der Ideen, die Nietzsche die „modernen" nennt, verstehe man ihn einfach falsch.

Es ist eine normative These, die Nietzsche hier in Form eines Fundierungstheorems vertritt: Die Kultur müsse ein Produkt staatlichen Handelns sein, andernfalls gerät sie unter die Räder einer Verzichtsstrategie, die in der Gegenwart als neoliberaler Rückzug des Staates aus der Kultur kritisiert wird. Man kann in ihr die Umkehrung des Böckenförde-Theorems sehen, sofern man dieses auf die Kultur bezieht. Dieses besagt: „*Der freiheitliche, säkularisierte Staat lebt von Voraussetzungen, die er selbst nicht garantieren kann.*" (Böckenförde 1976, S. 60)

Und zu diesen Voraussetzungen gehört nach dem Böckenförde-Theorem auch die Kultur – heute würden wir wohl von einer demokratische Kultur sprechen, was in der Sache aber zunächst wenig ändert. Nietzsche nun hat diese These von der Bestandsvoraussetzung der Kultur für den Staat umgekehrt und dafür argumentiert, dass dieser die Basis für jene darstellt oder darzustellen habe, wobei klar ist, dass Nietzsche eine demokratische Kultur hierbei nicht im Sinn hatte. Nun lässt sich vermutlich diese These in ihrer starken Form nicht verteidigen. Der Staat ist einfach nicht die Basis der Kultur. Er war dies nie. Und er wird dies nie sein, weil es dies überhaupt nicht sein kann. Schwächt man diese

These hingegen dahingehend ab, dass sie sich als Korrektiv gegen die von einer kapitalistischen Marktökonomie ausgehende Bedrohung der Kultur durch deren Unterwerfung unter die Verwertungsimperative der Wirtschaftsordnung verstehen lässt, dann überlebt der Gehalt dieser These in Theorien, die zwischen den Ideen des liberalen und demokratischen Rechtsstaat und der Kultur eine wechselseitiges Bedingungsverhältnis behaupten. In dieser Perspektive ginge es dann nicht mehr um die Fundierung der Kultur durch den Staat, die es ohnehin nicht geben kann, sondern um die Herstellung eines komplementären Wechselverhältnisses zwischen formeller und informeller Demokratie – oder anders: zwischen den institutionalisierten und den nicht-institutionalisierten Formen einer demokratischen Praxis.

Aber wie dem auch sei. Nietzsche vertritt diese These jedenfalls in der starken Form, so dass sie besagt: Die Kultur muss ein Produkt staatlichen Handelns sein. Und er hält eine „Correctur der Welt durch das Wissen" für ausgeschlossen, wie sie sich in der modernen Staatstheorie seit Hobbes niederschlagen hatte. Der Staat war niemals durch Rationalität und Vernunft strukturiert und geleitet und er wird dies auch niemals sein, so dass der Traum der niedrigsten sozialen Schichten vom „Erdenglück Aller" (GT; KSA 1, S. 117) immer ein Traum nur bleiben wird. Die Welt ist so wie sie ist und wie sie immer sein wird. Etwas anderes behaupten zu wollen, liefe auf philosophische Schönfärberei hinaus.

Der optimistische „Glaube an das Erdenglück aller", der mit Rousseaus „Verherrlichung des Menschen an sich", der von „Natur" aus gut sei (GT; KSA 1, S. 117), in die Welt kam, birgt in sich eine doppelte Gefahr: die Gefahr der Entfachung revolutionärer Eigenillusionen und die Gefahr einer „grauenvollen Vernichtung" der Kultur. Nicht dass Nietzsches alles Bestehende vor dem Untergang bewahren will. Im Gegenteil. Vieles sei dem „Untergange geweiht". Und Vieles „verdient" dies auch. Nicht gesellschaftliche Veränderungen stellen das Problem dar, sondern lediglich solche, bei denen die „edelsten Besitzthümer der Menschheit" (UB; KSA 1, S. 504) Gefahr laufen, vernichtet zu werden. Und in Zeiten wie diesen, also in „Zeiten der Erdbeben und Umbrüche", wo Rousseaus Enkel, wo „Kommunisten und Sozialisten" die „unterdrückten Masse" jederzeit zu Revolutionen, Aufständen und Emeuten aufreizen können, da kann auch eine Kultur in diesen Katastrophen untergehen – Nietzsche denkt hier in erster Linie an die „Lehren der französischen Aufklärung und Revolution".

Es ist der demokratische Geist, der im „Schoosse der sokratischen Cultur" (GT; KSA 1, S. 117) ausgebrütet wurde und der nun mit der Idee einer totalen Umwälzung der Gesamtgesellschaft intern verbunden ist. Von diesem demokratischen Geist sieht Nietzsche in der Gegenwart eine Gefahr für die Kultur ausgehen – wobei die Rousseauisten schlicht die Augen vor dem Tatbestand verschließen, dass das Himmelreich auf Erden ein Projekt ist, welches sich nur in

Kontexten einer wie auch immer verstandenen Heilslehre vertreten lässt, also unter der Voraussetzung, dass Gott noch immer im Amt weilt. Nietzsche, der nicht nur eine Revolution im Sinne von Marx und Engels ablehnt, sondern auch die Demokratie mit ihren leitenden Ideen der Freiheit und Gleichheit im modernen Sinn, glaubt deshalb, die Idee der Kultur gegen die modernen Entwicklungen nur auf der Basis eines Sklavenstandes verteidigen zu können, der die materielle Basis für diese Kultur bereitstellt. Nicht dass Nietzsche als Person besonders hartherzig und grausam gewesen wäre – das Gegenteil soll vielmehr der Fall gewesen sein. Als Denker aber meint er, dass die Hydra der Revolution alles, aber auch alles an Kultur verschlingen würde, was die Menschheit in ihren besten Exemplaren hervorgebracht hat.

Als Nietzsche im Mai 1871 aus der Tageszeitung erfuhr, die Pariser Kommunarden hätten den Louvre geplündert und zerstört, sah er darin ein Fanal jener Barbarei, vor der er sich Zeit seines Lebens fürchten wird. Am 27. Mai 1871 schreibt er an Wilhelm Vischer-Bilfinger:

> „Die Nachrichten der letzten Tage waren so schrecklich, dass ich gar nicht mehr zu einer auch nur erträglichen Stimmung komme. Was ist man, solchen Erdbeben der Cultur gegenüber, als Gelehrter! Wie atomistisch fühlt man sich! Sein ganzes Leben und seine beste Kraft benutzt man, eine Periode der Cultur besser zu verstehen und besser zu erklären; wie erscheint dieser Beruf, wenn ein einziger unseliger Tag die kostbarsten Documente solcher Perioden zu Asche verbrennt! Es ist der schlimmste Tag meines Lebens." (KSB 3, S. 195)

Was im *Kommunistischen Manifest* sich ankündigte, wird mit der Pariser Kommune nun als eine reale Bedrohung der Gesellschaft wahrgenommen. Und zwar von Marx und den Seinen genauso wie von Nietzsche – nur dass dieser der Kommune rein gar nichts Positives abgewinnen kann, während jene in ihr den Beginn einer neuen Zeit sehen wollen. Zwei Tage bevor Nietzsche den besagten Brief an Wilhelm Vischer-Bilfinger schreibt, hielt August Bebel als Vorsitzender der Sozialdemokratischen Partei Deutschlands eine Rede vor dem Reichstag, in der er seine Gewissheit zum Ausdruck brachte, die Revolution, die die ganze alte Gesellschaft in die Luft sprengen würde, noch zu erleben.

> „Meine Herren, und wenn auch im Augenblick Paris unterdrückt ist, dann erinnere ich sie daran, daß der Kampf in Paris nur ein kleines Vorpostengefecht ist, daß die Hauptsache in Europa uns noch bevorsteht und daß, ehe wenige Jahrzehnte vergehen, der Schlachtruf des Pariser Proletariats „Krieg den Palästen, Friede den Hütten, Tod der Not und dem Müßiggang!" der Schlachtruf des gesamten europäischen Proletariats werden wird."[3]

---

3 *Stenographische Berichte* über die Verhandlungen des Deutschen Reichstages, Bd. 2, München 1979 f., S. 921.

Was immer Marx und die Seinen und Nietzsche trennt: Hinsichtlich der Ereignisse in Paris kommen beide Seiten zu dem gleichen Schluss: Dieses Jahrhundert ist ein Zeitalter großer Umwälzungen. Mochte die Französische Revolution und selbst der Terror das Gros der Intellektuellen seinerzeit nicht von der Überzeugung abbringen, dass dieses Jahrhundert ein Beispiel für die Perfektibilität, die Fortschrittlichkeit und die Vernunft des Menschengeschlechts sei, die Pariser Kommune änderte dies mit einem Schlag.

Und so deutet Nietzsche die Nachrichten aus Paris analog zu Marx, Engels und der deutschen Sozialdemokratie: als Wetterleuchten großer künftiger gesellschaftlicher Verwerfungen. In ihnen kündige sich eine Zeitenwende an. Während aber Marx, Engels und die deutsche Sozialdemokratie die sich am Horizont abzeichnenden Revolutionen begrüßten, hat Nietzsche sie immer bekämpft, weil er meinte, einen Neustart des Weltlaufs werde es auch diesmal nicht geben. Für ihn war klar, die großen Geschichtsphilosophien in den Varianten des transzendentalen und des dialektischen Optimismus sind Theodizeen, Rechtfertigungen Gottes, der nach Nietzsche schon längst schöpfungsinaktiv geworden ist.[4]

Und weil Gegensätze Gegensätze sind, die auch dialektische Tricks nicht aus der Welt zu bringen vermögen, bleiben Gegensätze Gegensätze. Jedenfalls so lange, bis eine der beiden Seiten die Bühne der Weltgeschichte verlassen muss. Und so entscheidet sich Nietzsche für das Leben und das Schaffen der „höchsten Exemplare" und gegen das von den Revolutionsbegeisterten versprochene Glück und die Freiheit der größtmöglichen Zahl. Denn dort, wo dieses Glück und die Freiheit Wirklichkeit werden, werde man eine demokratische Kultur bekommen, d.h. eine Kultur, wo der Durchschnitt und das Mittelmaß festlegen, was schön, gut und vernünftig sei. Nietzsches Angriffe auf die Ideen der Liberalität und der Demokratie haben hier ihren Ursprung. Wer die „soziale Frage" im Sinne der deutschen Sozialdemokratie lösen will, der mache sich mitschuldig am Untergang der Kultur – so seine Überzeugung. Jede Kultur, die ihren Namen verdiene, brauche nun einmal diesen grausamen Untergrund. Sie selbst ist dann das schöne Ende des Schrecklichen, weshalb Nietzsche auch sagt: „Nur als *aesthetisches* Phänomen ist das Dasein und die Welt ewig *gerechtfertigt*." (GT; KSA 1, S. 47)

---

4 Nietzsche konnte schon frühzeitig an dem Optimismus nicht viel abgewinnen, weder dem transzendentalen, noch dem dialektischen Optimismus. Er will statt dessen den Menschen, der hier „auf den Kopf, d.i. auf den Gedanken" gestellt wird, wieder auf die Füße stellen und er will die Fortschrittskonzepte der Neuzeit mit jenen Brüchen und Katastrophen konfrontieren, die diese immer vergleichgültigen müssten, um nicht diese Idee zu den philosophischen Akten legen zu müssen. Vgl. dazu Tietz 2011, S. 319 ff.

Nietzsche greift also allein deshalb hinter die Moderne auf den griechischen Staat als Maßstab und als Vorbild zurück, weil er in diesem einen Kulturstaat sieht. Und dieser Kulturstaat beruhte nun einmal auf der Sklaverei. Jede Kultur brauche einen „Sclavenstand" (GT; KSA 1, S. 117). Und wer etwas anderes sagt, wisse entweder nicht, was er redet, oder er lügt. Die griechische Sklavenhaltergesellschaft erscheint Nietzsche in diesem Zusammenhang gerade deshalb als vorbildhaft, weil sie keine dieser modernen Zugeständnisse an das „demokratische Herdenthier" machen wollte. Sie war noch ehrlich und mutig genug, den Tatsachen ins Auge zu schauen. Offen bekannte sie, dass ihre Kultur die Sklaverei zu ihrer Voraussetzung habe – und in der Tat machten sowohl Platon als auch Aristoteles nie ein Hehl daraus, dass ihre Gesellschaft aus strukturellen Gründen auf die Sklaverei angewiesen sei. Wer daher heute von einer „Würde des Menschen" und einer „Würde der Arbeit" rede, gebrauche „Begriffs-Hallucinationen", die zu ihrer Voraussetzung jene modernen Ideen haben, die Nietzsche nicht nur in politischer oder philosophischer Hinsicht für falsch hält, sondern auch für verlogen. Für ihn war klar: Weder die Arbeit, noch der Mensch besitzt diese „Würde". Diese Würde haben allein die Bildung und die Kultur. Und diese ruhen nun einmal auf einem „erschrecklichen Grund". „Damit es einen breiten tiefen und ergiebigen Erdboden für eine Kunstentwicklung gebe", so Nietzsche in seinem Aufsatz über den griechischen Staat, „muß die ungeheure Mehrzahl im Dienste einer Minderzahl, über das Maaß ihrer individuellen Bedürftigkeit hinaus, der Lebensnoth sklavisch unterworfen sein." (CV 3; KSA 1, S. 767)

Analog zu Marx sieht Nietzsche also, dass die „Frei-Arbeit" als Voraussetzung jeder Kultur die „Zwangs-Arbeit" (MA 1; KSA 2, S. 286) oder „Mehrarbeit" (CV 3, KSA 1, S. 767) hat, nur dass er im Unterschied zu diesem diesen Zustand nicht durch eine Revolution aus der Welt zu bringen gedenkt. Was nach Marx alle Ausbeutungsverhältnisse als Ausbeutungsverhältnisse kennzeichnet, dass sie „durch den Ausschluß des Arbeiters vom Produkt" und der Abpressung der „Mehrarbeit" des unmittelbaren Produzenten gekennzeichnet sind, egal ob in der antiken Form der Sklaverei oder in der modernen Form der Lohnarbeit (vgl. Marx 1980, S. 555 und S. 231), ist nach Nietzsche die Bedingung einer jeden Kultur als Kultur. Oder wie er auch sagt: Wir müssen „uns dazu verstehen, als grausam klingende Wahrheit hinzustellen, daß *zum Wesen einer Kultur das Sklaventhum gehöre*" (CV 3, KSA 1, S. 767).

Von daher könne es mit dieser Sklavenklasse auch keine Koexistenz und auch kein Agreement geben. Zwar sei es tragisch, dass der Skavenstand in der Unterwelt der modernen Gesellschaft zu leben gezwungen sei. Insofern aber die kulturelle Elite um diese Tragik wisse, frei nach dem Motto: die einen sind im Unglück, die anderen sehen es, meint Nietzsche, damit sei „der natürlichen Grausamkeit der Dinge" (GT; KSA 1, S. 119) bereits ausreichend Rechnung getragen. Und so scheute er dann auch nicht die Konsequenzen aus diesem Tatbestand zu ziehen. Strikt weigerte er sich, auch nur partielle Verbesserungen der Lebensverhältnisse des Sklavenstandes in Betracht zu ziehen. Er sprach sich gegen die Arbeitszeitverkürzung in Basel von zwölf auf elf Stunden pro Tag aus, gegen die Arbeiterbildungsvereine, ja selbst die Kinderarbeit empfand er nicht als ein Skandalon, die seinerzeit ab dem zwölften Lebensjahr für zehn bis elf Stunden erlaubt war.

Man müsse sich zwar hüten, die Grausamkeit zu weit zu treiben. Dem Arbeiter dürfe sein Leben nicht völlig unerträglich erscheinen, soll „er und seine Nachkommen gut auch für unsere Nachkommen arbeiten" (MA 2; KSA 2, S. 682). Erscheint ihm sein eigenes Leben nicht mehr lebenswert, wird er über ein bestimmtes Maß hinaus unzufrieden mit seiner Lage, dann kann es eben zu derart entsetzlichen, kulturzerstörerischen Revolutionen, Aufständen und Emeuten kommen, in denen der „barbarische Sklavenstand nicht nur für sich, sondern für alle Generationen" vor ihm Rache nehmen wird (GT; KSA 1, S. 117). Die Ausbeutung des Sklavenstandes verlangt Augenmaß. Wo dieses verloren wird, wo dass „erträgliche" Maß der Ausbeutung überschritten wird, da nimmt die Gefahr der Rache dieses Standes mehr und mehr bedrohliche Formen an. Die Angst vor dieser Rache und die Sorge um die Kultur ist es, die Nietzsches Parteinahme für einen Staat erklären, dessen einziges Ziel es sein soll, diese Kultur in Form ihrer Besten zu befördern.

Auch in den Folgejahren ändert sich daran zunächst nichts. Nach wie vor vertritt er die Überzeugung, staatliche Institutionen fänden ihre Berechtigung allein in der Erzeugung höherer Typen. Gleichwohl verändert sich seine Sicht auf die Demokratie und auf den Staat und seine Institutionen. In dem Maße nämlich, wie das der griechischen Antike entnommene apolitische Staatsideal in die politische Utopie eines geeinten Europas überführt wird, in dem Maße nimmt er nicht nur das Ende der nationalen Staatlichkeit in den Blick, sondern das Ende aller Staatlichkeit überhaupt. Zusammen mit Gotte stirbt auch der Staat! Bei dem „Tod Gottes" und dem „*Tod des Staates*" (MA 1; KSA 2, S. 305) handelt es sich um ein Komplementärphänomen. Damit hat nicht nur jeder Form von politischer Theologie die letzte Stunde geschlagen. Damit muss der Staat in Hinblick auf sein Zustandekommen und in Hinblick auf sein Funktionieren neu vermessen werden – wobei klar ist, dass nunmehr jede Theorie des Staates ohne Rekurs auf transzendente Berufungsinstanzen auskommen muss. Nietzsches These vom „*Tod des Staates*" versteht sich als die empirische Konsequenz der modernen Demokratie, die er als eine Konsequenz spezifisch moderner Entwicklungen begreift.[5]

---

5 Wenn Demokratie und Rechtstaatlichkeit den universalistischen Kern des modernen Verfassungsstaates bilden (vgl. Habermas 1992, S. 603), dann hätte Nietzsche, im Unterschied zu Marx

Dabei sei auch gegen das damit verbundene Prinzip der politischen Mitbestimmung zunächst „wenig einzuwenden" (MA 1; KSA 2, S. 285f.). Denn die „absolute, vormundschaftliche Regierung" beruht auf einem Prinzip, dass der Moderne nicht mehr adäquat ist. In dem Maße, wie der Staat und die Regierung nicht mehr als von Gottes Gnaden, sondern als von des Volkes Gnaden begriffen werden muss, in dem Maße verliert er zwangsläufig auch seine Autorität und findet nur noch als „Instrument" einer Interessenpolitik Anerkennung, die sich in Konkurrenz mit anderen Interessen behaupten muss. Die Folge davon ist ein grundlegendes „Mißtrauen gegen alles Regierene", mit dem Resultat, dass der moderne Staat nach und nach abstirbt – eine These, die im Zusammenhang mit der Diskussion um das Problem der Postdemokratie durchaus interessant erscheinen könnte.

Die einstigen Hoffnungen auf eine „*deutsche* Wiedergeburt der hellenischen Welt" (NL 1871, KSA 7, S. 353) sind Nietzsche inzwischen peinlich, besonders dass er in der *Geburt der Tragödie* „vom ‚deutschen' Wesen zu fabeln begann" (GT; KSA 1, S. 20). Nietzsche begreift sich als Europäer. Er verachtet jeden Nationalismus und Antisemitismus – „Wo hätte es je autochtone Völker gegeben!" (NL 1875, KSA 8, S. 12). In *Menschliches, Allzumenschliches* bricht er vollends mit dem „Fundamentalismus im nationalreligiösen Sinne" (Breuer 2002, S. 207). Er begrüßt die politische Moderne und räumt sogar die „Möglichkeit des Fortschritts" ein. Zwar sei es sinnlos davon zu sprechen, „dass der Fortschritt nothwendig erfolgen müsse; aber wie könnte man leugnen, dass er möglich sei?" Und dieser Fortschritt könnte sogar dazu führen könnte, eine „neue bewusste Cultur" zu erschaffen, die „die Erde als Ganzes ökonomisch verwalten" (MA 1; KSA 2, S. 45) täte. Der Motor eines solchen Fortschritts sei der „Handel und die Industrie", deren grenzenlose Dynamik die erhoffte „Vernichtung der Nationen" nach sich ziehen würde, was die Bedingung der Konstitution des „europäischen Menschen" als einer „Mischrasse" darstellt, der jede Form des „Nationalismus" – der „Krankheit dieses Jahrhunderts" (MA 2; KSA 2, S. 593) – und die „Unart" des Antisemitismus fremd sind. An der Spitze stünde eine „Erdregierung" (MA 1; KSA 2, S. 205), der dann nur noch administrative Aufgaben zufielen.

Nietzsche, der nirgendwo sonst wieder so euphorisch über das Projekt der Moderne sprechen wird, ist damit aber nicht von einem Saulus zu einem Paulus geworden. Sein Bekenntnis zur Moderne bleibt auch hier mit einer strikten Absage an die Französische Revolution verbunden. *Nietzsche ist aus klassischer Gesinnung modern.* Zwischen der großen Revolution der Franzosen und der Auf-

---

und Engels, mindestens hier dessen eine Hälfte erfasst. Dass er analog zu Marx dem Gedanken der Menschenrechte nicht Rechnung trägt und auch nicht tragen kann, hängt damit zusammen, dass er das Recht rein funktional, als Funktion des Willens zur Macht missversteht. „Menschenrechte giebt es nicht." (NL 1877, KSA 8, S. 482)

klärung sieht er nach wie vor einen nicht zu vermittelnden Gegensatz (Ottmann 1999, S. 156 f.). Es sind nach wie vor „Rousseau's wissenschaftliche Thorheiten und Halblügen" über die vermeintlich ursprünglich gute, aber von den gesellschaftlichen Institutionen korrumpierte Natur des Menschen, die „politische und sociale Phantasten" erzeugt, die den Sklavenstand dazu verführen, den „Umsturz aller Ordnungen" (MA 1; KSA 2, S. 299) zu fordern. Dem Irrglauben, die Revolution würde das „stolzeste Tempelhaus des Menschenthums gleichsam von selbst" errichten, hält der Aufklärer den durch Voltaire vertretenen reformerischen „Geist der Aufklärung und der fortschreitenden Entwickelung" entgegen (MA 1; KSA 2, S. 299). Alles „Halbverrückte, Schauspielerische, Thierisch-Grausame, Wollüstige" stelle die „revolutionäre Substanz" dar, welche den „Lichtglanz" der Aufklärung zu verdunkeln droht. Die Revolution der Franzosen sei noch „nachträglich in der Geburt zu ersticken, ungeschehen zu machen" (MA 2; KSA 2, S. 654).

Die Demokratie aber, daran lässt Nietzsche keinen Zweifel, ist „unaufhaltsam" (MA 2; KSA 2, S. 671). Die demokratischen Institutionen begrüßt er allerdings nicht als Belege für das, was Hegel den „Fortschritt im Bewußtsein der Freiheit" nannte, sondern lediglich als Instrumente der Prävention von unliebsamen Nebenfolgen der politischen und gesellschaftlichen Modernisierung. Diese Institutionen sind „Quarantäne-Anstalten gegen die alte Pest tyrannenhafter Gelüste: als solche sehr nützlich und sehr langweilig" und sie sind Mittel, mit dem der moderne Staat über die „Progressivsteuer dem Capitalisten-, Kaufmanns- und Börsenfürstenthum an den Leib gehen" soll, um „langsam einen Mittelstand (zu) schaffen, der den Socialismus wie eine überstandene Krankheit vergessen darf" (MA 2; KSA 2, S. 684).

Wenn Nietzsche sagt: „Ich rede von der Demokratie als von etwas Kommenden" (MA 2; KSA 2, S. 685) und wenn er als das „praktische Ergebniss dieser um sich greifenden Demokratisierung" einen „europäischen Völkerbund" (MA 2; KSA 2, S. 684) sieht, mit dem das Ende des „Aberglaubens" an eine „göttliche Ordnung der politischen Dinge" (MA 1; KSA 2, S. 306) und der „Tod des Staates" verbunden sein wird – er meint, fortan ziehen „Privatgesellschaften ... Schritt vor Schritt die Staatsgeschäfte" (MA 1; KSA 2, S. 304) inklusive der Verwaltung des Gewaltmonopols an sich und übertragen die „gesetzgebende Körperschaft" den „speciellesten Sachverständigen", die eine technokratische „Herrschaft der Wissenden" (MA 2; KSA 2, S. 507) verkörpern –, wenn Nietzsche also dies alles zugesteht, dann deshalb, weil er meint vor einem historischen Dilemma zu stehen, dass Max Weber vierzig Jahre später wie folgt auf den Begriff brachte: „Man hat nur die Wahl: in einem bürokratischen ‚Obrigkeitsstaat' mit Scheinparlamentarismus die Masse der Staatsbürger rechtlos und unfrei zu lassen und wie eine Viehherde zu ‚verwalten', – oder sie als Mitherren des Staates in diesen einzugliedern." (Weber 1988a, S. 291)

Nicht aus Sentimentalität macht Nietzsche seine Zugeständnisse an die Moderne, sondern deshalb, weil er weiß, dass dem bürokratischen Obrigkeitsstaat bald schon die letzte Stunde schlagen wird. Bevor der Staat Beute der Revolution wird, liefert Nietzsche ihn lieber an die Technokratie aus, die immerhin noch weiß, was sie tut.

Folgen wir Nietzsche, dann erliegt also der moderne Staat seiner eigenen Dialektik: In dem Maße, wie er sich der Demokratisierung und der Säkularisierung überlässt, verliert er seine Autorität. Die Dialektik der Demokratisierung und Säkularisierung führt so zu seiner Abschaffung. Die mit der Aufklärung verbundene Idee der Volkssouveränität zerstört den „Glaube an eine göttliche Ordnung der politischen Dinge", weshalb Nietzsche sagt: „Die moderne Demokratie ist die historische Form vom *Verfall des Staates*." (MA 1; KSA 2, S. 306) Sie entzaubert alle Staatsformen, den nationalen Machtstaat von Bismarck ebenso wie den sozialistischen Wohlfahrtsstaat Lassalles – den Staat als sterbenden Gott von Hobbes ebenso wie den Staat als ein an und für sich Vernünftiges von Hegel. Ja, sie entzaubert auch noch den liberalen Nachtwächterstaat des 19. Jahrhunderts, der nach Nietzsche noch längst nicht das Ende aller Staatlichkeit darstellt. Und am Ende, so dessen kühne Prognose, löst sich die „Schutzanstalt" in private Schutzorganisationen auf, die durch „Privatunternehmer" gelenkt und geleitet werden – dass inzwischen selbst im militärischen Bereich die Privatunternehmer staatliche Aufgaben übernommen haben, ist hinlänglich bekannt.

Und so steht am Ende dieser Entwicklung ein Staat der technokratische Eliten, die die Macht übernommen haben und die einerseits Demokratie auf Marktkonformität zuschneiden und die andererseits jenes Ideal des Kulturstaates realisieren werden, von dem sich Nietzsche auch hier nicht verabschiedet hat. Wenn sich Nietzsche also in den achtziger Jahren kurzzeitig mit der Demokratie und der Moderne arrangiert, auch weil er in ihr die Vorbotin einer kommenden Freiheit sieht, dann deshalb, weil er diese Moderne als einen Zwitter aus moderner technisch-technologischer Effizienz und einer Kultur nach antikem Vorbild ansieht. *Es ist ein Staat in Form eines Zwitterwesens aus Antike und Moderne.*

Dass Nietzsche dieses Staatsideal gegen die radikale, rousseauistische Variante der Staatskritik verteidigt, versteht sich von selbst. Rousseau, den Nietzsche sicher auch vereinfacht und sich zurecht gemacht hat, stand für ihn in pädagogischer Hinsicht immer für die Erziehungsdiktatur und in politischer Hinsicht für eine Aufhebung der Entfremdung in der Politik im Zeichen der Idee der Identität von Herrschenden und Beherrschten in einer direkten Demokratie ohne Gewaltenteilung. Und weil der im *contrat social* entworfene Staat auf Grund der Konzentration der „Fülle der Staatsgewalt" in seinen Händen nur ein „äusserer Terrorismus" sein kann, der selbst die „Vernichtung des Individuums" einschließt, schleudert Nietzsche der Parole „*so viel Staat wie möglich*‘" seine Parole entgegen: „*so wenig Staat wie möglich*‘" (MA 1; KSA 2, S. 308).

Nicht dass Nietzsche den Staat damit historisch für Bankrott erklärt hätte. Im Gegenteil. Gegen die „zerstörerischen Versuche übereifriger und voreiliger Halbwisser" müsse er sogar verteidigt werden – wobei Nietzsche analog zu Hobbes auf die „Klugheit" und den „Eigennutz der Menschen" vertraut, „dass jetzt *noch* der Staat eine gute Weile bestehen bleibt" (MA 1; KSA 2, S. 307). Wenn also die Alternative lautet: Staat oder Revolution, Leviathan oder Behemoth? – dann entscheidet sich Nietzsche für den Staat und für den Leviathan! Gleichwohl bleibt es bei einem romantischen Antiinstitutionalismus, insofern nun die Staats- und Institutionenkritik noch einmal radikalisiert wird. Nicht nur in den sozialistischen Formen ist der Staat eine entmündigende Zwangsinstitution, sondern auch in seiner liberal-bürgerlichen Form. Und Institutionen, „aus denen *Zukunft* wächst", könne aus dieser „*Verfallsform des Staates*" (GD Streifzüge; KSA 6, S. 141) ohnehin nicht erwachsen. Im *Zarathustra* wird Nietzsche dann seine Staats- und Institutionenkritik auf seine vielleicht berühmteste Formel bringen: „Staat heisst das kälteste aller kalten Ungeheuer."

Es ist in diesem Zusammenhang immer wieder darüber spekuliert worden, wie diese Metaper genau zu verstehen sei. Sicher scheint: Ungeheuer sind Wesen, die uns nicht geheuer sind. Sie sind uns nicht geheuer, weil sie alles übersteigen, was wir ansonsten für möglich halten. Nicht nur an Größe und Stärke überragen sie alles, sondern auch an Hässlichkeit. Und ein solches Ungeheuer ist nach Nietzsche der Staat, genauer: der moderne Staat. Er ist von allen kalten Ungeheuern das Kälteste, weil er lügt, was sich in diesem Zusammenhang so verstehen lässt, dass Nietzsche den Staat analog zu Marx als ein ideologisches Gebilde und als eine ideologische Macht ansieht. Er sieht ihn aber nicht nur als ein ideologisches Gebilde an, sondern auch als ein technisch-technologisches. Der Staat ist in der Moderne ein technisch-technokratisches Gebilde geworden, eine „Maschine", die nach Gesichtspunkten konstruiert und organisiert ist, die rein technisch-instrumenteller Natur sind und die rein gar nichts mit Moral und Recht zu tun haben. Es liegt sicher nahe, hierbei an den Leviathan zu denken, also an jenes Fabelwesen aus dem Alten Testament, das bei Hobbes zum Synonym für jenen sterblichen Gott wurde, der durch einen Vertrag eines jeden mit einem jeden zustande kam, wenngleich Nietzsche selbst diesen Bezug nicht hergestellt hat.

Gleichwohl liegt dieser Bezug aus mehreren Gründen nahe. Nicht dass Hobbes mit Rekurs auf den Leviathan das radikale Programm der Herrschaftslegitimation in die politische Philosophie eingeführt hat und damit zum Begründer der politischen Philosophie des Gesellschaftsvertrags wurde, der ohne Rekurs auf transzendente Berufungsinstanzen auskommt, sondern weil dieser mit dem Leviathan auch eine Figur erschuf, die absolut zu dem von Nietzsche beschriebenen Ungeheuer passt. Dabei macht dann das Attribut der Kälte nicht nur auf den Sachverhalt aufmerksam, dass dieses Wesen ein Wesen aus den Tiefen der Meere ist, sondern auch darauf, dass die Vorgängerform dieser Staatsform noch anders temperiert war. In den Adern des antiken Staateswesens floss jedenfalls noch kein Blut in Form von abstrakter Denktätigkeit. Aber dieser Staat ist nicht mehr am Leben. Er ist gestorben. Er ist den Kältetod gestorben. Und zwar durch die Aufklärung und die Moderne. Das kalte Ungeheuer ist das Resultat einer historischen Dialektik, die an die Stelle des antiken Staatswesens die moderne Demokratie setzte, in der Nietzsche nichts anderes als dessen „Verfallsform" erkennen will. Die moderne Demokratie, die Nietzsche zunächst analog zur antiken als eine „Veranstaltung zur Züchtung von *Tyrannen*" ansah (JGB, 8, Nr. 242, KSA 5, S. 183), wenngleich als eine unfreiwillige, wäre dann als jene Staatsform zu verstehen, in der das kälteste aller kalten Ungeheuer den Platz seines warmblütigen Vorgängers eingenommen hat.

In dieser Perspektive könnten wir hier von einer Dialektik der abendländischen Rationalisierung im Sinne von Max Weber sprechen, die den Staat der griechischen Antike in ein Gebilde transformiert, welches Verfahren institutionalisiert, die nicht nur ohne jeglichen Bezug auf ein Absolutes sind, sondern auch ohne jeglichen Bezug auf ein Ziel und ein Wozu – es ist sicher alles andere als ein Zufall, dass Nietzsches Flirt mit der Demokratie und der Moderne genau da zu seinem Ende kommt, wo die Machttheorie und die Nihilismus-Problematik erstmals konturierte Formen annimmt. Der Flirt endet da, wo die Machttheorie Gestalt annimmt. Der Prozess der abendländischen Rationalisierung führt also durch die zweckrationale Mittelwahl einerseits und durch die Berechnung andererseits zu einer „Entzauberung der Welt" (Weber 1988b, S. 597), die am Ende zum Kältetod des vormodernen Staates führt. Dieser Kältetod und der Prozess der abendländischen Rationalisierung wären danach zwei Seiten einer Medaille. Sie gehören zusammen, insofern mit der Institutionalisierung des modernen Rechts und von Verfahren und Prozeduren zu seiner Durchsetzung jene Autoritäten ihre Autorität verlieren, die das griechische Staatswesen auf seiner antiken Betriebstemperatur hielten.

Dieser Rationalisierungsprozess ruht nun aber auf Voraussetzungen, die selbst alles andere als rational sind. Die genealogische Kritik hat immer die Grundthese der neuzeitlichen Vertragstheorie und des rechtfertigungstheoretischen Kontraktualismus bestritten, wonach im Verlauf einer angemessenen Verallgemeinerung individueller Interessen der Staat mitsamt seinen institutionellen Strukturen und Arrangements als ein Vertragsverhältnis zu verstehen sei und dass die Verbindlichkeit der gesellschaftlichen und politischen Institutionen auf eine universale Zustimmung aller Gesellschaftsmitglieder qua Vertragspartner zurückgeführt werden könne. Analog zu Marx sieht auch Nietzsche im Vertragsverhältnis nur einen Schein, der zergeht, wenn wir in genealogischer Perspektive die Wurzeln dieses Gebilde in den Blick nehmen. Bereits in der Tragödienschrift meint er, dass ein einziger Blick in das Geheimnis der Staatsgründungen genügen würde, um uns von diesem Schein zu kurieren. Wer auf die Staatsgründungen schaut, den überkommt das kalte Grausen: Denn man schaut dann auf „verwüstete Länder, zerstörte Städte, verwilderte Menschen, verzehrten Völkerhaß!" – weshalb man „fürderhin nur in schauervoller Entfernung von ihm sein Heil" suchen wird. (CV 3, KSA 1, S. 771) Die Freiheit, die Nietzsche immer als eine ästhetische Freiheit versteht, ist innerhalb der Institutionen der bürgerlichen Gesellschaft nicht zu haben. Sie beginnt erst jenseits des institutionellen Zwangszusammenhangs, weshalb Nietzsche auch sagt: „Dort, wo der Staat aufhört, da beginnt erst der Mensch, der nicht überflüssig ist." (Z 1; KSA 4, S. 63)

Nein, mit Rekurs auf Vernunft und Rationalität ist die Gründung keines Staates zu erklären. Vielmehr geht jede Staatsgründung auf einen einführenden Akt der Gewalt zurück, dem man in einem realistischen Verständnis als einen Akt der *ursprünglichen Akkumulation von Macht* verstehen kann. Für die genealogische Kritik ist damit „jene Schwärmerei ... abgethan, welche ihn mit einem ‚Vertrage' beginnen liess. Wer befehlen kann, wer von Natur ‚Herr' ist, wer gewaltthätig in Werk und Gebärde auftritt – was hat der mit Verträgen zu schaffen" (GM 2; KSA 5, S. 324). Nein, der Staat verdankt sich keiner Gründung durch Vertrag, sondern einer Gründung durch eine ursprüngliche Akkumulation von Macht. Und er ist auch nicht durch Verträge am Leben zu halten – nicht erst aus Richard Wagners *Ring des Nibelungen* hat Nietzsche gelernt, dass diese Welt der Verträge auf Scheitern angelegt ist und dass die auf Verträgen basierende Herrschaft des Bürgertums zugrunde geht, weil dieses aus sich selbst heraus keine stabile Ordnung stiften konnte (Münkler 1998, S. 384 f.). Der Staat, der seine Entstehung einem „Bruch" oder „Sprung" verdankt, der ein sich als ein *unabweisbares Verhängnis* darstellt und der nur mit lauter Gewaltakten zu Ende geführt werden kann, ist, wie das Schicksal. Er ist ohne Grund, ohne Vernunft und ohne Rücksicht. Einem Blitz gleich schlägt er in die Geschichte ein und ist fortan *da*. Eine Form, die unmittelbar aus dem Leben erwuchs und die sich nun als *zweite Natur* diesem tragisch entgegensetzt.

Die Ursache für diesen Prozess der Verkehrung glaubt Nietzsche in der *Selbsttranszendenz des Lebens* gefunden zu haben. Dieses entlässt Formen aus sich, die sich dem Leben gegenüber verselbständigen und auf dieses zurückwirken, so dass, wie es in einem Gedicht von Stefan George heißt, „leben am leben erstirbt!" (zit. nach Tietz 2000, S. 224 f.) – ein Vorgang, der sich mit Georg Simmel als „Achsendrehung des Lebens" bezeichnen lässt, da Leben bei Nietzsche immer „Mehr-Leben" und „Mehr-als-Leben" ist (Simmel 1922, S. 20). Wie immer man dieses lebensphilosophische Dialektikkonzept verstehen mag. Klar ist, die Kälte des modernen Staates hat etwas mit dem Prinzip der Berechenbarkeit zu tun, wie es später Max Weber auf den Begriff bringen wird. So wie der kapitalistische Betrieb innerlich auf der Kalkulation beruht, so beruht auch der moderne Staat, die Justiz und Verwaltung auf dieser, so dass dessen Funktionieren ebenso „rational *kalkuliert* werden kann, wie man die voraussichtliche Leistung *einer Maschine* kalkuliert" (Weber 1980, § 3). Kurz: Der Staat, dieses „kälteste aller kalten Ungeheuer", gründet weder in einem Vertrag noch ist er realistisch gesehen Ausdruck von Rationalität, mit welcher die Vertragstheorie dessen Vernünftigkeit und Legitimität plausibel machen wollte. All dies sind spezifisch neuzeitliche Illusionen. Der moderne Staat gründet in einem Gewaltakt durch eine „zerdrückende und rücksichtslose Maschinerie", die ihren „Rohstoff von Volk und Halbthier endlich nicht nur durchgeknetet und gefügig, sondern auch *geformt*" hat (GM 2; KSA 5, S. 324). Beruht nach der modernen Theorie der Politik eine politische Ordnung auf dem freiwilligen Vertrag rationaler Egoisten, die, orientiert am eigenem Interesse wie bei Hobbes oder an universalistischen moralischen Prinzipien wie bei Kant – wobei in beiden Fällen das Prozedere auf Regeln und Prinzipien führen soll, die als legitim gelten können, wenn jeder den Regeln und Prinzipien Unterworfene diesen mit guten Gründen zustimmen können müsste –, so beruht er bei Nietzsche auf purer Macht. Gegen den Idealismus der Vertragstheorie setzt Nietzsche den Realismus einer Theorie der Macht, der den Bereich der Politik vollständig von der Moral und vom Recht emanzipiert. Gleich Machiavelli begreift er den Staat als ein Machtinstrument und die Macht als Grundlage des Rechts.

Für Nietzsche handelt es sich bei diesem Idealismus um eine philosophische Schwärmerei, die den wahren Sachverhalt geradewegs auf den Kopf stellt. Den Staat „mit einem ‚Vertrage' beginnen" zu lassen, unterliegt einem für die Moderne typischen rationalistischen Vorurteil, dem Vorurteil, man käme aus einem Naturzustand in den Zustand einer staatlichen Ordnung, in dem man irgendwo irgendwann zu einer vertraglichen Übereinkunft gekommen sei, die dann die Basis eines künftigen politischen Gemeinwesens bildet. Damit wiederholt Nietzsche zunächst Hegels Argumente gegen die Vertragstheorie, insofern dieser ja ebenfalls bestritt, mit dem Vertrag auf die institutionelle Basis von politischen Wir-Gemeinschaften zu stoßen, ohne freilich dessen These von der Vernünftigkeit des Wirklichen und der Wirklichkeit der Vernunft mit zu wiederholen. Im Unterschied zu Hegel meint Nietzsche nicht mehr, noch einmal auf die Macht der Idee setzten zu können. Gegen den Idealismus Hegels stellt er seinen Realismus der Macht, der diese in den Rang erhebt, in der bei Hegel die Idee der absoluten Vernunft stand. Nietzsche kennt nur noch eine Idee: Die Idee der Macht.

Die Vertragstheorien waren genau gegen diese Idee der Macht entworfen worden. Der Vertrag sollte die Basis für die machtkontrollierende Macht des Rechts abgeben, was auch noch bei Hegel der Fall war, insofern er den Vertrag nicht verwarf, sondern nur die Grenzen seiner verrechtlichenden Kraft aufzeigen wollte. Im Unterschied zu Nietzsche hat er nicht das Recht eingeschränkt, um für die Macht Platz zu bekommen, sondern er hat sich geweigert, Recht mit Vertragsrecht zu identifizieren – dies ist der Kern seiner Kritik am Gesellschafts- oder Staatsvertrag (Schnädelbach 1992, S. 186). Anders Nietzsche: Er ersetzt in staats- und institutionentheoretischer Hinsicht den *prozeduralen Legitimationstyp der Neuzeit* durch eine Theorie der Macht, die alle normativen Konnotationen im Sinne des rechtlichen und moralischen Universalismus von sich abgestreift hat – womit der getreue Seismograph des 19. Jahrhunderts das 20. vorwegnahm: Macht ist das einzige, woran diese Epoche uneingeschränkt geglaubt hat, und zwar genau in der Gestalt, die der Metaphysiker Nietzsche vorgedacht hat.

Was für die Moral gilt, soll also analog auch für das Recht gelten.[6] Dieses gründet wie jene in einem nicht-rechtlichen Bereich, der sich daher auch nicht mit den begrifflichen Mitteln der Vertragstheorie rekonstruieren lässt. Damit hat sich Nietzsche noch nicht auf die These festgelegt, dass es innerhalb der modernen Staatlichkeit kein Recht gäbe. Im Gegenteil. Die rechtliche Verfasstheit des modernen Rechts- und Verfassungsstaates kann er durchaus anerkennen, wenngleich er nie einen Hehl daraus gemacht hat, für die normative Seite der Problematik kaum Interesse aufzubringen. Die genealogische Kritik bestreitet lediglich, dass diese rechtliche Verfasstheit des modernen Staates in einem Vertrag oder in der Vernunft gründet. Nietzsche versteht das moderne Recht rein funktional, als Funktion des Willens zur Macht. Es dient schlicht der institutionellen Selbsterhaltung von politischen Großkollektiven. Ihm liegt aber keine moralische Dimension von Gerechtigkeit zugrunde, so dass es auch sinnlos scheint, hier zwischen legitimer und illegitimer Macht unterscheiden zu wollen – was Nietzsche jedoch selbst tut, insofern er die Macht des Pöbels nicht als legitim zu akzeptieren bereit ist.

Was Hegels philosophische Legitimation des bürgerlichen Staates und seiner Institutionen von der positivistischen Idee bloßer Macht trennt, nämlich seine Lehre von der Macht der Idee, wird bei Nietzsche durch eine Metaphysik der Macht ersetzt, die gar nicht mehr beansprucht, die normative Problematik zu lösen: weder in der Variante von Hobbes, noch von Kant oder Hegel. Gänzlich verwunden ist sie jedoch auch nicht. Im Lebensbegriff fristet sie eine Art Restda-

---

6 „Es giebt keine moralischen Phänomene, sondern nur eine moralische Ausdeutung von Phänomenen ...“ (JGB 4; KSA 5, S. 92)

sein. Wie Nietzsche in der zweiten *Unzeitgemäßen Betrachtung* die historische Bildung und das Jahrhundert, das am meisten an sie glaubte, vor den Richterstuhl des Lebens zitierte, so zitert er nun den Staat und seine Institutionen vor diesen Richterstuhl. Dabei ist das Leben hier wie dort die Instanz, die zwei Kriterien vorgibt: erstens das Kriterium für die Unterscheidung zwischen Krankheit und Gesundheit und zweitens die Norm und das Ziel unseres Umgangs mit ihm. Damit legt er im Rahmen einer „Gesundheitslehre des Lebens" die Grundlagen einer Staats- und Institutionenlehre, als welche man die Metaphysik des Willens zur Macht auch bezeichnen könnte: Aus der *faktischen Vorordnung* des Lebens vor dem Staat und seinen Institutionen, also aus der Tatsache, dass alle Staatsformen in einem Lebenszusammenhang stehen und diesen auch zerstören können, wird nun die *normative Überordnung* des Lebens über den Staat und seinen Institutionen. In Abwandlung des berühmten Zitats aus der zweiten *Ungzeitgemäßen Betrachtung* kann man sagen: *Nur soweit der Staat und seine Institutionen dem Leben dienen, wollen wir ihm dienen.*

4 Zusammenfassung

Fassen wir das Gesagte zusammen: Wir hatten im Anschluss an Foucault gesagt, die Staats- und Institutionenkritik von Marx und Nietzsche kommen bei allem was sie trennt, in einer Überbewertung des Problem des Staates überein, wobei die paradoxe und reduzierende Form der Kritik den Staat funktionalistisch auf die Entwicklung der Produktivkräfte und die Reproduktion der Produktionsverhältnisse zurückzuführen gedachte, während die unmittelbare, affektive und tragische Form der Kritik den Staat aus einer Achsendrehung des Leben verstand, welches Formen aus sich entlässt, die sich diesem gegenüber verselbständigen. Dabei gingen beide Varianten der Staats- und Institutionenkritik nicht nur davon aus, dass der Staat nicht das ist, als was er bei Hegel begriffen wurde, nämlich ein an und für sich Vernünftiges, sondern auch noch darin, dass die Vernunft, die bei Hegel mit der Wirklichkeit identisch und die einer absoluten Idee sein sollte, in staatstheoretischer Hinsicht nicht der determinierende Faktor ist, durch der Staat und seine Institutionen zu verstehen sind.

Dabei ließen sich beide Varianten der Staats- und Institutionenkritik als Kritik an der Legitimationsfunktion des im Naturrecht behaupteten Zusammenhang zwischen Vernunft und Rationalität auf der einen Seite und Macht auf der anderen Seite verstehen, wobei beide, Marx und Nietzsche in staats- und institutionentheoretischer Hinsicht den *prozeduralen Legitimationstyp der Neuzeit* durch eine Theorie der Macht ersetzten, die alle normativen Konnotationen im Sinne des rechtlichen und moralischen Universalismus von sich abgestreift hat – mit der

Konsequenz, dass sich die Freiheit, die es nach Hegel nur in den Kontexten einer institutionalisierten Rechtspraxis geben sollte, nun nur noch jenseits von dieser denken lässt. Die Idee der Freiheit, die Nietzsche immer als ästhetische[7] und Marx immer als materiale Freiheit verstand, hat innerhalb der bürgerlichen Gesellschaft keinen Ort – nirgends. Denn sie lässt sich nur als eine Freiheit jenseits aller institutionellen staatlichen Zusammenhänge verstehen. Eben diese Idee der Freiheit und die Idee einer unversehrten Intersubjektivität jenseits aller institutionellen Ordnungen war es, die in unterschiedlicher Weise die Institutionenkritik von Marx und Nietzsche grundierte. Und eben diese Idee der Freiheit und der Idee einer unversehrten Intersubjektivität jenseits aller institutionellen Ordnungen ist es auch, die über weite Strecken auch das gegenwärtige Interesse an Marx und Nietzsche begründet (vgl. Kantner/Tietz 2003, S. 105 f.).

Literaturverzeichnis

Böckenförde, Ernst-Wolfgang (1976): *Staat, Gesellschaft, Freiheit*. Frankfurt a. M.: Suhrkamp.

Breuer, Stephan (2002): *Moderner Fundamentalismus*. Berlin/Wien: Philo.

Engels, Friedrich (1957): „Umrisse zu einer Kritik der Nationalökonomie" [1843–1844]. In: *Marx-Engels Werke (MEW)*, Bd. 1, Berlin: Dietz, S. 499–524.

Engels, Friedrich (1960): „Der Ursprung der Familie, des Privateigentums und des Staats". In: *Marx-Engels Werke (MEW)*, Bd. 21, Berlin: Dietz, S. 25–173.

Engels, Friedrich (1967): „Die Entwicklung des Sozialismus von der Utopie zur Wissenschaft". In: *Marx-Engels Werke (MEW)*, Bd 19, Berlin: Dietz, S. 189–201.

Foucault, Michael (2006): *Sicherheit, Territorium, Bevölkerung. Geschichte der Gouvernementalität*. Bd. 1. Frankfurt a. M.: Suhrkamp.

Habermas, Jürgen (1992): *Faktizität und Geltung*. Frankfurt a. M.: Suhrkamp.

Kantner, Cathleen (2012): „Sicherheit und Freiheit in Arnold Gehlens Institutionentheorie". In: Voigt, Rüdiger (Hrsg.): *Sicherheit versus Freiheit. Verteidigung der staatlichen Ordnung um jeden Preis?*, Wiesbaden: Springer Sozialwissenschaften, S. 165–186.

Kantner, Cathleen/Tietz, Udo (2003): „Dialektik, Dialog und Institutionenkritik. Zum Institutionenverständnis der Kritischen Theorie". In: Laberenz, Lennart (Hrsg.): *Schöne neue Öffentlichkeit. Beiträge zu Jürgen Habermas' „Strukturwandel der Öffentlichkeit?"*, Hamburg: VSA, S. 105–129.

Marx, Karl (1957a): „Kritik des Hegelschen Staatsrechts (§§ 261–313)" [1843]. In: *Marx-Engels Werke (MEW)*, Bd. 1, Berlin: Dietz, S. 201–336.

Marx, Karl (1957b): „Zur Judenfrage" [1843]. In: *Marx-Engels Werke (MEW)*, Bd. 1, Berlin: Dietz, S. 347–377.

Marx, Karl (1957c): „Zur Kritik der Hegelschen Rechtsphilosophie. Einleitung" [1844]. In: *Marx-Engels Werke (MEW)*, Bd. 1, Berlin: Dietz.

---

7 Vgl. Tietz 2002, S. 88 f.: „Dort, wo der Staat aufhört, da beginnt erst der Mensch, der nicht überflüssig ist." (Z; KSA 4, S. 63)

Marx, Karl (1968): „Auszüge aus James Mills Buch ‚Élémens d'économie politique?. Trad. par J. T. Parisot, Paris 1823" [1844]. In: *Marx-Engels Werke (MEW)*, Ergänzungsband. Erster Teil, Berlin: Dietz, S. 443–464.

Marx, Karl (1980): „Das Kapital". In: *Marx-Engels Werke (MEW)*, Bd. 23, Berlin: Dietz.

Marx, Karl/Engels, Friedrich (1958): „Die deutsche Ideologie" [1845–1846]. In: *Marx-Engels Werke (MEW)*, Bd. 3, Berlin: Dietz.

Marx, Karl/F. Engels, Friedrich (1977): „Manifest der Kommunistischen Partei" [1848]. In: *Marx-Engels Werke (MEW)*, Bd. 4, Berlin: Dietz, S. 459–493.

Münkler, Herfried (1998): „Macht durch Verträge. Wotans Scheitern in Wagners ‚Ring'". In: Greven, Michael Th./Münkler, Herfried/Schmalz-Bruns, Rainer (Hrsg.): *Bürgersinn und Kritik*. Baden-Baden: Nomos, S. 377–402.

Ottmann, Henning (1999): *Philosophie und Politik bei Nietzsche*, Berlin/New York: De Gruyter.

Ruben, Peter (1998): „Die soziale Frage einst und jetzt". In: *Berliner Debatte Initial*, Jg. 9, Nr. 1, S. 5–18.

Schnädelbach, Herbert (1992): „Hegel und die Vertragstheorie". In: Schnädelbach, Herbert: *Zur Rehabilitierung des animal rationale. Vorträge und Abhandlungen 2*, Frankfurt a. M.: Suhrkamp, S. 185–204.

Simmel, Georg (1922): *Lebensanschauung. Vier metaphysische Kapitel*. München/Leipzig: Duncker & Humblot.

Stenographische Berichte über die Verhandlungen des Deutschen Reichstages (1979f), Bd. 2, München: Bayrische Staatsbibliothek

Tietz, Udo (2000): „Phänomenologie des Scheins". In: Gerhardt, Volker/Reschke, Renate (Hrsg.): *Nietzscheforschung*, Bd. 7, Berlin: Akademie, S. 150–177.

Tietz, Udo (2002): „Musik und Tanz als symbolische Formen. Nietzsches ästhetische Intersubjektivität des Performativen". In: *Nietzsche-Studien*, 31, S. 75–90.

Tietz, Udo (2010): „Die Gesellschaftsauffassung". In: Bluhm, Harald (Hrsg.): *Karl Marx/Friedrich Engels: Die Deutsche Ideologie* (Klassiker Auslegen, Bd. 36), Berlin: Akademie, S. 59–82.

Tietz, Udo (2011): „Aufstieg, Größe und Fall. Überlegungen über den historischen Fortschritt im Anschluss an Nietzsche". In: Caysa,Volker/Schwarzwald, Konstanze (Hrsg.): *Nietzsche – Macht – Größe: Philosoph der Größe der Macht und der Macht der Größe*, Berlin/New York: de Gruyter, S. 319–354.

Tietz, Udo/Kantner, Cathleen (2012): „Die Freiheit und ihre Institutionen. Hegel über die normative Integration von modernen Gesellschaften". In: Voigt, Rüdiger (Hrsg.): *Sicherheit versus Freiheit. Verteidigung der staatlichen Ordnung um jeden Preis?*, Wiesbaden: VS Sozialwissenschaften, S. 141–164.

Weber, Max (1980): *Wirtschaft und Gesellschaft. Grundriß der verstehenden Soziologie*. Hrsg. v. J. Winkelmann. Tübingen: Mohr-Siebeck.

Weber, Max (1988a): „Wahlrecht und Demokratie in Deutschland". In: Weber, Max: *Gesammelte politische Schriften*, Tübingen: Mohr-Siebeck, S. 245–291.

Weber, Max (1988b): „Wissenschaft als Beruf". In: Weber, Max: *Gesammelte Aufsätze zur Wissenschaftslehre*, Tübingen: Mohr-Siebeck, S. 582–613.

Wellmer, Albrecht (1993): „Bedeutet das Ende des ‚realen Sozialismus' auch das Ende des Marxschen Humanismus? Zwölf Thesen". In: Wellmer, Albrecht: *Endspiele. Die unversöhnte Moderne*, Frankfurt a. M.: Suhrkamp, S. 81–94.

Peter André Bloch

Nietzsches Beziehungen zu den Frauen über die Musik

1 Einleitung

Unter dem vielversprechenden Titel „Frauen – Ein Nietzschethema? Nietzsche: Ein Frauenthema?" hat Renate Reschke vor zwei Jahren das 19. Jahrbuch der Nietzschegesellschaft herausgegeben (Reschke 2012). Darin werden zu Nietzsche alle möglichen Gesichtspunkte und Perspektiven zeitgenössischer Gender-Forschung eingebracht, um seine Beziehungen zu den Frauen zu klären, zu korrigieren, in ein neues Licht zu rücken. In ihrem Beitrag „Nietzsche und die Geschlechterfrage" geht vor allem Annemarie Pieper seinen zwiespältigen Aussagen über die Frau und das weibliche Geschlecht nach, im Laufe der Geschichte bis hin zum Gedanken der Emanzipation, „für die er nur Hohn und Spott" kenne, weil er darin „eine falsch verstandene Gleichberechtigung" sehe, in welcher sich lediglich „die misslungenen Formen der männlichen Geschlechtsrollen wiederholten" (Pieper 2012, S. 53–63). In vielen seiner Äusserungen zeigt sich ein Frauenbild eigentümlich überlebter Art, das er diskutiert und gegen das er sich wendet; wobei er sich vor allem an der verbreiteten Vorstellung von der Frau als Spiegel ihres Mannes störte. Dies habe sie zu einem unselbständigen, abhängigen Wesen gemacht und ihre Selbstwerdung behindert. Nietzsches Aussagen über das Verhältnis von Mann und Frau wirken oft unbegreiflich rückständig und derart provokant-polemisch, schlagwortartig-vereinfacht, dass er für viele zum Inbegriff eines Frauenhassers wurde: Lässt er in den Reden *Zarathustras* am Schluss des Kapitels „Von alten und jungen Weiblein" das alte Weiblein nicht zu Zarathustra sagen: „Du gehst zu Frauen? Vergiss die Peitsche nicht! –" (Z I; KSA 4, S. 86)

Im Kapitel „unsere Tugenden", im „Siebenten Hauptstück" von *Jenseits von Gut und Böse*[1] wird in einer seltsam zugespitzten Argumentationsreihe der Frau

---

1 In *Jenseits von Gut und Böse*, „Siebentes Hauptstück: unsere Tugenden" (insb. JGB 7, Nr. 232–239, KSA 5, S. 170–178) hat Nietzsche besonders eingehend über das Verhältnis von Frau und Mann nachgedacht, mit Argumenten, die er in ihrer Beziehung zu den Vorstellungen der jeweiligen Gesellschaftsvorstellungen untersuchte und auf seine persönliche Auffassung, seine Wahrheit, hin relativierte und von verschiedenen Perspektiven her miteinander konfrontierte: Dabei stellt er prinzipiell die Möglichkeit einer geistigen Selbständigkeit der Frau in Frage (JGB 7, Nr. 232, KSA 5, 170 f.).

sogar die Möglichkeit geistiger Selbständigkeit abgesprochen und provokant von dem „Ewig-Langweiligen am Weibe" gehandelt:

> „Das Weib will selbständig werden: und dazu fängt es an, die Männer über das „Weib an sich" aufzuklären – das gehört zu den schlimmsten Fortschritten der allgemeinen V e r h ä s s l i c h u n g Europa's. Denn was müssen diese plumpen Versuche der weiblichen Wissenschaftlichkeit und Selbst-Entblössung Alles an's Licht bringen! Das Weib hat so viel Grund zur Scham; im Weib ist so viel Pedantisches, Oberflächliches, Schulmeisterliches, Kleinlich-Anmaassliches, Kleinlich-Zügelloses und – Unbescheidenes versteckt – man studire nur seinen Verkehr mit Kindern!" (JGB 7; KSA 5, S. 170 f.)

Nichts sei „von Anbeginn an dem Weibe fremder, widriger, feindlicher als Wahrheit": „seine grosse Kunst ist die Lüge, seine höchste Angelegenheit ist der Schein und die Schönheit" (Ebd., S. 171).

Solche Äusserungen haben in der Sekundärliteratur immer wieder auf ihn zurück gewirkt.[2] Man spricht von Arroganz, von erstaunlich unberatener Eigenwilligkeit; und es gibt in der Nietzsche-Literatur in Sachen *eroticis* denn auch nichts, aber auch gar nichts, womit er in der Geschlechterfrage nicht in Verbindung gebracht worden wäre. Hermann Josef Schmidt geht in seiner Spurensuche „Nietzsche absconditus" (Schmidt 1991, bes. S. 28–52) allen möglichen Komplexen und Kindheitsneurosen nach, vor allem seiner Verliebtheit in die eineinhalb Jahre jüngere Schwester, die ihm später seine Beziehung zu den Frauen erschwert, wenn nicht gar verunmöglicht habe. Und weil Nietzsche einer der ganz wenigen Autoren ist, der tabulos über sich, seine Empfindungen und Erfahrungen spricht – mit sich selbst oder seinen Brieffreundschaften, vor allem aber in der Maske des einen oder andern Diskutanten in seinem oft dialogisch strukturierten Werk –, wurde er zur Fundgrube für psychologisch oder psychoanalytisch ausgerichtete Studien, auf der Suche nach sexuellen Schwierigkeiten, Verirrungen oder Abartigkeiten. Im Kapitel „Das Weibchenideal und der Heiratswahn" bezeichnet Helmut Walther Brann in seiner Analyse *Nietzsche und die Frauen* den Dichter-Philosophen „unbeschadet seiner geistigen Bedeutung" als „das typische unbefriedigte alte Mädchen", das „mit Hilfe aller möglichen Freunde und Bekannten" ein Leben lang vergeblich die zu ihm passende Gattin" gesucht habe (Brann 1931, S. 80 f.).

Er spricht von seiner „Liebesfreundschaft" mit Schwester Elisabeth, die ihrerseits im posthum erschienenen Werk *Friedrich Nietzsche und die Frauen seiner Zeit*

---

2 Vgl. dazu: Brann 1931; Förster-Nietzsche 1935; Peters 1983; Behler 1989, S. 359–376; Volz 1990; Schmidt 1991; Goch 1992; Bergoffen 1996, S. 18–26; Diethe 2000, dort insb. Kap. „Nietzsche und die ‚Neuen Frauen'", S. 92–124; Leis 2000; Oppel 2005; Salber 2007.

deren „verhängnisvolles Verhalten Nietzsche gegenüber" anprangerte, weil sie ihn als Bruder ganz allein für sich haben wollte (Förster-Nietzsche 1935).

Gegenüber dem verwirrenden Durcheinander von Meinungen zu Nietzsches oft ambivalent wirkenden Aussagen zum Problem „Frau" hat das von Renate Reschke 2012 herausgegebene Jahrbuch mit seinen beachtlichen Beiträgen ein differenzierteres Nietzsche-Bild entwickelt, dem ich nun selbst noch einen ganz speziellen Aspekt beifügen möchte, den man bisher eher übersehen hat. Wenn man nämlich nicht nur Nietzsches öffentliche, abstrakt-wissenschaftliche, vornehmlich philosophisch-argumentatorische Seite in Betracht zieht, sondern auch seine stilleren, gefühlvolleren Charaktereigenschaften berücksichtigt, seine Sensibilitäten und rücksichtsvollen Umsichtigkeiten, dann fallen einem – nebst den vielen einfühlsamen Briefen – vor allem auch seine liebevoll-zärtlichen musikalischen Geschenke ein, mit denen er viele Freunde, vor allem aber weibliche Bekannte und Freundinnen bedachte, an deren Beziehung ihm besonders gelegen war.

Im gemeinsamen Musizieren oder Musikhören fühlte er sich entspannt, da konnte man eher aufeinander zugehen, sich näher kommen, emotional frei und zum freundschaftlichen Gedankenaustausch offen. Das Medium der Musik erleichterte ihm menschliche Annäherung, die seiner Neigung entsprach; besonders im Bereich der Hausmusik fühlte er sich sicher: Beim musikalischen Zusammenspiel, allein oder zu zweit am Klavier, mit oder ohne Zuhörerschaft, mit Freundin als Sängerin oder Freund als Geiger. Dabei konnte es nicht nur ernsthaft, sondern oft auch ganz unverkrampft-fröhlich zugehen. Da konnte man auch improvisieren und sich gegenseitig amüsieren, vergnüglich mit Vorbildern messen.

Dieser Bereich seiner Persönlichkeit ist besonders von Curt Paul Janz massgeblich entdeckt und auch festgehalten worden. Die Geringschätzung seiner Musik hat sich jedoch bei vielen Nietzsche-Kennern kaum geändert; man lächelt über seine dilettantischen Versuche, ohne zumindest deren einzigartige Wirkung auf sein Verständnis des Gesamtkunstwerkes zu beachten, welches nach der Gesamtheit seines Denkens nur im Zusammenklang aller möglichen menschlichen Ausdrucksformen besteht.[3]

---

3 Einen grossen Beitrag zum Verständnis von Nietzsches Musik liefert der kürzlich fertig gestellte Film *Der Alpinist und der „Prophet"/L'alpiniste et le „prophète"*. *Curt Paul Janz, Nietzsche und die Musik/Curt Paul Janz, Nietzsche et la musique* von Bertrand Theubet u. Jean-Luc Bourgeois (Theubet/Bourgeois 2012).

2 Nietzsches Jugendzeit im Zeichen der Musik

Wie jeder andere Jugendliche steht Nietzsche anfänglich noch ganz im Bereich von Familie und Schule. Deren Impulse vermochte er sich mühelos anzueignen und mit seiner Vorstellungswelt zu verbinden. Seine ersten Gebrauchstexte, Briefe und Zeichnungen, entworfenen Spielvorlagen und Exzerpte, beschaulichen Meditationen, selbstbiographischen Aufzeichnungen wie auch die musikalischen Kleinkompositionen sind in engem Bezug zur damaligen Pflege häuslicher Kultur entstanden. In den erhaltenen Aufzeichnungen geht es um gegenseitige Rücksichtnahme und Unterstützung, um fürsorgliches Füreinander-Dasein, um die Pflege des engen Kontakts durch Besuche, Mitteilungen, Informationen über gesundheitliche Probleme oder familiäre Veränderungen. Mit dem frühen Tod seines Vaters verstärkte sich Nietzsches Bindung an die Mutter, die den Sohn und später auch das Töchterchen selbst ins Klavierspiel einführte, so dass die beiden Geschwister bald zusammen vierhändig spielten, nach den üblichen Vorlagen, oft auch aufgrund Nietzsches eigenen Entwürfen, die sie gemeinsam zu Weihnachten oder an Geburtstagsfeiern vortrugen. Gerne wirkte Fritz als das organisierende Zentrum, bei festlichen Familientreffen, wenn er als Sohn allen mit Freundlichkeit, auch im Namen des verstorbenen Vaters, zu danken hatte. Der Naumburger Haushalt bestand sonst nur aus weiblichen Mitgliedern: der Großmutter Erdmuthe, Mutter Franziska und dem Schwesterchen Elisabeth, den beiden unverheirateten Tanten Auguste und Rosalie sowie dem Dienstmädchen Wilhelmine, genannt Mine.

Die ersten erhaltenen Texte und musikalischen Entwürfe sind an die Mutter gerichtet, als Neujahrswünsche oder konventionelle Geburtstagsadressen, die er im Familienverband vortrug, um sie ihr sodann in Reinschrift und selbst verfertigtem Einband feierlich zu überreichen. Er bemühte sich dabei um ein möglichst originelles Variieren der im Prinzip immer gleichen Motive von Abschied und Erinnerung. So entwarf er nach dem Tode der Grossmutter den Chorsatz „Es zieht ein stiller Engel", in Vorbereitung der Familienfeier in der neuen Wohnung nahe dem Marientor, im Anklang an die von ihm gehörten Oratorien in der Stadtkirche von St. Wenzel, mit dem Text: „Es zieht ein stiller Engel durch dieses Erdenland / zum Trost für Erdenengel hat ihn der Herr gesandt / o folg ihm stets hienieden." (siehe Janz 1976, S. 178). In Erinnerung an die Beerdigungsfeier des Vaters versuchte er ein Jahr später Bachs Motette „Jesu meine Zuversicht" zu harmonisieren und als Choral an den Anfang einer Komposition für zwei Chöre zu setzen, im Stile von Bachs *Matthäuspassion* (siehe Janz 1976, S. 194). Er verfasste für die Mutter mehrere Weihnachtsgedichte und schenkte ihr als „Kleine Weihnachtsgabe" 1857 einen liebevoll-beschaulichen Text, der sich mit grossem poetischem Aufwand mit dem Sinn von Weihnachten auseinandersetzt. Auffällig ist dabei das

Metaphern-Spiel vom Dunkel zum Licht, das die Natur – im Stile von Haydns *Schöpfung* – zum Leben erweckt. Die Nacht wird in übertragenem Sinne auch mit der Finsternis der Sünde gleichgesetzt, von welcher die Geburt Christi die Menschen erlöste, weshalb Weihnachten gefeiert werde, zum Zeichen der Überwindung der Vertreibung aus dem Paradiese durch die Eröffnung der Himmelspforte für die Menschen guten Willens.

3 Schulpforta

Im Oktober 1858 verlässt er, als Alumnus im rein männlichen Schulpforta, den weiblichen Naumburger Haushalt, mit seinen eingespielten Verhaltensmustern. Vor seiner Abreise komponiert er, in Erinnerung an den Vater, einige Fugen-Fragmente und Orchester-Skizzen für ein Requiem. In der neuen Umgebung wird er an unsäglichem Heimweh leiden, das sich in seinen melancholischen Briefen spiegelt, vor allem auch in der grossen Vorfreude auf die Weihnachtsferien, die er kaum erwarten kann. Als Überraschung komponiert er für die Mutter eine Motette für vier Singstimmen, die er mit der Schwester und nahen Verwandten für die Weihnachtsbescherung einübt. Den Text übernahm er – nach Psalm 24, Vers 7 – der deutschen Übersetzung des *Messias* von Händel (Chor 33), von dem sich ein Klavierauszug im Besitz der Familie befand: „Hoch tut euch auf, ihr Tore der Welt, daß der König der Ehren einziehe." (Janz 1976, S. 190) Den beiden Kameraden des Freundschaftsbundes „Germania" – Gustav Krug und Wilhelm Pinder – schickte er neben poetischen und philosophischen Abhandlungen immer wieder musikalische Grüsse, so ein „Miserere" nach Palestrina, das er für den Portenser Schülerchor[4] komponierte, Entwürfe zu einer Messe und Fragmente eines Requiems sowie Teile eines „Weihnachtsoratoriums", das „besser werden solle als dasjenige von Bach" (Janz 1978a, S. 89 ff.).

Bald beginnt er ausdrucksstarke Tongemälde zu entwerfen: „Heidenwelt", „Sternerwartung", „Der Könige Tod", die er später, unter dem Titel „Schmerz ist der Grundton der Natur", zu seiner Klavierfantasie für vier Hände zusammenfasst. Mit grossem Interesse liest er mit den Freunden der „Germania" die von ihnen abonnierte *Zeitschrift für Musik*, in welcher auch die neuen musikalischen Strömungen diskutiert werden. Unter dem Einfluss Schumanns und Liszts entwickelt er den Plan zu einer „symphonischen Dichtung", rund um die ihn faszinieren-

---

4 Vgl. Nietzsche: „Ich bin seit gestern nun wirklich im Chor, worüber ich mich sehr freue. Ich singe nun mit in der Kirche, kann die Sängerfahrt mitmachen und genieße nun alle Vor- und Nachtheile eines Choristen." (BAW 1, S. 134)

de nordische Sagengestalt Ermanarich, mit stimmungsvoll-tragischen Tonbildern.

Auf der andern Seite beginnt er gefühlvolle Lieder und phantasievolle Instrumentalwerke zu komponieren, als Geschenke (mit Widmung) für ihn wichtige Verwandte und Bekannte. Vor allem die Begegnung mit Anna Redtel, Pfarrerstochter und Schwester seines „Unteren"[5], löste in ihm einen eigentlichen Gefühlsrausch aus, der sich in einem imponierenden Geschenk äusserte, mit welchem er dem jungen Mädchen seine Zuneigung wie auch seine musikalische Begabung kundtun wollte. Ihre Familie hatte er – wie er an Mutter und Schwester am 29. August 1863 voller Begeisterung berichtet – in Bad Kösen getroffen:

> „Donnerstag Nachmittag war Bergtag bei dem angenehmsten Wetter der Welt. Schade daß ihr nicht da ward, es war sehr hübsch und amüsant. Ich habe leidlich viel getanzt. Frau Geheimräthin Redtel war da alsam ihren Töchtern. Ich werde sie öfter besuchen, da ich eingeladen bin und es sehr liebenswürdige Menschen sind." (KSB 1, S. 252)

In Erinnerung an ihre Begegnung schenkte er Anna einen sorgfältig zusammengestellten Band eigener Kompositionen, in Reinschrift kopiert, in schwarzem Karton gebunden, mit Goldvignette auf dem Deckel, Titel und Widmung von eigener Hand: „Rhapsodische Dichtungen an Frl. Anna Redtel. von Fr. Nietzsche. im September des Jahres 1863", mit folgendem Inhalt: 1. „Aus der Jugendzeit" (Lied, Text von Rückert); 2. „Im Mondschein auf der Puszta" (Klavier); 3. „Edes titok" („still und ergeben", Klavier); 4. „Sturmmarsch aus Ermanarich" (eigentlich „Hochzeitsmarsch" aus der symphonischen Dichtung, Klavier); 5. „Aus der Czarda" (Klavier); 6. „Da geht ein Bach" (Klavier, mit unterlegtem Text); 7. „Albumblatt" (Klavierfassung des Melodrams „Das zerbrochene Ringlein", Text von Joseph von Eichendorff). Anna dankte ihm herzlich für dieses schöne Geschenk (KGB I/1, S. 403); die Mutter ärgerte sich über seine Verschwendungssucht, kürzte sein Taschengeld.

Die Lieder aus Schulpforta waren vornehmlich für die Freunde der „Germania" bestimmt; „Da geht ein Bach" (Text von Klaus Groth) ist indes Tante Rosalia gewidmet, „Wie sich Rebenranken schwingen" (Text von Hoffmann von Fallersleben) Tante Ida Oehler, zur bevorstehenden Hochzeit mit Moritz Schenkel, Pfarrer in Cainsdorf. Für die Weihnachtsferien 1863 hat er in Vorfreude auf das gemeinsame Musizieren mit Gustav Krug „Eine Sylvesternacht" (für Violine und Klavier) komponiert, das sie vorerst für sich allein, nach Neujahr dann auch für Mutter und Schwester spielten. Vor der Immatrikulation in Bonn machte er eine

---

5 „Unterer": der von einem Gymnasiasten zu betreuende, jüngere Schüler in Schulpforta.

Reise auf dem Rhein mit Paul Deussen, verbrachte anschliessend eine Ferienwoche bei dessen Eltern im Pfarrhaus zu Oberdreis. Hier machte er die Bekanntschaft der 16jährigen Marie, für welche er in Erinnerung „an diese wunderschönen Tage" mehrere Lieder komponierte, die er ihr prächtig gebunden übersandte: z.B. „Beschwörung" (nach Alexander Puschkin), „Nachspiel" (nach Sandor Petöfi), „Ständchen" (nach Sandor Petöfi), „Gern und Gerner" (nach Adalbert von Chamisso). Sie sei

> „[...] trotz ihrer Jugend ein ganz prächtiges, sehr geistiges Mädchen", schreibt er nach Hause, „weshalb ich ihr natürlich meine besondere Gunst nicht versagen kann. [...] An Marie Deussen habe ich zu ihrem morgenden Geburtstag einige eigne Lieder geschickt, ich finde das sehr artig von mir, es ist das Beste, wodurch ich meine Erkenntlichkeit beweisen kann." (KSB 2, S. 20 ff.)

Diese Annäherungsversuche erregten Schwester Elisabeths Eifersucht; die Mutter empörte sich über die unnötigen Ausgaben und Tante Rosalia erteilte ihm wohlgemeinte Ratschläge für die Zügelung seiner Sinnlichkeit.

4 Studienzeit in Bonn und Leipzig

Mit seinem Eintritt in die Burschenschaft „Franconia" kam es zur Begegnung mit vielen musikliebenden Philologen, die durch seine Klavierimprovisationen und besonders wegen seiner parodistisch-satirischen Offenbachiade „Die Frankonen im Himmel" auf ihn aufmerksam wurden. Sein Studentenname lautete bezeichnenderweise „Ritter Gluck". Nietzsche stand den Zwängen des Burschenbetriebs eher kritisch gegenüber, freute sich aber ausserordentlich über die Insignien, die ihm das Ansehen eines aktiven Corpsstudenten verliehen, mit Mütze, Farbenband, etc. Er nahm sogar an einer Mensur teil, um seinen Mut unter Beweis zu stellen, konnte aber nicht umhin, in einer Offenbachiade das männerbündlerisch-hierarchische Verhalten gegenüber dem weiblichen Geschlecht zu parodieren: Während die „Füchse" die Töchter der Alten Herren als unberührbar zu respektieren hatten, besuchten sie nach einer Ballveranstaltung gemeinsam das Bordell.

Um seine Freizeit vermehrt auf die musikalischen Anregungen seiner Umwelt auszurichten, kehrte er dem studentischen Burschenleben den Rücken; besuchte das Grab Schumanns, legte feierlich einen Kranz nieder, fuhr an Weihnachten 1864 nicht nach Hause, sondern vertiefte sich mit seinen Bonner Freunden in Schumanns *Manfred*.

Mutter und Schwester schenkte er ein in Leder gebundenes und mit seinem Foto versehenes Bändchen seiner Lieder. Zum Teil sind es dieselben, die er an

Marie Deussen geschickt hatte, die er auf einem beigelegten Merkblatt mit Kommentaren versah, mit welchen er der Schwester möglichst genau das Singen dieser Lieder erläuterte:

> „[...] für den Fall, dass Du die Lieder selbst spielen und singen willst [...] Das leichteste zum Vortragen ist „Das Kind an die erloschene Kerze", so innig, einfach und harmlos wie möglich zu singen. Aehnlich das letzte Lied („Nachspiel"), das, ebenfalls einfach, indessen getragen von grossartiger Resignation, Dir gewiss gefallen wird. Vergiss nicht die Stellen „in eine wilde schöne Waldeinsamkeit" und „und endlich selber mit ihr untergehen" voll, erhoben und gross zu singen. Das Ständchen liegt sehr tief, die Begleitung ist ein wenig schwerer, die Melodie ist sehr leicht zu singen. Es kommt darauf an, die letzte Zeile jedes Verses hervorzuheben. Das „Ungewitter" von Chamisso wird Dir gefallen; spiele und singe es ernst, düster und entschlossen, bis auf den mittelsten Vers, der den Contrast nach beiden Seiten hin bildet. „Es winkt und neigt" erfordert die Fähigkeit, vollgriffige Akkorde anschwellen zu lassen, und der Stimme alle Nüancen des Tons zu geben. „Verwelkt" ist ähnlich, aber leichter. Der Schluss ist „erfroren", sieh einmal, ob Du das nicht bemerkst. Die besten, aber auch schwersten Lieder sind „Gern und gerner" und „Unendlich"! Das erste muss sehr schwungvoll, keck und graziös ausgeführt werden, das andre mit voller Leidenschaft. Nimm den Mittelvers langsamer. Besonders muss die Begleitung vorzüglich eingeübt sein, wenn das Lied gefallen soll [...] Mögen Dir die Lieder gefallen!" (Brief an die Schwester, Bonn, kurz nach 10. Juli 1865, KSB 2, S. 74)

Er setzte seine Liedkompositionen fort, und viele Kritiker – auch Curt Paul Janz – sind der Meinung, dass diese in technischer Hinsicht seine besten Musikwerke darstellen, weil sie in einem fasslich überschaubaren Rahmen Stimmungen und gefühlvoll-leidenschaftliche Situationen wiedergeben. Er ging so oft ins Konzert und Theater, dass er mehrmals seine Mutter um Geld bitten musste, welche ihrerseits umso beunruhigter wurde, als ihr Sohn sich mehr und mehr von der Theologie entfernte – so wie sie sich diese vorstellte. Er las *Das Leben Jesu* von David Friedrich Strauss und lehnte es zu Ostern auch ab, mit ihr und der Schwester zum Abendmahl zu gehen. Er besuchte alle Opern-Aufführungen: *Fidelio, Die Hugenotten* (mit der bekannten Sängerin Bürde-Ney), den *Freischütz* und *Oberon*; er hörte Clara Schumann und Adelina Patti und sprach oft mit Paul Deussen über die damals für ihn noch „problematische" Musik Wagners. Im Juni 1865 besuchte er das dreitägige Musikfest in Köln, unter der Leitung von Ferdinand Hiller, und nahm als Mitglied des grossen Chores des Bonner städtischen Gesangvereins mit 600 Mitgliedern aktiv an der Aufführung von Händels *Israel in Aegypten* teil. Für ihn war das Gemeinschaftserlebnis wichtig, die Erfahrung des Zusammenspiels aller Sinne, wie er es von den griechischen Festspielen her kannte und bewunderte. Bekannt ist seine Kutschenfahrt, die ihn in ein Kölner Bordell führte, wo er sich – wie er selbst schilderte – an ein Klavier setzte, um der erotischen Wirklichkeit die eigene musikalische Traumwelt entgegenzusetzen. Er soll später in Leipzig auf Syphilis behandelt worden sein, ohne je darüber ein Wort zu verlieren.

Bevor er nach Leipzig wechselte, komponierte er nach eigenem Text das Lied „Junge Fischerin" für den Geburtstag seiner Schwester:

> „An Deinem Geburtstag, den Du wahrscheinlich durch einen grossen Jungfrauenkaffé gefeiert hast, habe ich am Nachmittag zum ersten Male in diesem Jahre wieder componiert. Und zwar mit energischer Wuth, gleich alles fertig. Da Dein Geburtstag doch die Ursache sein muss, so sei die Composition Dir noch nachträglich dedizirt. Es ist ein Lied im höchsten Zukunftsstile mit einem natürlichen Aufschrei und dergleichen Ingredienzen einer stillen Narrheit. Zu Grunde liegt ein Gedicht, das ich als Untersecundaner gemacht habe und zwar in Gorenzen. Ein Fischermädchen, das sich nach ihrem Schatz sehnt – voilà le sujet!" (Brief an die Schwester, Bonn, nach 10. Juli 1865, KSB 2, S. 74)

Es sollte dies für längere Zeit die letzte abgeschlossene Komposition sein, ausser einem Kyrie für Soli, Chor und Orchester (Klavier), das er auf den 2. Februar 1866 seiner Mutter nach Naumburg schickte.

Es vertiefte sich seine Freundschaft mit Erwin Rohde, der ebenfalls in Bonn studiert und gemeinsam mit ihm mit Professor Ritschl nach Leipzig übergewechselt hatte. Beide wurden sie Schopenhauerianer, später Wagnerianer. Oft gingen sie zusammen in Theater und Oper, besuchten praktisch alle Konzerte. So sah Nietzsche die *Afrikanerin* von Meyerbeer, Wagners *Tannhäuser*, Mozarts *Zauberflöte*; Offenbachs *Schöne Helena*, Rossinis *Wilhelm Tell* und Verdis *Troubadour*. Als aktives Mitglied des Riedelschen Chors beteiligte er sich begeistert an der Aufführung von Bachs *Johannespassion* in der Nicolaikirche. Mit spezieller Aufmerksamkeit besuchte er alle Theateraufführungen mit Hedwig Raabe, der er ein Bändchen seiner Lieder dedizierte, mit langem Bewunderungsbrief:

> „Mein erster Wunsch ist, daß Sie die unbedeutende Widmung unbedeutender Lieder mir nicht übeldeuten. Es liegt mir nichts ferner als Sie etwa durch diese Widmung au meine Persönlichkeit aufmerksam machen zu wollen. Wenn andre Leute durch Hand und Mund im Theater ihr Entzücken kundgeben, thue ich es durch ein paar Lieder; andre mögen in Gedichten noch besser sich verständigen. [...] Es ist schließlich mein Wunsch, daß Sie auch aus den Tönen der beiliegenden Lieder diese warmen und dankbaren Empfindungen heraushören mögen". (zit. nach Janz 1978a, S. 212f.)

Erneut nahm er musikalischen Kontakt mit einer von ihm verehrten Frau auf, wenn auch im Schutz der Wahrung der eigenen Distanz. In seinen Briefen ist sonst von jüngeren Frauen kaum die Rede, vielmehr von Professorengattinnen oder Künstlerinnen, die er für sich unerreichbar hielt. Während der Semesterferien im Sommer 1867 unternahm er mit Rohde eine Fußreise durch den Böhmerwald, die für sie mit einem großen viertägigen Musikfest in Meiningen endete, welches von Avantgarde-Musikern um Hans von Bülow organisiert wurde. Sodann begaben sie sich ans Wartburgfest, wo Franz Liszt seine *Heilige Elisabeth* dirigierte. Er war von der Bedeutung solcher kultureller Veranstaltungen mit Gemeinschaft stiftendem Charakter derart erfüllt, dass er sich entschloss, neben seiner philologischen Tätigkeiten ebenfalls als „Rezensent und Musikhistoriker" zu wirken; Musik erschien ihm als eine Sprache ohne Worte besonders fähig, Menschen auf der Ebene gefühlhaft-harmonischen Einklangs zusammenzuführen.

5 Richard und Cosima Wagner

In Leipzig lernte Nietzsche, am 6. November 1868, durch die Vermittlung seines Freundes Windisch, Richard Wagner persönlich kennen, als dieser mit Cosima in Leipzig seine Schwester, Frau Professor Brockhaus, besuchte. Einige Tage zuvor, am 27. Oktober, hatte er einem Konzert mit dem *Tristan*-Vorspiel sowie der Ouvertüre zu den *Meistersingern* beigewohnt, das ihn – wie er gleichentags an Rohde schrieb – in einen eigentlichen Rauschzustand versetzte:

> „Ich bringe es nicht übers Herz, mich dieser Musik gegenüber kritisch kühl zu verhalten; jede Faser, jeder Nerv zuckt an mir, und ich habe lange nicht ein solches andauerndes Gefühl der Entrücktheit gehabt als bei letztgenannter Ouvertüre." (KSB 2, S. 332)

Wiederum an Rohde, einige Zeit später:

> Ich wollte [...] wir könnten zusammen den kühnen, ja schwindelnden Gang seiner umstürzenden und aufbauenden Aesthetik gehen, wir könnten endlich uns von dem Gefühlsschwunge seiner Musik wegreissen lassen, von diesem Schopenhauerischen Tonmeere, dessen geheimsten Wellenschlag ich mitempfinde, so dass mein Anhören Wagnerischer Musik eine jubelnde Intuition, ja ein staunendes Sichselbstfinden ist. (Brief an Erwin Rohde, 9. Dezember 1868, KSB 2, S. 352)

Von Wolfram von Eschenbachs Arie „Ei du mein schöner Abendstern" aus *Tannhäuser* war er derart berauscht, dass er sie seinen Freunden auswendig vorsang, sich selbst am Klavier begleitend, die eigenen früheren Widerstände überwindend, ja verurteilend.

Wagner erfuhr von seiner Begeisterung und war begierig, den jungen Verehrer kennen zu lernen. Dieser liess sich in seiner Schüchternheit dazu eigens neue Kleider schneidern, die er indes nicht bezahlen konnte, so dass er in einfacher Kleidung zur Einladung gehen musste, nicht ohne seinem Freund Rohde seine Aufregung und eigenen Hemmungen zu schildern. Wagner las ihm aus seiner Autobiographie vor und freute sich über Nietzsches Interesse; lud ihn spontan zur Fortsetzung des Gesprächs nach Tribschen ein, wenn er einmal in der Gegend sei, was Nietzsche nach seiner Berufung nach Basel, noch vor der Antrittsvorlesung, tatsächlich wahrnahm. Während Jahren wurde Wagner für ihn zum Inbegriff einer überzeugenden Gegenwartskunst. In seiner Schöpferkraft glaubte er eine neue klassische Zeit erstehen zu sehen, an der er sich aktiv beteiligt sah. Anhand zahlloser Dokumente lässt sich die Entwicklung ihrer Freundschaft dokumentieren: aufgrund von Nietzsches philosophischen und literarischen Schriften, der Briefe Wagners und Cosimas, deren Tagebuch sowie der zahlreichen Briefe Nietzsches an seine Freunde, ausser denjenigen, die in Bayreuth nach ihrem Bruch leider zerstört wurden. Während langen Jahren tat der eine nichts, was der andere nicht wusste, und sie ergänzten sich – trotz des grossen Altersunterschieds – vorzüglich; führten ausführliche Diskussionen über ihre Absichten und gemeinsamen Vorhaben und erklärten sich gegenseitig ihre Werke.[6]

Cosima tat ihrerseits alles, um diese Beziehungen zu vertiefen: Als sich Nietzsche 1870 entschloss, freiwilligen Kriegsdienst zu leisten, versuchte sie ihn angesichts seiner Aufgaben an der Universität und im kulturellen Leben der Gegenwart davon abzuhalten. Beide erkannten früh seine ausserordentlichen Begabungen und gingen sogar so weit, Texte in Griechisch und Lateinisch zu lesen, um seine Arbeiten besser zu verstehen. Besonders bei der Veröffentlichung der *Geburt der Tragödie aus dem Geiste der Musik* stellten sie sich solidarisch hinter seine Auffassungen, die sie mit Recht als Würdigung von Wagners Bemühungen um das Gesamtkunstwerk verstanden. In seiner Basler Zeit bis zu Wagners Abreise nach Bayreuth hat Nietzsche seinen Freunden in Tribschen mindestens 23 Besuche abgestattet; hat im Auftrag von Cosima viele Einkäufe getätigt, Weihnachtsbesorgungen erledigt, Informationen weitergegeben. Er besass in Wagners Haus eine eigene „Denkstube", war sogar bei der Geburt Siegfrieds im Hause als Gast anwesend, auch bei der Uraufführung der Siegfried-Idylle durch die Zürcher Tonhalle-Musiker, im Treppenhaus, zu Cosimas Geburtstag am Weihnachtsmorgen 1870! Nietzsche schenkte ihr den im Maderanertal verfassten Aufsatz „Geburt des tragischen Gedankens".

Nietzsche war von so viel Anerkennung zutiefst beeindruckt; dachte in seiner Wagner-Begeisterung sogar daran, seinen Professorenberuf aufzugeben, um sich der Erziehung des kleinen Sohnes zu widmen und sich – in der Nähe der von ihm verehrten Cosima – als Promotor der Wagnerschen Kunst einzusetzen! Er durfte im Dezember 1871 Cosima nach Mannheim begleiten, um mit ihr am Benefizkonzert Wagners für Bayreuth teilzunehmen.

Von Nietzsches eigenen kompositorischen Tätigkeiten wussten Wagner und Cosima lange nichts, zeigten sich eher überrascht von deren Schwerfälligkeit und

---

6 Vgl.: Du Moulin-Eckard 1929, S. 428; Borchmeyer, 2012, S. 191–208.

Pathetik: Bekanntlich hat Nietzsche, als er sich 1870 auf der Reise nach Lindau und später nach Erlangen befand, das militärische Marschlied „Ade ich muss nun gehen" komponiert. Wagner hat dieses unbedeutende Werk kaum zur Kenntnis genommen, aber Cosima notierte in ihrem Tagebuch unter dem 21. August 1870 mit Erleichterung: „Brief von Prof. Nietzsche; er komponiert im Lazarette". Er hat ihr zu Weihnachten 1871 die Komposition „Nachhall einer Sylvesternacht" zugesandt.

Nietzsches Werk „Nachklang einer Sylvesternacht, mit Prozessionslied, Bauerntanz und Glockengeläut, für Klavier zu vier Händen" entspricht in seiner Konzeption Cosimas Hang zu eindrücklichen Inszenierungen alltäglicher Vorkommnisse. So wie sie Empfänge oder Feste mit einfachen Mitteln stilisierte, so empfand Nietzsche seine Komposition – wie er am 13. November 1871 an Gustav Krug schreibt – als

> „aus der Luft gefallen. Jedenfalls klingt sie gut: sie hat etwas Populäres, geräth nie in's Tragische, wenn auch in's Ernste und Wehmüthige. [...] Jetzt schreibe ich es noch mal ab, um meiner ausgezeichneten und verehrten Freundin, Frau Cosima W., ein Geburtstagsgeschenk machen zu können." (KSB 3, S. 238)

Liszt soll – so Nietzsche an seine Schwester – „in Bayreuth meine Sylvesternachtmusik vorgenommen und sehr günstig darüber geurtheilt" haben. Nietzsches Reinschrift an Cosima ist nicht erhalten; Curt Paul Janz vermutet, sie sei – nach dem Bruch zwischen Wagner und Nietzsche – in Wahnfried vernichtet worden (Janz 1976, S. 336).

6 Grundsteinlegung von Wagners Festspielhaus in Bayreuth

Dass Nietzsche in seiner jugendlich wachen Ausstrahlung, begeisternden Intelligenz und körperlichen Gepflegtheit, gepaart mit Migräneanfällen und Augenleiden, anziehend auf mütterlich-gefühlsintensive Frauenherzen wirkte, zeigte sich auch in Bayreuth, wo er – anlässlich der Grundsteinlegung zu Wagners Geburtstag vom 22. Mai 1872 und stets in der Nähe von Cosima – auf viele Freunde und Verehrerinnen des Meisters traf, unter ihnen auch auf Malwida von Meysenbug, die für ihn als mütterliche Freundin fortan eine besondere Rolle spielen sollte. Er kam mit ihr durch die Vermittlung von Cosima in Kontakt; sie hatte soeben *Die Geburt der Tragödie aus dem Geiste der Musik* gelesen und als Hommage an Wagner verstanden, für den sie 1870 in Luzern als Trauzeugin gewirkt hatte. In Hamburg hatte sie das von Fröbel geleitete sozialpädagogisches Frauenseminar besucht; war 1852 – nach einer Hausdurchsuchung wegen liberal-revolutionärer Pläne – nach London geflohen, wo sie 1855 Wagner kennen lernte, der sie auf Schopenhauers Hauptwerk *Die Welt als Wille und Vorstellung* hinwies. Es erging ihr wie Nietzsche: die Begeisterung für Schopenhauers Weltverständnis veränderte ihr Leben: Sie wurde Schriftstellerin und Philanthropin, bekannt für ihre *Memoiren einer Idealistin*.[7] Ihre erste Begegnung mit Nietzsche schildert sie im Werk *Individualitäten*:

> „In einer Pause der Generalprobe kam Frau Wagner mit einem jungen Manne auf mich zu und sagte, sie wolle mir Herrn <u>Nietzsche</u> vorstellen. „Wie, der <u>Nietzsche</u>?" rief ich voller Freude. Beide lachten, und Frau Wagner sagte: „Ja, der <u>Nietzsche</u>." Und nun gesellte sich zu jenem bedeutenden Geistesbild der Eindruck einer jugendlich schönen, liebenswürdigen Persönlichkeit, mit der sich schnell ein herzliches Verstehen einstellte." (Meysenbug 1902, S. 4)

Die Verehrung für Richard Wagner – und damit auch das unbedingte Engagement für Bayreuth – begründete ihre freundschaftliche Beziehung; dazu kam die gemeinsame kritische Haltung gegenüber etablierten Gesellschaftsformen, die Hoffnung auf eine kulturelle Erneuerung Europas im Geiste der Aufklärung. Sie berichteten sich in aller Offenheit über alles, was sie über Wagner und seinen Kreis erfuhren. Schon bald konnte er sie vom bevorstehenden Besuch Wagners in Basel unterrichten: „Für die dritte Woche des November und zwar für 8 Tage ist mir ein herrlicher Besuch angekündigt – hier in Basel! Der ‚Besuch an sich', Wagner mit Frau." Er brauche ihren guten Rat, damit er „nicht mitten im Sprechen den Athem" verliere; „und da denke ich an Sie und freue mich recht von Herzen, mit Ihnen, verehrtestes Fräulein, als mit einer einsamen Kämpferin für das Rechte, zusammen getroffen zu sein" (KSB 4, S. 81 f.). Sie freut sich über die frohe Nachricht als „wahre Heilsverkündung" (KGB II/4, S. 133) und wäre gern selbst mit dabei. Gerne wird sie ihm inskünftig mit Rat und Tat zur Seite stehen:

> „Wie sehr aber theile ich den Wunsch dass wir näher bei einander leben könnten, dass ich Ihnen die Liebe und Treue einer Mutter beweisen könnte, dass wir zusammen Manche der ewigen Probleme lösen könnten, um die sich eigentlich das ganze Leben bewegt, die dessen Inhalt und Kern bilden und ohne die es überhaupt nur eine Qual wäre zu sein." (KGB II/6,1, S. 317)

Und sie wird alles tun, um ihm seine Schwierigkeiten – Kranksein und Alleinsein – überwinden zu helfen, genau so wie sie in ihrer Mütterlichkeit mehrere

---

7 *Memoiren einer Idealistin* (1869–1876), Erstausgabe auf Französisch: *Mémoires d'une idéaliste: (entre deux révolutions)*. 1830–1848. Genève: Georg. Deutschsprachige Ausgabe von 1876.

Jahre lang die Kinder des verwitweten Alexander Herzen betreute, indem sie Olga und deren ältere Schwester Nathalie zu ihren Stieftöchtern machte. Als Nietzsche wegen Überarbeitung einen Universitätsurlaub beantragen muss, plant sie einen Aufenthalt in der Villa Rubinacci in Sorrent, zusammen mit Paul Rée und Albert Brenner, wofür sie die ganze Organisation übernimmt, im Sinne einer Kleinform des von ihm seit langem geplanten Klosters für freie Geister, einer Art geistiger Werkstatt für gleichgesinnte Freunde:

> „Sie <u>müssen</u> im nächsten Winter von Basel fort, Sie <u>müssen</u> sich ausruhen unter einem
> milderen Himmel, unter sympathischen Menschen, wo Sie frei denken, reden und schaffen
> können was Ihre Seele füllt und wo wahre verstehende Liebe Sie umgiebt." (KGB II/6,1,
> S. 320)

Auch bei seinem Rücktritt vom Universitätsunterricht wird sie ihn unterstützen und schliesslich ebenfalls seine Begegnung mit Lou Salomé in die Wege leiten. Später hat Nietzsche sogar an eine Verbindung mit Nathalie Herzen gedacht, – wenn sie nur 12 Jahre jünger gewesen wäre ...

Als Olga Herzen den französischen Historiker Gabriel Monod heiratete, schenkte er dem Paar die Komposition „Une <u>Monodie</u> à deux. Lob der Barmherzigkeit" (Janz 1976, S. 127, 338), welche sie vierhändig, nebeneinander sitzend, spielen sollten, so dass sich die Hände dauernd liebevoll zu überkreuzten. Nietzsche hat Malwida von Meysenbug alle seine Werke in Freundschaft zugeeignet und sie als mütterliche Beraterin geschätzt, manchmal aber auch verärgert abgelehnt und am Schluss mit bösen Worten abgewiesen.

1872 verbringt Nietzsche die Weihnachtsferien in Naumburg, um mit Gustav Krug für Mutter und Schwester zu musizieren. Cosima schenkt er nichts Musikalisches, sondern etwas bewusst Ausgefallenes: „Fünf Vorreden zu fünf ungeschriebenen und nicht zu schreibenden Büchern: 1. Über das Pathos der Wahrheit, 2. Gedanken über die Zukunft unserer Bildungsanstalten, 3. Der griechische Staat, 4. Das Verhältnis der Schopenhauerschen Philosophie zu einer deutschen Kultur, 5. Homers Wettkampf." Er nimmt damit Bezug auf gemeinsame Gespräche, die er nun – trotz Abwesenheit – auf diese persönliche Weise weiterzuführen und zu vertiefen sucht; wie in seiner handschriftlichen Widmung formuliert: „Für Frau Cosima Wagner in herzlicher Verehrung und als Antwort auf mündliche und briefliche Fragen, vergnügten Sinnes niedergeschrieben in den Weihnachtstagen 1872." (vgl. Brief an v. Gerssdorff; KSB 4, S. 108) – Am 26. Dezember wird er zur Aufführung von *Lohengrin* nach Weimar fahren.

7 Basler Heiratspläne

Im Prinzip wäre alles für eine Heirat bereit gewesen: Als Basler Universitätsprofessor stellte Nietzsche eine eigentliche Partie dar: mit seiner einzigartigen Bildung, dem gesichertem Einkommen, vielen freundschaftlichen Verbindungen und grossen kulturellen Interessen; dazu kam seine immense Reiselust und eine ebenso sympathisch wirkende Versponnenheit, verbunden mit einer impulsiv-innovativen Arbeitskraft und einem ausserordentlichen Denkvermögen. Was ihm fehlte, war eine stabile Gesundheit, und vor allem eine wirkliche Unabhängigkeit: denn noch immer wird er von Mutter und Schwester betreut; hat sich um nichts zu kümmern als um seine beruflichen Aufgaben; und diese werden immer belastender: Zu den Vorlesungen an der Universität und dem Unterricht am Humanistischen Gymnasium kommen öffentliche Vorträge, Fakultäts- und Fachsitzungen, Veröffentlichungen und Publikationspläne, Freundschaften und Reisen, Konzert- und Theaterbesuche. Nietzsche ist stets unter Druck; leidet an Migräneanfällen, Zusammenbrüchen, Seh- und Kopfschmerzen, als Folgen übermässiger Konzentration und Übermüdung, belastender Nervosität und allzu grosser Anspannung. Schwester Elisabeth muss aus Naumburg anreisen, sich um den Haushalt und die alltäglichen Besorgungen kümmern, so dass er nun wieder in der alten Situation des betreuten Mutterlieblings ist, der alles seinem Schreiben und wissenschaftlich-beruflichen Schaffen unterordnet. Jedermann ist um seine Gesundheit bekümmert; und alle sind sich einig: es soll geheiratet werden, möglichst bald und möglichst vorteilhaft. Mutter und Schwester stellen eine ganze Liste von Eigenschaften zusammen, die eine Braut für ihn aufzuweisen hätte. Und in seinen Briefen spielt er mit ihren Vorstellungen, wohl um sich wieder etwas Freiraum zu verschaffen. Er schreibt von interessanten Begegnungen, spricht immer wieder von neuen möglichen Partnerinnen mit den ihm entsprechenden Eigenschaften: z.B. von „Fräulein Bertha Rohr", aus begüterter Basler Kaufmannsfamilie, hübsch, gebildet, vor allem auch musikalisch, die aber – wie Nietzsche erfährt – nicht heiraten will. Die Mutter denkt eher an ein Mädchen aus Naumburger Bekanntenkreisen, das dann aber sehr bald vergeben ist. Franz Overbeck, Richard Wagner, Malwida von Meysenbug: sie alle versuchen seine Wahl zu befördern, mit immer neuen Vorschlägen, die Nietzsche in seiner ganzen Hilflosigkeit erscheinen lassen. Einige wirken durchaus grotesk, so der Besuch von Rosalie Nielsen, einer gebürtigen Dänin, die ihn nach der Lektüre der *Geburt der Tragödie aus dem Geiste der Musik* in Basel aufsucht, weil sie sich völlig mit seiner dionysischen Kunstreligion identifiziert. Nietzsche hat sich mit ihr mehrmals getroffen, war aber von ihrer Hässlichkeit und ihrem Ungestüm derart entsetzt, dass er sie durch Franz Overbeck wegweisen liess, was zu bedrohlich wirkenden Abschiedsworten führte, die in ihrer Erregtheit zeigen, wie sinnlich Nietzsche auf sie – durch Schrift und Erscheinung – wirkte:

„Niemals hat mich je ein Mensch auf Erden so erkannt und verkannt wie Sie. Selten oder nie mich Jemand so erfreut und mir so weh gethan. Sie haben das erste und letzte Band zerrissen was mich an Deutschland band – ich werde gehen, dachte wohl es solle so sein. – Innerlich wird das was ich dachte, wollte, nie zerreißen, aber die Ausführung ist einfach – unmöglich. – Der schöne versteinerte, zerrissene Dionysos den Sie mir gaben wird mir überall folgen. Betrachten Sie zuweilen den lebensmuthigen, siegreichen Dionysus – den ich Ihnen brachte. – Den sehe ich nie wieder! – Leben Sie wohl, und mögen Ihre Augen bald geheilt werden." (KGB II/4, S. 262)

8 Basler Arbeitskontakte im Zeichen der Musik

Eine weitere Beziehung zu einer reifen Frau kommt durch die Vermittlung ihres Sohnes zustande, indem Adolf Baumgartner seinen Lehrer 1874 zu sich nach Hause nach Lörrach einlädt. Seine Mutter, Marie Baumgartner-Koechlin (1831–1897), gebürtige Elsässerin, dreizehn Jahre älter als Nietzsche, ist zweisprachig. Sie schlägt ihm vor, die *Unzeitgemässe Betrachtung: David Strauss, der Bekenner und der Schriftsteller* ins Französische zu übersetzen, wofür sich dann allerdings kein Verleger finden lässt. Später geht sie an die Übersetzung der *Unzeitgemässen Betrachtung: Richard Wagner in Bayreuth*, die Nietzsche in Frankreich vor allem in Musikerkreisen bekannt machen wird. Zur Besprechung ihrer Übersetzungsarbeit treffen sie sich öfters in Basel oder in Lörrach, und Nietzsche anerkennt, dass er durch sie viel über Genauigkeit und Stil gelernt habe. Er liebt es, die Dinge beim Namen zu nennen, seine Gedanken zu verkürzen, bildhaft veranschaulicht zusammen zu ziehen und kontrastreich zu profilieren. Daraus entstehen ihr als Übersetzerin schwierige Mehrdeutigkeiten, die sie mit ihm zu diskutieren und zu klären versucht. In ihrer Mütterlichkeit versucht sie, ihn auch bei seinen Magenbeschwerden zu beraten, bietet ihm ihre Pflege an. Daraus entwickelt sie eine zunehmende Zuneigung, im Sinne einer Seelenverwandtschaft, die sie Nietzsche gegenüber zu erklären sucht:

„[...] verehrter Herr, eine Neigung die auf Dankbarkeit, auf Bewunderung und Mitleid zugleich begründet ist, sie kann nicht leicht vergänglich sein. Genügt doch schon Eine dieser Bedingungen manchmal um das schönste Verhältniß in's Leben zu rufen! Und so denke ich daß meine Liebe für Sie Etwas zuverlässiges, dauerndes sein muß; und Sie wissen, Liebe – oder wenn Sie lieber wollen, Freundschaft – ist für mich Etwas Heiliges, Verpflichtendes, wie eine Weihe." (KGB II/6,1, S. 259; siehe auch: Klaas Meilier 2012)

Später deutet sie ihre Freundschaft als ein gegenseitiges Geliebt-sein-wollen, wozu sie selbst bereit wäre:

„Sie nennen sich heute meinen „Freund", verehrter Herr, und mein Herz dankt Ihnen dafür, denn mir sind Sie wahrlich ein Freund, und ein wie theuerer Freund, obgleich ich es noch nie wagte, Sie so zu nennen – aus Furcht, und weil dieses Wort seine volle Bedeutung erst gewinnt wenn eine Gegenseitigkeit möglich ist. – und doch, wenn Sie auch in bitterster Weise das Geliebt-sein-wollen für die größte Anmaßung halten, so hoffe ich ja ich hoffe noch immer, daß eine Zeit kommen wird wo Sie auch mich Ihren Freund nennen! Und wo sollte denn die Anmaßung liegen, wenn ich wünsche: Ihnen Freude machen, Ihnen nützlich sein zu können – nicht in dem Maaße wie mich Ihr Vertrauen beglückt, aber in dem Verhältniß welches möglich wäre, wenn Sie wüßten, wie rein, wie gut und aufrichtig es meine Seele meint!" (KGB II/6,2, S. 991)

Nietzsche dankt ihr für ihre Treue, und als er später den Basler Haushalt auflöst, übernimmt sie einen Teil des Mobiliars. Nietzsche bleibt mit ihr im brieflichen Kontakt. In seinem letzten Brief bittet er sie weiterhin um ihre Freundschaft, selbst wenn er für sie nun „verschwunden und verflogen" sei. (Brief an Marie Baumgartner, 28. Mai 1883; KSB 6, S. 381)

In Basel hat Nietzsche viel über die Wirkung der Musik auf den Menschen geschrieben, komponiert nur wenig. Er besucht des Öfteren Konzerte, oft in Begleitung von Louise Bachofen oder Ida Miaskowski. In der ‚Baumannshöhle' – am Schützengraben – spielt er gern vierhändig mit Franz Overbeck, für dessen Geburtstag er – in Zusammenarbeit mit den Studenten – eine kurze geistreiche musikalische Parodie aufführte: „Kirchengeschichtliches Responsorium", Text und Musik von Nietzsche, für einstimmigen Chor und Klavier. Später wird er ihm einen Klavierauszug für zwei Hände des „Hymnus auf die Freundschaft" schenken. Um das Freundespaar Nietzsche – Overbeck bildet sich bald ein unzertrennlicher Freundeskreis, mit Erwin Rohde, dem Freiherrn Carl von Gersdorff, der zu Overbecks Hochzeit im Frühjahr 1876 als „Monumentulum Amicitiae" eine hölzerne Holzschale bemalt, mit den Initialen und Sinnbildern der dazugehörigen Freunde. – Nietzsche war bekannt für seine Phantasien und Improvisationen. Im Wildt'schen Haus soll er einmal bei bester Laune sogar mit der Nasenspitze gespielt und, als das Essen angekündigt wurde, spontan mit dem Hinterteil auf der Tastatur sein Spiel lachend abgebrochen haben … Er sieht sich in der Basler Gesellschaft anerkannt, wenn auch als Hagestolz etwas isoliert. Als Franz Overbeck heiratet, möchte er nicht länger beiseite stehen, umso mehr als Richard Wagner ihm mehr als einmal riet, endlich zu heiraten: „Ich meinte, Sie müssen heirathen, oder eine Oper komponiren; Eines würde Ihnen so gut und schlimm wie das Andere helfen. Das Heirathen halte ich für besser. – […] Ach, Gott, heirathen Sie eine reiche Frau!" (KGB II/4, S. 654 f.)

Es kommt zur Freundschaft mit Dr. Paul Rée aufgrund seiner „Psychologischen Beobachtungen", die Nietzsche zusammen mit der ihn in Basel besuchenden Malwida von Meysenbug liest und allerorts weiterempfiehlt. Er vertieft die

Beziehungen zu den zwei jungen Musikern Heinrich Köselitz und Paul Heinrich Widemann aus Leipzig, die „als Verehrer meiner Schriften an die hiesige Universität gekommen" sind und „bei Overbeck und mir Collegien" hören. (Brief an Carl von Gersdorff, 16. Nov. 1875; KSB 5, S 123 f.)

Des Öfteren werden die beiden zu Spaziergängen und abendlichen Gesprächen eingeladen. Köselitz interessiert sich besonders für Nietzsches Arbeit über Richard Wagner. Er darf sogar das Manuskript lesen und eine Abschrift davon anfertigen, welcher Nietzsche drei weitere Kapitel anfügt, um das Buch zu den ersten Bayreuther Spielen als Festschrift erscheinen zu lassen. Köselitz wird ihm fortan als Diktatschreiber, zuweilen auch als Vorleser, behilflich sein.

9 Mathilda von Trampedach – Liebe auf den ersten Blick?

Nun soll endlich Ernst gemacht werden. Bald scheint sich ihm dazu die Gelegenheit zu bieten, als er im April 1876 in Genf die Bekanntschaft der 23jährigen Musikstudentin Mathilde Trampedach macht, Klavierschülerin bei Hugo von Senger, in den sie verliebt ist und den sie drei Jahre später auch heiraten wird. Nach einer Bekanntschaft von nur drei Tagen macht ihr Nietzsche einen schriftlichen Heiratsantrag, nach einer Spazierfahrt rund um den See, mit ihr, ihrer Schwester, der Pensionsdame sowie Hugo von Senger. Diesen weihte er in seinen Plan ein, der ihm jedoch davon abriet; doch Nietzsche war sich seiner so sicher und durch seine Gefühle, ihre Schönheit und einfühlsame Musikalität derart überwältigt, dass er brieflich eine ultimative Entscheidung für sich erzwang:

> „Nehmen Sie allen Muth Ihres Herzens zusammen, um vor der Frage nicht zu erschrecken, die ich hiermit an Sie richte: Wollen Sie meine Frau werden? Ich liebe Sie und mir ist es als ob Sie schon zu mir gehörten. Kein Wort über das Plötzliche meiner Neigung! Wenigstens ist keine Schuld dabei, es braucht also auch nichts entschuldigt werden. Aber was ich wissen möchte, ist ob Sie ebenso empfinden wie ich – dass wir uns überhaupt nicht fremd gewesen sind, keinen Augenblick! Glauben Sie nicht auch daran, dass in einer Verbindung jeder von uns freier und besser werde als er es vereinzelt werden könnte, also excelsior? Wollen Sie es wagen mit mir zusammen zu gehen, als mit einem, der recht herzlich nach Befreiung und Besserwerden strebt? Auf alle Pfade des Lebens und des Denkens? Nun seien Sie freimüthig und halten Sie nichts zurück. Um diesen Brief und meine Anfrage weiss niemand als unser gemeinsamer Freund Herr von Senger. Ich reise morgen um 11 Uhr mit dem Schnellzuge nach Basel zurück, ich muss zurück; meine Adresse für Basel lege ich bei. Können Sie auf meine Frage Ja! sagen, so werde ich sofort Ihrer Frau Mutter schreiben, um deren Addresse ich Sie dann bitten würde. Gewinnen Sie es über sich, sich schnell zu entschliessen, mit Ja! oder Nein – so trifft mich ein briefliches Wort von Ihnen bis morgen

um 10 Uhr Hôtel garni de la Poste." (Brief an Mathilda von Trampedach, Genf, 11. April 1876; KSB 5, S 147)

Auf die Absage reagiert er selbstkritisch; entschuldigt sich für den „Überfall"; seine Neigung sei wohl einseitig gewesen:

> „Sie sind grossmüthig genug, mir zu verzeihen, ich fühle es aus der Milde Ihres Briefes heraus, die ich wahrhaftig nicht verdient hatte. Ich habe so viel im Gedenken an meine grausame gewaltsame Handlungsweise gelitten, dass ich für diese Milde Ihnen nicht genug dankbar sein kann. Ich will nichts erklären und weiss mich nicht zu rechtfertigen. Nur hätte ich den letzten Wunsch auszusprechen, dass Sie, wenn Sie einmal meinen Namen lesen oder mich selber wiedersehen sollten, nicht nur an den Schrecken denken möchten, den ich Ihnen eingeflösst habe; ich bitte Sie unter allen Umständen daran zu glauben, dass ich gerne gut machen möchte, was ich böse gemacht habe." (Brief an Mathilde von Trampedach, Basel, 15. April 1876, KSB 5, S. 152)

Seine Enttäuschung war derart, dass er sie nicht für sich behalten konnte: Noch am selben Tag schrieb er an Freund Carl von Gersdorff: „Zehntausendmal lieber immer allein bleiben – das ist jetzt meine Losung in dieser Sache." (Brief an Carl von Gersdorff, Basel, 15. April 1876; KSB 5, S. 152)

10 Vom Glück heimlicher Verliebtheit

Diskreter verlief die Begegnung mit Louise Ott (geborene Einbrod aus Strasbourg, gebürtige Baltin, seit 1871 in Paris): Als fein gebildete, hoch musikalische Musikkennerin und Sängerin, Wagnerianerin aus dem Kreis der Malwida von Meysenbug, nahm sie 1876 früher als Nietzsche an den Proben in Bayreuth teil, musste bereits nach dem Ende des II. Zyklus am 23. August zu Mann und Sohn nach Paris zurück, nach einem ersten Zusammentreffen mit Nietzsche von tiefer Sinnlichkeit, menschlicher Sympathie und Vertrautheit, was in ihnen eine grosse seelische Nähe bewirkte. Nietzsche fühlte sich ihr spontan zugetan; war von ihrer Stimme zutiefst berührt, Louise kann seine Augen nicht vergessen. Und sie blieb für Nietzsche bis zuletzt der Mensch der Sehnsucht und der Zuflucht, obwohl er wusste, dass sie für ihn als verheiratete Frau und Mutter wie auch als gläubige Protestantin unerreichbar blieb. Er schickte ihr einen überaus zarten, empfindsamen Abschiedsbrief nach, mit der klaren Erklärung seiner Gefühle, bei vollem Wissen um ihre familiären Bindungen. – Es handelt sich um einen eigentlichen Liebesbrief, der sich auf eine „rein" freundschaftlich-brüderliche Beziehung zu beschränken sucht. Wie sie mit ihrer Ehe, so sei er tief mit den eigenen geistigen Aufgaben verbunden. Erstmals gelingt es ihm aber, für seine Gefühle die entsprechenden Worte zu finden:

„Meine liebe Frau Ott,

es wurde dunkel um mich, als Sie Bayreuth verliessen, es war mir als ob jemand das Licht mir weggenommen hätte. Ich musste mich erst wiederfinden, aber das h a b e ich gethan, und Sie können ohne Besorgnis diesen Brief in Ihre Hand nehmen.

Wir wollen an der Reinheit des Geistes festhalten, der uns zusammenführte, wir wollen in allem Guten uns gegenseitig treu bleiben.

Ich denke mit einer solchen brüderlichen Herzlichkeit an Sie, dass ich Ihren Gemahl lieben könnte, weil er I h r Gemahl ist; und werden Sie es glauben, dass Ihr kleiner Marcel mir zehnmal des Tages in den Sinn gekommen ist?

Wollen Sie meine ersten drei Unzeitgemässen Betrachtungen von mir haben? Sie sollen doch wissen, woran ich glaube, wofür ich lebe.

Bleiben Sie mir gut und helfen Sie mir in dem, was meine Aufgabe ist.

Basel, 30 August 1876

In reiner Gesinnung
Der Ihrige
Friedrich Nietzsche"[8]

Louise Ott antwortet aus Paris, am 2. September 1876, in der gleichen Absicht einer „reinen", geschwisterlichen Beziehung.[9] Mit Freude erinnert sie sich an die gegenseitigen Zärtlichkeiten, die ihnen als „Heiligtum" allein gehöre. Wie er von ihrer Stimme, so sei sie durch seine „Augen" getroffen worden. Sie freut sich, ihn in seinen Werken näher kennenzulernen, bittet aber – als seine „neue Schwester Louise" – um absolute Diskretion. Nach dem Empfang der Werke dankt sie Nietzsche am 8. September, indem sie ihre eigenen Gedanken und Lebensprinzipien zu formulieren und Nietzsche gegenüber zu rechtfertigen sucht, sich als gläubige Christin bekennend, die auf ein ewiges Leben der Seele hofft und die Offenbarungen der Bibel „schön, rein und groß" findet. Sie bittet um Respektierung ihrer Auffassungen, sieht ihren „Blick" durch Nietzsches Gedanken zwar erweitert, könnte aber ohne Religion – „bloß durch Philosophie" – nicht glücklich

---

8 Brief an Louise Ott, 30. Aug. 1876, in: Rosenthal/Bloch/Hoffmann 2009, Hs. 10, S. 66f. Die Briefe an Louise Ott sind zum grossen Teil dem Dokumentationsband der Sammlung Rosenthal-Levy entnommen (hrsg. v. Rosenthal/Bloch/Hoffmann 2009).
9 Louise Ott an Friedrich Nietzsche, 2. Sept. 1876, KGB II/6, S. 382): „Ihre Worte, die so edel, rein und treu zu mir herüberklingen, konnten nicht anders, als tief und stark in mein Herz dringen. Ich war so glücklich! – Wie gut, daß es nun zu einer treuen, gesunden Freundschaft zwischen uns kommen kann, so daß wir so recht vom Herzen, ohne daß unser Gewissen es verbietet, eines an das andere können ... Ihre Augen kann ich aber nicht vergessen: immer ruht Ihr liebevoller tiefer Blick auf mir wie damals – – –

O ja ! schicken Sie mir Ihre Werke – ich muß meinen teuren Freund näher kennen lernen ...

Erwähnen Sie aber von I h r e m und m e i n e m Briefe dabei nichts – Alles was b i s j e t z t vorgegangen, bleibt unter uns – es ist unser Heiligtum f ü r u n s beide a l l e i n.

Ihre neue Schwester Louise"

werden. Wie Klärchen im *Faust*, so möchte auch sie – in vergleichbar naiver Offenheit – Nietzsches Glaubensprinzipien näher kennen lernen, am 8. Sept. 1876 schreibt sie:

> „Teurer Freund, wie werde ich Worte finden, um meine Freude, die ich beim Empfang Ihres schönen Buches empfunden, aussprechen zu können? [...] Mein Herz wurde warm, so warm, ich mußte laut aufweinen und doch war es nur Glück! [...] Ich möchte m i t Ihnen Ihr Werk lesen und bei allen Stellen, die mir nicht sehr klar sind, anhalten und Sie recht ausfragen ... Wissen Sie, daß ich eine Christin bin? Ich finde meine Bibel schön, rein und groß [...] – finden Sie daß die Influenz des Christentums eine Schlechte war – und ist? Von meiner Kindheit auf, habe ich nur Gutes und Schönes über meine Religion gehört – [...] Warum glauben Sie nicht, was Christ versprochen und gesagt? Lieber Herr Nietzsche, Sie sind zu edel gesinnt um über mich zu lachen – wenn Sie mich auch kindisch finden – darum will ich immer frei und offen mit Ihnen sein. Ihre Schrift über Wagner hat mir schon den Blick erweitert und ich denke viel über alles, was ich darin finde, doch glaube ich, daß es nur Gelehrten und einzelnen besonders begabten Geistern gegeben ist, ohne Religion und bloß durch Philosophie sich glücklich und befriedigt zu fühlen. Glauben Sie an ein ewiges Leben der Seele? [...] nehmen Sie meine g a n z e t r e u e Freundschaft dahin. Louise." (KGW II/6, S. 394).

Nietzsche antwortet am 22. September aus Basel (siehe Rosenthal/Bloch/Hoffmann 2009, Hs. 11, S. 68 ff.) mit liebevoller Selbstironie, seine Gefährlichkeit für ihre Gedankenwelt selber einsehend, da er selbst – im Gegenteil zu ihr – gerade in der Selbstbefreiung von „beruhigenden" Glaubensinhalten sein wirkliches Glück finde. Ihre Briefe hat er – trotz des absoluten Lese- und Schreibverbots wegen seiner höchst risikoreichen Augenkur – „immer wieder gelesen", und nun antworte er selbst, obwohl er dies im Prinzip gar nicht dürfte. Denn ihre Gedanken hätten ihn in ihrer Wahrhaftigkeit angeregt, vor allem aber auch wegen der bekenntnishaft-intimen Einfachheit, derer sie sich nicht schäme. Er versuche sie ernst zu nehmen, indem er sie sich in ihrer Mütterlichkeit vorzustellen suche. Am Schluss möchte er sogar ein gutes Bild „von einem gewissen schönen blonden Weibchen" erhalten.

> „Liebe gute Freundin,
> erst *konnte* ich nicht schreiben, denn man machte mit mir eine eine Augenkur- und *soll* ich nicht schreiben, auf lange lange Zeit hinaus! – Trotzdem – ich las Ihre zwei Briefe immer wieder, ich glaube fast, ich habe sie zu viel gelesen, aber diese neue Freundschaft ist wie neuer Wein, sehr angenehm, aber ein wenig gefährlich vielleicht.
> Für mich jedenfalls. –
> Aber auch für Sie, wenn ich denke an was für einen F r e i g e i s t Sie da gerathen sind! An einen Menschen, der nichts mehr wünscht als täglich irgend einen beruhigenden Glauben zu verlieren, der in dieser täglich grösseren Befreiung des Geistes sein Glück sucht und findet. Vielleicht dass ich sogar noch mehr Freigeist sein w i l l als ich es sein kann!
> Was wollen wir nun machen? Eine „Entführung aus dem Serail" des Glaubens, ohne Mozartische Musik?

– Kennen Sie die Lebensgeschichte Fräulein's von Meysenbug, unter dem Titel „Memoiren einer Idealisten"?

Was macht der arme kleine Marcel mit seinen Zähnchen? Wir müssen alle leiden, bevor wir ordentlich beissen lernen, physisch und moralisch. Beissen, um uns zu nähren, versteht sich, nicht beissen, um zu beissen! –

Giebt es nicht von einem gewissen schönen blonden Weibchen ein gutes Bild? –

Ich reise Sonntag über 8 Tage fort nach Italien, auf lange Zeit. Von dort bekommen Sie Nachricht. Ein Brief an meine Adresse in B a s e l (Schützengraben 45) erreicht mich jedenfalls.

Von ganzem Herzen

brüderlich der

Ihre

Dr Friedr Nietzsche" (KSB 5, S. 185 f.).

Louise Ott nimmt im Oktober und November wieder Kontakt auf; als schwesterliche Schicksals-Fee mit Zauberstab sorge sie sich um seine Gesundheit, möchte ihm einen Sonnenstrahl schicken, um ihn in seiner Einsamkeit zu trösten. Trotz ihrer Unterschiedlichkeiten hofft sie auf ein Wiedersehen; sie dürften sich nie mehr verlieren: „Votre petite soeur Louise Ott."

Nietzsche antwortet aus Sorrent am 16. Dezember 1876[10] nach einer krankheitsbedingten Pause. Wegen chronisch gewordenen Migräneanfällen hatte er

---

10 Siehe Rosenthal/Bloch/Hoffmann 2009, Hs. 12, S. 72 ff.: „Sie sind mir hoffentlich, meine verehrte Freundin, gut geblieben, ob ich Ihnen schon so lange Zeit jede Auskunft über meinen Aufenthalt schuldig blieb. Aber allen meinen Freunden ging es so wie Ihnen, ich konnte und durfte nicht anders – meine unerträglichen Kopfschmerzen, gegen welche ich kein Mittel bewährt gefunden habe, zwingen mich zu einer stillschweigenden Entsagung im freundschaftlichen Verkehre. Auch heute mache ich nur eine Ausnahme von der Regel und fürchte auch selbst dafür büssen zu müssen. Aber ich möchte gar zu gerne etwas von Ihnen hören, und vielleicht etwas Ausführlicheres – machen Sie mir dieses Weihnachts-Vergnügen. Es wird die französische Übersetzung meiner Schrift über R. Wagner unterwegs sein und hoffentlich zu Weihnachten bei Ihnen eintreffen – eine neue kleine Zudringlichkeit wie dieser Brief, um ein paar Zeilen – nein, m e h r e r e Paar Zeilen von Ihnen zu erobern.

In unserem kleinen Kreise ist viel Nachdenken, Freundschaft, Aussinnen, Hoffen, kurz ein ganzes Theil Glück beisammen; dies empfinde ich trotz den vielen Schmerzen und der schlimmen Perspective meiner Gesundheit. Es ist vielleicht noch ein bisschen Glück mehr in der Welt, aber einstweilen wünsche ich von Herzen allen Menschen, dass es ihnen ergehen möge wie uns, wie mir: sie dürfen dann schon zufrieden sein.

Neulich fiel mir ein, Sie, meine Freundin, möchten einen kleinen Roman schreiben und ihn mir zu lesen geben: man übersieht so schön, was man hat und was man vom Leben wünscht und wird gewiss dabei nicht unglücklicher – das ist die Wirkung der Kunst. Jedenfalls wird man weiser dabei. – Vielleicht ist es ein thörichter Rath: dann sagen Sie mir, dass Sie über mich gelacht haben; es macht mir Vergnügen dies zu hören.

Herzlich grüssend Ihr Freund"

sich von seinen universitären Verpflichtungen beurlauben lassen, um sich – wie erwähnt – in der Gesellschaft von Malwida von Meysenbug, dem kränkelnden Studenten Albert Brenner (1856–1878) und Freund Paul Rée (1849–1901) in der Villa Rubinacci in Sorrent zu erholen. Hier traf er zum letzten Male mit Richard und Cosima Wagner zusammen, was ihn derart erschöpfte, dass es zu neuen Anfällen kam. Er versucht ihr seine schwierige Situation zu erklären; damit sie an seinem Leben teilnehmen könne; verspricht ihr die demnächst erscheinende französische Übersetzung seiner Schrift über Wagner, um einige Zeilen auf Weihnachten von ihr zu erobern. Auf seine Art versucht er galant zu sein, stellt sie sich als Roman-Schriftstellerin vor, auf ihr Traumleben anspielend, auf das Glück der Freundschaft und der kreativen Beschäftigung mit Kunst, in der Hoffnung, dies möge sie verbinden. Louise Ott bleibt distanziert, antwortet am 21. Januar 1877 in Französisch, nachdem sie *Richard Wagner à Bayreuth* erhalten hat. Zu seinem Verdacht ihrer Betätigung als Roman-Schriftstellerin meint sie amüsiert: sie könne gar keine Romane schreiben; überhaupt kenne er sie viel zu wenig: Die von ihm geliebte Louise sei die Schöpfung seiner Phantasie. Ihr solle er seine Zuneigung bewahren, so bleibe sie für ihn seine imaginäre Louise.

Aus seiner Kur in Rosenlauibad schreibt Nietzsche erneut, um Louise zur bevorstehenden Geburt ihres zweiten Kindes alles Gute zu wünschen; anstelle sich mit einem Roman zu verewigen, geschehe dies bei ihr nun eben in der Form eines Kindes, als Versprechen auf die Zukunft hin. Er erneuert ihr gegenüber seine tiefe Sympathie; freundschaftliche Empfindungen fühlten sich eben manchmal wie ein Dorn an, den man nicht loswerde. Er habe von ihr geträumt, nachts ihre Augen gesehen; vermisse ihre Stimme, scheint sich an sie eher zu erinnern als gegenwärtig zu spüren. Trotz, oder vielleicht gerade wegen ihrer zunehmenden Distanz wiederholt er seine zärtliche Anrede, als ob er sich für den Brief zu rechtfertigen habe und sich damit nun gleichsam über ihren Verlust trösten wolle. Er weiss, dass Sie in ihrer Persönlichkeit etwas darstellt, was ihm selbst fehlt: das Leben in seiner natürlichen Erfüllung:

> „Liebe liebe Freundin,
> ich will meine Bergeinsamkeit nicht verlassen, ohne Ihnen wieder einmal brieflich zu sagen, wie gut ich Ihnen bin. Wie unnütz, dies zu sagen, zu schreiben, nicht wahr? Aber meine freundschaftliche Empfindung für Jemanden hängt sich ein wie ein Dorn und ist mitunter lästig wie ein Dorn, man wird sie nicht leicht los. So nehmen Sie den kleinen unnützen lästigen Brief nur immer hin!
> Man hat mir erzählt, dass Sie – nun, dass Sie erwarten, hoffen, wünschen: mit inniger Theilnahme hörte ich es und wünsche mit Ihnen. Ein neuer guter und schöner Mensch mehr auf der Welt, das ist etwas, das ist viel! Da Sie es durchaus ablehnen, sich in Romanen zu v e r e w i g e n, so thun Sie es auf jene Weise; wir Alle müssen Ihnen sehr dankbar dafür sein (zumal es, wie man mir sagt, sehr viel mehr Noth macht als selbst das Romaneschreiben) –

Neulich sah ich auf einmal plötzlich im Dunkeln Ihre Augen. – Warum sieht mich kein Mensch mit solchen Augen an, rief ich ganz erbittert aus. O es ist abscheulich! –
Warum habe ich Sie niemals s i n g e n gehört? – Wissen Sie, noch niemals hat eine weibliche Stimme auf mich tief gewirkt, obschon ich Berühmtheiten aller Art gehört habe. Aber ich glaube darn, dass es eine Stimme f ü r m i c h auf der Welt giebt, ich suche nach ihr. Wo ist sie nur? –
Leben Sie wohl, alle guten Geister mögen um Sie sein.

Treulich
Ihr
Friedrich Nietzsche

Rosenlauibad 29 August (ach, übermorgen muss ich fort! nach dem alten B a s e l wieder!)"
(KSB 5, S. 281).

Einige Monate später, am 23. November 1877, sendet er Louise ein Gratulations-schreiben nach Paris zur Geburt des zweiten Sohnes Fernand. Er sei in einer derart schlechten Verfassung, dass er den Brief auf das Wesentlichste beschrän-ken und gegen seinen Willen sogar Peter Gast diktieren müsse. Louise Ott bleibt auf der Liste der Freunde, denen die neuen Werke direkt vom Verleger zugesandt werden. Auf Ende des Jahres 1878 erhält sie von Nietzsche persönlich den bereits am 7. Mai bei Schmeitzner in Chemnitz erschienenen Band *Menschliches, All-zumenschliches. Ein Buch für freie Geister*.[11] Mit einer äusserst berührenden Wid-mung:

„Frau Louise Ott

mit den ergebensten Grüssen
und Wünschen
ihres Dieners
Friedr. Nietzsche

(krank, schweigsam, allein, doch muthig,
mitunter glücklich, fast immer ruhig – es geht
schon ! es geht schon ! – und trotzdem, liebes
Schicksal ! ein klein wenig m e h r S o n n e n s c h e i n !
bitte ! bitte ! –)

Basel, am Ende des
Jahres 1878." (vgl. KGW III/1, S. 577)

Er wird erst einige Jahre später persönlich wieder mit ihr Kontakt aufnehmen, nach der ihn sehr bewegenden Trennung von Lou.

---

11 Rosenthal/Bloch/Hoffmann 2009, S. 249: D 29 Rosenthal-Levy.

11 Liebe als leidenschaftliche Selbsterfahrung

„Von welchen Sternen sind wir einander zugefallen?"– mit diesen Worten begann unter der Kuppel von St. Peter in Rom Nietzsches Liebesbeziehung mit Lou von Salomé. (Andreas-Salomé 1974, S. 80)[12] Sie hatte von Anfang etwas Theatralisches an sich, da sie als Partner beide ihre Beziehung gegenseitig als eine Art Inszenierung des eigenen Selbstwertgefühls verstanden. Im Grunde genommen fühlten sie sich von allem Anfang nie allein, sondern stets im Blickfeld von Freunden oder Verwandten, so dass sie diesen, aber auch sich selbst, in andauernder Selbstbeobachtung über den Stand der eigenen Gefühle Rechenschaft gaben. Die Idee eines möglichen Kontaktes ergab sich durch Malwida von Meysenbug und Paul Rée Nietzsche, die Nietzsche von der begabten 21jährigen Russin, ihren philosophischen Ansichten und Vorhaben, berichteten. Das „sehr merkwürdige Mädchen" – so Malwida am 27. März 1882 – sei

> „im philosophischen Denken zu denselben Resultaten gelangt, d.h. zum praktischen Idealismus, mit Beiseitelassung jeder metaphysischen Voraussetzung und Sorge um die Erklärung metaphysischer Probleme. Rée und ich stimmen in dem Wunsch überein Sie einmal mit diesem ausserordentlichen Wesen zusammen zu sehn." (Malwida von Meysenbug an Nietzsche, 27. März 1882, KGB III/2, S. 247)

Nietzsche selbst war derzeit mit der *Fröhlichen Wissenschaft* beschäftigt, konnte sich eine Beziehung mit einer so interessanten Gesprächspartnerin gut vorstellen, antwortet daher Rée aus Genua:

> „Grüssen Sie diese Russin von mir wenn dies irgend einen Sinn hat: ich bin nach dieser Gattung von Seelen lüstern. Ja ich gehe nächstens auf Raub darnach aus – in Anbetracht dessen was ich in den nächsten 10 Jahren thun will brauche ich sie. Ein ganz anderes Capitel ist die Ehe – ich könnte mich höchstens zu einer zweijährigen Ehe verstehen, und auch dies nur in Anbetracht dessen was ich in den nächsten 10 Jahren zu thun habe." (KSB 6, S. 185 f.; dazu auch Janz 1978b, S. 110–172)

Im Vordergrund steht für ihn die Vollendung seines Lebenswerks. Und dazu brauche er „einen jungen Menschen in meiner Nähe, der intelligent und unterrichtet genug ist, um mit mir a r b e i t e n zu können" (Brief an Overbeck, 17. März 1882, KSB 6, S. 180).

Er reist vorerst nach Messina, um an seinen Texten weiter zu arbeiten, wird aber bald von Paul Rée angehalten, nach Rom zu kommen: Die „junge Russin" sei

---

12 Dazu auch Janz 1978b, S. 110–172; Leis 2000, S. 69–90; Babich 2012, S. 113–139; Wendt 2012, S. 141–153; Goch 2012, S. 155–173; Georg 2012, S. 177–189.

begierig, ihn zu sprechen. Sie sei ein „energisches, unglaublich kluges Wesen mit den mädchenhaftesten, ja kindlichen Eigenschaften". Sie möchte sich „ein nettes Jahr machen", wenn möglich im nächsten Winter. Auch Paul Rée sollte mit dabei sein sowie „eine ältere Dame wie Frl. von Meysenbug", welche indessen keine Lust darauf habe (KGB III/2, S. 251).

Nietzsche trifft am 23. oder 24. April 1882 in Rom ein, um Malwida zu besuchen; wird in den Petersdom geschickt, wo sich Lou und Paul Rée aufhalten, so dass es zum ersten Gedankenaustausch kommt. Nietzsche ist begeistert, bittet Rée, der jungen Frau in seinem Namen einen Heiratsantrag zu übermitteln, ohne zu wissen, dass dies sein Freund bereits für sich selbst getan hat. Er erhält einen Korb, eine intime Beziehung komme für sie nicht in Frage, sie habe eine grundsätzliche Abneigung gegen alle Ehe, würde durch Heirat ihre Pension verlieren. Sie denkt an eine „Dreieinigkeit", im Sinne einer Arbeitsbeziehung zu dritt.

Es geht in der Tat sehr schnell: die Verbindung steht als Projekt bereits im Raum, bevor sie sich überhaupt gesehen haben! Nietzsche denkt an eine Zusammenarbeit mit enger Bindung an das eigene Werk; Lou erwartet etwas ganz anderes: Denkanstösse in Freundschaft, aber Zuneigung oder gar eine eheliche Beziehung in der Situation einer sich unterordnenden Frau? Ihr Widerstand scheint Nietzsche nicht zu stören, sondern ihn zu faszinieren, weil Lou für die unbedingte Autonomie ihrer Selbstwerdung einsteht – wie er selbst. Aus denselben inneren Einwänden heraus war bisher für ihn eine Heirat unmöglich gewesen, im Glauben an seine Vision des Neuen Menschen, mit der Priorität einer gemeinsamen Selbstrealisierung im Respekt vor dem andern, mit den entsprechenden Rückzugsmöglichkeiten in Freiheit. Alle diese Fragen beschäftigten ihn in seiner ambivalenten Haltung in Bezug auf die Frau als Partnerin. Es geht ihm – wie ihr – vor allem auch um die Wahrung der Autonomie. Diese Spannung macht das Faszinosum des Experiments ihres versuchten Beisammenseins aus, als innovatives Konstrukt auf die Zukunft hin, für Menschen auf dem Weg zur Selbstemanzipation.

Nach den ersten Kontakten verliess Lou mit ihrer Mutter Rom, vor Rée und dem wiederum an Anfällen leidenden Nietzsche, um sich mit ihnen am 5. Mai in Orta zu treffen, wo sie auf dem See Kahnfahrten unternahmen, um dann den Monte Sacro zu besteigen. Lous Mutter musste indes mit Rée wegen heftiger Kopfschmerzen zurückbleiben, so dass Nietzsche mit Lou zusammen allein auf den Berg stieg, um sich dort ungebührlich lange mit ihr aufzuhalten, zum grossen Ärger der unten Wartenden. Er soll während ihres Zusammenseins – wie Lou in ihrem Tagebuch vermerkt – vom „entzückendsten Traum meines Lebens" gesprochen haben. Was sie miteinander besprochen oder gar entschieden haben, ist ungewiss, möglicherweise war es von einer derart grundsätzlichen Natur, dass Lou auf den Vorschlag gemeinsamer Ferientage später trotz grosser Vorbehalte einging. Nietzsche ist begeistert, fühlt sich Lou rückhaltlos zugetan, reist am

7. Mai nach Basel ab, über Luzern, um von dort aus wieder mit Rée Kontakt aufzunehmen: „Mein Freund, wie finde ich den mehrerwähnten Goldklumpen, nachdem ich den ‚Stein der Weisen' (es ist noch dazu ein Herz) gefunden habe?" Er müsse Lou unbedingt noch einmal sprechen, „im Löwengarten etwa?" (Brief an Paul Rée, 8. Mai 1882, KGB III/1, S. 91).

Vor Thorvaldsens Löwendenkmal versucht er sie umzustimmen; sie hält aber – wie in ihrem *Lebensrückblick* (Andreas-Salomé 1974, S. 81) vermerkt – am Postulat ihrer Unabhängigkeit fest; dulde Zwei- und Dreieinigkeiten nur auf Studienebene. Im Atelier von Jules Bonnet lassen sich die drei Freunde – gemäss Nietzsches Anordnungen – fotografieren. Rée und Nietzsche vor den Leiterwagen gespannt, Lou auf dem Wagen mit der Fliederpeitsche in der Hand. Also wiederum eine Inszenierung: drei Protagonisten, bildlich für immer festgehalten – als Parodie, Provokation oder Vision? Für Nietzsche wird Lou zu einer poetisch-philosophischen Wirklichkeit, die seine ganze Einbildungskraft beflügelt.

Am 16. Mai trennen sie sich in Freundschaft, nachdem sie den Plan einer „dreieinigen" Zusammenarbeit in Wien, später in München oder Paris diskutiert, indes nie durchgeführt haben, wohl aber den Vorschlag Nietzsches eines Aufenthalt in Tautenburg, ohne Paul Rée, mit Lou in Begleitung von Nietzsches Schwester. So Nietzsche an Lou: „Ich möchte so gerne bald mit Ihnen etwas arbeiten und studieren und habe schöne Dinge vorbereitet – Gebiete, in denen Quellen zu entdecken sind, vorausgesetzt daß Ihre Augen gerade Quellen entdecken wollen [...]. Sie wissen doch, daß ich wünsche, Ihr Lehrer zu sein, Ihr Wegweiser auf dem Wege zur wissenschaftlichen Produktion!" (Brief an Lou, 24. Mai 1882, KGB III/1, S. 206). Und:

> „Wenn wir zu einander passen, so werden auch unsre Gesundheiten zu einander passen, und irgendworin wird ein geheimer Nutzen sein. [...] ich wünschte sehr, Ihr Lehrer sein zu dürfen. Zuletzt, um die ganze Wahrheit zu sagen: ich suche jetzt nach Menschen, welche meine Erben sein könnten; ich trage Einiges mit mir herum, was durchaus nicht in meinen Büchern zu lesen ist – und suche mir dafür das schönste und fruchtbarste Ackerland." (Brief an Lou, 26. Juni 1882, KGB III/1, S. 211)

Nietzsche reist über Basel, wo er wiederum bei den Overbecks Station macht, um Ida zu bitten, mit Lou ja positiv über ihn zu sprechen; danach fährt er nach Naumburg weiter, um dort die Korrekturbögen zu den „Idyllen aus Messina" für den Abdruck in der *Internationalen Zeitschrift* durchzusehen. Seine Beziehung zu Lou verheimlicht er vorerst gegenüber Mutter und Schwester; wie er nach dem 24. Mai an Lou zugibt:

> „Hier in Naumburg bin ich bisher in Bezug auf Sie und uns ganz schweigsam gewesen. So bleibe ich unabhängiger und stehe Ihnen besser zu Diensten. – Die Nachtigallen singen die

ganzen Nächte durch vor meinem Fenster. – Rée ist in allen Stücken ein besserer F r e u n d als ich es bin und sein kann; beachten Sie diesen Unterschied wohl! – Wenn ich ganz allein bin, spreche ich oft, sehr oft Ihren Namen aus – zu meinem größten Vergnügen!" (Brief an Lou, nach 24. Mai 1882, KGB III/1, S. 194 f.)

Wie in einem Gedankenspiegel reiht sich Satz an Satz, Gedanken an Gedanken, als ob er das Medium seiner inneren Unruhe wäre, die er auf sie übertragen möchte. Ihre Beziehung will er als sein Geheimnis behalten, wie er gegenüber Lou am 10. Juni wiederholt:

„Ich liebe die Verborgenheit des Lebens und ich wünschte von Herzen, daß Ihnen und mir ein europäisches Geschwätz erspart bliebe. Im Übrigen verbinde ich mit unserem Zusammenleben so hohe Hoffnungen, daß alle nothwenigen oder zufälligen Nebenwirkungen jetzt wenig Eindruck auf mich machen: und w a s sich auch ergiebt, wir wollen es z u s a m m e n tragen [...] Zuletzt: ich bin in allen Dingen der That unerfahren und ungeübt; und seit Jahren habe ich mich n i e für irgend eine Handlung vor Menschen zu erklären oder zu rechtfertigen gehabt. Meine P l ä n e lasse ich gerne im Verborgenen; über meine F a c t a mag alle Welt reden! – Doch gab die Natur jedem Wesen verschiedene Vertheidigungswaffen – und Ihnen gab sie Ihre herrliche Offenheit des Wollens. Pindar sagt einmal „w e r d e d e r, d e r d u b i s t!" (Brief an Lou, 10. Juni 1882, KGB III/1, S. 206)

Als er erfährt, dass Lou über Berlin nach Stibbe zu Paul Rée und dessen Mutter reist, möchte er sie vorher noch treffen, verpasst sie aber, weil sie bereits mit ihrer Mutter weitergereist ist, ohne auf ihn zu warten. Es bleibt vereinbart, gemeinsam einige Wochen in Tautenburg zu verbringen, in verschiedenen Häusern, aber intensiven Gesprächen, „in fester Freundschaft (so fest man dergl. eben auf Erden einrichten kann)" wie er freudig Malwida meldet (Brief an Malwida von Meysenbug, 13. Juli 1882, KSB 6, S. 224) seit langem habe er „keine bessere Errungenschaft gemacht" (KSB 6, S. 224). Er wünsche sich in Lou „eine Schülerin zu bekommen, und wenn es mit meinem Leben auf die Länge nicht halten sollte, ein Erbin und Fortdenkerin" (KSB 6, S. 224).

Dass Lou und Elisabeth bereits in Bayreuth und später nochmals in Jena in Streit gerieten, ist bekannt; Lou führt zudem für Paul Rée eigens ein Tagebuch, um ihm über alle Begebenheiten, Zärtlichkeiten und Diskussionsthemen, zu berichten[13]; sie hätten über alle möglichen Tabus gesprochen, auch über verschiedene Formen von Liebe, zum Beispiel über Bisexualität, wobei sie sich nicht mehr anzusehen wagten. Ihr Verhalten wird von der Ferne aus von Paul Rée, aus versteckter Nähe von Elisabeth mit steigender Empörung beobachtet. Ihre Eifersucht trübte das Zusammensein der beiden, die sich – nach Lou von Salomés eigenen Worten – „diese 3 Wochen förmlich todt" sprachen.

---

13 Vgl.: Tautenburger Brieftagebuch für Paul Rée, 1882. In: Andreas-Salomé 1974.

„Seltsam, daß wir unwillkürlich mit unsern Gesprächen in die Abgründe gerathen, an jene schwindligen Stellen, wohin man wohl einsam geklettert ist um in die Tiefe zu schauen. Wir haben stets die Gemsenstiege gewählt und wenn uns Jemand zugehört hätte, er würde geglaubt haben, zwei Teufel unterhielten sich. „(Pfeiffer 1970, S. 85)

Während Nietzsche sie gegenüber Köselitz als „das intelligenteste aller Weiber" bezeichnete, verstand Lou sehr wohl, dass sie sich auch im Bereich des Religiösen in vielem sehr ähnlich waren, dies aber anders begründeten:

„Nietzsche warf zum Beispiel die Religion über Bord als sein Herz nichts mehr für sie fühlte und sich in seiner Leere und seinem Überdruß nach einem neuen ihn erfüllenden Ziele sehnte. Mir fiel der Unglaube blitzähnlich in's Herz oder vielmehr in den Verstand, welcher das Herz, das mit kindlicher Inbrunst am Glauben hing, diesen Glauben aufzugeben zwang [...] Und in irgend einer verborgenen Tiefe unseres Wesens" – so Lou – „sind wir weltfern von einander." (Andreas-Salomé 1974, S. 83)

Nietzsche schwankt zwischen Freundschaft, lehrhafter Zuneigung und Verliebtheit. Wie immer beginnt er es mit musikalischen „Zärtlichkeiten", durch improvisierendes Vorspielen, durch Gespräche über Musik und deren Wirkung – in diesem Fall bot sich dafür Richard Wagners *Parsifal* an, den Lou soeben in Bayreuth gehört hatte. Er geht aber noch weiter, indem er das ihm von Lou geschenkte Gedicht „An den Schmerz" vertont. Sein „gegenwärtiger Zustand ‚in m e d i a v i t a '" wolle „auch noch in Tönen sich aussprechen: ich werde nicht loskommen. Und es ist recht so: bevor ich meine neue Straße ziehe, muß ich noch ein wenig blasen und geigen" (Brief an Heinrich von Köselitz, 4. August 1882, KSB 6, S. 235f.).

Lou entwarf Aphorismen, die sie mit Nietzsche stilistisch überarbeitete. Gemeinsam dachten sie über die Unterschiedlichkeiten ihrer Charaktere nach; Lou fühlte sich in ihrer analytischen Weltsicht weit besser aufgehoben als in Nietzsches bildhaften Argumentationsformen. Dieser betont im Rückblick ihre tiefe innere Verwandtschaft, die durch Schwester Elisabeth andauernd gestört worden sei:

„Unsere Intelligenzen und Geschmäcker sind im Tiefsten v e r w a n d t – und es giebt andererseits der Gegensätze so viele, daß wir für einander die der seinen Erfahrungen eine solche Menge o b j e k t i v e r E i n s i c h t e n zu entnehmen wüßte, Niemanden der aus allem Gelernten so viel zu ziehn verstünde. [...] Leider hat sich meine Schwester zu einer Todfeindin L's entwickelt, sie war voller moralischer Entrüstung von Anfang bis Ende und behauptet nun zu wissen, was an meiner Philosophie ist. Sie hat an meine Mutter geschrieben, „sie habe in Tautenburg meine Philosophie in's Leben treten sehen und sei erschrocken: i c h liebe das Böse, s i e aber liebe das Gute. Wenn sie eine gute Katholikin wäre, so würde sie in's Kloster gehen und für all das Unheil büßen, was daraus entstehen werde." Kurz, ich habe die Naumburger „Tugend" gegen mich, es giebt einen wirklichen B r u c h zwischen uns – und auch meine Mutter vergaß sich einmal so weit mit einem Worte, daß ich meine Koffer packen ließ und morgens früh nach Leipzig fuhr." (Brief an Franz Overbeck, 9. September 1882, KSB 6, S. 255f.)

Beim Abschied überreicht ihm Lou das Gedicht „Gebet an das Leben"; er wird es in Naumburg der Musik seines bereits 1873/74 komponierten und Franz Overbeck gewidmeten „Hymnus an die Freundschaft" unterlegen, als Denkmal ihrer geistigen Verbindung, unter dem Titel „Hymnus an das Leben". Bei seinem Übertragungsversuch freute er sich über das harmonische Ineinanderfließen der poetischen und musikalischen Qualitäten zu einer neuen Einheit, in welcher er sie beide in einem Kunstwerk „für immer" vereinigt sah. Bei der Übersendung schrieb er an Lou:

> „In Naumburg kam wieder der Dämon der Musik über mich – ich habe Ihr Gebet an das Leben componirt; und meine Pariser Freundin Ott, die im Besitz einer wundervoll starken und audrucksreichen Stimme ist, soll es Ihnen und mir einmal v o r s i n g e n . Zuletzt, meine liebe Lou, die alte tiefe herzliche Bitte: w e r d e n   S i e ,   d i e   S i e   s i n d ! Erst hat man Noth, sich von seinen K e t t e n zu emancipiren, und schließlich muß man sich noch von dieser Emancipation e m a n c i p i r e n ! Es hat Jeder von uns, wenn auch in sehr verschiedener Weise an der K e t t e n – K r a n k h e i t zu laboriren, auch nachdem er die Ketten zerbrochen hat.
> Von Herzem Ihrem
> Schicksale gewogen – denn
> ich liebe auch in Ihnen
> m e i n e   H o f f n u n g e n ." (Brief an Lou von Salomé, Ende August 1882, KSB 6, S. 247 f.)

Am 16. September weist er Lou voller Stolz auf die Möglichkeit einer baldigen Aufführung durch den Riedelschen Chor in Leipzig hin: „Das wäre so ein kleines Weglein, auf dem wir Beide z u s a m m e n zur Nachwelt gelangten – andre Wege vorbehalten."

Er bat Heinrich Köselitz, die Klavierbegleitung in eine Orchesterfassung umzuarbeiten und mit ihm nach Aufführungsmöglichkeiten zu suchen, in der Hoffnung, das Werk würde als eines der wenigen später zu seinem Andenken gesungen:

> „Ich möchte gern ein Lied gemacht haben, welches auch öffentlich vorgetragen werden könnte –, „um die Menschen zu meiner Philosophie zu v e r f ü h r e n ". Urtheilen Sie, ob dies „Gebet an das Leben" sich dazu schickt. Ein großer Sänger könnte m i r damit die Seele aus dem Leibe ziehn; vielleicht aber, daß andre Seelen sich dabei erst recht in ihrem L e i b verstecken! – Ist es Ihnen möglich, der Composition als solcher etwas den laienhaften Strich und Griff zu nehmen?" (Brief an Heinrich von Köselitz, 1. Sept. 1882, KSB 6, S. 249)

Er selbst hatte für seine Klavierfassung nur die erste Strophe des Gedichtes ausgewählt, während Peter Gast 1887 in seiner Bearbeitung für Chor und Orchester beide Gedichtteile heranzog:

> „Gewiß – so liebt ein Freund den Freund
> wie ich dich liebe, räthselvolles Leben

Ob ich in dir gejauchzt, geweint,
ob du mir Leid, ob du mir Lust gegeben,
ich liebe dich mit dienem Glück und Harme,
und wenn du mich vernichten mußt,
entreiße ich mich schmerzvoll deinem Arme,
gleich wie der Freund der Freundesbrust.

Mit ganzer Kraft umfass' ich dich,
laß deine Flamme meinen Geist entzünden
und in der Gluth des Kampfes mich
die Räthsellösung deines Wesens finden!
Jahrtausende zu denken und zu leben,
wirf deinen Inhalt voll hinein, –
Hast du kein Glück mehr übrig mir zu geben,
wohlan – so gieb mir deine Pein." (an Köselitz, 1. Sept. 1882; KSB 6, S. 249)

Es gibt kein Werk, für dessen Aufführung er sich so sehr einsetzte. Er liess die Partitur in Leipzig bei E.W. Fritzsch 1887 in Leipzig drucken und sandte seinem Freund Gustav Krug ein Exemplar, mit folgendem Begleitbrief:

„[H]iermit übersende ich Dir als meinem ältesten Freund und Bruder in arte musica, das Einzige, was von meiner Musik übrig bleiben soll – eine Art Glaubensbekenntniß in Tönen, das sich dazu eignen möchte, einem „zu meinem Gedächtniß" gesungen zu werden. Denn so ein Philosoph, wie ich, der durchaus keine Gegenwart hat und haben will, hat vielleicht ebendamit eine kleine Anwartschaft auf „Zukunft" (Brief an Gustav Krug, Ende Oktober 1887, KSB 8, S. 182)

Lou reiste nach den vereinbarten vier Wochen nach Stibbe zu Rée, der sie sehnsüchtig erwartet. Zusammen werden sie in Berlin – ohne Nietzsche – die geplante Studiengemeinschaft verwirklichen, mit Hermann Ebbinghaus, Ferdinand Tönnies und Georg Brandes und andere. Rée bildet sich als Philanthrop zum Facharzt aus, Lou wird Psychoanalytikerin. Trotz einiger Misstöne nach ihrem Abschied hat niemand Nietzsches Erscheinung schöner und umfassender beschrieben als Lou in ihren Erinnerungen: Sein Äusseres erschien ihr „völlig vom tief bewegten Innenleben durchdrungen"; wobei ihr an ihm von Anfang eine gewisse Feierlichkeit auffiel, die sich mit einer eigentümlichen „Freude an der Verkleidung" verband, als ob er sich verstelle oder gewisse Wirkungen zu erzielen beabsichtige. „Dem flüchtigen Beschauer" habe seine Erscheinung sonst „nichts Auffallendes" geboten;

„der mittelgrosse Mann in seiner überaus einfachen, aber auch überaus sorgfältigen Kleidung, mit den ruhigen Zügen und dem schlicht zurückgestrichenen braunen Haar konnte leicht übersehen werden. Die feinen, höchst ausdrucksvollen Mundlinien wurden durch einen vornübergekämmten grossen Schnurrbart fast völlig verdeckt; er hatte ein leises Lachen, eine geräuschlose Art zu sprechen und einen vorsichtigen, nachdenklichen Gang […] Unvergleichlich schön und edel geformt, so dass sie die Blick unwillkürlich auf sich zogen, waren an Nietzsche die Hände […] Wahrhaft verrätherisch sprachen auch die Augen. Halbblind, besassen sie dennoch nichts vom Spähenden, Blinzelnden, vom ungewollt Zudringlichen vieler Kurzsichtigen; vielmehr sahen sie aus wie Hüter und Bewahrer eigener Schätze, stummer Geheimnisse, die kein unberufener Blick streifen sollte. Das mangelhafte Sehen gab seinen Zügen eine ganz besondere Art von Zauber dadurch, dass sie, anstatt wechselnde äussere Eindrücke wiederzuspiegeln, nur das wiedergaben, was durch sein Inneres zog." (Andreas-Salomé 1896, S. 11–13)

12 Der Traum von Paris

Nach seiner Trennung von Lou fasst Nietzsche den Plan, allein nach Paris, in die Nähe von Louise Ott, umzusiedeln. Aus Leipzig nimmt er deshalb, vermutlich am 7. November 1882, Kontakt mit ihr auf, in eigentümlicher Gespanntheit zwischen förmlicher Distanz und vertrauter Nähe:

„Verehrungswürdige Freundin,
Oder darf ich nach sechs Jahren d i e s e s Wort nicht mehr gebrauchen?
Inzwischen habe ich dem Tode näher gelebt, als dem Leben und bin folglich ein wenig zu sehr zum „Weisen" und beinahe zum „Heiligen" geworden – – –
Indessen: d a s lässt sich vielleicht noch corrigiren! Denn ich glaube wieder an das Leben, an die Menschen, an Paris, sogar an mich selber – und will in kurzer Zeit S i e wiedersehen. Mein letztes Buch heißt „Die f r ö h l i c h e Wissenschaft". –
Giebt es viel h e i t e r e n Himmel über Paris?– Wissen Sie durch Zufall etwa von einem Zimmer, das für mich passt? Es müßte ein todtenstill gelegenes, sehr einfaches Zimmer sein. Und nicht gar zu ferne von Ihnen, meine liebe Frau Ott!
Oder rathen Sie mir gar ab, nach Paris zu kommen? Ist es kein Ort für Einsiedler, für Menschen, die still mit einem Lebenswerke herum gehen wollen und sich gar nicht um Politik und Gegenwart bekümmern?
Sie sind mir eine so liebliche Erinnerung!

Von Herzen Ihnen
zugethan
Professor Dr. F. Nietzsche" (KSB 6, S. 272f.)

Aus gesundheitlichen Gründen muss er seinen Plan eine Woche später wieder begraben, obwohl ihm Louise Ott, wie er Carl von Gersdorff schreibt, Blumen geschickt hatte. Stattdessen reiste er noch am selben Tag via Basel und Genua für eine Woche nach Santa Margherita Ligure an der Riviera di Levante, um danach – wie schon oft – in Rapallo und Genua zu überwintern, um in Einsamkeit an seinem Werk weiter zu arbeiten. (Nietzsche an Carl von Gersdorff, 15. Nov. 1882, KSB 6, S. 278). Louise Ott verspricht er aber, später doch noch – „und dann auf lange!" – in ihre Nähe zu kommen, wie Nietzsche (an Louise Ott, 15. Nov. 1882, KSB 6, S. 277) schreibt:

> „Oh, meine verehrte Freundin, kaum habe ich Ihnen gesagt, daß ich komme, muß ich Ihnen melden, daß ich noch lange nicht komme – daß immer noch ein paar Monate hinlaufen können.
> Komme ich aber, dann auf lange! – und kann ich nicht im *Herzen von Paris* leben, dann vielleicht in St.-Cloud oder St.-Germain, wo ein Einsiedler und Gedanken-Wurm besser sein stilles Wesen treiben kann.
>
> Von ganzem Herzen
Ihnen dankbar
Friedrich Nietzsche"

Er hat Louise Ott indessen nie wiedergesehen, ihr aber weiterhin getreulich seine Werke zustellen lassen.

13 Päderastie?

Nietzsche hatte Zeit seines Lebens viele Freunde; dies war von seinem Entwicklungsverlauf her von seiner Mutter auch so vorgesehen; er sollte mit den Söhnen besserer Familien Freundschaft pflegen, in Schule und Freizeit, später auch im Gymnasium und an der Universität. Seine Briefe richteten sich zumeist an Männer, es sei denn es handle sich um private Anliegen, die er mit der Familie – vor allem mit Mutter und Schwester – besprach; vielleicht noch mit näheren weiblichen Verwandten. Dabei ändert sich der Ton seiner Briefe, die Wahl der Themen, meist auch die Schrift; denn Nietzsche kann sich anpassen; weiss, was von ihm erwartet wird. Mit dem Leitspruch der „Germania" pflegte er seine Jugendbriefe zu beschliessen: „Semper nostra manet amicitia!" (Vgl. Rosenthal/Bloch/Hoffmann 2009, S. 36 f.)

Dieses Treueversprechen blieb seine Devise, und er hielt diese Treue gegenüber seinen Freunden sein Leben lang. Und er unterrichtete seine Freunde auch über Probleme, die andere für sich behalten hätten. Als er wegen seines Augenleidens und der vermuteten Möglichkeit des Erblindens den Augenarzt Otto Eiser in Frankfurt konsultierte, hatte dieser von Richard Wagner einen vertraulichen Brief erhalten, in welchem er gebeten wurde, Nietzsche zu einer Heirat zu bewegen. Seiner Meinung nach habe er in erotischer Hinsicht eher eine Neigung zu Männern; zudem schade das häufige Onanieren seiner Gesundheit und seiner Denkkraft! (Vgl. Safranski 2007, S. 251–282)

Als ihn Dr. Eiser in entsprechender Richtung orientierte und zu beraten suchte, war Nietzsche zutiefst getroffen und empfand Wagners Einmischung als Verrat. Erst nach seinem Tod versuchte er, seine Auseinandersetzung mit dieser

Vaterfigur vor sich zu rechtfertigen: So z.B. im Brief an Heinrich Köselitz in Venedig vom 19. Februar 1883 aus Rapallo:

> „Ich war einige Tage h e f t i g krank und machte meinen Wirthen Besorgnisse. Es geht nun wieder, und ich glaube sogar, daß der Tod Wagners die wesentlichste Erleichterung war, die mir jetzt geschafft werden konnte. Es war hart, sechs Jahre lang Gegner dessen sein zu müssen, den man am meisten verehrt hat, und ich bin nicht grob genug d a z u gebaut." (KSB 6, S. 333f.)

Dazu zwei Tage später an Malwida von Meysenbug in Rom:

> „W(agner)s Tod hat mir fürchterlich zugesetzt; und ich bin zwar wieder aus dem Bett, aber keineswegs aus der Nachwirkung heraus. – Trotzdem glaube ich, daß dies Ereigniß, auf die Länge hin gesehn, eine Erleichterung für mich ist. Es war hart, sehr hart, sechs Jahre lang Jemandem Gegner sein zu müssen, den man so verehrt und geliebt hat, wie ich W(agner) geliebt habe; [...] W(agner) hat mich auf eine t ö d t l i c h e Weise beleidigt – ich will es ihnen doch sagen! – sein langsames Zurückgehn und –Schleichen zum Christenthum und zur Kirche habe ich als einen persönlichen Schimpf für mich empfunden: meine ganze Jugend und ihre Richtung schien mir befleckt, insofern ich einem Geiste, der d i e s e s Schrittes fähig war, gehuldigt hatte." (Brief an Malwida von Meysenbug, 21. Februar 1883, KSB 6, S. 335)

Erst zwei Monate später, am 21. April 1883 aus Genua, kann er sich gegenüber Köselitz aussprechen, im Zusammenhang mit seinem Bruch mit Mutter und Schwester nach der Lou-Affaire und der Frage nach dem Recht auf Verachtung eines Menschen, so wie er es selbst durch die eigene Familie und vor allem auch durch Wagner erfahren habe:

> „Ich habe mich nie von der Meinung Anderer über mich f ü h r e n lassen; aber mir f e h l t die Menschenverachtung und die glückliche Mitgift des Bärenfells – und so bekenne ich, zu allen Zeiten des Lebens sehr an der Meinung über mich g e l i t t e n zu haben. Bedenken Sie, daß ich aus Kreisen stamme, denen meine ganze Entwicklung als verwerflich und verworfen erscheint; es war nur eine Consequenz davon, daß meine Mutter mich voriges Jahr einen „Schimpf der Familie" und „eine Schande für das Grab meines Vaters" nannte. Meine Schwester schrieb mir einmal, wenn sie katholisch wäre, so würde sie in ein Kloster gehen, um den Schaden wieder gut z machen, den ich durch meine Denkweise schaffe; ja sie hat mir offne Feindschaft angekündigt, bis zu jenem Zeitpunkte, wo ich umkehren und mich bemühen werde, „ein guter und wahrer Mensch zu werden". Beide halten mich für einen „kalten hartherzigen Egoisten", auch Lou hatte von mir die Meinung, bevor sie mich näher kennen lernte, ich sei „ein ganz gemeiner niederer Charakter, immer darauf aus, Andre zu meinen Zwecken auszubeuten". Cosima hat von mir gesprochen als von einem Spione, der sich in das Vertrauen Anderer einschleicht und sich davonmacht, wenn er hat, was er will. Wagner ist reich an bösen Einfällen; aber war sagen Sie dazu, daß er Briefe darüber gewechselt hat (sogar mit meinen Ärzten) um seine Ü b e r z e u g u n g auszudrücken, meine

veränderte Denkweise sei die Folge unnatürlicher Ausschweifungen, mit Hindeutungen auf Päderastie. – Meine neuen Schriften werden an den Universitäten als Beweise meines allgemeinen ‚Verfalls' ausgelegt;" (Brief an Köselitz, 21. April 1883, KSB 6, S. 365 f.)

Einige Tage später bereute er es, so offen gewesen zu sein, und versuchte gegenüber Köselitz, am 27. April aus Genua, sein Bild von Wagner mit seinen frühen Erinnerungen wieder in ein besseres Licht zu rücken:

„Ich hätte Ihnen jene häßlichen Dinge nicht schreiben sollen: zumal sie ganz unvollständig und ungenügend sind, um Ihnen die Qual und Melancholie dieses Winters zu erklären. Was liegt an schiefen Urtheilen über mich! – so habe ich selber in jeder hellen Stunde empfunden. Viel schwerer drückten auf mich eine Anzahl widerlich-schauerlicher Thatsachen, deren Mitwisser ich geworden war, ohne irgend Etwas dabei zu thun zu haben. [...] Zuletzt kam der Tod W a g n e r s. Was riß damit Alles in mir auf! Es ist meine schwerste Probe gewesen, in Bezug auf Gerechtigkeit gegen Menschen – dieser ganze Verkehr und Nicht-Mehr-Verkehr mit Wagner; und mindestens hatte ich es zuletzt hierin zu jener „Indolenz" gebracht, von der Sie schreiben. Was kann freilich melancholischer sein als Indolenz, wenn ich an jene Zeiten denke, wo der letzte Theil des Siegfried entstand! Damals liebten wir uns und hofften Alles f ü r e i n a n d e r – es war wirklich eine tiefe Liebe, ohne Nebengedanken." (Brief an Köselitz, 27. April 1883, KSB 6, S. 367)

14 Frauen als freundschaftliche Kolleginnen und Begleiterinnen

Nietzsche blieb unverheiratet, traf aber immer wieder auf Frauen, mit denen er sich gut verstand. Sehr oft war es Malwida von Meysenbug, die ihm Studentinnen oder Freundinnen zu Besuch schickt, damit er sie beratend begleite. Auf ihren Rat hin wurde er von Resa von Schirnhofer in Nizza besucht, später wiederum in Sils-Maria, in Begleitung ihrer Freundin Clara Willdenow. In Zürich und Sils-Maria traf er sich des öftern mit Meta von Salis, oft begleitet von ihrer Freundin Hedwig Kym aus Zürich. Er diskutierte und stritt mit Helene Druskowicz, die sich über seine kritischen Bemerkungen über die Stellung der Frau ärgerte, wie auch mit Louise Röder-Wiederhold, die ihm für kurze Zeit als Schreibkraft zur Verfügung stand. Er tafelte in Sils gerne mit Fürstin Mansuroff und Emily Finn mit Tochter, traf sich hier auch mit einer Bekannten aus der Bayreuther Zeit Helen Zimmern, die zu seiner Übersetzerin ins Englische wurde. Er schrieb an Cosima Wagner unzählige Briefe, die er nicht abschickte, stilisiert sie als Ariadne zu seiner Geliebten in der Maske von Dionysos. Als humorvoller Unterhalter blieb er in der Erinnerung von Isabella von Pahlen und der Baronin Claudine von Brevern, mit denen er sich auf seiner Reise nach Sorrent getroffen und sich mit ihnen geistreich unterhalten hatte (siehe Köhler 1996, S. 156–175 und Leis 2000, S. 31.).

Vor vielen Bekannten spielte er im Hotel Edelweiss seine Klavierimprovisationen, aber seine persönlichen Kompositionen für sie hatte er schon lange aufgegeben. Er hielt Distanz, hütete sich vor weiteren Verletzungen, mit Ausnahme seiner Kontakte mit Louise Ott, deren Stimme er im Zusammenhang mit dem „Hymnus auf das Leben" gern gehört hätte, weil er wusste, dass sie als Frau voll im Leben stand und darüber nicht unglücklich war. Hatte er indes seiner Mutter nicht schon Jahre zuvor seine andere Wahl, das Schaffen des vollkommenen Kunstwerks, angedeutet, mit welcher er auch seine Vorbehalte gegenüber dem Verheiratetsein andeutete, was ihn wohl an dem „Ganz-sich-selber-Sein" gehindert hätte?

> „Meine liebe Mutter, Dein Sohn eignet sich schlecht zum Verheirathet-werden: u n a b h ä n - g i g sein bis zur letzten Grenze ist mein Bedürfniß, und ich bin für meinen Theil äußerst mißtrauisch geworden in diesem E i n e n Punkte. Eine alte Frau, und noch mehr ein tüchtiger Diener wäre mir vielleicht wünschenswerther. Wüßte ich nur erst einigermaßen w o leben! Du glaubst nicht, an was für delikate Bedingungen die Freiheit meines Kopfes und meine ganze geistige Tüchtigkeit gebunden ist. Und nun die Augen!
> Außerdem bin ich gar noch von einer gräßlichen und ganz unmöglichen Verwegenheit meiner Meinungen, ich meine für d e u t s c h e Verhältnisse und sittsame gute Freunde und Nachbarn unmöglichen Verwegenheit. I m m e r aber Komödie spielen, wie ich es so viel thue und gethan habe, geht mir wider den Geschmack; zuletzt ist man doch gerne „bei sich zu Hause" wenigstens ehrlich. Ich meine: Ich kann mir eine „Lebensgefährtin" gar nicht vorstellen, ohne aus der Haut zu fahren." (Nietzsche an Franziska, Ende April 1885, KSB 7, S. 43)

15 Versuch einer Bilanz

Nietzsche hielt das eigene Künstlertum für sein grösstes Glück, dem er alle andern Erfüllungsmöglichkeiten opferte. Er schuf sich aber eine Ebene, auf welcher sich eine Beziehungsmöglichkeit immer wieder andeutet: im Musikalischen beim natürlichen Zusammenspiel mit Freundinnen und Freunden, im Miteinander gemeinsamen Musizierens, konzentrierten Zuhörens und sich aufeinander Einstimmens. Es greift zu kurz, Nietzsches unbestreitbare Schüchternheit aus seiner Zeit heraus einzig von seiner puritanischen Erziehung her zu verstehen; immer wieder versuchte er seine Beziehungen zu weiblichen Bekannten zu vertiefen, durch freundliche Briefe, selbstironische Bemerkungen und in seiner Sehnsucht auf ernsthafte Gespräche oder gemeinsame musikalische Erlebnisse. Sein Werk blieb ihm aber wichtiger, es forderte ihn bis zur Erschöpfung zu immer neuen Selbstvollendungsversuchen heraus. Zur Unterstützung seines Schaffens hätte er – wie man aus vielen Bemerkungen schliessen kann – gerne geheiratet; es war ihm aber von vornherein klar, dass ihn eine Frau beim Arbeiten nicht hätte stören dürfen, wohl aber in gesellschaftlichen Belangen zur Seite stehen müssen, auch in der Pflege seiner Krankheiten und in finanzieller Hinsicht. Dies alles vertraut er Mutter und Schwester an, die beide mit guten Ratschlägen nicht sparten; seine eigentlich erotischen Wünsche gab er ihnen aber nicht preis, vertraute diese eher Malwida von Meysenbug, Ida Overbeck-Rothpletz und Lou Andreas-Salomé an, vielleicht auch Cosima Wagner, am meisten wohl Louise Ott in Paris, ohne jede Aufdringlichkeit – als ob er sich von vornherein mit dem Schicksal als Einzelgänger abgefunden habe. Ob er diese Maske bloss trug, um nicht allzu sehr von Misserfolgen verletzt zu werden? um das eigene Kranksein vor sich zu verbergen? weil er in sich die Trennung des Menschen in Frau und Mann nicht unbedingt vollzogen hatte, aber von beiden Existenzmöglichkeiten die männliche für sich als kämpfender Visionär als die einfachere vorstellte?

In der Musik war es anders: da verstand er sich von vornherein in der natürlichen Rolle des Komplementären, im gemeinsamen Spiel zusammenklingender Gegenläufigkeit, in der Funktion des Begleiters und vereinigenden Tonsetzers. Dabei erlebte er Momente grosser Glückseligkeit, die er sich gerne auch improvisatorisch erträumte, später eher in vergegenwärtigenden Erinnerungen, denn Musik – so meinte er – bleibe für ihn – auch in der Form der Partitur – lebendige Gegenwart, die jederzeit erklingen, d.h. Vergangenheit aufheben, könne, wie er noch Anfang 1875 voller Nachdenklichkeit – im Rückblick au seine Kompositionstätigkeit – an Malwida von Meysenbug schrieb (am 2. Jan. 1875):

„Jetzt habe ich 10 Tage Ferien hinter mir, ich verlebte sie mit Mutter und Schwester und fühle mich recht erholt; ich liess während dem alles Denken und Sinnen hinter mir und machte Musik. Viele tausend Notenköpfchen sind hingemalt worden, und mit e i n e r Arbeit bin ich ganz fertig. Der Hymnus an die Freundschaft ist jetzt zweihändig und vierhändig anzustimmen [...] Ich bin *sehr* zufrieden damit [...] Die Dauer der Musik ist gerade 15 Minuten – Sie wissen, was darin alles vorgehen kann, gerade die Musik ist ein deutliches Argument für die Idealität der Zeit. Möchte meine Musik ein Beweis dafür sein, dass man seine Zeit vergessen kann, und dass darin Idealität liegt!
Ausserdem habe ich meine Jugend-Compositionen revidiert und geordnet. Es bleibt mir ewig sonderbar, wie in der Musik die Unveränderlichkeit des Characters sich offenbart; was ein Knabe in ihr ausspricht, ist so deutlich die Sprache des Grundwesens seiner ganzen N a t u r, dass auch der Mann daran nichts geändert wünscht – natürlich die Unvollkommenheit der Technik und s.w. abgerechnet. [...] Im Übrigen bin ich entschlossen *alt* zu werden; denn sonst kann man es zu nichts bringen." (KSB 5, S. 7 f.)

Literaturverzeichnis

Andreas-Salomé, Lou (1974): *Lebensrückblick – Grundriß einiger Lebenserinnerungen*. Aus dem Nachlass. Hrsg. v. Ernst Pfeiffer. Frankfurt: Insel.
Babich, Babette (2012): „Philosophische Figuren, Frauen und Liebe, Zu Nietzsche und Lou", In: Reschke, Renate (Hrsg.): *Nietzscheforschung*, Bd. 19, S. 113–139.
Behler, Diana (1989): „Nietzsche's View of Woman in Classical Greece". In: *Nietzsche-Studien*, Bd. 18, S. 359–376.
Bergoffen, Debra (1996): „Nietzsche's Women". In: *Journal of Nietzsche Studies*, Vol. 12, S. 18–26.
Borchmeyer, Dieter (2012): „Nietzsche und Cosima Wagner – Geschichte einer Verblendung". In: Reschke, Renate (Hrsg.): *Nietzscheforschung*, Bd. 19, S. 191–208.
Brann, Helmut Walther (1931): *Nietzsche und die Frauen*. Leipzig: Felix Meiner.
Diethe, Carol (2000): *Vergiss die Peitsche. Nietzsche und die Frauen*. Hamburg/Wien: Europa Verlag.
Du Moulin-Eckard, Graf Richard von (1929): *Cosima Wagner*. Bd. 1: *Ein Lebens- und Charakterbild*. Berlin: Drei Masken Verlag.
Förster-Nietzsche, Elisabeth (1935): *Friedrich Nietzsche und die Frauen seiner Zeit*. München: C.H. Beck.
Georg, Jutta (2012): „Zarathustra I und das Ende der Lou-Beziehung". In: Reschke, Renate (Hrsg.): *Nietzscheforschung*, Bd. 19, S. 177–189.
Goch, Klaus (1992) (Hrsg.): *Nietzsche über die Frauen*. Frankfurt am Main/Leipzig: Insel.
Goch, Klaus (2012): „Sternenfeindschaft. Elisabeth Nietzsche contra Lou von Salomé". In: Reschke, Renate (Hrsg.): *Nietzscheforschung*, Bd. 19, S. 155–173.
Janz, Curt Paul (1976): *Friedrich Nietzsche. Der musikalische Nachlass*. Basel: Bärenreiter.
Janz, Curt Paul (1978a): *Friedrich Nietzsche. Biographie*. Bd. 1: *Kindheit, Jugend, die Basler Jahre*. München: Hanser.
Janz, Curt Paul (1978b): *Friedrich Nietzsche. Biographie*. Bd. 2: *Die zehn freien Jahre des Philosophen*. München: Hanser.
Klaas Meilier, Brigitta (2012): „Frauen: Nur gut fürs Basislager oder auch für den philosophischen Höhenweg?". In: Reschke, Renate (Hrsg.): *Nietzscheforschung*, Bd. 19, S. 31–51.
Köhler, Joachim (1996): *Friedrich Nietzsche und Cosima Wagner. Die Schule der Unterwerfung*. Berlin: Rowohlt.
Leis, Mario (2000): *Frauen um Nietzsche*. Reinbek bei Hamburg: Rowohlt.
Meysenbug, Malwida von (1876): *Memoiren einer Idealistin*. Stuttgart: A. B. Auerbach.
Meysenbug, Malwida von (1902): *Individualitäten*. Berlin/Leipzig: Schuster & Loeffler.
Oppel, Frances Nesbitt (2005): *Nietzsche on Gender. Beyond Man and Woman*. London: University of Virginia Press.
Peters, Heinz Frederick (1983): *Zarathustras Schwester. Fritz und Lieschen Nietzsche – ein deutsches Trauerspiel*. München: Kindler.
Pfeiffer, Ernst (Hrsg.) (1970): *Friedrich Nietzsche, Paul Rée, Lou von Salomé. Die Dokumente ihrer Begegnung*. Frankfurt am Main: Suhrkamp.
Pieper, Annemarie (2012): „Nietzsche und die Geschlechterfrage". In: Reschke, Renate (Hrsg.): *Nietzscheforschung*, Bd. 19, S. 53–63.
Reschke, Renate (Hrsg.) (2012): *Nietzscheforschung*, Bd. 19.
Rosenthal, Julia/Bloch, Peter André/Hoffmann, David Marc (2009) (Hrsg.): *Friedrich Nietzsche, Erstausgaben und Widmungsexemplare im Nietzsche-Haus in Sils Maria*. Basel: Schwabe.

Safranski, Rüdiger (2007): *Nietzsche. Biografie seines Denkens*. Hamburg: Spiegel-Verlag Rudolf Augstein.

Salber, Linde (2007): *Geniale Geschwister*. München: Piper.

Schmidt, Hermann Josef (1991): *Nietzsche absconditus oder Spurenlesen bei Nietzsche*. Bd. 1. Berlin/Aschaffenburg: IBDK.

Theubet, Bertrand/Bourgeois, Jean-Luc (Red.) (2012): *Der Alpinist und der „Prophet" / L'alpiniste et le „prophète". Curt Paul Janz, Nietzsche und die Musik / Curt Paul Janz, Nietzsche et la musique*, Radio Télévision Suisse, Visions du Réel, Genf/Nyon (Online: http://www.etilem.ch).

Volz, Daniela (1990): *Nietzsche im Labyrinth seiner Krankheit. Eine medizinische Untersuchung*. Würzburg: Königshausen & Neumann.

Wendt, Gunna (2012): „Denn alle Lust will Wandel". In: Reschke, Renate (Hrsg.): *Nietzscheforschung*, Bd. 19, S. 141–154.

Volker Gerhardt

„Ich war immer *verurtheilt* zu Deutschen ..."

Verdi und Wagner in Urteil Nietzsches[1]

1 Ausgangslage

„Nach Schillers Dichtung ist nur noch das musikalische Drama möglich." Dieser Ausruf Richard Wagners findet sich in Cosimas Tagebuch unter dem Datum des 14. Dezember 1869.[2] Er fasst zusammen, was sich nach der das ganze Jahr über durchgehaltenen Beschäftigung mit den Dramen Schillers an gemeinsamer Auffassung herausgebildet hat. Er ist die persönliche Konsequenz aus der gemeinsamen Lektüre und enthält eine musik- und geschichtsphilosophische These, die für das Selbstverständnis der menschlichen Kultur erheblich ist. Im Eintrag drei Tage zuvor lesen wir: „Beim Frühstück sagte ich ihm [Richard], es sei doch nicht recht, daß wir an Schiller's Geburtstag nicht gedacht hätten, er sei gestern gewesen, ‚nun', sagte er, ‚gerade gestern, wie ich arbeitete, habe ich mich des Bildes Schiller's mir gegenüber innig freut und mir sein ganzes Wesen innig dargestellt'." (11. Dez. 1869, Wagner 1976, S. 168)

Schillers Bild hing also Wagners Schreibtisch gegenüber. Das illustriert, welche Bedeutung die dramatische Dichtung Friedrich Schillers für den Komponisten hatte: In den Dramen Schillers sieht Wagner einen Höhepunkt literarischen Schaffens, der, wie er meint, mit den Mitteln bloßer Literatur nicht mehr zu überbieten sei. Wolle man das von Schiller bis zur äußersten Steigerung entwickelte Trauerspiel nicht als das Ende einer Entwicklung ansehen, deren Tradition kaum größer gedacht werden kann, müsse man das Erreichte durch seine Überführung in eine neue Dimension zu überbieten suchen. Und das sei durch das „musikalische Drama" möglich. Mit ihm soll dem, was mit der griechischen Tragödie begonnen, mit den Dramen Shakespeares eine frühmoderne Fortsetzung, in der deutschen Sprache mit Lessing und dem jungen Goethe eine kongeniale Fortführung und schließlich mit den *Räubern, Kabale und Liebe, Wilhelm Tell*, der *Jungfrau von Orleans, Fiesco, Wallenstein* und *Don Carlos* seinen vorläu-

---

1 Im Folgenden handelt es sich um die überarbeitete Fassung eines Vortrags, den ich im August 2013 unter dem Titel: „‚Nach Schillers Dichtung ist nur noch das musikalische Drama möglich' Wie Verdi tut, was Wagner sagt", im Rahmenprogramm der Salzburger Festspiele gehalten habe.
2 Wörtlich: „Dann an Schiller gedacht, daß nach seiner Dichtung nur noch das musikalische Drama möglich war, zu welchem er gleichsam den Übergang bildet." (Wagner 1976, S. 168)

figen Abschluss gefunden hat – am Ende doch noch die *Möglichkeit einer Steigerung* eröffnet werden.

Und die glaubt Wagner mit seinem „musikalischen Drama“, mit dem „Gesamtkunstwerk“ der Oper bieten zu können. Was das heißt, was dazu aus der Perspektive des 19. Jahrhunderts zu sagen ist und wie wir das heute bewerten – ist ein Thema, zu dem man sehr viel sagen kann und sagen müsste.

Nur eines sollte man nicht übersehen: Dass es zu Lebzeiten Richard Wagners bereits einen anderen großen Opernkomponisten gibt, der, wie es scheint, längst das macht, was Wagner sich in Umsetzung seiner musiktheoretischen Schriften noch 1869 vornimmt. Einen in ganz Europa gefeierter Künstler, der nicht einfach nur in der Zeit „nach“ Schiller, sondern aus den von ihm bewunderten Bühnenstücken Schillers *selbst* jene „musikalischen Dramen“ macht, die unter dem Beifall eines begeisterten Publikums bereits den Weg in eine neue Zeit der Bühnenkunst beschreiten. Und es sind Opern, die das Ziel, von dem Wagner zur Zeit der Konzeption des *Gesamtkunstwerks* der Oper träumte (und das 1869, zum Zeitpunkt der vertraulichen Bemerkung, noch vor ihm lag), in einem historisch höchst seltenen ästhetischen und politischen Einklang realisieren.

Dieser Komponist ist Giuseppe Verdi.[3] Er *tut*, was Wagner von sich selber fordert. Er hat damit begonnen, noch bevor Wagner seine operntheoretischen Schriften verfasste, die ihm später als Prospekt seiner musikdramatischen Programmatik dienen.[4] *Wagner nimmt sich etwas vor, womit Verdi längst beschäftigt ist.* Daran muss im Rückblick auf das viel kommentierte Doppeljubiläum der Komponisten im Jahr 2013 gesprochen werden; und wenn man im Jahr danach die Eule der Minerva einmal in Begleitung Nietzsches fliegen lassen darf, sind Einsichten möglich, die nicht nur für Wagner und Verdi, nicht nur für die Frage nach dem – gerade auch von Fortschrittskritikern unterstellten – Fortschritt in der Musikgeschichte, sondern auch für Nietzsche von Bedeutung sind.

2 Vorkämpfer einer neuen Kultur

Um angemessen über Verdi und Wagner sprechen zu können, brauchte man ein ganzes Leben. Deshalb wähle ich einen wie eine Verlängerung erscheinenden

---

3 Zum Zeitpunkt der Feststellung in Cosimas Tagebuch waren von Verdi bereits *Luisa Miller* (nach *Kabale und Liebe*), 1849, *Simon Boccanegra* (nach *Fiesco*), 1857, und *Don Carlo*, 1867, komponiert und aufgeführt worden.
4 Die für die Konzeption des Gesamtkunstwerks entscheidenden Schriften Wagners erschienen nach der Aufführung von Verdis *Luisa Miller* 1849: *Die Kunst und die Revolution* (1849), *Das Kunstwerk der Zukunft* (1850), *Oper und Drama* (1851).

Umweg, der mir am Ende erlaubt, wenigstens *eine* Pointe zum Problem des *Vergleichs zwischen zwei großen Künstlern* zu setzen und eine Anregung zu geben, worauf man bei der Bewertung der *Größe eines Künstlers* tunlichst verzichten sollte. Den Umweg bietet mir Friedrich Nietzsche an, dessen Werk als eine unausgesetzte Reflexion über *historische Größe* angesehen werden kann.

Friedrich Nietzsche war in seinen jungen Jahren ein glühender Verehrer des großen nationalen Dichters Friedrich Schiller. In Schulpforta hatte er 1859 als Fünfzehnjähriger aktiv an der Jahrhundertfeier zu Schillers hundertstem Geburtstag mitgewirkt. Noch in seinem ersten eigenständigen Buch: *Der Geburt der Tragödie aus dem Geiste der Musik,* das er dreizehn Jahre später bereits als Basler Professor veröffentlicht, ist *Schiller* die meistzitierte Autorität. Und schon der Titel des Buches gibt zu erkennen, dass es Nietzsche um eben das Problem geht, das Wagner umtreibt, wenn er sich fragt, wie man nach Schiller überhaupt noch ein über ihn hinausführendes Drama schreiben kann: Nach der frühgriechischen *Geburt* der Tragödie aus der Musik, geht es nunmehr um die *Wiedergeburt* der Tragödie der Kultur aus dem Geiste der Musik Richard Wagners, der, wie wir nun wissen, seine schöpferische Inspiration aus den Dramen Friedrich Schillers zieht.

Nietzsche, der von Wagner begeistert war, seit er während des Studiums in Leipzig den Klavierauszug von Wagners *Tristan* gelesen und den Meister bei einer Abendgesellschaft des Verlegers Brockhaus kennengelernt hatte, zögerte, nachdem er 1869 als Vierundzwanzigjähriger auf die Professur in Basel berufen worden ist, nicht einen Augenblick, die Bekanntschaft mit Wagner zu vertiefen. Am 19. April 1869 trifft er in Basel ein, und am 17. Mai, also fünf Monate nach Wagners Versicherung, Schillers Dramen musikalisch überwinden zu wollen, macht Nietzsche den ersten Besuch in Tribschen bei Luzern, wo der aus Deutschland geflohene Komponist mit Cosima von Bülow residiert. Jedes freie Wochenende verbringt Nietzsche dort, und als zweieinhalb Jahre später *Der Geburt der Tragödie* erscheint, ist sie Wagner gewidmet.

In diesem Buch ist Schiller der am häufigsten genannte Name. Er rangiert noch vor Wagner, Schopenhauer und Goethe. Der mit der Begeisterung Schillers aufgenommene, philologisch unterfütterte Humanismus, in dessen Geist Nietzsche in Schulpforta erzogen worden war, wirkt nach. Noch sieht Nietzsche keinen Anlass, sich von den Idealen der Humanität loszusagen, wie es dann seit *Menschliches, Allzumenschliches* wiederholt geschieht – ohne freilich seine mitdenkenden Leser damit täuschen zu können. Nietzsche bleibt dem *Humanismus* bis in seine letzten bewussten Tage ebenso verpflichtet wie der *Aufklärung;* er kommt von der *Wahrheit* genauso wenig los wie vom *Wissen* und der *Wissenschaft.* Doch ein Moment seiner Tragik liegt darin, dass er gleichwohl glaubt, das Ideal der „Selbstüberwindung" nötige ihn, sich tatsächlich von allem loszusagen, was ihn als Denker so unverzichtbar macht. Doch wie dem auch sei: Bei seinen ersten Besuchen in Tribschen war Nietzsche noch ein Bewunderer Schillers, und es ist gewiss ein bislang viel zu wenig beachtetes Detail, dass er sich darin mit Wagner so einig war.

Einig scheint er sich mit Wagner auch in der Überzeugung von dessen geschichtlicher Mission gewesen zu sein. Doch, anders als bei Schiller, gibt es hier einen erheblichen Unterschied im Detail, über den bereits die Vorrede zur *Geburt der Tragödie* informiert. Liest man sie Wort für Wort, dann ist das Buch Wagner nicht nur *gewidmet*; es ist *für ihn geschrieben*, und, wie man glauben soll, für niemanden sonst! Denn es gibt kein Vorwort an die Leserschaft oder „den“ Leser. Es gibt nur ein „Vorwort an Richard Wagner“. Das haben die klassischen Philologen, die den Erstling ihres frühberufenen Kollegen alsbald in Grund und Boden rezensieren, nicht beachtet: Das Buch war *nicht für sie* verfasst, sondern einzig und allein *für Richard Wagner*. Die *Geburt der Tragödie* ist, um den Untertitel von *Also sprach Zarathustra* zu variieren: *Ein Buch für einen und sonst keinen.*

Umso verhängnisvoller, dass dieser einzig angesprochene Leser, Richard Wagner, bereits die Widmung an ihn nur flüchtig gelesen hat. Hätte er wahrgenommen, was Nietzsche hier über den Komponisten, vor allem aber über sich selbst, den Philosophen, sagt, hätte er augenblicklich verstanden, was ihm die Ehre dieses Buches verschafft, und er hätte gewiss nicht mit der Begeisterung reagiert, die Cosima ihrem Tagebuch am 3. Januar 1872 anvertraut:

> „...zu Mittag treffe ich Richard sehr auf- und angeregt durch Professor Nietzsche's Buch, er ist glücklich, dies erlebt zu haben; er sagt nach mir käme Nietzsche und Lenbach, der sein Bild gemalt hat [...].“

Und weiter:

> „Abends lesen wir in der Nietzsche'schen Schrift, die wirklich herrlich ist, Richard hofft [...] in Bayreuth eine Revue zu gründen, deren Redakteur Professor Nietzsche sein würde.“ (Wagner 1976, S. 18)[5]

Wenige Tage später kann Nietzsche an seinen Freund Rohde berichten, er habe mit Wagner eine „Alliance“ geschlossen. Sie diene der „Regeneration des deutschen Geistes und zur Vernichtung der bisherigen sogenannten ‚Cultur‘“ (Brief an Rohde, 28.01.1872, KSB 3, S. 280). Aus Nietzsches Sicht, ist das ein voller Erfolg, aber Wagner hätte diesen Bund als Angriff auf seine Größe entschieden von sich weisen müssen. Denn, wie gesagt, hätte er die ausschließlich an ihn gerichtete

---

5 Das „Nach mir kommen nur Nietzsche und Lenbach“ hat den guten Sinn der persönlichen Wertung und nicht den der geschichtsphilosophischen Rangfolge.

Vorrede an Richard Wagner aufmerksam gelesen, hätte die „Alliance" als die Unterwerfung erkannt, auf die es Nietzsche ankam. Das vier Jahre später erfolgende Zerwürfnis zwischen beiden kann man daher auch als den einseitigen Bruch der „Alliance" ansehen, in der sich Nietzsche als der Begünstigte begriff, dem Wagner nur vorzuarbeiten hatte. 1876, in den letzten Vorbereitungen zum ersten Bayreuther Festspielsommer muss der angereiste Friedrich Nietzsche erfahren, welche Rolle ihm Wagner in ihrem Bündnis zugedacht hatte. Er sollte als Redakteur des Journals für die Wagner-Vereine fungieren. Welches Missverständnis, zu dem es nur kommen konnte, weil Wagner nicht gründlich gelesen hatte, was doch eigens für ihn geschrieben war! Nietzsche war empört, reiste ab und kehrte nie wieder nach Bayreuth zurück.

Um das zu verstehen, brauchen wir nicht die Biographen zu konsultieren, die uns über die Spannung in Dreieck von Wagner, Cosima und Nietzsche, über Vorgänge während der ersten Festspielproben oder über die intrigante Anpassung von Nietzsches Schwester informieren. Wir brauchen nur zu lesen, was Nietzsche im *Vorwort an Richard Wagner* schreibt:

Zunächst lobt er Wagners „herrliche Festschrift über Beethoven" und knüpft daran die größten Erwartungen auf eine Erneuerung der deutschen Kultur. Damit ist auch Schiller einbezogen, dessen Lyrik Beethoven im vierten Satz der *Neunten Symphonie* zu einer die Massen wahrhaft umschlingenden Wirkung gesteigert hatte. Aus der einsamen Lektüre und der Lesung im kleinen Kreis war mit der Chor- und Orchesterfassung der Ode „An die Freude" eine rauschhafte Darbietung vor großem Publikum geworden. In Anspielung auf die politische Menge spricht Nietzsche von der „aesthetischen Oeffentlichkeit" (GT, Vorwort an Richard Wagner; KSA 1, 23). Sie muss man erreichen, um vor ihr und mit ihr eine Umgestaltung der Kultur ins Werk zu setzen.

Dann handelt Nietzsche vom „Wirbel und Wendepunkt" deutscher Hoffnungen und der eminenten Rolle, welche die Kunst dabei zu spielen habe. Kunst sei kein bloßes „Nebenbei", kein „Schellengeklingel zum ‚Ernst des Daseins'", sie stehe nicht im „Gegensatz" zum „tapferen Ernst [...] patriotischer Erregung", sondern könne Wirkungen erzielen, die weniger große und weniger ernsthafte Geister mit dem soeben beendeten deutsch-französischen Krieg verbunden, aber offenkundig verfehlt haben. Aus der Korrespondenz sowie aus der ersten *Unzeitgemäßen Betrachtung* wissen wir, dass Nietzsche hier primär ein Versagen Bismarcks sieht, von dem Wagner, nachdem er erfahren muss, dass der Reichskanzler an Bayreuth kein Interesse hat, ebenfalls bald enttäuscht sein wird. Die Beethoven-Festschrift war nach der gewonnenen Schlacht bei Sedan noch mit ganz anderen Erwartungen geschrieben worden (siehe dazu: Kerényi 1972, S. 25). Nietzsche jedenfalls traut seinem Freund Wagner schon zur Zeit der Reichsgründung im Herbst 1871 mehr zu, als der Reichskanzler und der soeben zum Deutschen Kaiser ausgerufene Preußische König ernsthaft zu wollen vermögen.

Alles das erklärt die freudige Zustimmung des Komponisten. Dann aber folgt der Schlusssatz, der noch einmal an alle „ernsthaften“ Musikliebhaber appelliert, den aber der einzige, für den er geschrieben ist, offenbar nur überflogen hat:

> „Diesen Ernsthaften diene zur Belehrung, dass ich von der Kunst als der höchsten Aufgabe und der eigentlich metaphysischen Thätigkeit dieses Lebens im Sinne des Mannes überzeugt bin, dem ich hier, als meinem erhabenen Vorkämpfer auf dieser Bahn, diese Schrift gewidmet haben will.“ (Kerényi 1972, S. 24)

3 Wirbel und Wendepunkt des Daseins

Es ist *Nietzsche*, der eine neue Kultur aus dem Geist der Musik schaffen will, und Wagner soll sein „Vorkämpfer“ sein. Wer den Text des Buches aufmerksam liest, erkennt, dass es unmöglich ein bloßer Dichter oder Komponist sein kann, der die Renaissance der Kultur hereinführt: Es muss ein (wenn auch künstlerisch hochbegabter) Philosoph sein, der diese historische Mission erfüllt. Denn die klassische Tragödie, in der Musik und dramatische Handlung auf das Engste verbunden waren, ist nach Nietzsches Auffassung an einer paradigmatischen *Überschätzung des Verstandes* zugrunde gegangen. Durch sie habe die Philosophie die Kunst verdrängt.

Dafür wird *Sokrates* namhaft gemacht und – schuldig gesprochen. Er ist, wie es im Abschnitt 15 der *Geburt der Tragödie* heißt, der „Wendepunkt und Wirbel der sogenannten Weltgeschichte“ (GT 15; KSA 1, S. 100). Ihm wirft Nietzsche einen Verrat an der Kunst und die ästhetische Verarmung aller nachfolgenden Jahrhunderte vor. Deshalb komme es darauf an, der „Superfötation“ des Verstandesdenkens (GT 13; KSA 1, S. 90) ein Ende zu setzen. Und dazu bedürfe es einer neuen Kunst, die alle leiblichen, sinnlichen und geistigen Kräfte eines Volkes stimuliert und so, wie es angeblich einst der Tragödie bei den Griechen gelang, die Unterschiede zwischen Leben, Denken und Handeln in Rausch und Traum des Schaffens zu überwinden. Endlich könne es gelingen, die „Einhelligkeit zwischen Leben, Denken, Scheinen und Wollen“ herzustellen, so dass der „Schmuck“ nicht länger „das Geschmückte verdeckt“ (UB II 11; KSA 1, S. 334).

In Wagners Musik erkennt Nietzsche diese imaginative und zugleich auch integrative Potenz. Ihm traut er zu, die seit Jahrtausenden fällige Kulturrevolution einzuleiten. Durch Verbreitung einer neuen Stimmung kann er das Verlangen nach einem neuen Zeitalter stimulieren. Doch die gleichermaßen künstlerische wie geistige Produktivität, die nötig ist, die Wiedergeburt der neuen Kultur einzuleiten und ihr eine aussichtsreiche Zukunft zu geben, kann nur von einem *Philosophen* kommen, der die Untat des Sokrates gleichsam auf Augenhöhe überwindet und wie Zarathustra als ein aus unvordenklichen Zeiten zurückkehrender neuer Weiser eine Renaissance in Gang setzt, die alle fragwürdigen Unterscheidungen zwischen Wissenschaft, Kunst und Religion hinter sich lässt.

Der Unheil bringende „Wirbel und Wendepunkt", den der Philosoph Sokrates herbeigeführt hat, muss durch einen neu erzeugten Wirbelsturm vergessen gemacht werden. Und den kann nur ein Philosoph entfachen. Also kann es nur Nietzsche und nicht der Komponist, Librettist und Essayist Richard Wagner sein. Allein der Gedanke, dass Wagner den Plan haben konnte, Nietzsche zum Redakteur einer vom Festspielleiter gegründeten Zeitschrift zumachen, musste Nietzsche tödlich beleidigen.

Gleichwohl blieb Nietzsche Wagner noch eine Weile wohl gesonnen. Er behielt Wagners großes Talent in guter Erinnerung, blieb dem väterlichen Freund innerlich wohlgesonnen, hielt an seiner unglücklichen Liebe zu Cosima fest und änderte seine Meinung über die geschichtliche Leistung Wagners erst, als er im *Parsival*, wie Nietzsche meinte, einen geschichtsphilosophischen Rückfall der schlimmsten Art erlitten hatte. Er hatte den von Nietzsche nie goutierten Antisemitismus durch seine „dekadente" Annäherung an den christlichen Glauben nur noch schlimmer gemacht. Als „erhabener Vorkämpfer" für Nietzsches weltgeschichtliche Kulturrevolution hatte er sich damit endgültig disqualifiziert.

4 Die menschliche Größe Verdis

Aus Nietzsches Sicht hätte Verdi niemals das Zeug gehabt, sich für die Rolle eines Herolds im Vorfeld größter menschheitsgeschichtlicher Ereignisse zu qualifizieren, obgleich er nach der *Vorrede an Richard Wagner* dazu die besten Voraussetzungen hätte haben müssen. Denn Verdi gelingt, was Wagner und Nietzsche nie gelungen ist: Er erreicht die „aesthetische Oeffentlichkeit" seines Landes und wird im echten Sinn des Wortes zum „Vorkämpfer" für Italiens Einheit. Sein Name wird zum Synonym für das genealogische Programm der Wiedergewinnung einer Herrschaft, die mit dem Niedergang des alten römischen Kaisertums seit mehr als Anderthalbjahrtausenden verloren war: VERDI – steht bekanntlich für *Vittorio Emanuele Regente d'Italia*. Wo er auftritt, scheint die Einheit der Nation zum Greifen nahe; seine Arien werden auf den Straßen gesungen, gepfiffen und gesummt und die Befreiungskorps ziehen mit ihnen in den Kampf.

Nach der Einigung wird er überall als nationaler Heros gefeiert. Er kandidiert 1861 auf Bitten von Camillo B. Graf von Cavour, dem ersten italienischen Ministerpräsidenten, für das Abgeordnetenhaus[6] und wird 1874 zum Senator auf Lebenszeit gewählt. Seine Opern werden nicht nur in Mailand, Neapel und Venedig, sondern auch in Paris, London und St. Petersburg aufgeführt. In Paris setzt er sich gegen Giacomo Meyerbeer durch, den Wagner, wie wir von Nietzsche wissen, wegen des unerschöpflichen Reichtums seiner musikalischen Einfälle immer „beneidet“ hatte.[7]

Hätten ihn sein Fleiß, seine Bescheidenheit und die kluge Scheu vor der Öffentlichkeit nicht davor bewahrt, hätte er zahllose Aufgaben auch mit den in seinen Texten gegenwärtigen grenzüberschreitenden politischen und sozialen Zielen übernehmen können. Immerhin folgt er dem Wunsch der Organisatoren der ersten Weltausstellung in London, wo er die *Hymne der Völker* zur Aufführung bringt.[8] Wenige Tage vor der Eröffnung des Suez-Kanals wird 1869 die Kairoer Oper mit *Rigoletto* eröffnet. Die zwei Jahre später auf Bitten des ägyptischen Vizekönigs Ismail Pascha komponierte und in Kairo uraufgeführte *Aida*, wird zum Kunstwerk, das menschheitliches Pathos und tragisches Schicksal so verbindet wie die Globalität spürbar machende Wasserstraße zwischen Atlantik und Indischem Ozean. Dem Komponisten ist das Werk so wichtig, dass er sich bis ins Versmaß des Librettos hinein, um die Textgestalt dieser kühnen Oper bemüht.[9]

Verdi *ist* das, was Nietzsche gern gewesen wäre,[10] nämlich ein „guter Europäer“. Dabei hat er es nicht nötig, sich verächtlich über die Menge der weniger Gebildeten zu erheben. Für ihn ist die Rede vom Elend der arbeitenden Klasse keine revolutionäre Phrase, mit der er sich als luxurierender Künstler interessant zu machen versucht. Unter Verzicht auf eigene Vorteile ist er bemüht, die Lage der in Armut lebenden Landarbeiter zu bessern und baut aus eigenen Mitteln ein Altersheim für verarmte Künstler, das heute noch betrieben wird. Kaum ist er gestorben, da wird sein Geburtshaus in Le Roncole zur nationalen Gedenkstätte erklärt und – was angesichts des Verfalls der italienischen Kulturpolitik durchaus bemerkenswert ist – bis heute gepflegt.

Von alledem braucht nicht die Rede zu sein, wenn es darum geht, das musikalische Talent Giuseppe Verdis auszuzeichnen. Aber es ist nicht unerheblich, wenn es darum gehen sollte, wer die Eigenschaften eines „Vorkämpfers“ für eine bessere Zukunft haben könnte. Wohl kaum jener von Nietzsche hochgelobte Autor einer *Beethoven-Festschrift*, die ihm die politische Aufmerksamkeit für seine

---

6 Zog aber nach dem vorzeitigen Tod von Cavour auf eigenen Wunsch seine Kandidatur wieder zurück.

7 Bestätigt durch Cosimas Tagebuch 1869.

8 *Inno delle nazioni*; auf einen Text des jungen Arrigo Boito.

9 Zusammen mit dem Librettisten Antonio Ghislanzoni.

10 Und was er posthum wohl auch geworden ist.

eigenen Festspiele einbringen sollte. Wenn ein wirklich ausgewiesener Herold einer „aesthetischen Oeffentlichkeit" für die ersehnte Renaissance der Kultur benötigt worden wäre, hätte Nietzsches Wahl auf Verdi fallen müssen, der mit seiner Leistung im politischen Kampf um die Einheit Italiens schon gezeigt hatte, dass dies auch ohne einfältigen Nationalismus und ohne Antisemitismus möglich ist.

5 Die verkannte Tiefe Verdis

Doch Verdi kommt für Nietzsche nicht in Frage, und dies ausschließlich aus musikalischen Gründen: Er ist ihm, um es auf ein Wort zu bringen, zu *einfach*. Man könnte auch sagen, er ist ihm nicht *widersprüchlich* genug, er hat ihm *zu wenig mit sich selbst zu kämpfen*; seiner Musik fehlt das *Ringen* um *Selbstüberwindung*; deshalb hat er nicht die *Tiefe*, die der Künstler vom Künstler erwartet; denn zum großen Künstler gehört für Nietzsche, dass er sich *hohe Ziele* setzt – und daran zerbricht.

Verdi verfehlt die angeblich nur im Kampf gegen sich selbst zu gewinnende Einheit und hat darin seinen größten Fehler, lediglich *bunt, vielseitig* und *unterhaltsam* zu sein. Man habe, so notiert sich Nietzsche 1884 aus einer ihm offenbar sehr entgegenkommenden Quelle,

> „seit Rossini keine Oper gemacht, welche Einheit hätte und wo die Stücke alle zusammenhalten. Das, was Verdi z.B. macht, gleicht alles einer Harlekins-Jacke." (NL 1884, KSA 11, 26 [419], S. 263)

Was für ein absurdes Urteil! Man kann nicht erwarten, dass Nietzsche von der Härte wusste, die Verdi allein durch seinen Weg zur Musik abverlangt wurde: Da war die Ablehnung durch das Mailänder Konservatorium, der Misserfolg seiner zweiten Oper und der Widerwille, gegen den Rat seines Gönners Merelli,[11] es doch noch einmal mit dem Komponieren zu versuchen. Erst danach kam der schwererkämpfte Erfolg mit *Nabucco*. Doch der Tod seiner beiden Töchter und der seiner jungen Frau setzten ihm zu; dann folgten die Anfeindungen gegen die nach Jahren der Trauer eingegangene Verbindung zu Giuseppina Strepponi sowie die politischen Anfeindungen in dem auf Tod und Leben gehenden Kämpfen des *Risorgimento*.

---

11 Bartolomeo Merelli, Direktor der Mailänder Scala, überzeugte Verdi, es mit einer weiteren Oper zu versuchen. Es war *Nabucco* (zunächst unter dem Titel: *Nabucodonosor*, 1842) und ein durchschlagender Erfolg.

Verdi galt bei seinen engstirnigen Zeitgenossen als „unmoralisch“ und hatte entnervende Konflikte mit der Zensur durchzustehen.[12] Im Kontrast zur verwahrlosten Libertinage seines Milieus und des ihm zujubelnden Großstadt-Publikums könnte er als Repräsentant jener neuen Tugendenden der *Redlichkeit, Wahrhaftigkeit* und *Gerechtigkeit* gelten, die Nietzsche seinen Zarathustra verkünden lässt. Schließlich ist zu bedenken, was einer auszuhalten hatte, der die Kraft aufbringt, über dreißig Oper zur Aufführung zu bringen, einen großen Teil davon im Repertoire zu halten und gewiss nicht in der Lage ist, das Getümmel einer in ganz Europa ausgetragenen Zeitungskritik vollkommen von sich fernzuhalten. Also musste er auch die schon früh einsetzenden Kränkungen zur Kenntnis nehmen, die mit seiner seit den sechziger Jahren um sich greifenden musikgeschichtlichen Abwertung verbunden waren: Der Kritik galt er als Vertreter einen alten Schule, die mit Wagner glanzvoll überwunden war.[13]

Aber die Tiefe des inneren Widerspruchs soll offenbar den Deutschen vorbehalten bleiben. Und so wird beim Italiener Verdi nicht nur das beachtliche Oeuvre mit *Geistlicher Musik, Kantaten* und *Kammermusik* übersehen,[14] es wird

---

12 Etwa weil er im *Maskenball* ein Attentat auf einen König zur Aufführung bringt.

13 Franz Werfels Verdi-Roman von 1923 handelt von Verdis-Kampf gegen diese kultur- und geschichtsphilosophisch motivierte Kränkung. Sie hat auf den deutschen Bühnen bis zum Erscheinen des Romans Folgen gezeitigt und ist im Urteil der Musikkritik bis heute gegenwärtig. Man kann Werfels Werk wie eine Entgegnung an Nietzsche lesen, denn hier wird die Selbstüberwindung Verdis in der Annäherung an Wagner in Verbindung mit dem verzweifelten Ringen um die Partitur für *King Lear* geschildert. Es ist eine durchaus gelungene Überwindung in einem Rückzug, in dem Verdi seine menschliche Größe bewahrt und letztlich doch am *King Lear* scheitert. Zustande kommt dann immerhin eine andere Shakespeare Vertonung im *Falstaff*, in dem Verdi seine ihm Antiquiertheit vorhaltenden Kritiker widerlegt.

14 Man möchte Nietzsches lebensfernem Urteil am liebsten zu Gute halten, dass er es nicht nur in Unkenntnis der Vielfalt in Verdis Schaffen fällt. Er hat, soweit wir wissen, keine einzige Aufführung der großen Opern Verdis besucht. Das entschuldigt ihn in seiner maßlosen Begeisterung für Bizets *Carmen*, verbietet jedoch, sein Urteil über Verdis Werk im Ganzen ernst zu nehmen. Denn es ist ja nicht so, das Nietzsche das Leichte, Heitere und Vielseitige der Kunst nicht zu schätzen gewusst hätte. Goethe kann er dafür loben, dass es ihm im Wilhelm Meister gelinge, „die schönsten Dinge von der Welt abwechselnd mit den lächerlichsten Kleinigkeiten“ zu verbinden (NL 1884, KSA 11, 26 [410], S. 263). – Zu Nietzsches Verdi-Kenntnissen kann folgendes festgehalten werden: Im Mai 1866 hat er in einem Konzert in Leipzig den Tenor Wachtel in Partien des *Troubadour* und des *Tell* gehört (Bf. an die Mutter, 29.05.1866, KSB 2, S. 131f.) Aus Nizza berichtet er am 14. Februar 1855 an Köselitz, die Tatsache, dass dort das „neuerbaute italienische Theater eben eröffnet“ worden sei und fügt in Klammern „Aida“ hinzu. Er scheint sich nicht die Mühe gemacht zu haben, eine Vorstellung zu besuchen (KSB 7, S. 11). Die letzte Erwähnung erfolgt erneut gegenüber Heinrich Köselitz, den er dadurch ermuntert, dass „bei Verdi Othello als il leone di Venezia begrüßt wird“ (Bf. an Köselitz, 13.06.1887, KSB 8, S. 90); der Brief stammt aus Sils-Maria und kann bestenfalls auf der Lektüre des Librettos beruhen).

auch kein Gedanke daran verschwendet, wie abgründig eine Seelenerfahrung sein muss, der es möglich ist Gestalten wie Rigoletto, Othello, Simon Boccanegra, Lady Macbeth oder Amneris auf die Bühne zu bringen – dazu die in ihrer Liebe über ihr Gewerbe hinauswachsende Violetta, der sich im Licht ihrer Menschlichkeit wandelnde Giorgio Germont, der Falstaff oder die unerhörte Konstellation gleich sechs großer Charaktere im *Don Carlo*. Und wenn es überhaupt möglich ist, von außen einen Einblick in die Seelentiefe eines anderen zu nehmen, kann man versuchen sich vorzustellen, was es über einen scheinbar alles mit Leichtigkeit beherrschenden Künstler aussagt, der großen und größten Gestalten der Weltliteratur zu einem neuen ästhetischen Ausdruck verholfen hat, der jedoch ein halbes Leben lang darum ringt, Shakespeares *King Lear* eine musikalische Fassung zu geben – und daran scheitert. Nietzsches Kriterien der „historischen Größe" sind im Übermaß erfüllt.

6 Die Grenze im Urteil Nietzsches

Das Urteil über Nietzsches tollkühne kultur- und menschheitspolitische Ambitionen kann heute wie zu seinen Lebzeiten nur kritisch ausfallen. Damit muss jedoch keine Abwertung seiner bedeutenden literarischen und philosophischen Leistung verbunden sein. Wo er über eigene Erfahrungen und Kenntnisse verfügt, da fallen ihm Einsichten zu, die im Gang der europäischen Geistesgeschichte einzigartig sind. Die eindringende Schärfe seines Blicks, die sinnliche Spannweite seiner Begrifflichkeit sowie das Verlangen, alles aus eigenem Anspruch neu zu denken und dabei die überkommenen kategorialen Ordnungen für nichts zu achten, machen ihn zu einem der anregendsten Philosophen überhaupt. Er hatte, wie seine weltweite Wirkung belegt, keinen „Vorkämpfer" nötig. Deshalb konnte er nach 1876 auch gut auf Wagner verzichten.

Nietzsches musikalische Begabung hat einen vollendeten Ausdruck in seiner Sprache gefunden. Seine Lyrik und sein Aphoristik gehören zum Besten, was das 19. Jahrhundert hervorgebracht hat. Seine Kompositionen zeigen ein beachtliches Können, sind aber von zeitgemäßer Durchschnittlichkeit; stilistisch liegen seine Lieder irgendwo zwischen Spätromantik und Impressionismus. Darin eine „Notzüchtigung der Euterpe" (Hans v. Bülow an Nietzsche, v, 24. Juli 1872; KGW II/4, S. 51) zu sehen, war eine überpointierte pädagogische Zurechtweisung Hans von Bülows, die jedoch gewirkt hat: Nietzsche lässt vom Komponieren ab.

Seine musikalische Urteilskraft disqualifiziert das keineswegs. Deshalb ist es aufschlussreich, was er über Verdis Fähigkeit als Komponist vermerkt und dabei augenblicklich in den Vergleich mit Wagner ausmünden lässt: „Verdi", so heißt es in einer nachgelassen Notiz aus dem Herbst 1881,

„ist arm an den Erfindungen schöner Sinnlichkeit und läßt gar noch merken, daß er äußerst sparsam mit ihnen umzugehen hat. Aber er hält sein Publikum mit ein paar Einfällen fest – sie sind alle ärmer geworden wie er und wollen trotzdem nichts anderes, wie er – so ist er ihr Mann und Meister. Auch W[agner] hat eine arme Sinnlichkeit und eine in Bezug auf Melodie an's Verrückte streifende Widerspenstigkeit in der Armut – aber wie er draus sich eine Brücke zum Ideal zu bauen gewußt!“(NL 1881, KSA 9, 12[137], S. 600)[15]

Das, so füge ich hinzu, hat als großartig, ja, als unerhört zu gelten.

Wagners Mangel an „Begabung“ ist ein mehrfach wiederkehrendes Thema. Er sei arm an musikalischen Einfällen und habe anderen, wie etwa Meyerbeer, sein Leben lang ihren Einfallsreichtum geneidet (NL1885, KSA 11, 34 [151], S. 472). Doch er habe das fehlende Talent mit „Fleiß und Beharrlichkeit“ ausgeglichen und aus der Not seiner Natur die Tugend der Leitmotivik gemacht.

Und vor diesem Hintergrund schlägt plötzlich auch bei Nietzsche die Bewertung um, wie die letzte Notiz belegt, in der von Verdi die Rede ist:

„Unter guten Musikern gilt Verdi für reich, gegen W[agner] gerechnet: der Gründe hatte, sparsam zu sein und seine „Erfindungen“ gut „anzulegen“, Wucher mit „Leitmotiven“ zu treiben und sein „Gold“ bei sich zu behalten, daß man darauf hin einen tausendfach *zu großen* Credit genießt.“ (NL 1885, KSA 11, 35 [152])[16]

Das ist ein versöhnliches und erstmals anerkennendes Wort über Verdi, der danach leider keine weitere Erwähnung mehr findet.

Nach Wagners Tod im Februar 1883, der Nietzsche, wie er an Malwida von Meysenbug schreibt, „fürchterlich“ zusetzt“ (Bf. an Malwida von Meysenburg, 21.02.1883, KSB 6, S. 335), braucht er noch fünf Jahre um sich in der Lage zu sehen, sich öffentlich über Wagner zu äußern. Das geschieht in *Der Fall Wagner*, der im Herbst 1888 erscheint. Schon im Dezember 1888 geht das Manuskript zu *Nietzsche contra Wagner* in die Druckerei, kann aber erst nach dem Anfang Januar 1889 erfolgenden Zusammenbruch erscheinen. Hier findet sich die schonungslose Abrechnung mit dem Werk des verstorbenen Freundes, insbesondere mit dem *Parsifal*, den Nietzsche für ein „Werk der Tücke, der Rachsucht, der heimlichen

---

15 Darauf folgt die Notiz: „W[agners] Musik gleicht der Wolke“ – und es komme darauf an, in ihr mehr zu sehen als nur die Form, die sie hat.
16 Damit setzt er sich erstmals von dem in Tribschen und in Bayreuth vorherrschen Urteil über Verdi ab. Den Tagebüchern Cosimas, in denen vergleichsweise selten von Verdi die Rede ist, herrscht das abfällige Urteil vor. Am Sonntag des 12. Februar 1871, also zur Zeit der engsten Beziehung zu Nietzsche, hält Cosima fest, dass ihr „physisch übel“ werde, weil der anwesende Berliner Musikwissenschaftler Richter die Sprache so ausführlich auf die italienischen Komponisten bringt. Schließlich bittet Richard den Gast, endlich zu schweigen, nachdem er behauptet hatte, Verdi sei nicht schlechter als Donizetti (Wagner 1976, S. 356).

Giftmischerei" und, alles in allem, einfach für „*schlecht*" hält (NW Apostel 3; KSA 6, S. 431).

Hier findet sich auch ein Geständnis, das für die Bewertung der Beziehung zu Wagner *und* zu Verdi von Bedeutung ist: Nach einem Rückblick auf das Jahr der Trennung vom Komponisten, der mit der Übersiedelung nach Bayreuth „Schritt für Schritt" zu allem abgesunken sei, was er, Nietzsche, verachtet („selbst zum Antisemitismus"), beklagt Nietzsche seine vollkommene Verlassenheit. Offenbar hat er bis zuletzt an seinen „Vorkämpfer" geglaubt, dem er ja noch 1876, im Jahr des Bruchs, die vierte *Unzeitgemäße Betrachtung: Richard Wagner in Bayreuth* gewidmet hatte.

Und dann heißt es über das Zerwürfnis mit dem lange Zeit bewunderten, wenn auch für einen „Wirbel und Wendepunkt" gehaltenen Freund: Er, Nietzsche, sei

> „nunmehr verurtheilt, tiefer zu misstrauen, tiefer zu verachten, tiefer *allein* zu sein als je vorher. Denn ich hatte Niemanden gehabt als Richard Wagner... Ich war immer *verurtheilt* zu Deutschen ..." (NW, 1; KSA 6, S. 432)

„*Verurtheilt* zu Deutschen" – besser kann man Nietzsches fatale Abhängigkeit von Wagner und seine unverzeihliche Unaufmerksamkeit gegenüber dem *europäisch*, ja, *kosmopolitisch* denkenden Verdi nicht formulieren. Das persönlich wie philosophisch erschütternde Geständnis Nietzsches, macht die Grenzen seines Urteils über Gegenwart und Zukunft seiner Kultur bewusst und legt den Grund für die extreme Einschränkung seines Urteils über die Musik offen. Nietzsche wertet aus einer viel zu engen *deutschen Perspektive* und legt sich alles nach dem Modell einer geschichtlichen Entwicklungslinie zurecht, die der Kunst von vornherein unangemessen ist.

7 Ein befreiender Ausblick

In *Nietzsche contra Wagner*, dem letzten Text, den der Philosoph im Dezember 1888 nach berauschenden, ihn erstmals für die Vorzüge der Stadt und die belebende Gegenwart der Architektur begeisternden Monaten in Turin, in Satz geben kann, kommt es zu einer bewegenden Reprise auf sein Verhältnis zu Wagner. Unter dem Titel „Eine Musik ohne Zukunft" nimmt Nietzsche die großen kulturrevolutionären Hoffnungen zurück, die er einst in die maieutische Leistung der Musik gesetzt hat und gelangt zu einer souveränen Einschätzung der Lebensleistung seines einstigen Freundes. „Die Musik", so heißt es in der Stimmung, in der sechzig Jahre zuvor Hegel über die Philosophie gesprochen hat,

> „kommt von allen Künsten, die auf dem Boden einer bestimmten Cultur aufzuwachsen wissen, als die letzte aller Pflanzen zum Vorschein, vielleicht weil sie die innerlichste ist und, folglich, am spätesten anlangt, – im Herbst und Abblühen der jedes Mal zu ihr gehörenden Cultur. [...] Jede wahrhafte, jede originale Musik ist Schwanengesang.“ (NW Musik; KSA 6, S. 423 f.)

Dann kommt er auf Wagner zu sprechen:

> „Wagner's Aneignung alter Sagen und Lieder, in denen das gelehrte Vorurtheil etwas Germanisches par excellence zu sehn gelehrt hatte – heute lachen wir darüber – [...] – dieses ganze Nehmen und Geben Wagner's in Hinsicht auf Stoffe, Gestalten, Leidenschaften und Nerven spricht deutlich auch den *Geist seiner Musik* aus, gesetzt dass diese selbst, wie jede Musik, nicht unzweideutig von sich zu reden wüsste: denn die Musik ist ein *Weib* ... .“ (NW Musik; KSA 6, S. 424)

Schließlich folgt eine hellsichtige Prognose auf den „*Zwischenakts*-Charakter“ aller nationalen Politik, die Wagner kurzfristig zu einer „plötzlichen Glorie“ verhelfen kann, „ohne ihr damit eine Zukunft zu verbürgen“. Und dann folgt der politische Schlusssatz, der das künftige Ende der Musik Wagners besiegeln soll: „Die Deutschen selber haben keine Zukunft...“ (NW Musik; KSA 6, S. 424)

Das soll, bei aller Anerkennung, vernichten, enthält aber mehr, als Nietzsche in seinem, trotz aller Kritik, beibehaltenen geschichtsphilosophischen Vorurteil vorherzusehen vermag. Denn die Musik, wenn sie denn den Augenblick ganz zu bannen vermag, ist in der Lage, über alle Borniertheit ihrer geschichtlichen Entstehungsbedingungen zu triumphieren: Verdi und Wagner werden nicht dadurch widerlegt, dass sich die politische Landschaft, in der sie so unterschiedlich wirkten, verändert. Gewiss, Verdi ist durch seine alles Nationale sprengende Offenheit, auch dadurch, dass er sich mehr vom Geist der Humanität Schillers bewahrte, überlegen. Wagner ist in seinem Antisemitismus, in seiner verklemmten Erotomanie und in seiner angestrengten Mythopoiese tatsächlich, wie Nietzsche sagt, lächerlich. Und dennoch kann beider Musik sich aus ihrer Herkunftsgeschichte und mit ihrem Zauber von aller Vergangenheit und Zukunft befreien.

Damit bin ich bei der eingangs angekündigten Pointe, die sich auf das Problem des geschichtlichen Vergleichs und auf die Frage bezieht, wie denn eigentlich über Kunst geurteilt werden kann, ohne dabei das durch den Fortschritt selbst hinfällig werdende Kriterium des Fortschritts in Anspruch zu nehmen.

8 Die Einzigartigkeit der Kunst

Das erste philosophisch eindeutig überlieferte Urteil über die Kunst findet sich in einem frühen Dialog *Platons* und sagt mit künstlerischer Leichtigkeit, *dass die*

Kunst alles leichter mache. In ihrer Gegenwart scheine alles zu *schweben*. Und damit dieser Zustand auch richtig empfunden und genossen werden kann, sollte er mit der *Selbsterkenntnis* sowohl der *Künstlers* wie auch des *Betrachters* verbunden sein.

Aber es zeigt sich schnell, dass man aus dem Traum und Rausch des ästhetischen Erlebens unsanft erwachen kann, wenn ihm keine *Weltkenntnis* entspricht. Also steht im Hintergrund einer jeden gehaltvollen Erfahrung der Leichtigkeit der Kunst, das *Schwergewicht des Lebens*, aus dem man sich mit ihrer Hilfe zu erheben vermag.

Dabei genügt es nicht, den Alltag zu vergessen. Man will dem, was ihn mitsamt der über ihn hinausführenden Kunst möglich macht, *näher* kommen. Das auf diese Weise Angestrebte kann man nun nennen, wie man will: Platon spricht vom *Einen*, vom *Guten* und auch vom *Schönen* überhaupt und wusste sie in seinem Begriff des *Göttlichen* verbunden, in dem der Mensch der gleichermaßen inneren wie äußeren Ordnung des Kosmos am nächsten ist.

Unter neuzeitlichen Bedingungen hat man das nüchterner auszudrücken versucht, ohne jedoch in der Sache mehr oder gar weniger zu sagen: Wenn *Kant* sich notiert, dass die „schöne Dinge anzeigen, dass der Mensch in die Welt passe" oder wenn Stendhal die Kunst als ein „Versprechen des Glücks" versteht, sind die Autoren zwar etwas mehr als zweitausend Jahre von Platon entfernt, könnten in der Sache aber seine Schüler sein. Und obgleich sich die Kunst in den letzten zweihundert Jahren stark gewandelt hat und mit jeder Generation ein angeblich *neues Paradigma* geschaffen worden ist, hat sich seit Kant und Stendhal wenig geändert.

Als Kriterium der Kunst bleibt somit, dass sie unsere *Selbst-* und *Welterfahrung* in einer *uns ganz erfassenden*, insgesamt *belebenden* und *erhebende* Weise so erweitert, wie es durch *Wissen, Lust* und *Wohltätigkeit* allein nicht möglich wäre. *Steigerung* im Sinn größerer *Fülle* erfahren wir dort, wo ein hoher Anteil an Weltbezug die innere Anteilnahme erhöht, die sich ihrerseits durch ein gemeinsames Erleben steigern kann. Zum vollendeten Genuss der Oper gehört, wie wir alle wissen, ein volles Haus.

Doch so wichtig *Weltbezug* und gesellschaftliche *Interessen* auch sein mögen: Ausgangs- und Endpunkt des ästhetischen Urteils liegen stets im *erlebenden Individuum*. Nur in ihm entscheidet sich, ob es etwas als Kunst erlebt werden kann. Zur Autonomie der Kunst gehört auch die Autonomie des individuellen ästhetischen Urteils.

Erst wenn dies feststeht, braucht man den Blick nicht davor zu verschließen, dass die Kunst und die Künste sich ändern und mit ihnen der Geschmack des Publikums. Deshalb kann man gar nicht davon absehen, in der Kunst selbst *Entwicklungen festzustellen*, die ihre *eigene Logik* haben und von den Künstlern als Herausforderung verstanden werden, es *anders*, vielleicht auch *besser* zu machen.

Diese Dynamik von Veränderung und Aufstieg ist uns wohl vertraut. Sie gehört zu unserem Verständnis der Kunst, in der Talente, Temperamente und Techniken den Takt vorgeben, in dem die *Generationen in einander greifen* und ihre *Werke zu epochaler Geltung* bringen. Hier können wir uns dem *Schein des Fortschritts* nicht entziehen – und sollten das auch gar nicht tun! Denn der heute so schmählich behandelte Fortschritts gehört zum Selbstverständnis des Menschen, spätestens seit er mit Bewusstsein lebt.

Allein der Erwerb, die Erweiterung und Verbesserung des Wissens können ohne das Bewusstsein einer Progression nicht erlebt werden. Folglich gehört der Fortschritt nicht nur zum Handwerk, sondern auch zur Kunst. In der Abfolge der *Stile*, der *Effekte disziplinärer Könnerschaft* so wie in den Innovationen der Technik unterstellen wir eine aufsteigende Entwicklung. Ob wir uns auf die Beleuchtung der Bühne, die Vielfalt der Instrumente im Orchestergraben oder die akustische Raffinesse der räumlichen Installation beschränken oder, weitergreifend, die Erfindung neuer Gattungen der Kunst, wie etwa der aus dem Sing- und Schauspiel hervorgehenden *Oper* oder der ihr folgenden *Operette* oder dem *Musical* einbeziehen –: an allem ist die *Technik* beteiligt. Sie tritt keineswegs erst mit der *Fotografie*, dem *Film* oder den *elektronischen Medien* auf den Plan, sondern hat schon mit der Erfindung der Malerei, der Schrift oder der Lyra eine entscheidende Rolle gespielt. Seit es sie gibt, fordert sie die Künstler nicht nur zur Tätigkeit überhaupt, sondern auch zur Erprobung neuer Formen ihres vollendeten Gebrauchs oder ihrer souveränen Missachtung heraus.

Das haben die Künstler, die Kunstwissenschaft und die Kunstkritik in ihre Urteile einzubeziehen und das Publikum muss schon gute Gründe haben, sich dieser Bewertung zu entziehen. Es kann allenfalls die Frage sein, ob man mit Blick auf die Entfaltung der Künste, die Vervielfältigung der Formen und die Entwicklung der Stile von einem „Fortschritt“ sprechen sollte. Vielleicht sollte man sich der spätestens seit Platon naheliegenden Metapher des *Aufstiegs* bedienen. Sie hält in Erinnerung, dass die Kunst uns „hohe Ziele“ setzt, die uns im Ganzen belebt und begeistert. Damit kann sie der Gefahr entgegenwirken, nach Analogie der Technik, der Wissenschaft oder des Rechts, in denen wir auf Fortschritt setzen, beurteilt zu werden. Die Kunst basiert natürlich wesentlich auch auf Techniken; doch sie fordert den Geist und die Sinne auf unvergleichliche Weise heraus. So vermag sie nicht nur Höchstes und Fernstes zu verheißen, sondern auch ein Glück im Augenblick zu gewähren und dem Menschen das zu geben, was Moral, Politik und Religion notwendig verdächtig erscheinen muss – das Einverständnis des Menschen mit sich und seiner Welt.

Doch wie immer man die aus äußeren wie aus inneren Impulsen erfolgende Evolution der Kunst auch nennt: Sie lässt uns verstehen, wie es zu dem Urteil kommen kann, das uns von Wagner überliefert ist: Nach Schiller könne es nur noch das „musikalische Drama" geben. Das Verstehen schließt jedoch keine allgemeine Verbindlichkeit ein. Das Wort kann nicht bedeuten, *jeder*, der nach Schiller ein dramatisches Werk schaffen wolle, habe es so zu machen wie Richard Wagner. Was sollten wir denn von Hölderlin und Goethe, von Grillparzer und Nestroy oder von Strindberg und Beckett halten, wenn seine Forderung nach dem „musikalischen Drama" allgemein verbindlich wäre? Und selbst der unerhörte Glücksfall, dass Wagner einen ihm nicht nur ebenbürtigen, sondern gleichaltrigen Künstlerkollegen hat, der ihm in seinem Verständnis von Schiller sogar vorausgegangen ist, belegt die *Freiheit der Kunst*, die ihre *Größe im Unterschied* beweist – trotz aller Regeln der Schule und aller Erwartungen, wie man es heute machen muss oder angeblich nicht mehr machen kann.

Die epochale Gleichzeitigkeit von Wagner und Verdi sollten wir als eine Gunst der Geschichte ansehen, die uns die paradoxe Lehre erteilt, uns keinem festgefügten Geschichtsverständnis zu unterwerfen. So richtig es ist, dass *alles seine Vorläufer* hat und dass alles *veraltet*, so kann in ihr doch alles auch *ursprünglich, neu* und *einzigartig* sein.

Deshalb ist es verhängnisvoll, mit nationalen, epochalen oder auch globalen Vorurteilen zu hantieren. So wenig ein Künstler zum „Vorkämpfer" eines Philosophen taugt, so unangemessen ist es, ihn zum Lautsprecher eines politischen oder weltanschaulichen Programms zu machen. Die Kunst wirkt im *Augenblick*, der *mitten in der Geschichte das Ewige* zur Geltung bringt, das in ihr die *größte Vielfalt* erzeugt und dennoch stets *eine Wahrheit* zur Geltung bringt.

Literaturverzeichnis

Wagner, Cosima (1976): *Die Tagebücher*. Hrsg. und bearb. v. M. Gregor-Dellin und D. Mack, Bd. 1: *1869–1877*. München/Zürich: Piper.
Kerényi, Karl (1972): „Richard Wagners Beethoven-Festschrift: eine Vorstufe zu Nietzsches *Geburt der Tragödie*". In: *Die Tat* (Zürich), 01.07.1972, Nr. 153, S. 25.

Andreas Urs Sommer
„Gebildetheit" als kulturkritischer Kampfbegriff

Nietzsche liest Wagner (à rebours)[1]

Um 1870 taucht bei Nietzsche ein Begriff auf, der dann in drei *Unzeitgemässen Betrachtungen* eine recht prominente Rolle spielen wird, um danach sang- und klanglos zu verschwinden: die „Gebildetheit".[2] Das *Nietzsche-Wörterbuch* gibt dazu eine vermeintlich erschöpfende Auskunft, die jede weitere Beschäftigung damit überflüssig zu machen scheint: „Das Produkt von Bildung ist der Gebildete, das Ergebnis von Bildung ist Gebildetheit. Genauso wie ‚Bildung' können auch die daraus hervorgehenden Sachverhalte ‚der Gebildete' und ‚Gebildetheit' sowohl eine kritisch-negative wie auch eine positive Konnotation erhalten." (NWB 1, S. 374) Leider aber ist diese Auskunft falsch, denn es lässt sich bei Nietzsche keine einzige Stelle nachweisen, an der die „Gebildetheit" eine „positive Konnotation" hätte – ebensowenig eine Stelle, bei der die „Gebildetheit" „das Ergebnis von Bildung" wäre: „Gebildetheit" ist ein Kampfbegriff, der in den *Unzeitgemässen Betrachtungen* der „Bildung" entgegensteht und gerade nicht genetisch und kausal von ihr abhängt.

Angesichts der rhetorischen Prominenz der „Gebildetheit" in Nietzsches früher Kulturkritik (vgl. allgemein Reschke 2000) überrascht es, dass sie bisher offenkundig noch nicht zum Gegenstand einer näheren Betrachtung geworden ist, so gerne Nietzsche-Interpreten sich auch der Vokabel bedienen. Manche Zeitgenossen Nietzsches scheinen „Gebildetheit" als ungewöhnliche Prägung empfunden zu haben, so etwa Arthur Richter in seiner Rezension von UB I für die *Zeitschrift für Philosophie und philosophische Kritik* von 1874 (Richter 1874), wenn er das Wort bei der Rekapitulation von Nietzsches Polemik gegen den „Bildungsphilister" mit einem „sic" versieht: Dieser „Bildungsphilister" finde, so wird aus Nietzsches Text zitiert, „alle öffentlichen Institutionen, Schul- Bildungs- und Kunstanstalten gemäss seiner Gebildetheit (sic) und nach seinen Bedürfnissen eingerichtet" (Reich 2013, S. 409). Im 20. Jahrhundert kann Nietzsche dann geradezu als Erfinder des

---

1 Julia Maas und Daniel Unger haben das Manuskript kritisch durchgesehen und durch wichtige Hinweise bereichert. Dafür danke ich ihnen sehr.
2 Demgegenüber bleiben die „Gebildeten" (oft in Anführungszeichen) als Schimpfwort in Nietzsches Werk bis in die späten Jahre präsent, vgl. z.B.: FW Vorrede 4; KSA 3, S. 351. Z III Tafeln 18; KSA 4, S. 260. JGB 263; KSA 5, S. 218. AC 52; KSA 6, S. 234.

Wortes erscheinen, so etwa im Lemma „Ungebildetheit" von Grimms *Deutschem Wörterbuch*: *„gegentheil der* gebildetheit (Nietzsche)" (Grimm 1854–1971, Bd. 24, S. 626). Bloss gibt es bei Nietzsche „Ungebildetheit" nicht, so dass sie bei ihm schwerlich das „gegentheil der gebildetheit" sein kann. Auch ist der Philosoph hier keineswegs selbst wortschöpferisch tätig gewesen.

Sehen wir also etwas genauer hin, was es mit der „Gebildetheit" bei Nietzsche auf sich hat: Zunächst wollen wir uns einen ersten Überblick über Nietzsches Gebrauch der „Gebildetheit" verschaffen (1.), bevor wir uns einige alternative Gebrauchsvarianten im späten 18. und im 19. Jahrhundert vergegenwärtigen (2.). Prägend für Nietzsches Wortverwendung ist vor allem *ein* Einfluss, nämlich derjenige Richard Wagners. Ihm ist der 3. Abschnitt gewidmet. Abschließend wird zu erörtern sein, ob Nietzsche sich zu Wagners Vorgaben eigenständig positioniert oder ob er einfach nur die Vorgaben als Wagners Propagandist treu reproduziert (4.).

1 Nietzsches Kampfbegriff „Gebildetheit" (I)

Eine Nachlassaufzeichnung von 1870/71 schildert die Rolle der Frauen im antiken Griechenland und warnt vor vorschnellen Schlussfolgerungen:

> „Wer daraus sofort die Stellung des Weibes bei den Griechen als unwürdig und allzu hart zu erschließen sich gedrungen fühlt, der soll nur ja nicht die „Gebildetheit" des modernen Weibes und deren Ansprüche zur Richtschnur nehmen, gegen welche es einmal genügt, auf die olympischen Frauen sammt Penelope Antigone Elektra hinzuweisen. Freilich sind dies Idealgestalten: aber wer möchte aus der jetzigen Welt solche Ideale erschaffen können?" (NL 1870/71, KSA 7, 7[122], S. 171, siehe dazu Behler 1989, S. 373).

Wenn Nietzsche auf der Nicht-Vergleichbarkeit der Frauen-Rolle in der Antike und in seiner Gegenwart beharrt, dann ist daraus freilich nicht abzuleiten, dass er auf „die ‚Gebildetheit' des modernen Weibes" große Stücke hält. Dass er diese „Gebildetheit" vielmehr verachtet und ihr daher das Etikett der „Bildung" verweigert, zeigt sich an der unbereinigten Version des Textes im Entwurf zur „aesthetischen Abhandlung" *Ursprung und Ziel der Tragödie*:

> „Wer daraus sofort die Stellung des Weibes bei den Griechen als unwürdig und allzu hart zu erschließen sich gedrungen fühlt, der soll nur ja nicht ⌊die moderne Stellung des Weibes⌋ ⌈die [lächerliche] „Gebildetheit ⟨"⟩ des [lächerlichen] ⌈modernen⌉ Weibes [der Gegenwart]⌋ ⌈und deren Ansprüche⌉ zur Richtschnur nehmen, gegen welche es ⌈einmal⌉ genügt, ⌊auf eine⌋ ⌈auf die olympische ⟨n⟩ ⌈Frauen samt⌉ Penelope⌉ Antigone ⌈Elektra ⌊und die⌉ [ganze]⌉ hinzuweisen." (KGW III/5,1, S. 157).

„Lächerlich" erscheinen Nietzsche also sowohl die „Gebildetheit" als auch das „moderne Weib" selbst. An seiner Frontstellung gegen spezifische emanzipatorische Bestrebungen, die über den vermehrten Zugang zum Bildungswesen den Frauen bessere soziale Partizipationsmöglichkeiten verschaffen wollten, lässt diese Aufzeichnung keinen Zweifel – was Nietzsche freilich nicht daran hindern sollte, sich 1874 als Basler Professor (allerdings erfolglos) für die Zulassung einer Frau zum Promotion einzusetzen.[3] So „lächerlich" Nietzsche die „Gebildetheit" seiner Zeitgenossinnen vorgekommen ist, so wenig muss damit prinzipiell ausgeschlossen sein, dass Frauen „Bildung" – den positiven Gegenwert zur „Gebildetheit" – erwerben können. Ihre bloße „Gebildetheit" könnte gerade daran liegen, dass ihnen bisher wahre Bildungsmöglichkeiten vorenthalten worden sind. Aber auch diese Möglichkeit bleibt im Modus der Mutmaßung, denn alle anderen Gelegenheiten, bei denen Nietzsche auf „Gebildetheit" zurückkommt, berühren das Problem, inwiefern Frauen sich bilden können, nicht explizit. Was sich allerdings hält, ist die denunziatorisch-abschätzige Verwendungsweise der „Gebildetheit", deren Opposition zu wahrer „Bildung" gleich bei ihrem ersten öffentlichen Erscheinen in einem Werk Nietzsches zutage tritt, nämlich im ersten Abschnitt der *Ersten Unzeitgemässen Betrachtung*:

> „Sollte es möglich sein, jene gleichmüthige und zähe Tapferkeit, welche der Deutsche dem pathetischen und plötzlichen Ungestüm des Franzosen entgegenstellte, gegen den inneren Feind, gegen jene höchst zweideutige und jedenfalls unnationale „Gebildetheit" wachzurufen, die jetzt in Deutschland, mit gefährlichem Missverstande, Kultur genannt wird: so ist nicht alle Hoffnung auf eine wirkliche ächte deutsche Bildung, den Gegensatz jener Gebildetheit, verloren: denn an den einsichtigsten und kühnsten Führern und Feldherrn hat es den Deutschen nie gemangelt – nur dass diesen oftmals die Deutschen fehlten". (UB I 1; KSA 1, S. 160 f.)

„Gebildetheit" ist nach dieser Exposition also nichts weniger als der „innere Feind", die fälschlich „Kultur" genannt werde, während Kultur in Wahrheit doch die „Einheit des künstlerischen Stiles in allen Lebensäusserungen eines Volkes" (KSA 1, S. 163) darstelle. Die Kritik an der „Gebildetheit" wird eingebettet in nationalistische Appelle, die die potentielle Größe Deutschlands als Kulturnation beschwören, während es sich im Krieg gegen Frankreich bloß als Militärnation unter Beweis gestellt hat. Aber auch da, wo „ächte deutsche Bildung" das Gegenstück zur bloßen – man darf hinzufügen: form- und stillosen – „Gebildetheit" markiert, bleiben die militärische Sprechweise und mit ihr die militärische Denk-

---

3 Die Originalquellen – Fakultätsprotokolle von Nietzsches Hand als Abteilungsdekan – sind erstmals gesamthaft publiziert in Sommer 2011, S. 44–45.

weise dominierend: Von „Tapferkeit" über „Feind" reicht das metaphorische Spektrum bis zu „kühnsten Führern und Feldherrn". Die Auseinandersetzung zwischen „Gebildetheit" und „Bildung"/„Kultur" ist ein Krieg – bestenfalls ein Krieg mit anderen Mitteln. Es ist ein Krieg nicht nur der nationalen Selbstbehauptung gegen Frankreich, gegen außen (ein Euphemismus für die aggressive preußische Eroberungspolitik), sondern vor allem ein Krieg im Innern – ein Krieg gegen Tendenzen innerer Zersetzung. Für diese Zersetzung exemplarisch sollen David Friedrich Strauß und die von ihm angeblich repräsentierten „Bildungsphilister" (KSA 1, S. 165) sein – statt formvollendete, strenge Einheit gebe es bei ihnen flickenteppichartige Vielheit, eben „Gebildetheit". Strauß selbst benutzt den Ausdruck nicht. Nietzsches Krieg gegen die Gebildetheit ist ein Krieg für die Uniformität der Kulturnation. Kultur als Pluralität kommt nicht in Frage.

Beim „Feind" im Innern, gegen den nach „ächter deutscher Bildung" gerufen wird, handelt es sich freilich mitnichten um eine renitente Minderheit, sondern offenkundig um die erdrückende Mehrheit, deren Kennzeichen die Saturiertheit ist: Sie bringt die „Philister-Kultur" zustande, mit dem „Ausdruck der Zufriedenheit im Gesichte", will sie doch

> „nichts Wesentliches an dem gegenwärtigen Stande der deutschen Gebildetheit geändert haben; vor allem ist sie ernstlich von der Singularität aller deutschen Erziehungs-Institutionen, namentlich der Gymnasien und Universitäten, überzeugt, hört nicht auf, diese dem Auslande anzuempfehlen, und zweifelt keinen Augenblick daran, dass man durch dieselben das gebildetste und urtheilsfähigste Volk der Welt geworden sei." (UB I 8; KSA 1, S. 205)

Die monströse „Gebildetheit" ist also bereits in die scheinbar so resistenten Bildungsinstitutionen eingedrungen und verdirbt sie in ihrem Kern. Der „Bildungsphilister", bar „jeder Selbsterkenntniss", halte seine „Bildung'" für den „satte[n] Ausdruck der rechten deutschen Kultur" –

> „und da er überall Gebildete seiner Art vorfindet, und alle öffentlichen Institutionen, Schul-Bildungs- und Kunstanstalten gemäss seiner Gebildetheit und nach seinen Bedürfnissen eingerichtet sind, so trägt er auch überallhin das siegreiche Gefühl mit sich herum, der würdige Vertreter der jetzigen deutschen Kultur zu sein und macht dem entsprechend seine Forderungen und Ansprüche." (UB I 2; KSA 1, S. 165)

Die von „Gebildetheit" Eingeseiften lauern also „überall" und haben die Bildungsanstalten in die Knie gezwungen. Sie fühlen sich – auch hier wieder das militärische Vokabular – „siegreich", weil sie ihre Gebildetheit mit „deutscher Kultur" identifizieren. Mit entsprechend wenigen Kämpfern ist, wie Nietzsche in der *Zweiten unzeitgemässen Betrachtung: Vom Nutzen und Nachtheil der Historie für das Leben* zu bedenken gibt, auf Seiten der wahren Kultur zu rechnen:

> „Nehme man an, dass Jemand glaube, es gehörten nicht mehr als hundert productive, in einem neuen Geiste erzogene und wirkende Menschen dazu, um der in Deutschland gerade jetzt modisch gewordenen Gebildetheit den Garaus zu machen, wie müsste es ihn bestärken wahrzunehmen, dass die Cultur der Renaissance sich auf den Schultern einer solchen Hundert-Männer-Schaar heraushob." (UB II 2; KSA 1, S. 260 f., vgl. NL 1873, KSA 7, 29[30], S. 637)

Wahre Kultur hängt also nicht an der Masse. Diesen Krieg gewinnt nicht, wer die meisten Krieger hat. Immerhin fällt auf, dass in der zitierten Passage auf den martialischen Horizont verzichtet wird: Die wenigen Heroen der wahren Kultur, die sich gegen die Übermacht der in „Gebildetheit" Domestizierten stemmen, werden nicht mit den 300 Spartanern der Thermopylen-Schlacht verglichen, sondern mit den 100 Kulturheroen einer anderen Epoche, der Renaissance. So kriegslüstern manche Condottieri damals auch gewesen sein mögen, fällt die Wahl auf die Renaissance doch nicht ihrer kriegerischen Tendenzen wegen, sondern weil sie – spätestens seit Jacob Burckhardts einschlägigem Buch – als Inbegriff einer kulturell kreativen, sich vom Hergebrachten emanzipierenden Epoche gilt. Der Verzicht auf kriegerische Auskleidung der Auseinandersetzung von Bildung und „Gebildetheit" ließe sich wohlwollend als eine Art Zivilisierung des Kulturgedankens verstehen, der im Strauß-Pamphlet noch militärisch kontaminiert war. Zugleich aber entfällt keineswegs die Vorstellung, Kultur müsse eine Einheit sein:

> „Wer die Cultur eines Volkes erstreben und fördern will, der erstrebe und fördere diese höhere Einheit und arbeite mit an der Vernichtung der modernen Gebildetheit zu Gunsten einer wahren Bildung, er wage es, darüber nachzudenken, wie die durch Historie gestörte Gesundheit eines Volkes wiederhergestellt werden, wie es seine Instincte und damit seine Ehrlichkeit wiederfinden könne." (UB II 4; KSA 1, S. 274 f.)

Geschichtliches Wissen erweist sich als gefährliche Bedrohung der kulturellen „Einheit", die am Ende des Kapitels übrigens ausdrücklich als „d i e E i n h e i t d e s d e u t s c h e n G e i s t e s u n d L e b e n s" (KSA 1, S. 278) beschworen wird. Geschichtliches Wissen ist zugleich konkreter Inbegriff bloßer „Gebildetheit" im Gegensatz zu „wahrer Bildung". Auch als Steigbügelhalterin dieser „Bildung" kommt „Gebildetheit" nicht in Frage. Auslöschung ist offensichtlich der einzige mit ihr mögliche Umgang. Immerhin reichert die Historienschrift mit der nun etablierten Korrelation zwischen unnützem historischem Wissen und „Gebildetheit" diese inhaltlich etwas an. Im allerletzten Satz des Werkes wird auf der Seite der „w a h r e n Bildung" noch die „Wahrhaftigkeit" angesiedelt, die dieser Bildung zu Diensten steht, „mag diese Wahrhaftigkeit auch gelegentlich der gerade in Achtung stehenden Gebildetheit ernstlich schaden, mag sie selbst einer ganzen dekorativen Cultur zum Falle verhelfen können" (UB II 10; KSA 1, S. 334). „Gebildetheit" gilt einmal mehr als Signatur einer verachtungswürdigen Gegenwart.

Daran ändert sich auch an der letzten Stelle nichts, an der Nietzsche die „Gebildetheit" aufruft:

> „Wo sind unsere natürlichen Bundesgenossen, mit denen wir gegen das wuchernde und unterdrückende Um-sich-greifen der heutigen Gebildetheit kämpfen können? Denn einstweilen haben wir nur Einen Feind — einstweilen! — eben jene „Gebildeten", für welche das Wort „Bayreuth" eine ihrer tiefsten Niederlagen bezeichnet — sie haben nicht mitgeholfen, sie waren wüthend dagegen, oder zeigten jene noch wirksamere Schwerhörigkeit, welche jetzt zur gewohnten Waffe der überlegtesten Gegnerschaft geworden ist." (UB IV 4; KSA 1, S. 450)[4]

Immerhin wird jetzt – erneut militärisch metaphorisiert – ein konkretes Rezept benannt, der „Gebildetheit" und ihren Adepten zu begegnen. Das Rezept verkörpert sich in Richard Wagner, seinem in Bayreuth Stein und Musik gewordenen Kulturerneuerungsbestreben.

2 Geschichte der „Gebildetheit"

Die Geschichte der „Gebildetheit" hat harmlosere Phasen durchlaufen als Nietzsches Zuspitzung es vermuten ließe. Im 18. Jahrhundert begegnen wir dem Wort im Sinne von „Ausgeformt-Sein". So kündigt der Berliner Verleger Friedrich Maurer 1782 im *Berlinschen Magazin der Wissenschaften und Künste* eine Übersetzung sämtlicher Werke von Pierre Carlet de Marivaux an und gibt im Hinblick auf die Schwierigkeit eines solchen Unterfangens zu bedenken: „In dem Punkte der Gebildetheit, worin sich unsre Sprache jetzt befindet, ist es nichts weniger als unmöglich, ihn in selbige so überzutragen, daß nichts von seinem Geiste, nichts von seinen Eigenheiten verloren geht." (*Berlinisches Magazin* 1782, Bd. 2, S. 172) Sprachen absolvieren demnach unterschiedliche Stufen der „Gebildetheit". Das Französische ist dem Deutschen darin noch überlegen – und damit käme einer Übersetzung auch die Aufgabe zu, für die weitere Ausbildung der Sprache, in die übertragen wird, zu sorgen.

Neben „Gebildetheit" ist synonym auch „Gebildheit" im Gebrauch. Darauf allein kommt es manchen Aufklärern nicht an. So gibt der anonyme Verfasser der *Aesthetischen Fragmente über das Schöne insonderheit in den bildenden Künsten* 1794 zu bedenken: „Cultur oder Gebildheit der Sprache kommt mit der ästhetischen Darstellung. Sprachbereicherung aber ist eigentlich noch nicht Ausbil-

---

4 1888, nämlich in WA 2; KSA 6, S. 15, wird es dann der zum Antipoden Wagners stilisierte Georges Bizet sein, der gegen die „gebildete[.] Musik Europa's" auftreten darf.

dung, Aufklärung der Begriffe." (*Aesthetische Fragmente*, S. 125) „Gebildheit der Sprache" scheint im späten 18. Jahrhundert überhaupt eine stehende Wendung gewesen zu sein. Der Göttinger Philosoph und Universalgelehrte Christoph Meiners notiert, man könne aus „Zahl und Gebrauch" von Pronomen, Präpositionen und Konjunktionen „ziemlich zuverlässig auf die Rohheit oder Gebildheit, oder auf den Verfall von Sprachen schließen" (Meiners [1786], S. 137). Meiners' Landshuter Kollege Georg Anton Friedrich Ast räumt demgegenüber dem lyrischen Sprechen weitgehende Lizenzen ein, weswegen die „scheinbare Unordnung, das Dunkle und Verflochtene der Ode, das aller realen Gebildetheit und objektiven Klarheit entgegenstrebt" (Ast 1805, S. 203), dem Dichter durchaus erlaubt seien.

Von dieser dichterischen Freiheit macht Friedrich Hölderlin exzessiven Gebrauch – so auch in seinem späten Gedicht (um 1825) „Die Zufriedenheit", wo es heißt: „Der Männer Ernst, der Sieg und die Gefahren, / Sie kommen aus Gebildetheit, und aus Gewahren" (Hölderlin 1970, Bd. 1, S. 548).

Allmählich scheint sich in der ersten Hälfte des 19. Jahrhunderts der Radius der „Gebild(e)theit" auszuweiten: In Johann Christoph Vollbedings *Gemeinnützlichem Wörterbuch zur richtigen Verdeutschung und verständlichen Erklärung der in unserer Sprache vorkommenden fremden Ausdrücke* werden als deutsche Synonyme für „Cultur" u.a. „Bildung, Veredlung, Verbesserung, Geistesbildung, Gebildtheit" aufgeführt (Vollbeding 1816, S. 135), aber auch „Politesse" gilt als „Abgeschliffenheit und Gebildtheit unter Leuten" (Vollbeding 1816, S. 432). Die „Gebildetheit" löst sich im wissenschaftlichen Jargon allmählich von ihrer engen Liaison mit der Sprache und ihrer Entwicklung. Beispielsweise spricht Wilhelm Ernst Webers Übersetzung von Vicos *Scienza Nuova* über die „Gebildetheit des römischen Volkes", für die es „zu empörend gewesen wäre", wenn Vergil geschildert hätte, wie „der fromme Aeneas seinen Knappen M i s e n u s tödtet" (Vico 1822, S. 416). In Übersetzungen wissenschaftlich-philosophischer Literatur wird die „Gebildetheit" im Sinne von Geformt-Sein um die Mitte des 19. Jahrhunderts ohnehin beliebt, so etwa, wenn Carl Prantl Aristoteles paraphrasiert und vom Übergang von der „Ungestaltetheit zu der Gestaltetheit oder [der] Ungebildetheit zu der Gebildetheit" spricht (Aristoteles 1854, S. 478; vgl. Aristoteles 1857, S. 493). In der Ethnologie und Religionswissenschaft begegnet die „Gebildetheit" gelegentlich ebenso – etwa bei Gustav Roskoff mit entschieden positivem Beiklang, wenn er dem Menschengeschlecht die „Herausbildung aus der rohen Natürlichkeit durch eine Menge Bildungsstufen bis zur Gebildetheit" in Analogie zum „Leben des Einzelwesens, vom Kindesalter angefangen durch die übrigen Stadien" zuschreibt (Roskoff 1880, S. 23). Selbst Nietzsches Jünger Heinrich Köselitz benutzt in einem Brief an Franz Overbeck vom 6. Dezember 1879 „Gebildetheit" (fast) in aller Unschuld für ein intellektuelles Autobiogramm: „Ich bin zu alt, um

Das, was in den Fundamenten meiner Gebildetheit nun einmal versehen ist, wieder gut machen zu können" (Overbeck/Köselitz 1998, S. 39).

Unter Literaten und Wissenschaftlern des späten 18. und des 19. Jahrhunderts erfreut sich „Gebildetheit" oder „Gebildheit" also durchaus einer gewissen Verbreitung, und zwar mit einer offenkundigen semantischen Differenz zur „Bildung". Hier trifft tatsächlich über weite Strecken die zitierte Unterscheidung zu, die das *Nietzsche-Wörterbuch* fälschlich für Nietzsche in Anspruch nimmt, dass nämlich „das Ergebnis von Bildung [...] Gebildetheit" sei.[5] Der Bildungsbegriff scheint sich jedoch nach und nach derart auszudehnen, dass er nicht mehr länger nur eine Tätigkeit, ein Werden bezeichnet, sondern zugleich auch das Produkt dieser Tätigkeit, dieses Werdens, so dass „Bildung" zu einem Besitz werden konnte – zu etwas, worüber jemand verfügt wie über einen Gegenstand. So konnte bereits der 1878 erschienene vierte Band des unter dem Namen der Brüder Grimm bekannten *Deutschen Wörterbuchs* die im Gebrauch damals durchaus etablierte, semantische Differenz von „Gebildetheit" und „Bildung" unterschlagen und „Gebildetheit" in den sprachgeschichtlichen Orkus befördern: *„umgekehrt gehört zu gebildet als subst.* bildung, *nicht gebildetheit, das nicht entwickelt ist"* (Grimm 1854–1971, Bd. 4, S. 1773).

Dieser kühne Handstreich, mit dem sich die Wörterbuch-Philologen über den empirischen Befund der unbestreitbaren Frequenz von „Gebildetheit" hinwegsetzen und sie als „nicht entwickelt" abtun, hat seine ironische Pointe darin, dass ausgerechnet Jacob Grimm, unter dessen (Mit-)Autornamen das *Deutsche Wörterbuch* erscheint, der erste Kronzeuge für jenen Gebrauch der „Gebildetheit" ist, die bei Nietzsche dominiert, nämlich für den *polemischen Gebrauch*. Bereits 1808 erschien in der von Achim von Arnim herausgegebenen *Zeitung für Einsiedler* Grimms „Gedanken wie sich die Sagen zur Poesie und Geschichte verhalten". In der konsequenten Kleinschreibung von Grimms *Reden und Abhandlungen* lautet die hier interessierende Passage aus diesen „Gedanken": „und in allen den sagen von geistern, zwergen, zauberern und ungeheuern wundern ist ein stiller aber wahrhaftiger grund vergraben, vor dem wir eine innerliche scheu tragen, welche in reinen gemütern die gebildetheit nimmer verwischt hat" (Grimm 1864, Bd. 4,

---

5 Im berühmten Kapitel XXIII „Ueber Schriftstellerei und Stil" seiner *Parerga und Paralipomena II* (§ 291) will Arthur Schopenhauer den Unterschied zwischen Substantiven mit Endsilben auf „ung" und solchen auf „(k)eit" beachtet wissen, wonach nämlich erstere „in der Regel, das Subjektive, die Handlung, vom Objektiven, dem Gegenstande derselben, unterschieden", letzte hingegen „aber meistens das Dauernde, die bleibenden Eigenschaften, ausdrückten: wie z.B. Jenes in Tödtung, Zeugung, Befolgung, Ausmessung u.s.w., Dieses in Freigebigkeit, Gutmüthigkeit, Freimüthigkeit, Unmöglichkeit, Dauerhaftigkeit u.s.w." (Schopenhauer 1862, S. 565). „Bildung" und „Gebildetheit" sind freilich keine von Schopenhauer angeführten Beispiele.

S. 400). „Gebildetheit" ist, wenn es um die tiefen Wahrheiten geht, die in uns verborgen sind, also nur ein Aufputz, der die Aufmerksamkeit vom „stille[n] aber wahrhaftige[n] grund" sträflich abzuziehen droht. Hier ist erstmals die dunkle Färbung sichtbar, die der „Gebildetheit" unter manchen kulturkritisch gesinnten Gebildeten fortan anhaften sollte. Vielleicht ist es kein Zufall, dass gerade Theologen dieser Schattenseite der „Gebildetheit" viel abgewinnen können. Der pietistisch-lutherische Exeget Hermann Cremer beispielsweise argumentiert, dass „Gebildetheit nur die innere Zerrissenheit zwischen Wollen und Können" verdecke (Cremer 1863, S. 20), weshalb „Erbauung im biblischen Sinne" unbedingt not tue. Der Theologe und Kirchenpolitiker Ernst Friedrich Gabriel Ribbeck – Vater von Nietzsches Philologen-Kollege und Basler Amts-Vorvorgänger Otto Ribbeck – ätzt in einem posthum veröffentlichten, aber schon 1821 verfassten Aphorismus:

> „Wenn die Inhaber und Vertreter der Gebildetheit öffentlich geschaart, aus eigener Wahl, ein an sich selbst wenn auch noch so ehrenwerthes Gefühl äußerlich erscheinen lassen in einer Form, die den Charakter dessen, was sie vertreten und fördern sollten, weder trägt, noch jemals tragen kann, sondern nur den Charakter des Gegentheils –: heißt das der guten Sache helfen oder schaden?" (Ribbeck 1863, S. 470)

„Schaden", lautet natürlich Ribbecks Antwort – und keinen Zweifel leidet, wie sehr er die „Vertreter der Gebildetheit" als Heuchler geringschätzt. Von hier ist es nicht weit zu Theodor Fontanes „Durchschnittsgebildetheit", die er während des Deutsch-Französischen Krieges 1870 einem sächsischen Gefreiten im Besonderen und den Sachsen im Allgemeinen meinte attestieren zu müssen:

> „Ich liebe die Sachsen, bin dankbar für glückliche Tage und Jahre, die ich unter ihnen verlebte, und habe vor ihrer Energie, Zähigkeit und D u r c h s c h n i t t s g e b i l d e t h e i t allen möglichen Respekt; aber in dieser letztern Eigenschaft steckt doch auch wiederum ihr Schrecknis. Lebhaft und intelligent von Natur, gut erzogen und von Jugend auf mit Zeitungslektüre und Kannegießer-Weisheit vollgestopft, treten sie mit der größten Ungeniertheit an all und jede Frage heran und wissen ganz genau, daß Freiheit der Kirche vom Staat, oder Freiheit der Schule von beiden, oder Konfessionslosigkeit, oder Kindergärtnerei einzig und allein noch die Menschheit retten können." (Fontane o. J., S. 114)

Mit Fontanes „Durchschnittsgebildetheit" ist bereits ein spätes Stadium der provokativen Zurüstung der ursprünglich so neutralen „Gebildetheit" erreicht. Was bei Fontane noch heiter-ironisch klingt – und eine „Überdurchschnittsgebildetheit" prinzipiell nicht ausschließt, die sich keine intellektuellen Tölpeleien gestattet –, wird unter Richard Wagners Händen zur mörderischen Waffe.

3 Wagners „Gebildetheit"

In der *Neuen Zeitschrift für Musik* erschien 1869 (Bd. 65, S. 405, 417, 437 u. 445) und 1870 (Bd. 66, S. 4–8, 13–16, 25–27 u. 33–36) unter dem unverfänglichen Titel *Ueber das Dirigiren* jener Text, der das Unbehagen an der „Gebildetheit" umgießt in die harte Währung der Bosheit.

> „Wie nun aber z.b. den Juden unser Gewerkwesen fremd geblieben ist, so wuchsen auch unsere neueren Musikdirigenten nicht aus dem musikalischen Handwerkerstande auf, der ihnen, schon der strengen wirklichen Arbeit wegen, widerwärtig war. Dagegen pflanzte sich dieser neue Dirigent sogleich auf der Spitze des musikalischen Innungswesens, etwa wie der Banquier auf unserer gewerkthätigen Societät, auf. Hierfür mußte er sofort Eines mitbringen, was dem von unten auf gedienten Musiker eben abging, oder von ihm doch nur äußerst schwer, und selten genügend zu gewinnen war: wie der Banquier das Kapital, so brachte dieser die Gebildetheit mit. Ich sage: Gebildetheit, nicht Bildung; denn wer diese wahrhaft besitzt, über den ist nicht zu spotten: er ist Allen überlegen. Der Besitzer der Gebildetheit aber läßt über sich reden." (Wagner 1871–1873, Bd. 8, S. 383–384)

Der professionelle Dirigent ist also das Feindbild, gegen das Wagner agitiert. Als erstes fällt der unverhohlen antisemitische Kontext auf, in dem „Gebildetheit" eingeführt wird: Juden scheuten die eigentliche, ehrliche Arbeit und genau dies täten auch „unsere neueren Musikdirigenten". Zweitens ist also Judentum ebenso wie Dirigententum mit undeutscher Arbeitsscheu assoziiert – wahrhaft etwas zu leisten vermöchten beide Gruppen nicht. In der Nietzsche-Forschung scheint Domenico Losurdo abgesehen von Jochen Schmidt (Schmidt 2012, S. 368) der einzige zu sein, dem überhaupt aufgefallen ist, dass Nietzsche mit seiner „Gebildetheit" direkt ein Signalwort Wagners aufnimmt (Losurdo 2009, S. 183–185). Sehr deutlich arbeitet der italienische Gelehrte auch die antisemitische Schlagseite von Wagners Wortverwendung auf, überspannt freilich den Bogen interpretatorischer Freiheit, wenn er Nietzsches und Wagners Wortverwendung ein rein antisemitisches Interesse unterstellt. Ganz einfach falsch ist die Behauptung:

> „Letztendlich gehört „Gebildetheit" zu einer Gruppe von Termini und Neologismen, die schon von den Kriegen gegen Napoleon an in der Polemik gegen den subversiven oder staatenlosen Intellektuellen auftauchen, der sehr oft mit dem jüdischen Intellektuellen identifiziert wird, gegen eine als entwurzelt und entwurzelnd abgestempelte Kultur." (Losurdo 2009, S. 184)

Vor Wagner lässt sich schlechterdings kein einziger Beleg für eine antisemitische Besetzung der „Gebildetheit" beibringen; diese Besetzung ist Wagners ureigenste Innovation.

Dennoch fällt, drittens, an der zitierten Passage auf, dass Wagner bei allem Poltern ein Verwirrspiel treibt: Er behauptet nicht direkt, dass die verhassten

Dirigenten jüdisch seien, noch behauptet er dies von den Bankiers. Der Text vermeidet direkte Identifikationen, sondern operiert mit Analogien, die Juden, Dirigenten und Bankiers zwar in ein Verhältnis setzen, zugleich aber verschleiern, welcher Art dieses Verhältnis ist. Im Ernstfall einer entschiedenen Widerrede könnte Wagner sich noch immer darauf berufen, er habe die Juden nur als *ein* Beispiel für eine Zeittendenz genannt („z.b. den Juden") und keineswegs, wie für den verschwörungstheoretischen Antisemitismus (in der Art von Nietzsches Schwager Bernhard Förster) üblich, „den Juden" eine globale Verantwortung für sämtliche Übel zugeschoben. Wagner gibt weder die berüchtigte Losung aus: „die Juden sind unser Unglück" (Treitschke 1879, S. 575, dazu Sommer 2013, S. 594–596), noch behauptet er, die Missstände des Dirigentenwesens oder des Kapitalismus gründeten im Judentum. Wie Juden, Dirigenten und Bankiers genau zusammenhängen, bleibt verwischt – gemeinsam ist ihnen jedenfalls nicht notgedrungen das Jüdisch-Sein in konfessionellem oder gar rassischem Sinn, sondern die Unproduktivität, die fehlende Bindung an ein Handwerk jedweder Prägung. Dieses Manko versuchen sie wett zu machen durch einen Besitz, nämlich entweder Kapital oder Gebildetheit. Gebildetheit ist das soziale und symbolische Kapital, über das ein professioneller Dirigent *faute de mieux* verfügen muss.

Was aber ist diese „Gebildetheit", die sich nach Wagner so grundlegend von der „Bildung" unterscheidet, die man zwar offensichtlich auch besitzen kann, aber mit der man vor allem Spott sicher ist? Nach Wagner gibt es zwischen beidem keinen Übergang; jedenfalls sei ihm „kein Fall bekannt geworden, in welchem selbst bei der glücklichsten Pflege dieser Gebildetheit hier der Erfolg einer wahren Bildung, nämlich wahre Geistesfreiheit, Freiheit überhaupt, zum Vorschein gekommen wäre" (Wagner 1870, S. 59; ebenso in: Wagner 1871–1873, Bd. 8, S. 384). Nicht einmal Felix Mendelssohn – und da ist die antisemitische Spitze wiederum deutlich zu spüren – sei ein solcher Übergang gelungen, denn dessen „Bildungsdrang" habe die „Unbefangenheit" gefehlt, weshalb das Resultat nur „Afterbildung" sein könne (Wagner 1871–1873, Bd. 8, S. 384).

„Im Allgemeinen ist es ein Hauptcharakterzug dieser Gebildetheit, bei nichts stark zu verweilen, sich in nichts tief zu versenken, oder auch, wie man sich ausdrückt, von nichts viel Wesens zu machen. Dabei wird das Größte, Erhabenste und Innigste für etwas recht Natürliches, ganz „Selbstverständliches", zu jeder Zeit Allen zu Gebote Stehendes ausgegeben, davon Alles zu erlernen, auch wohl nachzumachen sei. Bei dem Ungeheuren, Göttlichen und Dämonischen, ist daher nicht zu verweilen, schon weil an ihm etwas Nachzuahmendes eben durchaus nicht aufzufinden glückt, weßhalb es dieser Gebildetheit geläufig ist, z.B. von Auswüchsen, Übertreibungen u. dergl. zu reden, woraus dann wieder eine neue Ästhetik hervorgegangen, welche vor Allem sich an G o e t h e zu lehnen vorgiebt, weil dieser ja auch allen Ungeheuerlichkeiten abhold gewesen wäre, und dafür so eine schöne, ruhige Klarheit erfunden habe." (Wagner 1871–1873, Bd. 8, S. 385)

„Gebildetheit" ist mit anderen Worten ein Mangel an Tiefe, ein Mangel an Ernst, eine Unfähigkeit, sich auf das Große und Erhabene einzulassen oder sich gar dem „Ungeheuren, Göttlichen und Dämonischen" zu öffnen. „Gebildetheit" scheut alle Exzesse und will das langweilige Mittelmaß, ein *juste milieu* der Konventionen und der Oberflächlichkeit.[6] Im Umkehrschluss müsste Bildung bedeuten, sich auf das alle Maße Überschreitende, das Überwältigende, das Übermenschliche einzulassen. Bildung nach Wagners Vorstellung ließe sich dann in Analogie zu Friedrich Schleiermachers Definition von Religion als „Sinn und Geschmack fürs Unendliche" definieren als *Sinn und Geschmack fürs Ungeheuerliche*.

Aufschlussreich für Nietzsches Bereitschaft, sich Wagners Negativschablone der „Gebildetheit" anzueignen, ist die gleich folgende Exemplifikation. Es habe sich

> „in kluger Übereinstimmung mit dem Philister unserer Zeit, ein ganz neuer Begriff von Klassizität gebildet, zu welchem in weiteren Kunstgebieten endlich auch die Griechen herbeigezogen werden, bei denen ja klare, durchsichtige Heiterkeit so recht zu Hause war. Und diese seichte Abfindung mit allem Ernsten und Furchtbaren des Daseins wird zu einem völligen System neuester Weltanschauung erhoben, in welchem schließlich auch unsere gebildeten neuen Musikheroen ihren ganz unbestrittenen, behaglichen Ehrenplatz finden.

> Wie diese sich mit unseren großen deutschen Tonwerken abfanden, wies ich an einigen beredten Beispielen nach. Hier ist nur noch zu erklären, wie es mit diesem, von Mendelssohn so dringend empfohlenen „Darüberhinweggehen" für einen heiteren griechischen Sinn hatte. An seinen Anhängern und Nachfolgern ist dieß am deutlichsten nachzuweisen. Bei Mendelssohn hieß es: die unvermeidlichen Schwächen der Ausführung, unter Umständen vielleicht auch des Auszuführenden, verbergen; bei Jenen kommt nun aber noch das

---

6 Der Gegensatz „Bildung"/„Gebildetheit" kann anhand dieser Textstellen auch als Gegensatz von „geschichtlich (organisch) gewachsen" (wie es „von unten" im Handwerk durch eigene Arbeit geschieht) vs. „äußerlich (als Fertiges) angeeignet" beschrieben werden. Das eine trägt gewissermaßen sein selbstständiges, unverwechselbares Werden noch in sich, das andere wird „fertig" übernommen und oberflächlich, aller ursprünglichen Leidenschaft und des Ernstes beraubt, weitergetragen. Dies würde auch die Parallele zum Gegensatz von Handwerker und Bankier (konkrete Produktion vs. abstrakter Geldwechsel) und dem hier nur angedeuteten Gegensatz „deutsch" versus „jüdisch" näher erklären. Antisemitisch gebündelt werden diese Gegensätze im Pamphlet *Das Judenthum in der Musik* ausgedrückt: „[W]er merkt es den unschuldig aussehenden Papierchen an, daß das Blut zahlloser Geschlechter an ihnen klebt? Was die Heroen der Künste dem kunstfeindlichen Dämon zweier unseliger Jahrtausende mit unerhörter, Luft und Leben verzehrender Anstrengung abrangen, setzt heute der Jude in Kunstwaarenwechsel um: wer sieht es den manierlichen Kunststückchen an, daß sie mit dem heiligen Nothschweiße des Genies zweier Jahrtausende geleimt sind?" (Wagner 1871–1873, Bd. 5, S. 87–88). Daran schließt sich eine Polemik gegen den „gebildeten Juden" (Wagner 1871–1873, Bd. 5, S. 93–96). Den Hinweis und die erste Ausarbeitung dieser Anmerkung verdanke ich Herrn Daniel Unger.

ganz besondere Motiv ihrer Gebildetheit hinzu, nämlich: überhaupt zu verdecken, kein Aufsehen zu machen." (Wagner 1871–1873, Bd. 8, S. 385–386)

Als Beispiel einer gegen die „Gebildetheit" gerichteten, von wahrhafter „Bildung" zeugenden Musik fällt Wagner erwartungsgemäß nur die eigene ein, was er an der berüchtigten Pariser *Tannhäuser*-Aufführung von 1861 illustriert,[7] wo er freilich erfolglos selbst vom Ballettmeister „Kühnes und wild Erhabenes" (Wagner 1871–1873, Bd. 8, S. 386) verlangt habe. „Gebildetheit" heißt „Darüberhinweggehen", „Bildung" hingegen, sich dem Gewaltigen, dem Rauschhaften ausliefern. Was immer dabei noch von jener „Geistesfreiheit, Freiheit überhaupt" übrigbleiben soll, mit der Wagner zwei Seiten vorher „Bildung" identifiziert hat, steht dahin. In der „griechischen Heiterkeit", die Nietzsche in nibelungentreuer Wagner-Gefolgschaft schon in seinen Frühschriften schmähen wird (Nachweise bei Schmidt 2012, S. 15–16 und Sommer 2012, S. 214), vermag Wagner jedenfalls keine Freiheit zu finden, damit auch nicht in einem klassizistisch beschwingten Umgang mit der Antike.

„Gebildetheit" kommt trotz ihrer Prominenz im Aufsatz *Ueber das Dirigiren* in keiner einzigen anderen Schrift Wagners auch nur vor. Es ist deutlich, dass der Ausdruck keineswegs nur ein bestimmtes antisemitisches Ressentiment bedienen will – in der Erörterung kommen „Juden" auch nur zu Beginn und damit ein einziges Mal explizit vor, obgleich der Leser natürlich weiß, dass (der Protestant!) Mendelssohn aus einer berühmten jüdischen Familie stammt. Die Agitation gegen „Gebildetheit" will in ihrem kulturkritischen und kulturreformatorischen Pathos viel weiter ausgreifen – und bleibt entsprechend schwammig.

Ihre Verneinung, die freilich nicht ihr Gegenteil bedeuten muss, die „Ungebildetheit", wird von Wagner gelegentlich in autobiographischem Zusammenhang *ad alteram personam* herbeigerufen. Nur an einer Stelle, nämlich im offenen Brief *An Friedrich Nietzsche, ordentl. Professor der klassischen Philologie an der Universität Basel* von 1872 über und gegen die Invektive, die Ulrich von Wilamowitz-Moellendorff zur *Geburt der Tragödie* lanciert hatte, bekommt die „Ungebildetheit" etwas Kontur. Nun ist, bevor Wagner ihn wegen stilistischer Patzer rügt, Wilamowitz-Moellendorff selbst die Zielscheibe: „Wir haben nicht geglaubt, daß es im ‚Dienste der Musen' so grob hergehe, und daß ihre ‚Gunst' eine solche Ungebildetheit zurücklasse, wie wir sie hier an einem ‚jenes einzig Unvergängliche' Besitzenden wahrnehmen mußten." (Wagner 1871–1873, Bd. 9, S. 355) Nicht „Gebildetheit" wird dem gleich wie Wagner als Verteidiger der Bildung auftreten-

---

7 Nietzsche spielt auf diesen Skandal und seine Folgen noch im *Fall Wagner* an, siehe Sommer 2012, S. 60–62.

den, jungen Philologen vorgehalten, sondern „Ungebildetheit", was aber ebenso wenig als Kompliment gemeint ist. Der Aufsatz *Ueber das Dirigiren* hat also offenkundig nicht gereicht, den Zwiespalt zwischen „Bildung" und „Gebildetheit" so dauerhaft im Publikum zu verankern, als dass Wagner darauf schon wie selbstverständlich hätte zurückgreifen können und er sich im gegebenen Fall sogar mit der litteralen Negation des Wortes „Gebildetheit" behelfen musste, um dasselbe zu attackieren, was er vordem mit „Gebildetheit" attackieren hatte wollen: nämlich einen Mangel an Bildung.[8]

4 Nietzsches Kampfbegriff „Gebildetheit" (II)

In seinem Brief vom 19. Dezember 1869 bot Wagner seinem Basler Adepten Nietzsche die eben erschienene Zeitschriften-Version des Aufsatzes *Ueber das Dirigiren* an, die er ihm am 16. Januar 1870 dann auch übersandte. Cosima von Bülow (bald Cosima Wagner) hatte Nietzsche schon am 30. November 1869 wissen lassen, dass der „Meister" an dem Text noch herumlaboriere, „denn er will alle seine Erfahrungen auf dem Gebiet des heutigen Musikwesen's darin niederlegen" (KGB II/2, Bf. 43). Nietzsche begeisterte sich für den Artikel, so dass er ihn umgehend seinen Freunden weiterempfahl: Im Brief an Carl von Gersdorff vom 11. März 1870 verglich er ihn mit dem „‚Philosophieprofessoren'-aufsatz" von Schopenhauer (KGB II/1, Bf. 65; vgl. Brief an Erwin Rohde, 28.03.1870, KGB II/1, Bf. 69), am 30. April 1870 ließ er Erwin Rohde wissen, Wagners Text enthalte „eine ausführliche Kritik unserer jetzigen Kapellmeister und die allerschönsten Bemerkungen aus seiner Dirigentenpraxis" (KGB II/1, Bf. 76). Im Entwurf zu einem „Vorwort an Richard Wagner", das der *Geburt der Tragödie* hätte vorangestellt werden sollen, wandte sich Nietzsche nicht nur gegen die klassizistisch weich-

---

[8] Immerhin nehmen versprengte Wagnerianer die „Gebildetheit" in ihr kritisches Vokabular auf. Ein dreistes Beispiel dafür ist Ludwig Nohl, der in seiner „Erinnerungsgabe" *Die Beethoven-Feier* vermeintlich aus Johann Gottlieb Fichtes *Reden an die deutsche Nation* zitiert, wenn er schreibt: „‚Was ein Volk sei in der höheren Bedeutung des Wortes und was Vaterlandsliebe', zeigt eine dieser merkwürdigen Reden den ‚Gebildeten' der Nation, die namentlich es waren, denen einzig das Fremde noch als das Rechte und Schöne erschien und die ihre ‚Gebildetheit' eben vorzugsweise jener ‚Ausländerei' verdankten, die hier mit so echt männlichem Selbstbewußtsein bekämpft wird." (Nohl 1871, S. 76) Im Unterschied zu der von Fichte sehr wohl verwendeten „Ausländerei" kommt „Gebildetheit" bei ihm nirgends vor. Nohl versucht also, mit der erschlichenen Rückdeckung Fichtes Wagners Prägung den Sympathisanten eines extremen Nationalismus unterzujubeln. Bei Wagner selbst spielte dieser nationalistische Aspekt der „Gebildetheit" allenfalls eine (antisemitische) Nebenrolle, während er bei Nietzsche zunächst sehr stark hervortritt (UB I 1; KSA 1, S. 160 f.).

gespülte „griechische Heiterkeit", sondern nimmt dazu ausdrücklich auf Wagners Schrift Bezug:

> „Diejenigen aber, deren Lob bei der Durchsichtigkeit, Klarheit, Bestimmtheit und Harmonie der griechischen Kunst stehen bleibt, im Glauben, unter dem Schutze des griechischen Vorbildes sich mit allem Entsetzlichen des Daseins abfinden zu können – eine Gattung Menschen, die von Ihnen bereits, mein verehrter Freund, in Ihrer denkwürdigen Schrift „über das Dirigiren" mit unvergleichlich scharfen Zügen an's Licht gestellt worden ist – diese sind zu überzeugen, daß es zum Theil an ihnen liegt, wenn der Unterboden der griechischen Kunst ihnen flach erscheint, zum Theil auch am innersten Wesen der besagten griechischen Heiterkeit: in welchem Bezuge ich den Besten unter ihnen andeuten möchte, es gienge ihnen wie solchen, die in das hellste, von der Sonne durchschienene Seewasser sehen und den Grund des See's ganz in ihrer Nähe wähnen, als ob er mit der Hand zu erreichen wäre." (NL 1871, KSA 7, 11[1], S. 352)

Wagners *Ueber das Dirigiren* diente Nietzsche als reichhaltige Zitatfundgrube, etwa in der abfälligen Beurteilung der Deutschen (NL 1874, KSA 7, 35[12], S. 816–817 nach Wagner 1871–1873, Bd. 8, S. 387). Der Aufsatz galt ihm als Zeugnis nicht von Büchergelehrsamkeit, sondern von innerster, persönlicher Erfahrung; ihr „wohnt eine verstummen machende Kraft bei". „Hier ist ein ganz Großer, der von Erlebtem redet" (NL 1875, KSA 8, 11[32], S. 222).

Mit diesem „ganz Großen" wusste Nietzsche sich in seiner Bildungskritik einig, die freilich ein Epochenphänomen des 19. Jahrhunderts war.[9] Auffällig ist, wie sehr diese Bildungskritik von Fichte bis Paul de Lagarde nationalistisch geschwängert war.[10] Betrachtet man nun Nietzsches Adaption von Wagners „Gebildetheit" aus einigem Abstand, so fällt auf, dass die antisemitische Färbung nicht mehr deutlich sichtbar ist. Umso stärker treten namentlich in der *Ersten unzeitgemäßen Betrachtung* zwei Aspekte in den Vordergrund: die *nationalistische Pointierung* und die *militärische Metaphorisierung*.

Nietzsches Bereitwilligkeit, das Signalwort „Gebildetheit" im eigenen Werk nutzbar zu machen, hängt unmittelbar an seiner Anteilnahme an Wagners Antiklassizismus, dessen Einstehen für das Dämonische, Abgründige, Ungeheuerliche, für ein anders verstandenes Griechentum. In der *Geburt der Tragödie* und in den *Unzeitgemässen Betrachtungen* erscheint Nietzsche als Ausführungsgehilfe dieser neuen Ästhetik, bevor er im mittleren und späteren Werk zu einem Anti-Dämonismus finden sollte. In den frühen Schriften begnügt er sich keineswegs mit einer bloßen Übernahme von Wagners Signalwort, sondern strebt seine Universalisie-

---

9 Zum Kontext und zur Struktur von Nietzsches Bildungskonzept siehe die einschlägigen Monographien von Hoyer 2002 und Niemeyer 2002.
10 Nietzsche hat sich mit den (positiv auf Fichte bezugnehmenden) Schriften Lagardes intensiv auseinandergesetzt, siehe Sommer 1998 und Sommer 2010.

rung an – und zwar, wie der Wagnerianer Ludwig Nohl (s. o. Anm. 8), mittels nationalistischer Verschärfung. „Gebildetheit" wird aus der Ecke der Musikbetriebspolemik herausgeholt und zu einem ubiquitär anwendbaren Kampfbegriff umgemünzt. Dieser Kampfbegriff wird verwandt, um einer scheinbar von Auflösung bedrohten nationalen „Kultur" ein neues Korsett zu verschaffen – um im Geiste Wagners die deutsche Kultur zu uniformieren und vor Diffusion zu bewahren.

Mit seiner Aneignung von Wagners Signalwort in durchgehend martialischem Ton erweist sich Nietzsche als williger Vollstrecker von Wagners kulturreformatorischem Bestreben. Nietzsche prägt den Begriff der „Gebildetheit" nicht um, wie er es später mit so vielen Begriffen der Tradition versuchen wird. Der Reentry von „Gebildetheit" bleibt im Banne des Meisters. Nietzsche erweist sich mit seiner Negativ-Präferenz für die bei Wagner beiläufig attackierte „Gebildetheit" als Einpeitscher der Wagnerschen Sache und empfiehlt sich damit als getreuster Gefährte.

Daher überrascht es nicht, dass Nietzsche nach den *Unzeitgemässen Betrachtungen* bei allen Spitzen gegen den modernen Bildungsbetrieb das Wort „Gebildetheit" nie mehr in die Feder fließt. Das Wort war, wesentlich durch sein eigenes Engagement, fortan wagnerianisch verbrannt und aus seiner Assoziation mit dem Nietzsche bald verhassten Bayreuther Kulturimperium nicht mehr zu lösen. Was ihm schließlich blieb, war, seine eigene Rolle als Wagner-Prophet umzudeuten und Wagner zu seinem eigenen Propheten zu machen:

> „Die Deutschen haben bisher noch Nichts von mir verstanden, geschweige denn mich. – Hat überhaupt Jemand Etwas von mir verstanden, – m i c h verstanden? – Einer, sonst Keiner: Richard Wagner, ein Grund mehr zu meinem Zweifel, ob er eigentlich ein Deutscher war... Wer von meinen deutschen „Freunden" (– der Begriff Freund ist in meinem Leben ein Gänsefuß-Begriff) hätte im Entferntesten die T i e f e des Blicks gestreift, mit der Wagner v o r s e c h s z e h n J a h r e n an mir zum Propheten wurde? Er stellte mich damals, in einem Brief, der in der Norddeutschen Zeitung erschien, den Deutschen mit diesen unsterblichen Worten vor: „Was wir von Ihnen erwarten, kann nur die Aufgabe eines ganzen Lebens sein, und zwar des Lebens eines Mannes, wie er uns auf das Höchste noth thut und als welchen Sie allen denen sich ankündigen, welche aus dem edelsten Quell des deutschen Geistes, dem tiefsinnigen Ernste in Allem, wohin er sich versenkt, Aufschluß und Weisung darüber verlangen, welcher Art die deutsche Bildung sein müsse, w e n n sie der wiedererstandenen Nation zu ihren edelsten Zielen verhelfen soll." Wagner hat einfach recht behalten: heute h a t er Recht. Ich bin die einzige force majeure, stark genug, die Deutschen zu erlösen und zuletzt nicht nur die Deutschen... Er vergass vielleicht, daß wenn ich der Cultur die Wege zu zeigen bestimmt bin, ich sie auch einem Richard Wagner zu zeigen hatte? Cultur u n d Parsifal – das geht nicht..." (KSA 14, S. 481–482)[11]

---

11 Die von Nietzsche hier zitierte Stelle steht in Wagners offenem Brief *An Friedrich Nietzsche, ordentl. Professor der klassischen Philologie an der Universität Basel* (Wagner 1871–1873, Bd. 9,

Dass Nietzsche „Gebildetheit" nach 1876 nicht mehr anfassen mochte, hat seine Leser allerdings nicht davon abgehalten, weiter mit dem Begriff der „Gebildetheit" zu experimentieren. Zu diesen Experimentatoren zählt auch der gewiss nicht des nationalistischen Überschwangs verdächtige Robert Walser (Stanitzek 2007). Aus der „Gebildetheit" waren womöglich doch noch mehr Funken zu schlagen, als sich selbst Nietzsche träumen ließ.

Literaturverzeichnis

Aesthetische Fragmente | N.N. (1794): *Aesthetische Fragmente über das Schöne insonderheit in den bildenden Künsten.* Berlin: Carl Maßdorf.

Aristoteles (1854): *Acht Bücher Physik.* Griechisch und Deutsch und mit sacherklärenden Anmerkungen hrsg. von Carl Prantl (= *Werke.* Erster Band). Leipzig: Wilhelm Engelmann.

Aristoteles (1857): *Vier Bücher über das Himmelsgebäude und Zwei Bücher über Entstehen und Vergehen.* Griechisch und Deutsch und mit sacherklärenden Anmerkungen hrsg. von Carl Prantl (= *Werke.* Zweiter Band). Leipzig: Wilhelm Engelmann.

Ast, Friedrich (1805): *System der Kunstlehre oder Lehr- und Handbuch der Aesthetik zu Vorlesungen und zum Privatgebrauche entworfen.* Leipzig: J. C. Hinrichs.

Behler, Diana (1989): „Nietzsche's View of Woman in Classical Greece". In: *Nietzsche-Studien,* 18, S. 359–376.

Berlinisches Magazin (1782): *Berlinsches Magazin der Wissenschaften und Künste.* Ersten Jahrgangs Zweites Stück. Berlin: Johann Friedrich Unger.

Cremer, Hermann (1863): *Ueber den biblischen Begriff der Erbauung.* Barmen: W. Langewiesche's Verlagsbuchhandlung.

Fontane, Theodor (o. J.): *Kriegsgefangen. Erlebtes 1870. Aus den Tagen der Okkupation. Eine Osterreise durch Nordfrankreich und Elsaß-Lothringen 1871.* Berlin: S. Fischer.

Grimm, Jacob (1864): *Reden und Abhandlungen* (= *Kleinere Schriften.* Erster Band). Berlin: Ferdinand Dümmlers Verlagsbuchhandlung.

Grimm, Jacob und Wilhelm (1854–1971): *Deutsches Wörterbuch.* Bde. 4 und 24, Leipzig: S. Hirzel.

Hölderlin, Friedrich (1970): *Sämtliche Werke und Briefe.* Hrsg. von Günter Mieth. Bd. 1, Berlin / Weimar: Aufbau.

Hoyer, Timo (2002): *Nietzsche und die Pädagogik. Werk, Biografie und Rezeption.* Würzburg: Königshausen & Neumann.

Losurdo, Domenico (2009): *Nietzsche, der aristokratische Rebell. Intellektuelle Biographie und kritische Bilanz.* Aus dem Italienischen von Erdmute Brielmayer, hrsg. und mit einer Einführung von Jan Rehmann. Bd. 1. Berlin: Argument-Verlag.

Meiners, Christoph [1786]: *Grundriß der Seelen-Lehre.* Lemgo: Meyersche Buchhandlung.

Niemeyer, Christian (2002): *Nietzsche, die Jugend und die Pädagogik. Eine Einführung.* Weinheim/München: Juventa.

S. 357–358). Nietzsche hat sich die Stelle in seinem Exemplar von Wagners *Gesammelten Schriften und Dichtungen* am Rand markiert.

Nohl, Ludwig (1871): *Die Beethoven-Feier und die Kunst der Gegenwart. Eine Erinnerungsgabe. Mit Beethovens Porträt und Autograph*. Wien: Wilhelm Braumüller.

NWB 1 | Nietzsche Research Group (Nijmegen) unter Leitung von Paul van Tongeren, Gerd Schank und Herman Siemens (Hrsg.) (2004): *Nietzsche-Wörterbuch*. Bd. 1. Berlin/New York: de Gruyter.

Overbeck, Franz/Köselitz, Heinrich [Peter Gast] (1998): *Briefwechsel*. Hrsg. und kommentiert von David Marc Hoffmann, Niklaus Peter und Theo Salfinger. Berlin/New York: de Gruyter.

Reich, Hauke (2013): *Rezensionen und Reaktionen zu Nietzsches Werken 1872–1889*. Berlin/ Boston: de Gruyter.

Reschke, Renate (2000): *Denkumbrüche mit Nietzsche. Zur anspornenden Verachtung der Zeit*. Berlin: Akademie Verlag.

Ribbeck, Ernst Friedrich Gabriel (1863): *Erinnerungen an Ernst Friedrich Gabriel Ribbeck, früheren General-Superintendenten der evangelischen Kirche zu Breslau, demnächst als Wirklicher Ober-Konsistorialrath a. D. zu Berlin verstorben am 6. Juni 1860, aus seinen Schriften*. Als Manuscript hrsg. von B. Ribbeck. Berlin: o. A.

Richter, Arthur (1874): Rezension von Friedrich Nietzsche, *Unzeitgemäße Betrachtungen I*. In: *Zeitschrift für Philosophie und philosophische Kritik*, 64, S. 153–158.

Roskoff, Gustav (1880): *Das Religionswesen der rohesten Naturvölker*. Leipzig: F. A. Brockhaus.

Schmidt, Jochen (2012): *Kommentar zu Nietzsches „Geburt der Tragödie"* (= Historischer und kritischer Kommentar zu Friedrich Nietzsches Werken, hrsg. von der Heidelberger Akademie der Wissenschaften, Bd. 1/1). Berlin/Boston: de Gruyter.

Schopenhauer, Arthur (1862): *Parerga und Paralipomena: kleine philosophische Schriften*. Zweite, verbesserte und beträchtlich vermehrte Auflage, aus dem handschriftlichen Nachlasse des Verfassers hrsg. von Julius Frauenstädt. Bd. 2. Berlin: A. W. Hayn.

Sommer, Andreas Urs (1998): „Zwischen Agitation, Religionsstiftung und ‚hoher Politik'. Paul de Lagarde und Friedrich Nietzsche". In: *Nietzscheforschung*, 4, S. 169–194.

Sommer, Andreas Urs (2010): „Religions- und Weltanschauungskonstrukte bei Paul de Lagarde, Friedrich Nietzsche und Karl May". In: Pyta, Wolfram (Hrsg.): *Karl May: Brückenbauer zwischen den Kulturen*. Berlin: LIT, S. 149–167.

Sommer, Andreas Urs (2011): „Friedrich Nietzsche als Basler Philosoph". In: Angehrn, Emil/ Rother, Wolfgang (Hrsg.): *Philosophie in Basel. Prominente Denker des 19. und 20. Jahrhunderts*. Basel: Schwabe, S. 32–60.

Sommer, Andreas Urs (2012): *Kommentar zu Nietzsches „Der Fall Wagner". „Götzen-Dämmerung"* (= Historischer und kritischer Kommentar zu Friedrich Nietzsches Werken, hrsg. von der Heidelberger Akademie der Wissenschaften, Bd. 6/1). Berlin/Boston: de Gruyter.

Sommer, Andreas Urs (2013): *Kommentar zu Nietzsches „Der Antichrist". „Ecce homo". „Dionysos-Dithyramben". „Nietzsche contra Wagner"* (= Historischer und kritischer Kommentar zu Friedrich Nietzsches Werken, hrsg. von der Heidelberger Akademie der Wissenschaften, Bd. 6/2). Berlin/Boston: de Gruyter.

Stanitzek, Georg (2007): „Regenschirmforschung. Robert Walsers Bildungskritik im Zusammenhang der moralistischen Tradition". In: *Zeitschrift für deutsche Philologie*, 126, S. 574–600.

Treitschke, Heinrich von (1879): „Unsere Aussichten". In: *Preußische Jahrbücher*, 44, S. 559–576.

Vico, Giambattista (1822): *Grundzüge einer Neuen Wissenschaft über die gemeinschaftliche Natur der Völker*. Aus dem Italienischen von Wilhelm Ernst Weber. Leipzig: Brockhaus.

Vollbeding, Johann Christoph (1816): *Gemeinnütziges Wörterbuch zur richtigen Verdeutschung und verständlichen Erklärung der in unserer Sprache vorkommenden fremden Ausdrücke*.

Für deutsche Geschäftsmänner, gebildete Fraunzimmer und Jünglinge bearbeitet. Berlin: Carl Friedrich Amelang.

Wagner, Richard (1870): *Ueber das Dirigiren.* Leipzig: C. F. Kahnt.

Wagner, Richard (1871–1873): *Gesammelte Schriften und Dichtungen.* 9 Bde. Leipzig: E. W. Fritzsch.

Ludger Lütkehaus
„Schreibkugel ist kein Ding gleich mir (...)"

Von der Nichtentwicklung Friedrich Nietzsches zum *Typewriter*

Wer heute noch aus unerfindlichen Gründen auf einer mechanischen Schreibmaschine schreibt wie ich, sagen wir auf einer Santa Monica aus dem Hause Olimpia, darf der sich bei aller Poesie dieser Namen der stark dezimierten Nachhut der Mediengeschichte zurechnen? Der prekäre Ruf eines anachronistischen Heimarbeiters ist dem Autor gewiss. –

Ganz anders die Situation, als Friedrich Nietzsche im Februar 1882, in Genua weiland eine – selbstverständlich mechanische – Schreibmaschine als Geschenk seiner Schwester Elisabeth von seinem Freund Paul Klee mitgebracht bekam. Da gehörte er zur Avantgarde des technologischen Fortschritts.

Der Kommentar der ersten vollständigen Faksimile-Edition aller Nietzsche'schen Typoskripte (Nietzsche 2003) zögert dann auch nicht, diesen mediengeschichtlichen Moment, dessen Textur, richtiger: Tastatur im Gefolge der Medienwissenschaft Friedrich Kittlers und der Dekonstruktion Jacques Derridas entziffert wird, mit dem größten Schwergewicht zu versehen. Nietzsches maschinenschriftliche „Kehre" – so der tollkühne Rückgriff auf den Handschrift-Fetischisten Heidegger – markiert danach nichts Geringeres als das Ende der „Metaphysik der Handschrift" in der „stets auch medial bestimmten Denkgeschichte der Philosophie." (Kittler, Friedrich A. 1993, S. 24)

Wie der notorische Wanderer Nietzsche nicht eigentlich lief, sondern gelaufen wurde, so schreibt *Es* aus ihm und nicht mehr er. Und hat nicht schon Nietzsche selber sich als denkendes, nur scheinbar autonomes Subjekt medial dekonstruiert, wenn er in einem maschinenschriftlichen Brief an den Freund und Sekretär Heinrich Köselitz (Peter Gast) vom Ende Februar 1882, also kurz nach Eintreffen der Maschine, in deren Großbuchstaben schreibt: „SIE HABEN RECHT – UNSER SCHREIBZEUG ARBEITET MIT AN UNSEREN GEDANKEN. WANN WERDE ICH ES ÜBER MEINE FINGER BRINGEN, EINEN LANGEN SATZ ZU DRÜCKEN!" (KSB 6, S. 172).

Aber auch das war nur bedingt ein kurzer Satz. Die Meldung des „Berliner Tageblatts" vom März 1882, die zum nicht unbeträchtlichen narzisstischen „Spaß" des „unbekannten Philosophen und Schriftstellers Friedrich Nietzsche" über seinen Genueser Aufenthalt und den Schreibmaschinenempfang berichtete, sah die Zusammenhänge ganz anders, medienphilosophisch konservativer: „Mit Hilfe einer Schreibmaschine ist er wiederum schriftstellerisch tätig und ein neues Buch in der Weise seiner letzten Werke ist somit zu erwarten." Man ist also gut beraten, die Metaphysik der Hand- und der Maschinenschrift einstweilen nicht zu übertreiben. – Am 21. März 1882 war die Schreibmaschine ohnehin schon unbrauchbar geworden (das Schreibband war gerissen ...).

Die Edition und der Kommentar geben ohnehin gegen die leitende Intention genügend Material für eine andere Lesart in die Hand.

Der schwer augenkranke, halbblinde Nietzsche hoffte, die Maschine, eine Malling-Hansen aus Kopenhagen, die besonders für blinde Schreiber entwickelt worden war, als Schreibhilfe nutzen zu können. Das halbkugelartige Gerät, das der hier überraschend anthropomorphe Kommentar „schädelartig" nennt, das aber auch eine gewisse Ähnlichkeit mit einem Igel hat, erleichterte bei hinreichender Übung in der Tat das Schreiben, gerade indem seine Konstruktion zum Blindschreiben zwang.

Die Maschine war eine Art Augenprothese, freilich in diesem Fall von fragwürdigem Komfort und begrenzter Effizienz.

Nietzsche, als Typewriter ein blutiger Anfänger, schrieb mit ihr viel langsamer als handschriftlich und natürlich fehlerreich.

Ihr Betrieb war in jedem Sinn „angreifender als irgendwelches Schreiben." Außerdem war die Maschine zwar ein außerordentlich hübsches Maschinchen (in der großen Ausstellung des Jubiläumsjahres 2000 war ein Exemplar zu besichtigen), auch um einiges leichter als die amerikanische Konkurrenz von Remington. Aber für den Wanderer Nietzsche war sie immer noch viel zu unhandlich und schwer. Hier *das erste Laptop der Philosophiegeschichte* zu feiern, ist Medienwissenschaft at its best.

Dementsprechend fiel die Produktionsquote und auch ihr Genre aus: Gerade 15 Briefe und etliche kinderreimartige Verse sind dem Typewriter Nietzsche zuzuschreiben. Sie haben freilich den gar nicht hoch genug zu schätzenden Vorzug, einen vergnüglicheren und vergnügteren Nietzsche zu präsentieren als den, der sonst selbst in der *Fröhlichen Wissenschaft* – wie die von ihm gerne geschmähten Deutschen – über allem schwer wurde. Kein Wunder, dass dieser vergnügtere und auch weniger wählerische Nietzsche zum Opfer einer ersten Zensur der schenkenden Schwester wurde: „Nicht zu freigebig! Nur Hunde / Scheißen zu jeder Stunde" (an Köselitz, v. 17. Febr. 1882; KSB 6, S. 171) – das wollte die Naumburger Tugend lieber nicht öffentlich sehen.

Von ihrer medienpsychologisch ergiebigsten Seite her zeigte sich die Maschine indes ihrem User und Verehrer in ihrer überwältigenden An- und Hinfälligkeit. Vom Empfang an war sie eigentlich immer reparaturbedürftig, immer vom „Zusammenbruch" (schon vor Turin) wie heute ihre Nachfolger vom „Absturz" bedroht. Und gerade in dieser menschlich-allzumenschlichsten aller Eigenschaften wird sie, die anfangs nur wie ein „delicater kleiner Hund" für „viel Noth und einige Unterhaltung" sorgt, zum anthropomorphsten aller Dinge, zum vertracktesten aller Medien. Nur zu gut ist sie geeignet, für Nietzsche die heillos geliebten Menschen wie das labile Selbst zu materialisieren. „Was die Schreibmaschine betrifft, so hat sie ihren ‚Knacks' weg: wie Alles, was charakterschwache Menschen eine zeitlang in den Händen haben, seien dies nun Maschinen oder Probleme oder Lou's" (an Elisabeth Nietzsche, v. 27. April 1883; KSB 6, S. 369).

Um so mehr ist auf allen Ebenen Takt gefordert. Das sprechendste Porträt gibt ein inzwischen berühmt gewordener Vierzeiler, der lange Zeit Nietzsche zugeschrieben wurde – nun figuriert nach der Lesart des Kommentars Nietzsches Genueser Arzt – Dr. Breiting – in der Doppelfunktion von Menschen- und Maschinendoktor als Autor: „Schreibkugel ist ein Ding gleich mir: von Eisen / Und doch leicht zu verdrehn zumal auf Reisen./ Geduld und Takt muß reichlich man besitzen / Und feine Fingerchen es zu benuetzen."

Das sprechende menschliche Ich kann sich mit dem Ding vergleichen, weil das Ding an der menschlichsten aller Menschlichkeiten partizipiert, der Verletzlichkeit.

Gerade der Typewriter Nietzsche taugt also nur bedingt als Prototyp einer medienwissenschaftlichen Dekonstruktion des Subjekts, weit mehr für eine Dingspsychologie, die die prekäre Symbiose von Ding und Subjekt untersucht und sich dafür interessiert, wie sehr der nichts weniger als maschinenmäßige Nietzsche mit und aus seinem Typewriter spricht, menschlich und allzumenschlich.

Kein Wunder, dass Nietzsche nur allzu bald wieder von der zerbrechlichen Schreibmaschine zur antiquierteren, aber benutzerfreundlicheren Stahlfeder zurückkehrte. Noch weniger ein Wunder, dass 130 Jahre später der anachronistische Heimarbeiter von heute unbelehrbar bei einer Santa Monica aus dem Hause Olimpia bleibt.

Literaturverzeichnis

Nietzsche, Friedrich (2003): *Schreibmaschinentexte*. Vollständige Edition. Faksimiles und kritischer Kommentar. Aus dem Nachlass herausgegeben von Stephan Günzel und Rüdiger Schmidt-Grépály. Weimar: Bauhaus Universitätsverlag.
Kittler, Friedrich A. (1993): Real Time Analysis, Time Axis Manipulation. In: ders., Draculas Vermächtnis. Technische Schriften. Leipzig: Reclam Verlag, S. 182–207

Hans von Seggern
Man lernt nicht kennen als was man liebt
Die „Leidenschaft der Erkenntnis" von Spinoza zu Freud

Die Nähe seiner Theorie zu einigen Positionen der Philosophie empfand Sigmund Freud stets als prekär. So schreibt er 1925 in seiner „Selbstdarstellung" in Bezug auf Friedrich Nietzsche:

> „Den hohen Genuß der Werke *Nietzsches* habe ich mir [...] mit der bewußten Motivierung versagt, daß ich in der Verarbeitung der psychoanalytischen Eindrücke durch keinerlei Erwartungsvorstellung behindert sein wolle. Dafür mußte ich bereit sein – und ich bin es gerne –, auf alle Prioritätsansprüche in jenen häufigen Fällen zu verzichten, in denen die mühselige psychoanalytische Forschung die intuitiv gewonnenen Einsichten des Philosophen nur bestätigen kann." (Freud 1999, Bd. 10, S. 53)

Ähnlich heißt es apodiktisch in einem auf den 11. April 1930 datierten Brief an eine Philosophielehrerin, Juliette Boutonier, die ihn um Auskunft in einigen „metaphyischen Fragen" gebeten hatte: „Philosophische Probleme und Formulierungen sind mir so fremdartig, daß ich mit ihnen nichts anzufangen weiß, auch nichts mit der Spinozas." (Freud 1999, Nachtragsband, S. 671)

Diese offenbar sehr rasch formulierte Bemerkung – offenkundig müsste es eigentlich heißen „mit denen Spinozas" – könnte dazu dienen, die Reflexion über Freud und die Philosophie rasch zu beenden. Damit aber liefe man Gefahr, sich durch Freuds Selbststilisierung von einer viel versprechenden Fährte ablenken zu lassen: Verweist doch die Anfrage der klugen Frau Boutonier überdeutlich darauf, dass schon Zeitgenossen die Nähe der psychoanalytischen Theoriebildung zu den Philosophen des Willens unübersehbar erschien – und dass sie sich für die Hintergründe der Ähnlichkeiten zwischen den Lehren Freuds und Spinozas interessierten.

Hierin war die kluge Frau Boutonier denn auch nicht die Einzige:

Bezeichnenderweise wandte sich im Jahr 1932 der Herausgeber einer Spinoza-Festschrift, Siegfried Hessing, mit dem Ansinnen an Freud, zu eben diesem Band einen Aufsatz beizusteuern. Sein „Erfolg" beschränkte sich auf eine höflich formulierte Absage. Von dem laut bekundeten „Desinteresse" an den Fragen der Philosophie ist hier freilich nichts zu spüren, eher deutet diese Passage darauf hin, dass Freud sich durchaus mit Spinoza beschäftigt hatte:

> „Sehr geehrter Herr! Ich habe mein langes Leben hindurch der Person wie der Denkleistung des großen Philosophen Spinoza eine außerordentliche, etwas scheue Hochachtung ent-

> gegengebracht. Aber ich glaube, diese Einstellung gibt mir nicht das Recht, etwas über ihn vor aller Welt zu sagen, besonders da ich nichts zu sagen wüßte, was nicht schon von anderen gesagt worden ist. Entschuldigen Sie durch diese Bemerkungen mein Fernbleiben von der geplanten Festschrift und seien Sie meiner Sympathie und Hochachtung versichert. Ihr Freud." (Freud 1999, Nachtragsband, S. 670)

Mein Beitrag zu vorliegender Festschrift bleibt bei Freuds „scheuer Hochachtung" nicht stehen: Hat doch die Forschung in Spinozas Skepsis gegenüber der Macht des Verstandes und in seinem Axiom des Strebens nach Selbsterhaltung als Essenz jeden Dinges Ähnlichkeiten zur Freudschen Trieblehre bestätigen können. So zieht Paul Ricœur in seinem Essay über Freud mit dem Titel *De l'interprétation* (1965) eine Linie von Spinoza über Leibniz, Schopenhauer und Nietzsche hin bis zum Begründer der Psychoanalyse. Für Ricœur steht Freud am Ende einer Reihe von Fußnoten zu Spinoza:

> „Wir werden [...] vorschlagen, die Freudsche *Libido* mit dem Spinozischen *conatus* und dem Leibnizschen *Streben*, sogar mit dem *Willen* bei Schopenhauer und dem *Willen zur Macht* bei Nietzsche zu vergleichen." (Ricœur 1974, S. 321)

Wieweit tragen Übereinstimmungen dieser Art? Die Problematik von Ricœurs Traditionslinie wird schon deutlich anhand der Namen Schopenhauers und Nietzsches, die in einem Atemzug genannt werden: Denn – so möchte man einwenden – was haben Schopenhauers „Wille zum Leben" und Nietzsches „Wille zur Macht" gemein, abgesehen von dem Wort „Wille" selbst?

Die Theoriebildung Freuds arbeitet mit Hypothesen, möchte aber mit dem vermeintlich „intuitiven" und „spekulativen" Charakter der Philosophie nichts zu tun haben. Freuds Schreiben versteht sich als Deskription empirischer Beobachtungen und als exakte Wissenschaft, wenn Freud auch hie und da der Versuchung nachgibt, von der Nähe zu gewissen Philosophen zu reden – wie etwa in *Jenseits des Lustprinzips*, wo er die Nähe seiner Forschungsergebnisse zur Willensphilosophie Schopenhauers zugesteht. Nach diversen, in illustrativer Absicht angeführten Goethe- und Nietzsche-Zitaten, an denen in seinen Schriften kein Mangel herrscht, versteht Freud hier Schopenhauers Ethik als Bestätigung seines eigenen, dualistisch erweiterten Triebkonzepts, wenn er schreibt,

> „daß wir unversehens in den Hafen der Philosophie Schopenhauers eingelaufen sind, für den ja der Tod ‚das eigentliche Resultat‘ und insofern der Zweck des Leben ist, der Sexualtrieb aber die Verkörperung des Willens zum Leben." (Freud 1999, Bd. 13, S. 53)

In den theoretischen Schriften Freuds kommt Spinoza nach meiner Übersicht lediglich an zwei Stellen vor. Einmal anlässlich einer Reflexion über die Funktion von Negationspartikeln im sogenannten „Witzbuch": Hier wird erwähnt, dass

Heinrich Heine Spinoza seinen „*Un*glaubensgenossen" (Freud 1999, Bd. 6, S. 83) nannte.

Der Text *Eine Kindheitserinnerung des Leonardo da Vinci* (1910) ist im Hinblick auf das vorliegende Thema hingegen ergiebiger. Hier wird die Entwicklung Leonardo da Vincis als Beispiel „gelungener", nicht-neurotischer Triebsublimierung angeführt. Freud versteht diese Entwicklung als eine Art Umkehrung der Faustlegende, die die Rückverwandlung von sublimiertem Trieb in nicht-sublimierten Trieb vor Augen führe. Im Zentrum dieses Textes Freuds steht das Nachdenken über die Nähe von „Neurose" und „Sublimierung", letztere hier verstanden als „Eignung" des „Sexualtriebes", „sein nächstes Ziel gegen andere, eventuell höher gewertete und nicht sexuelle, Ziele zu vertauschen" (Freud, 1999, Bd. 10, S. 104).

Freud skizziert hier drei Wege, die die originäre, frühkindliche Sexualität samt der mit ihr verquickten Neugier, der sogenannten „frühkindlichen Sexualforschung", zu gehen vermag. Diese „Triebschicksale" sind:

a) die „neurotische Hemmung": Die „frühkindliche Sexualforschung" teilt das Schicksal der Sexualität selbst, und die „Wissbegierde" wird eins mit dem Trieb gehemmt und beschränkt. Resultat sind Denkschwäche und potentiell neurotische Erkrankung;

b) die „Sexualisierung des Denkens" und „Grübelzwang": Ist die intellektuelle Entwicklung stark genug, so ist es wahrscheinlich, dass die unterdrückte infantile Sexualforschung aus dem Unbewussten zurückkehrt, und zwar in entstellter und unfreier Form. Das Denken wird so zu einem zwanghaften „Surrogat" der sexuellen Aktivität und die Hoffnung auf die „Lösung" gedanklicher Probleme trete an die Stelle der Erlösung von Triebaufschub, -stau oder –verzicht;

c) die „Sublimierung": an dieser Stelle wird sie als die seltenste Lösung des Konflikts zwischen Lust- und Realitätsprinzip beschrieben. Auch in diesem Falle wird die Wissbegierde zu einem Sexualersatz, doch im Gegensatz sowohl zu neurotischer Denkhemmung wie neurotischem Denkzwang, entziehe sich die Libido „dem Schicksal der Verdrängung, indem sie sich von Anfang an in Wissbegierde sublimiert und sich zu dem kräftigen Forschertrieb als Verstärkung schlägt". Der „Charakter der Neurose" bleibe aus, der „Trieb kann sich frei im Dienste des intellektuellen Interesses betätigen. Der Sexualverdrängung, die ihn durch den Zuschuss von sublimierter Libido so stark gemacht hat, trägt er noch Rechnung, indem er die Beschäftigung mit sexuellen Themen vermeidet." (Freud 1999, Bd. 10, S. 107.)

Welche Wandlung macht der Trieb selbst in der Sublimierung durch? Im Vorgang der Sublimierung bleibt der Trieb erhalten, der jedoch nun als „Motor" der Arbeit der Erkenntnis fungiert. Freuds Definition in *Zur Einführung des Narzißmus* (1914) deutet darauf hin: „Die Sublimierung ist ein Prozeß an der Objektlibido und besteht darin, daß sich ein Trieb auf ein anderes, von der sexuellen Befriedigung entferntes Ziel wirft; der Akzent ruht dabei auf der Ablenkung vom Sexuellen." (Freud 1999, Bd. 10, S. 161)

Der Unterschied zwischen den „Triebschicksalswegen" des Zwangsneurotikers und jenen des wissenschaftlich-künstlerischen Genies wird anhand der Ikone Leonardo da Vinci charakterisiert durch die Fähigkeit, die libidinöse Triebenergie nicht blind zu verdrängen, sondern zur „Wissbegierde" zu sublimieren. Und an diesem kardinalen Punkt fällt das entscheidende Stichwort:

> „Man hat Leonardo wegen seines unersättlichen und unermüdlichen Forscherdranges den italienischen Faust geheißen. Aber von allen Bedenken gegen die mögliche Rückverwandlung des Forschertriebes in Lebenslust abgesehen, die wir als die Voraussetzung der Fausttragödie annehmen müssen, möchte man die Bemerkung wagen, daß die Entwicklung Leonardos an spinozistische Denkweise [!] streift." (Freud 1999, Bd. 8, S. 142)

Wenn, laut Freud, der Weg Leonardo da Vincis ein Beispiel „gelungener" Triebsublimierung ist und an „spinozistische Denkweise" streift, stellt sich die Frage, ob es eine Vorstellung in Spinozas Denken gibt, die dem Begriff der Sublimierung bei Freud entsprechen könnte. Weiterhin ist zu fragen, welche Eigenheiten des „spinozistischen Denkweise" Freud auf Leonardo da Vinci projiziert bzw. umgekehrt: Was verrät Freuds Darstellung des Lebens da Vincis im Hinblick auf sein Verständnis vom Spinozismus?

Freuds Beziehung zu Spinoza ist aller Wahrscheinlichkeit nach eine mittelbare, die sich aus dem Kanon von Autoren erklärt, die zu Freuds wissenschaftlichem Hintergrund gehören: Johannes Müller, Hermann von Helmholtz, Ernst von Brücke, Emil Dubois-Reymond und Gustav Theodor Fechner. Einer näheren Betrachtung dieses Kanons zeigt sich, dass – nach dem Vorbild von Spinozas Ethik *more geometrico* – auch Psychologie und Mathematik immer wieder Allianzen eingehen, um auf dem Gebiet der „Nachtseite der Naturwissenschaften" dem Verdikt der Spintisiererei und Willkür zu entgehen. Gerade der Versuch das Raster einer exakten Wissenschaft (Geometrie, Mathematik) auf die vermeintlich mehr oder minder amorphe menschliche Psyche zu applizieren, hat freilich mitunter die obskursten Blüten hervor getrieben.

Wie dem auch sei: Johannes Müller empfiehlt bereits 1826, die Affektenlehre Spinozas aus dem sie umgebenden metaphysischen Rahmen heraus zu präparieren – so nachzulesen in seiner Schrift *Ueber die phantastischen Gesichtserscheinungen* (1826). Diese Schrift hat in unserem Zusammenhang Bedeutung, da sie von Freud in der *Traumdeutung* (1900) zitiert wird. Spinoza, so Müller, sei sehr gut in seiner Behandlung der Leidenschaften, völlig unbrauchbar aber hinsichtlich seiner Metaphysik. Er empfiehlt daher die Lektüre der „drei letzten Bücher der Ethik des Spinoza, welche von den Leidenschaften handeln und deren psychologischer Inhalt von den übrigen Lehren dieses Mannes als unabhängig angesehn werden kann" (Müller 1967, S. IV).

Die so herbei zitierten „drei letzten Bücher" der *Ethik* enthalten Spinozas Affektenlehre und sind überschrieben „Von dem Ursprung und der Natur der Affekte", „Von menschlicher Knechtschaft oder von den Kräften der Affekte" und schließlich „Von der Macht des Verstandes oder von menschlicher Freiheit". Aus der eingehenden Behandlung der Affekte in diesen Kapiteln seiner *Ethik* wird Spinozas Bedeutung für Psychologie und Psychoanalyse deutlich:

> „Für jetzt möchte ich mich wieder jenen zuwenden, die die Affekte und Handlungen der Menschen lieber verdammen oder verlachen als begreifen wollen. Ihnen wird es zweifellos sonderbar vorkommen, daß ich mich anschicke, Fehler und Torheiten von Menschen auf geometrische Weise zu behandeln, und daß ich durch ein Verfahren der Vernunft Dinge beweisen will, von denen sie lauthals bekunden, daß sie der Vernunft widerstreiten und eitel, ungereimt und schrecklich sind. Doch habe ich dafür folgenden Grund: Es geschieht nichts in der Natur, was ihr selbst als Fehler angerechnet werden könnte, denn die Natur ist immer dieselbe, und was sie auszeichnet, ihre Wirkungsmacht, ist überall ein und dasselbe; d.h. die Gesetze und Regeln der Natur, nach denen alles geschicht und aus einer Form in eine andere sich verändert, sind überall und immer dieselben. [...] Also folgen die Affekte des Hasses, des Zorns, des Neides usw., in sich betrachtet, aus derselben Notwendigkeit und internen Beschaffenheit der Natur wie andere Einzeldinge auch." (Spinoza 1999, S. 221)

Spinonzas Hermeneutik der Affekte geht Freuds Hermeneutik des Unbewussten voraus. Spinozas Antizipation der von Freud beschriebenen „libidinösen Selbsterhaltungstriebe" (Freud 1999, Bd. 8, S. 57) findet sich im dritten Buch, genauer Lehrsatz 6, der die grundlegende Bedeutung des *conatus*, des Selbsterhaltungstriebes festhält: „Jedes Ding strebt gemäß der ihm eigenen Natur, in seinem Sein zu verharren." (Spinoza 1999, S. 239) Hieraus folgt für Spinoza freilich ebenso unmittelbar wie zwingend die Undenkbarkeit eines „Todestriebes", denn „kein Ding hat etwas in sich, von dem es zerstört werden könnte oder das seine Existenz aufhöbe" (Spinoza 1999, S. 239).

In der Einleitung zu *Jenseits des Lustprinzips* – wo im Gegensatz hierzu die Existenz von Lebens- *und* Todestrieben postuliert wird – bedauert Freud, dass es keine brauchbare „philosophische oder psychologische Theorie" gebe, die „uns zu sagen wüßte, was die Bedeutungen der für uns so imperativen Lust- und Unlustempfindungen sind" (Freud 1999, Bd. 8, S. 3f.). Nun: Nach Spinozas Affktenlehre beziehen sich *alle* Affekte ausnahmslos auf den Imperativ der Selbsterhaltung. Demgemäß führt *alles*, was das Gefühl unserer „Wirkungsmacht" (*potentia*) herabstimmt zu Trauer oder Unlust, alles was dies befördert zu Freude oder Lust. Der charakteristische Zustand des „Toren" – nennen wir ihn weniger moralisch den „Neurotiker" – ist die Gemütsschwankung (*flucuatio animi*), der des „Weisen" –

nennen wir ihn in der gleichen Absicht den „glücklich Sublimierenden" – die Selbstzufriedenheit, das Ruhen in sich (*acquiescentia in se ipso*).

In ausdrücklicher Abgrenzung von René Descartes bezweifelt Spinoza die Möglichkeit eines Triumphs der Ratio über die im Subjekt angelegten Triebimpulse. Hierzu führt er ein Beispiel an, das schlagend die unterschiedlichen Konzepte veranschaulicht. Implizit verweist er hierin auf Descartes und auf eine von diesem verwendete Metapher: In *De passionibus animae* (1649) nämlich legte dieser dar, dass es auch der schwächsten menschlichen Seele möglich sein müsse, den eigenen Willen gegen die Willkür der in ihr wütenden Impulse in seine Gewalt zu bringen. Zum Beweis bedient er sich der Metapher der Hundedressur:

> „Wenn z.B. ein Hund ein Rebhuhn erblickt, so will er seiner Natur nach auf dasselbe zulaufen, und wenn er eine Flinte abschiessen hört, treibt ihn dieser Knall von Natur zur Flucht; dennoch werden die Jagdhunde so dressirt, dass sie bei dem Erblicken eines Rebhuhns stillstehen, und dass sie auf den Knall der abgeschossenen Flinte dorthin laufen." (Descartes 1891, S. 47.)

Descartes erblickt hierin den „Beweis", dass selbst die schwächste Seele bei richtiger Anleitung Herrschaft über ihre Leidenschaften erlangen kann. Wenn dies durch Dressur sogar bei Hunden möglich ist, wie sollte es dann beim vernunftbegabten Menschen – und sei er noch so nachgiebig gegen sich selbst – nicht funktionieren?

Spinoza ist hier skeptischer. Schon bei ihm ist das Ich nicht „Herr im eigenen Hause". Zu den Prämissen seiner *Ethica ordine geometrico demonstrata* (1677) gehört, dass wir eine „unbedingte Herrschaft" über die Affekte niemals haben. Die menschliche Freiheit bestehe lediglich in einer Mäßigung und kanalisierenden Kontrolle des eigenen Affekthaushalts. So betont er im Vorwort zum fünften Teil der *Ethik*, überschrieben „Von der Macht des Verstandes oder von menschlicher Freiheit", „daß es einer nicht geringen Übung und mühevollen Anstrengung bedarf, die Affekte zu hemmen und zu mäßigen" (Spinoza 1999, S. 527). Zur Illustration dieses Gedankens führt nun auch er die Metapher der Hundedressur ins Feld:

> „Einer hat [...] dies am Beispiel zweier Hunde, eines Haus- und eines Jagdhundes, zu belegen versucht; durch Übung hatte er es nämlich schließlich dahin bringen können, den Haushund an das Jagen zu gewöhnen und den Jagdhund daran, von der Verfolgung der Hasen abzulassen." (Spinoza 1999, S. 527)

Wozu immer das gut sein mag, mag man einwenden. Und „Nicht alles was hinkt, ist schon ein Vergleich" hinzufügen – will doch Spinozas Gebrauch des Gleichnisses auf eine völlig andere Pointe hinaus:

Die Affekte sind elementare Triebkräfte, die durch den Verstand kanalisiert und in eine nützliche Richtung gelenkt werden können. Dass der Mensch „affiziert" wird, ist grundsätzlich sehr gut, ja lebenswichtig: Durch die Affekte und das Vermögen, „affiziert" zu werden, tritt das Individuum in vielfältige Beziehung zu den Gegenständen und Wesen um ihn herum. Der Mensch unterscheidet sich darin vom Tier, dass er ein besonders differenziertes Vermögen besitzt, in vielfältiger und komplexer Weise „affiziert" zu werden. Zwischen diesem „Affiziert-Werden" und dem Erkennen und Wissen besteht ein so ursächlicher Zusammenhang, dass der von Spinoza begeisterte junge Goethe sich rhetorisch der reihenden Amplifikation bedient, um seinem Gedanken Nachdruck zu verleihen: „Man lernt nichts kennen, als was man liebt, und je tiefer und vollständiger die Kenntniß werden soll, desto stärker, kräftiger und lebendiger muß Liebe, ja Leidenschaft seyn." (Goethe 1987, S. 7)

Das Ziel der *Ethik* Spinozas ist nun gleichwohl die Mäßigung der Affekte durch den Geist als Weg zu einer Freiheit, die allein dem Menschen möglich ist. Demgemäß wird im Vorwort zum vierten Teil der Ethik, überschrieben „Von menschlicher Knechtschaft oder von den Kräften der Affekte", Knechtschaft definiert als die „Ohnmacht, die Affekte zu mäßigen und zu hemmen [...], der Affekten unterworfene Mensch ist nämlich nicht Herr seiner selbst, sondern unterliegt dem blinden Geschick" (Spinoza 1999, S. 373). Das Glück einer „Bemeisterung der Leidenschaften" steht dabei ganz am Ende seiner *Ethik* und hat als *gelungene* Lebensführung Ausnahmecharakter. Schon bei Spinoza also soll, wo „Es" war, „Ich" werden. Spinoza differenziert hierbei zwischen Affekten und Leidenschaften. Zu Beginn des 3. Teils der *Ethik* wird definiert:

> „Unter Affekt verstehe ich Affektionen des Körpers, von denen die Wirkungsmacht des Körpers vermehrt oder vermindert, gefördert oder gehemmt wird, und zugleich die Ideen dieser Affektionen. Wenn wir also die adäquate Ursache irgendeiner dieser Affektionen sein können, verstehe ich unter dem Affekt eine Aktivität, im anderen Fall eine Leidenschaft." (Spinoza 1999, S. 223. Im lateinischen Original: „Si itaque alicujus harum affectionum adaequata possimus esse causa, tum per affectum *actionem* intelligo, alias *passionem*.")

Die Frage der *Ethik* lautet daher: Wie kommt das Subjekt von der Knechtschaft, der Gewalt der Leidenschaften, zur menschlichen Freiheit, die sich Spinoza als eine „Bemeisterung der Affekte" vorstellt? Wie verläuft der Weg von der Passivität zur Aktivität? Das Remedium gegen die Passivität des Erleidens der Leidenschaften ist auch bei Spinoza die Erkenntnisarbeit des Verstandes: „Ein Affekt, der eine Leidenschaft ist, hört auf, eine Leidenschaft zu sein, sobald wir von ihm eine klare und deutliche Idee bilden." (Spinoza 1999, S. 537)

Man kann im Anschluss an die gegebene Definition folgern: „Affekte", von denen wir eine bloß „verworrene" Vorstellung haben, sind „Leidenschaften" –

und sie treiben uns an, Dinge zu tun, die wir nicht „wollen". Affekte, von denen wir durch Verstandestätigkeit eine „klare und deutliche Idee" gebildet haben, hören auf, Leidenschaften zu sein, das heißt, wir haben sie im Griff und nicht sie uns.

Im Leben des *Neurotikers* spielt nun laut Freud die Fixierung an Affekte eine so bestimmende Rolle, dass diese scheinbar sinnlose Handlungen auslösen: „Zwangshandlungen", die als Symptome der Neurose interpretiert werden. Die Einsicht in die Bedingungen der Möglichkeit dieser Zwangshandlungen führt laut Breuer/Freud zur Lösung des Affekts. Freud rekapituliert noch in den *Vorlesungen zur Einführung in die Psychoanalyse*, „daß die Symptome verschwinden, wenn man ihre unbewußten Vorbedingungen bewußt gemacht hat" (Freud 1999, Bd. 11, S. 289). Die Technik der Behandlung der Hysterie ist es demnach „die unbewußten Vorgänge, die den Sinn des Symptoms enthielten, zum Bewußtsein zu bringen" (Freud 1999, Bd. 11, S. 289). Sodann hört idealiter auch nach Breuer/Freud der Affekt auf, eine Leidenschaft zu sein.

Dass Geist und Körper, Empfindung und Imagination als enge Symbiose zu verstehen sind, ist schon bei Spinoza zu lesen. So lautet Lehrsatz 11 des dritten Buches der *Ethik*: „Was auch immer die Wirkungsmacht unseres Körpers vermehrt oder vermindert, fördert oder hemmt, dessen Idee vermehrt oder vermindert, fördert oder hemmt unseres Geistes Macht des Denkens." (Spinoza 1999, S. 243.)

Kehren wir an dieser Stelle nochmal zurück zu Freuds Replik auf das Schreiben der klugen Frau Boutonier: Es dürfte kein Zufall sein, dass er in seiner knappen Antwort die Abhängigkeit der physischen Realität von der psychischen Wahrnehmung bekundet:

> „Die physische Welt hat eine psychische Seit[e] insofern, als auch sie von uns nur durch psychische Wahrnehmung erkannt wird. Anderseits drängen uns unsere psychische[n] Wahrnehmungen auch die Notwendigkeit der Annahme einer physische[n] Realität hinter dem Seelenleben auf." (Freud 1999, Nachtragsband., S. 672)

Die Dependenz der physischen Realität von der psychischen Wahrnehmung findet sich indes schon bei Spinoza. Wenn es bei ihm zwar keine Vorstellung des Unbewussten gibt, so doch eine Theorie des Imaginären. Wie in Freuds *Traumdeutung* folgen schon bei Spinoza die „Vorstellungsbilder" des Geistes ihrer eigenen Logik und können von daher keinen „Irrtum" enthalten, wohl aber erheblichen Einfluss auf uns ausüben. So definiert Buch II den Begriff *imago*: Wir wollen

> „die Affektionen des menschlichen Körpers, deren Ideen äußere Körper als uns gegenwärtig darstellen, Vorstellungsbilder von Dingen nennen, obgleich sie die äußere Gestalt von Dingen nicht wiedergeben. Und wenn der Geist Körper auf diese Weise betrachtet, wollen

wir sagen, daß er vorstellt. Und hier möchte ich, um die Frage nach dem, was Irrtum ist, anzuschneiden, darauf aufmerksam machen, daß die Vorstellungen des Geistes, in sich gesehen, keinen Irrtum enthalten." (Spinoza 1999, S. 147 f.)

Bekanntlich versteht Freud nun den Traum, die „via regia zum Unbewußten", als bevorzugten Ort zum Aufstöbern der „Vorstellungsbilder". Zu analysieren gilt es die Überdeterminiertheit von Traumbildern der Neurotiker wie von Träumen überhaupt als Metaphern, in denen sich die verschiedensten Assoziationen kreuzen. Freud nennt die Vorgänge der Verdichtung (Übersetzung, Übertragung, Verschmelzung und Kombination), Verschiebung und der Umsetzung von Gedanken in visuelle Bilder. Von Goethe stammt die Metapher des „Webermeisterstücks", die gern zur Illustration von Freuds Vorstellung vom Wirken des Unbewussten im Traum herangezogen wird. Man kann im Hinblick auf diese Metapher schon von einer gewissen Fixierung reden, findet sich doch in Freuds Londoner Residenz eigens ein echter Webstuhl, der an die *Traumdeutung* erinnern soll.

Bestimmte Traumbilder und -symbole können für das Subjekt eine besondere Bedeutung bekommen, da sich in ihnen mehrere Bedeutungsebenen kreuzen. Als Resultat der Verdrängung entsteht das Enigma des Bildes, das den Wunsch repräsentiert:

> „Wir haben also Grund, eine *Urverdrängung* anzunehmen, eine erste Phase der Verdrängung, die darin besteht, daß der psychischen (Vorstellungs-)Repräsentanz des Triebes die Übernahme ins Bewußte versagt wird. Mit dieser ist eine *Fixierung* gegeben; die betreffende Repräsentanz bleibt von da an unveränderlich bestehen und der Trieb an sie gebunden." (Freud 1999, Bd. 10, 250)

Die genannte „Triebrepräsentanz" wird sich „umso reichhaltiger entwickeln", wenn sie „durch die Verdrängung dem bewußten Einfluß entzogen ist. Sie wuchert dann sozusagen im Dunkeln" (Freud 1999, Bd. 10, 251). Auch für diese Vorstellung von Triebrepräsentanz und Überdeterminierung von Bildern findet sich bei Spinoza eine Analogie: „Auf je mehr Dinge sich ein Vorstellungsbild bezieht, umso häufiger ist es, anders formuliert, umso öfter lebt es auf und umso mehr nimmt es den Geist ein." (Spinoza 1999, S. 553)

In den von Freud und Breuer gemeinsam verfassten *Studien über Hysterie* (1895) wird das Leiden des Hysterikers vor allem als unglückliche Fixierung an Vergangenes, als *Reminiszenz* benannt. Die ungenügend energische Reaktion auf ein affizierendes Ereignis führe zur krankhaft fixierten Erinnerung. Das „hysterische Symptom" sei als „Ersatz" für die bewusste Verarbeitung des Geschehenen zu deuten: „Wird die Reaktion unterdrückt, so bleibt der Affekt mit der Erinnerung verbunden." (Freud 1999, Bd. 1, S. 87) Das Verdrängte gehe mit einer Fixierung auf das in ihm Versagte Hand in Hand. „Ein Musterbild einer affektiven

Fixierung an etwas Vergangenes ist die Trauer, die selbst die vollste Abwendung von Gegenwart und Zukunft mit sich bringt." (Freud 1999, Bd. 11, S. 285)

Gemäß der Vorstellung der Libido als einer Flüssigkeit findet sich bei Freud die Metapher der „Klebrigkeit der Libido", die sich mit einer mehr oder minder großen Zähigkeit an ein Objekt oder dessen Vorstellung heftet. Schon bei Spinoza haben nun die „Vorstellungsbilder" die für das Subjekt die gleiche Bedeutung haben wie die physische Realität: „Der Mensch wird von dem Vorstellungsbild eines vergangenen oder zukünftigen Dinges mit demselben Affekt der Freude und Trauer affiziert wie von dem Vorstellungsbild eines gegenwärtigen Dinges." (Spinoza 1999, S. 257) Und: „Wer sich eines Dinges erinnert, an dem er sich einmal erfreut hat, begehrt es unter denselben Gegebenheiten zu besitzen wie damals, als er sich zum ersten Mal an ihm erfreute." (Spinoza 1999, S. 287)

Eifersucht hingegen ist die Leidenschaft, die mit Eifer sucht, was Leiden schafft – und auch der Einsiedler Spinoza zollt ihr im Kontext seiner Auseinandersetzung mit den „Vorstellungsbildern" Tribut, ohne uns peinigende Details zu ersparen:

> „Wer sich [...] vorstellt, daß die von ihm geliebte Frau sich einem anderen hingibt, wird nicht nur traurig sein, weil sein eigenes Verlangen gehemmt wird, sondern auch die Frau verabscheuen, weil er gezwungen wird, das Bild der Geliebten mit dem Bild der Schamteile und Ausscheidungen des anderen zu verbinden." (Spinoza 1999, S. 285 ff.).

Solche „Vorstellungsbilder" sind umso peinigender, als sie dem Betrogenen aufgenötigt sind, und dem *conatus* gänzlich widerstreben: Grundsätzlich nämlich strebt „der Geist [...], sich nur das vorzustellen, was seine eigene Wirkungsmacht setzt" (Spinoza 1999, S. 317). Von uns selbst unverstandene Affekte, die doch unser Handeln bestimmen, werden schon bei Spinoza durch Erkenntnis modifiziert, die Fixierung gelöst und dadurch eine zumindest relative Handlungsfreiheit ermöglicht. Genau in dieser Vorstellung – der Transformation der Affekte – sehen Frank Burbage und Nathalie Chouchan die entscheidende Parallele im Denken Freuds und Spinozas:

> Il s'agit bien pour l'un et pour l'autre de réfléchir à la transformation de l'affectivité: comme passage des affects passifs aux affects actifs chez Spinoza, de la *libido* fixée et répétitive à la *libido* mobile et disponible chez Freud. (Burbage/Chouchan 1992, S. 534

Ganz im Sinne der eingangs zitierten These Paul Ricœurs lässt sich hier Friedrich Nietzsche als „Mittler" zwischen Spinoza und Freud anführen. Eine der eindrucksvollsten Beschreibungen der Vorstellung einer Transformation der Leidenschaften, wie sie im Zentrum von Spinozas *Ethik* steht, findet sich nämlich in Nietzsches *Der Wanderer und sein Schatten*, wo in der Tat die Selbstbeobachtung gegen die Fixierung ins Feld geführt wird. Gegen die in Theologen- und Philosophenkreisen verbreitete Untugend, die Leidenschaften zu „ewigen Fatalitäten aufzublasen" empfehlen Spinoza wie Nietzsche die genaue Beobachtung, die Selbstbeobachtung im Kleinen. Freuds Psychoanalyse erscheint in diesem Kontext als Systematisierung der Techniken dieser Selbstbeobachtung:

> „*Eine Art Cultus der Leidenschaften.* – Ihr Düsterlinge und philosophischen Blindschleichen redet, um den Charakter des ganzen Weltwesens anzuklagen, von dem *furchtbaren Charakter* der menschlichen Leidenschaften. Als ob überall, wo es Leidenschaft gegeben hat, es auch Furchtbarkeit gegeben hätte! Als ob es immerfort in der Welt diese Art von Furchtbarkeit geben müsste! – Durch eine Vernachlässigung *im Kleinen*, durch Mangel an Selbst-Beobachtung und Beobachtung Derer, welche erzogen werden sollen, habt ihr selber erst die Leidenschaften zu solchen Unthieren anwachsen lassen, dass euch jetzt schon beim Worte ‚Leidenschaft' Furcht befällt! Es stand bei euch und steht bei uns, den Leidenschaften ihren furchtbaren Charakter zu *nehmen* und dermaassen vorzubeugen, dass sie nicht zu verheerenden Wildwassern werden. – Man soll seine Versehen nicht zu ewigen Fatalitäten aufblasen; vielmehr wollen wir redlich mit an der Aufgabe arbeiten, die Leidenschaften der Menschheit allesammt in Freudenschaften umzuwandeln." (MA II, WS, Nr. 37; KSA 2, S. 569)

Triebunterdrückung nach der Devise der Bergpredigt „Wenn dich dein Auge ärgert, so reisse es aus" (GD; KSA 6, S. 82), so lautete die radikalste Konsequenz der Tugendlehre der christlichen Tradition. Dagegen propagiert Nietzsches *Zarathustra* bereits eine Art „kathartische Methode" – als Metamorphose der Leidenschaften in Freudenschaften:

> „Einst hattest du Leidenschaften und nanntest sie böse. Aber jetzt hast du nur noch deine Tugenden: die wuchsen aus deinen Leidenschaften.
> Du legtest dein höchstes Ziel diesen Leidenschaften an's Herz: da wurden sie deine Tugenden und Freudenschaften.
> Und ob du aus dem Geschlechte der Jähzornigen wärest oder aus dem der Wollüstigen oder der Glaubens-Wüthigen oder Rachsüchtigen:
> Am Ende wurden alle deine Leidenschaften zu Tugenden und alle deine Teufel zu Engeln.
> Einst hattest du wilde Hunde in deinem Keller: aber am Ende verwandelten sie sich zu Vögeln und lieblichen Sängerinnen.
> Aus deinen Giften brautest du dir deinen Balsam; deine Kuh Trübsal melktest du,– nun trinkst du die süsse Milch ihres Euters." (Z I; KSA 4, S. 43)

Die Vorstellung der Transformation von Leidenschaften in „Tugenden und Freudenschaften" ähnelt dem in Spinozas Ethik beschriebenem Weg von der Knechtschaft zur Freiheit. Denn genau hier findet sich die verwandte Vorstellung, Freude sei nicht „Lohn" der Tugend, sondern mit der Tugend selbst identisch. Die „Verwandlung der Leidenschaften in tugendhafte Fertigkeiten" wiederum, das ist nach der berühmten Formel aus Lessings *Hamburgischer Dramaturgie* die Definition der Katharsis. Zarathustras Rede lässt Lessings Wirkungsästhetik mit ihrer inhaltlichen Bestimmung der Tugend als Mitleid beiseite und benutzt statt dessen die Katharsisformel zur Begründung eines individualethischen Ansatzes – auch das ein Stück „Umwertung aller Werte" – mit spinozistischem Hintergrund. Die Transformation der Affekte als Katharsis: Hier zeigt sich Nietzsches Nähe zu Spinoza wie zur Genese der Psychoanalyse aus dem „kathartischen Verfahren".

Von uns selbst unverstandene Affekte, die unser Handeln bestimmen, werden schon bei Spinoza durch Erkenntnis modifiziert, die Fixierung gelöst und dadurch eine relative Handlungsfreiheit ermöglicht. Es ist daher der Zusammenhang von rationaler Erkenntnis und menschlicher Affektstruktur, der die Aktualität der Philosophie Spinozas ausmacht. Die Theoriebildung Sigmund Freuds lässt sich insbesondere am Anfang der Entwicklung seiner Trieblehre – die man als einen „Monismus" des Lustprinzips umschreiben könnte – in der Tradition von Spinozas *conatus* verstehen. Auch die Frage nach der Art und Weise, wie das Subjekt glücklich und aktiv werden kann, verbindet Spinoza und Freud:

Spinoza konzipiert fortschreitende Erkenntnis mit dem Übergang von *Passivität* (Ohnmacht des Subjekts in der Umklammerung durch Affekte) zu *Aktivität* (Beherrschung der Affekte, Glückseligkeit als Tugend). Der Fortschritt von inadäquaten Ideen zu adäquaten Ideen wird Spinoza zufolge begleitet von der Transformation von Melancholie und Trauer in Freude und Aktivität. Hierin kann man eine Analogie zur therapeutischen Intention der Psychoanalyse Freuds sehen, als relative Autonomie des Subjekts gegenüber unbewusst wirkenden Affekten.

Was also bringt ein Vergleich der Konzepte *conatus* und *libido*? Gerade in der Verschiedenheit der Konzepte hinter diesen Begriffen haben Deleuze und Guattari in ihrem *Anti-Œdipe* eine absolute Unvereinbarkeit Spinozas und Freuds erblickt, da Freuds Konzeption des Begehrens als Mangel ihn neben der schlicht historischen Distanz auch inhaltlich meilenweit von Spinozas Lehre trenne, der von Deleuze/Guattari (1974) der Ausnahmestatus einer *affirmativen* Philosophie bzw. einer Philosophie der Befreiung zugestanden wird.

Einen Kompromiss zwischen den Positionen Deleuze/Guattaris und Burbage/ Chouchans formuliert Yirmiyahu Yovel in *Spinoza and Other Heretics*, wenn er schreibt, Freud gehe mit seiner Theorie des Unbewussten über Spinoza hinaus, bleibe aber in der Affirmation des Individuums hinter diesem zurück (Yovel 1992). Bei dem Für und Wider um Parallelen und Differenzen in den Werken Spinozas und Freuds zeichnen sich folgende Argumentationsschemata ab:

Entweder: Man betont die spinozistische Konzeption von Knechtschaft und Freiheit in der Annäherung an Freud und Spinoza. Beide schreiben in Opposition zu den Lehrern der Willensfreiheit (wie Descartes, Kant, Schiller etc.). Der Mensch sei nicht mit einem Verstand ausgestattet, der willkürlich gegenüber dem Körper und seinen Wünschen schaltet und waltet, sondern mit einem Primat des Affekts oder Triebs. Beide erklären die Einsicht in die Triebstruktur zur Bedingung der Freiheit. Und beide konzipieren die Befreiung als Anstrengung bzw. Arbeit.

Oder: Man betont den strikten Monismus Spinozas, der ihn von Freud trenne. Man verweist auf den Dualismus von Lebens- und Todestrieb, den Freud in *Jenseits des Lustprinzips* (1920) formuliert und der völlig unvereinbar scheint mit dem einen, affirmativ gedachten Selbsterhaltungstrieb (*conatus*) in der Lehre Spinozas. Dass ein Trieb im Individuum selbst auf dessen Vernichtung aus sein könne, ist mit Spinoza nicht zu machen. Ist also die Frage des Todes eine unüberbrückbare Differenz zwischen Freud und Spinoza?

Die Frage kann hier nicht abschließend beantwortet werden: Der vorliegende Beitrag ist lediglich der Versuch, den Fragenden ein wenig Licht mit auf den Weg der „Leidenschaft der Erkenntnis" zu geben. Auch wenn es gegenüber unserer meisterlichen Psychagogin auf diesem Weg, der Jubilarin Renate Reschke, unhöflich erscheinen mag: Das Schlusswort hat Spinoza. Denn: Für den Weg von Spinoza zu Freud scheinen in gleichem Maße die letzten Worte der *Ethik* zu gelten, wie für den schmalen Pfad zur menschlichen Freiheit überhaupt:

> „Wenn auch der dahin führende Weg, den ich aufgezeigt habe, sehr schwer zu sein scheint, gefunden werden kann er doch. Und natürlich muß das, was so selten gefunden wird, schwer sein. Wenn das Heil einfach daläge und ohne große Anstrengung gefunden werden könnte, wie wäre es dann möglich, daß fast jeder es fahren läßt? Aber alles, was vortrefflich ist, ist ebenso schwierig wie selten." (Spinoza 1999, S. 595)

Literaturverzeichnis

Burbage, Frank / Chouchan, Nathalie (1992): „Freud et Spinoza. La question de la transformation et le devenir actif du sujet". In: Bloch, Olivier (Hrsg.): *Spinoza au XX siècle*. Paris: Presses Universitaires de France, S. 525–545.

Descartes, René (1891): *Ueber die Leidenschaften der Seele*. Heidelberg, o. A.

Deleuze, Gilles / Guattari, Félix (1974): *Anti-Ödipus*. Kapitalismus und Schizophrenie I. Aus dem Französischen von Bernd Schwibs, Winterthur: Suhrbier.

Freud, Sigmund (1999): *Gesammelte Werke*. 18 Bde. mit einem Nachtragsband. Hrsg. v. Anna Freud, Edward Bibring, Willi Hoffer, Ernst Kris und Otto Isakower. Nachtragsband herausgegeben von Angela Richards und Ilse Grubrich-Simitis. Frankfurt am Main: Fischer.

Goethe, Johann Wolfgang von (1987): „An Friedrich Heinrich Jacobi, 10. Mai 1812". In: *Goethes Werke*. Weimarer Ausgabe, Abt. IV, Bd. 23. München: dtv.

Müller, Johannes (1967): *Ueber die phantastischen Gesichtserscheinungen. Eine physiologische Untersuchung mit einer physiologischen Urkunde des Aristoteles über den Traum* [1. Aufl. 1826]. Bonn: Bouvier.

Ricœur, Paul (1974): *Die Interpretation*. Ein Versuch über Freud. Übersetzt von Eva Moldenhauer. Frankfurt/Main: Suhrkamp.

Spinoza, Baruch de (1999): „*Ethik in geometrischer Ordnung dargestellt*". In: Spinoza, Baruch de: *Sämtliche Werke*. Bd. 2. Lateinisch – deutsch. Neu übersetzt, herausgegeben und mit Anmerkungen von Wolfgang Bartuschat, Meiner: Hamburg.

Yovel, Yirmiyahu (1992): *Spinoza and Other Heretics*. Princeton: Princeton University Press.

Ralf Eichberg
Nietzschemenschen – Kurt Liebmann, Alexander Mette und der Dion-Verlag

Der Nietzsche-Forscher Wolfgang Müller-Lauter hat in Weimar aus Anlass der Wiedereröffnung des Nietzsche-Archivs in der Humboldtstraße den Ausdruck geprägt: „Mit Nietzsche umgehen hieße in der DDR, ihn umgehen" Ein „*Umgehen*" kann möglicherweise auch verstanden werden als ein „Umgehen" im Sinne des Herumgehens, Betastens, Beschauens von allen Seiten, auch einer Visitation des Fremden. Das Naumburger Marientor, welches Nietzsche gut gekannt hat, war ein Visitationstor. Man ließ die Fremden in die Stadt hinein, allerdings nicht gänzlich, und hatte die Möglichkeit sie zu umschreiten, von allen Seiten zu visitieren, sie zu umgehen. Viele ostdeutsche Intellektuelle haben sich auch diese Mühe nicht gemacht, ihre Ablehnung Nietzsches war oft prinzipiell. Renate Reschke gehört freilich zu den wenigen, die ihn nicht nur visitierten, ihn umgingen, sondern für viele jüngere Kollegen Wege bereitete zu einem von Sachkenntnis getragenen kritischen Umgang mit Nietzsche, mit seinem Werk und mit seiner Rezeptionsgeschichte.

Nietzsche-Rezeption in der DDR war begleitet von ideologischen Zuweisungen. Er durfte eigentlich nicht zu den schätzenswerten *klassischen* Autoren gehören. Man verstand sich als besseres, antifaschistisches Deutschland. In diesem hatte ein solch *fragwürdiger* Denker wenig Platz. Nietzsche war spätbürgerlicher Philosoph und damit mit den einschlägigen Attributen belegt.

Eine Rezeptionsgeschichte, die mit Georg Lukacs eine unmittelbare Linie von Schelling über Nietzsche zu Hitler zog war gängige Lehrmeinung, wurde behauptet und Abweichungen davon mussten mühsam der Parteiideologie abgerungen werden. Im Selbstverständnis der DDR gehörte die Abgrenzung zum Nationalsozialismus zum ideologischen Grundbestand. Der Antifaschismus war nicht nur verordnete Staatsdoktrin sondern auch ihr Gründungsmythos. Man ging davon aus, den besseren Teil der deutschen Geschichte zu repräsentieren. Nationalsozialistische Eliten wurden im Westteil des Landes verortet. Unter diesen Vorrausetzungen war eine unvoreingenommene Auseinandersetzung nicht Nietzsche schwer möglich. Sie hatte immer schon eine politische Dimension und stand unter dem Deutungsmuster der Systemauseinandersetzung.

Zaghafte Lockerungen fanden erst in den 80er Jahren des letzten Jahrhunderts statt, als man eine positive Aufnahme der Philosophie Nietzsches bei Künstlern und Literaten nicht verleugnen konnte, in denen die DDR-Kulturpolitik durchaus Verbündete sah. Zu nennen wären hier Heinrich und Thomas Mann,

Hermann Hesse oder Otto Dix. Aber auch in der DDR arbeitende Amtsträger hatten ihre „Nietzsche-Vergangenheit", wie der Fall des Dichters und Kulturpolitikers Johannes R. Becher zeigt.

Die Protagonisten des Nietzsche-Kultes der 1920er, 1930er und der ersten 1940er Jahre waren in der östlichen Zone nicht mehr präsent. Elisabeth Förster-Nietzsche war verstorben, Max Oehler verhaftet und unter ungeklärten Umständen umgekommen, Martin Heidegger, Karl Schlechta, Max Bense, Friedrich Würzbach, Alfred Baeumler, Hans-Joachim Mette, Gottfried Benn waren im Westen des Landes. Viele Nietzsche-Verehrer waren aber auch noch im Exil.

Spannend ist es, die Spuren derer zu verfolgen, die in der Vorkriegs- und Kriegszeit zu Nietzsches Anhängern gehörten, und auch nach dem Ende des Nationalsozialismus in der SBZ und später in der DDR noch kulturpolitisch wirksam waren. Der Bruch in der geistigen Biographie wird schmerzhaft gewesen sein. Wie in vielen anderen Bereichen des Lebens findet man auch in ostdeutschen Intellektuellenbiografien verleugnete und verdrängte Teile.

An dieser Stelle soll an das Wirken zweier Personen erinnert werden, die ebenfalls in ihrer ersten Lebenshälfte sehr stark an Nietzsche orientiert waren und nach 1945 in der sowjetischen Besatzungszone und späteren DDR maßgeblich Kulturpolitik betrieben haben. Dabei handelt es sich um den Schriftsteller und späteren Hochschuldozenten für Ästhetik Kurt Liebmann und den Arzt, Psychoanalytiker, späteren Gesundheitspolitiker und Mitglied des ZK der SED Alexander Mette. Beide waren Inhaber des 1925 in Dessau gegründeten Dion-Verlages.

Kurt Liebmann, Jürgen Krause nannte ihn einen „exaltierten Nietzscheaner" (Krause 1984, S. 33), wurde am 13.5.1897 in Dessau als Sohn eines Justizamtmannes geboren. Nach dem Besuch von Volksschule und Gymnasium legte er 1916 das Abitur ab. In den Jahren 1916 bis 1918 war Liebmann im Kriegseinsatz in Rumänien, wo er schwer verwundet wurde. Es schlossen sich lange Lazarettaufenthalte in Berlin an. In dieser Zeit begann seine schriftstellerische Tätigkeit. Er verfasste expressionistische Lyrik und schloss sich der Zeitschrift „Der Sturm" an, deren Mitarbeiter er bis 1932 blieb. Bis 1920 studierte er Literatur- und Kunstgeschichte, Philosophie und Ästhetik an den Universitäten in Berlin und Halle an der Saale, allerdings ohne Abschluss. Durch den frühen Tod seines Vaters zwangen wirtschaftliche Gründe zu einer anderen beruflichen Laufbahn. Er absolvierte eine Banklehre bei der Anhaltinisch-Dessauischen Landesbank. Bis zum Jahre 1927 war Liebmann in Dessau auch als Bankbeamter tätig. Dadurch war seine materielle Existenz gesichert und er konnte seinen schriftstellerischen Neigungen weiterhin folgen. Schon 1922 hatte er Erna Trenkel geheiratet. Von 1927 bis 1929 lebte Liebmann als freier Schriftsteller in Wernigerode im Harz. Seine kultische Nietzsche-Verehrung drückt sich in Briefen an Elisabeth Förster-Nietzsche aus, die von einem unglaublichen Pathos getragen sind. „Hochverehrte gnädige Frau!

Gestatten Sie, dass Ihnen ein noch Unbekannter sein ,mit Blut geschriebenes' verehrungsvoll überreicht"[1] schrieb er im April 1927. Kurz darauf feierte er seinen Umzug ins „Gebirge" und stilisierte sich geradezu in der Nachfolge von Nietzsches Zarathustra:

> „Hochverehrte gnädige Frau! Welch tiefer Zusammenhang! Welche geschickteste Verbindung! Welch mahnender Finger! Welch blickendes Auge! – Und welche tiefe Erregung, welch tiefes Glück! Denken Sie, verehrte Frau: Am 13.5. war der Tag meiner Erdengeburt. Vor 30 Jahren sah ich die Erde. Am 13.5.1927 feierte ich mit ernster Leidenschaft, mit kühnem Ernst, mit dem unerschütterlichen Wissen um eine Berufung meinen zweiten Geburts-Tag. Ich habe mich frei gemacht, um einem größeren Gipfel untertan zu werden. In 6 Wochen verlasse ich meine Heimat, ziehe mich in das Harzgebirge zurück und beginne dort eine dionysische Tragoedie zu schreiben, auf die ich alle Hoffnungen setze. Eine Tragoedie aus dem Geiste Friedrich Nietzsches."[2]

Nietzsches Schwester dankte und quittierte Liebmanns Huldigungsadressen mit Worten wie: „[...] aus den schönen Funden, die ich in Ihren Büchern gemacht habe, erkenne ich wohl, wie innig Sie mit den Gedanken meines Bruders vertraut und verwandt sind, und ich freue mich dieses Nietzsche-Jüngers", wie die Verlagswerbung von Dion lautete.

Bereits nach zwei Jahren kehrt Liebmann aus den „Bergen" zurück. Von 1929 bis 1935 arbeitet er als Buchhändler in Dresden-Tolkewitz. Liebmann galt allerdings als „Vierteljude" und war so den nationalsozialistischen Rassegesetzen ausgesetzt. Im Jahre 1936 wurde er aus der Reichsschrifttumskammer ausgeschlossen, erhielt aber 1938 eine beschränkte Publikationserlaubnis. Von 1936 bis 1945 arbeitete er wieder als Buchhalter in Dessau.

Alexander Mette wird am 15. Januar 1897 in Lübeck geboren. Im Jahre 1916 legt er dort das Abitur ab und nimmt 1917 in Berlin, Halle an der Saale, Heidelberg und München ein Medizinstudium auf. Einen engeren Umgang mit Kurt Liebmann, Herwarth Walden, Arno Holz und anderen pflegt er während seiner Berliner Zeit im „Sturm-Kreis". Das Staatsexamen und die anschließende Ausbildung zum Facharzt für Nerven- und Geisteskrankheiten absolviert er 1923 in München. Anschließend arbeitet er als Assistenzarzt an der Nervenklinik in Chemnitz-Hilbersdorf. Dort durchläuft er bei Therese Benedek von 1926 bis 1928 eine psychoanalytische Ausbildung. Er promoviert 1928 zum Dr. med. an der Universität in Halle (Saale) mit dem Thema „Über die Beziehung zwischen

---

1 Brief Kurt Liebmanns an Elisabeth Förster Nietzsche, datiert „im April 1927", GSA, Sign. 72 / BW 3210.
2 Undatierter Brief Kurt Liebmanns an Elisabeth Förster Nietzsche GSA, Sign. 72 / BW 3210. Antwort auf einen Brief von Elisabeth Förster-Nietzsche vom 9.5.1927.

Spracheigentümlichkeiten schizophrener und dichterischer Produktion". Von 1928 bis 1945 arbeitet Mette als niedergelassener Nervenarzt in Berlin-Steglitz. Ab 1933 lehrte er am Institut der internationalen psychoanalytischen Vereinigung.

Auch Alexander Mette bekommt Schwierigkeiten mit den nationalsozialistischen Zensurbehörden als seine Schrift *Die tiefenpsychologischen Grundlagen des Tragischen, Apollinischen und Dionysischen* auf Weisung des Reichsministers für Volksaufklärung und Propaganda beschlagnahmt und eingezogen wird. Sie galt den Machthabern als zersetzend. Trotzdem kann er weiter publizieren und arbeitet u.a. für das „Deutsche Ärzteblatt", „Imago" und „Das Deutsche Wort". Mette ist Mitglied im PEN-Klub, in der „Union nationaler Schriftsteller", und im Institut für psychologische Forschung und Psychotherapie. Während des Zweiten Weltkrieges wird er zeitweilig als Soldat an die Front eingezogen.

Kurt Liebmann versteht sich in erster Linie als Dichter. Und als solchen lernt ihn Alexander Mette in Berlin kennen. Im Umkreis der Wochenschrift „Sturm" atmet alles den Geist Nietzsches. Hier wird die leidenschaftliche Entfesselung des Instinkthaften gefeiert. Alles Vorwärtsstrebende, Innovative kommt aus dem Affektiven. Brücke-Künstler liefern Grafiken betörender Sinnlichkeit. Im Jahre 1913 spricht Filippo Tommaso Marinetti in Herwardt Waldens Sturm-Galerie. Bereits im Mai 1912 erscheint im Sturm das „Manifest der futuristischen Frau". Zunächst sind es die Freunde die sich in der Wohnung Waldens treffen: Rudolf Blümner, Alfred Döblin, Salomo Friedlaender (Mynona), Ferdinand Hardekopf, Else Lasker-Schüler und Ludwig Rubiner. Nicht nur inhaltlich orientiert man sich an Nietzsche. Einer Hochschätzung des Instinkthaften als dem eigentlich kreativen, steht auch eine Überschreitung der Gattungsgrenzen zur Seite. Die Wochenschrift „Sturm", die Prosa, Lyrik und Grafik bietet, veranstaltet auch Vortragsabende. Hier hat Kurt Liebmann erstmals Gelegenheit, seine lyrischen Arbeiten vorzustellen. Großer Wert wird auf die Unmittelbarkeit des poetischen Ausdrucks gelegt. Es kommen Kunstausstellungen die von Vortragsabenden begleitet werden hinzu. Eine Bühne wird gegründet und letztlich eine „Schule für Malerei Bühne und Schauspielkunst", die allerdings recht bald aus finanziellen Gründen geschlossen werden muss. Hier erhalten Liebmann und Mette erste Impulse ihres künstlerischen Schaffens, und sicherlich auch den geistigen Anschub im Sinne des Empörers Nietzsche. Nach politischer Radikalisierung verliert in den 1920er Jahren der Sturm-Kreis seine fundamentale Bedeutung als künstlerische Avantgarde. Kurt Liebmann bleibt bis 1932 allerdings Mitarbeiter des „Sturm". Walden übersiedelt im Juli 1932 nach Moskau.

Die Anregungen, die Liebmann und Mette durch die „Sturm-Zeit" erhalten haben, leben in ihrem späteren Konzept weiter. Die Sprache des expressionistischen Dichters wird zum kosmischen Ereignis. In ihr spricht sich die Weltseele aus. Dichtung ist ein Basisphänomen, welches sich in Zuständen dionysischen Rausches ereignet, der Musik und dem Tanz ähnlich.

Zu Kurt Liebmanns Band *Entwerden* von 1921 verfasst Mette das Nachwort. Es gehe darum so schreibt er

> „[...] die einzelnen Formqualitäten in ihrer inneren Funktion zu verstehen und in die Flut der Bewegungen einzugehen, aus denen sie hervorgewachsen sind. Zu solchem Eingehen zwingt der Rhythmus, der in den Schöpfungen des expressionistischen Dichters und Bildners zu ähnlich unmittelbarer Wirkung gelangt, wie in denen des Musikers und Tänzers." (Liebmann 1921, S. 91)

Kulturelle Erneuerung sei nur durch eine „[...] konsequente Entbindung von der begrenzten Bewusstheit des allgemeinen Sprachcharakters [.]" möglich. Wie bei Nietzsche in der Tragödienschrift der dionysische Künstler das Gehen und Sprechen verlernt hat, übergibt sich der expressionistische Dichter dem Fluss der poetischen Inspiration. Ebenso wie beim frühen Nietzsche die Musik als unmittelbarer Ausdruck des Absoluten gilt, empfindet sich der expressionistische Dichter als dionysisches Medium: „Wort in dieser Dichtung ist reine Funktionen der musischen Bewegung, unmittelbarer Träger aller plastischen Bildlichkeit." (Liebmann 1921; Nachwort Mette, S. 91)

Aus diesem Geist heraus erwächst bei Liebmann und Mette der Plan, einer kulturellen Erneuerung durch die Verlagsgründung eine Plattform zu schaffen. Schon der Name ist Programm. Kurt Liebmann und Alexander Mette gründeten ihn 1925 in Dessau. Er firmierte unter: „Dion-Verlag Liebmann & Mette, Dessau". Die Buchumschläge orientierten sich grafisch am expressionistischen „Sturm". Programmatisch geht es den beiden Verlegern zunächst um eine ästhetische Erneuerung: „Die Veröffentlichungen des DION-VERLAGES sind Gestaltung und Bekenntnis unbeirrt eindeutigen Kunstwillens. Das Werk des Verlages wendet sich an die Jüngerschaft zukünftig schöpferischer Gesinnung und Entfaltung." (Mette 1925, Verlagsanzeige) In Bezug auf Adressaten und Mitarbeiter hält sich der Verlag allerdings recht offen. Jüngerschaft meint hier keineswegs uneingeschränkte Gefolgschaft wie etwa im George-Kreis. Ein gewisser Ästhetizismus in der Gestaltung lässt sich vor allem im ersten Jahr feststellen, welches noch ganz dem künstlerischen Schaffen gewidmet wird. Der Band *Gedichte / Darlegungen I* von Mette 1925 präsentiert sich dem Leser in einem hellgelben Einband nebst feinem gelben Vorsatzpapier sowie einer expressionistischen Grafik auf der ersten Seite. Die Edition versteht sich bibliophil. Auf Seite 4 ist zu lesen: „Von Alexander Mette, Gedichte / Darlegungen I, wurden 100 handschriftlich nummerierte und signierte Exemplare gedruckt." (Mette 1925, Verlagsanzeige)

Liebmann und Mette bestimmen als Geschäftsführende das Verlagsprogramm. Eine alles beherrschende Figur wie in anderen Dichterkreisen existiert
hier allerdings nicht.

Das Programm ist nach mehreren Seiten offen. Neben Dichtungen druckt man
auch Essays, wissenschaftliche, kunsttheoretische und psychologische Texte.
Letztere haben die ästhetische Erneuerung zu begleiten und zu fundieren. Bereits
1921 hat Mette mit seinem Nachwort zu Liebmanns Privatdruck *Entwerden* dessen
künstlerische Produkte ausgelegt und in die expressionistische Kunst einzuord-
nen versucht. Überhaupt sieht sich Mette eher als konzeptioneller und program-
matischer Kopf des Verlegerpaars. Seine poetischen Versuche von 1925 *Gedichte /
Darlegungen I* finden keine Nachfolge. Offen ist das Verlagsprogramm auch für
Gegenstände der Malerei, der Musik, des Theaters und des Tanzes. Dieser Synäs-
thetische Ansatz des Verlages speist sich wesentlich aus Nietzsches früher Philosophie. Mette hat in seiner Programmschrift *Dionysische Perspektive* (Mette
1926) Nietzsches Bedeutung für die Fortentwicklung der Kunst deutlich gemacht.
Er weitet die Ambitionen der „Jüngerschaft" über das Ästhetische, ins Sozial-
geschichtliche hinaus bis in das Kosmisch-Religiöse. Nietzsche, der sich selbst in
seinen letzten Jahren in weltgeschichtlicher Perspektive sah wird von Liebmann
und Mette in kosmologischer Hinsicht bedeutsam. Die Vereinigung dionysischer
und apollinischer Kunstkräfte schien dem Dion-Kreis um Liebmann und Mette auf
der Tagesordnung zu stehen, ja in Teilen ihrer eigenen Kunstschöpfungen erreicht zu sein. Nietzsches „europäisches Werk", so Mette, sei der große Knoten-
punkt, aus dem die frühere und spätere Entwicklung erstmalig sinngemäß verstanden werde. Kitsch sei heute alles, was die einzigartige Bedeutung Nietzsches
verkennt, verleugnet oder verfälscht. Kitsch sei jeder Rückfall ins plastisch-schö-
ne. Kitsch sei alles Undramatische. Die Kunst des „orgastisch dynamischen Zeitalters" sei der Tanz, die Musik, die dramatische Bühne, die dramatische Dichtung, das dramatische Gemälde und die dramatische Plastik.

In seiner Arbeit *Dionysos-Apollo. Die Idee der Rechtfertigung der jungen Generation* von 1927 verkündet Liebmann das sie sich „[...] anschicken, aus jenen
pöbelhaften Chaos einen Stern herauszuheben, der uns schon in vollkommener,
strahlender Geburt entgegenrollt, der über dem Eingang des neuen Jahrtausends
kreist, den Stern der Wiederkunft des Dionysos" (Liebmann 1927, S. 5). Und
weiter: „Die Frage des Nietzsche-Dionysos, ob nicht die dionysische Weltbetrachtung aus ihrer mystischen Tiefe einst wieder als Kunst emporsteigen wird, glauben wir wissend bejahen und bestätigen zu müssen." (Liebmann 1927, S. 5)

Das kulturreformatorische Programm war von einer durch Nietzsches Frühschriften inspirierten Heilserwartung getragen, die irdische Maßstäbe ist Kosmo-
logische weitete. Diese Heilserwartung erwies sich durchaus anschlussfähig zu
den Umbrüchen im Zuge der Nationalsozialistischen Machtübernahme nach 1933.

Die Publikationen des Dion-Verlages – chronologisch

1925
Helmut Doepp, *Drei Erzählungen*
Kurt Liebmann, *Das kosmische Werk*
Alexander Mette, *Gedichte und Darlegungen I*

1926
Hilde Doepp, *Träume und Masken*
Kurt Liebmann, *Feststellungen I*
Alexander Mette, *Dionysische Perspektive*
Otto Nebel, *Die Rüste-Wüste. Eine Keilschrift*

1927
Ilse Leskien, *Erdgesang*
Kurt Liebmann, *Dionysos-Apollo. Die Idee der Rechtfertigung der jungen Generation*
Kurt Liebmann, *Das kosmische Werk*, 2. Aufl.
Rudolf Pannwitz, *Hymnen aus Widars Wiederkehr*

1928
Alexander Mette, *Über die Beziehung zwischen Spracheigentümlichkeiten schizophrener und dichterischer Produktion*

1931
Otto Nebel, *Worte zur rhythmischen Malerei*

1934
Alexander Mette, *Die tiefenpsychologischen Grundlagen des Tragischen, Apollinischen und Dionysischen*
Johannes Schlaf, *Zur Aprioritätenlehre Kants*

1935
Johannes Schlaf, *Vom höchsten Wesen*

1937
Kurt Liebmann, *Glanz der Aue*
Kurt Liebmann, *Der unendliche Ja-Gesang. Ein Hymnus an das Leben* (Mit gedruckter Widmung: „Friedrich Nietzsche geweiht")
Johannes Schlaf, *Ein wichtigstes astronomisches Problem und seine Lösung*
Kurt Steinbach, *Sächsische Landschaft*

1938
Kurt Liebmann, *Friedrich Boettger. Ein Lebensbild*

1939
Bruno Jöckel, *Der Weg zum Märchen*
Alexander Mette, *Der Weg zum Traum. Ein Beitrag zu seiner Psychologie*

1940
Alexander Mette, *Die psychologischen Wurzeln des Dionysischen und Apollinischen. Ein neuer Versuch*

Bereits vor Machtantritt der Nationalsozialisten in Deutschland wendet sich Liebmann mit einer Nietzsche-Interpretation an die Öffentlichkeit, die Nietzsche durchaus als politischen Denker versteht und in ihm weltpolitische Handlungsanweisungen zu finden glaubt. Für Liebmann ist Nietzsche das Gegenmittel gegen den europäischen Nihilismus. Die europäischen Nationen haben sich seiner Ansicht nach hinter Nietzsche zu versammeln um sich gleichermaßen gegen Ost und West zu behaupten. Hierbei wendet er sich insbesondre an die europäische Jugend. Er veröffentlicht 1930 den Aufsatz: „Nietzsche als Erzieher – ein Aufruf an die deutsche und europäische Jugend" (Liebmann 1930a, S. 1–5). Laut Archiv der sächsischen Landesbibliothek ist dies eine Rede Liebmanns die er 1930 im Mitteldeutschen Rundfunk Leipzig gehalten hat. Möglicherweise geschah dies zum 30. Todestag des Philosophen. Seine Rede richtet sich an die deutsche und europäische Jugend jeden Alters, an Kopf- und Handarbeiter. Er versucht die Leser emphatisch zum „Führer Nietzsche zu verführen" dem „Führer der Führer".

Drei Grundsätze stellt Liebmann für den Umgang mit Nietzsche auf: 1. Ehrfurcht, 2. Stetigkeit, Ruhe, Treue und Heiterkeit, und 3. abermals Ehrfurcht. Der erste Grundsatz konstatiert zunächst die wissenschaftliche Unantastbarkeit Nietzsches, er sei gegenüber jedweder analytischer Tätigkeit immun.

> „Nietzsche ist der Größte. Sein Werk kann nicht gelehrt werden. Aber man kann ihn schweigend erleiden und erleben und mit der Gabe der Ehrfurcht durch die Tür des Heiligtums kommen. Jedes Betapsen und Hinundherdrehen des Nietzsche-Werkes ist unwürdig." (Liebmann 1930a, S. 1)

Nietzsche müsse heute gelebt werden und die europäische Jugend müsse aus dem Chaos eine neue Kultur bauen.

Die Zweite Regel bedeutet die Notwendigkeit die „kranke Unruhe der Zeit" zu überwinden. Ohne diese Überwindung sei kein Zukunftswerk zu beginnen.

Die dritte Regel fordert, man müsse Christ sein um Antichrist werden zu können, wie man auch Mensch gewesen sein muss um Übermensch werden zu können.

„Die allernächste Aufgabe für die neue Jugend ist die: Aufhören mit der Diskussion über Nietzsche und beginnen mit der eigenen Erziehung zum kämpfenden Jasagenden männlichen Menschen im Geiste Nietzsches. ... Europa ruft nach einem Führer. Er ist da. Er heißt Nietzsche." (Liebmann 1930a, S. 1)

Nietzsche beschreibe in seinem Werk die Krise und den Untergang einer Welt allerdings auch den Neubeginn. Er habe die Einfachheit und Größe des Lebens gezeigt, die menschliche Gattung von der Scham befreit, er sei Arzt und Lehrer der Zukunft. Seine Erziehung so Liebmann beginne allerdings mit „Zucht" und „Gehorsam" „Unterordnung" „Dienstbarkeit". Nietzsches Lehre habe nicht das geringste mit Revolution, Emanzipation oder Freigeisterei zu tun. Sie sei Lehre der Bindung an die Lebenswerte. Die Europäische Jugend müsse Gehorchen und Verehren lernen.

Aus der modernen Körperlichkeit von Sport und Tanz gilt es nach Liebmann einen „höheren Leib" zu bilden, als eine höhere Stufe des Organischen. Das Ziel ist der Übermensch. Dieser sei ein

„[...] Erziehungsprodukt einer organisch gestuften Menscheneinheit, die das Symbol des Übermenschen vor sich hat und ihn in der Zucht von Generationen verwirklicht. Er ist der Harmonischste, Gütigste, Mächtigste. Gesündeste, Natürlichste, die größte Erfüllung des Lebens. ... So wie die Schönheit einer Rasse oder Familie erarbeitet wird, so soll der Übermensch erarbeitet werden." (Liebmann 1930a, S. 3)

Die Paare müssten Zeugung als Erziehung und Erziehung als Zeugung verstehen, erst dann sei das neue Weltalter da. Sodann führt Liebmann den sogenannten „Nietzschemenschen" ein. Dessen Kardinaltugenden: Vornehmheit, Redlichkeit gegen sich und Freunde, Tapferkeit gegen Feinde sowie Großmut gegen Besiegte.

„Der Nietzschemensch nimmt die Realität wie sie ist. Er ist sie selbst. Er hat all deren Furchtbares und Fragwürdiges noch in sich." (Liebmann 1930a, S. 4)

Sich zu Nietzsche bekennend habe die europäische Jugend „ein neues Europa als Reich der Mitte gegen Osten und Westen" zu gründen. Damit sei zu verhindern, dass Europa zur Kolonie wird. Das Nietzsche-Werk werde siegen. Folge davon sei die wirtschaftliche Einigung Europas. „Der Typus, der dem zukünftigen geeinten Europa Gewicht und Größe gibt, ist der europäische Mensch, der gute Europäer Nietzsches." (Liebmann 1930a, S. 4)

Nietzsche schwebte ein Ordensbund vor, heute sei es nötig, dass sich die europäische Jugend zu Nietzsche-Menschen erziehe. Vorstufen seien dafür schon vorhanden. Die Attribute der neuen Menschen seien Bejahung aller Bewegung aller Abenteuer des Lebens und des Geistes, des Leibes, des Nächsten und alles Organischen sowie Wertschätzung der Hygiene und der Speisen.

In einem Gedenkheft des „Bücherwurms" aus demselben Jahr in welchem unter anderem auch zwei Arbeiten von Max Oehler enthalten sind, vertritt Liebmann im wesentlichen dieselben Thesen und endet mit dem Aufruf „Verlegen wir den Sieg der Nietzsche-Welt in das Jahr 2000" (Liebmann 1930b, S. 9). In der Arbeit „Nietzsches Kampf und Untergang in Turin" aus dem Jahre 1934 preist Liebmann den italienischen Diktator Mussolini als „Typus der freien Geistes" nach dem Nietzsche vergeblich Ausschau gehalten hat. Mussolini sein „von Blut und Geist her Nietzschemensch". Er stelle das stoisch-heroische Ethos gegen ein modernes destruktives Europa (vgl. Liebmann 1934, S. 34).

Trotz seines Ausschlusses aus der Reichsschrifttumskammer kann Liebmann weiterhin publizieren. Dazu dient ihm eine beschränkte Publikationserlaubnis von 1938. In einer ganzen Reihe von Artikeln in der Wochenzeitung „Das Reich" (1940–1945) versucht Liebmann Nietzsches Philosophie im Sinne des Nationalsozialismus auszulegen. Dabei greift er gängige Themen einer der nationalsozialistischen Weltanschauung konformen Nietzsche-Deutung auf: der Wille zur Macht als politisches Deutungsmuster, seine unmittelbare Bedeutung für das Reich im Weltkrieg, die Person Nietzsche als Ergebnis Jahrhunderte langer Auslese, seine Erbmasse, die Bedeutung Nietzsches als nationalsozialistischer Rechtsphilosoph und schließlich seine Physiognomie.

Den Auftakt dieser Reihe bildet der Beitrag vom 21.7.1940 unter dem Titel: „Nietzsche und das Reich". Liebmann reflektiert über die Eröffnung des Prager Philosophenkongresses durch den tschechoslowakischen Präsidenten Benesch. Der von Nietzsche vorhergesehene „Kampf um die Erdherrschaft" drückt sich im Willen zur Macht aus und ist nach Liebmann keine persönliche Überzeugung sondern ein Naturbefund und eine unhintergehbare Realität in welcher sich eine über das Abendland hinausgehende Krisis austrägt.

Liebmann geht auch auf die Exildiskussionen um Nietzsche ein und orientiert hier offenbar auf die Inanspruchnahme Nietzsche durch emigrierte.– Steffen Dietzsch hat in dieser Hinsicht auf das Wirken von Oscar Levy (1867 – 1946) hingewiesen, der immer wieder – aus dem Exil heraus – die intellektuelle Legitimität nationalsozialistischer Nietzsche-Rezeption bestritt (vgl. Levy 2005 und Levy 2012). – Liebmann behauptet trotzig, Nietzsches Geist sei nicht emigriert, sondern die Beanspruchung Nietzsches durch die „jungen europäischen Staatengebilde" wäre keine Verfälschung und Vergewaltigung Nietzsches. Zuletzt sei Nietzsche nur ein Name für das aufsteigende Leben. Wer sich der Lebenswahrheiten bedient, die durch Nietzsche manifestiert seien, der sei Sieger der Geschichte. Da sei Textgenauigkeit ohne Relevanz. Nietzsche ist somit lediglich ein Mittel im Kampf. Es geht Liebmann also in keiner Weise um philologische Gewissheit. Die von der deutschen Exilliteratur behaupteten Widersprüche zwischen Nietzschetext und Naziideologie interessieren Liebmann in keiner Weise. Hier zeigt sich auch ein Ressentiment gegen wissenschaftliche Interpretation. Es ist ihm nicht darum zu tun wirklich sich mit dem zu konfrontieren was Nietzsche in Einzelnen dachte oder wollte. Wichtig ist vor allem die große Geste, die Verehrung, die Anbetung, die Identifikation mit dem Heros Nietzsche. Texte sind gleichgültig. Liebmann immunisiert sich quasi gegen die Kritik aus dem Ausland, da er einer textkritischen Auseinandersetzung und Argumentation nicht standhalten kann. Damit kann aber von Nietzsche jegliches behauptet werden.

Festzuhalten ist, dass Liebmann die kriegerischen Auseinandersetzungen seiner Zeit als einen Kampf der europäischen Jugendkräfte gegen die Kräfte der Nihilismus definiert. Er argumentiert in keiner Weise deutschnational, kann sich somit mit Nietzsche als „guter Europäer" fühlen. Dieser Kampf ist für ihn ein Naturprozess: „Das Ethos von Zucht und Züchtung ist der Keim aus dem in Kämpfen die Form eines neuen Europas wachsen wird."

Im Europa der Jahrhundertwende sieht Liebmann drei Kräfte miteinander im Kampf, den marxistischen Determinismus, die säkularisierte Theologie und den Willen zur Macht. Letzterer scheint nach Liebmann gesiegt zu haben. Er zeichnet sich aus durch strengste Hierarchie und die völlige Hingabe an überpersonale Mächte. Der Mensch der dem Willen zur Macht dient ist der Diener des Absoluten. Der Staatslenker ist dazu berufen, den Machtstrom zu bündeln. Nietzsche sei kein individualistischer Utopist. Nietzsches Sprüche gegen Deutschland und das Deutsche seien lediglich Abwehr gegen die Vorwürfe seiner Zeitgenossen er sei Vaterlandslos und undeutsch.

In seinem Beitrag vom 15.9.1940 „Das neue Nietzsche-Bild" rezensiert Liebmann die von Friedrich Würzbach veranstaltete erste Gesamtausgabe der Aphorismen zur Umwertung aller Werte. Nietzsches veröffentlichte Werke sieht er als „Stationen zu dem großen naturphilosophischen Hauptwerk" und nennt sie „Bausteine zu dem Gipfelwerk". Er folgt hier ganz den Ambitionen von Nietzsches Schwester, die Nietzsches Werk ohne ein Hauptwerk als unvollständig erachtete. Alle bisherigen Nietzsche-Interpretationen würden nur Teilaspekte betrachten und sich gegen Nietzsches Hauptgedanken wenden: „[...] also gegen den Willen zur Macht, gegen die ewige Wiederkunft und den Übermenschen".

Am 29.12.1940 rezensiert Liebmann Oehlers Buch über Franziska Nietzsche. In ihm sieht Liebmann eine Lücke in der Forschung geschlossen. Das hält ihn allerdings nicht davon ab sogleich eine für seine Zeit politisch korrekte Deutung mitzuliefern. Für Nietzsches Mutter stünde Dienen und Pflichterfüllung im Vordergrund. Oehler zeichne ein Heldenepos dieser Frau die sich „stumm vor ihrem Schicksal gebeugt habe". Er möchte die Mutter vor der Zurücksetzung ihrer Lebensleistung bewahren. Nietzsche, das Genie komme nicht isoliert daher sondern sei „[...]das Produkt jahrhundertealter Tradition und erkämpfter Erbeigenschaften".

An dieses Thema schließt der nächste Aufsatz vom 7.9.1941 „Nietzsches Erbmasse" an.

Er stellt zunächst einmal fest, dass Nietzsche ein anziehendes und zugleich schwieriges Feld der genetischen Forschung sei. Nietzsches Züchtungslehre selbst sei vielfach mit Problemen der Vererbung durchsetzt. Liebmann versucht dies mit verschiedenen Textbeispielen zu belegen. Anschließend beschreibt er Nietzsches Herkunftsgegend ein geschlossenes Kreisbild innerhalb des sächsisch-mitteldeutschen Raumes mit den thüringisch-schlesischen Nachbargebieten. Das „geschlossene Kreisbild" orientiert wohl auf Nietzsches Selbstdefinition als Abkömmling polnischer Edelleute, was dann auch von Liebmann als „Familienlegende" zurückgewiesen wird. Neben Schwaben sei dies die zweite große „Zone der Genie-Züchtung in Deutschland" und sei begrenzt durch die Orte Langensalza, Sangerhausen, Eisleben, Eilenburg, Zwickau, Plauen (Vogtland), Saalburg (westlich von Plauen), die Stadt Ilm. Die Nietzsches seien in einem Gebiet entstanden, in dem „Rassezonen besonders unvermittelt schroff ineinander übergehen". Polare Spannungen seien für die Genieentstehung wichtig.

Schließlich sieht Liebmann in Nietzsche seinen Großvater Friedrich August Ludwig Nietzsche am stärksten genetisch präsent. In dessen Werk sei der Keim des Antichrist vorhanden. In seinem Wesen sei er „Tapfer" und „Lebensbejahend". Außerdem wäre er mit insgesamt 12 Kindern nationalsozialistisches Familienvorbild.

Am 14.9.1941 erscheint der Artikel „Nietzsche als Rechtsphilosoph" in welchem er eine Arbeit von Kurt Kassler bespricht. Er stimmt diesem zu das man von einer Nietzscheschen Rechtsphilosophie sprechen könne. Diese sei durchaus mit der Rechtsphilosophie des Nationalsozialismus in Einklang. Für Nietzsche entstehe das Recht empirisch und nicht apriorisch. Es gebe kein Recht an sich sowie keine ewigen und unveräußerlichen Rechte. Das Recht sei vielmehr: „Mittel im Kampf von Machtkomplexen als ein Problem des Gleichgewichts".

Nietzsches Umwertung der Werte habe die Lebenswerte von lebensfeindlichen, moralischen Vorstellungen und Begriffen gereinigt. Sie bestimme entscheidend die „Revolution des 20. Jahrhunderts". Das Recht sei der Wille, ein jeweiliges Machtverhältnis zu verewigen. Nietzsches Rechtsideen und staatspolitische Forderungen berührten sich mit dem Entwicklungsstand des nationalsozialistischen Rechts.

Der Beitrag vom 5.10.1941 „Wie sah Nietzsche aus" berührt Liebmanns Tätigkeit für das Nietzsche-Archiv in Weimar. Dies stand mit dem Projekt einer Nietzsche-Ikonographie in Zusammenhang in welchem Liebmann mit dem Abschnitt

„künstlerische Darstellungen Nietzsches in Malerei, Plastik usw." (Krause 1984 S. 33 ff.) beauftragt worden war.

Geplant war an eine aufwändige Publikation im Insel-Verlag Leipzig, die wohl als Prachtband zum 100. Geburtstag Nietzsches 1944 erscheinen sollte.

In der Arbeit bewertet Liebmann die bildnerische Darstellung Nietzsches von Stöving und Munch als zu einseitig. Olde und Klinger seien ihm gerechter geworden. Im Übrigen sollte jede Darstellung an den Beschreibungen von Zeitgenossen Nietzsches gemessen werden. Es solle aber auch der Versuch unternommen werden Nietzsches Physiognomie, ins Verhältnis zu seiner Geistesentwicklung zu setzen. Anschließend folgen verschiedene Beschreibungen von Zeitgenossen sowie einige Darstellungen aus den zugehörigen Zeiten. Auf physiologische Befunde legt Liebmann erwartungsgemäß besonderen Wert so konstatiert er Nietzsche habe ein „kleines seltsam modelliertes Ohr". Sein Angesicht sei allerdings nicht nur von Kraft und Willen bestimmt, sondern sei eine Mischung von Strenge, Milde, tänzerischer und musikalischer Sensitivität und naiver Heiterkeit.

Im Ernst Reinhardt Verlag München erschient im Jahre 1943 Liebmanns Arbeit *Friedrich Nietzsche. Die Deutung eines Schicksals.* Nach Liebmanns eigener Aussage sei das Buch von Seiten der Gestapo noch vor der Auslieferung konfisziert worden. In der Deutschen Bücherei zu Leipzig findet sich tatsächlich ein „Ersatz-Exemplar". Dem steht entgegen, dass es bis auf den heutigen Tag gut antiquarisch verfügbar ist.

Liebmann problematisiert in dieser Arbeit den Umgang mit Nietzsche indem er die analytisch wissenschaftliche gegen die lebenspraktische Rezeptionsform stellt. Dabei votiert eindeutig für die letztere. Alle bisherigen Nietzsche-Interpretationen seien erschöpft. Ihr Ergebnis sei bisher nur Negativ. Trotz allem sei Nietzsche groß, auch als Irrender. Es sei nötig Nietzsche liebend zu erkennen und erkennend zu lieben. In Nietzsche finde sich ein „Sonnen-Heiltum" und eine überzeitliche apollinische Religion.

Anschließend versucht Liebmann Nietzsche mit Christus zu verbinden. Für ihn manifestiert sich der Urchristus in Nietzsche. Die Christus-Idee und der Heilsplan Nietzsches seien als Ideen von der Verwandlung der Menschheit deuten.

Seine Absicht ist es, Jesus als schaffenden Menschen beurteilen, unabhängig von seinen Wirkungen. Der Sinn der Jesus-Idee sei, durch einen neuen Zeugungsakt der schaffenden Natur, die Fehlleistungen der Natur zu sühnen. Jesus sei als gesunder höchst wohlgeratener Typus von einer gesunden männlichen Psychophysis gewesen. Er erfülle einen kosmischen Auftrag, jenseits von Gut und Böse.

Liebmann hat allerdings seine Schrift auch politisch zu rechtfertigen. Im Hinblick auf die Kriegslage seien andere Themen sicherlich wichtiger. Er nennt insbesondre Recht, Rangordnung und Züchtung. Schließlich erwartet er das Bekenntnis des sich „neu bildenden Abendlandes" zu Nietzsche. Er begreift sich selbst als Arbeiter für die Umwertung, für die Erschaffung neuer Menschen, neuer Europäer. Der Kampf gegen den Nihilismus stehe in dieser Hinsicht im Vordergrund.

Noch im Jahre 1944 erscheint in der Zeitschrift „Zucht und Sitte, Schriften für die Erneuerung unserer Lebensgesetze" ein Beitrag Liebmanns mit dem Titel „Nietzsches Auslese und Züchtungsidee" (Liebmann 1944).[3]

Nietzsche sei nicht als Individualist oder Darwinist zu verstehen. Entscheidend für die Abgrenzung gegen Darwin sei sein pädagogischer Wille. Das „Höher Besser Mehr" als die menschliche Gattung „beginnt erst mit dem Willen zur Auslese, der ein Wille zur Macht ist und aller Zähmung widerspricht." Das Ziel sei eine höhere Stufe des Organischen, nicht diesseits nicht jenseits, durch Zucht und Züchtung.

„Die Frage unseres tragischen Zeitalters ist: wie züchten sich die Herren der Erde? Ein Zeitalter, das voller Auswurfstoffe absterbender Rassen und Weltanschauungen ist, bedarf der willensmächtigsten Menschen." (Liebmann 1944, S. 42)

Sinn der Ehe sei Kinder zu zeugen, für Verbrecher gelte ein Eheverbot, Kastrationen seien notwendig. Es habe über ein halbes Jahrhundert gedauert, „ehe die Auslese-Forderungen Nietzsches durch einen Staat, der auf Rasse sieht, verwirklicht wurden" (Liebmann 1944, S. 43). Europa habe sich gegen das Chaos entschieden. Es habe sich in seinen höchsten Repräsentanten zu Nietzsche als seinem Schicksal bekannt.

Nach dem Zusammenbruch des Dritten Reiches verlieren sich die Spuren von Liebmanns Nietzsche-Verehrung. Insgesamt verzeichnet Richard Frank Krummel über 20 selbstständige Beiträge von Kurt Liebmann (Krummel 2006, S. 408). Seine größte Arbeit liegt allerdings noch als unveröffentlichtes Typoskript mit zahlreichen Vorstufen in der Sächsischen Landesbibliothek in Dresden. Dabei handelt es sich um die Arbeit: „Friedrich Nietzsche – Die Geschichte seines Lebens und Werkes". Der Beginn des „Ur-Manuskriptes" datiert auf den 21.5.1936. Das auf Januar 1943 datierte Vorwort zum Typoskript verweist auf Liebmanns lebenslanges Ringen mit dem Thema:

> „Die Anfänge dieser Arbeit liegen etwa 12 Jahre zurück. Ihre eigentlichen Wurzeln aber reichen noch viel weiter. Nietzsche gehört zu mir als ein Schicksal, mit dem ich von früher Jugend an rang und das auch durch die mannigfaltigen Arbeiten, die ich über Nietzsche schrieb, bisher nicht ausgerungen wurde." (Liebmann 1936/1943)

---

3 Herausgeber waren Herbert Backe und Karl Cerff – Reichshauptamtsleiter, Obergebietsführer und SS-Brigadeführer, Leiter des Hauptkulturamtes in der Reichspropagandaleitung der NSDAP und des nationalsozialistischen Volkskulturwerkes, sowie Leiter des Hauptamtes „Bäuerliche Lebensgestaltung im Reichsamt für das Landvolk.

Noch bis ins Frühjahr 1945 hat er den Kontakt zum Nietzsche-Archiv aufrecht gehalten. Viktor Klemperer überliefert in seinen Tagebüchern eine Begegnung mit Liebmann, der sich mit Vorträgen über Nietzsche am Aufbau der Dresdner Volkshochschule beteiligen will. Dabei scheint die Notiz im Ton äußerst distanziert:

> Gestern war ein quidam Liebmann bei mir, von seinem Freund u. Parteigenossen Gute (KPD) empfohlen, an der VH mitzuwirken. Wir tasteten uns ab, gemeinsame Interessen scheinen vorzuliegen. Liebmann, Schriftsteller u. Dramatiker (ohne Ahnung von mir, wie ich ohne Ahnung von ihm), möchte über Nietzsche dozieren. (Klemperer 1995)

*

Nach dem Krieg wendet sich Liebmann vorrangig der Kunstgeschichte zu. Es erschienen u.a. Monographien über Hans von Marees, Diego Velazquez, Edouard Manet und Adolph Menzel.

Bei seinen ersten Nachkriegsarbeiten ist ein antimoderner Affekt zu beobachten. Er begreift die Kunstgeschichte seit dem Naturalismus als beständigen Verlust des Gegenstandes gegenüber der Form. Dieser Verlust des Gegenstandes wird zum grundlegenden Deutungsmuster seiner Arbeiten. Im Einzelnen wird deutlich in wieweit er bei dieser Deutung gegen seine eigene Vergangenheit arbeitet. Er, der selbst einmal revolutionäre Formen erfand, beschreibt dies Grundweg als Irrweg. Exemplarisch wird dies an seiner Nerlinger-Monografie von 1956. Nerlinger gehörte selbst zur Sturm-Gruppe und war Liebmann persönlich bekannt. Die Arbeit liest man als Rückinterpretation des Schaffensweges vom Standpunkt des Sozialistischen Realismus der 1950er Jahre.

Liebmann hat in kürzester Zeit die neue Sprache des Historischen und dialektischen Materialismus gelernt. Tagespolitische Erfordernisse im schwelenden Ost-West-Konflikt gewinnen Einfluss auf seine Interpretation. Die revolutionäre Geste der klassischen Moderne wird von ihm als nur scheinbar revolutionär und den Interessen des Großkapitals dienend entlarvt. Er schreckt auch vor ganz einfachen Begründungen nicht zurück wenn er in Bezug auf die russische Avantgarde Lenin bemüht der meint er habe den Mut, sich als Barbar zu zeigen und könne die Werke des Expressionismus, Futurismus, Kubismus und anderer Ismen nicht als höchste Offenbarungen des künstlerischen Genies preisen. Allerdings bedauert Liebmann auch das Fehlen einer grundlegenden Auseinandersetzung mit der modernen Kunst in der deutschen Arbeiterbewegung.

Als Nerlinger in der Zeit des Nationalsozialismus aus gegebenem Anlass schlichte Landschaften und Stillleben aber auch Bauernhöfe malt, feiert Liebmann dies wiederum als ein Wiedergewinnen des Gegenstandes, und ein Weg hin zum sozialistischen Realismus. Im Übrigen macht er Nietzsches Metaphysikkritik für den Verlust des Gegenstandes verantwortlich und wendet sich damit gegen die eigene Denktradition, war doch Nietzsche seit über zwei Jahrzehnten sein Leitstern:

„Das wichtigste Moment des Realismus, das aktive, schöpferische, revolutionäre Verhältnis des Künstlers, schwindet im Impressionismus mehr und mehr und macht einer passiv ästhetisch subjektivistischen Haltung Platz. In der großen Linie, auf die es uns hier an- kommt, d.h. in der Darstellung des Prozesses der Auflösung des Gegenstandes sind die neuen malerischen Qualitäten, die der Impressionismus eroberte nicht entscheidend. Das Charakteristische am Impressionismus, den Schein darzustellen, die relativen Licht- und Farbwerte, Kontrast und Komplementärwerte zu malen, den bewegten Augenblick zu fassen, das Flimmern des Lichts und der Luft, entwickelt sich so weit, daß das Licht um des Lichtes willen dargestellt und der Gegenstand ausgeschaltet wird. Diese Methode berührt sich mit Nietzsches Philosophie des Scheins (‚Das Wichtigste ist die Oberfläche; es gibt kein Wesen der Dinge, diese Auffassung ist Metaphysik‘) und mit der relativistischen Erkenntnistheorie der Machisten, die den Dingen nur eine denkökonomische und symbolische Bedeutung, nicht aber eine objektive Wahrheit zuerkennen." (Liebmann 1956, S. 24)

Erst später gewinnt Liebmann eine vorurteilsfreiere Sicht auf die Kunstgeschich- te. In seiner Monografie über Eduard Manet aus dem Jahre 1968 nimmt er sein negatives Urteil über die Impressionisten zurück. Diese Arbeit ist sachlich und eingängig, ist informativ und bar aller politischen Urteile. Die Darstellung des Scheins und des Lichtes, der Farbabstufungen, diese Wiedergewinnung der freien Natur, des plain air, wird in dieser Arbeit gefeiert. Etwas was Nietzsche in seiner Historismus-Kritik der Zweiten Unzeitgemäßen Betrachtung gefordert hat.

Nach dem Krieg bringt sich Kurt Liebmann mit seinen Fähigkeiten auch rasch in die neuen Institutionen im Osten Deutschlands ein. Bereits 1945 wird er Sekretär des Kulturbundes in Dresden, von 1947 bis 1950 fungiert er als Landes- vorsitzender der Gewerkschaft Kunst und Schrifttum und ab 1950 arbeitet er als Kulturredakteur der Sächsischen Zeitung. Von 1954 bis zu seiner Pensionierung 1963 lehrte Kurt Liebmann als Dozent für marxistisch-leninistische Ästhetik an der Hochschule für Bildende Künste und zeitweise auch an der Hochschule für Musik in Dresden. Eine weitere akademische Laufbahn, blieb ihm auf Grund des fehlenden Studienabschlusses versagt. Am 13.8.1981 ist Liebmann in Dresden gestorben. Publizistisch knüpfte Liebmann an seine jahrzehntelange Nietzsche- Beschäftigung nicht mehr an.

Alexander Mette war sicherlich der politisch und publizistisch erfolgreichere der beiden Freunde. Bereits 1945 wird er Mitglied der KPD und entschließt sich 1946 in die sowjetische Besatzungszone umzusiedeln. Bereits zu diesem Zeitpunkt wird Mette stellvertretender Landesdirektor des Amtes für Gesundheitswesen in Thüringen. Von 1946 bis 1951 hat er die Funktion des Landesvorsitzenden des Kulturbundes in Thüringen und ist Mitglied des Präsidialrates des Kulturbundes. Von 1949 bis 1951 erhält Mette einen Lehrauftrag für Psychiatrie, Psychologie und

Gesellschaftswissenschaften an der Universität Jena, gleichzeitig wird er Haupt-abteilungsleiter im Ministerium für Arbeit und Gesundheitswesen Thüringen. Ab 1950 ist Mette Mitglied der Volkskammer der DDR und wechselt 1951 in das DDR Gesundheitsministerium der DDR, in welchem 1956 zum Hauptabteilungsleiter „Wissenschaft" avanciert. Von 1958 bis 1963 ist Alexander Mette Mitglied des ZK der SED. Er wird mit zahlreichen staatlichen Auszeichnungen geehrt, so mit dem Vaterländischer Verdienstorden, und mehrfach mit der Johannes R. Becher Me-daille und mit dem Rudolf-Virchow-Preis. Von 1959 bis 1962 hat er den Lehrstuhl für Geschichte der Medizin an der Humboldt-Universität Berlin. Alexander Mette stirbt am 4. Dezember 1985.

Auch Mette verabschiedet sich von seiner frühen Nietzsche-Begeisterung. Gesprächsweise bezieht er sich noch positiv auf seine Bestrebungen im Umkreis des Dion-Verlages (Cremerius, 2005, S. 212), distanziert sich selbst von der Psy-choanalyse (vgl. Mette 1952 und Mette 1958). Ein Gedenkband zum 100. Geburts-tag von Siegmund Freund ist nur in versteckter Form als solcher zu erkennen. Alexander Mette ging als Psychologe nach dem Krieg den Weg ‚von Freud zu Pawlow'. Wie Cremerius überliefert, wurde er 1953 „staatlicher Pawlow-Kommis-sar des Ministeriums für Gesundheitswesen der DDR" (Cremerius 2005, S. 213).

Erst im Jahre 1970 publizieren Kurt Liebmann und Alexander Mette gemein-sam einen Beitrag in der Buchkunstzeitschrift „Marginalien" in welchem Sie ihre Entwicklung und ihr Wirken im Umkreis des Dion-Verlages reflektieren (Lieb-mann/Mette 1970, S. 65–70).

Trotz der Akzeptanz fortschrittlicher Bestrebungen im Ansatz wird das Wir-ken des Verlages in der Rückschau letztlich als scheinprogressive Tendenz des „Avantgardismus" charakterisiert, die es zu überwinden galt.

Literaturverzeichnis

Cremerius, Johannes (2005): *Ein Leben als Psychoanalytiker in Deutschland*. Hrsg. v. Wolfram Mauser unter Mitwirkung von Astrid Lange-Kirchheim, Joachim Pfeiffer, Carl Pietzcker und Petra Strasser. Würzburg: Königshausen & Neumann.
Das Reich, Deutsche Wochenzeitung 1940–1945. Hauptschriftleiter Dr. Eugen Mündler, Berlin: Deutscher Verlag.
Klemperer, Victor (1995): *Ich will Zeugnis ablegen bis zum letzten*. Tagebücher 1942–1945. Herausgegeben von Walter Nowojski unter Mitarbeit von Hadwig Klemperer. Berlin: Aufbau.
Krause, Jürgen (1984): *„Märtyrer" und „Prophet". Studien zum Nietzsche-Kultus in der bildenden Kunst der Jahrhundertwende*. Berlin/New York: de Gruyter.
Krummel, Richard Frank (2006): *Nietzsche und der deutsche Geist. Ausbreitung und Wirkung des Nietzscheschen Werkes im deutschen Sprachraum bis zum Ende des zweiten Weltkrieges*. Bd. 4. Berlin/New York: de Gruyter.

Levy, Oscar (2005): *Nietzsche verstehen*. Essays aus dem Exil. Hrsg. v. Steffen Dietzsch und Leila Kais. Bd. 1, Berlin: Parerga.

Levy, Oscar (2012): *Die Exkommunizierung Adolf Hitlers*. Ein Offener Brief (1938). Hrsg. v. Steffen Dietzsch und Leila Kais (Fundstücke aus dem Levy-Nachlass in Sils Maria, Bd. 1), Berlin: Parerga 2012.

Liebmann, Kurt (1921) *Entwerden*. Dichtung. Mit einem Nachwort von Alexander Mette. O. A.: Privatdruck.

Liebmann, Kurt (1927): *Dionysos-Apollo. Die Idee der Rechtfertigung der jungen Generation*. Dessau: Dion.

Liebmann, Kurt (1930a): „Nietzsche als Erzieher – ein Aufruf an die deutsche und europäische Jugend". In: *Zeitschrift für persönliche Kultur – Die Lebenskunst. Rundschau auf dem Gebiete moderner Reformarbeit*, 25, Nr. 1, hrsg. von Karl Lentze, Leipzig: Möhring.

Liebmann, Kurt (1930b): „Nietzsche als Führer. Ein Lebensruf". In: Rauch, Karl (Hrsg.): *Nietzsches Wirkung und Erbe*. Berlin: Verlag f. Buchwerbung K. Rauch.

Liebmann, Kurt (1934): „Nietzsches Kampf und Untergang in Turin". In: *Italien in Vergangenheit und Gegenwart*, Heft 8, Leipzig: Möhring,

Liebmann, Kurt (1943): *Friedrich Nietzsche. Die Deutung eines Schicksals*. München: Ernst Reinhardt.

Liebmann, Kurt (1936/1943): *Friedrich Nietzsche – Die Geschichte seines Lebens und Werkes*. Unveröffentlichtes Manuskript, Landesbibliothek Dresden (Sign. 2404c, 108).

Liebmann, Kurt (1944): „Nietzsches Auslese und Züchtungsidee". In: *Zucht und Sitte, Schriften für die Erneuerung unserer Lebensgesetze*, 4. Folge, hrsg. von Herbert Backe und Karl Cerff.

Liebmann, Kurt (1956): *Der Maler und Grafiker Oskar Nerlinger. Ein Beitrag zur Kunst der Gegenwart*. Dresden: VEB.

Liebmann, Kurt/Mette, Alexander (1970): „Zur Geschichte des Dion-Verlages". In: *Marginalien*. Zeitschrift für Buchkunst und Bibliophilie, 38, S. 65–70.

Mette, Alexander (1925): *Gedichte / Darlegungen I*. Dessau: Dion.

Mette, Alexander (1926): *Dionysische Perspektive*. Dessau: Dion.

Mette, Alexander (1952): *Zur Stellung der Lehre I. P. Pawlows in der heutigen Wissenschaft*. Berlin: Verlag Volk & Gesundheit.

Mette, Alexander (1958): *Siegmund Freud. Mit einem Anhang: Von Freud zu Pawlow*. Berlin: Verlag Volk & Gesundheit.

Hans Gerald Hödl
Der Begriff des Ressentiment als Kategorie kulturwissenschaftlicher Analyse

Ansatzpunkte bei Nietzsche, Scheler und Freud

1 Einleitung

In diesem Beitrag gebe ich eine Skizze davon, wie Nietzsche den Begriff des Ressentiment innerhalb seiner Reflexion auf die Art und Weise, in der Menschen ihre Konflikte regeln, entwickelt und innerhalb seiner Moralanalyse und Religionskritik gebraucht, um zu zeigen, wie gewisse verfestigte Formen von Verhaltensregeln, die selbst eine überzeitliche Gültigkeit für sich beanspruchen, erstens historisch geworden sind und zweitens sich dem Ressentiment, einem reaktiven Gefühl, verdanken, was zu einer fundamentalen Kritik Nietzsches an darauf aufgebauten Weltsichten führt. Daraufhin bespreche ich kurz Max Schelers und Max Webers Anwendung des von Nietzsche entworfenen diesbezüglichen Theoriekomplexes und plädiere für eine Adaption des letzteren im Kontext zeitgenössischer Kultur– und Religionswissenschaft.

Grundlage dafür ist die Überlegung, dass kulturelle Muster in verschiedenen Gesellschaften nicht nur die sozialen Regeln bestimmen, sondern auch, wie auf eine Übertretung der sozialen Regeln reagiert wird, wie die soziale Harmonie wieder hergestellt wird. David Michael Levin erzählt am Beginn seines Aufsatzes über Nietzsches Sicht der disziplinierenden Maßnahmen in der westlichen Kultur die bekannte ethnographische Geschichte über die traditionelle Art der Konfliktbewältigung der BaBemba, in der angeblich Strafe und die Idee der Schuld fehlen. Wie immer diese Geschichte historisch oder ethnographisch verbürgt sein mag,[1] sie illustriert als „Gegenentwurf" sehr schön, was Nietzsche an einer auf dem Ressentiment aufgebauten Moral kritisiert:

---

[1] Für diese Geschichte konnte ich, obwohl ich sie aus unterschiedlichen Kontexten kenne, bezeichnender Weise keine Quellenangabe finden. David Michael Levin selbst führt an, „Roger Levin" habe sie ihm erzählt, der sie wiederum von „Susan Courtney" gehört habe (Levin 2002, S. 9, Fn. 1). Die BaBemba, deren Sprache (Bemba) zu einer Subgruppe der Bantu-Sprachen gehört, leben im nördlichen Zambia und in der Demokratischen Republik Kongo, die Herkunftsbezeichnung „South Africa", die in allen mir bekannten Versionen der Geschichte angeführt wird, ist also irreführend.

"I have been told that, in the Babemba tribe of South Africa, when a person has acted irresponsibly or unjustly, he or she is placed in the center of the village, alone and unfettered. All work ceases, and every man, woman and child in the village gathers in a large circle around the accused individual. Then each person in the tribe, regardless of age, begins to speak out loud to the accused, one at a time, about all the good things the person in the center of the circle has done during his or her lifetime. Every incident, every experience that can be recalled with any detail and accuracy is recounted. All the person's admirable attributes, good deeds, strengths and kindnesses are recited carefully and at length. [...] The tribal ceremony often lasts several days and does not cease, until all the people in the circle have recounted and shared every positive matter they can recall. At the end, the tribal circle is broken, a joyous celebration takes place, and the person is symbolically and literally welcomed back into the tribe." (Levin 2002, S. 9)

Weiter zeigt dieses Beispiel, dass es sich um eine geregelte Form der sozialen Interaktion handelt, die zur Lösung der durch den „Übeltäter" herbei geführten Situation dient. Eine Übertretung bedeutet immer eine Verletzung eines kulturell vorgegebenen Rahmens, der, wenn man Mary Douglas folgt, in unterschiedlich organisierten Gesellschaften von unterschiedlichen Graden des Gruppendrucks einerseits und des die sozialen Rollen definierenden Klassifikationsgitters (*grid*) andererseits bestimmt wird (Douglas 1986, S. 79–98). Wie uns Religionsethnologie und Ritualtheorien mittlerweile vorgeführt haben, ist das Grundmuster der Lösung in solchen Konfliktfällen das des sozialen Dramas[2] oder das bestimmter Ritualtypen, die zu dem Typus der „Rites of Affliction" (Riten zur Wende einer Not) gehören (Bell 1997, S. 115–120). Akte des Strafens und der Rache – die, folgt man Nietzsche und Scheler niemals unmittelbare Reaktionen auf die Verletzung einer Regel darstellen – liegen zumeist als gesellschaftlich fixierte Formen des Handelns vor, die einer rituellen Dimension nicht entbehren. Mir will scheinen, dass Nietzsches Analyse des Ressentiment in diese Richtung weiter gedacht werden kann. Grundlage dafür ist Nietzsches zu seiner Zeit relativ neuer Ansatz, die in einer Gesellschaft geltende Moral als Ergebnis einer sozialen Interaktion aufzufassen, das wiederum den Bezugsrahmen und das Muster für die auf Lösung von durch Übertretungen dieses moralischen Kodes hervorgerufene Konfliktsituationen zielenden Handlungen prägt. Nietzsche ist es dabei allerdings weniger als den zitierten AnthropologInnen und RitualforscherInnen darum gegangen, diese Interaktionsmuster als solche zu beschreiben und zu erklären, als diese Art der Erklärung strategisch zur Destabilisierung der als absolut vorgestellten Geltung der christlichen Moral zu benutzen. In diesem Zusammenhang entwirft er

---

2 Der Begriff wurde von Victor Turner in seiner Studie zu sozialen Konflikten in der Kultur der Ndembu geprägt. Er unterscheidet 4 Phasen des Verlaufes eines solchen Prozesses, der aus der Verletzung einer die soziale Interaktion regelnden Norm folgt: (1) breach, (2) crisis, (3) redressive action, (4) re-integration or recognition of schism (Turner 1996, S. 91–94).

folglich auch Grundlinien einer Typologie von Religionen, die auf deren Umgang mit, beziehungsweise Prägung durch reaktive Affekte (Ressentiment, Hass, Rache) rekurriert.

In der Typologie von Religionen zeigt sich Max Weber von diesem Gedankengang Nietzsches beeinflusst,[3] in einer stärker auf die Erläuterung von Gesellschaftsordnungen insgesamt abzielenden Analyse hat Max Scheler[4] einiges von Nietzsches Thematisierung des Ressentiments übernommen, wenn er ihm auch nicht in allem folgt, insbesondere nicht in seiner Einschätzung des Christentums. Gemeinsam ist den drei Autoren jedoch, dass sie in ihren Analysen von kulturellen Mustern, die in irgendeiner allgemeinen Form Prozesse wie Strafen, Rache und Vergeltung involvieren, zu deren Erklärung auf eine besondere Art des reaktiven Gefühls, das Ressentiment, rekurrieren. Nietzsche hat dabei sozusagen die Grundlage vorgegeben, Weber und Scheler haben darauf in je eigene Richtungen weiter gedacht. Dies will ich kurz darstellen und für eine weitere Einbeziehung solcher Analysen in die heutige Religionsforschung und die Beschreibung der rituellen Dimension von Strafakten plädieren.

2 Ressentiment vor Nietzsche

Das französische Wort „Ressentiment" wird als Name für eine Klasse von Gefühlen gebraucht, solche reaktiver und zugleich negativer Natur. Es gibt dafür keine direkte deutsche Übersetzung. Im „Larousse" etwa wird als deutsches Pendant neben dem Ausdruck „Ressentiment" selbst, „verhaltener, heimlicher Groll" vorgeschlagen (Grappin 1994, S. 584). Das Wort leitet sich ab von *ressentir* und ist seit dem 16. Jahrhundert in der französischen Literatur belegt. Anfänglich neutral für reaktive Gefühle gebraucht (etwa auch für Gefühle der Dankbarkeit), bezeich-

---

3 Zu Webers Adaption des Ressentimentbegriffes im Kontext seiner Religionssoziologie vgl. Hödl 2007, S. 148 f.; 150 f.

4 S. genauer u. Abschnitt 4., Skirl 2000, S. 313, erwähnt als Rezipienten des Begriffes neben Scheler und Weber auch Klages, und geht auf die von Deleuze gezogene Parallele zu Freud ein, Brusotti (2011, S. 328), erwähnt nur Schelers unten näher besprochene Schrift. Stegmaier 1994, S. 223 f. (Anm. 73 zu Kapitel 5), nennt alle von Skirl angeführten Autoren und weitere Literatur zum Begriff aus der Nietzscheforschung. Deleuze (1994) geht sehr ausführlich auf den Begriff des Ressentiment bei Nietzsche ein und widmet ihm ein ganzes Kapitel von „Nietzsche et la philosophie" (Deleuze 1994, S. 127–168), in dem er anfangs (Deleuze 1994, S. 128–133) auch auf Parallelen zu Freud (und Jung) eingeht. Er arbeitet die Grundunterscheidung zwischen einem „aktiven" Typ der Bejahung (Künstler, Vornehmer, Gesetzgeber) und einem „reaktiven" Typen der Verneinung (anklagender Mensch, Mensch der mit nichts fertig wird. Asket usw.) heraus, die er schließlich in einer tabellarischen Übersicht zusammenstellt (Deleuze 1994, S. 166).

net das Wort in der Geschichte seiner Verwendung zusehends eher negative Gefühle (Probst 1992, S. 920 f.). Bedeutend für die Prägung des Begriffes in seiner heutigen Verwendung ist der Essai „Feigheit– Mutter der Grausamkeit" von Montaigne, in dem der Autor den Unterschied zwischen bloßer Rache am und Tötung des Gegners auf die Feigheit zurückführt. Die Rache zielt demnach darauf, einen nachhaltigen Eindruck im Feind zu hinterlassen, der ihn von zukünftigen Angriffen abhält, während die Tötungsabsicht primär einer Furchtsamkeit entspringt (Probst 1992, S. 921). Montaigne führt hier also einen Unterschied in der Reaktionsweise auf einen Angriff, eine Beleidigung, eine Verletzung ein, den man folgendermaßen fassen könnte: Im ersten Fall ist sich der Rache Übende seiner Kraft gewiss, er weiß um seine Überlegenheit, und kann es gelassen verschmähen, den Gegner zu zerstören. Im zweiten Fall ist die Furcht vor dem Gegner der Ratgeber. Ressentiment ist dabei das Gefühl, das im ersten Fall im Gegner hinterlassen wird. Im zweiten Fall wird eben dieses gefürchtet, weil es wiederum auf Rache drängt und durch Zerstörung des Gegners wird diesem die Möglichkeit dazu genommen.

3 Ressentiment bei Nietzsche

3.1 Eugen Dühring als Philosoph des Ressentiment

Friedrich Nietzsche gilt in der Philosophiegeschichtsschreibung allgemein als derjenige, der, ausgehend von der Verwendung des Wortes bei Montaigne, dem Begriff „Ressentiment" einen präzisen philosophischen Sinn gegeben hat, wenn er auch keine umfängliche Analyse dieser Art des Fühlens vorgelegt hat. Nietzsche führt das Wort in der ersten Abhandlung von GM ein (KSA 5, S. 270–274). Dort nimmt er die in JGB 260 (KSA 5, S. 208–212) von ihm vorgetragene begriffliche Unterscheidung von Herren- und Sklavenmoral wieder auf,[5] fasst sie aber als die Unterscheidung von vornehmer Wertungsweise und Sklavenmoral. Den Begriff selbst hat er aller Evidenz nach aus Eugen Dührings Schrift *Der Werth des Lebens* entlehnt, die er im Sommer 1875 gelesen und exzerpiert hatte (vgl. Venturelli 2003; Brusotti 2011, S. 327; Skirl 2000, S. 312; Stegmaier 1994, S. 118 f.). In Nietzsches umfassenden Dühring-Exzerpt findet sich auch diese Stelle: „Das Rechtsgefühl ist ein Ressentiment, gehört mit der Rache zusammen; auch die Vorstellung einer *jenseitigen Gerechtigkeit* geht auf das *Rache*gefühl zurück." (NL 1875, KSA 8, S. 176) Bei Dühring heißt es, das Rechtsgefühl sei „wesentlich

---

5 Vgl. dazu näherhin Stegmaier 1994, S. 118–123.

ein ressentiment, eine reactive Empfindung, es gehört mit der Rache in dieselbe
Gefühlsgattung" (zitiert n. Venturelli 2003, S. 229). Interessanterweise sieht Nietzsche in dieser Bestimmung der Gerechtigkeit selbst ein Ressentiment am Werk:
für ihn ist Dühring, gerade als Antisemit, der Philosoph des Ressentiment (GM III
14; KSA 5, S. 370). Dies hängt zunächst damit zusammen, dass Nietzsche das
Ressentiment anders bestimmt als Dühring. Während es bei Dühring eine mechanische Reaktion darstellt, ist für Nietzsche derjenige Vorgang, den Freud später
als „Verschiebung" bezeichnen wird,[6] der springende Punkt am Ressentiment.
Das Ressentiment besteht demzufolge darin, dass nicht unmittelbar Rache genommen wird, sich die Reaktion auf eine Verletzung oder Beleidigung nicht
sofort, aus einem Wissen um die eigene Stärke heraus, entlädt, sondern die Reaktion aufgeschoben wird, resp. sich in Ersatzhandlungen Luft macht.

3.2 Herren und Sklaven

Hier kommt nun Nietzsches Unterscheidung von Herren- und Sklavenmoral zum
Tragen, verbunden mit der Beobachtung, die wir schon bei Montaigne finden,
dass die von Furchtsamkeit bestimmte Rachehandlung ihr eigenes Gepräge hat.
Diese Verschiebung der Reaktion hat demnach in einem Ohnmachtsgefühl der
„Schwachen" ihren Ursprung, die auf eine Verletzung nicht unmittelbar reagieren
können. Zum Verständnis von Nietzsches diesbezüglichen Darlegungen ist es m.
E. unerlässlich, zu sehen, dass er hier weniger über real vorfindbare Verhältnisse
von Herrschaft und Knechtschaft spricht, sondern – aus dem Anteilhaben am als
Machtsteigerung aufgefassten Leben – zwei Typen konstruiert, einen der Stärke
und einen der Schwäche, um Typen von Handlungs- und Reaktionsweisen zu
schildern, die er zur Analyse von Moral und Religion gebraucht (vgl. Hödl 2007,
S. 149).

   Die (herrschende) Moral ist nun nach Nietzsche eine Erfindung solcher Seelen, die es nötig haben, den Racheimpuls zu verschieben und symbolisch, etwa in
der moralischen Entrüstung, in der Vorstellung eines jenseitigen Gerichtes usw.

---

6 Ursprünglich hat Freud diesen Vorgang bei der Analyse der Traumarbeit beschrieben (vgl. dazu
Freud 1999a, S. 310–315; Freud 1999b, S. 177), später an sehr unterschiedlichen anderen Reakti-
onsmustern aufgefunden, u.a. in den religiösen Praktiken, die er als Zwangshandlungen analysiert hat (Freud 1999c, S. 138). Den Vorgang der „Verschiebung" beschreibt Freud auf der
Grundlage des „ökonomischen" Modells der Psyche. Deleuze zieht eine Parallele zwischen Nietzsches Idee der verzögerten Reaktion, die seiner Bestimmung des Ressentiment zu Grunde liegt
und dem Verhältnis von „Unbewusstem" und „Bewusstem" im topischen Modell bei Freud
(Deleuze 1994., S. 128 f.).

abzureagieren. Erst dadurch verfestigt sich aber der Gegensatz zwischen „Gut und Schlecht", der einer „vornehmen" Moral entspringt in denjenigen zwischen „Gut und Böse". Während „Gut und Schlecht" stets relativ ist, auf eine bestimmte Position bezogen, also ein Individuum oder eine Gruppe, für die etwas „gut" oder „schlecht", somit anstrebenswert oder vermeidenswert ist, ist der Gegensatz von „Gut" und „Böse" dergestalt organisiert, dass seine Glieder unterschiedslos auf alle Handlungen und Menschen, als ein sozusagen „ontologisches" Prädikat angewandt werden. Nietzsche macht das Ressentiment, eine reaktive Haltung, die statt unmittelbarer Affektentladung den negativen Affekt verschiebt, für die Etablierung eines solchen, überzeitlich gültigen Wertekanons verantwortlich.

3.3 Gerechtigkeit und Ressentiment

Während für Dühring die Idee der Gerechtigkeit aus dem Ressentiment stammt, leitet Nietzsche in der *Genealogie der Moral* die Idee der Gerechtigkeit aus den Tauschverhältnissen der Menschen her, die die Beziehung von Gläubiger und Schuldner mit sich bringen (GM II 8; KSA 5, S. 305–307).[7] In diesen ist, über die Idee der Obligation, für Nietzsche die Idee des Ausgleichs eines angerichteten Schadens grundgelegt, der, als Verlängerung und Aufschiebung des unmittelbaren Impulses, in Zorn über ihn zu geraten, zunächst die Idee der Strafe impliziert. Ohne darauf einzugehen, wie Nietzsche näherhin Grausamkeit als Triebfeder der menschlichen Strafsysteme analysiert, sei betont, dass er genau hier den Ursprung der Idee der Gerechtigkeit sieht. Sie besteht darin, einen Ausgleich zwischen Gleichstarken herzustellen und die Schwächeren zu einem solchen zu zwingen, um dem Wüten des Racheimpulses Einhalt zu gebieten: „Gerechtigkeit auf dieser ersten Stufe ist der gute Wille unter ungefähr Gleichmächtigen, sich mit einander abzufinden [...] und, in Bezug auf weniger Mächtige, diese unter sich zu einem Ausgleich zu zwingen." (KSA 5, S. 306 f.) Es handelt sich also nicht um ein reaktives Gefühl, sondern um ein positives. Auch hier bezieht sich Nietzsche offensichtlich auf rein positives Recht, ohne dem eine metaphysisch–ontologische Grundlage zu geben. Es handelt sich um einen Ausgleich zwischen den Individuen und in weiterer Folge zwischen der Gemeinschaft und den ihr angehörenden Individuen, die im Verhältnis zur Gemeinschaft wie der Schuldner zum Gläubiger stehen. Auf dieser Grundlage entwickelt sich laut Nietzsche erst eine

---

7 Vgl,. dazu auch Stegmaier 1994, S. 144–147; Nietzsche setzt sich mit Dührings Bestimmung der Gerechtigkeit bereits vor der Abfassung von GM auseinander (vgl. Venturelli 2003, S. 229–231; zum Niederschlag der Dühring-Lektüre von 1875 in MA vgl. Venturelli 2003, S. 209–219).

zweite Form der Gerechtigkeit, die den Angreifer „objektiv" im Sinne der Distanzierung des persönlichen Schadens betrachten kann. Hier ist eine andere Objektivität gemeint als die angebliche Objektivität der Moral, die eine allgemeine Regel aufstellt, unter der alle beurteilt werden. Diese allgemeine Regel ist aber, weil sie aus dem Ressentiment als einem reaktiven Gefühl stammt, vom Eindruck bestimmt, den die Handlung des Schädigers am Geschädigten hinterlässt, der zu direktem Ausgleich nicht mächtig genug ist. Sie ist also auf der Grundlage einer verzerrten Wahrnehmung entworfen. Die Gerechtigkeit, von der Nietzsche als Resultat eines aktiven, positiven Affektes spricht, distanziert nun gerade den aus dem erlittenen Schaden entstandenen Eindruck des Schädigers im Geschädigten und ist in diesem Sinne „objektiv". Gerechtigkeit besteht also für Nietzsche auch in diesem Sinne in einem Aufheben des unmittelbaren Racheimpulses, in einer Sistierung der Rache, aber aktiv und aus einer Position der Stärke heraus. Dühring seinerseits führt Gerechtigkeit auf Rache zurück, somit auf eine Verschiebung und keine Sistierung des Rachegefühls und zeigt sich darin, Nietzsches Analyse gemäß, als Mensch des Ressentiment.

3.4 Stärke und Schwäche

Wie aus dem Ausgeführten bereits erhellt, ist Nietzsches zentraler Gesichtspunkt bei seiner Analyse der Moral mittels des Ressentimentbegriffes derjenige des Verhältnisses von Stärke und Schwäche. Dies drückt er zwar bekanntlicher Weise innerhalb seiner Interpretation allen Geschehens als Wille zur Macht durch die Kategorien von Machtsteigerung und -verlust, resp. Ohnmacht aus, doch muss man sich hüten, hier allzu plumpe Vorstellungen von Macht zugrunde zu legen.[8]

Das Problem, das Nietzsches Denken antreibt, besteht darin, dass Leben notwendigerweise Prozesse der Übermächtigung und damit auch Leiden miteinschließt. Der Starke ist nun derjenige, der das Leben, so wie es ist, trotzdem bejahen kann, indem er die Ewige Wiederkehr von allem bejaht, während der Schwache daraus eine Ablehnung des Lebens, wie es ist, ableitet.[9] Letzterer wünscht sich eine endgültige Aufhebung des Leidens, er verlagert den Schwerpunkt des Daseins aus dem „Hier und Jetzt" in einen fernen Zustand, in ein Jenseits. Anders herum betrachtet, fragt sich Nietzsche, welcher Typus es denn nötig habe, sich ein Ende des Leidens zu wünschen, ja woher denn diese Fixie-

---

8 Hier kann freilich nicht auf die verwickelte Diskussion um Nietzsches Konzeption der Willen zur Macht eingegangen werden. Ein knapper Überblick findet sich in Hödl 2009, S. 312–314.
9 Zu dieser Interpretation der Ewigen Wiederkehr vgl. Salaquarda 1994.

rung des Blicks resp. des Empfindens auf den gegensätzlichen Aspekt Lust/ Unlust, als einem der mit dem Leben verbundenen Aspekte, stamme:

> „Die *Präokkupation durch das Leiden* bei den Metaphysikern ist ganz naiv. „Ewige Seligkeit": psychologischer Unsinn. Tapfere und schöpferische Menschen fassen Lust und Leid *nie* als letzte Werthfragen, – es sind Begleit-Zustände, man muß Beides *wollen*, wenn man etwas *erreichen* will. – Darin drückt sich etwas Müdes und Krankes an den Metaphysikern und Religiösen aus, daß sie Lust- und Leidprobleme im Vordergrunde sehen. Auch die *Moral* hat nur deshalb für sie solche *Wichtigkeit*, weil sie als wesentliche Bedingung in Hinsicht auf Abschaffung des Leidens gilt." (NL 1887, KSA 12, 8[2], S. 328)

3.5 Ressentiment und Religion

Nietzsche beschränkt sich ja in seinen Schriften nicht auf eine genealogische Analyse, sondern erhebt zugleich den Anspruch, in der Untersuchung der metaphysischen Begründung der Kultur eine Fehlentwicklung aufgezeigt zu haben, wie ein medizinischer Diagnostiker das Symptom einer Schwächung und Krankheit entdeckt zu haben.[10] Die Krankheit stellt er nun an verschiedenen Religionen fest und seine Beschäftigung mit diesen ist geprägt von der Diagnose der Erkrankung einerseits, aber auch von der Idee, dass diese Bewegungen nicht nur Krankheiten, sondern auch Versuche zu ihrer Heilung darstellen. So zieht er in den Werken des Jahres 1888 den Buddhismus dem Christentum vor, weil er eine ressentimentfreie Form der Hygiene[11] für einen bestimmten Menschentypus darstelle, nämlich für denjenigen, der am Leben leidet, während das Christentum aus einem ähnlichen Ansatz in der Predigt und im Leben Jesu eine Religion der Rache geformt habe.[12]

Diese Bewertungen im Kontext von AC und EH, auf die ich hier im Einzelnen nicht eingehen kann, zeigen, dass er in der Predigt Jesu zwar eine Parallele zum Buddhismus erkennt, den er ja als eine Form der Hygiene für späte Menschen

---

10 Das therapeutische Paradigma hat eine lange Geschichte in Nietzsches Beschäftigung mit der Religion, vom Vergleich der moralischen Anweisungen Jesu mit der Arbeit eines schlechten Zahnarztes in WS 83 (KSA 2, S. 589 f.) bis zur Darstellung des Buddhismus als einer Hygiene für überreizte und übergeistigte Wesen, gegen deren Depression „Buddha hygienisch vor[geht]," in AC (KSA 6, S. 186 f.); ähnlich formuliert er in dem Nachlassfragment 24 [1] aus 1888 (KSA 13, S. 618). Zum medizinisch-therapeutischen Paradigma bei Nietzsche vgl. Hödl 2009, S. 381–388 u. S. 547–554.
11 In EH (KSA 6, S. 273), erwähnt er jenen tiefen „Physiolog[en] Buddha" dessen „[...] ‚Religion'[...] man besser als eine Hygiene bezeichnen dürfte, um sie nicht mit so erbarmungswürdigen Dingen wie das Christenthum ist, zu vermischen".
12 Vgl. dazu insgesamt Hödl 2001.

betrachtet, aber das aus der Reaktion der Jünger auf den Tod Jesu entstandene Christentum als eine Anstalt ansieht, starke Menschen zu schwächen und krank zu machen.[13] Man könnte also sagen, dass der Buddhismus und das Christentum aus der gleichen Krankheit entstanden sind, nämlich dem Leiden am Leben, einer Art Immunschwäche, die es den Erkrankten nicht erlaubt, das Faktum des Leidens in das Leben sinnvoll zu integrieren. Während aber der Buddhismus eine Abkehr vom Leben fördert, die die Erkrankten ruhig stellt und von den Gesunden in einer Art geistiger Diät und Seklusion trennt, ist das Christentum Nietzsche zufolge als eine gefährliche Infektion in die Welt getreten, die weniger darauf aus war, die Erkrankten zu heilen, als alle Welt krank zu machen.

3.6 Nietzsches Lösung

Nietzsche stellt nun, über diese Diagnose hinaus, auch noch den Anspruch, die Krankheit, die er décadence nennt, heilen zu können, als Arzt der Kultur zu wirken. Er will einen Gegenvorschlag einbringen, der eine neue Kultur ermöglicht, die nicht mehr metaphysisch begründet ist, sondern eine Antwort von einer Position aus gibt, in der die Gegensätzlichkeit in der Welt bejaht werden kann, ohne diese in einem Unbedingten zu verankern. Nur so kann man laut Nietzsche der Tendenz zur Abwertung der Welt, zum Nihilismus, entgehen. Diesen Gegenvorschlag tauft er auf den Namen „Dionysos" (vgl. Hödl 2009, S. 582–593). Damit kann aber offensichtlich keine Repristination einer archaischen griechischen Religiosität gemeint sein, da die Radikalität von Nietzsches Denken die illusorischen Grundlagen der Kultur bloßlegt und nach einem Weg sucht, daraus weder einen Kulturpessimismus abzuleiten, noch zu einer einseitigen Abspannung der darin sich zeigenden grundsätzlichen Gegensätzlichkeit des Lebens zu gelangen.[14]

---

13 Vgl. etwa den Beginn des §42 von AC, wo er in Christi Lehre etwas erblickt, was mit seinem Tod abrupt zu Ende war, nämlich einen „[...] Ansatz zu einer buddhistischen Friedensbewegung, zu einem thatsächlichen, *nicht* bloss verheissenen *Glück auf Erden*. Denn dies bleibt — ich hob es schon hervor — der Grundunterschied zwischen den beiden décadence-Religionen: der Buddhismus verspricht nicht, sondern hält, das Christenthum verspricht Alles, aber *hält Nichts*." (KSA 6, S. 215). Im Christentum sieht er jene Moral verwirklicht, die dasjenige „[...] was die aufsteigende Bewegung des Lebens, die Wohlgerathenheit, die Macht, die Schönheit, die Selbstbejahung auf Erden darstellt, [...] als das Böse, als das Verwerfliche an sich" darzustellen bestrebt ist, wozu eine Welt, von der aus gesehen dies so aussieht, imaginiert wird (KSA 6, S. 192). Diese Zusammenhänge müssten freilich viel detaillierter dargestellt werden, als dies hier geschehen kann.
14 Die Hinwendung Nietzsches zur „Leidenschaft der Erkenntnis", um an die Stelle der Spannung, die das Christentum in die Menschenwelt gebracht hat, eine neue Anspannung zu setzen, hat Brusotti 1997 detail- und kenntnisreich beschrieben.

Hiermit ist ein die Interpreten von Nietzsches Werk zu verschiedenen, ja einander entgegengesetzten Reaktionen veranlassendes Problem verbunden, das man mit dem Titel „Doppelcharakter des Willens zur Macht" bezeichnen könnte. Es verleiht dieser Konzeption eine starke Spannung. Die von Nietzsche vorgeschlagene Beschreibung der Welt als eines immanenten, interpretativen Prozesses relationaler Willen zur Macht, birgt, wie es die Analyse von Pavel Kouba mit guter textlicher Evidenz nahelegt, die philosophische Konsequenz, den „Willen zur Macht" einerseits als „Wille zur Herrschaft" zu lesen, andererseits, da der Wille gesteigert werden soll und gerade am Widerstand wächst, als „Wille zur Differenz" (vgl. Kouba 1999). Von der Seite der Differenz her, die in einigen Interpretationen ja auch hervorgehoben wird, kann man den perspektivischen Charakter von Nietzsches Denken in den Vordergrund stellen. Hier entfaltet die in der erkenntnisskeptischen Seite an Nietzsches Denken verbundene Annahme der illusorischen Struktur der Kultur sozusagen ihre subversive Kraft und kann gerade zur Dekonstruktion vorhandener Machtverhältnisse eingesetzt werden. Auf der anderen Seite aber, aus der Perspektive der vereinheitlichenden Absicht des Willens zur Macht als Wille zur Herrschaft her betrachtet, schlägt Nietzsche ja nicht bloß eine Interpretation vor (was er muss, um nicht in Widerspruch zu seinen eigenen erkenntniskritischen Voraussetzungen zu gelangen), sondern auch eine, die sich durchsetzen will. Er will die herrschende Weltinterpretation, die seiner Analyse zufolge aus dem Ressentiment erwachsen ist, an dem historischen Punkt, an dem er die Grundlagen dieser Interpretation im Angriff der historischen Kritik sich auflösen sieht, durch eine neue Interpretation ersetzen und die in seinen Augen starken Menschen zur Macht bringen. Es sind das diejenigen, die das Leiden, ohne Rachegefühle dazu nötig zu haben, in das Leben integrieren können. Offensichtlich müssen aber erst die Bedingungen zum Entstehen dieses neuen Menschentypus geschaffen werden, Bedingungen, die den jasagenden Menschen heranbilden helfen, so wie das infektuöse Christentum den neinsagenden Menschen herangezüchtet hat.

4 Ressentiment nach Nietzsche

Von dem eigenen philosophischen Programm, das Nietzsches ausgehend von seiner Analyse des Ressentiment aus verfolgt, sind die Anknüpfungen daran bei Scheler und Weber zu unterscheiden, die den Begriff und seine Analyse in je eigene philosophische resp. religionssoziologische Theoriezusammenhänge einbauen. So geht es Max Scheler vor allem darum, die bürgerliche Moral seiner Zeit auf das Ressentiment zurückzuführen. In diesem Kontext definiert er Ressentiment als „eine dauernde psychische Einstellung", die eine „*seelische[] Selbst-*

vergiftung" darstellt, die dadurch entsteht, dass „Entladungen gewisser Gemütsbewegungen und Affekte entsteht, welche an sich normal sind" zurückgedrängt
werden, wodurch sich „dauernde Einstellungen auf bestimmte Arten von Wert-
täuschungen und diesen entsprechenden Werturtheilen zu „bilden." Zu den genannten „Gemütsbewegungen und Affekten" zählt er „Rachegefühl und -impuls,
Hass, Bosheit, Neid, Scheelsucht, Hämischkeit" (Scheler 1955, S. 38).

Ohne hier im Einzelnen auf die genauen Analysen der von Scheler genannten Einstellungen einzugehen, möchte ich einige Züge, die er daran heraus-
streicht, hervorheben. Offensichtlich macht er einen Unterschied zwischen reaktiven Gefühlen und Ressentiment (Scheler 1955, S. 39–41). Letzteres liegt
dann vor, wenn erstere in ihrer Entladung gehemmt sind und dadurch habituell
werden. Er schließt sich hier sehr eng an Nietzsche an. Er hebt weiter an der
Rache, aber auch am Neid und anderen reaktiven Affekten hervor, dass diese
am ehesten habituell werden, wenn sie sich auf Zustände beziehen, die dem
Willen des Einzelnen entzogen sind (Scheler 1955, S. 43, 45, 64). In diesem
Zusammenhang führt er das Beispiel des Krüppels an, dem schon seine bloße
Existenz als ein solcher ein Anlass zu Rache respektive zum Neid auf solche ist,
die es besser haben (Scheler 1955, S. 43, 65f.). Hier zeigt sich schon, dass, was
Scheler weiter hervorhebt, das Ressentiment auf einer bestimmten Art des Wertvergleiches beruht, das die Ressentiment-behafteten Menschen von einer Ent-
wertungstendenz bestimmt sein lässt. Als weiteres Beispiel für eine verfestigte
Ressentimenthaltung bringt er den Typus der „Ressentimentkritik", dem es
weniger auf die tatsächliche Änderung der Zustände, die kritisiert werden, als
auf die Kritik selbst ankomme, wobei er das Beispiel gewisser politischer Partei-
ungen erwähnt, die nur in der Rolle der Opposition funktionieren (Scheler 1955,
S. 44).

Scheler macht nun eine bestimmte Art des Wertvergleiches zur Grundlage der
Ausbildung der als „Ressentiment" bezeichneten Grundhaltung. Er unterscheidet
eine „vornehme" von einer „gemeinen" Art des Wertens. Eine laut Scheler „vornehme" Haltung in der Erfassung des anderen besteht darin, den Wert schon
„vor" dem Vergleich zu erfassen. Damit meint er, dass aufgrund eines sicheren
Selbstwertgefühles der andere sozusagen an sich aufgefasst wird (Scheler 1955,
S. 46f.). Darin liegt eine Nähe zu Nietzsches „objektiver Gerechtigkeit", die gerade
vom Bezug des Schädigenden auf den Geschädigten absieht. Bei Scheler handelt
es sich darum, dass der Wert des anderen, etwa eine bestimmte Fähigkeit, die
dieser besitzt und zu einem hohen Grad entwickelt hat, an sich erfasst wird. Eine
zweite Art des Wertvergleichs erfasst den Wert des anderen nur aus der Relation
auf das eigene Wertgefühl heraus, es wird also zunächst nur *ex negativo* erfasst,
daraus, dass man selbst diese Fähigkeit weder besitzt noch entwickelt hat (Scheler 1955, S. 46). Diese letzte Haltung kann man laut Scheler nun entweder als

Streber oder als vom Ressentiment gesteuerter Mensch einnehmen (Scheler 1955, S. 47). Der Streber ist dabei die vergleichsweise kraftvolle Variante. Er sucht energisch nach bestimmten Gütern zu streben. Es macht ihn nun zum *Streber*, dass nicht die angestrebte Sache um ihrer selbst Willen erstrebt wird, sondern dass es ihm in erster Linie um die Geltung seiner Person im Unterschied zu anderen geht. Eine von einem solchen Typus geprägte Gesellschaft ist Scheler zufolge vom Konkurrenzdenken beherrscht (Scheler 1955, S. 47 ff.).

Der Ressentiment-Typ nimmt nun dieselbe Art von Wertvergleich, wie der Streber, vor, mit dem Unterschied, dass er ihn aus einer Position der Ohnmacht, der Schwäche heraus vollzieht, die ja lt. Nietzsche und Scheler zum Ressentiment prädisponiert. Der Ausweg zur Lösung der dadurch entstehenden Spannung, den der Streber in der aktiven Arbeit an der Steigerung seines Selbstwertgefühls hat, bleibt dem „Ohnmächtigen", Schwachen versperrt und somit kann er, um zu einem Ausgleich zwischen sich und den aufgefassten Werten zu kommen, nur letztere entwerten. Es entsteht der scheele Blick auf alles, was man selbst nicht haben oder leisten kann (Scheler 1955, S. 49 ff.).

Man könnte zusammenfassend sagen, dass Scheler etwas Ähnliches beschreibt, wie es die Adlersche Schule der Psychoanalyse im Phänomen des Minderwertigkeitskomplexes erfasst hat. Der Typus des Strebers, wie ihn Scheler beschreibt, trägt Züge des (über)kompensierenden Menschen, wie ihn Alfred Adler (1977, S. 78, 90–96) gezeichnet hat.

Ressentiment entstünde, so gesehen, dann, wenn einem Menschen mit Minderwertigkeitsgefühl der Weg zur (Über-)Kompensation versperrt bleibt.

An seine Analyse schließt Scheler eine Aufzählung von zwischenmenschlichen Situationen, die seiner Ansicht nach zum Ressentiment prädisponieren, ohne dass sie notwendigerweise zu einer solchen Haltung führten. Das erste Beispiel, die Rolle der Frau in der Gesellschaft, die sie zu Konkurrenz mit ihresgleichen um ein Gut (den Mann) verdammt, dessen Erwerb nicht völlig von ihrem Willen abhängig ist (Scheler 1955, S. 52 f.), ist freilich zeitbedingt, zeigt aber sehr schön, worum es hier geht: nicht darum, dass eine soziale Rolle schicksalhaft zu einer solchen vom Ressentiment geprägten Haltung führt, sondern dass in bestimmten Gesellschaften die Machtverhältnisse gewisse Individuen in eine solche Position drängen. Das gilt laut Scheler etwa für das Verhältnis der älteren zur jüngeren Generation. Wenn VertreterInnen der älteren Generation manche der Werte, die die Jugend noch verwirklichen kann, nur mehr als unerfüllbaren Wunsch empfinden, werden sie dazu neigen, aus dieser Situation heraus alle Werte der Jugendlichkeit schlecht zu machen (Scheler 1955, S. 54). Ein weiteres Beispiel ist das der alten Jungfer, die sich einzig damit beschäftigt, die sexuellen Beziehungen in ihrer Umgebung auszuspionieren und schlecht zu machen (Scheler 1955, S. 53). Das ist alles „menschlich-allzumenschlich", ihm kann aber sowohl auf institutioneller als auch auf individueller Ebene begegnet werden.

Gegen Nietzsche nimmt Scheler in der Wertung der christlichen Moral Stellung. Seiner Ansicht nach ist das Priestertum dadurch, dass es als Vertreter der Religion in der Welt wirkt, anfällig für das Ressentiment in der Form der Abwertung alles Weltlichen, aber dies sei nicht notwendig so (Scheler 1955, S. 56). Er nimmt also die radikale Kritik Nietzsches am Priestertum, die seiner Kritik am Judentum des zweiten Tempels und am Christentum zugrunde liegt, zurück. Weiter erblickt er im Christentum einen Fortschritt gegenüber der griechischen Konzeption des Göttlichen.[15] Ginge es dort, etwa im Platonismus, um persönliche Vervollkommnung als Angleichung an das Göttliche, habe gerade das Christentum eine Konzeption des Absoluten entwickelt, in der dieses aus freiem Entschluss und Lebensfülle sich gnadenhaft dem Menschen zuwende. Daraus folge eine Umkehr in der Idee der Liebe: aus der Erfahrung der Geborgenheit im Göttlichen wende sich der Christ liebend dem Kleinen, Erbärmlichen, Schwachen zu, nicht weil es klein, erbärmlich, schwach ist, sondern weil das darin noch Gesunde, Starke und Ganze gestärkt werden soll. Die auf die zu erreichende Identifikation mit dem Göttlichen hin angelegte Selbstvervollkommnung des antiken Menschen hingegen, der Lebensangst eigne, fürchte aus dieser Haltung heraus den Kontakt mit dem Kleinen, Erbärmlichen und Schwachen. Dem schließt Scheler eine Kritik an einigen Grundzügen der „modernen Moral" an, indem er diese auf das Ressentiment zurückführt. Zusammengefasst kann gesagt werden, dass Scheler von Nietzsches Analyse des Ressentiment Gebrauch macht, um die herrschende Moral des Bürgertums seiner Zeit zu kritisieren, wobei er Nietzsche vor allem darin nicht folgt, dass diese Moral auf priesterliche Wertsetzungen im allgemeinen und die christliche Tradition im Besonderen zurückzuführen ist.

Ähnlich, aber in anderer Richtung, nimmt Max Weber auf Nietzsches Analyse des Ressentiments Bezug, wenn er sie für seine Typologie der Religionen nach der Achse privilegiert" – „negativ privilegiert" verwendet (vgl. Hödl 2007, S. 150f.). Ähnlich wie Scheler betont er, dass die Überzeugung von der Schicksalshaftigkeit der eigenen Situation im Sinne des unverdienten schlechten Loses dem Ressentiment zugrunde liege. Er stimmt jedoch Nietzsche in zwei Punkten nicht zu: Indem er – ähnlich wie Scheler – das Christentum nicht so sehr dem Ressentiment verhaftet sieht wie Nietzsche und den Buddhismus nicht als Ressentiment-Religi-

---

15 Davon handelt der 3. Abschnitt der Schrift, Scheler 1955, S. 70–95; auf die späteren Abschnitte gehe ich hier nicht mehr näher ein, in denen Scheler zunächst eine Kritik an der allgemeinen Idee der Menschenliebe – des „Altruismus" – seiner Zeit übt und sodann weitere Aspekte der „modernen Moral" dadurch kritisiert, dass er sie wie den „Altruismus" auf das Ressentiment zurück führt.

on einschätzt, womit er Nietzsche weiter folgt, als ihm selbst bewusst ist, denn auch Nietzsche hat den Buddhismus positiv vom Ressentiment geleiteten Christentum seiner Zeit abgehoben. Ebenso übersieht Weber die Unterscheidung, die Nietzsche zwischen der Botschaft Jesu und der nach dem Kreuzestod entstandenen Ressentiment verhafteten Verkündigung der Apostel, insb. aber des paulinischen Christentums gemacht hat.

Das liegt aber darin begründet, dass er sich weniger um eine korrekte Nietzsche-Exegese, als um eine Anwendung von Grundeinsichten Nietzsches für seine eigenen religionssoziologischen Unterfangen interessiert, hierbei Scheler nicht ganz unähnlich. Was beide Autoren aufzeigen, ist jedoch, dass Theoreme Nietzsches fruchtbringend zur Erörterung aktueller Forschungsfragen eingesetzt werden können. In der anthropologischen Untersuchung von Religionen könnte, jenseits mehr oder minder legendenhafter Erzählungen, die in einer sozialromantischen Einstellung tradiert werden, der Begriff des Ressentiments als Werkzeug der Analyse verwendet werden. Ansätze dazu finden sich wohl in der Beschreibung von Ritualen, die Gesellschaften zur Konfliktregelung ausgebildet haben. Freilich wird mit einer solchen Bezugnahme über Deskription hinausgegangen und ein Standpunkt eingenommen, der jeweils eine bestimmte Position im Geflecht vertritt – so wie Nietzsche, Scheler und Weber ihre jeweiligen Zuschreibungen vornehmen. Diese Polyphonie aber wird erst Nietzsches perspektivischem Denken gerecht.

Literaturverzeichnis

Adler, Alfred (1977): *Studie über Minderwertigkeit von Organen* (1. Aufl. 1907). Frankfurt a. M.: Fischer.

Bell, Catherine (1997): *Ritual. Perspectives and Dimensions.* New York/Oxford: Oxford University Press.

Brusotti, Marco (1997): Die Leidenschaft der Erkenntnis. Philosophie und ästhetische Lebensgestaltung bei Nietzsche von „Morgenröthe" bis „Also sprach Zarathustra". Berlin/New York: De Gruyter.

Brusotti. Marco (2011): „Ressentiment". In: Niemeyer, Christian (Hrsg.): *Nietzsche–Lexikon.* Zweite, durchgesehene und erweitere Ausgabe, Darmstadt: WBG, S. 327–328.

Deleuze, Gilles (⁹1994): *Nietzsche et la philosophie.* Paris: Presses Universitaires de France.

Douglas, Mary (1986): Ritual, Tabu und Körpersymbolik. Sozialanthropologische Studien in Industriegesellschaft und Stammeskultur. Frankfurt a. M.: Fischer.

Freud, Sigmund (1999a): „Die Traumdeutung" (1. Aufl. 1900). In: *Gesammelte Werke.* Chronologisch geordnet, Bd. 2/3, hrsg. v. Anna Freud, Frankfurt a. M.: Fischer, S. 1–642.

Freud, Sigmund (1999b): „Vorlesungen zur Einführung in die Psychoanalyse" (1. Aufl. 1917). In: *Gesammelte Werke.* Chronologisch geordnet, Bd. 11, hrsg. v. Anna Freud, Frankfurt a. M.: Fischer.

Freud Sigmund (1999c): „Zwangshandlungen und Religionsübungen" (1. Aufl. 1907). In: *Gesammelte Werke*. Chronologisch geordnet, Bd. 7, hrsg. v. Anna Freud, Frankfurt a. M.: Fischer, S. 127–139.

Grappin, Pierre (1994): Großwörterbuch. Französisch–Deutsch. Deutsch–Französisch. Paris: Larousse.

Hödl, Hans Gerald (2001): „Die Träume der Leidenden. Ein Zugang zu den Kriterien der Bewertung von Religionen beim späten Nietzsche". In: Reschke, Renate (Hrsg.): *Zeitenwende–Wertewende. Internationaler Kongress der Nietzsche–Gesellschaft zum 100. Todestag Friedrich Nietzsches vom 24.-27. August 2000 in Naumburg*, Berlin: Akademie Verlag, S. 189–195.

Hödl, Hans Gerald (2007): „Zur Funktion der Religion. Anmerkungen zu Nietzsches Einfluss auf Max Weber und zur Antizipation von religionssoziologischen Fragestellungen in *Menschliches-Allzumenschliches*". In: *Nietzscheforschung*, 14, S. 147–158.

Hödl, Hans Gerald (2009): Der letzte Jünger des Philosophen Dionysos. Studien zur systematischen Bedeutung von Nietzsches Selbstthematisierungen im Kontext seiner Religionskritik. Berlin/New York: De Gruyter.

Kouba, Pavel (1999): „Der wirkliche Wille zur möglichen Macht". In: Schirmer, Andreas/Schmidt, Rüdiger (Hrsg.): *Entdecken und Verraten. Zu Leben und Werk Friedrich Nietzsches*, Weimar: Böhlau, S. 332–342.

Levin, David Michael (2002): „Nietzsche on the Disciplinary Practices of Western Culture". In: *New Nietzsche Studies*, 5, Nr. 1/2, S. 72–94.

Probst, Peter (1992): „Ressentiment". In: Ritter, Joachim/Gründer, Karlfried (Hrsg.): *Historisches Wörterbuch der Philosophie*, Bd. 8, Basel: Schwabe, S. 920–924.

Salaquarda, Jörg (1994): „Die Grundkonception des Zarathustra". In: Hoffmann, David Marc (Hrsg.): *Nietzsche und die Schweiz*, Zürich: Offizin 1994.

Scheler, Max (1955): „Das Ressentiment im Aufbau der Moralen" (1. Aufl. 1915). In: *Gesammelte Werke*, Bd. 3: *Vom Umsturz der Werte. Abhandlungen und Aufsätze*, hrsg. v. Maria Scheler, Bern: Francke, S. 33–147.

Skirl, Miguel (2000): „Ressentiment". In: Ottmann, Henning (Hrsg.): *Nietzsche–Handbuch. Leben–Werk–Wirkung*, Stuttgart/Weimar: J. B. Metzler, S. 312–313.

Stegmaier, Werner (1994): *Nietzsches „Genealogie der Moral"*. Darmstadt: WBG.

Turner, Victor (1996): Schism and Continuity in an African Society. A Study of Ndembu Village Life. Oxford/Washington D.C.: Berg.

Venturelli, Aldo (2003): „Asketismus und Wille zur Macht. Nietzsches Auseinandersetzung mit Eugen Dühring". In: Venturelli, Aldo: *Kunst, Wissenschaft und Geschichte bei Nietzsche*. Berlin/New York: De Gruyter, S. 203–237.

Jens Thiel

„... vergessen Sie mich nicht und heben Sie mir die Arbeit für die Friedenszeit auf"

Joachim Ritter, die Wissenschaftspolitik im „Dritten Reich" und die „Arbeitsgemeinschaft" der Nietzsche-Ausgabe

1

„Lieber Schlechta! [...] Aus dem Absender sehen Sie, daß ich Soldat bin, schon seit Anfang Januar. So werde ich jetzt kaum in der Nietzsche-Ausgabe mitmachen können, aber vergessen Sie mich nicht und heben Sie mir Arbeit für die Friedenszeit auf!"[1]

Mit dieser kurzen Mitteilung des Hamburger Universitätsphilosophen aus dem Felde Joachim Ritter an Karl Schlechta, Hauptherausgeber der *Historisch-kritischen Ausgabe* der Schriften und Briefe Nietzsches im Weimarer Nietzsche-Archiv, endete Anfang Mai 1940 eine einige Monate zuvor verabredete Zusammenarbeit, noch bevor sie überhaupt richtig begonnen hatte. Der Zweite Weltkrieg verhinderte, dass aus dem von einigen Fachvertretern und nationalsozialistischen Wissenschaftspolitikern als philosophische Nachwuchshoffnung gehandelten, von anderen Wissenschaftsfunktionären als politisch unzuverlässiger Kantonist eingestuften Joachim Ritter ein Kärrner im damals durch absichtsvoll-unsachgemäße Behandlung erst unzureichend erschlossenen Werkberg Friedrich Nietzsches geworden ist. Diese kurze, kaum bekannte Begebenheit aus der Geschichte des Nietzsche-Archivs und der Nietzsche-Ausgabe soll im Folgenden behandelt werden.

Für den Historiker ist der Stoff in jedem Falle interessant, wirft er doch ein Schlaglicht auf die Konfliktlinien universitärer und außeruniversitärer Wissenschaftspolitik während des Nationalsozialismus, verweist auf exemplarische Weise auf die „Schwierigkeiten, 1933–1945 Philosoph zu sein" (Sandkühler 2009). Aber auch für Philosophen und Philosophiehistoriker könnte das hier nur historisch behandelte Thema Anlass sein, den bislang kaum nachgegangenen Spuren des wirkmächtigen Philosophen und Kulturkritikers Friedrich Nietzsche im Werk des bekannter Maßen eher an anderen Denkern geschulten Joachim Ritter

---

1 [Wachtmeister] Joachim Ritter an Karl Schlechta, 10.5.1940, Goethe- und Schiller-Archiv Weimar (im Folgenden GSA),Sign.72/2036.

nachzuspüren. Ritters philosophische Beschäftigung unter anderem mit Aristoteles, Augustinus, Nikolaus von Kues, Kant, und Hegel und Marx (Scholtz 2004 u. Sandkühler 2009, bes. S. 228 f.), Ernst Cassirer und Dilthey (Dierse 2004) sind hinlänglich bekannt und ausgeleuchtet. Die Beschäftigung Ritters mit Nietzsche ist noch fast eine „terra incognita"; sie könnte ebenso überraschende Befunde und Bezüge zu Tage fördern, wie das für andere, auf dem ersten Blick gleichfalls „nicht selbstverständliche" geistige und reale Beziehungen Ritter zu weiteren Denkern ganz unterschiedlicher Prägung, Intention und Wirkungsgeschichte bereits geschehen ist.[2]

Und schließlich entbehrt es nicht eines gewissen intellektuellen Reizes, sich an Hand dieses Beispiels der unter Historikern zumeist verpönten Frage des „Was wäre geschehen, wenn..." zu stellen. (Demandt 2001 u. Demandt 2002, S. 190–193). Ob Ritter an einem solchen Gedankenspiel Freude verspürt oder es als bloße Spekulation abgetan hätte, muss dahin gestellt bleiben. Für Nietzsche hingegen gehörte das Kontrafaktische zum Grundsätzlichen seines Denkens. Nicht zufällig nimmt Alexander Demandt, dem die systematische (Teil-) Rehabilitierung der kontrafaktischen Geschichte in der Historiographie zu verdanken ist, Nietzsches Überlegungen aus dessen *Unzeitgemäßen Betrachtungen* zum Ausgangspunkt seiner Überlegungen: „Die Frage: ‚Was wäre geschehen, wenn das und das nicht eingetreten wäre?' wird fast einstimmig abgelehnt, und doch ist sie gerade die kardinale Frage." (UB IV; KGW IV/1, S. 132 bzw. Demandt 2001, S. 15). Auch im vorliegenden Falle haben wir es, frei nach Alexander Demandt und einer seit Aristoteles nicht abreißenden metaphysisch-philosophischen Tradition folgend, mit einer *unverwirklichten Möglichkeit* zu tun. *Möglich* wäre Ritters Mitarbeit in der „Arbeitsgemeinschaft" des Nietzsche-Archivs 1939/40 durchaus gewesen; die Abmachungen waren getroffen, der Vertrag unterzeichnet. *Wirklichkeit* konnte sie nur in Folge des *zufällig* zur selben Zeit beginnenden Krieges nicht werden. Die Real*geschichte* obsiegte über das fast Wirklichkeit gewordene Mögliche.

Erhellend bleibt die Frage allemal, was gewesen wäre, wenn Ritter sich ab 1939/40 tatsächlich als einer der Mitherausgeber der entstehenden großen Gesamtausgabe der Schriften Friedrich Nietzsches betätigt hätte. Ein Blick auf seinen Partner in Sachen Nietzsche, Karl Schlechta, verdeutlicht vielleicht, was *möglich* gewesen wäre. Ähnlich wie Joachim Ritter 1939/40 hatte sich auch Karl Schlechta, bevor er im Mai 1934 zunächst als Mit-, später als Hauptherausgeber für die Nietzsche-Ausgabe zu arbeiten begann, in einer beruflich prekären, durch die politische Zäsur von 1933 geprägten Lebenssituation befunden, die bei ihm

---

2 Zu den Beziehungen zwischen Ritter und Carl Schmitt siehe etwa van Laak 1993, S. 192–200; Schweda 2010 oder Schweda 2014.

noch zusätzlich durch persönliche Probleme verschärft worden war. (Haselbeck/ Wagner 2011). Die Arbeit an der Nietzsche-Ausgabe befreite Schlechta zumindest teilweise aus existentieller Not. Sie eröffnete ihm ein neues Betätigungsfeld, in dem wissenschaftliches Arbeiten möglich war, ohne zwingend an eine Universitätslaufbahn, gekoppelt zu sein. Auch für Schlechta war Nietzsche zuvor nicht von zentraler Bedeutung gewesen. Er hatte sich bis dahin vor allem mit Aristoteles und Goethe beschäftigt. Durch seine Arbeit im Nietzsche-Archiv wurde Nietzsche aber zu jenem Philosophen, mit dem er sich wohl zeitlebens am intensivsten befasst hat – nicht nur als Herausgeber von dessen Schriften, sondern auch als Philosoph und kulturkritischer Intellektueller der Nachkriegszeit. Schlechtas wortgewaltige Polemiken im „Fall Nietzsche" stellen einen Meilenstein in den an Höhepunkten und Kontroversen gewiss nicht armen Auseinandersetzungen um Werk und Person Friedrich Nietzsches dar.[3] Die Frage ist also, ob eine vergleichbare Entwicklung so oder so ähnlich also auch im Falle Joachim Ritters *möglich* gewesen wäre.

2

Um diese Frage – zumindest in dem einzig möglichen kontrafaktischen Sinne – zu beantworten, ist es notwendig, Lebensweg und wissenschaftliche Entwicklung Joachim Ritters wenigstens kurz zu skizzieren. Ritter wurde 1903 als Sohn des in Hamburg hoch angesehenen Arztes Johannes Ritter geboren. Ab 1921 studierte er, zunächst in Heidelberg, dann in Marburg, Freiburg und Hamburg Philosophie, Geschichte, Germanistik und Theologie. Im November 1925 wurde er an der Hamburger Universität von Ernst Cassirer promoviert, 1932 dort auch habilitiert.[4] Die intellektuell außerordentlich anregende Atmosphäre am Hamburger Philosophischen Seminar wurde 1933 mit der Machtübernahme der Nationalsozialisten jäh zerstört; Ritters Mentor Ernst Cassirer von den Nationalsozialisten ins Exil getrieben (Recki 2011, S. 57–80 u. Meyer 2007). Die zugleich merk- wie denkwürdige Abwesenheit von Cassirer und dessen Werk, die etwa sein Schüler Hans Jörg Sandkühler bei Ritter beobachtet hat (Sandkühler 2009, S. 221 f. bzw. Sandkühler 2006), steht in einem eklatanten Widerspruch zu dem intensiven Austausch, den Cassirer und Ritter vor 1933 gepflegt hatten. Ritter hatte zu Cassirers vertrautesten Schülern gehört, ihn nach Davos zum Streitgespräch mit Heidegger begleitet, das

---

3 Zur Biographie und Arbeit Schlechtas im Nietzsche-Archiv Thiel 2010 und Thiel 2012; zur Geschichte des Nietzsche-Archivs aus der Fülle der vorliegenden Literatur nur Hoffmann 1991.
4 Etwa Sandkühler 2006; Sandkühler 2009; Weber 1989; Thiel 2006, bes. S. 185–193; Tilitzki 2001, bes. S. 329–331 und S. 823–831.

er auch protokollierte.[5] Ritter war häufiger Gast im Hause Cassirers; seine Habilitation hatte dieser offenbar gegen Widerstände eines Teils der Philosophischen Fakultät durchsetzen können. Ausschlaggebend dafür waren keineswegs fachliche Gründe, sondern das Gerücht, dass Ritter „Marxist" oder gar „Kommunist" gewesen sei. Nachweisbar ist das im Einzelnen nicht.[6] Belegen lässt sich allerdings das große philosophische, vielleicht auch politische Interesse und die intensiven Marx-Lektüren, die Ritter mit anderen jungen Kollegen und Kommilitonen in Hamburg teilte (Scholtz 2004).

So verwundert es kaum, dass Joachim Ritter den Nationalsozialisten nach 1933 als ein „ausgeprägter Liberalist mit starkem Einschlag zur äussersten Linken"[7] galt. Ende 1933 oder Anfang 1934 – der genaue Zeitpunkt lässt sich nicht mehr ermitteln – durchsuchte die Geheime Staatspolizei Ritters Wohnung und beschlagnahmte einen Teil seiner Bibliothek, die einschlägige marxistische Literatur enthielt. Ritter hatte Glück und wurde nicht verhaftet. Offenbar konnte er der Hamburger Staatspolizei glaubhaft machen, dass seine Bücher „älteren Datums" seien und dass er sie sich nur „zu Studienzwecken" angeschafft hatte (Sandkühler 2009, S. 233).

Aus Sicht der Nationalsozialisten sprachen gegen Ritter aber nicht nur seine „kommunistische[n] Gesinnung" und sein „rege[r] Verkehr" zu „jüdischen Kreisen", sondern vor allem seine erste Ehe mit der wahlweise als „Jüdin" oder „Halbjüdin" bezeichneten Marie Johanna Einstein, einer Verwandten Ernst Cassirers, die 1928 tödlich verunglückt war. Ritter würde, so beispielsweise der Hamburger Dozentenbundführer Georg Anschütz, Ritters Hauptgegner an der Hamburger Universität, der notwendige „Rasseninstinkt" fehlen.[8] Ritters wissenschaftliche Karriere kam zwischen 1933 und 1939 deshalb nur schleppend voran. Entsprechend bedrückend war seine materielle Lebenssituation. Nur mühsam konnte er sich und seine Familie – er hatte erneut geheiratet und Kinder bekommen – als Privatdozent mit Stipendien, Kolleggeldern und knappen Einkünften aus Vortrags- und Lehrtätigkeiten außerhalb der Universität sowie mit Publikationen über Wasser halten. Dabei hatte sich Ritter, wie die meisten seiner Kollegen, in Maßen durchaus den Vorgaben der nationalsozialistischen Wissenschaftspolitik gebeugt

---

5 Zum Davoser Streitgespräch etwa Kaegi 2002; Paetzoldt 1995, S. 96–105; Gründer 1988; Lüddecke 2000; Ferrari 2003 oder Skidelski 2008, bes. S. 204–217.
6 Cassirer 2002, S. 205; Tilitzki 2001, S. 827; Sandkühler 2009, S. 220 f. und S. 231.
7 Georg Anschütz an die Reichsamtsleitung des Nationalsozialistischen Deutschen Dozentenbundes (im Folgenden: NSDDB), 10.6.1938, Bundesarchiv Berlin (im Folgenden: BArch Berlin), PK (ehem. Berlin Document Center, im Folgenden: BDC), O 211.
8 Georg Anschütz an die Reichsamtsleitung des NSDDB, 10.6.1938 bzw. an die Gauleitung Hamburg der NSDAP, 31.1.1939, BArch Berlin, PK (ehem. BDC), O 211.

und eine Reihe von Zugeständnissen an die neuen Machthaber gemacht. Seit dem 1. Mai 1937, dem Ende der Mitgliedersperre, führte ihn die NSDAP als Parteianwärter (Sandkühler 2009 u. Thiel 2006, S. 187 f.)

Das reichte jedoch nicht. Im Falle Ritters verlangte die Dozentenbundsführung nicht bloß dessen bloß passive Parteimitgliedschaft, sondern den sonst nicht zwingend notwendigen Nachweis politischer *Aktivitäten*. Ritter ging auch diesen Schritt, wurde „Blockleiter" und trat, um die anhaltenden Bedenken zu zerstreuen, sogar öffentlich mit dem Parteiabzeichen auf. Trotzdem stand für die besonders radikalen Nationalsozialisten an der Hamburger Universität fest, dass Ritter nicht „von seiner alten liberalistisch-marxistisch-semitophilen inneren Einstellung" abgerückt sei[9] und er sich nur „äusserlich" gewandelt habe, um an der Universität bleiben zu können.[10] Auch Ritter hat seinen Eintritt in die NSDAP nach 1945 sowohl mit seiner wirtschaftlichen Notsituation als auch mit dem drohenden Ende seiner universitären Karriere begründet.[11]

Wissenschaftlich hat sich Ritter während des „Dritten Reiches" kaum kompromittiert. In seinen Schriften, insbesondere seinem Augustinus-Buch (Ritter 1937), bemühte er sich insgesamt um eine weitgehende Politik- und Ideologieferne, auch wenn einige Rezensionen kleinere Zugeständnisse an den Nationalsozialismus erkennen lassen (Sandkühler 2009, S. 239 f.). Auch seine Vortragstätigkeit an der NSDAP-Gauführerschule und an der Hamburger Volkshochschule, die als NS-infiltriert galt, sowie seine Mitarbeit in der Politischen Fachgemeinschaft der Fakultäten, in der er aktiver auftrat, blieben, so weit ersichtlich, im Rahmen allgemein-philosophischer Fragestellungen. Bis 1945 beschränkte sich Ritter auf philosophiegeschichtliche, religionsphilosophische oder ontologische Fragestellungen, ohne sich auf näher auf aktuell-politische oder wissenschaftspolitische Themen einzulassen.[12] „Berührungspunkte zur nationalsozialistischen Weltanschauung sind in seinen Arbeiten nicht vorhanden", hieß es denn auch Anfang 1939 lapidar in einer Einschätzung des Hamburger Dozentenbundführers.[13] Von außen, insbesondere von dem exilierten Ehepaar Cassirer, ist das Verhalten von

---

9 Georg Anschütz an die Reichsamtsleitung des NSDDB, 5.11.1938, BArch Berlin PK (ehem. BDC), O 211.

10 Georg Anschütz an die Reichsamtsleitung des NSDDB, 10.6.1938, BArch Berlin PK (ehem. BDC), O 211.

11 Joachim Ritter an den Dekan der Philosophisch-Naturwissenschaftlichen Fakultät der Universität Münster (Herbert Grundmann), 29.2.1948, Universitätsarchiv (im Folgenden UA Münster), Bestand 63, 100.

12 Tilitzki 2001, S. 828, 830–831, 921, 1197–1272; die Schriftenverzeichnisse in seinen oben erwähnten Personalakten bzw. in *Gedenkschrift* 1978, S. 59–72 oder in Dierse 2004, S. 171–173.

13 Georg Anschütz an die Gauleitung Hamburg der NSDAP, 31.1.1939, BArch Berlin, PK (ehem. BDC), O 211.

Ritter als Opportunismus wahrgenommen worden. Toni (Tony) Cassirer resümier-
te in ihren Erinnerungen verbittert, dass Ritter nach anfänglicher Orientierungslosigkeit schließlich nach kurzer Zeit „wie ein Zinnsoldat, der er wohl auch
gewesen ist", umgefallen sei. (Cassirer, T. 2002, S. 205)

Anfang 1939 geriet Joachim Ritter abermals in Bedrängnis. Als ihm im März
1939 die ohnehin nur geringe Dozentenbeihilfe entzogen wurde und nach Einführung der neuen Reichshabilitationsordnung seine Zulassung als „Dozent neuer
Ordnung" verweigert wurde, war Ritter offenbar entschlossen, seine Universitäts-
karriere zu beenden. Er erwog ernsthaft, dem Beispiel seines Bruders zu folgen, der
1934 nach Brasilien emigriert war. Ritter verwarf diesen Plan jedoch aus Gründen
seiner „beruflichen Vorbildung" und mit dem wohl realistischen Blick auf die
geringen Chancen, die sich ihm als Philosophen und Hochschullehrer im Exil
geboten hätten.[14] Er blieb in Deutschland, sah sich aber gezwungen, nach anderen
beruflichen Perspektiven außerhalb der Universitäten zu suchen. Wie schwer ihm
das gefallen ist, verdeutlicht eine spätere Bemerkung Ritters: „Ich war überdies
durch eine so starke Neigung zu meinem wissenschaftlichen Beruf erfüllt, dass mir
ein Berufswechsel nur im äussersten Notfall erträglich schien."[15]

3

In dieser existentiell bedrohlichen Lage bot ihm Karl Schlechta an, als Mitarbeiter
zur Nietzsche-Ausgabe nach Weimar zu wechseln. Schlechta und Ritter hatten
sich wahrscheinlich im März 1939 kennengelernt; zumindest gibt es keine Hinweise auf eine frühere Bekanntschaft. Anlass war der von Alfred Baeumler, dem
Amtsleiter des Amtes Wissenschaft des „Beauftragten des Führers für die Überwachung der geistigen Schulung und Erziehung der NSDAP" (kurz „Amt Rosenberg"), organisierter mehrtägiger Gesprächskreis im Herrenhaus von Buderose.
Hier, im „Haus der deutschen Frontdichter" bei Guben, kamen auf persönliche
Einladung Baeumlers vorwiegend junge Philosophen zusammen, um über „Weltanschauung und Philosophie" bzw. „Weltanschauung und Wissenschaft" zu diskutierten. Das Ziel hatte Baeumler im Einladungsschreiben folgendermaßen beschrieben:

---

14 Joachim Ritter an den Dekan der Philosophisch-Naturwissenschaftlichen Fakultät der Universität Münster (Herbert Grundmann), 29.2.1948, UA Münster, Bestand 63, 100.
15 Joachim Ritter an den Dekan der Philosophisch-Naturwissenschaftlichen Fakultät der Universität Münster (Herbert Grundmann), 29.2.1948, UA Münster, Bestand 63, 100.

> Zweck dieser Tagung ist die Zusammenfassung derjenigen revolutionären Kräfte, die sich an der Gedankenmacht der philosophischen Ueberlieferung, insbesondere des deutschen Idealismus, geschult haben, durch die Beschäftigung mit der Vergangenheit aber nicht das Gefühl verloren haben, dass mit der Weltanschauung des Nationalsozialismus auch ein neues Zeitalter der philosophischen Besinnung beginnt.[16]

Die in Buderose sollten hier und später eine „echte Philosophische Arbeitsgemeinschaft" im nationalsozialistischen Sinne bilden.[17] Zu den Teilnehmern, die als Diskutanten ohne eigenes Referat eingeladen waren, gehörten auch Schlechta und Ritter. Wie Baeumler auf Ritter aufmerksam geworden ist, ist unklar. Das Ganze trug, so Hans Jörg Sandkühler, eher den Charakter eines „gewöhnlichen philosophischen Kolloquiums", das aber durch Vorträge von Baeumler und Alfred Cordier vom Amt Wissenschaft eine deutlich „politisch-ideologische Dimension" bekam (Sandkühler 2009, S. 235–237). Das Themenspektrum reichte von der „Philosophia perennis" und der „Welt an sich", wozu sich Ritter jeweils in den durchaus kontrovers geführten Diskussionen zu Wort meldete, über den Wahrheitsbegriff und die Geschichtlichkeit des Denkens bis hin zu Rosenberg Konzept der „organischen Wahrheit" und dessen „Mythus des 20. Jahrhunderts". Auch Nietzsches Name fiel in den Vorträgen und Referaten immer wieder. Sowohl Schlechta als auch Ritter erfüllten offenbar Baeumlers Erwartungen. Beide sollten auch zur zweiten Arbeitstagung der „Arbeitsgemeinschaft" eingeladen werden, dieses Mal aber als Referenten. Ritter sollte über „Nikolaus Cusanus" reden. Die für Oktober 1939 in Innsbruck geplante Arbeitstagung fiel jedoch kriegsbedingt aus.[18]

Dass sich Karl Schlechta in Buderose zu Nietzsche äußerte, dessen Nachlass er seit fünf Jahren bearbeitete, ist wahrscheinlich, zumal er bei Baeumler auf einen Nietzsche-kundigen Gesprächspartner traf, mit dem er auch in dienstlichen Angelegenheiten des Nietzsche-Archiv und der Nietzsche-Ausgabe regelmäßig zu tun hatte. Baeumler hatte vor 1933 für seine Nietzsche-Ausgaben bei Kröner und Reclam selbst im Nietzsche-Archiv in Weimar gearbeitet und war mit eigenen Schriften über Nietzsche hervorgetreten.[19] Ob auch Ritter in den Gesprächen auf

---

16 NSDAP-Reichsleitung, Der Beauftragte des Führers für die Überwachung der geistigen Schulung und Erziehung der NSDAP, Amt Wissenschaft (Alfred Baeumler), an Karl Schlechta, 8.2.1939, GSA, 72/2033.
17 Korrespondenz in BArch Berlin, NS 15, 312; Tilitzki 2001, S. 955–961; zum Tagungsort Plath 2004, S. 33–44.
18 Siehe Ritter 1927. Neben weiteren kleineren Arbeiten zu Cusanus veröffentlichte Ritter ein weiteres Cusanus-Buch (Ritter 1941). Zu den Planungen für Innsbruck siehe Sandkühler 2009, S. 236 f. (mit allen entsprechenden Quellenverweisen in: BArch Berlin, NS 15, 312).
19 Anstelle von Einzelverweisen: Whyte 2008.

Nietzsche Bezug nahm, lässt sich auf Grund der Überlieferungsgeschichte nicht mit Bestimmtheit sagen.

Der freundliche Ton, der die anschließende Korrespondenz zwischen Schlechta und Ritter durchzieht, lässt den Schluss zu, dass sich die beiden in Buderose gut verstanden haben.

Dafür spricht auch, dass Schlechta Ritter nach einigen Briefen einlud, ihn im „guten alten Frankfurt", wo er wohnte, lehrte und hauptberuflich als Kulturreferent arbeitete, zu besuchen.[20] Ob und in welcher Intensität Nietzsche ihre persönlichen Gespräche bestimmte, muss offen bleiben. Die *Möglichkeit* war gegeben, die *Wahrscheinlichkeit* hoch – die historische *Wirklichkeit* lässt sich indes nicht mehr zuverlässig rekonstruieren. Über die prekäre Situation Ritters, dessen berufliche Perspektiven und wissenschaftlichen Ambitionen aber müssen die beiden gesprochen haben. Sicher ist, dass Schlechta das Nietzsche-Archiv als Arbeitsort und die Nietzsche-Ausgabe als editorische Aufgabe ins Spiel brachte. Diese Kombination hätte den Vorteil gehabt, dass der Ritter in der Wissenschaft bleiben konnte. Dies allerdings im mühsamen Kärrnergeschäft des Edierens und in einer schlecht bezahlten Nische des nationalsozialistischen Wissenschaftsgefüges, die zudem auch alles andere als frei von politisch-ideologischen Zumutungen war. Von der Universitätslaufbahn hätte er sich zumindest vorläufig und schweren Herzens verabschieden müssen: „Der [...] Vertrag mit der Nietzsche-Ausgabe ist dann gleichwohl trotz der geringen finanziellen Dotierung von etwa 120 RM [Reichsmark] monatlich der erste Schritt zu einer Lösung von der Universität gewesen."[21] Immerhin erschien Ritter der Wechsel an die Nietzsche-Ausgabe als ein erträglicher Kompromiss, eine *Möglichkeit* des wissenschaftlichen Arbeitens, wenn auch mit eingeschränkten Perspektiven. Nichts desto trotz sondierte Karl Schlechta deshalb zunächst auch an der Universität Jena, die personell eng mit dem Nietzsche-Archiv verbunden war (Dahms 2003, bes. S. 744f. und S. 752) – wo sich Schlechta 1937 selbst habilitiert hatte – nach Verwendungsmöglichkeiten für Ritter. Seine Bemühungen blieben jedoch erfolglos und wurden zunächst vertagt.[22] So verfolgte Schlechta nun noch entschiedener die zweite vereinbarte Option, die Mitarbeit Ritters an der Nietzsche-Ausgabe und seine Finanzierung durch ein, wie üblich, Stipendium der Deutschen Forschungsgemeinschaft (DFG). Auf der Rückreise von Buderose nach Frankfurt am Main hatte Schlechta am 20. März 1939 in Weimar Station gemacht[23] und vermutlich schon erste Gespräche

20 Karl Schlechta an Joachim Ritter, 2.6.1939, GSA, 72/2034.
21 Joachim Ritter an den Dekan der Philosophisch-Naturwissenschaftlichen Fakultät der Universität Münster (Herbert Grundmann), 29.2.1948, UA Münster, Bestand 63, 100, Bl. 12.
22 Karl Schlechta an Joachim Ritter, 22.4.1939, GSA, 72/2034.
23 Erhart Thierbach an Richard Oehler, 20.3.1939, GSA, 72/2034.

„mit den zuständigen Herren" vom Archiv, insbesondere mit Max Oehler, dem umstrittenen Leiter des Nietzsche-Archivs, geführt.[24] Einen Monat später konnte Schlechta Ritter mitteilen, dass es in Sachen seiner „eventuellen Mitarbeit an unserer großen Nietzsche-Ausgabe" gut aussähe und dass Ritter schon bald „mittun" könne, sogar, wie von Ritter gewünscht, von Hamburg aus.

Alles Weitere hing nun von der Zustimmung Martin Heideggers ab. Als Mitglied des Wissenschaftlichen Ausschusses der Nietzsche-Ausgabe war Heidegger nicht nur für die konzeptionelle Ausrichtung der Edition mit verantwortlich, sondern hatte auch über die philologische Qualität der Bearbeitung zu wachen. Da er sich selbst gerade intensiv mit Nietzsches Werk auseinandersetzte, war sein Interesse an den Vorgängen in Weimar zu diesem Zeitpunkt besonders groß.[25] Schlechta bat Ritter, ihm mitzuteilen, ob er „in irgend einer persönlichen Beziehung zu Heidegger" stünde oder ob Heidegger von ihm „irgend eine bestimmte Meinung" habe. Die Zustimmung Heideggers wollte er sich anschließend persönlich einholen.[26] Heidegger erhob gegen die Verpflichtung von Joachim Ritter keine Einwände, obwohl er zunächst selbst einen anderen Bewerber ins Spiel gebracht hatte.[27] Am 6. Mai 1939 signalisierte er Schlechta, dass er hinsichtlich der Einstellung neuer philosophischer Mitarbeiter freie Hand hätte.[28] Schlechta hatte Heidegger bereits im April 1939 brieflich über seine Absichten informiert und Ritter dabei als einen „sehr klugen, geschulten und überdies persönlich sehr anständigen jungen Dozenten" vorgestellt. Schlechta schlug Heidegger vor, Ritter vor allem für die dringend anstehende Bearbeitung der philosophischen Abschnitte der nächsten Bände einzusetzen.[29] Für Heidegger dürfte Joachim Ritter kein Unbekannter gewesen sein. Ob er sich an den jungen Studenten in Marburg erinnerte, der 1923 bei ihm gehört hatte, ist eher unwahrscheinlich. Als Protokollant des „Davoser Streitgesprächs" zwischen Heidegger und Ernst Cassirer 1932 dürfte Ritter ihm aber vermutlich in Erinnerung geblieben sein. Ob Heidegger über Ritters philosophische Schriften oder seine Antrittsvorlesung von 1933 – in der sich manche Wendungen gegen Heidegger finden (Sandkühler 2009,

---

24 Karl Schlechta an Joachim Ritter, 22.4.1934, GSA, 72/2034 bzw. Karl Schlechta an Max Oehler, 11.5.1939, GSA, 72/1743.
25 Etwa Heinz/Kisiel 1996 sowie die Edition „Martin Heidegger und das Nietzsche-Archiv in Weimar" (in Denker u.a. 2005, S. 25–36). Aus der Fülle der Sekundärliteratur u.a. Babich/Denker/Zaborowski 2012. Aus der bei Klostermann erschienenen Gesamtausgabe der Werke Heideggers sei hier vor allem verwiesen auf die Bände 46 (2003) und 87 (2004).
26 Karl Schlechta an Joachim Ritter, 22.4.1939, GSA, 72/2034.
27 Karl Schlechta an Joachim Ritter, 2.6.1939, GSA, 72/2034.
28 Karl Schlechta an Max Oehler, 11.5.1939, GSA, 1743 (mit dem Verweis auf das Schreiben Heideggers vom 6. Mai 1939).
29 Karl Schlechta an Martin Heidegger, 22.4.1939, GSA, 72/2033.

S. 229f.) – im Bilde war und ob ihm Ritters aktuelle Schwierigkeiten bekannt gewesen sind, ist ungewiss. Schlechta wird Heidegger zumindest in groben Zügen über Ritters Situation in Kenntnis gesetzt haben.

Dass Ritter für die wenig dankbare Arbeit des wissenschaftlichen Edierens – der „Danaiden-Arbeit bei der Nietzsche-Ausgabe"[30] – geeignet sei, schien allen Beteiligten als ausgemacht – auch wenn Ritter, wie Schlechta vor ihm, in Sachen Nietzsche und in Bezug auf die Editionstätigkeit, ein Seiteneinsteiger war. Natürlich kannte Joachim Ritter *seinen* Nietzsche. Als Student, zumal von Heidegger, hatte er mit Sicherheit Texte von Nietzsche gelesen. Auch als Doktorand, Habilitand und enger Vertrauter von Ernst Cassirer dürfte er Gelegenheit gehabt haben, sich mit Nietzsche zu beschäftigen. Die vielfach vorhandenen, allerdings kaum explizit gemachten Bezugnahmen Cassirers auf Nietzsche, nicht nur in seinen kulturphilosophischen Schriften,[31] sondern etwa auch in seinem Geschichts- und Sprachverständnis,[32] hat die Cassirer-Forschung erst in den letzten Jahren intensiver herausgearbeitet. Auch in seinen Vorlesungen und Übungen hat Ritter Nietzsche mehrfach behandelt, so beispielsweise in seiner Übung an der Hamburger Universität zur neueren Geschichtsphilosophie (Wintersemester 1934/35) oder in seiner „Einführung in das Wesen philosophischer Werke" an der Hamburger Volkshochschule (Wintersemester 1936/37).[33] Im Mittelpunkt von Ritters philosophischen Interessen stand Nietzsche indes nicht. In seinen Schriften aus der Zeit vor 1939 finden sich kaum Hinweise, die auf eine besonders intensive Nietzsche-Lektüre schließen lassen.

Nachdem Schlechta Ritter Anfang Juni 1939 darüber informiert hatte, dass Heidegger seinem „Beitritt zur Arbeitsgemeinschaft" der Nietzsche-Ausgabe zugestimmt hatte,[34] bereitete er sich von Hamburg aus intensiv auf seine Arbeit vor. Ende August reiste Ritter nach Weimar, um den Vertrag zu unterschreiben und sich erstmals vor Ort ein Bild über die anstehenden Arbeiten und das Archiv zu machen. Ein Brief an Max Oehler verrät, dass er seiner Tätigkeit an der Nietzsche-Ausgabe zuversichtlich und durchaus positiv gestimmt entgegensah:

> „Es ist mir ein Bedürfnis, Ihnen […] nach der Rückkehr von Weimar noch einmal meinen Dank zu sagen für die Aufnahme, die ich im ‚Archiv' gefunden habe. Als Herr Schlechta zuerst mit mir über die Möglichkeit einer Mitarbeit an der Ausgabe sprach, lockte mich gleich die Aufgabe, an der Bereitstellung des Werkes Nietzsches mitzuschaffen. Nun kann ich auf die unmittelbare Begegnung mit den Mitarbeitern des Archivs und der Ausgabe

---

30 Karl Schlechta an Joachim Ritter, 2.6.1939, GSA, 72/2034.
31 Etwa (John Michael Krois folgend) Gerhardt 2012, S. 604.
32 Etwa Rudolph 2012, Hütig 2000.
33 *Gedenkschrift* 1978, S. 59–72 und Dierse 2004, S. 171–173.
34 Karl Schlechta an Joachim Ritter, 2.6.1939, GSA, 72/2034.

zurücksehen, auf persönliche Gespräche und Abreden und auf die erste Berührung mit dem Arbeitsgebiet selbst. Ich bin glücklich, dass sich die Vorstellungen, die ich vom Geist des Archivs und seiner Arbeit mitbrachte, auf das schönste bestätigt haben. Möchte die Zukunft nun gewähren, dass die besprochenen Arbeiten bald aufgenommen und zu guter Erfüllung gebracht werden können."[35]

Diese Zukunftshoffnungen erfüllten sich jedoch nicht. Einen Tag, nachdem Ritter diesen Brief nach Weimar schickte, begann der Zweite Weltkrieg. Ritter blieb aber weiterhin an der Mitarbeit interessiert. So forderte er Ende September 1939 von Schlechta und Erhart Thierbach, der im Nietzsche-Archiv den Briefwechsel zwischen Nietzsche und Cosima Wagner bearbeitete und herausgab, entsprechende Unterlagen und Arbeitsberichte für seine zukünftige Arbeit an.[36] Zu diesem Zeitpunkt schien es immer noch so, als ob „[a]lles Übrige in der ganzen Angelegenheit bereits geklärt" sei. Die Erledigung der Formalitäten verzögerte sich jedoch immer wieder, nicht nur, weil der für Ritters „Engagement" im Archiv zuständige Erhart Thierbach, der schon seit Frühjahr eingezogen war, weiterhin nicht zur Verfügung stand.[37] Als die DFG nach Beginn des Krieges die Weiterzahlung von Beihilfen an Nicht-Kriegsteilnehmer zum 1. November 1939 einstellte, verschlechterten sich die Aussichten noch einmal. Einen Neuantrag, wie er für Ritter notwendig gewesen wäre, genehmigte die DFG generell nicht mehr. Schlechta musste sich nun vorrangig um neue Möglichkeiten der Finanzierung kümmern, da auch die anderen Mitarbeiter der Edition von den Neuregelungen betroffen waren. Insbesondere für die Mitarbeit von Joachim Ritter versuchte er bis April 1940 vergeblich, eine andere finanzielle Lösung zu finden.[38] Lange blieben beide optimistisch, dass es am Ende doch noch zu einer Zusammenarbeit in Weimar kommen würde. Am 11. April 1940 erkundigte sich Schlechta deshalb bei Ritter, ob dieser etwa schon eingezogen sei oder ob das Archiv „für die nähere Zukunft unter Umständen" weiter mit seiner „Teilnahme an der historisch-kritischen Ausgabe" rechnen könne, was er „von ganzem Herzen" hoffe. Dreh- und Angelpunkt blieb die Finanzierung: „Das ‚unter Umständen', so Schlechta, „bedeutet die alte finanzielle Frage", für die er allerdings eine baldige Klärung erwartete.[39] Bevor es jedoch dazu kam, erhielt Ritter seinen Einberufungsbefehl. Die Pläne, an der Nietzsche-Ausgabe mitzuarbeiten, mussten fürs Erste auf Eis gelegt werden. Sowohl Ritter als auch Schlechta rechneten aber weiter damit, dass sie nach

---

35 Joachim Ritter an Max Oehler, 31.8.1939, GSA, 72/1743.

36 Frl. Muck (Nietzsche-Archiv) an Karl Schlechta, 25.9.1939 bzw. Frl. Muck an Erhart Thierbach, 26.9.1939, GSA, 72/2034.

37 Karl Schlechta an Joachim Ritter, 2.6.1939, GSA, 72/2034 (dort auch alle Zitate).

38 Siehe dazu die Korrespondenzen in GSA, 72/1583 und 72/1743.

39 Karl Schlechta an Joachim Ritter, 11.4.1940, GSA, 72/2036.

Kriegsende zusammen an der Nietzsche-Ausgabe arbeiten würden. „Daß Sie bei
den Soldaten sind, bedauere ich natürlich aus unseren Arbeitsabsichten heraus
recht sehr" antwortete Schlechta auf den eingangs zitierten Brief Ritters, der ihn
über dessen Einberufung in eine Artillerieeinheit informiert hatte: „[A]ber seien
Sie ganz beruhigt, wenn wieder Frieden ist, so wollen wir auf alle Fälle miteinander an die Aufgaben unserer Ausgabe herangehen. Gleich Ihnen freue ich
mich schon jetzt auf diese gemeinsame Tätigkeit".[40] Ein weiteres halbes Jahr
später, im Januar 1941, wurde schließlich auch Karl Schlechta zu einer Nach-
richteneinheit eingezogen. Er blieb bis zu seiner „Unabkömmlichkeits"-Stellung
im Rahmen einer konzertierten Sonderaktion nationalsozialistischer Wissen-
schaftsinstitutionen im Mai 1944 Soldat.[41] Nach seiner Rückkehr widmete sich
Schlechta bis Kriegsende wieder mit ganzer Kraft der Arbeit an der zwischen-
zeitlich weitgehend liegen gebliebenen Nietzsche-Ausgabe. Aber weder Schlechta
noch Ritter sollten Gelegenheit haben, ihr gegenseitiges Versprechen einzulösen.
Die Arbeiten an der Historisch-kritischen Ausgabe der Schriften und Briefe Friedrich Nietzsches wurden 1945 eingestellt und nicht wieder aufgenommen. Ob
Joachim Ritter, der bis Mai 1945 als Offizier im Kriegseinsatz blieb und anschließend in englische Kriegsgefangenschaft geriet, gegebenenfalls dazu bereit gewesen wäre, bleibt eine offene Frage. Denn noch während die Verhandlungen um
Joachim Ritters Mitarbeit an der Nietzsche-Ausgabe liefen, hatten sich seine
Chancen, eine universitäre Laufbahn fortsetzen zu können, wieder deutlich ver-
bessert.

4

Joachim Ritter hatte an der Hamburger Universität nicht nur Gegner, sondern
immer auch einflussreiche Unterstützer gehabt – eine Erklärung dafür, dass er
sich trotz der massiven Vorbehalte gegen ihn überhaupt so lange im Lehrbetrieb
der Hamburger Universität halten konnte. Am Ende hatten sie sich gegen Ritters
Gegner durchgesetzt. Im November 1939 ernannte das Reichserziehungsministerium Joachim Ritter, für ihn selbst überraschend, doch noch zum „Dozenten neuer

---

40 Karl Schlechta an Joachim Ritter, 15.5.1940, GSA, 72/7036.
41 Neben Schlechta sollte auch Joachim Ritter zu den etwa vierzig Geisteswissenschaftlern
zählen, die mit Hilfe einer gezielten Uk.-Stellung zur Sicherung des wissenschaftlichen Nachwuchses von den Fronten zurückgeholt werden sollte. Schlechta wie Ritter waren dafür von
„Hauptamt Wissenschaft" des Amtes Rosenberg vorgeschlagen worden. Im Gegensatz zu Schlechta ist Ritter, vermutlich aus militärischen Gründen, jedoch nicht freigestellt worden. Thiel 2004,
bes. S. 123 f. und Thiel 2009, bes. S. 229–237.

Ordnung".[42] Mit der befristeten Verbeamtung und den festen „Diätenzahlungen", die mit seiner Ernennung verbunden waren, stabilisierte sich nicht nur Ritters wirtschaftliche Situation. Die *Möglichkeit* einer universitären Karriere standen Ritter nun wieder offen, auch wenn der Hamburger Dozentenbundführer weiterhin drohte, dafür sorgen zu wollen, dass er „einstweilen" auf keinen Lehrstuhl berufen wird.[43] Obwohl Ritter von Januar 1940 bis Ende 1946 ununterbrochen im Krieg bzw. in Kriegsgefangenschaft war, verlief seine weitere akademische Karriere bis Kriegsende relativ geradlinig. Im Juli 1941 ernannte ihn das Reichserziehungsministerium in Abwesenheit zum außerplanmäßigen Professor. Nachdem sein Name auf mehreren anderen Berufungslisten gestanden hatte, erfolgte im Mai 1943 schließlich seine erste Berufung auf einen ordentlichen Philosophielehrstuhl in Kiel.[44] Antreten konnte er seine Lehrämter kriegsbedingt jedoch nicht.

Obwohl Ritters persönliche Integrität von keiner der beteiligten Stellen in Zweifel gezogen wurde, geriet seine universitäre Karriere nach 1945 vor allem wegen seiner NSDAP-Mitgliedschaft zunächst ins Stocken. Es sollte bis zum endgültigen Abschluss von Ritters Entnazifizierungsverfahren im Juni 1948 dauern, ehe das zuständige Kultusministerium in Düsseldorf Ritters bereits erfolgte Ernennung zum ordentlichen Professor auch de facto vollzog. Seine Lehrtätigkeit in Münster hatte Joachim bereits drei Semester zuvor aufnehmen können.[45]

Die geplante Mitarbeit an der Nietzsche-Ausgabe spielte in seinem Entnazifizierungsverfahren übrigens eine wichtige Rolle. Nicht nur Ritter selbst, sondern auch die zuständigen universitären Gremien, die Ritters Argumentation aufnahmen und unterstützten, verwiesen in ihren entlastenden Stellungnahmen immer wieder auf diese kurze, aber als entscheidend herausgestellte Begebenheit in Ritters Werdegang. Unterstützung erhielt Ritter auch aus Mainz, wohin Karl Schlechta inzwischen berufen worden war, Vermutlich von Ritter dazu angeregt, stellte er ihm im Februar 1948 ein politisches Leumundszeugnis aus, in dem er die Vorgänge rund um Ritters vorgesehene Mitarbeit in Weimar ausführlich schilderte. Schlechta ging dabei ausdrücklich auf Ritters damalige Lebenssituation und seine durch NS-Dienststellen verhinderte bzw. verschleppte Karriere ein. Schlechta bestätigte auch Ritters Besuch Ende August 1939 in Weimar und die verbindli-

---

42 Unterlagen zur Ernennung und den voran gegangenen Diskussionen 1939 in: St HH, Staatsverwaltung, B V 92a, UA 75 (Ritter, Joachim).
43 Georg Anschütz an den Hamburger Rektor Wilhelm Gundert, 18.12.1939, St HH, Dozenten- und Personalakten, IV 839 (Ritter).
44 Tilitzki 2001, S. 853 sowie S. 780 (Prag), S. 786 (Graz), S. 814 (Rostock), und S. 847 (Köln); zur Berufung nach Kiel 1942/43 S. 823–831.
45 Schriftverkehr in UA Münster, Bestand Kurator, 5829, Bd. 1 und Bestand 63, 100.

chen Abmachungen, die dort getroffen worden waren. Zu diesen Absprachen hätte es laut Schlechta auch gehört, dass Ritter von Hamburg nach Weimar übersiedeln sollte. Mit einem solchen Schritt wäre Ritter, so Schlechta, nicht nur „in grösster Nähe der Manuskripte", sondern auch weit genug weg vom Wirkungskreis des ihm missgünstigen Hamburger Dozentenführers gewesen. Schlechta bestätigte schließlich, dass „dieser ganze Plan nur durch den Ausbruch des Krieges und der Einziehung des Herrn Ritter zum Militärdienst nicht zur Durchführung" gekommen sei.[46] So erwies sich das nicht zu Stande gekommene Weimarer „Engagement" erneut in einer entscheidenden Situation von Ritters Karriere als nützlich.

Hatte es aber über diese lebensgeschichtliche Bedeutung hinaus Belang für Ritter und sein philosophisches Werk? Immerhin sollte sich Ritter nach seiner Rehabilitierung zu einem der wirkmächtigsten akademischen Lehrer und Forscher der Bundesrepublik entwickeln, dessen Einfluss weit über die engere philosophische Fachdisziplin, seine Schülerschaft und das inzwischen legendär gewordene „Collegium Philosophicum" hinausging.[47]

5

Gibt es also Indizien dafür, dass Ritters Bereitschaft, sich 1939 in die „Arbeitsgemeinschaft" der Nietzsche-Ausgabe einzureihen, mehr gewesen sein könnte als eine Notlösung in einer fast ausweglosen Lage, mehr als ein beruflicher Ausweg aus einer prekären Lebens- und Arbeitssituation, mehr als die Suche nach einer Nische in politisch bedrückenden Zeiten? Führte Ritters sondierende Beschäftigung mit Nietzsche und dem Nachlass in Weimar zu einer intensiveren Auseinandersetzung mit seinen Werken? Das dürfte eine der spannendsten Fragen sein, die sich aus Joachim Ritters Weimarer Episode ergeben. Beantworten können sie letztlich nur die Philosophen, zu denen der Autor dieses Beitrages nicht gehört. Antworten werden sich nicht zuletzt im Nachlass Joachim Ritters finden lassen, der seit 2007 im Deutschen Literaturarchiv Marbach aufbewahrt wird. Erste Veröffentlichungen, die diesen nutzen, konnten bereits zeigen, dass es dafür durchaus einige ernst zu nehmende Anhaltspunkte gibt. So haben sich einige Oktavhefte Ritters aus der britischen Kriegsgefangenschaft in Shap Wells erhalten, die auf eine intensivere Auseinandersetzung mit Nietzsche schließen

46 Karl Schlechta: Politisches Leumundszeugnis [für Joachim Ritter], 2.2.1948, UA Münster, Bestand 63, Nr. 100, Bl. 15 (Abschrift in: Ebd., Bestand Kurator, PA Nr. 5829, Bd. I).
47 Etwa *Collegium Philosophicum* 1965; *Gedenkschrift* 1978; Seifert 2000; Dierse 2004; van Laak 1993, bes. S. 192–200 oder Schweda 2010.

lassen. Schon auf Grund der unmittelbaren zeitlichen Nähe ist davon auszugehen, dass man es hier durchaus mit einem Nachklang seiner Beschäftigung mit
Nietzsche um 1939/40 zu tun haben könnte (Schweda 2013, S. 75f.).[48] Auch für
die Zeit kurz nach seiner Entlassung aus der Kriegsgefangenschaft und nach
Wiederaufnahme seiner Lehrtätigkeit finden sich Spuren seiner Beschäftigung
mit Nietzsche, etwa in seiner Münsteraner Vorlesung zur Philosophischen Ästhetik im Wintersemester 1947/48, die kürzlich von Ulrich von Bülow und Mark
Schweda aus dem Nachlass veröffentlicht worden ist. Im Zusammenhang mit
seinen Überlegungen zum „Ende der Geniekunst" ging Ritter beispielsweise ausführlich auf den „Fall Nietzsche-Wagner" ein (Ritter 2010, S. 60–63).

Aber auch in seinem 1960 erstmals veröffentlichten zivilisationskritischen
Essay „Die große Stadt", der die Entzweiung der entfremdeten, modernen Gesellschaft zum Thema hat, kam Ritter auf Nietzsche zu sprechen. Besonders das
Kapitel „Vom Vorübergehen" aus dem „Zarathustra" war für Ritter von zentraler
Bedeutung, ein für ihn gleichermaßen „geschichtlich zurück wie voraus weisend
[es]" Lehrstück, das alle „Elemente der Verfallstheorien" vor und nach ihm zusammenfassen würde. Für Ritter blieb Nietzsche allerdings in den Grenzen seiner
Zeit und seines Denkens befangen. Nietzsche sei, so Ritter, ein „Romantiker"
geblieben, „der im ständigen Versuch, die romantische Subjektivität zu überwinden, doch immer wieder nur romantische Auswege" findet (Ritter 1977, S. 345).

Noch in seiner Antithetik blieb Nietzsche für Ritter aber präsent (Schweda
2013, S. 309–312).

Für einen geschichtlich denkenden Philosophen wie Ritter gehörte Nietzsche
ohnehin immer zum philosophischen Traditionsbestand, mit dem es sich kritisch
auseinanderzusetzen galt. Auch darin ähnelt Ritter Karl Schlechta, der über seine
Arbeit im Nietzsche-Archiv und an der Nietzsche-Ausgabe zu einem Kritiker Nietzsches, vor allem aber seiner Adepten wurde. Nietzsches philosophische Leistung
und kulturhistorische Stellung stellte Schlechta dabei jedoch insgesamt niemals
in Frage. (Thiel 2010 u. Thiel 2012) In Anbetracht der Bedeutung seines Werkes,
insbesondere seiner praktischen Philosophie, für die „liberal-konservative Begründung der Bundesrepublik" (Hacke 2006 bes. S. 161–166, Schweda 2009),
könnte die Frage, was wäre gewesen, wenn sich Ritter ab 1939/40 in einer ebenso
intensiven Weise wie vor ihm Karl Schlechta mit Friedrich Nietzsche befasst hätte,
am Ende doch mehr sein als ein Spiel mit kontrafaktischer Geschichte. Und
schließlich verdient auch das *Mögliche*, nicht (mehr) Wirklichkeit Gewordene

---

48 Für diese Informationen zum Nachlass und die philosophische Beschäftigung Ritters mit
Nietzsche danke ich Mark Schweda ganz herzlich. Für weitere Hinweise und Ermunterungen
bedanke ich mich bei Katja Kautzsch, Reinhart Mehring, Simon Renkert, Martin Rosie, Claudia
Terne und Tobias Weilandt; besonders aber bei Renate Reschke für Impulse und Anregungen.

unser Interesse. Es hält manche überraschende Erkenntnis bereit. *Ritter und Nietzsche* bleibt also auch in diesem Sinne ein Themenfeld, das noch lange nicht abgeschritten ist.

Literaturverzeichnis

Babich, Babette/Denker, Alfred/Zaborowski, Holger (Hrsg.) (2012): *Heidegger & Nietzsche*. Amsterdam/New York: Rodopi.

Cassirer, Toni (1981): *Mein Leben mit Ernst Cassirer*. Hildesheim: Gerstenberg.

Collegium Philosophicum (1965): Studien. Joachim Ritter zum 60. Geburtstag Basel/Stuttgart: Schwabe.

Dahms, Hans-Joachim (2003): „Jenaer Philosophen in der Weimarer Republik, im Nationalsozialismus und der Folgezeit bis 1950". In: Hoßfeld, Uwe/John, Jürgen/Lemuth, Oliver/Stutz, Rüdiger (Hrsg.): *„Kämpferische Wissenschaft". Studien zur Universität Jena im Nationalsozialismus*, Köln/Weimar/Wien: Böhlau, S. 723–771.

Demandt, Alexander (2001): *Ungeschehene Geschichte. Ein Traktat über die Frage: Was wäre geschehen, wenn...?* Göttingen: Vandenhoeck & Ruprecht.

Demandt, Alexander (2002): „Kontrafaktische Geschichte". In: Jordan, Stefan (Hrsg.): *Lexikon Geschichtswissenschaft. Hundert Grundbegriffe*, Stuttgart: Reclam, S. 190–193.

Denker, Alfred/Heinz, Marion/Sallis, John/Vedder, Ben/Zaborowski, Holger (Hrsg.) (2005): *Heidegger und Nietzsche* (= Heidegger-Jahrbuch 2). Freiburg/München: Alber.

Dierse, Ulrich (2004): „Geschichtlichkeit. Ritters frühe Arbeiten zu Cassirer und Dilthey". In: Dierse, Ulrich (Hrsg.): *Joachim Ritter zum Gedenken*, Mainz/Stuttgart: Steiner, S. 30–41.

Ferrari, Massimo (2003): *Ernst Cassirer. Stationen einer philosophischen Biographie. Von der Marburger Schule zur Kulturphilosophie*. Hamburg: Meiner.

Gedenkschrift Joachim Ritter (1978). Zur Gedenkfeier zu Ehren des am 3. August 1974 verstorbenen em. ordentlichen Professors der Philosophie Dr. phil. Joachim Ritter, 6. Februar 1976, Aula der Westfälischen Wilhelms-Universität Münster, Münster: Aschendorff.

Gerhardt, Volker (2012): „Menschwerdung durch Technik. Ernst Cassirers Theorie des Geistes". In: Recki, Birgit (Hrsg.): *Philosophie der Kultur – Kultur des Philosophierens. Ernst Cassirer im 20. und 21. Jahrhundert*, Hamburg: Meiner, S. 601–621.

Gründer, Karlfried (1988): „Cassirer und Heidegger in Davos 1929". In: Braun, Hans-Jörg/Holzhey, Helmut/Orth, Ernst Wolfgang (Hrsg.): *Über Ernst Cassirers Philosophie der symbolischen Formen*, Frankfurt a. M.: Suhrkamp, S. 290–302.

Hacke, Jens (2006): *Philosophie der Bürgerlichkeit. Die liberal-konservative Begründung der Bundesrepublik*. Göttingen: Vandenhoeck & Ruprecht.

Haselbeck, Sebastian/Wagner, Julia (2011): „Intellektuelle Insulaner. Karl Schlechta an Max Kommerell. Ein Brief aus dem Jahr 1933". In: *Geschichte der Germanistik. Mitteilungen*, 39/40, S. 77–84.

Heinz, Marion/Kisiel, Theodore (1996): „Heideggers Beziehungen zum Nietzsche-Archiv im Dritten Reich". In: Schäfer, Hermann (Hrsg.): *Annäherungen an Martin Heidegger. Festschrift für Hugo Ott zum 65. Geburtstag*, Frankfurt a. M.: Campus, S. 103–136.

Hoffmann, David Marc (1991): *Zur Geschichte des Nietzsche-Archivs. Chronik, Studien und Dokumente*. Berlin/New York: de Gruyter.

Hütig, Andreas (2000): „Zur Individualität der Praxis. Aspekte der Sprache bei Nietzsche und Cassirer". In: *Nietzscheforschung*, 7, S. 257–273.
Kaegi, Dominic (Hrsg.) (2002): *70 Jahre Davoser Disputation*. Hamburg: Meiner.
Lüddecke, Dirk (2000): „Philosophen auf dem Zauberberg. Überlegungen zur philosophischen Debatte zwischen Ernst Cassirer und Martin Heidegger in Davos (1929)". In: Könnecker, Carsten/Florack, Arnd/Gemeinhardt, Peter (Hrsg.): *Kultur und Wissenschaft beim Übergang ins „Dritte Reich"*, Marburg: Tectum, S. 133–143.
Meyer, Thomas (2007): *Ernst Cassirer*. Hamburg: Ellert und Richter.
Paetzoldt, Heinz (1995): *Ernst Cassirer – Von Marburg nach New York*. Darmstadt: Wissenschaftliche Buchgesellschaft.
Plath, Jörg (2004): „Das ‚Haus der deutschen Frontdichter in Buderose'". In: Walther, Peter (Hrsg.): *Die dritte Front. Literatur in Brandenburg 1930 bis 1950*, Berlin: Lukas, S. 33–44.
Recki, Birgit (2011): „Eine Philosophie der Freiheit – Ernst Cassirer in Hamburg". In: Nicolaysen, Rainer (Hrsg.): *Das Hauptgebäude der Universität Hamburg als Gedächtnisort. Mit sieben Porträts in der NS-Zeit vertriebener Wissenschaftlerinnen und Wissenschaftler*, Hamburg: Hamburg University Press, S. 57–80.
Ritter Joachim (1927): *Docta Ignoratia. Die Theorie des Nichtwissens bei Nicolaus Cusanus*. Leipzig: Teubner.
Ritter, Joachim (1937): *Mundus intelligibilis. Eine Untersuchung zur Aufnahme und Umwandlung der neuplatonischen Ontologie bei Augustinus*. Frankfurt a. M.: Vittorio Klostermann.
Ritter, Joachim (1941): *Nicolaus von Cues*. Stuttgart: Kohlhammer.
Ritter, Joachim (1977): „Die große Stadt". In: Ritter, Joachim: *Metaphysik und Politik. Studien zu Aristoteles und Hegel*, Frankfurt a. M.: Suhrkamp, S. 341–354.
Ritter, Joachim (2010): „Philosophische Ästhetik (Wintersemester 1947/48)". In: Ritter, Joachim: *Vorlesungen zur Philosophischen Ästhetik*, hrsg. v. Ulrich von Bülow und Mark Schweda, Göttingen: Wallstein, S. 9–63.
Rudolph, Enno (2012): „Ernst Cassirer: Entre philosophie de l'histoire et historisme". In: *Revue Germanique Internationale*, 15, S. 53–61.
Sandkühler, Hans Jörg (2006): „‚Eine lange Odyssee' – Joachim Ritter, Ernst Cassirer und die Philosophie im ‚Dritten Reich'". In: *Dialektik*, 1, S. 139–179.
Sandkühler, Hans Jörg (2009): „Joachim Ritter: Über die Schwierigkeiten, 1933–1945 Philosoph zu sein". In: Sandkühler, Hans Jörg (Hrsg.): *Philosophie im Nationalsozialismus*, Hamburg: Meiner, S. 219–252.
Scholtz, Gunter (2004): „Joachim Ritter als Linkshegelianer". In: Dierse, Ulrich (Hrsg.): *Joachim Ritter zum Gedenken*, Stuttgart: Steiner, S. 147–161.
Schweda, Mark (2009): „Bürgerliches Leben und praktische Philosophie. Zu Joachim Ritters Deutung des aristotelischen ‚bios politikos'". In: Springmann, Simon/Trautsch, Asmus (Hrsg.): *Was ist Leben? Festgabe für Volker Gerhardt zum 65. Geburtstag*, Berlin: Duncker & Humblot, S. 150–154.
Schweda Mark (2010): „Joachim Ritters Begriff des Politischen. Carl Schmitt und das Münsteraner Collegium Philosophicum". In: *Zeitschrift für Ideengeschichte*, 4, Nr. 1, S. 91–111.
Schweda, Mark (2013): *Entzweiung und Kompensation. Joachim Ritters philosophische Theorie der modernen Welt*. Freiburg/München: Alber.
Schweda, Mark (Hrsg.) (2014): „‚Die „nicht selbstverständliche" Begegnung zwischen uns': Der Briefwechsel von Joachim Ritter und Carl Schmitt im wirkungsgeschichtlichen Horizont". In: *Schmittiana. Neue Folge. Beiträge zu Leben und Werk Carl Schmitts* II, S. 201–274.

Seifert, Jürgen (2000): „Joachim Ritters ‚Collegium Philosophicum'. Ein Forum offenen Denkens". In: Faber, Richard/Holste, Christine (Hrsg.): *Kreise- Gruppen – Bünde. Zur Soziologie moderner Intellektuellenassoziationen*, Würzburg: Königshausen & Neumann, S. 189–198.

Skidelsky, Edward (2008): *Ernst Cassirer. The Last Philosopher of Culture*. Princeton/Oxford: Princeton University Press.

Thiel, Jens (2004): „Nutzen und Grenzen des Generationsbegriffs für die Wissenschaftsgeschichte. Das Beispiel der ‚unabkömmlichen' Geisteswissenschaftler am Ende des Dritten Reiches". In: Middell, Matthias/Thoms, Ulrike/Uekötter, Frank (Hrsg.): *Verräumlichung, Vergleich, Generationalität. Dimensionen der Wissenschaftsgeschichte*, Leipzig: Akademische Verlagsanstalt, S. 111–132.

Thiel, Jens (2006): „‚Akademische Zinnsoldaten'? Karrieren deutscher Geisteswissenschaftler zwischen Beruf und Berufung (1933/1945)". In: vom Bruch, Rüdiger/Gerhardt, Uta/Pawliczek, Aleksandra (Hrsg.): *Kontinuitäten und Diskontinuitäten in der Wissenschaftsgeschichte des 20. Jahrhunderts*, Stuttgart: Steiner, S. 167–194.

Thiel, Jens (2009): „Der Dozent zieht in den Krieg. Hochschulkarrieren zwischen Militarisierung und Kriegserlebnis (1933–1945)". In: Berg, Matthias/Thiel, Jens/Walther, Peter Th. (Hrsg.): *Mit Feder und Schwert. Militär und Wissenschaft – Wissenschaftler und Krieg*, Stuttgart: Steiner, S. 211–240.

Thiel, Jens (2010): „‚...das kommt davon, wenn man sich mit den allerhöchsten Herrschaften in den Höhen unseres Geisteslebens einlässt'. Karl Schlechtas ‚rettende Nüchternheit' und die Historisch-Kritische Gesamtausgabe der Schriften Friedrich Nietzsches im ‚Dritten Reich'". In: *Nietzscheforschung*, 17, S. 229–248.

Thiel, Jens (2012): „‚Monumentalisch – antiqarisch – kritisch?' Archiv und Edition als Institutionen der Distanzierung: Der Fall des Nietzsche-Herausgebers Karl Schlechta". In: Reschke, Renate/Brusotti, Marco (Hrsg.): *„Einige werden posthum geboren". Friedrich Nietzsches Wirkungen*, Berlin/Boston: De Gruyter, S. 475–487.

Tilitzki, Christian (2001): *Die deutsche Universitätsphilosophie in der Weimarer Republik und im Dritten Reich*. Berlin: Akademie Verlag.

van Laak, Dirk (1993): *Gespräche in der Sicherheit des Schweigens. Carl Schmitt in der politischen Geistesgeschichte der frühen Bundesrepublik*. Berlin: Akademie Verlag 1993.

Weber, Thomas (1989): „Joachim Ritter und die ‚metaphysische Wendung'". In: Wolfgang Fritz Haug (Hrsg.), *Deutsche Philosophen 1933*. Hamburg: Argument, S. 219–243.

Whyte, Max (2008): „The Uses and Abuses of Nietzsche in the Third Reich. Alfred Baeumler's ‚Heroic Realism'". In: *Journal of Contemporary History*, 43, Nr. 2, S. 171–194.

Volker Riedel
Zur Nietzsche-Rezeption Heinrich Manns

Heinrich Mann (27. März 1871–11. März 1950) war früh von Nietzsche fasziniert, hat in mehreren Phasen seines Lebens und in unterschiedlichen Texten (Essays, Romanen, Briefen und Gedichten) teils anerkennend, teils kritisch auf ihn Bezug genommen und ihn selbst dort, wo er ihn seines Denkansatzes oder seiner Wirkung wegen ablehnte, mit Hochachtung behandelt. Zu seinen eigentlichen „Erzieher[n]" aber zählte er ihn nicht – diese waren „französische Bücher, Krankheit, das Leben in Italien, und zwei Frauen".[1] Im Folgenden wird der Versuch unternommen, die Entwicklung und die Modifikationen von Heinrich Manns Nietzsche-Bild im Zusammenhang darzustellen und zu ermitteln, auf welche Werke er – pauschal oder detailliert – Bezug nahm und welche Gedanken für ihn besonders wichtig waren. Mir ist daran gelegen, dieses Bild textnah und differenziert zu untersuchen und dafür auch Vorarbeiten und briefliche Äußerungen des Schriftstellers zu berücksichtigen – obwohl zu bedenken ist, dass zentrale Begriffe des Philosophen von diesem in mehreren Schriften erörtert und von Heinrich Mann eher in einem allgemeinen Sinne aufgenommen worden sind. Besonderes Gewicht wird, um die Akzentverlagerungen innerhalb bestimmter Gedankengänge zu verfolgen, auf deren erstes Auftreten gelegt, so dass das Frühwerk einen relativ breiten Raum einnimmt. Es geht vorrangig nicht um die Frage, inwieweit Heinrich Mann Nietzsche „richtig" interpretiert hat, und Grundlage ist in erster Linie auch nicht unser heutiger, sondern der Wissensstand zwischen 1890 und 1945. Auf das erzählerische Werk wird nur insoweit stärker eingegangen, als sich in ihm unmittelbare Bezugspunkte zu Nietzsche finden; denn es ist – so sehr es sich auch mittelbar mit dessen Überlegungen berührt – keine illustrierte Philosophie und nicht auf „Einflüsse" einzelner Autoren zurückzuführen, sondern beruht auf einem breiten (und hier nicht näher zu analysierenden) Spektrum von Wirklichkeitserfahrung, eigenen Lebens- und Kunstvorstellungen, dem zeitgenössischen literarischen Klima und einer Lektüre vielfältiger Art. Ich werde mich deshalb vor allem auf das essayistische Schaffen konzentrieren. Dabei kann ich mich auf die im Entstehen begriffene neunbändige Kritische

---

1 [Autobiographie, 1910]. In: HMEP 2, S. 112. – Zu den Siglen vgl. das allgemeine Abkürzungsverzeichnis am Beginn des Bandes.Von Heinrich Mann zitierte oder paraphrasierte Nietzsche-Texte werden grundsätzlich in der bei ihm vorliegenden Form bzw. nach den von ihm benutzten Ausgaben wiedergegeben und nachgewiesen; es folgt eine Verweisung auf die KSA. Dabei werden Textabweichungen in der Regel nicht verzeichnet. Hervorhebungen erfolgen stets kursiv.

Gesamtausgabe der Essayistik und Publizistik (HMEP) stützen, die manche Details schärfer zu erfassen erlaubt, als es bisher möglich war.[2]

1

Erste Zeugnisse für Heinrich Manns Bekanntschaft mit dem Werk des Philosophen in den frühen 1890er Jahren sind die Briefe an seinen Jugendfreund Ludwig Ewers (1870–1946) und mehrere Gedichte aus der unveröffentlichten Sammlung *Im Werden*. Sie gewähren einen Einblick in den Bildungsweg eines jungen Intellektuellen und sind zugleich Belege für das wachsende Interesse der deutschen Öffentlichkeit an Nietzsche.

Die frühesten Äußerungen entstammen einem Briefkonvolut vom 21. bis 25. Januar 1891 und beziehen sich auf *Also sprach Zarathustra* (in der Ausgabe der ersten drei Bücher von 1887). Der 19-jährige angehende Schriftsteller – Buchhändlerlehrling in Dresden –, der sich systematisch mit dem geistigen, vor allem dem literarischen Leben seiner Zeit vertraut machte, schreibt am 22. Januar, dass die „Literatur im engeren Sinne" von der Philosophie „befruchtet" werde und „in der Verwertung neuerworbener philosophischer Anschauungen, moderner Probleme" bestehe: „Auf Schopenhauer ist jetzt Nietzsche gefolgt." (Ewers, S. 201f.) Bereits einen Tag später räumt er selbstkritisch ein, dass zwei seiner zuvor entstandenen Gedichte durch eine „meinem Nietzsche hohnlachende Empfindung" geprägt seien (Ewers, S. 205). Am 24. Januar teilt er seinem Freunde mit, dass er „die unbeschreiblich öde Beschäftigung der Lagerumordnung" dazu benutzt habe, „jeden ungesehenen Augenblick *Nietzsche* zu widmen". Auf diese Weise habe er seit jeher „[d]as Beste und Nützlichste" gelesen. „Ganz so geht mir nun Nietzsche auf, der große Moderne, zu dem meine Wünsche emporranken. Den ‚Zarathustra', sicherlich, laß ich mir in die Geburtstagskiste packen." (Ewers, S. 209) Und abermals einen Tag später spielt er auf „Zarathustras Abschiedsworte" an: „Diese neue Tafel stelle ich über euch, meine Brüder. Werdet hart!" (Ewers, S. 210; vgl. Z II; KSA 4, S. 268) Nietzsche ist für Heinrich Mann demnach beispielhaft für die neueste Philosophie – die Formulierung „Der große Moderne" verwendet der Schriftsteller Ende 1891 noch einmal für seinen „Lieblingsdichter" Heinrich Heine (HMEP 1, S. 397–400).

---

2 Eine umfassende Analyse und Kritik der bisherigen Forschung zur Nietzsche-Rezeption Heinrich Manns kann an dieser Stelle nicht geleistet werden. Als völlig unzureichend erweist sich leider die Darstellung bei Oei 2008, S. 183–201.

Dies alles hat geradezu den Charakter eines religiösen Erweckungserlebnisses. *Bekehrungsgeschichte* lautet denn auch der Titel eines Gedichtes, das vom 31. Januar bis 1. Februar 1891 entstanden ist. Unbefriedigt vom „Patchouli-Kloakenduft / Des Lebens, seines Lebens" und von der „[d]urchschmutzt[en]" Luft, „in der er vegetiert", „langt" der Dichter nach dem „Zarathustra", „als ob es sich von selbst verstände / Daß dort gewißlich seine Sehnsucht fände, / Wonach sie, jäh erwacht, verlangend späht". Ein „neuer Tag" „fand gesundet ihn und hart zum Streit, / Fand einen Menschen – mehr noch: Männlichkeit –" (HMA 434 und 435; abgedruckt in: König 1972, S. 90 f. sowie auszugsweise in: Hahn 1965, S. 344 und Hildebrand 1978, Bd. 1, S. 80 f.)

Noch einmal kommt Heinrich Mann in einem Brief an Ewers aus seiner Dresdner Zeit auf den Philosophen zu sprechen: Am 25. Februar spottet er über „Philosophie [...], wenn sie veraltet ist", und setzt entgegen: „Ich bitte Dich: – Nietzsche –!" (Ewers, S. 217) Alle anderen überlieferten Äußerungen oder Bezugnahmen zwischen Februar und Mai 1891 entstammen Gedichten (vgl. Hahn 1965, S. 344–348). Das Thema, das ihn am stärksten anregt, ist das des „Übermenschen" im Gegensatz zum alltäglichen bürgerlichen Leben der „Heerde".

In *Es geht nicht mehr* (14. Februar) preist er „das Kraftgefühl, das heerdenabgeschieden" sei (HMA 434 f.) in *Vor der Entscheidung* (15. März) heißt es: „Du willst nicht auf dem alten Pfade / Der Heerde gehn", deren Ziel „die fette grüne Weide" sei – vielmehr trage ihn der „*Wille*" zum „Übermenschenglücke" (HMA 434 f.; abgedruckt in: König 1972, S. 91). *Wegrast* schließlich (11. Mai) wird geprägt durch das Motiv der Lebensbejahung und hat abermals einen religiösen Akzent: Dem Dichter ist „einzig / das Werden Leben" und „Ringen um Entwickelung" das, was andere „Gottesdienst" nennen würden (HMA 434 f.).

Ende 1891 – Heinrich Mann ist inzwischen Volontär im S. Fischer Verlag in Berlin – finden sich erste Äußerungen, die auf eine gewisse Distanzierung hindeuten: Am 30. September kritisiert er an einem Stück seines Freundes, dass ein „philosophischer Gewaltmensch" Nietzsche gelesen hat, vom Übermenschen redet und sich für unfehlbar hält – und dies trotz des „Hausspruch[es]": Ich „lache noch jeden Meister aus, / Der sich nicht selber ausgelacht". Er rät: „Laß ihn Nietzsche lieber nicht gelesen haben." Die Anspielung auf das Motto von *Fröhliche Wissenschaft* deutet darauf hin, dass ihm auch dieses Werk nicht unbekannt war (Ewers, S. 258 f.; vgl. FW; KSA 3, S. 343). Es klingen hier erstmals zwei Momente an, die uns noch öfter und radikaler begegnen werden: die Kritik an einer missbräuchlichen Berufung auf Nietzsche und an dessen Reduzierung auf bloße Gewalt. Einen zweiten Vorbehalt – in dem sich die Loslösung von einer quasi-religiösen Sicht auf den Philosophen ankündigt – formuliert der Schriftsteller am 14. Dezember:

> Den „Zarathustra" lese ich nun glücklich, und der Gedankenreichtum ist ja himmlisch. Aber
> so, wie er vorgetragen ist, in diesen schwerfälligen Aphorismen, finde ich ihn erdrückend.
> Auf die Dauer vertrage ich diese Bibelsprache nicht. Herrgott, wenn der Mann das alles in
> vernünftigem Deutsch geschrieben hätte! (Ewers, S. 268)

Die Sprache des *Zarathustra* wird er kurz darauf noch einmal monieren; Nietzsches Stil insgesamt aber wird später seine uneingeschränkte Anerkennung finden.

2

Im Januar 1892 war Heinrich Mann an einer schweren Lungenblutung erkrankt,
von der er sich bis April 1893 in verschiedenen Sanatorien, Kurorten sowie
Städten in Süddeutschland und der Schweiz erholte. In dieser Zeit „begann eine
neue geistige Epoche für mich".[3] Sie war unter anderem bestimmt von einem
intensiven Nietzsche-Studium. Ein aufschlussreiches Dokument ist der Brief an
Ludwig Ewers vom 12. April 1892 aus Wiesbaden. Der Autor berichtet hier – wenn
auch sehr allgemein – von seiner Bekanntschaft mit einem jungen Physiker, von
dem er Einblicke in die Grenzen der naturwissenschaftlichen Erkenntnis erhalten
habe. Er kommt „auf das Verhältnis zwischen Naturwissenschaften und Philosophie" zu sprechen und fügt an: „Beim theoretischen Anarchismus à la Nietzsche
muß es wohl bleiben; dahinüber läßt sich für lange nichts denken." (Ewers,
S. 288) Wie Heinrich Mann dazu gekommen ist, die Skepsis des Philosophen
gegenüber dem Anspruch auf „absolute Erkenntniss" – so die später von ihm in
seinem Handexemplar von *Jenseits von Gut und Böse* angestrichene Formulierung
(JGB 16; KSA 5, S. 29) – zu erfassen, ist nicht belegt. Möglicherweise dachte er an
einen Aphorismus aus der *Fröhlichen Wissenschaft* (FW 374; KSA 3, S. 626f.) – da
aber auch in späteren Äußerungen die Berufung auf Nietzsche als Skeptiker stets
im Zusammenhang mit Hermann von Helmholtz gebracht wird und der Schriftsteller mit dessen Überlegungen durch den „jungen Physiker" Heinrich Lehmann
(1862–1898) bekannt geworden war, ist anzunehmen, dass er durch Gespräche
mit diesem dazu angeregt wurde.[4]

Im Laufe des Jahres 1892 hat Heinrich Mann weitere Schriften des Philosophen gelesen. Er hat von Ewers „den Nietzsche-Schopenhauer" entliehen, d.h.

---

3 Notizen für einen Brief an Frau Dr. Lehmann vom 29. Mai 1898. In: HMA 460. – Vgl. den
Faksimiledruck in HMEP 1, S. 496.
4 Helmholtz hatte in seiner Schrift *Über die Erhaltung der Kraft* (1847) erklärt: „Ob nun wirklich
[...] die Natur vollständig begreiflich sein müsse, [...] ist hier nicht der Ort zu entscheiden." (Zit.
nach HMEP 1, S. 612 zu dem erwähnten Handexemplar siehe S. 309f.)

Schopenhauer als Erzieher aus den *Unzeitgemäßen Betrachtungen* (vgl. die Briefe vom 12. April und 12. Mai aus Wiesbaden sowie vom 5. Juli aus Bad Freyersbach bei Oppenau in Baden; Ewers, S. 290, 295 und 298), liest *Götzen-Dämmerung* (Briefe vom 12. Mai und 5. Juli; Ewers, S. 294 f. und 298) und bittet seinen Freund, ihm *Jenseits von Gut und Böse* auszuleihen (Brief vom 12. Mai; Ewers, S. 295). Zu *Götzen-Dämmerung* bemerkt er am 12. Mai, dass man „immer von Gipfeln direkt an Abgründe zu springen hat. Gleich neben den Höhen des Intellekts fallen lange Décadence-Schatten." Nachdrücklich verkündet er: „Nietzsche ist fürs erste meine Hauptlektüre." (Ewers, S. 294 f.) In einem Brief vom 5. August 1892 aus Erlenbruck bei Hinterzarten in Baden bekräftigt Heinrich Mann nochmals seine Distanzierung von der Sprache des Philosophen: Er sei „schon seit geraumer Zeit bemüht [...], alle Exaltation des Stils, wie man sie [...] ein wenig von Nietzsche annahm, abzulegen" (Ewers, S. 300 f.). In einer Anlage schickt er seinem Freund drei Gedichte; das zweite – *Reaktionär* – ist deutlich vom *Zarathustra* beeinflusst. Der Autor schildert eine Burgruine und entwickelt daran ein Geschichtsbild, in dem „[d]er Stärkre" und „sein Recht, die Beute", sowie „der Unterlieger" in seiner „Schwäche" einander gegenübergestellt werden: „Und Recht auf Leben hatte nur die Kraft. / Nichts von Humanität? – Es waren Zeiten, / Da man noch nicht den Anschein sich gegeben, / Als schlüge hoch man an ein Menschenleben. / [...] Noch Herr war einer, und der andre Knecht." Dieses an der Vergangenheit orientierte forcierte Bekenntnis zu „Härte" und „Herrenmoral" des *Zarathustra* – geradezu eine Antizipation jener brutalen Nietzsche-Deutung, die Heinrich Mann später ablehnte – ist allerdings gepaart mit einer Reflexion der „Niedergängerschwäche", an der die „Kinder [...] der neuen Zeit" leiden, d.h. der *décadence*-Problematik, die ihm schon an *Götzen-Dämmerung* erwähnenswert gewesen war. (Ewers, S. 306 f.)

Belegt ist dann vom Herbst 1892 die Nietzsche-Lektüre in Lausanne. Heißt es am 25. Oktober noch, dass er „vielerlei" gelesen habe (Ewers, S. 316), so berichtet Heinrich Mann am 13. November, dass er *Jenseits von Gut und Böse* beendet (Ewers, S. 319), und am 26. Dezember, dass er sich „noch etwas mit der ‚Genealogie der Moral' beschäftigt, die Lektüre aber abgebrochen" habe (Ewers, S. 324). *Jenseits von Gut und Böse* und *Zur Genealogie der Moral* sind die einzigen in Heinrich Manns Bibliothek erhalten gebliebenen Nietzsche-Schriften, die starke Arbeitsspuren aufweisen – der Schriftsteller besaß die 1891 und 1892 erschienenen zweiten Auflagen, die er sich in Riva, wo er sich seit 1900 häufig aufhielt, von einem Buchbinder zusammenbinden ließ (NB hm G 110). Die Anstreichungen und Notizen stammen wahrscheinlich aus der Zeit zwischen 1892 und 1900; wann sie im Einzelnen zu datieren sind, ist allerdings nicht zu ermitteln. Auch ist zu konstatieren, dass nicht alle von Heinrich Mann gekennzeichneten Stellen für sein Werk relevant waren, hingegen gerade einige für ihn zentrale Gedanken nicht unterstrichen oder mit Marginalien versehen sind. Auf jeden Fall sind diese beiden Schriften diejenigen, die ihn am stärksten geprägt haben. Das achte Hauptstück von *Jenseits von Gut und Böse* trägt darüber hinaus Arbeitsspuren von einer späteren Lektüre – mit Sicherheit nach 1910, wahrscheinlich sogar erst aus den zwanziger Jahren.

Im essayistisch-publizistischen Frühwerk finden sich nur gelegentliche Spuren der Nietzsche-Lektüre. So wird in einer am 16. Juli 1891 in Travemünde entstandenen, unveröffentlicht gebliebenen Rezension zu Franz Hausers Versdichtung *Ein Weg zur Liebe* „[d]ie neue Weltanschauung" erwähnt, und eine Bemerkung über den egoistischen Charakter einer scheinbar altruistischen Liebe dürfte auf den Philosophen – wohl abermals auf *Fröhliche Wissenschaft* – zurückzuführen sein (HMEP 1, S. 395f.; vgl. FW I,14; KSA 3, S. 386f.). Und wenn in dem ersten bedeutenden theoretischen Essay, dem im Juni 1892 entstandenen und im Juli dieses Jahres in der Zeitschrift *Die Gegenwart* veröffentlichten Aufsatz *Neue Romantik*, von den „Grenzen des Naturerkennens" gesprochen wird (HMEP 1, S. 32), so scheint hier – ohne dass dies auch nur angedeutet, geschweige denn ausdrücklich benannt würde – ein Gedanke aus dem Brief an Ewers vom 12. April 1892 seinen Niederschlag gefunden zu haben.

Obwohl Heinrich Mann Nietzsche mehrfach als seine wichtigste Lektüre bezeichnet hat, sind es doch „französische Bücher" gewesen, die ihn zu seinen ersten Essays anregten – vor allem mehrere Werke Paul Bourgets. Im Januar 1893 ist der Aufsatz *Bourget als Kosmopolit* entstanden, der im Januar 1894 in *Die Gegenwart* veröffentlicht wurde; vom Februar 1893 stammt der unveröffentlichte Aufsatz *Das Gelobte Land (Paul Bourget)* und vom Februar und März dieses Jahres der ebenfalls nicht publizierte Text *Noch einmal Bourget* (HMEP 1, S. 52–67, 404–416 und 416–422). Im Zentrum steht jetzt nicht mehr der „Übermensch", sondern die Problematik von décadence, décadence-Kritik und Dilettantismus. Zwar war die unmittelbar nach Erscheinen der *Essais de psychologie contemporaine* im Jahre 1883 in Nietzsches Fragmenten einsetzende Bourget-Rezeption zu dieser Zeit noch nicht bekannt; doch Heinrich Mann konnte sich durchaus auf Gedanken aus *Götzen-Dämmerung, Jenseits von Gut und Böse* und *Zur Genealogie der Moral* stützen. So hat er vor allem die dritte Abhandlung der *Genealogie* („Was bedeuten asketische Ideale?") intensiv im Hinblick auf die Künstler-Psychologie durchgearbeitet. Wahrscheinlich dürfte sogar die, insgesamt gesehen, gegenüber Bourget stärker kritische Sicht auf die genannten Phänomene nicht zuletzt auf Nietzsche zurückzuführen sein, der sich bekanntlich, einem Ausspruch aus *Ecce homo* zufolge, sowohl als „décadent" wie auch als „dessen Gegensatz" empfand (EH weise; KSA 6, S. 266). Der Philosoph wird in diesem Zusammenhang allerdings nicht erwähnt – ja, er erhält sogar einen ironisch-distanzierenden „Seitenhieb", der, wie schon einige frühere Bemerkungen, belegt, dass der junge Schriftsteller ihn nicht uneingeschränkt bewunderte.[5]

3

Heinrich Manns politische und publizistische Entwicklung führte bis Mitte der neunziger Jahre weit ins Konservativ-Reaktionäre und Völkisch-Nationalistische hinein (vgl. Riedel 2007; Riedel 2011, S. 15–22). Bereits im Brief an Ewers vom 12. April 1892 hatte er zwar erklärt, dass die Skepsis Nietzsches in Bezug auf den Wert und die Grenzen der Erkenntnis auch die seine sei – doch müsse dies „Philosophenphilosophie" sein: „[...] es darf kein Hauch davon in die Menge dringen." Praktisch sei er „so ziemlich Ultra-Reaktionär, und mein System ist das der Verdummung der Massen". „Theoretisch wissenschaftlichen Fortschritt schließt das ja nicht aus." (Ewers, S. 288) Immerhin unterschied er zu dieser Zeit noch zwischen Nietzsches philosophischem Anspruch und seiner eigenen weltanschaulich-politischen Entwicklung. In der Zeitschrift *Das Zwanzigste Jahrhundert* hingegen, deren Herausgeber bzw. Redakteur Heinrich Mann von April 1895 bis Dezember 1896 (zuletzt wohl nur noch nominell) war, argumentiert er ganz im Sinne des „Reichs" – wenn er auch weiterhin ein Gespür für die décadence-Problematik hat.

In Artikeln aus dem Jahre 1895 wird Nietzsche zwar mehrfach genannt – doch handelt es sich bisweilen um situative Bemerkungen, die keine tiefere Auseinandersetzung darstellen. Sie befürworten die Verbreitung seines Werkes,[6] bemängeln dessen Unkenntnis[7] oder spielen auf bestimmte Begriffe an.[8] Einige dieser Hinweise ohne eigene Erörterung erhalten dadurch ein größeres Gewicht, dass sie von Heinrich Mann auch an anderen Stellen gebracht oder sogar weiter ausgeführt werden und somit für ihn eine symptomatische Bedeutung haben: etwa die abermalige Relativierung des Altruismus,[9] die Kritik an einer missbräuchli-

---

5 Nietzsche sei zwar eine „höchste Persönlichkeit", solle aber nicht für eine „Autorität" ausgegeben werden (HMEP 1, S. 420).

6 Vgl. *Bei den Deutschen* (September) in HMEP 1, S. 218.

7 In dem Aufsatz *Regeneration* (Mai) spottet Heinrich Mann darüber, dass einem Mediziner, der sich mit „Entartung (dégénérescence, décadence)" befasst, „Namen wie Baudelaire und Nietzsche" unbekannt zu sein scheinen (HMEP 1, S. 147).

8 So gebraucht Heinrich Mann in dem Aufsatz *Ethische Kultur* (April) den Begriff „Ressentiments" und fügt in Klammern hinzu: „wie Nietzsche sagen würde" (HMEP 1, S. 129; vgl. GM I, 10; KSA 5, S. 270–274).

9 Vgl. *Regeneration* in HMEP 1, S. 148.

chen Berufung auf den Philosophen[10] oder die Aussage, dass dieser die „Lehre Darwins" für die Konzeption des Übermenschen genutzt habe (wobei er „allerdings diejenigen, von denen er am meisten gelernt, leider gern verleugnete").[11] Bemerkenswert ist die (auch später noch zu beobachtende) Zusammenstellung von Nietzsches Namen mit denen großer Vorläufer[12] oder mit denen anderer Intellektueller aus der zweiten Hälfte des 19. Jahrhunderts,[13] die seine Ranghöhe bezeichnen oder ihn unter die von Heinrich Mann besonders hochgeschätzten Zeitgenossen einordnen soll. Andere Bemerkungen haben durchaus bekenntnishaften Charakter: In einer Rezension zu dem Gedichtzyklus *Weltgericht* des lettischen Schriftstellers Victor von Andrejanoff (Juli) identifiziert sich der Autor – der in seinem Handexemplar von *Jenseits und Gut und Böse* sich nachhaltig mit dem neunten Hauptstück („Was ist vornehm?") befasst hatte (S. 247, 249 und 255; vgl. JGB 270, 272 und 287; KSA 5, S. 225, 227 und 233) – ausdrücklich mit der „aristokratische[n] Philosophie Nietzsches" und zitiert das Motto, ein leicht abgewandeltes *Zarathustra*-Zitat: „Der aber hat sich selbst entdeckt, welcher spricht: Das ist *mein* Gutes und Böses: damit hat er den Maulwurf stumm gemacht, welcher spricht: Allen gut, Allen bös. Also sprach Zarathustra." (HMEP 1, S. 188; vgl. Z III; KSA 4, S. 243) Und in einer ungezeichneten, ihm aber mit hoher Wahrscheinlichkeit zuzuschreibenden Rezension zu dem Aufsatz *Die Kulturbedeutung der Gegenwart* des österreichischen Philosophieprofessors Alois Riehl (des späteren „Doktorvaters" von Oswald Spengler) äußert er sich zustimmend zu dessen von Nietzsche geprägter Ablehnung der décadence und Bejahung des „Willens zur Macht". Er fügt seinerseits hinzu: „[...] es kann Niemand das Leben freudiger und machtvoller *bejahen* als dieser Philosoph; sein Abscheu ist nur gegen vergängliche *Formen* dieses Lebens gerichtet." (HMEP 1, S. 273)[14] All diese Äußerungen sind mehr oder weniger von wohlwollender Zustimmung geprägt; doch es findet sich auch Spott – so in einem Artikel über Wilhelm II. (Juli), der Heinrich Mann zuzuschreiben ist: „Da Nietzsche Trumpf ist und da wir Alle kleine Uebermenschen sind, die vor nichts in der Welt Respekt zu haben brauchen [...]." (HMEP 1, S. 191)[15]

---

10 Vgl. in *Die Aachener Sachverständigen* (Juli) die Polemik gegen einen „in die falsche Kehle gerathenen Nietzsche'schen Individualismus" (HMEP 1, S. 186).
11 Vgl. *Moral der Entwickelungslehre* (Juni) in HMEP 1, S. 172.
12 So werden bereits im ersten Aufsatz – *Reaction!* (April) – als zentrale Begriffe philosophischer Systeme Kants „Ding an sich", Hegels „absolute Idee" und Nietzsches „Uebermensch" apostrophiert (HMEP 1, S. 119).
13 Vgl. *Bei den Deutschen*: „Nietzsche, Ibsen, Wagner und Tolstoy" (HMEP 1, S. 218).
14 Hier taucht, wenn auch in einem Zitat, die Formel „Wille zur Macht" bei Heinrich Mann das erste Mal auf.
15 Krummel 1998, S. 390 f. nimmt unbedenklich auch andere Beiträge aus der Zeitschrift für Heinrich Mann in Anspruch.

Im Juni 1896 ist dann der Aufsatz *Zum Verständnisse Nietzsches* erschienen, das erste Dokument einer umfangreichen Interpretation. Er wirkt teilweise wie ein Resümee früherer Äußerungen – und er ist zugleich ein Zeugnis dafür, dass der Schriftsteller sich mit weiteren Arbeiten des Philosophen vertraut gemacht hatte: namentlich mit den *Schriften und Entwürfen* von 1869 bis 1872 und von 1872 bis 1876, die 1896 im neunten und zehnten Band von *Nietzsche's Werken* (vgl. GOA, erster und zweiter Band der zweiten Abteilung) erschienen waren.[16] Am Beginn dieses Aufsatzes steht wiederum eine Persiflage auf den „Modephilosoph[en]", der „Triumphe [...] feier[t]" – mit dem in dieser Form neuen Akzent, dass er von „dem dilettantischen, nach flüchtigen und möglichst künstlichen Reizungen girrenden Großstadtgeiste" und von „einer grundsatzlos ästhetisierenden, internationalen Litteratur [...] als Bannerträger ausgerufen" werde, d.h. als Philosoph der décadence gelte (HMEP 1, S. 338). Ironisch fragt der Autor:

> Welche Bedeutung darf man einem Philosophen, der sich ein so zweifelhaftes Gefolge erworben hat, für die deutsche Kultur noch beimessen, in der jeder unserer großen Denker einen Abschnitt bezeichnet? Ist Nietzsche, mit seiner augenscheinlichen Vorliebe für das Romanische, nicht vielmehr ein Fremdling? Vertritt er nicht, als glänzendster Ausdruck einer Niedergangszeit, die absolute Skepsis? Mit dem politischen Ausdruck für Skeptiker nennt man ihn gern einen Anarchisten. (HMEP 1, S. 338)

Zunächst wendet sich Heinrich Mann dagegen, den Philosophen – dessen „Genialität" „schwer zu bestreiten" sei – „in die Nachbarschaft *Max Stirners*" und seiner auf den „nackte[n] materielle[n] Egoismus", auf „den Einzelegoismus zum Schaden der Gesamtheit" zielenden Lehre zu stellen, die „der im Geiste vorweg genommene Triumph des *Kapitalismus*" sei. Der „Uebermensch" hingegen sei keineswegs „in dem rücksichtslosen, ‚jenseits von Gut und Böse' stehenden Ausbeuter verkörpert" und könne auch keine „Einzelpersönlichkeit" sein, sondern sei (nach dem Sprachgebrauch des 19. Jahrhunderts) „ein soziales und ein Rassen-Symbol" (HMEP 1, S. 338f.). Er sieht diese Konzeption als Weiterentwicklung von Erkenntnissen seines „Lehrer[s] und Anreger[s] Darwin" und bedauert Nietzsches „ganz unbegründete Ausfälle" gegen diesen ebenso sehr wie seinen „Haß auf das Christentum" (HMEP 1, S. 339f.). Dabei erwähnt er erstmals, dass der Philosoph „seinen ‚Uebermenschen' in den schönen Ungeheuern der Renaissance verkörpert glaubt" – insbesondere in Cesare Borgia. Ihr Scheitern hingegen werde zwar

---

16 Der zweite Teil des Aufsatzes hat partiell den Charakter einer Rezension dieser zwei Bände. In einer längeren Fußnote (HMEP 1, S. 341f.) beschreibt Heinrich Mann ihren Inhalt und ihre Bedeutung „für die Entwicklungsgeschichte eines großen und unglücklichen Ausnahmegeistes".

reflektiert – doch dieser „Fatalismus" stehe nur selten im Vordergrund (HMEP 1, S. 339 f.).

Heinrich Mann spricht immer wieder von dem Genie Nietzsches – sieht aber auch, dass „die menschliche Persönlichkeit des Philosophen" seiner Philosophie „häufig genug mit unheimlicher Energie widerspricht" und nur „aus einer milden und dabei zänkischen Verfallszeit" zu erklären sei. „Gewiß ist er der Kranke, der in der Gesundheit beinahe schon die Vollendung erblickt. Sein ‚Uebermensch' ist in gewissem Sinne [...] einfach der gesunde Mensch." (HMEP 1, S. 340) Nietzsche sei „der Philosoph, der fortwährend gegen sich selbst anphilosophiert" – und „die ‚blonde Bestie', die mit reuelosem Tritt die ihr vorgezeichnete Bahn hinanschreitet", sei eine „Kontrastwirkung zu sich selbst" (HMEP 1, S. 340).

Das ist eine erstaunlich subtile (und noch in *Ein Zeitalter wird besichtigt* wieder aufgegriffene) psychologische Deutung des Widerstreits zwischen Nietzsches innerer Anfälligkeit an Krankheit und décadence und dem äußeren Pathos seines „Übermenschentums", das nunmehr als Kompensation von Schwäche und Verfall erscheint. Umso paradoxer wirkt die Fortsetzung:

> Und bei dieser „blonden Bestie" sollen wir noch immer an das willkürlich brutale Individuum denken, das keine Ziele anerkennt außer denen, die in ihm selbst liegen. Wir sollen nicht sehen, daß hier die Mission des *jüngsten, und verhältnismäßig frisch und stark gebliebenen* Kulturvolkes ihren Propheten gefunden hat? Wahrhaftig, es ist sehr unbesonnen, den als Fremden zu behandeln, dessen ganzes Denken durch die Wirksamkeit der deutschen Rasse in ihrer Vergangenheit *und in ihrer Zukunft* geleitet und recht eigentlich erst möglich gemacht wurde. Er wird das wiedererwachte Nationalbewußtsein unmöglich beleidigen, er wird es nur für selbstverständlich erklären [...]. (HMEP 1, S. 340 f.)

Heinrich Mann hat zwar den wichtigsten Beleg für das Schlagwort von der „blonden Bestie" aus der ersten Abhandlung von *Zur Genealogie der Moral*[17] in seinem Handexemplar (S. 21) nicht angestrichen – wohl aber in der zweiten Abhandlung (vgl. GM II, 22; KSA 5, S. 332 f.) die Wendungen „Bestie Mensch", „*Bestialität der Idee*", „*Bestie der That*" (S. 89). Nietzsche selbst hat allerdings in der *Genealogie* als „vornehm Rassen" genannt: „römischer, arabischer, germanischer, japanischer Adel, homerische Helden, skandinavische Wikinger" (GM I, 11; KSA 5, S. 275) – Heinrich Mann verkürzt dies auf die „germanische Rasse" und reiht sich unbedenklich ein in die völkische Rezeption der „blonden Bestie".

Dennoch vermeidet er einen vorbehaltlosen Hurra-Patriotismus und erwähnt auch die Distanz zur politischen Situation in Deutschland; ja, er spricht ausdrück-

---

17 „Auf dem Grunde aller dieser vornehmen Rassen ist das Raubthier, die prachtvolle nach Beute und Sieg lüstern schweifende blonde Bestie nicht zu verkennen." (GM I,11; KSA 5, S. 275)

lich über „die Härte und das scheinbare Uebelwollen, das des Philosophen Urteile über sein Volk besonders zuletzt annahmen" (HMEP 1, S. 342). Die Lösung dieses Dilemmas sieht er in Nietzsches Überlegungen zu Kunst und Kultur. Er zitiert aus den frühen Entwürfen (wobei er freilich seine weitgehenden Schlussfolgerungen aus einer unkorrekten Textwiedergabe zieht):

> Die *Brücken*, durch welche die Natur die *Verschiedenheit* und *Aufeinanderfolge* der Individuen überspringt – Staat, Zeugung, Bildung, Kunst – alles sind im Grunde *Schutzanstalten für die ferne Zukunft*. / Die Natur hat die *Kunst* als Kennzeichen für alles bestimmt, was sie hochhält und braucht – unbestreitbar sind die frühesten Künste die der Conception des *Kunstwerks* und die der *edlen That*. (HMEP 1, S. 341)[18]

Er stimmt mit dem Philosophen darin überein, dass „der intuitive Mensch" – „wie im ältern Griechenland" – „eine Cultur und die Herrschaft der Kunst über das Leben gründen" könne und „eine fortwährend einströmende Erhellung, Aufheiterung, Erlösung" ernte.[19] Eine solche Kultur habe Nietzsche „für das politisch wiedererstandene Deutschland erhofft" (HMEP 1, S. 342).

Diese „Hoffnungen" habe er aus den „Erfolge[n] der Wagnerschen Kunst" abgeleitet – bis er die „schmerzlich Ernüchterung" erfuhr, dass sie „die tiefere Wirkung auf den deutschen Geist [...] so gut wie ganz verfehlt" habe und „auf die Oberfläche der ästhetischen Reizungen beschränkt" geblieben sei (HMEP 1). Nietzsche und Wagner sind von Heinrich Mann nach 1918 noch mehrfach im Zusammenhang gesehen worden, – wobei er grundsätzlich beide (vorwiegend kritisch) auf *eine* Stufe stellte, bei näherer Differenzierung aber eine größere Sympathie für bzw. eine geringere Antipathie gegen Nietzsche zeigte. Ausschlaggebend für diese Differenzierung war stets die Abkehr des Philosophen von dem Komponisten (einschließlich des Lobes für Georges Bizet). In dem Aufsatz von 1896 nun führt er aus, dass diese Abkehr keine Bevorzugung des Romanischen gegenüber dem Germanischen sei, sondern dass Nietzsche „sich der romanischen Kultur nur in Ermangelung von etwas Besserem in die Arme geworfen hat, weil die moralische Wiedergeburt durch die Kunst, jener ersehnte Aufschwung, dessen er einzig die germanische Rasse für fähig hielt, ausblieb". Er glaubt in den beiden Nachlassbänden „die weitausschauenden Entwürfe" von „Pläne[n] für eine deutsche Kultur" zu finden, die „gleich nach der Wiedererrichtung des Reiches" niedergeschrieben worden seien, und in der späteren Kritik die Enttäu-

---

18 Einzelne Gedanken und Entwürfe. In: KGW III/5,1, S. 122. – Statt „die Natur hat die *Kunst*" muss es heißen: „die Natur hat die *Lust*", statt „die frühesten Künste": „die höchsten Lüste".
19 Gedanken und Entwürfe zu Wahrheit und Lüge im aussermoralischen Sinne. HMEP 1, S. 178; vgl. KSA 1, S. 889.

schung darüber, „wie wenig von alledem zur Ausführung gelangt ist" (HMEP 1, S. 343).

Heinrich Manns Resümee lautet, in Anknüpfung an die rhetorischen Fragen des Anfangs:

> Nietzsche war kein Anarchist oder Skeptiker, denn es ist nicht Skepsis, an die erlösende Kraft eines Kulturprinzips zu glauben, wie er es in der Kunst erfaßte, und es ist nicht Anarchismus, abgegriffene Werte umzumünzen und für eine alte und vielfach gefälschte Moral jenes neue Sittlichkeitsideal aufzustellen, das sich aus der Vervollkommnung der Rasse und der Gesellschaft ableitet. Und er war nicht ein fremddienerischer Verächter seines Stammes, denn es bekundet keine verwerfliche Gesinnung, sich im Zorn von dem abzuwenden, dem man zu viel zugetraut, weil man ihn zu sehr geliebt hat. (HMEP 1, S. 343)

4

Zu den skeptischen Elementen in Nietzsches Philosophie und zu dem Terminus „Anarchismus" hat es bei Heinrich Mann sowohl früher wie später andere Einschätzungen gegeben – vor allem aber hat er die völkisch-nationalistischen Akzente dieser Abhandlung (die sich auf keinen einzigen Beleg berufen können) nie wieder aufgegriffen. Als für die nächste Zeit produktiv jedoch erwies sich die Konzentration auf die Kunstthematik, die im zweiten Teil des Aufsatzes hervorgetreten war – nunmehr allerdings wieder mit einer verstärkten Sensibilität für das décadence-Problem. Nach der literarisch unfruchtbar gebliebenen Zeit am *Zwanzigsten Jahrhundert* setzte Mitte 1896 die Novellistik und 1897 das Romanschaffen wieder ein. Nietzsche war dabei nicht dominant, aber mehr oder weniger präsent – am deutlichsten (im Einzelnen freilich umstritten und unterschiedlich bewertet; vgl. Stein 2002, S. 49) in *Die Göttinnen oder die drei Romane der Herzogin von Assy* (entstanden 1899 bis 1902). Violante ist eine Figur mit Zügen des „Übermenschen", die auf höchst individuelle Art ihre Persönlichkeit auslebt, einem Renaissance-Ideal nachstrebt, im zweiten der drei Romane (*Minerva*) gleichsam eine „Artisten-Metaphysik" (GT; KSA 1, S. 17) verkörpert und im dritten (*Venus*) rauschhaft-„dionysische" Züge annimmt.

Im Umfeld der *Göttinnen* wird mehrfach der Name des Philosophen erwähnt bzw. stehen dessen Überlegungen im Hintergrund. Insbesondere finden sich zwischen dem dritten und vierten Kapitel des *Minerva*-Manuskriptes paraphrasierende Exzerpte aus dem 1901 in Band 15 (Band 7 der zweiten Abteilung) von *Nietzsche's Werken* (GOA) erschienenen *Willen zur Macht*, in denen es heißt:

> Das Rauschgefühl, thatsächlich einem *Mehr von Kraft* entsprechend, am stärksten in der Paarungszeit der Geschlechter: neue Organe, neue Fertigkeiten, Farben, Formen ... die Ver-

schönerung ist eine Folge der *erhöhten* Kraft. / Der Lustzustand, den man *Rausch* nennt, ist exakt ein hohes Machtgefühl ... [...] / [...] Die Künstler, wenn sie etwas taugen, sind (auch leiblich) stark angelegt, überschüssig, Kraftthiere, sensibel [...] / *Die Künstler sollen nichts so sehen wie es ist, sondern voller, sondern einfacher, sondern stärker u. dazu muß ihnen eine Art Jugend und Frühling, eine Art habitueller Rausch im Leben eigen sein* ... (GOA, Bd. XV, S. 381 f.)[20]

In anderen Äußerungen bekennt sich Heinrich Mann zur „starke[n], eigenmächtige[n] Persönlichkeit" im Sinne des Philosophen[21] oder bringt mit ihm die „verdichtete Sinnlichkeit" und den „sinnliche[n] Anarchismus" eines Kunstwerkes in Verbindung.[22] Er spricht davon, dass „unsere Idee vom Künstler und dem Leben [...] schon bei Nietzsche" gewesen sei[23] und dass es seine Familie „hanseatische[r] Kaufleute" „kraft romanischer Blutmischung" zum „Künstlertum" gebracht habe: „laut Nietzsche bewirkt so etwas Neurastheniker und Artisten" (GOA, Bd. XV, S. 385).[24]

Allerdings bedeuten die von Heinrich Mann herausgestellten Bezüge nicht, dass es sich primär um einen Nietzsche-Roman handelt. Der Autor erklärte nachdrücklich, „daß ich nicht der Schüler eines einzigen Meisters bin" und „daß ich den ungewöhnlichen Stil der ,Göttinnen' nicht aus einem Stück gebildet habe".[25]

---

20 HMA 22; abgedruckt in: Werner 1972, S. 96 und Hildebrand 1978, Bd. 1, S. 133f. (ohne Hervorhebungen). – Vgl. NL 1888, KSA 13, 14 [117], S. 293–295.

21 So kritisiert Heinrich Mann in einer im September 1902 in den *Leipziger Neuesten Nachrichten* erschienenen Besprechung von Maurice Maeterlincks zur Zeit der Renaissance spielendem Stück *Monna Vanna* „die Absicht, die starke, eigenmächtige Persönlichkeit klein zu machen zu Gunsten der Vielen und ihrer schwächeren Tugenden. Unbedingte Ehrfurcht auch vor dem ärmlichsten Menschenleben! Glaube an das Unvernünftige! Das sind die Ideale" (HMEP 1, S. 382).

22 In einem Brief an das *Berliner Tageblatt*, der am 24. Januar 1903 unter dem Titel *Der Roman der Herzogin von Aßy* erschienen ist, heißt es: „Kunstwerke als rein verdichtete Sinnlichkeit aufzufassen, [...] dieser sinnliche Anarchismus des Künstlers ist wohl eine Folge einer geistigen und auch physiologischen Beschaffenheit, die heute nicht selten vorkommt. Es ist vor allem die Wirkung, die auf romanischer Erde *Nietzsche* zeitigen mußte." (HMEP 1, S. 383)

23 An Tommy Nach der *Jagd nach Liebe* [Entwurf eines Briefes vom Dezember 1903]. HMEP 1, S. 456.

24 [Autobiographie, 1904]. HMEP 1, S. 385. – Lt. JGB 254 (KSA 5, S. 199) haben in Frankreich „zum Theil Fatalisten, Verdüsterte, Kranke, zum Theil Verzärtelte und Verkünstelte [...] die Fähigkeit zu artistischen Leidenschaften, zu Hingebungen an die ,Form'" ausgebildet. – Weiterhin bemerkt Heinrich Mann gegenüber Ludwig Ewers am 11. Januar 1902, „daß wir ohne Anregung durch Lektüre zu nichts kommen; unsere Werke sind Reaktionen (*Nietzsche* sagt dies)" (Ewers, S. 389). Und an Richard von Schaukal schreibt er am 27. September 1903, er denke „an das Wort Nietzsche's: ,Wenn man mich nicht versteht, muß das nothwendig an mir liegen?' Man ist mit seiner Empfindung allein." (HMS 7850; vgl. den Abdruck in HMEP 2, S. 431).

25 *Der Roman der Herzogin von Aßy*. In: HMEP 1, S. 383; „Eine Selbstcharakteristik". In: HMEP 1, S. 384.

Der Roman ist kein „Versuch, den ästhetischen Mythos in Nietzsches ‚Geburt der Tragödie' in einen epischen Vorgang zu übersetzen" (Werner 1978, S. 98; vgl. auch Werner 1972, S. 99) – die Fragestellungen dieser Schrift (einschließlich des für sie spezifischen Verhältnisses von „Apollinischem" und „Dionysischem") spielen weder in den theoretischen Aussagen des Schriftstellers noch in der Handlung des Romans eine Rolle –; der Renaissancismus war eine weit verbreitete Erscheinung in der Literatur dieser Zeit – und er war bei Heinrich Mann vor allem Gegenstand der Kritik.

Lebensbejahung und „Artisten-Metaphysik" sind keineswegs (wie einige Äußerungen des Autors nahe legen könnten) ausschließlich zustimmungswürdige Erscheinungen, sondern paaren sich mit einer deutlichen Problematisierung. So ist dem bereits erwähnten Exzerpt im *Minerva*-Manuskript eine Notiz angefügt: „Talent = Vampyr" – eine knappe Zusammenfassung des Aphorismus: „Künstler sind nicht die Menschen der grossen Leidenschaft [...] ihr Vampyr, ihr Talent missgönnt ihnen meist solche Verschwendung [...] man lebt unter dem Vampyrismus seines Talents" (vgl. NL 1887, 10[33](165), KSA 12, S. 472).

Letztlich rezipiert Heinrich Mann aus der Nietzscheschen Philosophie nicht so sehr die „dionysische" Lebensverherrlichung als vielmehr die Ambivalenz von Kunstapotheose und Kritik am dilettantischen Künstler und Komödianten, von Übermensch und décadent (vgl. Nicholls 1960, S. 174–177; Schlichting 1986, Bd. 1, S. 19). Das ist keine Abkehr von Nietzsche, wohl aber eine Reflexion der schon bei diesem angelegten Diskrepanzen – eine Reflexion, die zumindest den Boden bereitet für weitergehende Relativierungen. Hinzu kommen Distanz und Kritik – vor allem in einigen Nebenfiguren, die mehr oder weniger Prinzipien des Philosophen verkünden und *ad absurdum* geführt werden oder die sogar als dessen Parodien angelegt sind (vgl. Emrich 1981, S. 69–123).

Nur im Umkreis der *Göttinnen* wird Nietzsche *expressis verbis* erwähnt, nicht bei den anderen Romanen und den Novellen dieser Zeit – obwohl sich auch dort innerhalb eines breiten Spektrums von Fragestellungen Fingerzeige auf ihn finden lassen. Bereits in dem Roman *Im Schlaraffenland* (1900) ist der „Tenor von Nietzsches Kulturkritik" zu spüren (Jasper 1992, S. 86; vgl. Hahn 1965, S. 358–360) – verbunden mit der Ablehnung eines trivialisierten Machtwillens (vgl. Emrich 1981, S. 21–68). *Die Jagd nach Liebe* (1903) reflektiert noch einmal das Verhältnis von Lebensgefühl und Künstlertum und enthält zugleich eine Satire auf den Nietzsche-Kult (vgl. Emrich 1981, S. 14). Der Akzent verlagert sich hier und in den folgenden Novellen (*Pippo Spano, Schauspielerin, Die Branzilla*) gegenüber der Ambivalenz von Apotheose und Kritik, von „Artisten-Metaphysik" und décadence-Bewusstsein in den *Göttinnen* noch weiter auf das Problematische. Namentlich in *Pippo Spano* (entstanden 1903) enthüllt sich ein moderner Künstler, der sich mit einem Renaissance-Condottiere identifizieren zu können glaubt, als „ein steckengebliebener Komödiant"[26] – und in der *Branzilla* (entstanden 1906) ist die Sängerin sogar nicht weniger „böse" als der Titelheld von *Der Tyrann*,[27] erweitert sich der Blickwinkel von der Kunst- auf die Machtproblematik. Dies zeigt sich auch in der „tyrannischen" Titelgestalt von *Professor Unrat* (1905; vgl. Emrich 1981, S. 163–201) und in dem Gewaltmenschen Pardi in *Zwischen den Rassen* (1907). Bemerkenswert ist, dass es dabei weniger um eine Auseinandersetzung mit dem Philosophen selbst als vielmehr um die Polemik gegen eine Haltung geht, die unter anderem auf ihn zurückgeführt werden kann.

Als Abschluss der Rezeption von Nietzsches Kunsttheorie kann der Essay *Eine Freundschaft. Gustave Flaubert und George Sand* von 1905 angesehen werden. Obwohl er nur ein einziges Mal genannt wird (HMEP 2, S. 366 f.), zeigt das Flaubert-Bild dieses Essays Spuren seiner Analyse und Kritik des modernen, dekadenten Künstlers (vgl. Werner 1972, S. 64 f. und 166).

5

Heinrich Manns Weg führte „von der Behauptung des Individualismus zur Verehrung der Demokratie", von den *Göttinnen* als einem (freilich nicht uneingeschränkten) „Tempel [...] für die dreieinige, freie, schöne und genießende Persönlichkeit" zu dem Roman *Die kleine Stadt* (1909), den er „dem Volk erbaut [habe], dem Menschentum".[28] Dies bedeutete nicht zuletzt eine grundsätzliche Abkehr von den aristokratischen und elitären Denkansätzen Nietzsches. 1909/10 arbeitete der Schriftsteller an einem umfangreichen Frankreich-Projekt (vgl. HMEP 2, S. 475–536), aus dem zwei berühmte Aufsätze hervorgegangen sind, die am Anfang seiner eigentlichen politischen Essayistik stehen: *Frankreich. Aus einem Essai* (später unter dem Titel *Voltaire – Goethe* bekannt) und *Geist und Tat*. Hier bezeichnet der Philosoph den negativen Gegenpol.[29] In den Vorarbeiten im

---

26 GW 17, S. 58. – Vgl. einen in Heinrich Manns Handexemplar der *Genealogie* (S. 101–103) angestrichenen Aphorismus, der von der Diskrepanz zwischen Künstler und Werk handelt: „Man soll sich vor der Verwechselung hüten, in welche ein Künstler nur zu leicht selbst geräth [...] wie als ob er selber das *wäre*, was er darstellen, ausdenken, ausdrücken kann. [...] Ein vollkommener und ganzer Künstler ist in alle Ewigkeit von dem ‚Realen', dem Wirklichen abgetrennt ..." (S. 102; vgl. GM III 4; KSA 5, S. 343 f.)

27 Vgl. König 1972, S. 54 f. – Die beiden Novellen erschienen 1908 unter dem Sammeltitel *Die Bösen*.

28 [Autobiographie, 1910]. In: HMEP 2, S. 112.

29 *Expressis verbis* werden Voltaire und Nietzsche einander entgegengesetzt in dem Aufsatz *Die Bücher und die Taten* von 1917: „An der Front lesen manche den ‚Willen zur Macht'. Verstehen sie ihn? Die jungen Soldaten Bonapartes trugen in ihren Tornistern einen Voltaire." (HMEP 2, S. 225)

Notizbuch 1909/10 heißt es über Frankreich: „Ein feiner scharfer Geist, aber eigentlich kein komplicirter und fast nie ein paradoxer" – von *einer* Ausnahme abgesehen, die an Nietzsche und Maximilian Harden erinnere (HMEP 2, S. 536). In einer Äußerung auf eine Rundfrage über die Wiener Operette beklagt der Autor den „Abgrund zwischen Geist und Volk [...] im Bereich der deutschen Kultur" und fordert: „Man arbeite an der Demokratisierung." Er fährt fort: „Demokratische Länder bringen vielleicht keinen Nietzsche hervor." Der „beliebteste Autor", „als Ersatz für den fehlenden Nietzsche", aber heiße Zola. (HMEP 2, S. 113) In *Geist und Tat* schließlich stellt er hohe moralische Forderungen an den „Mensch[en] des Geistes" – der aber in Deutschland nur „für die Beschönigung des Ungeistigen, für die sophistische Rechtfertigung des Ungerechten, für seinen Todfeind, die Macht" wirke. „Was erklärt diesen Nietzsche, der dem Typus sein Genie geliehen hat, und alle die, die ihm nachgetreten sind? Ist es der überwältigende Erfolg der Macht, den diese Zeit und dies Land sahen?" Heinrich Mann unterscheidet zwischen dem „Genie" Nietzsche und seinen primitiven Anhängern – doch der grundlegende Gegensatz zwischen Intellektuellen, die „die Demokratie nicht gekannt und [...] sie verachtet" haben und deren „Vornehmheit" „Selbstkultus" sei, und solchen, die „sich dem Volk verbinden gegen die Macht" und die das „Genie" „für den Bruder des letzten Reporters halten": dieser Gegensatz ist für ihn unüberwindbar. (HMEP 2, S. 117 f.)

Nicht unerheblich ist die Nietzsche-Rezeption in dem von 1906 bis 1914 entstandenen Roman *Der Untertan* (vgl. Schneider 1996, S. 158–162). Aus einem im November 1909 begonnenen Notizbuch geht hervor, dass Heinrich Mann ursprünglich eine Gestalt mit dem bezeichnenden Namen Dr. Wilhelm Kant auftreten lassen wollte, der sich als Anhänger des Philosophen darstellte, indem er, statt „den Gefahren des Geistes: der Menschlichkeit, der Gleichheit" zu verfallen, nur an „die Kraft" glaubt (HMEP 2, S. 158). Seine Funktion ist dann zunehmend in den Charakter Diederich Heßlings integriert worden: „Ich bin ein kaltes Raubthier, bin unsozial, ein Menschenfeind [...]. Am Anfang war die Kraft." (HMEP 2, S. 160) Dabei lässt der Schriftsteller Wolfgang Buck am Stammtisch über die „Tragik des großen Nietzsche" sprechen, der „euch auf edle Weise vorgemacht [hat], was ihr nun auf vulgäre nachahmt". All das Pöbelhafte, was dieser Philosoph verachtet habe, werde von den „Neudeutschen" in ihrem „Herrenmenschenthum" verkörpert; er sei „der hohe Virtuose", sie seien „Schmierenkomödianten" – „aber der Charakter, der gespielt wird, ist derselbe" (HMEP 2, S. 161). Im Roman selbst sind die Reminiszenzen weniger direkt.

Um 1910 haben sich somit zwei Aspekte von Heinrich Manns Nietzsche-Rezeption der Folgezeit – insbesondere während des ersten Weltkrieges und in der unmittelbaren Nachkriegszeit – herausgebildet: die Ablehnung eines sich auf den Philosophen berufenden Machtwillens und die Differenzierung zwischen

Nietzsche selbst und dessen Trivialisierung. In einem Notizbuch vom Juni/Juli 1916 heißt es über diese Ambivalenz:

> Der einzige Philosoph, der in Deutschland noch Achtung u. Einfluss erreichte, Nietzsche, hat ein doppeltes Gesicht, u. das mit Verständniss angesehene war das des Widergeistes, die Entlarvung der verdächtigen Herkunft des Geistes in „Genealogie der Moral", die Verehrung der ruchlosen Körpermacht der „Herrenmenschen" („Antichrist").[30]

6

Nach der Novemberrevolution kommt Heinrich Mann in zwei Schriften auf die Problematik zu sprechen – und zwar jeweils, wenn auch unterschiedlich akzentuiert, im Zusammenhang mit Richard Wagner. Der im Dezember 1918 verfasste, am 1. Januar 1919 im *Berliner Tageblatt* veröffentlichte Aufsatz *Erneuerung* enthält das schärfste aller Urteile Heinrich Manns über Nietzsche, der hier sehr krass auf die Schlagworte von der „blonden Bestie" und dem „Willen zur Macht" reduziert:

> Eine Erfindung, nicht jener mittelmäßigen Nachtreter, die alldeutsch hießen, sondern weniger, großer Ideologen, eures Nietzsche, der sich für einen Psychologen hielt, obwohl er an die fabelhafte „blonde Bestie" glaubte, eures Wagner, dessen herrliche Helden den Abtanz jetzt hoffentlich miterlebt haben und recht bald hinter dem Horizont verschwinden. Man soll nicht sagen, die Deutschen seien in der Stofflichkeit erstickt, Idee dringe bis zu ihnen nicht mehr –, während sie sogar zusammengebrochen sind unter der übermenschlichen Anstrengung, die furchtbarste Ideologie zu verwirklichen. (vgl. Schlichting 1986, Bd. 2, S. 739 f.)

Er setzt sich auseinander „mit den Irrungen jener, die sich endlich einmal ihren ‚Willen zur Macht' beweisen wollten, und die erst heute erfahren, daß er eins mit ihrem Hang zur Untertänigkeit war. [...] Der ‚Wille zur Macht' bietet einen unvollständigen, mithin falschen Ausblick auf die Menschenseele. Sie will nicht nur Macht, sie will Glück."[31]

Die „blonde Bestie" (bzw. das „Raubthier") hatte schon in dem Aufsatz von 1896 eine Rolle gespielt und klang auch in den Vorarbeiten zum *Untertan* an, stand aber vor 1918 noch nicht im Mittelpunkt von Heinrich Manns Nietzsche-

---

30 Zit. nach dem Manuskript von HMEP 3.
31 Zit. nach dem Manuskript von HMEP 3. – Vgl. auch die scharfen Formulierungen in den Notizen von Ende 1918: *„Der Wille zur Macht kein* Gesetz, nur eine Pervertirung. Ein einzelner Gesichtspunkt, zu eng, um eine Weltanschauung zu ergeben. Der Mensch will Glück, Macht will nur ein Unmensch." (HMA 337; zit. nach dem Manuskript von HMEP 3) Allerdings heißt es hier auch noch entschuldigend: *„Nietzsche, Wagner* / Beide sind freilich missbraucht worden."

Rezeption. Die Konzeption des „Willens zur Macht" aber, die bereits im *Zarathustra* entwickelt ist (Z II; KSA 4, S. 149), hatte Heinrich Mann zwar in seinem Handexemplar von *Jenseits von Gut und Böse* und von *Zur Genealogie der Moral* hervorgehoben[32] und in *Das Zwanzigste Jahrhundert* einmal indirekt erwähnt; sie ist aber wohl erst nach Erscheinen der Kompilation von 1901 stärker in sein Bewusstsein getreten. Wirklich zentral wurde sie ebenfalls erst jetzt.

In dem im Laufe des Jahres 1919 entstandenen programmatischen Essay *Kaiserreich und Republik* wird zunächst ohne Erwähnung Nietzsches die verbreitete Meinung wiedergegeben, „Demokratie sei eine Verfallserscheinung".[33] Später geht es dann wieder um die Ambivalenz seiner Machtphilosophie. Dabei differenziert Heinrich Mann jetzt stärker zwischen den Philosophen und Epigonen. „Drang einer durch? Dann war er mißverstanden, ward Zwecken angepaßt, die unter ihm waren. Das Schicksal Nietzsches/ [...] Seine Amoralistik wies sein Aristokratismus [...] reiften früher bei ihm als im Lande; aber hinter Borgia handelte Bismarck; und seinen philosophischen Willen zur Macht beflügelte das Deutsche Reich. Der Gegenstand seines Machtwillens freilich war größer als diese: es war der Geist." (MuM S. 190 – Vgl. z.B. JGB 8, 244, KSA 5, S. 184; im Handexemplar (S. 198–201) zum Schluß angestrichen).

So habe er das reale „Deutschland verworfen, von je und für immer verworfen"[34] – eine Aussage, die in den Vorarbeiten noch schärfer formuliert ist und sich, wie die Wendung „Für ihn war Deutschland [...] das europäische Flachland" beweist, vor allem auf die 1908 postum erschienene Schrift *Ecce homo* bezieht.[35] Dann unterscheidet Heinrich Mann, anders als in *Erneuerung*, zwischen Nietzsche und Wagner: „Hielten die Söhne des Reiches ihn ganz ernstlich für ihren Pro-

---

32 In *Jenseits von Gut und Böse* hat Heinrich Mann eine Passage angestrichen, in der Nietzsche gegen „das allgemeine grüne Weide-Glück der Heerde" die Meinung vertrat, dass des Menschen „Lebens-Wille bis zum unbedingten Macht-Willen gesteigert werden musste" und dass „Härte, Gewaltsamkeit, [...] alles Böse, Furchtbare, Tyrannische, Raubthier- und Schlangenhafte am Mensch" zur „Erhöhung der Species ‚Mensch' dient" (S. 56; vgl. JGB 44; KSA 5, S. 61f.). – In der *Genealogie* hat er den Satz, dass „‚Nächstenliebe'[...] im Grunde eine Erregung [...] des *Willens zur Macht*" sei (S. 148; vgl. GM III 18; KSA 5, S. 383), sowie weitere Stellen markiert, in denen es um „eine[n] Willen und Weg zu *grösserer Macht*", um die „Theorie eines in allem Geschehen sich abspielenden *Macht-Willens*" und um „das Wesen des Lebens [...], sein[en] *Wille[n] zur Macht*" geht (S. 69; vgl. GM II 12; KSA 5, S. 315f.).
33 MuM, S. 175. – Vgl. z.B. JGB 203; KSA 5, S. 126.
34 MuM, S. 190. – Vgl. z.B. JGB 244; KSA 5, S. 184–186; im Handexemplar (S. 198–201) zum Schluss angestrichen.
35 HMA 366 (zit. nach. dem Manuskript von HMEP 3); vgl. EH; KSA 6, S. 301. – In Heinrich Manns Nachlassbibliothek befindet sich das Exemplar 1032 des für den Insel-Verlag in 1250 Exemplaren gedruckten Werkes (NB hm G 109).

pheten? Es kam spät und sah nicht echt aus. Einfacher fanden sie zu ihrem Wagner."[36]

Das Problem „Macht oder Menschlichkeit" im Kaiserreich bestimmt zu einem guten Teil den von Ende 1918 bis Anfang 1925 entstandenen Roman *Der Kopf* (vgl. Emrich 1981, S. 350–374), und der Machtwille wird nochmals in der Stinnes-Novelle *Kobes* (1925) thematisiert und nunmehr auf einen Großindustriellen der Weimarer Republik übertragen (vgl. Emrich 1981, S. 140–159). Für das spätere erzählerische Werk ist es weniger relevant. Namentlich die in der Spätrenaissance spielenden Henri-Quatre-Romane (1935 und 1939) kreisen vor allem um die Fragen einer humanistisch geprägten Politik und orientieren sich philosophisch an Montaigne (vgl. Nicholls 1960, S. 178).

Auch in der Essayistik tritt ein weiterer Aspekt zutage: Nietzsche – in *Das Zwanzigste Jahrhundert* als Kronzeuge des Nationalismus angeführt – erscheint nunmehr als Wegbereiter für eine Einigung Europas. So heißt es in *Europa, Reich über den Reichen* (später bekannt unter dem Titel „*Wirtschaft" 1923*):

> Die 1870 Geborenen [...] liebten soziale Gerechtigkeit, Völkerfrieden, das auf Vernunft zu errichtende Menschenglück, und sie glaubten daran. [...] / Ihre Meister wirkten erweiternd, befreiend; Nietzsche gegen die Vaterländer, für Europa, Zola für Dreyfus und von jeher für die Wahrheit, Ibsen für geistige Befreiungen, Tolstoi gegen Krieg. (SJ, S. 92f.)

Heinrich Mann bezieht sich hier auf das achte Hauptstück von *Jenseits von Gut und Böse* („Über Völker und Vaterländer"), aus dem er eine wichtige Passage aus dem Aphorismus 256 in seinem Handexemplar mit einem Winkelzeichen markiert und auf dem hinteren Vorsatzblatt exzerpiert bzw. paraphrasiert hat: „217/18 Wie sehr die auseinanderlösende Politik nothwendig nur Zwischenaktspolitik sein kann. / 218/19 das [sic] Europa Eins werden will." (Vgl. KSA 5, S. 201–204) Auch der vierte Teil des großen Essays *Das Bekenntnis zum Übernationalen* von 1932 zeigt – ohne dass der Name des Philosophen genannt würde – Berührungspunkte mit dieser Passage (HMEP 5, S. 377–384).

So ist es nicht verwunderlich, dass noch andere (mehr oder weniger beiläufige, aber nicht zu übersehende) Erwähnungen Ende der zwanziger und Anfang der dreißiger Jahre respektvoll sind. Die Zusammenstellung der Namen von Nietzsche, Zola, Ibsen und Tolstoi wird (in anderer Reihenfolge) wiederholt in den Aufsätzen *Kurzes Besinnen* und *Zeit und Kunst* von 1928 (SJ, S. 436 und 492).[37] Im

---

36 MuM, S. 191. – In den Notizen heißt es noch schärfer: „*Schuldig im vollen Sinn ist Richard Wagner.*"

37 In dem Aufsatz *Ibsen* (1928) werden außer dem norwegischen Dramatiker nur Zola und Tolstoi genannt (SJ, S. 432). – Erstmals sind die Namen der vier Autoren von Heinrich Mann 1915 in einer Aufzeichnung über den Begriff des Intellektuellen, die zu den Vorarbeiten zu seinem Essay *Zola*

Bekenntnis zum Übernationalen nennt Heinrich Mann – wie schon in einer seiner frühesten Äußerungen – Nietzsche im Zusammenhang mit Helmholtz' Vorsicht in Bezug auf die Erkennbarkeit der Natur (HMEP 5, S. 362). An zwei Stellen kommt er auf Richard Wagner zu sprechen: Er vergleicht den „Kampf Nietzsches gegen Wagner" mit Lessings Polemik gegen Corneille[38] – und in einer Umfrage zum 50. Todestag Richard Wagners gesteht er diesem zwar einen großen Einfluss zu, fügt aber an, „daß wir außer Wagner noch sehr vieles andere schätzen – zum Beispiel Nietzsche, [...] und auch Carmen, nach Nietzsche das Gegenteil von Wagner" (HMEP 5, S. 412).

7

Relativ häufig und ausschließlich zustimmend erwähnt wird der Philosoph in den ersten Jahren der Exilzeit (vgl. Wittig 1976, S. 236–240). Heinrich Mann bezieht sich vor allem auf Nietzsches Polemik gegen die Deutschen und das „Reich"[39] sowie auf seine Hochachtung vor Frankreich und der französischen Kultur[40] – und zwar ausdrücklich im Gegensatz zu den „Aristokraten oder Herrenmenschen, die Nietzsche in den falschen Hals bekommen haben,"[41] im allgemeinen wie insbesondere zum Nationalsozialismus. So wendet er sich im April 1934 in *Jeunesse / Hereingefallene Jugend* gegen die verbreitete Meinung, „daß Nietzsche als Denker nur ein Vorläufer Hitlers ist und die deutsche Herrenrasse verkündet hat", mit dem (leicht abgewandelten) Zitat: „Alles, was Europa an Vornehmheit auf-

gehört, in Zusammenhang gebracht worden (HMEP 2, S. 653f.); im Essay selbst sind Ibsen, Nietzsche und Zola miteinander verknüpft (HMEP 2, S. 186). Auch dieser Aspekt von Heinrich Manns Nietzsche-Rezeption geht bis auf das Jahr 1895 zurück (siehe oben) – nur stand damals an Stelle von Zola Richard Wagner.
38 Lessing. Gesprochen im Berliner Rundfunk am 15. Februar 1931. In: HMEP 5, S. 135.
39 Bereits im Oktober 1933 geht Heinrich Mann in dem Artikel *Ce qui reste / Was uns bleibt* auf den „Fall Nietzsche" ein: „Das Kaiserreich war auf der Höhe, er aber machte ihm den Prozeß. Er untersuchte die sittlichen Grundlagen der Vaterländer und der Mächte" und habe erkannt, dass das „Deutsche[] Reich [...] die Deutschen schlechter gemacht" habe. Selbst in einer Zeit, in der „der Nationalismus, dem Nietzsche das Urteil sprach, sich stark machte für seine größten Schreckenstaten", habe man nicht vermocht, „vorbeizugehn an den von ihm entdeckten sittlichen Wahrheiten" (HMEP 6/1, S. 123). – Wenn ein Aufsatz in einer deutschen und in einer französischen Fassung vorliegt, wird nur die deutsche zitiert und nachgewiesen.
40 In *Soit dit en toute modestie* (Januar 1934) betont der Schriftsteller Nietzsches „Gefühl des Unerhörten [...] beim Lesen der französischen Moralisten des 17. Jahrhunderts" und der Romane Voltaires (HMEP 6/1, S. 263; zit. nach der deutschen Übersetzung unter dem Titel *In aller Bescheidenheit gesagt*, HMEP 6/1, S. 266).
41 Der Weg der deutschen Arbeiter [November 1938]. In: VK, S. 223.

weist in Gefühl, Geschmack und Sitten, ist französische Erfindung."[42] Den Nazis, „die Nietzsche für den Ihren halten", stellt er in *Das Gewissen* (August 1935) den (ebenfalls etwas verkürzten) Satz aus *Nietzsche contra Wagner* entgegen: „Die Deutschen haben keine Zukunft."[43] Er hat diesen Satz noch mehrfach zitiert: zunächst in dem Artikel *Die Schicht Pachulke* (Februar 1936) – einer seiner schärfsten Polemiken gegen „den treudeutschen Rüpel, den ‚Hinterweltler' (Nietzsche) und seine ‚Manieren' (Nietzsche)" (Tag, S. 59) –, später unter anderem in dem Aufsatz *Über Goethe* (November 1938; Mut, S. 196). Der Schriftsteller nennt Deutschland „das Land Luthers, Goethes, Nietzsches"[44] – und es ist nur folgerichtig, dass er in *Es kommt der Tag. Deutsches Lesebuch* (1936) vier seiner Texte aufgenommen hat, darunter zwei aus *Jenseits von Gut und Böse*.[45]

Einen Höhepunkt von Heinrich Manns Rezeption dieses Philosophen stellt der Band mit dem bezeichnenden Titel *Nietzsches unsterbliche Gedanken* dar. Auf eine Anfrage des deutsch-amerikanischen Literaturagenten Alfred O. Mendel hin hatte der Autor am 1. Dezember 1937 seine Bereitschaft erklärt, Auswahl und Einleitung dieses Bandes zu übernehmen; der Vertrag mit dem Verlag Longmans, Green & Comp. (New York und Toronto) stammt vom 3. Dezember.[46] Er hat die Arbeit im Oktober 1938 beendet; die Auswahl wurde nicht von ihm selbst, sondern von seinem Neffen Golo Mann vorgenommen, von ihm aber uneingeschränkt gebilligt.[47] Das Buch ist in den Jahren 1939 und 1940 außer in englischer auch in bulgarischer, dänischer, französischer, koreanischer, niederländischer, norwegischer, portugiesischer und spanischer Sprache erschienen.[48] Die deutsche Erstausgabe kam erst 1992 zustande.[49] Allerdings war die Einleitung schon

---

42 HMEP 6/1, S. 342. – Im Handexemplar von *Jenseits von Gut und Böse* (S. 213) nicht angestrichen: „[...] die europäische *noblesse* – des Gefühls, des Geschmacks, der Sitte, kurz, das Wort in jedem hohen Sinne genommen – ist *Frankreich's* Werk und Erfindung" (vgl. JGB 253; KSA 5, S. 197).

43 HMEP 6/1, S. 547. – „Die Deutschen selber haben keine Zukunft." (NW; KSA 6, S. 424)

44 Im Juni 1935 in *Der Sechzigjährige* (HMEP 6/1, S. 524; gemeint ist Thomas Mann). – Vgl. bereits 1895 die oben erwähnte Zusammenstellung mit Kant und Hegel.

45 Tag, S. 39 und 47. – Vgl. JGB 250 („Was Europa den Juden verdankt?") und 251 („Man muß es in Kauf nehmen"; bezieht sich auf die „Verdummung [...] bei den Deutschen"); KSA 5, S. 192.

46 Vgl. den Vertrag in HMA 3610f. sowie zum weiteren Fortgang der Arbeit die Briefe des Verlages in HMA 3053–3057.

47 Vgl. den Brief von Golo Mann an Heinrich Mann vom 3. Mai 1938 mit den Unterstreichungen des Empfängers in HMA 1753.

48 In Englisch kamen nach der Erstausgabe bei Longmans, Green & Comp. auch Ausgaben in London und in Philadelphia heraus; von der bulgarischen, der spanischen und der Londoner Ausgabe liegen zweite Auflagen aus den Jahren 1942 bzw. 1945 vor. – Vgl. Nestler 2000, S. 629f., 639, 653, 663, 666, 673 und 719.

49 Zur Entstehungs- und Textgeschichte des Bandes vgl. NuG, S. 163–172 und Klein 1993.

im Januar/Februar-Heft 1939 der von Thomas Mann in Zürich herausgegebenen Zeitschrift *Maß und Wert* erschienen. Erhalten geblieben sind das Manuskript, ein Typoskript und der Korrekturabzug (HMS 7561–7563).

Der Band war vor allem für ein amerikanisches Publikum gedacht und sollte auf knappem Raum eine repräsentative Auswahl aus dem Gesamtwerk des Philosophen einem breiteren Leserkreis vorstellen. Dies muss hier nicht im Einzelnen ausgeführt werden – betont sei aber, dass es Golo und Heinrich Mann darum ging, „keinen halben, ungerechten, apodiktischen, undialektischen Nietzsche" zu geben, und dass das „Schwergewicht" auf der „Kritik der Kultur, Deutschlands, der Politik" lag: „das ist heute die furchtbarste Aktualität" (HMA 1753).

Von der sorgfältigen Arbeitsweise des Schriftstellers zeugen ein Konvolut von Exzerpten, Zitaten und Notizen (HMS 7560) – darunter allein drei Seiten zum Leben des Philosophen – sowie die mit Anstreichungen versehenen Nietzsche-Bücher von Alfred Baeumler (NB hm G 225), Karl Jaspers (NB hm G 282) und (mit einer Widmung) Marius-Paulin Nicolas (NB hm G 321). Während das Buch von Jaspers wohl nur der Information diente (markiert sind vor allem Stellen aus der Einleitung), hat der Schriftsteller in dem von Baeumler Urteile Nietzsches über Richard Wagner, Äußerungen über Rassen, die Kritik am zeitgenössischen Deutschland und ein missbilligendes Urteil über Elisabeth Förster-Nietzsche hervorgehoben und in dem von Nicolas, neben einigen Äußerungen zu Montaigne, Hinweise auf den Gegensatz zwischen den Intentionen des Philosophen und dem Faschismus angestrichen.

Der Aufsatz (vgl. Wittig 1976, S. 235 f. und 240–252; Werner 2001) beginnt mit dem Kapitel „Der Nachruhm" – gleichsam einem Resümee früherer Überlegungen über den Widerspruch zwischen der Faszination, die Nietzsche auf junge Intellektuelle um 1890 ausübte, und seiner späteren Missbrauchbarkeit.

> Sein Werk ist furchtbar, es ist bedrohlich geworden, anstatt dass es uns hinrisse wie vor Zeiten. Damals schien es uns selbst zu rechtfertigen, wir verstanden es nach den Neigungen unseres Geistes […]. Wir vertrauten mit Freuden dem Individualisten, […] dem Gegner des Staates – noch eher wäre er ein Anarchist, als ein ergebener Bürger des „Reiches". 1890 und die nächsten Jahre war dies eine Haltung der persönlichem Unabhängigkeit. Derart bereitete man sich auf die eigenen Leistungen vor, und höchst willkommen war uns dieser Philosoph. Er stellte an die Spitze seiner geforderten Gesellschaft den stolzen Geist, – warum nicht uns selbst. (NuG, S. 9)

Doch wenn auch „der Denker" nur „die Schlachtfelder des Geistes" gekannt und „das anrückende Zeitalter der Ungesetzlichkeit und der Kriege" nicht bedacht habe, habe „sein Werk das Chaos" enthalten, „mitsamt dem Antrieb, es zu entfesseln" (NuG, S. 10). Im weiteren Verlauf seiner Überlegungen identifiziert sich Heinrich Mann mit Nietzsches „Herrschaft der Erkenntnis" (NuG, S. 14) und rühmt – im Unterschied zu seinen frühen Urteilen über den Stil des *Zarathustra* – seine Sprachgewalt (NuG, S. 16). Breiten Raum nimmt die Auseinandersetzung mit Wagner und dessen Bindung an die „bourgeoise Menge mit ihrem unbescheidenen Getue" ein (NuG, S. 16–22 und 38–42; Zitat S. 21) – hier zitiert der Schriftsteller wiederum den Satz: „Die Deutschen selber haben keine Zukunft" (NuG, S. 17) –, und ausführlich erörtert er die Problematik seines „Jasagen[s]" zu den „Starken und Vornehmen" (NuG, S. 29–32). Er betont eindringlich die Diskrepanz zwischen Nietzsches Denkansätzen und dem „Typ, der seither in den Besitz der Gewalt gebracht worden ist" – und fügt hinzu: „auch von ihm, leider auch von ihm". Angesichts der historischen Erfahrungen würde ihm seine „blonde Bestie" „in der Kehle stecken" bleiben: „Er würde von seinem Jasagen nicht vieles noch einmal sagen." (NuG, S. 31) Heinrich Mann distanziert sich von der Konzeption des „Übermensch[en]" und von der Verehrung für Cesare Borgia – seine eigenen Leitbilder sind nunmehr Heinrich IV. und Montaigne (NuG, S. 21f. und 32–34). Dann aber hebt er wieder, an seine frühere Rezeption des achten Hauptstücks von *Jenseits von Gut und Böse* anknüpfend, Nietzsches Abgrenzung vom Nationalismus und vom „Reich" hervor (NuG, S. 35f.). Der Autor stellt einen in sich widersprüchlichen Philosophen vor: fern sowohl einer (wenn auch nicht vorbehaltlosen) Instrumentalisierung durch den Faschismus wie einer radikalen Ablehnung durch sozialistische Autoren (vgl. Fleischer 1991, S. 24–31; Klein 1993; Aschheim 1996, S. 251–328; Werner 2001) – und dennoch an seiner Missdeutbarkeit nicht unschuldig. Gegenüber den Urteilen zwischen 1910 und 1920 fällt auf, dass nicht nur die Konzentration auf bestimmte Schlagworte reduziert ist, sondern dass in diesem Zusammenhang sogar auf die Wendung „Wille zur Macht" verzichtet wurde – in den Vorarbeiten hatte der Autor noch notiert: *„Der Wille zum Leben, das Jasagen*, um jeden Preis. Daher ‚Wille zur Macht'." (HMS 7560)

Aufschlussreich und völlig neuartig ist, dass Heinrich Mann Nietzsche als Vorläufer der „proletarischen Diktatur" in Anspruch zu nehmen versucht. Er stellt die Frage, „wer sein Herrenmensch der Zukunft wirklich wäre", und führt aus: „Er hat über den Arbeiter sich ausgesprochen – heut wär' es reiner Bolschewismus." (Als Golo Mann dies angesichts der „Feindseligkeit Nietzsches gegen den Sozialismus" beanstandete,[50] hat er die letzten Worte im Korrekturabzug von *Maß und Wert* geändert: „wenig sozialistisch, aber im Sinne der proletarischen Diktatur." Die Korrektur ist allerdings nicht berücksichtigt worden.[51]) Heinrich Mann zitiert

---

50 Vgl. den Brief von Heinrich an Thomas Mann vom 22. November 1938 (TM/HM, S. 297).
51 Vgl. NuG., S. 168 f. – Bereits in den Vorarbeiten hatte Heinrich Mann den „Aphor[ismus] über die Arbeiter als Herren" als „ganz und gar bolschewistisch" bezeichnet (HMS 7560).

zwei Äußerungen über die „Zukunft des Arbeiters" (vgl. NL 1887, KSA 12, 9[34] (26); S. 350 und NL 1883, KSA 10, 9[47], S. 361) und interpretiert:

> Er ehrt die Arbeiter wie sich selbst, er verlangt von ihnen so Schweres und Grosses wie von dem Menschen der Erkenntniss: freiwillige Askese. [...] Einer neuen Kaste, nach dem Vorbild der armen und bedürfnisslosen preußischen Offizier von ehedem, den Besitz der Macht zu versprechen: dazu gehörte etwas vor fünfzig Jahren, und bis mit der Verwirklichung der Anfang gemacht wurde, sollten dreissig vergehen. (NuG, S. 36 f.)[52]

Diese brisanten Überlegungen zeugen von der Eigenständigkeit Heinrich Manns innerhalb der antifaschistischen Bewegung. Wie wenig er damit Verständnis auf kommunistischer Seite finden konnte, belegt die Editionsgeschichte des Aufsatzes *Lenin, fünfzehn Jahre nach seinem Tode*. Am 16. November 1938 hat der Redakteur der *Internazionalnaja literatura*, Timofei Rokotow, Heinrich Mann um eine Äußerung zu Lenins 15. Todestag am 21. Januar 1939 gebeten. Der Schriftsteller schickte daraufhin am 23. November das Manuskript nach Moskau, in dem er die zwei Aphorismen von Nietzsche noch einmal zitierte und schrieb: „[...] es ist vorweggenommener Bolschewismus. [...] Lenin würde diesen Sätzen gewiß zugestimmt haben." (Mut, S. 154) Antwort auf seine Einsendung erhielt er erst am 5. Februar 1939; ihr waren mehrere Entwürfe mindestens zweier Redakteure vorausgegangen – ja, die Redaktion hat sogar den Leiter der Abteilung für Agitation und Propaganda beim Zentralkomitee der Kommunistischen Partei der Sowjetunion, Andrei Alexandrowitsch Shdanow, konsultiert. In dem schließlich an Heinrich Mann gesandten Schreiben wird nach einleitendem Dank für das Manuskript sowie einer Bitte um Entschuldigung für die späte Antwort dem Schriftsteller versichert, dass die sowjetischen Leser seine Werke schätzten und seine „Arbeit mit dem aufrichtigen Interesse wirklicher Freunde" verfolgten. Der eingesandte Text führe jedoch „nur zu einem Missverständnis zwischen Ihnen und Ihrem Sowjetleser", und die Nietzsche-Zitate seien völlig unpassend. Hieraus ergebe sich, „dass es besser ist – obgleich wir jede Ihrer Zeilen äusserst schätzen – diesen Beitrag nicht zu veröffentlichen". Heinrich Mann hat dies am 13. Februar 1939 akzeptiert, – was er umso leichter tun konnte, als der Artikel in dem Sammelband *Mut* erschien.[53] Veröffentlicht wurde *Lenin, fünfzehn Jahre nach*

---

52 Heinrich Mann geht noch davon aus, dass es sich um Zitate aus dem *Willen zur Macht* handele – „seinem Hauptwerk, seinem letzten Wort". Ironischerweise hat Elisabeth Förster-Nietzsche in diesem Falle durch ihre Kompilation die Interpretation ihres Bruders von „links" sogar aufgewertet. (Vgl. Riedel 2011, S. 84–86.)

53 Ich danke Cordula Greinert, der Herausgeberin des in Vorbereitung befindlichen Bandes HMEP 8, dass sie mir vorab die Einsichtnahme in diese Materialien ermöglichte. Sie werden ausführlich im Apparat zu diesem Bande vorgestellt werden.

seinem Tode in der Sowjetunion nie – und in der DDR nur ein einziges Mal: an versteckter Stelle und gekürzt (vgl. Nestler 2000, S. 448).

Gegenüber den in hohem Grade verständnisvollen Äußerungen in den dreißiger Jahren liegt in denen aus *Ein Zeitalter wird besichtigt* (erschienen 1945) – bei gleicher Bewertung der Sachverhalte – der Akzent wieder stärker auf der Distanz. In Anbetracht der „Morallosigkeit" der Deutschen seit Ende des 19. Jahrhunderts vermerkt Heinrich Mann: „‚moralinfrei' ist leider eine Wortbildung Nietzsches" (GW 24, S. 46) – und während er früher Tolstoi und den Philosophen auf *eine* Stufe gestellt hatte, schreibt er nunmehr in Bezug auf die „dynamische Moral" der *Kreutzersonate*: „soeben hatte Nietzsche uns sogar ihre ohnmächtigen Reste ausgeredet" (GW 24, S. 49). Andererseits anerkennt er, dass Churchill sich einen „guten Europäer" nannte (GW 24, S. 90; vgl. JGB 241; KSA 5, S. 180); – eine Wendung, auf die er erstmals bereits 1924 in dem Aufsatz *V.S.E.* im Hinblick auf künftige „Vereinigte Staaten von Europa" angespielt hatte (SJ, S. 177) – er zitiert die Passage aus dem *Bekenntnis zum Übernationalen*, in der Nietzsche und Helmholtz in Bezug auf die Grenzen der Naturerkenntnis in Zusammenhang gebracht werden (GW 24, S. 190), und fügt dem Begriff „Schuld" die Wendung hinzu: „nach Nietzsche die Bezeichnung für etwas Schiefgegangenes" (GW 24, S. 274).[54]

Sind dies mehr oder weniger beiläufige Bemerkungen, so findet sich eine prinzipielle und differenzierte Auseinandersetzung am Ende des Kapitels „Gut und böse". Auf Grund der historischen Erfahrungen sei mit der „Apologie des Bösen" nichts mehr anzufangen – und darüber hinaus auch nichts mit „Nietzsche, einem gutherzigen Wesen, schwach, auf Schonung angewiesen, und forderte den Menschen bedenkenlos!" (Dies erinnert an die Diskrepanz zwischen dem Philosophen und seiner Philosophie, die der Schriftsteller schon 1896 aufgezeigt hatte – damals allerdings mehr zur Entschuldigung.) Nietzsches Einfluss korrespondiere mit dem von Wagner; „sie waren zweigesichtig, zweideutig" (GW 24, S. 168). Die *Genealogie* „hätte meinesgleichen ihm gedankt" – aber die „blonde Bestie", der „Herrenmensch" habe „Begehrliche" erreicht: „[...] sie wollen nicht wissen; sie wollen auf irrationalem Wege zu Hochgefühlen gelangen. Die ‚blonde Bestie', der ‚Herrenmensch' zu sein darf jeder sich einbilden [...]". Die Deutschen hätten ihn missverstanden; der reale deutsche „Herrenmensch" sei etwas anderes als „der Traum des armen Nietzsche von einem Borgia" – aber er und Wagner hätten „die Neigung, sich mißverstehen zu lassen". Sie hätten den Deutschen die Wahl gelassen, „aus ihrem Werk zu nehmen, was ihnen anstände: den festen Sinn, die Fragwürdigkeit, das Echte allein oder vor allem das Verführerische. Die

---

54 Heinrich Mann bezieht sich hier auf die zweite Abhandlung der *Genealogie* („Schuld, schlechtes Gewissen und Verwandtes"), die in seinem Handexemplar mehrere Anstreichungen enthält.

Deutschen haben gewählt" (GW 24, S. 170). Auch hier bekundet Heinrich Mann wie schon öfter die größere Nähe zu Nietzsche, der „abgestoßen worden [sei] von der Atmosphäre Bayreuths" (GW 24, S. 169); doch er betont jetzt weniger die ästhetischen als die politischen Aspekte – und die Differenzierung zwischen den Positionen der beiden Persönlichkeiten tritt zurück gegenüber ihren gleichartigen Wirkungen.

Heinrich Manns Nietzsche-Rezeption ist alles andere als monolith, und wir können auch nicht von einer geradlinigen Entwicklung sprechen. Es gibt bestimmte Grundlinien und Leitgedanken – diese aber erfahren unterschiedliche, mitunter kontroverse Akzentuierungen gemäß den jeweiligen historischen Bedingungen. Für die wechselvolle Auseinandersetzung mit dem Philosophen in der Zeit zwischen 1890 und 1945 ist sie, bei allen individuellen Besonderheiten, von geradezu symptomatischer Bedeutung.

Literaturverzeichnis

Aschheim, Steven E. (1996): *Nietzsche und die Deutschen. Karriere eines Kults.* Aus dem Engl. von Klaus Laermann. Stuttgart/Weimar: Metzler.

Baeumler, Alfred (Hrsg.) (1932): Nietzsche in seinen Briefen und Berichten der Zeitgenossen. Die Lebensgeschichte in Dokumenten. Leipzig: Kröner.

Emrich, Elke (1981): *Macht und Geist im Werk Heinrich Manns. Eine Überwindung Nietzsches aus dem Geist Voltaires* (= Quellen und Forschungen zur Sprach- und Kulturgeschichte der germanischen Völker, N. F. 77). Berlin/New York: de Gruyter.

Fleischer, Margot (1991): „Das Spektrum der Nietzsche-Rezeption im geistigen Leben seit der Jahrhundertwende". In: *Nietzsche-Studien*, 20, S. 1–47.

Hahn, Manfred (1965): *Das Werk Heinrich Manns von den Anfängen bis zum „Untertan" 1885–1914. Teil I: 1885–1907.* Diss. Leipzig [Maschinenschr.].

Hildebrand, Bruno (Hrsg.) (1978): *Nietzsche und die deutsche Literatur* (= Deutsche Texte 50–51). 2 Bde. München/Tübingen: dtv u. Niemeyer.

Jasper, Willi (1992): *Der Bruder. Heinrich Mann. Eine Biographie.* München/Wien: Hanser.

Jaspers, Karl (1936): Nietzsche. Einführung in das Verständnis seines Philosophierens. Berlin/ Leipzig: de Gruyter.

Klein, Wolfgang (1993): „,Ein kühler Denker ist er nicht'. Heinrich Manns Nietzsche-Buch 1938/ 39 – Textgeschichte und Problemsichten". In: Grunewald, Michel (Hrsg.): *Die deutsche Literaturkritik im europäischen Exil (1933–1940)* (= Jahrbuch für Internationale Germanistik A 34), Bern: Peter Lang, S. 101–114.

König, Hanno (1972): *Heinrich Mann. Dichter und Moralist* (= Hermaea, N. F. 31). Tübingen: Niemeyer.

Krummel, Richard Frank (1998): *Nietzsche und der deutsche Geist. Ausbreitung und Wirkung des Nietzscheschen Werkes im deutschen Sprachraum. Band 1: 1867–1900.* 2., verb. und erg. Aufl. (= Monographien und Texte zur Nietzsche-Forschung 3). Berlin/New York: de Gruyter.

Nestler, Brigitte (2000): *Heinrich Mann-Bibliographie. Bd. 1: Das Werk.* Morsum/Sylt: Cicero Presse.

Nicolas, M[arius] (1936) De Nietzsche à Hitler. Paris: Fasquellele.

Nicholls, Roger A. (1960): „Heinrich Mann und Nietzsche". In: *Modern Language Quarterly*, 21, S. 165–178.

Oei, Bernd (2008): *Nietzsche unter deutschen Literaten*. Baden-Baden: Deutscher Wissenschafts-Verlag.

Riedel, Volker (2007): „Konservatismus im Werk des frühen Heinrich Mann". In: Andres, Jan/ Braungart, Wolfgang/Kauffmann, Kai (Hrsg): *„Nichts als die Schönheit". Ästhetischer Konservatismus um 1900* (= Historische Politikforschung 10), Frankfurt a. M./New York: Campus.

Riedel, Volker (2011): *Konservatismus, Autorität, Diktatur. Der „geistige Adel" im Demokratieverständnis des Skeptikers Heinrich Mann* (= Aisthesis-Essay 37). Bielefeld: Aisthesis.

Schlichting (1986): *Heinrich Mann und Friedrich Nietzsche. Studien zur Entwicklung der realistischen Kunstauffassung im Werk Heinrich Manns bis 1925* (= Europäische Hochschulschriften Reihe 1, Bd. 954). Frankfurt a. M. / Bern: Peter Lang.

Schneider, Peter-Paul (1996): „Nietzsche in Netzig. Ein unbekanntes Notizbuch Heinrich Manns zum *Untertan*". In: *Heinrich Mann-Jahrbuch*, 14, S. 139–164.

Stein, Peter (2002): *Heinrich Mann* (= Sammlung Metzler 340). Stuttgart/Weimar: Metzler.

Werner, Renate (1972): *Skeptizismus, Ästhetizismus, Aktivismus. Der frühe Heinrich Mann* (= Literatur in der Gesellschaft, Bd. 11) Düsseldorf: Bertelsmann.

Werner, Renate (1978): „,Cultur der Oberfläche'. Zur Rezeption der Artisten-Metaphysik im frühen Werk Heinrich und Thomas Manns". In: Hildebrand (1978), Bd. 2, S. 82–120.

Werner, Renate (2001): „Nietzsche revisited. Zu Heinrich Manns *Nietzsche*-Essay von 1939". In: *Heinrich Mann-Jahrbuch*, 19, S. 141–158.

Wittig, Roland (1976): *Die Versuchung der Macht. Essayistik und Publizistik Heinrich Manns im französischen Exil* (= Tübinger Studien zur deutschen Literatur 1). Frankfurt a. M./Bern: Peter Lang.

Knut Ebeling
Nietzsches Monster. Bataille, Schleef, Kittler

1

Aus dem tiefsten Bildschirmschwarz taucht etwas Weißes auf, eine gespenstische Gestalt in Schwarzweiß, die auf einem weiß angestrahlten trapezförmigen Untergrund steht. Sie sieht aus wie ein Geist in einem kalten All. Wenn man sie auf dem Bildschirm anklickt, setzt sich der Geist in Bewegung: Aus der gesamten Person auf dem Lichttrapez wird ein Kopf, ein weiß angestrahlter Kopf. Er spricht sogleich, während Augen und Mund im Schatten liegen; spricht über Europa in der Sackgasse und davon, warum er ein Schicksal sei. Man erkennt ihn sofort, den Nietzsche-Sound: *Ecce Homo*, das Buch *Für alle und keinen*. Es geht weiter mit den eingängigen *Ecce-Homo*-Evergreens von Einem, der lieber ein Hanswurst als ein Heiliger sein will und der von sich meint, sein Genie sei in seinen Nüstern: Ich bin kein Mensch, sondern Dynamit.

Das Ungeheuer Nietzsches, dieser ungeheuerliche Nietzsche ist Einar Schleef, Kamera führte Hans Syberberg am 23. Juni 2000 im Deutschen Theater Berlin, der den verwackelten Video-Clip auch auf seiner Internetseite präsentiert[1] – als einzigen von vielen Schleef-Nietzsche-Auftritten. Denn schließlich ist Einar Schleef – der Schauspieler und Theatermacher, der Schriftsteller, Maler und Fotograf Einar Schleef: also eines der großen Multitalente der letzten Dekaden –, schließlich hat Schleef in seinen letzten Jahren vor seinem frühen Tod ein Jahr später 2001 den Nietzsche gegeben: angefangen anlässlich einer Lesung zum 100. Todestag Nietzsches am 2. März 2000 im Wiener Akademietheater. Sie werden sich nicht mehr verlassen. Auch in anderen Stücken wird Schleef nun seinen Nietzsche unterbringen, beispielsweise in *Verratenes Volk*, aus dem auch das Video stammt, und in dem Schleef selbst die Rolle von Nietzsches Satan übernimmt. Anlässlich der Nietzsche-Performance in *Verratenes Volk* am 29. Mai 2000 am Deutschen Theater Berlin beschreibt Peter Iden das Szenario, das wir heute als Video sehen, wie folgt:

> „So tritt nun Schleef allein vor in den weißen Raum und rezitiert, stehend, mit der Rechten den Rhythmus seines Redens unterstreichend, fast eine Stunde lang, aus Nietzsches *Ecce Homo*. Und zwar so, als wäre das ein Text von ihm, nur gelegentlich sich unterbrechend und in den Seiten eines mitgebrachten Manuskripts blätternd. Man versteht sofort, dass Nietzsches Forderungen an das Ideal des „wahren Menschen" wie die Selbstbeschreibungen des

---

1 http://www.syberberg.de/Syberberg2/Schleef_Nietzsche_QT.html

Philosophen – „Ich bin kein Mensch, ich bin Dynamit" – von Schleef als seine eigenen angenommen werden: Nietzsche – das bin heute ich. Es ist nicht zu hoch gegriffen, dieses Solo Schleefs als Nietzsche einen Auftritt zu nennen, wie es ihn wahrscheinlich noch nie gegeben hat. Eine disziplinierte Raserei, ein Bekenntnis als ein einziger Ausbruch, der gleichwohl in sich exakt strukturiert und moduliert ist, ein Irrwitz sondersgleichen, erschreckend und hinreißend ineins, betäubend und als rhetorisches Meisterwerk höchster Bewunderung wert." (Iden, zit. nach: Schleef 2003, S. 170)

Schleef behandelte den *Ecce Homo* nach den Worten des Kritikers so, „als wäre das ein Text von ihm", er nahm Nietzsches Selbstbeschreibungen „als seine eigenen an" – kurz: Nietzsche, „das bin heute ich": Es handelt sich also um einen Fall von Identifikation. Es wird gesagt, Schleef habe den Nietzsche umso öfter und umso überzeugender gegeben, je näher er seinem eigenen Tod rückte; dass er ihn so oft gegeben habe und sich so sehr in dieses Geben hinein steigerte, dass diese Gebung, diese Gabe und diese Verausgabung einigermaßen legendär wurden – am Thalia in Hamburg, dem Wiener Akademietheater oder dem Deutschen Theater Berlin: Allesamt legendäre Aufführungen, Nietzsche-Performances, Gaben Nietzsches, bei denen sich Schleef regelmäßig verausgabte und in Ekstase redete. Und alles Aufführungen oder Performances, bei denen man sich fragte: Ist das noch Nietzsche oder ist das schon Schleef? Spielt die Person Theater oder spielt sie sich selbst? Ist das ein *Ecce-Homo*-Darsteller oder ein Selbstdarsteller, der Nietzsches Text als Maske verwendet?

Diese Frage scheint nicht so banal wie sie sich anhört, immerhin erlaubt sich Schleef den Scherz, im Programmheft des Akademietheaters vermelden zu lassen, der Nietzsche-Darsteller sei „erkrankt" – um offen zu lassen, ob in der Folge kein Nietzsche-Darsteller, sondern ein Anderer, Nietzsche-Näherer, an seiner Stelle eingesprungen sei. Entsprechend schrieb Richard Reichensperger im Wiener *Standard* einige Tage nach Schleefs erstem Akademietheater-Nietzsche am 2. März 2000:

„Aber es war keine „Lesung". Es war die Umsetzung der luzid klaren und musikalisch-rhetorisch strukturierten Sprache durch das Orchester Einar Schleef."

Auch der Wiener Rezensent bestätigt also den Tatverdacht einer Identifikation. Er berichtet ferner, Schleef habe auf der Bühne folgende Worte gesagt:

„Ihnen ist", sagte Schleef angesichts des großen Schlussapplauses, „diese protestantische Strenge wahrscheinlich fremd. Aber ich komme aus seiner Gegend, ich höre den Predigtton des Pfarrhauses bei Lützen (Sachsen). Es ist der Ton der revolutionären Reformation Thomas Müntzers. Es ist mir leider nicht gelungen, in allem exakt zu sein." Doch. (Reichensperger zit. nach: Schleef 2003, S. 170)

Doch – doch bei Schleefs Nietzsche ging es um weit mehr als nur um Exaktheit. Es ging nicht nur um Lesungen und Rezitationen, nicht um Repräsentationen von

Reden anderer. Was hier sprach und sang, war die Rede und der Ton – und vielleicht der Gesang – einer Identifikation. Und Identifikation ist vielleicht noch zu wenig gesagt; wer Schleefs wild gewordenen und zart singenden Nietzsche einmal hörte, wird Personifikation oder Inkarnation womöglich für die angebrachteren Begriffe halten. Das fängt bei den biographischen Eckdaten an. Schleefs erstes Wiener Nietzsche-Coming Out fand exakt 100 Jahre nach Nietzsches Todestag statt. Im hundertzweiten Jahr kommt es schließlich zur Aufführung von Schleefs *Nietzsche-Trilogie*, an der er seit Anfang der 1980er Jahre gearbeitet hatte und deren Premiere mehrfach verschoben worden war. Zu deren Aufführung in der Berliner Volksbühne am 24. April 2002 präzisiert Andrea Koschwitz im Programmheft den Tatbestand der Identifikation:

> „1944, hundert Jahre nach Nietzsche, in Sangerhausen, 50 Kilometer entfernt von dessen Sterbeort Weimar, geboren, finden sich auch in Schleefs Biographie zahlreiche Parallelen zu dem „gefährlichen" Denker: Beginn des Studiums 1864/1964, erstes Erscheinen in der Öffentlichkeit 1872/1972, „Schicksalsjahr" 1876/1976: Nietzsches Trennung von Wagner, Schleefs Flucht in den Westen, 1889/1989: Nietzsches Zusammenbruch in Turin, Zusammenbruch der DDR, Mauerfall. So kann man das weiter konstruieren und lediglich beim Todesjahr ist eine Abweichung zu verzeichnen, Nietzsche stirbt am 25. August 1900 in Weimar, während Schleef das neue Jahrhundert elf Monate länger überlebt. Er stirbt am 21. Juli 2001 und wird genau 101 Jahre nach Nietzsches Tod am 25. August 2001 in Sangerhausen begraben, wie Nietzsche in Röcken, neben seiner Mutter. Schleefs letztes Lebensjahr kulminierte in einer Symbiose der beiden Jahrhundertfiguren. „Ich bin Dynamit." Seine Präsentation von Ecce Homo, dem letzten Werk Nietzsches vor dessen Zusammenbruch, zog die Summe aus dem Schaffen beider. [...] Für Schleef war das nicht nur eine nun auch physische Aneignung Nietzsches, sondern auch eine Abrechnung mit seinem von ihm selbst als „Vorbild" bezeichneten Wahlverwandten." (Koschwitz zit. nach: Schleef 2003, S. 172

2

Natürlich ist Schleef mit seiner Geste der Identifikation nicht allein; im Gegenteil – er hat es mit dem meistkopierten Philosophen der Moderne zu tun. Nietzsche produzierte so zahlreich wie kein anderer Philosoph der Moderne ungezählte Nachahmer, Doppelgänger und Wiedergänger. Nietzsches Monster bevölkern nicht nur die Philosophie, man findet sie ebenso in der Literatur sowie in bildender und darstellender Kunst sowie in Kino, Theater und Performance – von den Heerscharen von Nietzsche-infizierten Studenten aller Generationen ganz zu schweigen. Strindberg lief ebenso als wild gewordener Nietzsche durch die schwedische Wildnis wie Antonin Artaud und der gesamte Surrealismus – was 1936 übrigens in der Gründung einer nietzscheanischen Zeitschrift mit dem Titel *Acéphale* kulminierte, die nichts anderes als einen monströsen Menschenleib mit abgeschlagenen Haupt auf ihrem Titel trug, um „das Denken mit abgeschlagenem Haupt" zu praktizieren. Der Schlaf der Vernunft gebar nicht nur Ungeheuer, Nietzsches leibliche Vernunft produzierte auch Monster.

Vielleicht musste man ein Monster sein, monströs sein, um Nietzsche zu werden und um das Monster Nietzsches zu werden; vielleicht benötigte man ein abgeschlagenes oder todgeweihtes Haupt, um sich derart rückhaltlos wie Schleef einer anderen Person anverwandeln und verausgaben zu können. Aber *Acéphale* – wenn wir einen Moment bei diesem legendären Projekt verweilen und Schleef mit ihm lesen – ging es in den 1930er Jahren nicht nur um die Reparation Nietzsches. Der *Acéphale*-Vordenker Georges Bataille schrieb auch einen Satz ins Stammbuch der Nietzsche-Inkarnationen, der auf Schleefs Performance passt wie kein zweiter: „Nul ne peut lire Nietzsche authentiquement sans ‚être' Nietzsche." (Bataille 1976, S. 476: Niemand kann Nietzsche authentisch lesen, ohne Nietzsche zu „sein".)

Nietzsche „sein" – tatsächlich könnte dieser Slogan einige epistemologische Probleme zusammenfassen, die sich aus einer Lektüre Nietzsches – um nicht zu sagen: aus Schleefs Lektüre Nietzsches – ergeben konnten; Probleme, die zu einer Verdoppelung, Anverwandlung oder Mimesis an Nietzsche führen konnten. Denn mit Bataille gelesen, geben sich Schleefs späte Nietzsche-Inkarnationen nicht nur als eine Form des *Lesers* Schleef zu erkennen; mindestens ebenso zwingend ergeben sie sich aus dem gelesenen *Autor* Nietzsche, der nach Bataille nur interpretiert werden kann, wenn er wiederholt wird. Schließlich schrieb schon Nietzsche, wie Friedrich Kittler anmerkte, in „einem Raum der Verdopplungen und Wiederholungen" (Kittler 2000, S. 69).

3

Es war kein Zufall, dass Schleef ausgerechnet mit dem *Ecce Homo* wedelnd als neuer Nietzsche durch die Lande lief. Wenn Schleefs Performance anmutet wie „Übertretung und nichts als Übertretung" (Kittler 2000, S. 68), so hat das auch mit einem Buch zu tun, von dem Kittler eben dies sagte. Seine distanzlose Identifikation, die jede Interpretation zusammenbrechen ließ und die Interpreten „einfach arbeitslos" (Kittler 2000, S. 87) machte, war genau die Geste, die ein Buch wie das *für alle und keinen* forderte, das Nietzsche drei Monate vor seiner Einweisung ins Irrenhaus an seinem 45. Geburtstag begann. Dieses Buch praktiziert eine Autorschaft, die jede hermeneutische Distanz ad absurdum führt, weil Nietzsche jede Deutung seines Werks an sich reißt: Ja Nietzsche spielt die Rolle der Autorschaft dermaßen schwindlig, dass es zu einer Art Kernschmelze der Autorschaft in der ersten Person kommt – die bedrohlich an das schwindlige Gefühl erinnert, das den Betrachter von Schleefs Nietzsche-Performance beschleicht. Nach Nietzsche konnte und kann man nicht mehr so sprechen wie zuvor – wofür die „Künstler-Ohren" Schleefs gewiss aufnahmebereiter waren als mancher Akademiker. Sonst wäre es kaum zu der vollkommen folgerichtigen Reaktion gekommen, dass Schleef die Figur eines Lesers extrapolierte, der den Text Nietzsches nicht mehr auf die Weise las, wie man bis dahin philosophische Texte gelesen hatte.

Schleef hatte begriffen, dass der *Ecce Homo* eine fundamentale Ambivalenz besitzt, die sich jeder eindeutigen Deutung entschlägt; dass ein Impuls in der Rede Nietzsches existiert, der jede direkte Interpretation ins Leere laufen lässt. Dieser Impuls, den man als Krise des Interpreten und seiner Repräsentation beschreiben kann, scheint zuweilen so unabweisbar zu sein, dass Leser wie Schleef es vorzogen, über Nietzsche zu schweigen – ein Leben lang, bis Schleef sein Schweigen brach, ein Jahr vor seinem Ende: Was dann kam, arbeitete sich nicht mehr an Deutungen ab, sondern tanzte den Pas de deux der Inkarnation. Schleefs Nietzsche geht von der Inaktualität einer Interpretation zur Aktualität einer Wirkung über. Er schaltet von Beobachtung auf Nahkampf, Nahkampf mit Nietzsche. Denn wenn es mit Nietzsche unmöglich geworden ist, diesem philosophischen Text einen eindeutigen Sinn zuzuschreiben, dann lässt er sich nur mit Bataille wiederholen – eine Geste, die der Rede (nicht nur Nietzsches) zuletzt ihr Dasein als *Akt* zurück erstattet, das nach Kittler vormoderne Autorschaft auszeichnete. Weil „die Rede [...] ein Akt war" bevor sie „dem Autor zugeschrieben wurde" (Kittler 2000, S. 93), stehen Schleef und Bataille in der Geschichte der Nietzsche-Rezeption nicht als arme Irre da, sondern als deren radikalste Konsequenz. Und die lautete beispielsweise bei Paul Valéry, dass Nietzsche „keine Nahrung sei, sondern ein Rauschmittel".[2]

4

Doch die Wiederholung Nietzsches durch Bataille und Schleef ist nicht nur innerhalb der lebensphilosophischen Forderung nach Aneignung und Übernahme von Kunst ins Leben zu verstehen. Ebenso gehorcht sie einer textuellen Logik, die Bataille vor dem Multikünstler Schleef in Nietzsches Schreiben entdeckte. Bereits Bataille betrieb keine kritische Auseinandersetzung mit dem Werk Nietzsches, sondern ein ekstatisches Sich-Hineinstürzen in einen Text, der nichts anderes zu fordern schien. Bataille wird sich in Folge seines Akts vollständig mit Nietzsche

---

2 „Nietzsche n'est pas une nourriture – c'est un excitans". Siehe: Valéry 1973, S. 486, 647. Vgl.: Le Rider 1997.

identifizieren[3] – was schon aufgrund des in Frankreich grassierenden Faschismusverdachts keine unproblematische Geste war. Tatsächlich hat es keinen neueren Philosophen gegeben, der sich derart rückhaltlos einem fremden Text aussetzte wie Bataille.[4] Das wird am deutlichsten weniger in den direkt der politischen Rehabilitation Nietzsches gewidmeten Schriften Batailles als in seinem Tagebuch der 1940er Jahre, das sich Nietzsche auf den Titel schreibt: *Sur Nietzsche* ist keine Reparation in einem aussichtslosen Krieg gegen die Vereinnahmungen inmitten des anderen, noch aussichtsloseren Krieges; es ist auch keine Abhandlung über ein Verständnis, sondern die Verausgabung jeder intelligiblen Distanz, die sich bereits in der Idee eines Buches „über Nietzsche" findet – die Beschreibung des gemeinsamen Weges, den Bataille mit Nietzsche zurücklegt. Sein Leben „en compagnie de Nietzsche", ist die Ausschreibung einer fortschreitenden Identifikation, an deren Ende die Konturen ebenso zerlaufen wie die zwischen Schleef und Nietzsche.

Bataille vermischt in *Sur Nietzsche* die Biographie Nietzsches freihändig mit seinem eigenen Tagebuch von 1944, setzt Aussprüche und Aphorismen Nietzsches dazwischen und streut schließlich Passagen seiner eigenen Reflektionen ein – was der Verausgabung, dem bewussten Ungeschehenmachen, einem einzigartigen *undoing* aller akademischen Standards gleich kommt. Ohne offensichtlichen Bezug zu Nietzsche weiß man nie, ob Bataille Nietzsche erklärt oder ob die Nietzsche-Zitate seine eigene Philosophie erläutern sollen. Auf diese Weise bleibt der intime Dialog mit Nietzsche erhalten, der mehr einem Initiationsritus als einem wissenschaftlichen Text ähnelt.

Mit diesem philosophischen Akt verlängert Bataille eine Geste Nietzsches in genau der Weise, in der Schleefs *Ecce Homo* ein halbes Jahrhundert später diesem Buch entsprach: Bataille liest Nietzsche, wie wiederum nach ihm Kittler, als „exzessive Autorschaft" (Kittler 2000, S. 94), die alles an sich reißen musste, was ihn umgab – nur dass Kittler nach Bataille das Souveränitätsgebot medienhistorisch ausbuchstabierte, das Bataille noch philosophisch formuliert hatte: nämlich als Analyse von Nietzsches Umgang mit seinem eigenen Buch, dessen Exemplaren sowie den Verlegern, die sie produziert hatten. Auch Batailles Auswahl der Nietzsche-Fragmente folgt jenem „mythischen Diskurs" (Kittler 2000, S. 72) den auch Kittler Nietzsche bescheinigte: Bataille zitiert aus *Die Geburt der Tragödie*, aus den posthumen Fragmenten und manchmal die lyrischen Passagen der *Dionysos-Dithyramben*. Sein Interesse gilt fast ausschließlich den ekstatischen

---

3 „Sensu strictu gibt es nur einen Denker unseres Jahrhunderts, der Nietzsche nicht bloß treu blieb, sondern der sich mit ihm auch identisch fand." (Vgl. Taureck 1988, S. 196).
4 Bernhard Taureck: „Das sich-Wiedergefunden-Haben in Nietzsche führt bei Bataille zu einem konsequenten Prinzip der Nicht-Interpretation." (Taureck 1988, S. 196)

Passagen des mythischen Nietzsche. Die Genealogie, seine morphologischen Untersuchungen, der Dialog mit den Griechen werden ignoriert – was insofern bedauerlich ist, als diese ernsthafte Ignoranz der lässigen Ungenauigkeit Vorschub leistet, die ohnehin im Werk Nietzsches angelegt ist.[5]

5

Gewiss unterscheidet sich die Nietzsche-Rezeption des Philosophen Bataille von der des Künstlers Schleef. Doch war Bataille ebenso wie Schleef ab einem bestimmten Zeitpunkt seines Lebens davon überzeugt, eine Art Inkarnation Nietzsches zu sein.[6] Nicht nur bei Schleef, auch bei der Lektüre Nietzsches durch Bataille handelt es sich um die Geschichte einer privilegierten Beziehung. Diese privilegierte Beziehung muss Bataille wie Schleef den Eindruck einer Identität mit Nietzsche vermittelt haben: „Je suis le seul à me donner, non comme un glosateur de Nietzsche, mais comme étant le même que lui."[7] An diesen Stellen wird Lektüre zum Akt eines Distanzverlusts, in dessen Vollzug Bataille angesichts der Sätze Nietzsches am Ende jede Contenance verliert – und schließlich jene haarsträubenden Sätze wiederholt, mit denen der *Ecce Homo* endet und Nietzsches Wahnsinns-Briefe beginnen: „Si j'ai su faire en moi le silence des autres, je suis, moi, Dionysos, *je suis* le crucifié." (Bataille 1973, S. 180) Und besser noch: „Nietzsche Crucifie Dionysos Ecce Homo: mégalomanie" (Bataille 1973, S. 453). Batailles Geste der Wiederholung war derart rückhaltlos, dass sie nicht nur vor der Megalomanie des *Ecce Homo* nicht halt machte, sondern noch nicht einmal vor Nietzsches Wahnsinn: Bataille wollte Nietzsche treu bleiben bis in den lallenden Stumpfsinn des Wahns. Schleef wird in seiner *Nietzsche-Trilogie* vorführen, wie das aussehen kann.

Für Bataille stellte dieses Verfahren einer rückhaltlosen Wiederholung, das er offensichtlich von der eingestanden unoriginellen Hegel-Rezeption Alexandre Kojèves ablernte,[8] den Höhepunkt einer Figur der Gemeinschaft dar, die ein

---

5 Vgl. Pradeau 1992, S. 69: „On peut le regretter, tant il encourage ainsi une certaine paresse, une flagornerie critique dont Nietzsche est toujours victime [...]. L'attention philosophique portée à l'oeuvre de Nietzsche demeurera de fait absente."

6 Bataille 1973a, S. 204: „J'ai incarné l'insaisissable."

7 Bataille 1976, S. 401 und: „Je crois que celle de Nietzsche et la mienne sont une même (expérience)". (Bataille 1976, S. 214 f.).

8 „Cette pensée veut être, dans la mesure où c'est possible, la pensée de Hegel telle qu'un esprit actuel, sachant ce que Hegel n'a pas su [...] pourrait la contenir et la développer. L'originalité et le courage, il faut le dire, d'Alexandre Kojève est d'avoir aperçu l'impossibilité d'aller plus loin, la nécessité, en conséquence, de renoncer à faire une philosophie originale, et par là, le recommencement interminable qui est l'aveu de la vanité de la pensée." (Vgl. Bataille 1988, S. 326)

fremdes Schreiben inkarniert und sakralisiert. Es ist hier nicht der Ort, um diese totale Mimesis bei Bataille und Schleef in ihrem ganzen (post-)religiösen Gehalt zu diskutieren. Dabei war die Wiederholung Nietzsches nicht nur Romantik oder Künstler-Mythologie, sondern auch eine Art der Anbetung in einer Welt ohne Gott: Die Inkarnation Nietzsches stellte für Bataille wie für Schleef eine Möglichkeit dar, sich einem anderen Denken vollständig anzuverwandeln, ohne dieses mit einer Transzendenz auszustatten und es zum neuen Gott zu erheben – möglicherweise ging es darum, überhaupt noch einen Gott in einer Welt ohne Gott zu behaupten.

Bei derart waghalsigen posttheologischen oder -philosophischen Manövern bleiben Unfälle natürlich nicht aus. Nur als Inkarnierte Nietzsches sehen sich Bataille und Schleef legitimiert, dessen Bewegung fortzusetzen. Und nur als Initiierter konnte Bataille auf die Idee kommen, seine exklusive Erfahrung einer Identität mit Nietzsche zum Imperativ jeder Nietzsche–Lektüre zu machen. Wenn er schreibt, niemand könne Nietzsche authentisch lesen, ohne „Nietzsche zu ‚sein‘“, so ist dieses Opfer des Eigenen im Anderen sein Akt, das heißt Ergebnis seiner persönlichen Nietzsche-Lektüre – und alles andere als allgemein verbindlich. Aus seiner Formel von der authentischen Wiederholung Nietzsches ergeben sich drei Probleme: Erstens bindet er die Lektüre an die Wiederholung, die sie ohnehin immer ist: Der Lesende wiederholt, was jemand anderes schrieb. Zweitens scheint der Satz die Unmöglichkeit der Lektüre zur Bedingung ihrer Möglichkeit zu machen: Da der Leser nicht Nietzsche *ist* – sonst läse er nicht *ihn*, sondern *sich* –, bleibt ihm die Möglichkeit einer authentischen Lektüre verwehrt. Und drittens gibt dieser Satz das Ende einer bestimmten Geste der Lektüre an, spricht er doch von der Unmöglichkeit einer rein intelligiblen Erkenntnis, an deren Stelle die Erkenntnis der Erfahrung (Nietzsche zu „sein“) träte.

Doch was heißt es, was meint Bataille damit, Nietzsche zu „sein“? Man sollte vielleicht den Nietzschedarsteller Schleef fragen, der offenbar über Erfahrungen auf diesem Feld verfügt. Für Bataille stellt die zitierte Formel ein Problem des eigenen Schreibens in den Vordergrund: Wenn das Eigene das Andere schwellenlos übernehmen kann, so nur, weil das Andere es bereits umfasst – doch wenn das Andere das Eigene schon umfasst, worin besteht dann die Notwendigkeit des Eigenen? Warum soll Bataille überhaupt noch schreiben, wenn Nietzsche alles, was er je wird sagen können, schon geschrieben hat? „Pourquoi continuer à réfléchir, pourquoi envisager d'écrire, puisque ma pensée – toute ma pensée – avait été si pleinement, si admirablement exprimée?“ (Bataille 1976, S. 562)[9]

---

9 Und: Bataille 1976, S. 640: „Je n'avais pas beaucoup de vanité: je pensai simplement que je n'avais plus de raison d'écrire. Ce que j'avais pensé [...] était dit, c'était grisant.“

Bataille will offenbar ebenso wenig wie Schleef nur Worte wiederholen. Beiden geht es um eine authentische Wiederholung der Erfahrung sowie um die Erfahrung der Wiederholung. Zwar entgeht eine Erfahrung der schriftlichen Repräsentation; doch kann sie immerhin wiederholt werden. Seine „copie" (Bataille 1973b, S. 442), als die Bataille sein eigenes Schreiben in Bezug auf Nietzsche bezeichnet, bildet nicht ab, sondern effektuiert; sie ordnet sich nicht unter, sondern sie ordnet sich zu – deshalb bleibt sie souverän. Wir haben es bei den beiden „Kopien" Nietzsches also mit einem Begriff des Mimetischen zu tun, der sich allein auf eine dezentrierte Erfahrung bezieht und auf keine Erkenntnis, auf eine Verwischung und nicht auf eine Kontur. Im Bemühen, eine Erfahrung zu wiederholen und nicht Worte zu reproduzieren, zergehen dieselben als hauchdünne Folie vor der brennenden Erfahrung Nietzsches. Das ist die Neutralität einer Schrift,[10] in der die Wiederholung Nietzsches durch Bataille mündet: „En effet le point de vue que je dis mien me semble impersonnel et j'éprouve le besoin de le dire avec une certaine agressivité." (Bataille 1976, S. 641) Wenn Bataille nur noch Nietzsche reden hört, wenn er selbst redet, kann er auf dieses Selbst auch ganz verzichten – und von sich als „Monsieur Bataille" handeln (Bataille 1976, S. 640). Wenn er nichts eigenes mehr zu sagen hat, weil Nietzsche schon alles gesagt hat, kann er den berühmten „Tod des Autors" in der ersten Person durchführen, bevor er zum philosophischen Slogan verkommt. So opfert Bataille unter der Maske Nietzsches, dem Gott seiner eigenen Rede, am Ende sein schreibendes Ich: „Ce qui n'est pas servile est inavouable [...]. Ce qui n'est pas utile doit se cacher (sous un masque)." (Bataille 1973a, S. 196)

Bataille und Schleef treten also unter der Maske Nietzsches auf: Insofern als sie sich vollkommen in Nietzsche wieder finden, können sie in seinem Schreiben weiter schreiben und weiter sagen. Diesem Fortschreiben gibt Bataille den Status einer „prolongement des écrits de Nietzsche" Bataille (1973b, S. 431) – Verlängerungen, Teleskopagen, Maskierungen Nietzsches, die ebenfalls dem *Ecce Homo* und seinem Autoren folgen, der alle seine früheren Texte nach eigenem Bekunden als Maske anlegte, um diese im *Ecce Homo* endlich abzureißen (Kittler 2000, S. 84).

---

10 Vgl. Blanchot 2010.

6

Wie vor ihm Bataille,[11] hatte Schleef offenbar auch biographische Anlässe für seine Wiederholung Nietzsches. So bemerkt Reichensperger bei Schleefs oben erwähntem Auftritt

> „den Riss zwischen der traumatischen Erfahrung des frühen Todes des Vaters – der Sohn war damals fünf – und der ebenso düsteren Erfahrung der Verstrickung zwischen Mutter und Schwester: „Das Glück meines Daseins, seine Einzigkeit vielleicht, liegt in seinem Verhängnis: Ich bin als mein Vater bereits gestorben, als meine Mutter lebe ich noch und werde alt." (Zit. nach Schleef 2003, S. 170)

Insofern als Nietzsche rückhaltlos das Leben seiner Eltern weiterlebte (Vgl. Kittler 2000, S. 71) ist es nur folgerichtig, wenn Schleef sich nicht nur wie Bataille für Nietzsches Philosophie interessiert, sondern auch für seine Biographie: Schleefs *Nietzsche-Trilogie* aus seinem letzten Lebensjahr verdoppelt seinen Autoren in dem Nietzsche der letzten Lebensjahre. Schleef zeigt Nietzsche nicht als Philosoph, sondern als Sohn, eingebettet in familiäre, häusliche und leibliche Alltagsdinge. Auf diese Weise führt der Künstler Schleef dem Philosophen Bataille vor, wohin dessen rückhaltlose Treue zu Nietzsche führen konnte: nämlich direkt in den lallenden Stumpfsinn eines Muttersohns – der Schleef selber war. Allein diese aufgeladene Konstellation zeugt bereits vom enormen Identifikationspotenzial, das Nietzsche auf Schleef ausübte; schließlich wird es kein Zufall gewesen sein, dass Schleef den blinden Fleck der letzten Lebensjahre Nietzsches in der häuslichen Hölle neben Mutter und Schwester in seinem eigenen letzten Lebensjahr inszenierte – und ihn mit Bataille „dramatisiert" und inkarniert. Dazu schreibt Andrea Koschwitz im Programmheft der Aufführung der *Trilogie* an der Volksbühne 2002:

> „In seiner *Nietzsche-Trilogie*, an der er seit Anfang der achtziger Jahre bis in die frühen neunziger gearbeitet hat, entwickelt Schleef eine Perspektive, die den perspektivischen Philosophen überbietet, indem sie ihn unterläuft. Schleefs Wahrheit liegt in den täglichen Zwängen des gescheiterten Menschen, dem von Gott Verlassenen, der zwar den Übermenschen verkünden kann, der aber in seiner Kreatürlichkeit existenziell auf Mutter und Schwester angewiesen ist, dem täglichen kontingenten Leben genauso ausgeliefert wie alle Sterblichen. Streit um Geld und um das Erbe, eine kaputte Schreibmaschine, ein beschissener Klodeckel, die Unordnung und die Hackordnung: das sind profane Themen, die letztlich entscheidender sind für die ewig wiederkehrende Frage, wie man den Tag überstehen soll, als die gedankliche Entwicklung des Todes Gottes und seiner Substitute. Schon die Titel

---

11 „Je ne commençai à lire Nietzsche qu'en 1923. Cette lecture me donna d'ailleurs un sentiment décisif [...]." (Bataille 1976, S. 562)

> „Gewöhnlicher Abend" und „Messer und Gabel" verweisen auf diese Perspektive, die gleich-
> zeitig eine Konsequenz aus Nietzsches Abgesang auf jede den Menschen überschreitende
> Transzendenz ist." (Zit. nach: Schleef 2003, S. 172)

Tatsächlich spielt die dunkel schillernde Konstellation der *Nietzsche-Trilogie* eine
dreifache Unsichtbarkeit ein: Sie besteht einmal darin, den Philosophen nicht vor
dem Hintergrund seines Werkes, sondern seines Alltags zu zeigen. Dann wird
aber nicht irgendein Alltag Nietzsches eingeblendet – Schleef zeigt nur den Alltag
der „Wahnsinns-Jahre", womit er die ganz normale Unsichtbarkeit eines Philosophen im Alltag noch potenziert: Schleef erwischt Nietzsche gewissermaßen
am unphilosophischsten Zipfel seiner Existenz (nach dem Bataille auch ewig bei
Hegel suchte) und zeigt einen Philosophen als Vegetierer, als unmündigen Krüp-
pel inmitten seiner Gebrechen – in denen man drittens auch Schleefs eigene
Krankheit erblickt. Durch diesen entschiedenen Dreh des Bühnenmenschen
Schleef verkehrt sich die Bühne Nietzsches in ihr verborgenes Negativ, das zeigt,
was sonst verschwindet.

Durch diesen drastischen Dreh, der den Philosophen verbirgt und Nietzsche
als Animalität zeigt, schafft Schleef die philosophische Rede, den Diskurs Nietzsches ab – und folgt so abermals dem *Ecce Homo*, der nach Kittler selbst „abschafft, wovon er spricht": Abgeschafft wurde im *Ecce Homo* dessen Autor als
interpretierbare Funktion, der stattdessen auf den Menschen und das Leben
hinter ihm durchsichtig gemacht wurde. Genau dieser Bewegung folgt auch die
Nietzsche-Trilogie, wenn sie Nietzsches Schreiben auf dessen Leben dahinter
transparent macht: So wie der *Ecce Homo* „eine Diskursivität abschafft" (Kittler
2000, S. 68), tut es auch die *Nietzsche-Trilogie*; auch Schleef sprengt alle Schriften
Nietzsches, alle Texte, Bücher und Zitate, einfach weg. Er führt das Programm des
Ecce Homo einfach aus, das darin besteht, den „Autor als Mensch" (Kittler 2000,
S. 68) zu schildern und „die Bedingungskette von seinen Werken zum Menschen"
(Kittler 2000, S. 78) zu durchlaufen. Bis zum bitteren Ende.

7

Schonungslos hält der Nietzsche-Vollender Schleef den Finger in die Wunde
Nietzsche und zeigt die häusliche Hölle, die das philosophische Werk kaschier-
te: Ein Reigen aus Trivialitäten und Banalitäten, Alltagsneurosen und -patholo-
gien, aus häuslicher Wut und Gewalt, aus Verzweiflung und Vorwürfen, Ent-
täuschungen und Beleidigungen. Der Spezialist für Alltagsabgründe Schleef –
der seine eigene Mutter in *Gertrud* in einem monströsen Dialog auseinander-
genommen und seziert hatte (Schleef 1980) – senkt sich rückhaltlos in den

Abgrund Nietzsches hinab. Und zeigt ihn inmitten seiner Gebrechlichkeit und Geschlechtlichkeit, inmitten von Familienblindheiten und Leerlauf-Kommunikationen: ein einziges Panorama aus Schwächen und Pathologien, Vorwürfen und Verzweiflungen. Schleef zeigt nicht nur ganz normale Alltagshöllen oder beschauliche Szenen aus dem Biedermeier des deutschen Bildungsbürgertums – sondern ein einziges Gefluche und Gezischel, Kreiskommunikation und Familienpathologie. Dabei geht der zwischen Frauen aufgewachsene Schleef so weit, inzestuöse Funken zwischen Nietzsche und seiner Schwester sowie ödipale zwischen Mutter und Sohn aufblitzen zu lassen: Bald wird der Sohn unter die Decke der Schwester ins Bett kriechen; es könnte aber auch die Mutter sein.

Natürlich analysiert der bohrende Blick Schleefs auch in der Nachfolge Freuds: Er bohrt besonders bei Nietzsches Beziehung zu seiner Schwester und arbeitet die biographischen Parallelen zweier Leben im 19. Jahrhundert heraus: Bruder und Schwester Nietzsche sind in den monströsen Schoß der Familie zurückgekehrt; beide versuchten sich an der Züchtung eines neuen Menschen; beide erlitten schwere Fehlschläge und scheiterten mit ihren Projekten. Und beide machen der Mutter Kummer. Doch mit der Geste der Interpretation endet zugleich auch jede Psychoanalyse: „Wo der psychoanalytische Diskurs unmöglich wird, kommt ein mythischer auf. Die buchstabengetreue Wiederkehr des väterlichen Sterbealters macht den Tod zum Initiationsritual." (Kittler 2000, S. 72) Was Kittler hier von Nietzsche schreibt, gilt ebenso für dessen Wiedergänger Schleef: Dessen *Nietzsche-Trilogie* initiiert eher in den mythischen Kreis einer Familie als dass sie ihn interpretiert. Die Sprache der *Nietzsche-Trilogie* ist nicht die legendäre Sprache Nietzsches, der sich Schleef in seiner *Ecce-Homo*-Performance selbst bediente; es ist eine verkümmerte und verarmte Familienkommunikation, immer am Rand der Absurdität, es sind keine Gespräche, es sind Nicht-Gespräche: Nietzsche, stammelnd.

Was Schleef hier mit dem debilen Nietzsche auf die Bühne stellt, ist keine Aufführung von Philosophie, sondern von Nicht-Philosophie – eine Dramatisierung des monströsen blinden Flecks, den die akademische Philosophie verdeckt. Schleef lässt das maßlose Selbstlob von *Ecce Homo* mit der ebenso maßlosen Einfältigkeit des Alltags eines Dementen kollidieren. Man kann sich dutzendmal (wie beispielsweise Derrida) über das Skandalon erregen, dass der Alltag, das Private, die Familie aus der Philosophie ausgeblendet werden. Es ist etwas anderes, das Meer von Blut, Schweiß und Tränen einfach nur sprechen zu lassen, in dem auch Philosophen schwimmen. Mit diesem grandiosen Zur-Sprache-Bringen einer philosophischen Animalität führt die *Nietzsche-Trilogie* am Ende auch – als wollte Schleef Batailles Projekt einer Heterologie auf die Bühne bringen – das Fremde und Heterogene vor, das die Philosophie ausscheiden musste, um sie selbst zu werden. Im Akt einer gigantischen Entsublimierung und Entdifferenzierung zeigt sie all das, was verschwindet, wenn das Werk wird, was abgespalten wird, wenn der Philosoph spricht. Denn das Werden des Werks – und das lässt sich vermutlich an kaum einem anderen Fall so brillant zeigen wie an dem Nietzsches – das Werden des philosophischen Werks und das Werk der Philosophie sind gleichbedeutend mit Prozessen der Purifikation und des Ausschlusses, mit Sublimierungen und Negierungen, die nicht aufhören, den Alltag und das Ausgeschiedene der Philosophie nicht erscheinen zu lassen.

Mit der heillosen Gottverlassenheit eines Pfarrhauses ist Schleefs *Nietzsche-Trilogie* am Ende auch ein gewaltiger Abgesang auf die Transzendenz, auf die Philosophie, auf jedes Sprechen oder Handeln *über*. Verlor bereits der Autor des *Ecce Homo* seine „transzendentale Würde" (Kittler 2000, S. 92), verausgabte bereits Bataille das transzendentale *über* in seinem Buch *Über Nietzsche*, so reißt Schleef ihm sein letztes Feigenblatt vom bereits entblößten Leib. Wir sehen einen müden und erschöpften, einen dementen Nietzsche, der nicht über seine Immanenz hinauskommt – der in seiner Animalität gefangen ist wie in einen Käfig. Er kommt nicht mehr hinaus. Er spricht nicht mehr an die Menschheit, sondern nur noch zu Schwester und Mutter. Er adressiert keine Philosophie mehr, sondern nur noch seine Gebrechen. Er nimmt sich keine Freiheit mehr, er verkümmert in Zwängen und Abläufen, Wiederholungen und Trivialitäten. Seine Immanenz ist – wie der letzte Text Deleuzes forderte – sein Leben geworden: *Die Immanenz: ein Leben.* (Deleuze 2005)

8

Mit Schleefs Video-Inkarnation Nietzsches drängt sich plötzlich ein Redner ins Bild. Das anthropomorphe Bild eines Sprechenden zwängt sich unvermittelt zwischen den Text und uns: Wir *lesen* Nietzsche nicht mehr als abstrakten Text, plötzlich *sehen* wir einen massiven Schädel, einen mittlerweile unter der Erde liegenden Schädel, der aus seinem medialen Zwischenreich zu uns spricht. Mit ihm erscheint auch eine Stimme, die der Text Nietzsches vorher nicht besaß – eine Stimme, die offenbar auch Nietzsche selbst unheimlich war. Nietzsche fürchtet also genau das, was Schleef auf die Bühne bringt – und was das einzige ist, was wir tatsächlich nicht von Nietzsche besitzen: Er fürchtet keine Gestalt (wir kennen ja die Gestalt Nietzsches), er fürchtet keine Worte (wir kennen ja seine Worte), er fürchtet allein die *Stimme* – die denn auch das einzige physische Merkmal Nietzsches ist, das niemals aufgezeichnet wurde.

Mit anderen Worten: Wenn man von Masken spricht, sind die Medien der Aufzeichnung dieser Masken natürlich nicht fern. Jede Erscheinung und jedes

Erscheinen der Philosophie ist am Ende immer auch eine Frage von Medien: Was wir *lesen*, wenn wir den Autor des *Ecce Homo* lesen, sind Buchstaben, sind Bücher und Schriften. Was wir *sehen*, wenn Schleef den Autor des *Ecce Homo* auf die Bühne bringt, ist ein Mensch, ein lebender und sichtbarer Mensch. Und was wir *hören*, wenn wir Schleef den Nietzsche geben hören, ist eine menschliche Stimme, sind jene „schauderhaft unartikulierten Töne", die Schreiber wie Nietzsche ängstigten – aufgezeichnet durch eine Kamera, die nicht nur Schauspieler, sondern auch Philosophen einfängt, um sie anschließend ins Netz zu stellen. Alles also auch eine Frage der Medien: Was wäre, wenn es nicht nur Fotos, sondern auch Videos aus dem Haushalt der Nietzsches zu sehen gäbe? Was wäre, wenn seine Vorträge aufgezeichnet worden wären und die wirkmächtigste Stimme der europäischen Philosophie nicht nur als Text, sondern als Stimme überliefert wäre? Vielleicht wird sich das Bild der Philosophie und des Philosophierens mit neuen Medien wandeln.

Literaturverzeichnis

Bataille, Georges (1973a): *Œuvres Complètes*. Bd. 5. Paris: Gallimard.

Bataille, Georges (1973b): *Œuvres Complètes*. Bd. 6. Paris: Gallimard.

Bataille, Georges (1976): *Œuvres Complètes*. Bd. 8. Paris: Gallimard.

Bataille, Georges (1988): *Œuvres Complètes*. Bd. 12. Paris: Gallimard.

Blanchot, Maurice (2010): *Das Neutrale. Philosophische Schriften und Fragmente*. Berlin/ Zürich: diaphanes.

Deleuze, Gilles (2005): „Die Immanenz: ein Leben". In: *Schizophrenie & Gesellschaft. Texte und Gespräche 1975–1995*, Frankfurt a. M.: Suhrkamp, S. 365–370.

Kittler, Friedrich (2000): „Wie man abschafft, wovon man spricht". In: Derrida, Jacques/Kittler, Friedrich: *Nietzsche – Politik des Eigennamens*, Berlin: Merve, S. 7–63.

Le Rider, Jacques (1997): *Nietzsche in Frankreich*. München/Paderborn: Wilhelm Fink.

Pradeau, François (1992): „Bataille. L'expérience extatique". In: *Magazine Littéraire*, 298, S. 67–69.

Schleef, Einar (1980): *Gertrud*. Frankfurt a. M.: Suhrkamp.

Schleef, Einar (2003): *Nietzsche-Trilogie/Lange Nacht. Stücke und Materialien*. Frankfurt a. M.: Suhrkamp.

Syberberg, Hans Jürgen (2000): Schleef. Nietzsche. deutsches Theater Berlin 23.Juni 2000. in: http//www.syberberg.de/Syberberg2/Schleef_Nietzsche_QT.html (letzter Zugriff: 6.5.2014).

Taureck, Bernhard (1988): *Französische Philosophie im 20. Jahrhundert*. Reinbek bei Hamburg: Rowohlt.

Valéry, Paul (1973): *Cahiers I*. Paris: Gallimard.

Marco Brusotti
„Lauter dunkle Machtbeziehungen"
Foucault, Nietzsche und die Diskontinuität[1]

Im Sommer 1968 widmet der *Cercle d'épistémologie* eine Nummer seiner *Cahiers pour l'analyse* der *Genealogie der Wissenschaften*.[2] Das Heft ist in drei Teile gegliedert: Der erste, „Archäologie der Wissenschaften", ist eine Debatte mit Michel Foucault: Den Fragen des Kreises folgt eine Replik;[3] sie gibt zu „Neuen Fragen" Anlass, die in die folgende münden: *„[W]o steht Foucault jetzt im Verhältnis zu Freud, und zu Nietzsche?"*[4]

Ausgangspunkt der Debatte ist die *Archäologie der Humanwissenschaften*. Foucault sollte eigentlich die in der *Ordnung der Dinge* angewandte Methode verteidigen, stattdessen reformuliert er sie gründlich. Aus seiner Antwort auf die Fragen des Kreises wird dann *Die Archäologie des Wissens*. Dem Hefttitel zum Trotz geht es jedenfalls um eine *archäologische* Methode – noch nicht um eine *genealogische*. Foucault führt also nicht als erster den Ausdruck ‚Genealogie' in die wissenschaftstheoretische Diskussion ein.

Den Titel *Genealogie der Wissenschaften* versteht der epistemologische Kreis jedoch nur als „eine ausreichend neutrale Bezeichnung [*inscription*], um den

---

1 Der Anfang des vorliegenden Aufsatzes ist eine geringfügig geänderte Fassung der einleitenden Überlegungen von Brusotti 2012, der Rest (ab Abschnitt 1) erscheint hier zum ersten Mal. Der Beitrag war ursprünglich gedacht als dritter und letzter Teil von Brusotti 2012, musste aber wegen Überlänge des Ganzen wegfallen. Als Erinnerung an die gemeinsame Tagung (Reschke/Brusotti 2012) sei er hier Renate Reschke herzlich zugeeignet.

2 *Cahiers* 1968. Theoretische Referenzen der meisten unter den im Impressum aufgelisteten damals z. T. noch sehr jungen Mitgliedern sind Althusser und Lacan, aber auch Canguilhem, von dem das Motto der Zeitschrift stammt.

3 Le Cercle d'épistémologie: „A Michel Foucault", in: *Cahiers* 1968, S. 5–8. Foucault, „Réponse au Cercle d'épistémologie", in: *Cahiers* 1968, S. 9–40. Vgl. „Über die Archäologie der Wissenschaften. Antwort auf den *Cercle d'épistémologie*", in: Schriften 1, S. 887–931. „Sur l'archéologie des sciences" ist eigentlich die Überschrift des ganzen Abschnitts, nicht nur von Foucaults Beitrag; sie dürfte eher vom *Cercle* stammen als von ihm.

4 Le Cercle d'épistémologie: „Nouvelles Questions", in *Cahiers* 1968, S. 44. [Übersetzung vom Vf., wie immer wenn deutsche Ausgaben fehlen. Vorhandene Übersetzungen werden sofern notwendig geändert.] Abschließend wird eine Antwort Foucaults in einem der nächsten Hefte angekündigt (*Cahiers* 1968, S. 44). Dazu kam es indes nicht; denn mit Nummer 10 wurde das Erscheinen der *Cahiers* eingestellt. Foucault lagen jedoch die Fragen vor, als er seinen Aufsatz zur *Archäologie des Wissens* ausarbeitete.

Unterschied zwischen dem Archäologen und dem Historiker zu tilgen"[5]: ‚Genealogie' ist also lediglich ein allgemeiner Term, der klassische (v.a. Canguilhemsche) Wissenschaftsgeschichte und Foucaultsche Archäologie gleichermaßen umfassen soll. Der Ausdruck hat in diesem Heft weder einen expliziten Nietzsche-Bezug, noch steht er für einen besonderen, konturierten Ansatz.

Zu Beginn des Jahrzehnts hatte Gilles Deleuze als erster Nietzsche insgesamt unter dem Vorzeichen der Genealogie gelesen.[6] Foucault attestiert ihm 1970 „die Geduld eines an Nietzsche geschulten Genealogen" (Schriften 2, S. 108). Foucault bezeichnet als Genealogen zunächst Deleuze, erst kurz darauf nennt er sich selbst so. 1967, im Aufsatz über *Nietzsche, Freud, Marx*, ist dies noch nicht der Fall. Im selben Jahr erklärt Foucault allerdings im Hinblick auf *Die Ordnung der Dinge*, „dass [s]eine Archäologie Nietzsches Genealogie weit mehr verdankt als dem Strukturalismus im eigentlichen Sinne" (Schriften 1, S. 768).[7] Bereits der Archäologe bekennt sich also zu Nietzsches Genealogie als zu seinem Vorbild. Die *Archäologie des Wissens* (1969) beruft sich dann auf die „durch die Genealogie von Nietzsche vorgenommene Dezentrierung" (AW, S. 24) des Subjekts, die Foucault von „einer Suche nach dem Ursprünglichen" (AW, S. 25) abhebt.

Zwei Jahre später kündigt *Nietzsche, die Genealogie, die Historie* (1971) jeden Versuch auf, „lineare Genesen zu beschreiben" (Schriften 2, S. 166), und liest Nietzsches Philosophie unter dem Vorzeichen der Diskontinuität. Unter den „verschiedenen Begriffen, die das Denken der Diskontinuität gestatten", hatte die *Archäologie* „Schwelle, Bruch, Einschnitt, Wechsel, Transformation" (AW, S. 13) aufgelistet. Nietzsches Originaltext bietet durchaus Anknüpfungspunkte. Aber der Diskontinuitätsbegriff ist anderer Herkunft: Er geht in diesem Kontext hauptsächlich auf die ‚historische Epistemologie' zurück. In Auseinandersetzung mit Nietzsche gewinnt er bei Foucault jedoch neue Valenzen.[8]

---

5 [O. A.:] „Position de la Généalogie des sciences", in: *Cahiers* 1968, S. 3.

6 Ein Abschnitt zum Genealogiebegriff leitet das erste Kapitel über „Das Tragische" ein und damit das ganze Buch (vgl. Deleuze 1985, S. 5ff.).

7 Schriften 1, S. 768. In diesem Gespräch mit R. Bellour „Über verschiedene Arten, Geschichte zu schreiben" streitet Foucault jede Verwandtschaft zwischen seiner Archäologie und der „Genealogie" ab, versteht aber unter letzterer eine „Beschreibung der Anfänge und der Folgen" (Schriften 1, S. 763), also eher noch das von Canguilhem kritisierte Suchen nach ‚Vorgängern' als Nietzsches ‚Genealogie'.

8 Foucault widmete Nietzsche zwei Aufsätze: *Nietzsche, Freud, Marx* (1967; Schriften 1, S. 727–743) und *Nietzsche, die Genealogie, die Historie* (1971; Schriften 2, S. 166–191). Der Erstere schien ihm durch den Letzteren überholt (vgl. Schriften 2, S. 348). Weniger beachtet ist die ausführlichere Nietzsche-Erläuterung in *Die Wahrheit und die juristischen Formen* (1974; Schriften 2, S. 669ff.; im Nachwort zur deutschen Einzelausgabe geht Martin Saar auch auf Nietzsche ein: Foucault 2003, S. 155–187, bes. S. 168ff.). Mit der auf der Colli/Montinari-Edition basierenden

348 — Marco Brusotti

Für Canguilhem sei Diskontinuität – so Foucaults Einleitung zur englischen Übersetzung von *Das Normale und das Pathologische* (1978) – eine Methode; er habe dieses „alte Thema" bei Bachelard und Koyré angetroffen und konsequent weiterentwickelt.[9] Davon, dass Canguilhem es Nietzsche verdanke, ist hier natürlich keine Rede: Foucault ist völlig bewusst, dass der Begriff, den er mit Nietzsche verbindet, anderer Herkunft ist. Er verzichtet jedoch nicht darauf, zwischen den zwei Philosophen Beziehungen herzustellen.[10] Die Gedenkschrift *Hommage à Jean Hyppolite*, in der Foucaults *Nietzsche, die Genealogie, die Historie* zum ersten Mal erscheint, enthält auch einen kurzen Beitrag Canguilhems, „Von der Wissenschaft und der Gegenwissenschaft" („De la science et de la contre-science"), dessen zweiter Abschnitt Nietzsche gewidmet ist. Foucault denkt wohl auch an diesen Aufsatz, wenn er bei Canguilhem deutliche Spuren Nietzsches findet und „sogar ausdrückliche Bezugnahmen, ausdrücklicher in seinen letzten Texten als in seinen ersten". In den fünfziger Jahren sei, so Foucault 1983, wie er selbst auch Canguilhem „sehr an Nietzsche interessiert" gewesen.[11]

Seine „Generation" habe sich – so Foucault im Interview „Strukturalismus und Poststrukturalismus" (1983) – von der „phänomenologischen Theorie des Subjekts" noch freimachen müssen. 1953 habe die Nietzsche-Lektüre ihm dabei geholfen, „aus der Phänomenologie herauszukommen" (Schriften 4, S. 529). Mit Nietzsche habe er es schließlich abgelehnt, Vernunft durch ein „Subjekt phänomenologischer, übergeschichtlicher Art" zu begründen, sie auf einen „grundlegenden und ersten Akt des rationalistischen Subjekts" zurückzuführen. Das Subjekt habe genauso eine „Geschichte" wie die Vernunft. Foucault habe Nietzsche daraufhin gelesen, wie diese Geschichte zu schreiben sei.

---

neuen französischen Nietzsche-Ausgabe hängen einige kleinere Publikationen zusammen (vgl. Schriften 1, S. 708–712; Schriften 4, Anhänge 4 u. 5, S. 1022–1027). Meine Überlegungen schließen mit den Vorlesungen von 1974. Ausgeklammert bleiben damit wichtige Themen wie die ‚Biomacht', die in vergleichenden Lektüren von Canguilhem und Foucault eine zentrale Rolle einnimmt (vgl. Muhle 2008). Zu Foucaults Nietzsche-Rezeption vgl. Ansell-Pearson 1991; Revel 1992; Sarasin 2002; Saar 2007.

9 Schriften 3, S. 557. Foucault überarbeitete den seit 1978 auf Englisch vorliegenden Text kurz vor seinem Tod. Die neue französische Fassung („La vie: l'expérience et la science") erschien erst posthum 1985 in einer Canguilhem gewidmeten Sondernummer der *Revue de Metaphysique et de Morale* (vgl. die Anm. der Hg. in Schriften 4, S. 943).

10 Zu Canguilhem als „Philosophen des Irrtums" (Schriften 4, S. 957 f.) für Foucault und zu Nietzsche als einem solchen für Canguilhem vgl. Brusotti 2012.

11 Schriften 4, S. 528 f. Canguilhem hat sich schon wesentlich früher mit Nietzsche auseinandergesetzt, nämlich spätestens Mitte der dreißiger Jahre, also lange vor seiner medizinischen Dissertation über *Das Normale und das Pathologische* (1943; vgl. Canguilhem 1966). Vgl. dazu Brusotti 2012, S. 66 ff.

Canguilhem und Nietzsche scheinen hier auf Foucaults Generation ähnlich gewirkt zu haben: in antiphänomenologischem Sinn. Wie bereits Bachelard sei auch Canguilhem durch seine Art, Diskontinuitäten ans Licht zu fördern, in einen Gegensatz zur Phänomenologie geraten, die etwa bei Koyré die Wissenschaftsgeschichte beherrscht habe.[12] Foucault betont die antiphänomenologische Valenz von Canguilhems Denken *und* dessen Interesse für Nietzsche. Das Interview könnte den falschen Eindruck vermitteln, auch Canguilhem habe daran mitgewirkt, Foucault von der phänomenologischen Auffassung des Subjekts zu emanzipieren. Canguilhem mag auf institutioneller Ebene die ihm im Interview zugeschriebene Rolle wirklich gespielt haben, aber Foucault hatte die Phänomenologie schon lange hinter sich, als er dessen Werk wirklich rezipierte.[13]

1

1952–1953, knapp über Mitte Zwanzig, hielt Foucault in Lille eine Vorlesung über *Menschenkenntnis und transzendentale Reflexion* und dann 1954–1955 in Paris eine über *Probleme der Anthropologie*. In beiden ging er ausführlich auf Nietzsche ein. In Lille verfolgte er das „Schicksal des anthropologischen Themas in der Philosophie des 19. Jahrhunderts: Kant, Hegel, Feuerbach, Marx, Dilthey, Nietzsche".[14] Nietzsche habe die für die traditionelle Anthropologie von Feuerbach bis Dilthey zentrale Frage nach der Wahrheit des Menschen so nicht mehr gestellt. Von einem übergeschichtlichen Wesen, einer natürlichen Wahrheit des Menschen könne nach Nietzsche nicht mehr die Rede sein. Es gebe keine Natur, zu der der Mensch mit Rousseau wie zu einem „verlorenen Vaterland" zurückkehren könne.[15]

---

12 Vgl. Schriften 4, S. 528. Wie Revel (2004) zeigt, taucht Diskontinuität bei Foucault zuerst in Texten über Literatur auf und wird erst später zu einem bedeutenden Thema seiner epistemologischen und historischen Untersuchungen.

13 Canguilhem war sein Prüfer beim *concours d'entrée* an der École normale supérieure (1946) und beim mündlichen Teil der *agrégation* (1951), ein Jahrzehnt später übernahm er das Amt des *directeur de thèse* (vgl. Eribon 2011, S. 46 f., 70 f., 173 ff.; Canguilhem 2006). Trotzdem weist *Wahnsinn und Gesellschaft* kaum tiefe Spuren Canguilhems auf. Erst der Autor der *Geburt der Klinik* (1963) ist mit dessen Methode vertraut (vgl. Eribon 2011, S. 175 f.).

14 Vgl. die *Présentation* des Herausgebers in Foucault 2010, S. 7–11. Vgl. auch die Zeittafel in: Schriften 1, S. 26. Philipp Sarasin geht auf Lagranges Mitschrift ein (Sarasin 2009, S. 111). Er verweist auf eine unveröffentlichte Lizenziatsarbeit von Maurice Erb (Erb 2006), die ich nicht eingesehen habe.

15 Vgl. Sarasin 2009, S. 119.

Die von Foucault anvisierte radikale Historisierung, die auch die Natur des Menschen als eine im Werden versteht und deshalb zuletzt den Naturbegriff verneint, ist nicht als naturalistische Position gemeint. Der junge Foucault ist Heidegger zu nahe, um Nietzsche in naturalistischem oder reduktionistischem Sinn zu lesen. Nietzsche ist hier kein Stellvertreter Darwins.[16] Vielmehr führt die radikale Infragestellung einer überhistorischen Natur des Menschen zuletzt zu einer neuen Denkfigur: Ein gutes Jahrzehnt später kündigt *Die Ordnung der Dinge* mit einer Nietzsche variierenden Formel den „Tod des Menschen" an.

2

Ein nietzscheanischer Tod steht bereits im Brennpunkt von *Wahnsinn und Gesellschaft*: Die griechische Tragödie starb, als mit Sokrates sich die Wissenschaft durchsetzte. Dem Tod der Tragödie entspricht bei Foucault der Einschnitt, mit dem die westliche Ratio sich konstituiert: Das Tragische steht für das Andere, das sie von sich scheidet: für den Wahnsinn, aber auch – wie in der *Geburt der Tragödie* – für apollinische Traumwelt und dionysischen Rausch (vgl. Schriften 1, S. 26; WG, S. 10). *Wahnsinn und Gesellschaft* versucht, eine Welt tragischer Grenzerfahrungen wiederaufzudecken, die keine Geschichte zu haben scheint, außer derjenigen ihrer Abscheidung. Gerade diesen Begriff einer ursprünglichen (tragischen) Erfahrung wird Foucault später zurückweisen.

Wahnsinn und Gesellschaft schließt mit „Nietzsches Wahnsinn", die *Ordnung der Dinge* mit dem „Tod des Menschen". Zarathustras Antwort auf Gottes Tod ist nicht der Mensch, sondern dessen Überwindung. Foucault kommt immer wieder auf diesen Gedanken zurück: „Im Tod des Menschen vollendet sich der Tod Gottes."[17] „Mehr als den Tod Gottes, oder vielmehr in der Spur dieses Todes [...], kündigt das Denken Nietzsches das Ende seines Mörders an, [...]." (OD, S. 460) Nietzsche habe nicht (wie Feuerbach) behauptet, dass mit dem Tod Gottes der Mensch erst zum Vorschein komme, sondern gezeigt, dass er dann verschwinde.

In der *Ordnung der Dinge* steht der „Mensch" für die Episteme, die sich Anfang des neunzehnten Jahrhunderts durchgesetzt hat, für die „Modernität, aus der wir immer noch nicht herausgekommen sind". In diesem Sinn ist „der Mensch lediglich eine junge Erfindung" und „wird verschwinden, sobald unser Wissen

---

16 Bei Sarasin, der Foucault mit Darwin zu verbinden sucht, scheint es darauf hinauszulaufen. Er bezeichnet Nietzsche als „Vermittler", „dessen Namen Foucault zuweilen dort einzutragen scheint, wo er Darwin selbst nicht zitiert" (Sarasin 2009, S. 14), und macht die Anwendung auch auf die Vorlesung (Sarasin 2009, S. 111 ff.).
17 Foucault 2010, S. 117.

eine neue Form gefunden haben wird" (OD, S. 27). In fast prophetischem Ton spricht *Die Ordnung der Dinge* von einer Zeit, in der „alles, was gedacht wird, noch einmal durch ein Denken gedacht werden wird, das noch nicht an den Tag getreten ist" (OD, S. 445). Die Geste, mit der Foucault diese völlig neue, heute noch unausdenkbare Konfiguration des Denkens ankündigt, erinnert eher an Heidegger als an Nietzsche. Foucaults *Archäologie der Humanwissenschaften* beschränkt sich nicht darauf, bereits stattgefundene Zäsuren zu rekonstruieren, sie sagt auch einen großen künftigen Einschnitt voraus, mit dem die Humanwissenschaften, wie die Gegenwart sie kennt, verabschiedet werden. Die bei Foucault immer mitschwingende Distanzierung von der zum Untergang bestimmten aktuellen Episteme, setzt ihn deutlich ab von Bachelards Bekenntnis zum aktuellen Forschungsstand als Maßstab für eine historische Epistemologie.[18] Für diese Infragestellung der modernen Episteme steht bei Foucault – nicht ohne Bezug auf Heidegger – Nietzsches Denkfigur. Zarathustra schließt aus dem Tod Gottes, dass der Mensch überwunden werden muss: Der Übermensch wird bei Foucault zu einer Chiffre für die „unerwartete Gestalt, die den Menschen aus seinem provisorischen Wissen vertreiben" wird (Schriften 4, S. 1027). Foucaults *Einführung in Kants Anthropologie* zeichnet einen Bogen von Kant zu Nietzsche: „Die Bahn der Frage *Was ist der Mensch?* gelangt im Bereich der Philosophie an ihr Ziel in der Antwort, die sie zurückweist und entwaffnet: ‚*der Übermensch*'."[19]

Wenn die aktuelle Episteme untergehen wird, die künftige noch unausdenkbar ist und es eigentlich kein Dazwischen gibt, wie „könnte die Archäologie ihre Neueinschreibung in einen neuen Diskurs vorhersagen"?[20] Der *Cercle* konfrontiert Foucault mit diesem Dilemma: Will der Archäologe keinen metahistorischen Standpunkt in Anspruch nehmen, muss er sich dann nicht zu dem in der *Ordnung der Dinge* kritisierten Historismus bekennen? Steckt hinter dem heideggerianischen Gestus wirklich mehr als ein radikaler Historismus, der auch sich selbst desavouiert?

Dem Dilemma entspricht die „zweideutige, absolut privilegierte, metahistorische Stellung" (Schriften 1, S. 768), die – so räumt Foucault selbstkritisch ein – *Die Ordnung der Dinge* Nietzsche zuweist. Diese herausgehobene Position hängt mit dem Begriff eines Epistemenwechsels unmittelbar zusammen. Wie stimmt sie aber mit dem anderen Ereignis überein, das Foucault 1969 verkündet? Mit dem „Tod des Autors", einem anderen Avatar vom Tod des Menschen?[21] Nietzsche ist keine Ausnahme, im Gegenteil: Die *Archäologie des Wissens* argumentiert gerade

---

18 Zu Bachelard vgl. Brusotti 2012, S. 53 ff.
19 Foucault 2010, S. 118.
20 Le Cercle d'épistémologie: „A Michel Foucault", in *Cahiers* 1968, S. 8. Vgl. Schriften 1, S. 888.
21 Foucault selbst stellt diese Frage. Vgl. Schriften 1, S. 1006 f.

am Beispiel der „Operation", durch die aus „dem Namen Nietzsche" ein Zeichen für einen „Autor" und dessen „Werk" wird (AW, S. 37 f.). Auch für Nietzsche würde die von Foucault einmal in Aussicht gestellte „Theorie des Eigennamens" (Schriften 2, S. 75) gelten. *Die Ordnung der Dinge* suggeriert – so Foucaults Selbstkritik – immer wieder, es würden Werk und Autor gedeutet; ein Name wie ‚Cuvier', ‚Ricardo' oder ‚Bopp' fungiert hier aber eigentlich eher als „Sigel einer Transformation" (Schriften 2, S. 75), als Abkürzung für eine unpersönliche epistemische Umwandlung, für den sprunghaften Übergang zu einer neuen Episteme. Dies dürfte auch für den Namen ‚Nietzsche' zutreffen.

3

Foucault setzt die eigene „*archäologische Geschichte*", in der „die Wissenschaftlichkeit nicht als Norm dient", von Bachelards und Canguilhems „*epistemologischer Geschichte* der Wissenschaften" (AW, S. 271) ab, die Vergangenes vom aktuellen wissenschaftlichen Standpunkt aus beurteilt. Foucaults Anspruch sprengt darüber hinaus den Rahmen von Wissenschaftsgeschichte: Es geht nicht nur um eine Archäologie der Humanwissenschaften oder von Wissenschaft überhaupt, sondern um eine Archäologie des ‚Wissens'.[22] *Die Ordnung der Dinge* untersucht nicht vorrangig Begriffe (wie Canguilhem) oder Theorien (wie Bachelard),[23] sondern ‚Epistemen'. „In einer Kultur, und in einem bestimmten Augenblick, gibt es immer nur eine *episteme*, die die Bedingungen definiert, unter denen jegliches Wissen möglich ist" (OD, S. 213). Der Begriff der Episteme ist ein ambitioniertes theoretisches Konstrukt, dessen Legitimität und empirischer Gehalt schon beim Erscheinen des Buches in Frage gestellt wurden. Im Vergleich zu Begriffen und Theorien sind ‚Epistemen' grundlegendere und höherstufige Gebilde; da sie nicht nur für eine bestimmte Phase einer einzelnen Wissenschaft stehen, sind sie umfassendere Wissensformationen als Kuhns (ihrerseits kontrovers diskutierte) ‚Paradigmen', mit denen sie schon früh verglichen wurden.[24] Diskontinuitäten auf dieser tieferliegenden Ebene werden durch die „ganze Qua-

---

22 Zu diesem Punkt vgl. Schneider 2003. Zu Foucault und Canguilhem vgl. Davidson 2003; Daston 2003.
23 Vgl. Brusotti 2012.
24 Den Plagiatsvorwurf beantwortet Foucault durch den Hinweis auf Canguilhem. Er berichtet, er habe „Kuhns Buch im Winter 1963–1964 ([...] ein Jahr nach seiner Veröffentlichung)" gelesen, „ich hatte gerade *Die Ordnung der Dinge* abgeschlossen. Daher habe ich dort nicht auf Kuhn hingewiesen, sondern auf den Wissenschaftshistoriker, der Kuhns Denken geprägt und inspiriert hat: G. Canguilhem" (Schriften 2, S. 293). Eigentlich führt Kuhn weder Bachelard noch Canguil-

si-Kontinuität auf der Ebene der Ideen und der Themen" (OD, S. 25) kaschiert und entgehen – so Foucault – Canguilhems und Bachelards wissenschaftsgeschichtlichem Ansatz.[25]

Foucault bestand auch später darauf, dass es synchrone Transformationen mehrerer sehr verschiedener Wissensformen gebe, d.h., dass *Die Ordnung der Dinge* ein echtes Problem aufgeworfen habe, musste aber bald einsehen, dass er mit den Epistemen in eine ‚Sackgasse' geraten war.[26] Immer wieder nahm seine Selbstkritik die indirekte Form einer ‚liberaleren' Reinterpretation an: Epistemen seien keine kulturellen Ganzheiten, Epistemenwechsel ereigneten sich zwar abrupt, seien jedoch nicht unbedingt unerklärlich; der rein beschreibende ‚archäologische' Ansatz ließe sich durch einen ‚dynastischen' ergänzen (vgl. Schriften 2, S. 504 ff.). Der Begriff der Episteme war trotzdem nicht aufrechtzuerhalten: Mit dessen Untergang musste auch Diskontinuität neu gedacht werden.

Die Ordnung der Dinge hatte nietzscheanische Züge, weil ihre ‚archäologische' Geschichte eine noch bevorstehende große Zäsur ankündigte, den Tod des Menschen. Auch die *Archäologie des Wissens* steht unter Nietzsches Vorzeichen, aber mit anderer Begründung.

Die Archäologie setzt eine Reihe von „Begriffen, von denen jeder auf seine Weise in das Thema der Kontinuität Abwechslung bringt" (AW, S. 31), nicht mehr als selbstverständlich voraus: etwa „Tradition", „Einfluss", „Entwicklung und Evolution", „Mentalität", „Geist" (AW, S. 33 f.). Einheiten wie „Autor" und „Werk" werden am Beispiel Nietzsche ebenfalls suspendiert. Die *Archäologie* weist den Vorwurf einer „privilegierten Analyse des Diskontinuierlichen" (AW, S. 248) weit von sich. Ihr „Beharren auf den Diskontinuitäten" sei „in Wahrheit nur paradox im Verhältnis zur Gewohnheit der Historiker" (AW, S. 242). Sofern Letztere das einzelne Ereignis in einen Zusammenhang stellen und dadurch verständlich machen möchten, z.B. als Ergebnis einer graduellen Entwicklung, ist Diskontinuität für sie lediglich ein Hindernis. Die Archäologie wiederum macht Diskontinuität zu einem Werkzeug. Foucault will keineswegs *jede* Form von

---

hem an. Unter den französischen Theoretikern nennt er Meyerson und Koyré, an dessen komplexer Position sich auch ‚kontinuistische' Tendenzen ausarbeiten lassen.

25 „Eine begriffliche Kontinuität oder ein theoretischer Isomorphismus kann einen archäologischen Einschnitt auf der Ebene der Formationsregeln der Objekte, der Begriffe und der Theorien vollständig verdecken" (Schriften 2, S. 73).

26 Vgl. Brieler 1998, S. 122. Fragen warf auch Canguilhems Rezension auf, die das umstrittene Buch eigentlich verteidigen wollte. Sie bemerkt mit Bachelard: Wie die Newtonsche Physik in der Einsteinschen, bleibe in fortgeschrittenen Wissenschaften nach einem epistemischen Bruch die frühere Theorie erhalten: als Sonderfall der neuen. Foucaults Konzept sehe so etwas nicht vor: Seine Epistemen seien zu diskontinuierlich (vgl. Canguilhem 1988, S. 23 f.).

Kontinuität negieren, z.B. nicht die in langen Zeiträumen ablaufenden (klimatischen, wirtschaftlichen, sozialen) Prozesse, denen die quantitative und serielle Geschichtsschreibung nachgeht. Er will aber den Vorrang brechen, der traditionell *bestimmten* geschichtlichen, nicht nur *wissenschafts*geschichtlichen, Kontinuitäten eingeräumt wird. Er stellt sie in Frage, um die Kontinuität und damit die „Souveränität des Bewusstseins" zu unterminieren. „Die kontinuierliche Geschichte" scheint ihm nämlich hinfällig, sofern sie – er denkt (nicht nur) an Sartre – „das unerlässliche Korrelat für die Stifterfunktion des Subjekts" (AW, S. 23) darstellt.

Dass die „Souveränität des Subjekts" (AW, S. 23) nicht mehr zu retten ist, geht u.a. auch auf die „durch die Genealogie von Nietzsche vorgenommene Dezentrierung" (AW, S. 24) zurück. Die Genealogie steht bereits hier der „Suche nach dem Ursprünglichen" (AW, S. 25) gegenüber, die man Nietzsche zuerst entgegengehalten und dann fälschlich zugeschrieben habe.

Das große Fresko der *Ordnung der Dinge* hatte von Institutionen programmatisch abgesehen. In diesem wesentlichen Punkt schien das Buch Foucault bald ein Rückschritt: In früheren Schriften hatten das psychiatrische Asyl bzw. die Klinik eine zentrale Rolle gespielt. An die Stelle der jeweils beherrschenden übergreifenden Episteme treten in der *Archäologie des Wissens* viele synchron miteinander konfligierende *Diskurse*: Sie sind *Praktiken* und stehen in Zusammenhang mit Nicht-Diskursivem. Sie sind „irreduzibel auf die Sprache [*langue*] und das Sprechen [*parole*]"; denn als *Praktiken* weisen sie gegenüber Saussures *langue* und *parole* ein „*mehr*" (AW, S. 74) auf: Diskurse beinhalten Regeln, die nicht diejenigen der *langue* sind, aber anders als bei der *parole* intersubjektiv gelten. Foucault beruft sich sehr frei und eigenwillig auf die Sprechakttheorie: Die Art, wie sie und der späte Wittgenstein auf je eigene Weise von formallogischen Sprachbetrachtungen Abstand gewinnen, wird zu einem Vorbild der Denkbewegung, mit der Foucault sich allmählich vom Intellektualismus der ‚Strukturen' abwendet, implizit auch von den Epistemen der *Ordnung der Dinge*.[27] Aber die von der Archäologie postulierten Systeme von ‚Bildungsregeln' verraten, obwohl sie Searles Sprechakttheorie nicht fremd sind, weiterhin das von Foucault vehement abgestrittene Erbe des Strukturalismus. Die Aporien dieses Versuchs, in Anlehnung an die Techniken der seriellen Geschichtsschreibung die einzelnen Diskursformationen und die Diskontinuitäten zwischen ihnen ohne normative Kategorien zu ermitteln, sind heute offensichtlich. Die *Archäologie des Wissens* bleibt auf jeden Fall rein programmatisch: Eher als die bis dahin wirklich angewandte Methode zu explizieren, entwirft Foucault eine neue, die er allerdings nie einsetzen wird. Nichts-

---

27 Zu Foucaults Rezeption analytischer Philosophie vgl. Davidson 1997.

destoweniger ist dieses letzte archäologische Konzept, das Praktiken, diskursive und nichtdiskursive, zum Gegenstand hat, den späteren ‚genealogischen' Ansätzen weit näher als die ‚archäologische' Geschichte der *Ordnung der Dinge.*

4

Die Ordnung des Diskurses (1971) bezeichnet zum ersten Mal von Foucault selbst geplante Untersuchungen als ‚genealogische': Statt *einer* Archäologie werden hier *zwei* komplementäre und voneinander nie ganz zu trennende Komplexe von Analysen in Aussicht gestellt: ein „kritischer" und ein „genealogischer".[28] *Beide* haben Diskurse als „discontinuierliche Praktiken" zum Gegenstand.[29] Im selben Jahr erscheint *Nietzsche, die Genealogie, die Historie,* nicht nur eine Nietzsche-Deutung, sondern ein Manifest, zugleich aber nur eine Zwischenstation auf dem Weg zu Foucaults neuer ‚genealogischer Methode'. In Auseinandersetzung mit Nietzsche fasst Foucault jetzt die Diskontinuität vor allem als eine von Herrschaftsverhältnissen und Überwältigungsprozessen auf. Jedes Regelsystem gehört zu einer Herrschaftsbeziehung; der Mensch „fasst jede dieser Gewalttätigkeiten in ein Regelsystem"; und die Diskontinuität geht darauf zurück, dass die Menschheit „von einer Herrschaft zur anderen" (Schriften 2, S. 177) schreitet. „Die Genealogie rekonstruiert [...] die verschiedenen Unterwerfungssysteme"; und das „zufällige Spiel der Herrschaftsbeziehungen" (Schriften 2, S. 175) kennt keine lineare Abfolge.

„Als Analyse der Herkunft steht die Genealogie an der Gelenkstelle zwischen Leib und Geschichte." Die Genealogie zeigt, dass der Leib „von der Geschichte geprägt und von ihr zerstört wird" (Schriften 2, S. 174), seine Geschichte ist diskontinuierlich, denn bei allen physiologischen Invarianten ist er „einer ganzen Reihe von Regimen unterworfen, die ihn formen" (Schriften 2, S. 179). Der Leib ist also der „Ort der Zersetzung des Ich" (Schriften 2, S. 174); und der Genealoge, der diesen Ort aufzeigt, trägt dazu bei, „das Ich aufzulösen" (Schriften 2, S. 179).

Nietzsche bietet Foucault ein Modell dafür, wie soziale und politische Praktiken und Institutionen bis in den Leib hineinwirken und ihn gestalten: „Das Herrschaftsverhältnis" (Schriften 2, S. 177) „graviert [...] selbst noch dem Leib Erinnerungen ein" (Schriften 2, S. 178). Die zweite Abhandlung der *Genealogie* zeigt, wie eine grausame ‚Mnemotechnik' Normen in den Leib einbrennt.

---

28 Foucault 1997, S. 41, 38 f., zur Untrennbarkeit vgl. S. 67.
29 Foucault 1997, S. 34.

Aber Nietzsche deutet soziale Beziehungen und Konflikte immer wieder in ‚physiologischen' Kategorien (als Konflikte zwischen den ‚Starken' und den ‚Schwachen'). Seine *Genealogie der Moral* macht sich dabei gerade Gedankengut der positivistischen Psychiatrie zu eigen, zu deren Hauptkritikern Foucault gehört. Trotz mancher Anleihe Foucaults bei Deleuzes Lektüre ist die tendenziell physiologische, naturgeschichtliche Auffassung sozialer Machtverhältnisse, die Nietzsche auf seine Weise mit der positivistischen Psychiatrie teilt, Foucault fremd.

Seine Kritik einer überhistorischen Subjektivität trifft hier nicht nur transzendentale Strukturen, sie hat es (obwohl weniger radikal als später Judith Butlers Ansatz) auch auf physiologische Invarianten abgesehen. Nietzsche kritisiert alle Invarianten, auch physiologische. Aber er fasst Gesellschaft tendenziell physiologisch, Foucault den Körper dagegen eher soziologisch auf. Die Aktualisierung, die dieser vornimmt, ist nachvollziehbar, ja geboten. Aber er schlägt eben die im Verhältnis zu Nietzsche umgekehrte Richtung ein.

„Das große Spiel der Geschichte dreht sich um die Frage, wer sich der Regeln bemächtigt" (Schriften 2, S. 177). In diesem Sinn „ist das Werden der Menschheit eine Abfolge von Deutungen"; denn „Deuten" heißt, „sich mit Gewalt und List eines Regelsystems zu bemächtigen" (Schriften 2, S. 178). Foucault bezieht sich hier auf die methodologischen Betrachtungen in der zweiten Abhandlung der *Genealogie*: Die Prozedur ist das relativ Stabile, der Sinn das Flüssige.

Der Nietzsche-Aufsatz arbeitet einen ‚nietzscheanischen' Diskontinuitätsbegriff aus. Aber erst die brasilianischen Vorlesungen *Die Wahrheit und die juristischen Formen* (1974) verbinden diesen Begriff mit dem Konzept diskursiver *Praktiken*, das Foucault in seiner eigenwilligen Auseinandersetzung mit der angelsächsischen Sprachphilosophie gewonnen hat. Die Regelsysteme, um die es bereits in *Nietzsche, die Genealogie, die Historie* geht, gehören in den *Rio*-Vorlesungen zu Praktiken, sind deren Spielregeln. Schon die späte archäologische Methode beschreibt Diskurse als *Praktiken* und bezieht Diskursives auf ExtraDiskursives. Aber sie stellt sich *nicht deshalb* ins Zeichen Nietzsches. Erst die *Rio*-Vorlesungen berufen sich *aus diesem Grund* auf ihn – und führen den Begriff der Praktik wesentlich weiter.

5

Auch die *Rio*-Vorlesungen verstehen Nietzsche als Philosophen der Diskontinuität. Nietzsche stellt „den großen Bruch mit der Tradition der abendländischen Philosophie" (Schriften 2, S. 678) dar, und „Bruch" (*rupture*) ist der Hauptbegriff, für den seine Philosophie steht. „Zwischen der großen Kontinuität des von

Schopenhauer beschriebenen *Ursprungs* und dem Bruch, der Nietzsches *Erfindung* charakterisiert, besteht ein tiefgreifender Gegensatz" (Schriften 2, S. 676).[30]

Bekanntlich hatte *Nietzsche, die Genealogie, die Historie* die ähnliche, aber keineswegs identische These vertreten, Nietzsche habe zur Zeit der *Genealogie* „auf einen Gegensatz zwischen *Herkunft* und *Ursprung* hinweisen" wollen.[31] In den *Rio*-Vorlesungen ist aus diesem Gegensatz einer von Ursprung und *Erfindung* geworden. Foucault besteht auf der Absichtlichkeit auch dieser Gegenüberstellung.[32] Die Belege sind hier wie dort allerdings nicht überzeugend.[33] *Die Wahrheit und die juristischen Formen* hält daran fest, dass es bei Nietzsche *auch* einen ‚betonten' Gebrauch von ‚Ursprung' gibt (v.a. für *metaphysischen* Ursprung). So weit, so gut, selbst wenn sich unzählige Fälle ‚nicht betonten' Gebrauchs anführen lassen. Aber Foucault will nicht auf die (für einen ‚Archäologen' naive) Feststellung hinaus, dass Nietzsche einen bei ihm durchaus angelegten *begrifflichen* Gegensatz *lexikalisch* nicht wiedergegeben habe, sondern verheddert sich in unhaltbaren lexikalischen Annahmen über (nicht konsequent durchgehaltene) terminologische Gegensätze: Die These, dass Nietzsche *Ursprung* und *Erfindung* absichtlich gegenüberstellt, ist noch unplausibler als die frühere über *Ursprung* und *Herkunft/Entstehung*, die in den *Rio*-Vorlesungen nicht wieder aufgegriffen wird.

Schlüssiger als diese Versuche über Nietzsches Terminologie ist Foucaults eigene Begrifflichkeit, die auch etwas von Nietzsches Denkwelt einfängt. *Nietzsche, die Genealogie, die Historie* stellt metaphysischen Ursprung (*origine*) und historischen Anfang (*commencement*) – bzw. Anfänge im Plural – einander gegenüber. *Die Wahrheit und die juristischen Formen* hält diesen begrifflichen

---

30 Es geht hier nicht um Schopenhauers Verwendung von ‚Ursprung', sondern um Nietzsches Sprachgebrauch.

31 Vgl. Schriften 2, Vgl. Aufsatz: „Nietzsche, die Genealogie, die Historie". Zu einer Kritik dieser Deutung vgl. Pizer 1990.

32 „Wenn Nietzsche von *Erfindung* spricht, hat er immer auch ein anderes Wort im Sinn, nämlich *Ursprung*. Er sagt *Erfindung*, wenn er nicht *Ursprung* sagen will" (Schriften 2, S. 675). Dass der „*Ursprung* der Religion, den Schopenhauer in einem metaphysischen Bedürfnis erblickte", „[g]anz einfach in einer Erfindung" zu suchen sei (Schriften 2, S. 167), bemerkt schon *Nietzsche, die Genealogie, die Historie*. Der Aufsatz kollationiert zwei Aphorismen mit ähnlichem Titel: „*Vom Ursprunge der Religion*" kritisiert Schopenhauers These, das „metaphysische Bedürfniss" sei „Ursprung der Religionen" (FW 151; erste Ausgabe: 1882). „*Vom Ursprung der Religionen*" behandelt „zwei Erfindungen" (FW 353; zweite Ausgabe: 1887) der Religionsstifter, bezieht sich aber nicht auf Schopenhauer. In den *Rio*-Vorlesungen tut Foucault so, als ginge es nicht um zwei Aphorismen, sondern um einen: So kommt der Gegensatz von Ursprung und Erfindung zustande.

33 So erwähnt Foucault „das Werk" des in der *Genealogie* kritisierten Paul Rée, *Der Ursprung der moralischen Empfindungen*. Rées nächstes, von Nietzsche geringgeschätztes Buch, heißt indes *Die Entstehung des Gewissens*.

Gegensatz zwischen der „Erhabenheit des Ursprungs" und dem „niederen Charakter der Anfänge" fest (Schriften 2, S. 677). Der Ursprung steht für Kontinuität, die Erfindung ist „ein Bruch" und hat „einen kleinen, niederen, engstirnigen, uneingestandenen Anfang": „lauter dunkle Machtbeziehungen" (Schriften 2, S. 676). Der Begriff der ‚Anfänge' (im Plural) gehört zur Tradition der französischen Epistemologie. Foucault deutet ihn jedoch neu, eben als „lauter dunkle Machtbeziehungen".

Nietzsches Konzept bietet Foucault nichts Geringeres als „das beste, wirksamste und aktuellste" „Modell" (Schriften 2, S. 674) für die von ihm beabsichtigten Untersuchungen. „Bei Nietzsche findet man tatsächlich einen Diskurs, der eine historische Analyse der Herausbildung des Subjekts und der Entstehung einer bestimmten Art von Wissen unternimmt, ohne dabei die vorgängige Existenz eines Erkenntnissubjektes vorauszusetzen" (Schriften 2, S. 675). Schon die *Archäologie des Wissens* verneint ein präexistentes überhistorisches Subjekt sowie eine darin gegründete Wissenschaftstheorie. Die Vorlesungen verfolgen aber einen ‚genealogischen' Ansatz, selbst wenn sie ihn nicht so nennen. Foucault unterscheidet „zwei Geschichten der Wahrheit": eine „gleichsam interne" und eine „externe, äußere" (Schriften 2, S. 673). Anders als in der *Ordnung des Diskurses* hat er hier nicht vor, beide Projekte parallel zu betreiben. Die „interne" Geschichte der Wahrheit ist keine Archäologie, sondern traditionelle bzw. Canguilhemsche Wissenschaftsgeschichte. Foucaults Sache ist die „externe" Geschichte: Sie soll neben den Wissenschaften „auch noch andere Orte" untersuchen, „an denen Wahrheit entsteht und gewisse Spielregeln festgelegt werden – Spielregeln, die bestimmte Formen von Subjektivität, bestimmte Objektbereiche und bestimmte Arten von Wissen entstehen lassen" (Schriften 2, S. 673).[34]

Das ‚archäologische' Begriffsarsenal (Aussagen, Serien) wird nicht mehr verwendet, aber diese externe Geschichte der Wahrheit hat weiterhin die Regeln diskursiver Praktiken zum Gegenstand. Statt „Diskurse nur unter sprachlichem Aspekt zu betrachten", lässt sich Foucault „von anglo-amerikanischen Forschungen anregen" und behandelt jene „als Spiele, als *games*, als strategische Spiele aus Handlungen und Reaktionen, Fragen und Antworten, Beherrschungsversuchen und Ausweichmanövern, das heißt als Kampf". Diskurse haben zwar eine sprachliche (linguistische) Ebene, aber Foucault interessiert nur die andere: Er

---

34 „Die erste ist gleichsam die interne Geschichte der Wahrheit, die Geschichte einer Wahrheit, die sich nach ihren eigenen Regulationsprinzipien korrigiert: Das ist die Geschichte der Wahrheit, wie sie in der Wissenschaftsgeschichte oder auf der Basis der Wissenschaftsgeschichte rekonstruiert wird" (Schriften 2, S. 672). Über diese „interne" Geschichte erfährt man in der Vorlesung nichts weiter.

nimmt sich eine „Analyse des Diskurses als strategisches und polemisches Spiel" (Schriften 2, S. 671) vor.

Die *Rio*-Vorlesungen vollziehen etwas wie eine sehr eigenwillige Synthese zwischen den Philosophien der Sprachspiele (Wittgenstein) und Sprechakte (Austin, Searle) einerseits und Nietzsches Genealogie andererseits: Foucault entwirft eine ‚nietzscheanische' Pragmatik, die strategische und polemische „Spiele" behandelt. Selbst wenn schon die *Archäologie des Wissens* das Sprachspiel- bzw. Sprechaktmodell in soziopolitischem Sinn konkretisieren will, wird diese Korrektur erst in *Die Wahrheit und die juristischen Formen* mit Nietzsche verbunden. Nachdem *Nietzsche, die Genealogie, die Historie* die Regelsysteme auf Herrschaftsbeziehungen zurückgeführt hat, steht Nietzsches Philosophie in den *Rio*-Vorlesungen für die Idee, dass Subjektivität aus (strategischen, konfliktuellen) *Praktiken* hervorgeht. Die Geschichte geht der Entstehung, den ‚Entstehungsorten', der Spielregeln dieser „regelkonformen Praktiken" (Schriften 2, S. 673) nach und zugleich dem Prozess, in dem aus den Praktiken, hier insbesondere aus den juristischen, sich jeweils eigentümliche Erkenntnisformen, -objekte und -subjekte ergeben.

Wie hängt dies mit „Nietzsches Modell" (Schriften 2, S. 686) zusammen? In diesem Modell – für Foucault eines von mehreren, die man Nietzsche entnehmen kann (vgl. Schriften 2, S. 683) – ist Erkenntnis eine Erfindung: Sie ist nicht verwandt mit ihren Objekten (vgl. Schriften 2, S. 678) und entspringt keinem ihr wesensgleichen Subjekt, in dem sie ursprünglich enthalten ist; denn der Mensch hat keine immer gleiche Natur. Foucault formuliert den ihm und Nietzsche gemeinsamen Standpunkt sehr allgemein so: „Erkenntnis ist stets das punktuelle geschichtliche Ergebnis von Bedingungen, die" – anders als das überhistorische Subjekt – „nicht selbst in den Bereich der Erkenntnis gehören" (Schriften 2, S. 684). Erkenntnis hat keinen universellen Ursprung, sondern (partikulare) ‚niedrige' Anfänge, Entstehungsbedingungen, die zu einem anderen Bereich gehören, wie „Kampfbeziehungen und Machtverhältnisse" (Schriften 2, S. 683).

Erkenntnis – so Foucault – ist für Nietzsche eine ‚Erfindung' der Instinkte, ein „Oberflächeneffekt" ihres Kampfes (Schriften 2, S. 677): Nietzsche „rückt [...] als Wurzel der Erkenntnis Hass, Kampf und Machtbeziehungen in den Mittelpunkt" (Schriften 2, S. 682). Foucault bezieht sich auf psychologische Bemerkungen, in denen Nietzsche ‚Machtbeziehungen' auf subpersonaler Ebene meint: ‚Kraftverhältnisse' zwischen Trieben. Wenn Foucault den „polemischen und strategischen Charakter der Erkenntnis" (Schriften 2, S. 684) betont, geht es wiederum eindeutig um intersubjektive Beziehungen, um soziale Praktiken und politische Machtverhältnisse, selbst wenn sie bis in den Leib hineinwirken. Foucault überträgt also Nietzsches Konzept der ‚Erfindung' von Erkenntnis konsequent auf intersubjektive Verhältnisse.[35] Dementsprechend bietet Nietzsche „ein Modell für eine historische Analyse der, wie ich es nennen möchte, Politik der Wahrheit" (Schriften 2, S. 683), ein „Modell" zur Lösung des „Problem[s] der Entstehung verschiedener Wissensbereiche aus bestimmten Kräfteverhältnissen und politischen Beziehungen innerhalb der Gesellschaft" (Schriften 2, S. 685). Foucaults ‚nietzscheanische' Grundthese ist, dass das Subjekt den sozialen Praktiken nicht voraus-, sondern aus ihnen hervorgeht. Er möchte „aufzeigen, wie ein Erkenntnissubjekt sich in der Geschichte über einen Diskurs im Sinne eines Ensembles von Strategien konstituiert, die Teil der sozialen Praktiken sind" (Schriften 2, S. 672).

Der Foucault der sechziger Jahre bringt nicht nur im *Royaumont*-Vortrag Nietzsche, Freud und Marx zusammen. Der spätere Foucault wiederum beruft sich gerade dann auf Nietzsche, wenn er den eigenen Ansatz gegen historischen Materialismus und Psychoanalyse (auch, aber nicht nur, gegen Althusser und Lacan) profilieren will. Unter dem marxistischen Ideologiebegriff versteht er die Theorie, dass die ökonomischen und politischen Bedingungen die von Natur aus unverstellte, klare Sicht der Dinge eines an sich immer gleichen Erkenntnissubjektes gleichsam trüben, ‚ideologisch' verzerren. Diesem Konzept steht das nietzscheanische jeweils historisch ‚erfundener' spezifischer Erkenntnissubjekte gegenüber: „[D]ie politischen und ökonomischen Lebensbedingungen" sind demnach kein externes epistemologisches Hindernis, das ein unabhängiges Erkenntnissubjekt überwinden muss, sondern „dasjenige Medium, durch das hindurch die Erkenntnissubjekte und damit auch die Wahrheitsbeziehungen sich herausbilden" (Schriften 2, S. 686).

Das Forschungsprogramm, das Foucault als unausgegorene Arbeitshypothese vorstellt, ist wirklich ein *work in progress*: Das bereits in einer frühen Fassung vorliegende *Überwachen und Strafen* verbindet sich mit Themen aus dem *Willen zum Wissen*. Eine Reihe von Schwerpunkten, die Foucault auf eigene Weise variiert, gehören zu Nietzsches Genealogie der Moral: Die Geschichte der Strafe und die Geschichte des Willens zur Wahrheit sind nur einige von vielen thematischen Anklängen. Es hängt mit dieser unübersehbaren *inhaltlichen* Verwandtschaft zusammen, dass die *Rio*-Vorlesungen sich zu Nietzsche als *methodischem* Modell bekennen und die methodische Nähe so stark betonen.

Die externe Geschichte der Wahrheit soll zeigen, wie aus juristischen, auch administrativen Praktiken sich „Wahrheitsmodelle" ergaben, die, eben weil „konstitutiv für das Erkenntnissubjekt", noch heute „bis in den wissenschaftlichen Bereich hinein" (Schriften 2, S. 686) gelten. Die *Rio*-Vorlesungen behandeln drei

---

35 Vgl. dazu Martin Saars Nachwort in: Foucault 2003, S. 170 f.

in der juristischen Praxis beheimatete Wahrheitsmodelle: *épreuve, enquête* und *examen*, sinngemäß: ‚Probe' (v.a. im Mittelalter), ‚Untersuchung' (im klassischen Griechentum und seit dem 12. Jahrhundert) und ‚Prüfung' (die Überwachungsformen der ‚panoptischen Gesellschaft' seit dem 19. Jahrhundert).

Als in Griechenland die Untersuchung die Probe ablöste, entstand der große westliche Mythos: der „unüberbrückbare Gegensatz zwischen Wissen und Macht" (Schriften 2, S. 705). Seit dem 12. Jahrhundert stellten sich westliche Gesellschaften erneut von der Machtprobe auf die Untersuchung um; und spätestens seit der Renaissance wurde dieses aus neuen sozialen Praktiken entstandene Wahrheitsmodell über den juristischen, administrativen Bereich hinaus verallgemeinert, auch auf den Bereich der Erkenntnis.

Nietzsche hat begonnen, den Mythos der Antinomie von Wissen und Macht zu zerstören: Hinter jedem Wissen, hinter jeder Erkenntnis steckt „ein Machtkampf". „Wissen ist nicht frei von politischer Macht, sondern eng mit ihr verwoben" (Schriften 2, S. 706). Aber Nietzsche hat noch mehr getan: „Wenn wir Nietzsche lesen, wird uns deutlich, dass man sich durchaus ein System zur Wissensvermittlung vorstellen kann, das sich nicht innerhalb des Rahmens eines Machtapparats richterlicher, politischer und ökonomischer Art bewegt" (Schriften 2, S. 763). Die Durchsetzung eines neuen Wahrheitsmodells entspricht dem Übergang zu einer neuen Form von Macht-Wissen; und das dritte Wahrheitsmodell erfährt gerade deshalb die gewaltigste Expansion, weil es zu „einer polymorphen, polyvalenten Macht" (Schriften 2, S. 764) gehört. Im Kontext dieses „mikroskopischen, feinstrukturierten Netzwerks politischer Macht" (Schriften 2, S. 766) entstehen demnach „die so genannten Humanwissenschaften" und der „Mensch als Objekt der Wissenschaft" (Schriften 2, S. 767).

Dies war bereits das Thema der *Ordnung der Dinge*, aber von Epistemen ist nun keine Rede mehr. Die Umstellung von einem Wahrheitsmodell auf ein anderes hat trotzdem den Charakter einer ‚epochalen' Diskontinuität, selbst wenn präexistente Wahrheitsmodelle, v.a. die Untersuchung, nicht plötzlich verschwinden, sondern im neuen Kontext vielfach erhalten bleiben. Für diese Einschnitte will Foucault nun die ausstehende Erklärung liefern: eine in seinem Selbstverständnis nietzscheanische Erklärung durch Praktiken und Machtverhältnisse.

Literaturverzeichnis

Ansell-Pearson, Keith (1991): „The Significance of Michel Foucault's Reading of Nietzsche: Power, the Subject, and Political Theory". In: *Nietzsche-Studien*, 20, S. 267–283.
Brieler, Ulrich (1998): *Die Unerbittlichkeit der Historizität. Foucault als Historiker.* Köln/Weimar/ Wien: Böhlau.

Brusotti, Marco (2012): „Diskontinuitäten. Nietzsche und der ‚französische Stil' in der Wissenschaftsphilosophie: Bachelard und Canguilhem mit einem Ausblick auf Foucault". In: Reschke, Renate/Brusotti, Marco (Hrsg.): „*Einige werden posthum geboren.*" *Friedrich Nietzsches Wirkungen*, Berlin/Boston: De Gruyter, S. 51–78.

Cahiers (1968): *Cahiers pour l'analyse. Travaux du Cercle d'épistemologie de l'École normale supérieure publiés par la société du Graphe, aux éditions du Seuil, 9: Généalogie des sciences*, Paris. (http://cahiers.kingston.ac.uk/vol09/ Letzter Zugriff: 20/04/2014); a) [O. A.:] „Position de la Généalogie des sciences", S. 3–4; b) Le Cercle d'épistémologie: „A Michel Foucault", S. 5–8; c) Michel Foucault, „Réponse au Cercle d'épistémologie", S. 9–40; d) Le Cercle d'épistémologie: „Nouvelles Questions", S. 41–44.

Canguilhem, Georges (1966): *Le normal et le pathologique*. Paris: PUF 1966. [Erstausgabe: *Essai sur quelques problèmes concernant le normal et le pathologique.* Clermont-Ferrand: La Montagne: 1943.]

Canguilhem, Georges (1967): „Mort de l'homme ou épuisement du *Cogito*". In: *Critique*, 242, S. 599–618.

Canguilhem, Georges (1971): „De la science et de la contre-science". In: [ohne Hrsg:] *Hommage à Jean Hyppolite*, Paris: PUF, S. 173–180.

Canguilhem, Georges (1986): „Sur l'histoire de la folie en tant qu'événement". In: *le débat*, 41. (Dt.: „Über die Geschichte des Wahnsinns als Ereignis", in: Schmid, Wilhelm (Hrsg.): *Denken und Existenz bei Michel Foucault*, Frankfurt a. M.: Suhrkamp, S. 61–66.

Canguilhem, Georges (1988): „Tod des Menschen oder Ende des *Cogito*?" In: Marques, Marcelo (Hrsg.): *Der Tod des Menschen im Denken des Lebens. Georges Canguilhem über Michel Foucault, Michel Foucault über Georges Canguilhem*, Berlin: Merve, S. 17–49.

Canguilhem, Georges (2006): „Bericht von Herrn Canguilhem über das Manuskript, das Herr Michel Foucault [...] zum Erhalt der Druckerlaubnis als thèse principale für das doctorat ès lettres eingereicht hat (1960)". In: Canguilhem, Georges: *Wissenschaft, Technik, Leben: Beiträge zur historischen Epistemologie*, Berlin: Merve, S. 41–48.

Canguilhem, Georges (2011): *Œuvres complètes*. Bd. 1: *Écrits philosophiques et politiques 1926–1939*. Paris: Vrin.

Daled, Pierre F. (2008): „Santé, folie et vérité aux XIXe et XXe siècles: Nietzsche, Canguilhem, et Foucault". In: Daled, Pierre F. (Hrsg.): *L'envers de la raison. Alentour de Canguilhem*, Paris: Vrin, S. 115–140.

Daston, Lorraine (2003): „Gedankensysteme. Kommentar zu Arnold Davidsons: ‚Über Epistemologie und Archäologie. Von Canguilhem zu Foucault'". In: Honneth/Saar (2003), S. 212–219.

Davidson, Arnold I. (1997): „Structures and Strategies of Discourse: Remarks Towards a History of Foucault's Philosophy of Language". In: Davidson, Arnold I. (Hrsg.): *Foucault and His Interlocutors*, Chicago: University of Chicago Press, S. 1–17.

Davidson, Arnold I. (2003): „Über Epistemologie und Archäologie. Von Canguilhem zu Foucault". In: Honneth/Saar (2003), S. 192–211.

Deleuze, Gilles (1985): *Nietzsche und die Philosophie*, Frankfurt a. M: Syndikat. (Frz. Erstausg.: *Nietzsche et la philosophie*, Paris: PUF 1962).

Derrida, Jacques (1972): *Marges de la Philosophie*, Paris: Les Éditions de Minuit.

Erb, Maurice (2006): *Wahnsinn und Mensch in Michel Foucaults Frühwerk*. Unveröff. Lizenziatsarbeit der Philosophischen Fakultät der Universität Zürich. [Genannt bei Sarasin 2002.]

Eribon, Didier (1991): *Michel Foucault. Eine Biographie*, Frankfurt a. M.

Eribon, Didier (2011): *Michel Foucault*, 3., überarbeitete und erweiterte Auflage, Paris.

Foucault, Michel (1997): *Die Ordnung des Diskurses*. Hamburg.

Foucault, Michel (2001): *Dits et écrits*, 2 Bde. Paris: Gallimard.

Foucault, Michel (2003): *Die Wahrheit und die juristischen Formen*. Frankfurt a. M.: Suhrkamp.

Foucault, Michel (2010): *Einführung in Kants Anthropologie*. Berlin: Suhrkamp.

Frank, Manfred (1990): „„Ein Grundelement der historischen Analyse: die Diskontinuität'. Die Epochenwende von 1775 in Foucaults ‚Archäologie'", in: Frank, Manfred: *Das Sagbare und das Unsagbare. Studien zur deutsch-französischen Hermeneutik und Texttheorie*, Frankfurt a. M.: Suhrkamp, S. 362–407.

Honneth, Axel/Saar, Martin (Hrsg.) (2003): *Michel Foucault. Zwischenbilanz einer Rezeption*. Frankfurter Foucault-Konferenz 2001. Frankfurt a. M.: Suhrkamp.

Jacob, François (1970): *La logique du vivant. Une histoire de l'hérédité*. Paris: Gallimard. (Dt.: *Die Logik des Lebenden: Eine Geschichte der Vererbung*, Frankfurt a. M.: Fischer 2002).

Macherey, Pierre (2009): *De Canguilhem à Foucault. La force des normes*. Paris: La fabrique.

Marques, Marcelo (Hrsg.) (1988): *Der Tod des Menschen im Denken des Lebens. Georges Canguilhem über Michel Foucault, Michel Foucault über Georges Canguilhem*. Berlin: Merve.

Muhle, Maria (2008): *Eine Genealogie der Biopolitik: Zum Begriff des Lebens bei Foucault und Canguilhem*. Bielefeld: Transcript.

Pizer, John (1990): „The Use and Abuse of ‚Ursprung': On Foucault's Reading of Nietzsche". In: *Nietzsche-Studien*, 19, S. 462–478.

Reschke, Renate/Brusotti, Marco (Hrsg.) (2012): *„Einige werden posthum geboren." Friedrich Nietzsches Wirkungen*. Berlin/Boston: De Gruyter.

Revel, Judith (1992): „Foucault lecteur de Nietzsche: l'apprentissage de la déprise". In: *Magazine Littéraire*, 298 (avril).

Revel, Judith (2004): „Michel Foucault: discontinuité de la pensée ou pensée du discontinu?". In: *Le Portique*, 13–14. Online: http://leportique.revues.org/index635.html, besucht am 6.4.2014.

Saar, Martin (2007): *Genealogie als Kritik. Geschichte und Theorie des Subjekts nach Nietzsche und Foucault*. Frankfurt a. M./New York: Campus.

Sarasin, Philipp (2002): „Foucault, Burckhardt, Nietzsche und die Hygieniker". In: Martschukat, Jürgen (Hrsg.): *Geschichte schreiben mit Foucault*, Frankfurt a. M./New York, S. 84–92.

Sarasin, Philipp (2009): *Darwin und Foucault. Genealogie und Geschichte im Zeitalter der Biologie*. Frankfurt a. M.: Suhrkamp.

Schneider, Ulrich Johannes (2003): „Wissensgeschichte, nicht Wissenschaftsgeschichte". In: Honneth/Saar (2003), S. 220–229.

Karol Sauerland
Mein Leben mit Nietzsche in Polen

Die Annäherung an Nietzsche war für jeden, der in einem sozialistischen Land lebte, eine Geschichte für sich. Im Nachkriegspolen galt Nietzsche erst einmal als der Vertreter des deutschen Übermenschen, der blonden Bestie, wie man sie während der Okkupation erleben konnte, obwohl es eine ansehnliche Nietzsche-Rezeption bis 1939 gab. Immerhin war es Stanisław Przybyszewski, der zu den ersten Nietzsche-Verehrern überhaupt gehörte, als er sein Essay *Chopin und Nietzsche* 1892 in deutscher Sprache veröffentlichte. Wacław Berent und Leopold Staff gehören zu den ersten und immer noch geschätzten Übersetzern der Werke von Nietzsche ins Polnische, wenngleich es sich mehr um poetische als philosophische Übertragungen handelt.

Ich weiß nicht, wann ich mich intensiv mit Nietzsche zu beschäftigen begann. Dafür erinnere ich mich noch heute lebhaft an die erste Begegnung mit den beiden italienischen Nietzsche-Herausgebern Giorgio Colli und Mazzino Montinari in Weimar. Frau Professor Elida Maria Szarota, damals meine Magistermutter in Warschau, und ich saßen im Sommer 1964 oder 1965 im Keller des „Elephanten", als sich die beiden Männer an unseren Tisch begaben. Szarota war von Collis Erscheinung sofort hingerissen und sprach mit ihm italienisch. Sie luden uns zu einem Besuch ins Nietzsche-Archiv ein, wo sie die Schwierigkeiten zeigten, Nietzsches Notizen zu entziffern und die von den bisherigen Herausgebern falsch – nach ihrer Meinung auch bewusst falsch – gelesenen Stellen herauszupicken. Vielfach handelte es sich um Auslassungen, wie sie uns erklärten. Ich hatte übrigens ein Nachtquartier im Nietzsche-Haus gefunden, wo auch Montinari eine Zeitlang wohnte.

In den nächsten Jahren sollte ich noch häufig Montinari treffen, am Ende, d. h. 1979, trug ich sogar etwas an seiner Universität in Florenz vor: „Thomas Mann und Adorno". Es handelte sich um jenen Vortrag, den ich später in *Orbis Litterarum* unter dem Titel „„Er wußte noch mehr...'. Zum Konzeptionsbruch in Thomas Manns ‚Doktor Faustus' unter dem Einfluß Adornos" veröffentlichte.[1]

Als Autor des De Gruyter Verlags wurde ich auch mehrmals von Heinz Wenzel zusammen mit Montinari zu bestem Essen eingeladen.[2] Hier erfuhr ich eine

---

[1] Kopenhagen 1979, H. 34, 130–145 (auf Polnisch erschien er unter dem Titel „„Wiedział jeszcze więcej', o złamaniu się pierwotnej koncepcji ‚Doktora Faustusa' Tomasza Manna pod wpływem Theodora W. Adorno", in *Literatura na Świecie*, 2/1987, S. 325–338).
[2] Er verstarb sehr früh. Als ich von seinem Tod hörte, schrieb ich in mein Tagebuch: „Montinari ist gestorben. Ein furchtbarer Verlust. Die Nietzsche-Ausgabe wird niemand weiterführen können. Vielleicht nach Jahren. Für mich ist es ein Stück eigener Geschichte. Ich lernte ihn 1964 in Weimar

Menge darüber, wie es um die Nietzsche-Ausgabe stand. 1980 berichtete ich auf Polnisch über dieses Großunternehmen in einer vor allem von den Polonisten sehr geschätzten Zeitschrift.[3] Gleichzeitig erschien dort meine Zarathustra-Interpretation, in der ich zeigte, dass es sich bei diesem Werk nicht um eine Sammlung von klugen Aphorismen handelt, aus denen man die Grundauffassungen des Philosophen Nietzsche herausinterpretiert, sondern auch um eine Erzählung, deren Dynamik eine wichtige Grundlage für das Verständnis des Werks bildet. Wichtig war für mich hierbei auch, auf die Bedeutung des Spiels mit Aufgang, Übergang und Untergang auf den ersten Seiten des *Zarathustras* zu verweisen. Diese „Wortspiele" waren in der polnischen Übersetzung nicht berücksichtigt worden. Ich schrieb damals (hier in deutscher Übersetzung):

> „Den ersten Worten Zarathustras in der *Vorrede* entnehmen wir, daß er in seiner Einsamkeit zu einem Weisen geworden ist, der seine in Meditation erworbenen Einsichten an die Menschen weiterzugeben verlangt. Er ist „seiner Weisheit überdrüssig" und bedarf der „Hände, die sich ausstrecken" (KGW VI/1, S. 5) die an seinem Reichtum sich erfreuen möchten. Er vergleicht sich mit der Sonne, die nichts wäre, wenn sie nicht die Sterne hätte, welchen sie leuchtet.
> Zarathustra will nicht nur unter die Menschen gehen, sondern auch „wieder Mensch werden". Er nennt diesen Weg seinen Untergang, was den Leser stutzig macht. Die Formel „Also begann Zarathustras Untergang" soll sich in der Vorrede noch mehrmals wiederholen. Bildlich ergibt sich der Untergang aus dem Vergleich mit der Sonne: so wie diese abends untergeht, um hinter dem Meer zu verschwinden und „der Unterwelt Licht" zu bringen, so will auch er untergehen. Man nimmt zuerst an, daß er zu dem Volke, der Masse hinuntergehen will und deswegen vom Untergang im Sinne von Hinuntergang spricht und die Menschen als die Welt unter sich, denen er Licht bringen will, ansieht. Aber im dritten und vierten Abschnitt der Vorrede, wo er dem Volk den Übermenschen lehren will, bekommt der Untergang einen neuen Sinn. Hier nennt er den Menschen einen schmutzigen Strom, man müsse schon ein Meer sein, um diesen Strom aufnehmen zu können, ohne unrein zu werden. Dieses Meer sei der Übermensch. Und der Mensch müsse seinen eigenen Untergang wollen, damit einst der Übermensch lebt. Zarathustra scheint ein solcher Mensch zu sein, der sich zu seinem eigenen Untergang entscheidet, um den Übermenschen zu Leben zu erwecken. Nietzsche zeigt uns in den vier Büchern allerdings keinen untergehenden Zarathustra, was aber auch nicht nötig ist, denn den Untergang des Menschen sollen wir eher symbolisch verstehen; sagt doch Zarathustra:

---

kennen. In den siebziger Jahren trafen wir uns immer wieder. Wir standen herzlich zueinander. Ich bewunderte Montinaris Vitalität, die er trotz seiner Fülle hatte. In Florenz spielte er auch noch Dekan (bzw. Rektor). Überall vermittelte er (Cesare Cases meinte bösartig, er spiele in jedem Land eine andere Rolle), jedesmal glaubwürdig, d.h. in Italien, der Bundesrepublik und der DDR – italienischer Kommunist, bundesdeutscher Sozialdemokrat, DDR-Kommunist – tatsächlich fühlte er sich in Florenz, Weimar und Westberlin zu Hause. Über Nietzsche sprach ich selten mit ihm. Er war zu sehr der Philologe. – Für mich ist der Tod eine Warnung. Er war 58 Jahre alt!".
3 „Nowe wydanie dziel Nietzschego", In: *teksty* 3/1980, S. 161–186.

Der Mensch ist Etwas, das überwunden werden soll. Was habt ihr gethan, ihn zu überwinden?
Alle Wesen bisher schufen etwas über sich hinaus [...]. (KGW VI/1, S. 8)
Es geht mit anderen Worten um einen inneren, geistigen Untergang des Menschen, der als
Übermensch oder als der Vater des künftigen Übermenschen wiederauferstehen wird. Im
zweiten Teil soll Zarathustra zu seinen Jüngern sagen:
Wohl aber könnt ihr den Übermenschen schaffen? Nicht ihr vielleicht selber, meine Brüder!
Aber zu den Vätern und Vorfahren könntet ihr euch umschaffen des Übermenschen [...].
(KGW VI/1, S. 105)
Das Hinuntergehen in das Volk scheitert, Zarathustra wird ausgelacht und nur der Absturz
des Seiltänzers schützt ihn vor dem Zorn der Menge auf dem Markt. Er steht auf Seiten
desjenigen, der stürzt, untergeht, spricht aber nicht von einem Untergang des Seiltänzers,
denn dessen Tod stellt nicht eine Überwindung von etwas Überholtem dar, sondern ist, wie
sich herausstellt, der Tod eines Überwundenen. Der Seiltänzer war gestürzt, weil der
Possenreißer über ihn hinweggesprungen war. Diese Tat, die erst wie eine Untat wirkt, wird
nachträglich von Zarathustra rehabilitiert, wenn er sagt:
Zu meinem Ziel will ich, ich gehe meinen Gang: Über die Zögernden und Saumseligen werde ich
hinwegspringen. Also sei mein Gang ihr Untergang. (KGW VI/1, S. 21)
Er will mithin ähnliches tun wie der Possenreißer und ähnliches erreichen. Der Seiltänzer
erscheint jetzt nicht mehr nur als der erste Gefährte Zarathustras, sondern auch als ein
Zögernder, Saumseliger. Der Untergang der Unentschlossenen dient dem oder den Ent-
schlossenen als Übergang zum Übermenschentum.[4]

Das war indirekt gegen die vielen polnischen Intellektuellen gerichtet, die immer
noch in Nietzsches Übermenschen die deutsche Arroganz, die zum Faschismus
geführt hätte, glaubten sehen zu müssen.[5] Ich veröffentlichte diesen Artikel
später auch in meiner Essaysammlung *Od Diltheya do Adorna. Studia z estetyki
niemieckiej* (*Von Dilthey bis Adorno. Studien zur deutschen Ästhetik*), die 1986 als
Buch erschienen war. Mich haben der Zarathustra und die Problematik des Übermenschen natürlich auch später noch beschäftigt. Bemerkenswert erschien mir,

---

4 „Fryderyk Nietzsche: ‚Tako rzecze Zaratustra' – odczytanie literacko-filozoficzne" (Friedrich
Nietzsches ‚Also sprach Zarathustra' – literarisch-philosophisch gelesen"). In: *teksty* 3/1980,
S. 48–70. Auf deutsch trug ich einen Teil davon in Dubrovnik 1982 in einem von Josef Simon und
Friedrich Kaulbach veranstalteten Nietzsche-Seminar vor. Dort lernte ich auch Volker Gerhardt
kennen.
5 Für diejenigen, die sich für die Rezeption Nietzsches in der DDR interessieren, sei darauf
verwiesen, dass sich polnische Autoren, die zu der Schlechta-Ausgabe Stellung nahmen, 1959 auf
Wolfgang Heises negatives Urteil hierzu in der *Deutschen Zeitschrift für Philosophie* (H. 4/1958)
beriefen. Die Philosophie Nietzsches spiegle auch nach einer revidierten Textausgabe den Übergang vom Kapitalismus zum Imperialismus wider. Man fragt sich, ob Heise von dieser seiner
Wirkung auf polnische Urteile über Schlechtas Nietzsche-Ausgabe gewusst hatte. In den siebziger
Jahren hatten Professor Elidas Maria Szarota und ich bewirkt, dass sein Heine-Vortrag auf der von
uns organisierten 1972 Heine-Konferenz an der Warschauer Universität im *Przegląd Humanist-
yczny* in Polnisch erscheinen konnte.

dass bei Przybyszewski der Übermensch androgyne Züge trägt.[6] Und unlängst habe ich Nietzsches Figur des Zarathustras als einen Anti-Sokrates ausgelegt.[7] Während der griechische Philosoph in Nietzsches Augen für all das steht, was an der Moderne zu verwerfen ist, wird Zarathustra von ihm als ein dem Leben und der Zukunft zugewandter Philosoph dargestellt. Es ist übrigens erstaunlich, wie nah Nietzsches Charakteristik des Griechen den Volksverführern, aber auch Verführern der Intelligenz kommt. In manchen Bildern, die Nietzsche von Sokrates zeichnet, könnte man geneigt sein, in ihm eine Figur á la Hitler zu erkennen, insbesondere wenn man dessen Hässlichkeit hinzunimmt. Nietzsche meint ja, dass Sokrates von „furchteinflößender Häßlichkeit" war. „Ein Ausländer", lesen wir in *Das Problem Sokrates*, „der sich auf Gesichter verstand, sagte, als er durch Athen kam, dem Sokrates ins Gesicht, er *sei* ein *monstrum* – er berge alle schlimmen Laster und Begierden in sich. Und Sokrates antwortete bloß: ‚Sie kennen mich, mein Herr!'" (KGW, VI/3, S. 63). Zu solchen Antworten wäre allerdings ein heutiger „Verführer der Massen" nicht imstande. Er würde auch nicht wie Sokrates den Giftbecher nehmen, höchstens wenn er sähe, dass sein „Spiel" ein Ende gefunden hat.

Die Zeitschrift, in der ich meinen Zarathustra-Aufsatz publiziert hatte, war ganz und gar Nietzsche gewidmet. Sie enthielt einerseits Übersetzungen von Essays über ihn (Daniel Halevy, Lou Andreas-Salomé, Jean Beaufret), andererseits Originalbeiträge sowie die Übersetzung des Essays „Jenseits von Wahrheit und Lüge im außermoralischen Sinne". Im Rezensionsteil erwies sich die Besprechung des Buches *Nietzsche et la philosophie* von Gille Deleuze als sehr wichtig. Ihr Autor war Tadeusz Komendant. Er thematisierte in seinem Text vor allem, wie man das Tragische im Sinne von Nietzsche zu verstehen habe, wie sich der Nihilismus überwinden ließe, wie die ewige Wiederkehr des Gleichen dem Willen zur Macht gegenüberzustellen wäre.[8]

In den achtziger Jahren, als in Polen der sogenannte Kriegszustand herrschte, d.h. als General Jaruzelski am 13.12.1981 die Solidarność-Bewegung verbot und über 5000 Aktivisten internieren ließ, beschäftigte ich mich intensiv mit Machtfragen, vor allem mit der Revolutions- und Totalitarismusauffassung Hannah Arendts, aber auch mit der frühen Nietzsche-Rezeption der Sozialisten und späteren Kommunisten in Deutschland, Polen und Russland. Besonders interessant ist

---

6 Siehe Karol Sauerland, „Ist der Übermensch androgyn. Zu Przybyszewskis Nietzsche-Rezeption", in: *Zeitenwende – Wertewende. Internationaler Kongreß der Nietzsche-Gesellschaft zum 100. Todestag Friedrich Nietzsches*, Berlin 2001, S. 262–266.
7 Siehe Karol Sauerland, „Od Sokratesa do Zaratustry", in: *Nietzsche Seminarium*, t. 4 (*Nietzsche a tradycja antyczna*), Toruń 2012, S. 129–133.
8 Vgl. *teksty* 3/1980, S. 129–137.

die Nietzsche-Rezeption des polnischen Denkers Stanisław Brzozowski (1878–1911) und vor allem Anatoli Wassiljewitsch Lunatscharskis (1875–1933), des späteren Volkskommissars für Kultur und Bildungswesen in der Sowjetunion, der sich, ohne dass man da eine Rezeption vermuten dürfte, ähnlich wie Ernst Jünger ausdrückte.

Im Frühjahr 1907 verfasste Brzozowski einen längeren Text über Nietzsche, der allerdings erst nach seinem Tod unter dem Titel „Friedrich Nietzsches Philosophie" erschien. Das Originellste an dem Aufsatz ist, dass Brzozowski seine Idee von der Rolle des Arbeiters in der modernen Gesellschaft mit Nietzsches Emanzipationsphilosophie verbindet. Der Arbeiter sei nämlich derjenige, der das Ideal der Freiheit darstelle, denn er vermag, die Grundlagen seines Lebens selber zu schaffen. Er beherrscht die moderne Technik – wer denkt da nicht an Jünger! – und könne sich leicht neuen Bedingungen anpassen. Durch seine Arbeit übe er echte Macht über die Welt aus, die er unablässig vergrößere. Er schaffe seine eigenen Werte, Muster und Normen, er sei *der Gesetzgeber des Lebens*. Er ist dazu fähig, weil er seinem Willen, seinen Gedanken eine *Seinswirklichkeit* verleihe. Der Arbeiter hat nach Brzozowski dem nietzscheanischen Übermenschen voraus, dass er in seinem Streben nach neuen Daseinsformen nicht von dem Zufälligen ausgehen muss. Nietzsches Übermensch sei ein denkendes und beobachtendes Wesen, das die materielle Welt als gegeben hinnimmt. Er will sie höchstens ideell überwinden, nicht wirklich. Dadurch mache er sich von ihr abhängig, er werde zu einem Sklaven der Welt fremder, fertiger Arbeit. Das erklärt nach Brzozowski, warum Nietzsche am Ende eine romantische Biologie entwickelt habe, womit die *blonde Bestie* gemeint ist, die gerade im Ausland lange Zeit für den Höhepunkt seines Denkens gehalten wurde. Brzozowski versteht Nietzsches Übermenschen nicht als ein zukünftiges Gebilde, als *eine zu schaffende Gattung*, sondern als etwas, was als Kollektivum schon jetzt existiert, nämlich als Proletariat, das aus sich heraus neue Werte setzt. Es ist diejenige Klasse, in der die Ziele des Einzelnen mit denen des Kollektivs übereinstimmen, in der wir eine hochgradige Selbstdisziplin antreffen. Es ist die einzige Klasse, die sich selbst ohne das Zutun von Funktionären und aufoktroyierten Institutionen befreien kann.

Die Überzeugung, dass das Proletariat die Fähigkeit zur Selbstorganisation aufweist, verdankt Brzozowski vor allem dem Studium der Schriften von George Sorel, auf die er 1906 seine Aufmerksamkeit gelenkt hatte. Er fühlte sich von Sorels Begeisterung für Nietzsches Ethos des Kampfes besonders angesprochen. Schon im Frühjahr 1907 veröffentlichte er einen Artikel über den Theoretiker des Generalstreiks. In ihm verweist er allerdings noch nicht expressis verbis auf die Verwandtschaften zwischen Sorel und Nietzsche. Das tut er erst in seinem wohl wichtigsten Werk, in der *Legende des Jungen Polen* (1910), in der er unterstreicht, dass sowohl Nietzsche wie auch Sorel die zukunftsträchtige Bedeutung des Mythos für die Geschichte erkannt hätten.

Eine große Nähe zu Brzozowski weist Anatoli Lunatscharski auf. Beide lernten sich 1907 durch Gorkis Vermittlung (dieser war übrigens selber ein großer Nietzsche-Anhänger) in Florenz kennen und lasen gegenseitig ihre Schriften, die sie gerade verfassten. Lunatscharski sah ähnlich wie Alexander Bogdanow (der wohl einflussreichste sozialistische Denker jener Zeit in Russland, der Schöpfer des Empiriomonismus) die Natur als ein Chaos an, das erst von Menschen durch Arbeit eine Form erhält. Arbeit ist für Lunatscharski ein Kampf, der vom Willen zur Macht geleitet wird. Diesen nietzscheanischen Begriff benutzt Lunatscharski mehrmals im positiven Sinne. Er spricht vom Wunsch des Menschen nach einer heroischen Tat sowie von der Tragik des angestrengten Kampfes. Tragik und Kampf nehme der moderne Mensch jedoch freudig auf sich. Es darf uns daher nicht verwundern, wenn Lunatscharski mit Enthusiasmus über die *tragischen Freuden des Krieges*, die *Freude an dem mit großem Preis errungenen Sieg* schreibt.

Jeglicher Altruismus ist ihm fremd. So fragt er in seinem Essay *Zu einer Philosophie der Tragödie* (1903) rhetorisch: „Sag' mir, was mag ein Künstler mit Altruismus zu tun haben?", um zu antworten, dass er vor allem arbeite, „um seine eigene Kraft, um die Freiheit seines kreativen Genius zu spüren". Nach dieser einleitenden Erklärung steuert er mit einer erneuten Frage: „Kann der Sozialaktivist nicht in der gleichen Richtung arbeiten?" auf seine Hauptidee zu:

> „Für den Sozialaktivisten sind die Menschen, ist die Gesellschaft ein Stück Marmor, aus dem er eine schöne Menschheit kreiert in Übereinstimmung mit seinem Ideal, [...] er ist ein Altruist? Nein, er ist nicht an eurem Glück interessiert, lieber Leser. Es ist möglich, daß er keinen Fingernagel für Euer Glück zu opfern gedenkt, ja im Gegenteil, wenn Du ihm den Weg versperren solltest, wird er Dich zerstören."

Hier erkennen wir bereits die künftige, uns als leninistische Ideologie bekannte Auffassung von der Veränderung der Gesellschaft ohne deren Mitsprache und Mitbestimmung. Der Sozialaktivist, d.h. später der Bolschewik, weiß am besten, wie die *schöne Menschheit* auszusehen hat. Ähnliche, zum Teil von Nietzsche beeinflusste Ideen findet man zu dieser Zeit auch bei Trotzki, die dieser nach 1917 als Volkskommissar für Militärwesen praktisch realisieren sollte.

In Übereinstimmung mit dieser Auffassung steht auch die Art, wie Lunatscharski nach 1905 den feuerbachschen und insbesondere den nietzscheanischen Immanenzgedanken sowie Nietzsches Idee vom Übermenschentum verwandelt. Für Lunatscharski ist die Religion eine Weltanschauung, die den Konflikt zwischen den Gesetzmäßigkeiten des menschlichen Lebens und der Natur in jeweils neuer Form zu lösen sucht. Da sich jetzt die wissenschaftliche Aneignung der Welt durchzusetzen beginnt, brauche der Mensch eine neue Religion, ein neues Gott-Bildertum (bogostroitel'stwo). Der neue Gott könne nicht jenseits unserer Welt gesucht werden, sondern müsse von den Menschen selber hier auf Erden geschaffen werden. Gott ist mit anderen Worten der schaffende, arbeitende Mensch oder besser: die schöpferische Menschheit selber, womit vor allem das Proletariat, der moderne Übermensch, gemeint ist. Seine Religion ist der Marxismus, durch den alle Konflikte zwischen Mensch und Natur, Mensch und Welt, von denen die Moderne geprägt ist,gelöst werden können. Vor uns stehe eine Zeit, in der ein neuer Christus erscheinen wird, jedoch nicht als sanfter, sondern als ein donner-beherrschender Herkules, als ein junger, bewaffneter Weltzerstörer, der im Laufe von drei Tagen alles zu vernichten und alles neu zu schaffen vermag.

Es wird wohl kein Barbar mit klassischem Geschmack, mit Sinn für Selbstzucht, wie wir ihn von Nietzsche her kennen, sein, sondern im besten Fall, wie dieser von Napoleon sagte, eine „Synthese von Unmensch und Übermensch". Nietzsche stellte dieser Feststellung allerdings den Satz voran: „Man überlege wohl, was es für ein Problem ist...!"[9]

Im September 1989 konnte ich meine Gedanken hierzu in Sils-Maria auf dem Nietzsche-Colloquium vortragen. Wie sich aus meiner Tagebuchnotiz vom 29.9.1989 ergibt, empfanden die Anwesenden sie als recht anregend:

Nach kurz durchschlafener Nacht hielt ich meinen Vortrag über Nietzsche bei Landauer, Brzozowski und Lunatscharski um zehn Uhr im Waldhaus. Ich war in keiner Hinsicht nervös. Ich trug lebhaft, mit Freude an Rhetorik vor. Die Anwesenden, etwa 60 Personen, hörten mit Aufmerksamkeit zu. Es gab eine Diskussion von etwa fünfzig Minuten. Sie ging zwar am Thema vorbei (freischwebende Intelligenz, Problem des Klosters für Denkende, Marx, die Vordenker und ähnliches wurde angesprochen), aber man versuchte, auf die politischen Aspekte, die ich ja angesprochen hatte, einzugehen. Einer verteidigte den großen Einzelnen als denjenigen, der Massen in Bewegung brachte. Er nannte Jesus Chris-tus, dessen Lehre allerdings ohne Kirche nicht hätte verbreitet werden können. Gottseidank nannte er auch Lenin, ohne den seiner Meinung nach nichts gelaufen wäre. Ich konnte diesen Irrtum angreifen, ohne auf Jesus eingehen zu müssen. Daß zu dieser Zeit eine Aufbruchsstimmung herrschte, es viele Propheten gab, hätte ihm wahrscheinlich wenig gesagt. Außerdem kenne ich die Zeit zu wenig. Nach meinem Auftritt traten mehrere Hörer an mich heran, um sich bei mir zu bedanken. André Bloch, der Veranstalter, sagte zu anderen, ich hätte das ganze Colloqium gerettet. Eine junge Historikerin bewunderte, wie genau ich mit der Chronologie umgehe. Das sei heute selten geworden. Ein junger Schweizer erzählte mir, daß er eine österreichische anarchistische Schrift aus dieser Zeit gelesen habe, da werde Nietzsche auch als Vorläufer des Sozialismus angesehen. Er arbeitete über die Schwedin Ellen Key, die sich dauernd auf Nietzsche berufe. Eine Züricherin, die eine Dis-

---

9 Es handelt sich hier um einen Auszug aus meinem Artikel „Zur frühen sozialistischen Nietz-sche-Rezeption in Deutschland, Polen und Rußland (Landauer, Brzozowski, Lunatscharski)". In: Maciej Potępa, Wolfgang H. Schrader (Hrsg.), *Reflexion und Tat. Begegnung zwischen der deut-schen und polnischen Philosophie im XIX. und XX. Jahrhundert*, Bern/Frankfurt am Main/Berlin/ New York u.a. 2002, S. 101–112. – Ich hatte das als Referat 1989 auf der Nietzsche-Tagung in Sils-Maria vorgetragen.

sertation über Nietzsches Willen zur Macht schreibt, diskutierte mit mir lange über Nietzsche. Beda Alleman fand, man sollte Texte von Brzozowski ins Deutsche übersetzen. Kurzum, ich kann mit meinem Auftritt zufrieden sein. Man schätzte sowohl die Klarheit der Ausführungen wie auch mein Engagement, denn ich verleugnete nicht, daß mich das Thema praktisch berührt.

Zu Beginn der achtziger Jahre wandte ich mich der Leibauffassung Nietzsches zu. Das war mit einer Problematik verbunden, mit der sich ein Schülerkreis um mich herum zu jener Zeit beschäftigte: mit dem Anarchismus und Irrationalismus oder politisch gesehen, mit dem Unvorhersehbaren. Sowohl die westliche Welt wie auch die des realen Sozialismus wollten, dass alles vorhersehbar ist, dass sich die Menschen nach bestimmten Mustern verhalten. In Wirklichkeit haben wir es immer wieder mit Unerklärbarem zu tun. Unsere zentralen Autoren waren zu jener Zeit Gustav Landauer, Martin Buber, Hermann Broch, Ernst Bloch, Franz Jung, Otto Groß, natürlich auch Franz Kafka, Walter Benjamin und viele andere. 1983 veranstaltete ich in dem Konferenzzentrum der Universität zu Torun (Thorn), in Bachotek, eine Internationale Konferenz „Mystische und Irrationale Strömungen um die Jahrhundertwende", bei der ich nicht die Genehmigung des Polnischen Hochschulministeriums einholte. Finanziell wurden wir insgeheim vor allem vom Österreichischen Kulturzentrum in Warschau unterstützt, dessen Direktor damals Richard Sickinger war. Es folgten im Jahresrhythmus Konferenzen zu den Themen „Autorität und Sinnlichkeit zur Jahrhundertwende", „Melancholie und Enthusiasmus zur Jahrhundertwende", „Auswege aus dem Rationalismus. Auswege aus dem Irrationalismus".

Meine Beschäftigung mit Nietzsches Leibauffassung als einer Grundlage sogenannten irrationalen Denkens fand in Diskussionen und in Vorlesungen ihren Niederschlag. Ich schrieb dagegen nur einen kleinen Aufsatz, der unter dem Titel „‚Der Leib ist eine grosse Vernunft‘ (Friedrich Nietzsche)" in dem von mir herausgegebenen Sammelband *Autorität und Sinnlichkeit* erschien (Sauerland, Karol: Frankfurt am Main/Bern/New York 1986, S. 13–23).

Dort zitiere ich u.a. aus dem Vorwort zur zweiten Auflage der *Fröhlichen Wissenschaft* die folgende Stelle:

> [...] ob nicht, im Großen gerechnet, Philosophie bisher überhaupt nur eine Auslegung des Leibes und ein Mißverständnis des Leibes gewesen ist. Hinter den höchsten Werthurtheilen, von denen bisher die Geschichte des Gedankens geleitet wurde, liegen Missverständnisse der leiblichen Beschaffenheit verborgen, sei es von Einzelnen, sei es von Ständen oder ganzen Rassen. Man darf alle jene kühnen Tollheiten der Metaphysik, sonderlich deren Antworten auf die Frage nach dem Werth des Daseins, zunächst immer als Symptome bestimmter Leiber ansehn [...]. (KGW, V/2, S. 16).

Heute frage ich mich, wie eine Judith Butler, die ja den Körper als etwas selbständig Existierendes ablehnt – es gäbe ihn nur durch sprachliche Akte –, diese

Stelle interpretieren würde. Die Hauptthese des Artikels war allerdings, dass Freud wohl keinen so großen Erfolg davongetragen hätte, wenn nicht der Geist Nietzsches über der Jahrhundertwende geschwebt hätte.

Nach 1989 wurde ich zum Vorsitzenden der Warschauer Gesellschaft für Philosophie, die eine fast hundertjährige Tradition aufzuweisen hatte, gewählt. In dieser Funktion organisierte ich auch Vorträge über Nietzsche sowie eine Podiumsdiskussion am 20.5.1996, zu der etwa hundert Personen erschienen waren. Ich kann mich noch recht gut an die damalige Atmosphäre erinnern, aber nicht mehr so konkret, wie sie in meiner Tagebuchaufzeichnung wiedergegeben ist.

Warschau, den 20.5.1996

Am späten Abend bekam ich furchtbare Zahnschmerzen, so daß ich glaubte, ich würde die Nacht kaum durchstehen. Doch Knoblauchtabletten, Eis und eine Creme gegen Entzündungen halfen. Ich war einfach übermüdet, überanstrengt. Die sommerliche Hitze hatte mir den Rest versetzt. Um fünf Uhr hatte ich die Diskussion über Nietzsche heute zu eröffnen und zu leiten. Es fiel mir schwer, denn mir schien, daß ich fiebere. Es waren etwa hundert Personen erschienen, so etwas hatte es in der Philosophischen Gesellschaft schon lange nicht mehr gegeben. Es waren vor allem Studenten, die wahrscheinlich die Fernsehsendung im Januar gesehen hatten. Ich sagte zur Eröffnung ein, zwei Sätze und erteilte sofort Bogdan Barań das Wort, der zu zeigen versuchte, daß er jegliche Grundlagen (podstawy) ablehne. Es gibt keinen Grund. Dann sprach Andrzej Mencwel und wiederholte die Thesen, die er in der Fernsehsendung artikuliert hatte. Nietzsche sei eine historische Erscheinung, er habe uns nichts mehr zu sagen, er sei ein Darwinist gewesen und Ähnliches. In die gleiche Kerbe schlug Witold Mackiewicz, der noch dazu nationalistisch wurde. Am gefährlichsten seien die Deutschen. Da ziehe er schon einen Schweizer vor. Mencwel gefiel dies nicht, er flüsterte mir zu, ich solle dem etwas entgegnen. Ich fand, das sollte man unkommentiert im Raum stehen lassen. Ich sprach kurz über Nietzsches Körperauffassung und seinen Satz, jeder müsse eine Rolle spielen. Die Diskussion sollte sich jedoch vor allem um Nietzsches Willen zur Macht, Verachtung des kleinen Mannes, Kampf gegen die Wahrheit und all die Begriffe drehen, mit denen man ihn zu einem Präfaschisten stempeln konnte. Ein Student verlangte, man solle ihn philologisch lesen, was aber sofort in Frage gestellt wurde. Die Forderung nach philologischem Lesen beinhalte, er verkünde die eine allgemeingültige Wahrheit. Ich war recht ratlos. Am besten war noch Komendant, der den Streit zwischen den (vorsokratischen) Rhetorikern und (platonischen) Philosophen als einen Streit interpretierte, der noch heute lebendig sei, weswegen uns die sogenannten Postmodernen etwas zu sagen haben. Nach gut zwei Stunden waren, wie mir schien, alle erschöpft. Die Studenten hatten wahrscheinlich etwas anderes erwartet, waren jedoch nicht imstande, eine eigene Auslegung der Texte von Nietzsche ins Feld zu führen. – Ich habe den Eindruck, Polen hat die letzten zehn, fünfzehn Jahre verschlafen.

Einen Tag zuvor hatte ich eine interessante Begegnung, die ich hier als Abschluss wiedergeben möchte:

Warschau, den 19.5.1996

Abends hatte mich Ernst Pöppel zu einem Essen im Hotel Sobieski eingeladen. Er möchte, daß ich an der Heuchelei-Konferenz teilnehme. Er erzählte mir von seinen Hirnforschungen. Es geht darum, wie es möglich ist, daß der Mensch bei so vielen zeitlich untschiedlichen Informationen, die er durch Hören, Sehen, Riechen, Fühlen etc. aufnimmt, nicht auseinanderfällt, eine Einheit vortäuschen kann. Seine These ist, er würde im Gehirn phasenweise die Zeit außer Kraft setzen. Er denke mit einem Wort nicht, sagte ich und verwies auf Hannah Arendt, die sagte, wenn man handelt, denke man nicht, wenn man denke, handle man nicht. Ihm paßte diese Idee, die er zum ersten Mal vernahm, sehr in den Kram, so daß er sie sich aufnotierte. Als ich auf Nietzsches „Es denkt" verwies, erklärte er, in der Hirnforschung spreche man seit zehn Jahren so. Großen Gefallen fand er an Nietzsches Körperauffassung, aber auch daran, was Ludwik Fleck über die Wissenschaftsentwicklung zu sagen hatte. Er kennt Thomas Kuhn persönlich. Dieser sei entsetzt, daß man dauernd von Pradigmawechsel rede. Da unterhielt sich zwei Stunden lang ein Philosoph bzw. Geisteswissenschaftler mit einem Vertreter der exakten Wissenschaften voller Skepsis dem gegenüber, was man in der eigenen Zunft so betreibt.

So ließe sich das Leben mit Nietzsche in Polen weiter erzählen. Im Augenblick erscheint die Colli-Montinari-Ausgabe in polnischer Übersetzung. Vier Bände liegen bereits vor. Ich gehöre dem Redaktionskomitee an. Zwei Bände aus dem Nachlaß der späten achtziger Jahre wurden vor kurzem im Zweiten Programm des Polnischen Rundfunks eine Stunde lang in einer kleinen Diskussionsrunde besprochen, bei der ich die Ehre hatte, teilzunehmen. Es gibt die Reihe *Nietzsche-Seminar*, herausgegeben in Toruń, in der alljährlich Arbeiten über Nietzsche erscheinen, abgesehen von den zahlreichen Artikeln in verschiedensten polnischen Zeitschriften. Mit einem Wort: Nietzsche ist in Polen beheimatet.

Steffen Dietzsch

Deutschland-Perspektiven nach Nietzsche

Geheimes Deutschland und *Europa*

Da k'hert a Verständnis her!
A recht's a menschlich's Verständnis,
glaubt's es mir, des langt für all's!
Thomas Mann (1965, S. 681)

Wenn man eine weittragende intellektuelle Leistung Nietzsches nennen sollte, dann ist es die, ein philosophisches Schisma ist die Welt gebracht zu haben. Von denen, die das bemerkten, war es Karl Wolfskehl (aus dem George-Kreis), der es am schönsten formuliert hat: „Die von Nietzsche in die Festung des Absoluten geschlagene Bresche", so beschrieb er diesen Bruch, „ließ frische Tagesluft ein, [...] enthüllte, befreite die dunklen, die gärenden wie [auch] die göttlichen Antriebe, ... befruchtete manchmal, mischte öfters zur Unzeit Leben und Denken, Anschauung und Tat." (Wolfskehl 1930, S. 129) – Seither sollte also die Philosophie befreit sein vom Begehren, *sub specie aeternitatis* zu denken. Es kommen mit Nietzsche wieder die Phänomene zu Ehren und alte – naturalistische oder logizistische – Hierarchien beim Erklären werden aufgebrochen (etwa *„von-der-Erscheinung-zu-Wesen"*).

Das hatte momentan Auswirkungen bis hin zum Neuen Verstehen von All-tagsformen des Lebens, auch, dass nun andere als bloß deduktive Textsorten für die Philosophie entdeckt werden (Erzählung, Essay, Aphorismus, Vers etc.).

Wie sich das für das *Deutschland-verstehen* im deutschen Denken nach Nietz-sche darstellt, soll im Folgenden unter drei Stichworten erläutert werden: (1.) Nietzsches deutsches Unbehagen, (2.) Reichskritik und *Geheimes Deutschland* und (3.) Deutsch-sein heißt Europäisch-sein.

1 Nietzsches deutsches Unbehagen

Nietzsches schismatisches Denken berührte natürlich immer auch sein Bild von Deutschland und sein Selbstbild als Deutscher. Die spirituelle Dramatik, die der Denker da immer auch mit sich selber auszufechten hatte, ist von Stefan George erahnt worden, als er schrieb:

Hast du der sehnsucht land nie lächeln sehn?
Erschufst du götter nur um sie zu stürzen
Nie einer rast und eines baues froh?
Du hast das nächste in dir selbst getötet
Um neu begehrend dann ihm nachzuzitten
Und aufzuschrein im schmerz der einsamkeit.
(George 1907, S. 12f.)

Nietzsche litt geistig an Deutschland, an dessen politisch-ideologischen Verkehrs-formen, namentlich am Nationalismus, Antisemitismus und an Gemeinschafts-tümelei (gleichermaßen der von Bourgeois wie von Proleten).

Alltagskultur und Freiheit schienen sich hierzulande immer mehr als Gegen-sätze zu verhalten: ihm schien fast, so schreibt er einmal an Overbeck, „es gäbe keine ‚deutsche Cultur' – außer bei mystischen Einsiedlern, Beethoven und Goethe sehr eingerechnet!" (KSB 6, S. 507).

Von der Bedrängnis in dieser geistigen Situation im Wilhelminismus bekom-men wir auch einen Eindruck, wenn wir den Grund hören, warum der jüdisch-deutsche Nietzscheforscher Oscar Levy Anfang der 1890er Jahre Deutschland verließ, nämlich „never known a nation so brutally chauvinistic".[1] – Dass sich damit etwas in der neueren europäischen Geschichte Neuartiges breitmachte, nämlich „daß noch die kältesten kosmopolitischen Aspirationen des fridericia-nischen und josephinischen Polizeistaates oder des kantischen Vernunftstaates nicht so seelenlos und verheerend gewesen sind, wie der lügenhafte Enthusias-mus des aufgepeitschten Nationalgefühls im Imperialismus" (Benjamin 1972, S. 819f.), hatte dann auch Walter Benjamin zu Bedenken gegeben.

Und Nietzsche selber hatte für sich und seinesgleichen einen deutschen Exodus unter diesen politisch-kulturellen Auspizien dort als nahezu unausweich-lich gesehen: „Es scheint mir immer mehr ... Man treibt uns Deutsche aus dem Vaterlande, die wir nicht flach und nicht gutmüthig genug sind ... um an dieser märkischen Junker-Vaterländerei mitzuhelfen und in ihre Haß schnaubende Verdummungs-Parole ‚Deutschland Deutschland über Alles' einzustimmen." (KGW IX/2, S. 61) Denn schließlich, so Nietzsche: „‚Deutschland, Deutschland über alles' – ein kostspieliges, aber *nicht* ein philosophisches Princip." (NL, 1888; KSA 13, S. 540)

Nietzsche ging dann ja auch in die Schweiz. – Und von hier aus fordert Nietzsche (aus Basel) seinen Freund Erwin Rohde auf, sich aus dem Bannkreis dieser sich gerade neu erfindenden nationalen Großmacht zu befreien – er rät

---

1 Oscar Levy an Georges Chatterton-Hill, v. 30. Nov. 1913. Unveröff. Brief im Besitz von Albi & Maud Rosenthal geb. Levy, (Levy-Nachlass, Sils Maria).

dem Freund, und das war zwei Monate *vor* der Gründung des Preußisch-Deutschen Kaiserreiches (im Januar 1871): „Sieh doch zu, daß Du aus dem fatalen kulturwidrigen Preußen herauskommst! wo die Knechte und die Pfaffen wie Pilze hervorschießen und bald mit ihrem Dunst uns ganz Deutschland verfinstern werden." (KSB 3, S. 160)

Eine Woche nach Sedan (2. Sept. 1870) schrieb Nietzsche an Wagner: „Über die deutschen Siege möchte ich kein Wort sagen: das sind Feuerzeichen an der Wand, *allen* Völkern verständlich." (KSB 3, S. 144) Denn gerade nach Sedan, als die deutschen Annexionen deutlich werden, wird es Nietzsche ganz klar – nach Naumburg schreibt er –: „Für den jetzigen deutschen *Eroberungs*krieg[2] nehmen meine Sympathien allmählich ab. Die Zukunft unsrer deutschen *Cultur* scheint mir mehr als je gefährdet."(KSB 3, S. 164)

Für Nietzsche bleibt fortan „Deutschland ... jetzt für mich eine üble Gegend" (KSB 6, S. 319), und „Deutschland ist mir *unsäglich verleidet*" (KSB 6, S. 409) sowie: „es giebt für mich gar nichts Lähmenderes, Entmuthigenderes als hinein in das jetzige Deutschland zu reisen" (KSB 8, S. 57) – auch gerade wegen der dortigen „Volksfrömmigkeit", d.h. einer Geisteshaltung, die er bei seiner Schwester bemerken muss, „einer rachsüchtigen antisemitischen Gans" (KSB 6, S. 500). Er klagt: „Die verfluchte Antisemiterei ... hat Richard Wagner und mich verfeindet, sie ist die Ursache eines *radikalen* Bruchs zwischen mir und meiner Schwester." (KSB 6, S. 493)

Nietzsche schreibt diesbezüglich einmal an seinen Chemnitzer Verleger von einer Gewissheit, nämlich „daß ich europäische Anarchien und Erdbeben in ungeheurem Umfange *voraussehe*. Alle Bewegungen führen dahin – Ihre antijüdische eingerechnet" (KSB 6, S. 355f.).

Dem Antisemitismus als gewalttätigem, narzisstischem Kränkungsspektakel ist Nietzsche immer mit einem lakonischen *spernere se sperni* [*ich verachte die Verachtung*] begegnet und seiner kategorischen Versicherung, nämlich „dass ich dem Antisemitismus einen schonungslosen Krieg mache" (NL 1888; KSA 13, S. 623).

Am Ende seines Denkweges (Ende 1888) laboriert Nietzsche „an einem Promemoria für die europäischen Höfe zum Zwecke einer antideutschen Liga" (KSB 8, S. 551), eine Idee, die dann fünfzig Jahre später (1938) von der deutschen Pariser Exilzeitschrift *Das Neue Tage-Buch* aufgenommen wird für den europäischen Geisteskampf gegen den Nationalsozialismus in Deutschland.

---

2 Nietzsche – wie übrigens auch Marx – hielt den Beginn des Deutsch-französischen Krieges – bis Sedan – für einen *Freiheitskrieg*.

Und als dann das preußisch-deutsche Kaiserreich am Ende des Großen Krieges untergegangen war, da musste Stefan George einsehen (1918 in einem Brief an Edith Landmann): „Alles Negative, was Nietzsche in Ecce homo über Deutschland gesagt [...] immer noch gültig.“

Und zugleich war am Ende des Grossen Krieges klar: „Immer weniger kann man diesen Krieg als rein national empfinden, immer mehr als große europäische Tragik.“[3]

2 Reichskritik und Geheimes Deutschland

Nachdem man von Deutschland (in den Worten von Friedrich Gundolf) „bis zum Wunder hinauf und bis zur Fratze hinab“ (Gundolf 1916, S. 549) wohl alle seine Facetten hat erleben müssen, bis hin zum Verlust des Reichs, – was bliebe dann dennoch von Deutschland zu retten? Und zwar mit Nietzsche?!

Reinhold Schneider gibt einen Fingerzeig, wenn er schreibt:

> „Und wie wärst Du Deutscher
> Wenn Du nicht Deutschland verleugnetest
> Und suchest in ewige Ferne
> Was schon ist, weil es wird?
> Denn wir haben kein Reich;“[4]

Um dieselbe Zeit hat auch Stefan George mit seinem großen Gedicht *Geheimes Deutschland* eine Perspektive vor dem Horizont Nietzsches eröffnet. Die Deutschen, *„selten heimisch bei sich“* (George 2001, S. 43), wie sie Stefan George wahrnahm, sollten durch sein Gedicht *Geheimes Deutschland* wieder zu einem neuen Selbstverständnis kommen können.

Schon seit der Goethezeit – und in dieser Spannung müssen wir George sehen, wenn wir ihn begreifen wollen – also seit unserer jüngeren Geschichte sollten wir Deutsche diese Agenda beherzigen (die uns Schiller einmal aufgab, als er schrieb):

> „Das ist nicht des Deutschen Größe,
> obzusiegen mit dem Schwert.
> In das Geisterreich zu dringen,
> Vorurteile zu bezwingen,

---

3 Oscar A. H. Schmitz an Alfred Kubin, v. 22. März 1916; zit. nach: Schmitz 2007, S. 325.
4 Reinhold Schneider, „Nietzsche der Deutsche“ (15. März 1932). In: Getzeny 1988, Anhang, S. 296.

männlich mit dem Wahn zu ringen,
Das ist seines Eifers wert."
(Schiller 1958, S. 475)

Das *Geheime Deutschland* bringt uns Deutschen, wie seit der Weimarer Klassik lange nicht mehr, das ins Bewusstsein, was des Deutschen Selbstbild und Grund sein könnte.

Vom *Geheimen* Deutschland spricht der George-Kreis seit 1910. Es war Karl Wolfskehl, der diese Wendung in den *Jahrbüchern für die geistige Bewegung* öffentlich gemacht hatte.

> „Denn was heute unter dem wüsten oberflächenschorf noch halb im traume sich zu regen beginnt, das *geheime Deutschland*, das einzig lebendige in dieser zeit, das ist hier, nur hier zu wort gekommen. Dass dies geheime Deutschland nicht verdorrt ist, dass es vernehmlicher denn seit langem aus seiner berg- und höhlenentrückung herauf will ans licht, das gibt uns tiefe zuversicht für eine zukunft, die gewiss ernst, schwer und düster, gewiss voll der unerhörtesten erschütterungen sein wird, in der aber auch zum lezten male vielleicht die tiefen sich offenbaren wollen." (Wolfskehl 1910, S. 14 f.)

Von Anfang an musste das gegen die Kontamination mit dem Patriotismus und Nationalismus geschützt werden. Gegen ihre Einvernahme im Dienst deutschnationaler Massenbewegung, besonders im Ersten Weltkrieg, hat sich aus dem George-Kreis vor allem der Hölderlin-Herausgeber Norbert v. Hellingrath verdient gemacht (er dann auch ein Opfer des Krieges, im Dezember 1916 vor Verdun).

In seiner Rede „Hölderlin und die Deutschen" nennt er die Deutschen anspruchsvoll das „*Volk Hölderlins*', weil es zutiefst im deutschen Wesen liegt, dass sein innerster Glutkern unendlich weit unter der Schlackenkruste ... nur in einem geheimen Deutschland zutage tritt" (Hellingrath 1936, S. 124). – Das war uns Deutschen (mitten im Großen Krieg) ins Stammbuch geschrieben ...

Die Entstehungsgeschichte jenes Textes vom *Geheimen Deutschland* hängt aber mit Georges Weg der Dichtung überhaupt zusammen, der sich zu einem bestimmten Zeitpunkt, nämlich um 1900, tatsächlich auch mit der politischen Situation der Zeit überkreuzt. Wenn sich George hier für den Ausdruck *geheim* entscheidet, dann eben als Gegenentwurf zu „öffentlich" bzw. „offiziell". Das „*geheime*" Deutschland ist immer dem Institutionellen, „Staatlichen" entgegengesetzt – und das war um 1900 für George das „zweite" Reich, das Bismarck-Reich.

Das *Geheime Deutschland* ist in diesem Sinne zu begreifen als Warnruf, als *übernationaler*, ja als *europäischer* Warnruf.

Ein Ruf allerdings, der sich nicht bloß gegen politische Partikularitäten (preußisch-deutscher Provenienz) richtet, sondern gegen den die alteuropäische

Kultur ruinierenden Vormarsch einer industriell-imperialen Moderne überhaupt. Sie hätte, so die Vermutung, augenfällig Verwahrlosung von Erde, Geist und Politik im Gefolge. Das, was Max Weber (auch nach dem Großen Krieg) die *Entzauberung* der Welt nannte, ist der eigentliche Hintergrund jenes Gedichts von George.

Damit wendet sich George gegen die, die – wirklich oder vermeintlich – in ihrer Zeit imperial dominieren oder sich national für repräsentativ halten. Gegen diese Deutschen und deren „Deutschland" hat George seine Kritik an den politischen deutschen Verhältnissen ausgesprochen, währenddessen er der Auffassung war, dass die Deutschen ein zutiefst leidendes Volk in ihrer Geschichte gewesen sind.

Das meint nicht nur die religiöse Spaltung, die auf deutschen Boden durch die Reformation entstand – *mönchezank* (Stefan George) – und die anschließenden provinzialisierenden Glaubenskriege. Auf diesem Wege ist den Deutschen dann jeglicher europäische Gedanke ausgetrieben worden, und um 1900 war sozusagen ein nationalpolitischer Höhepunkt in dieser Fehlentwicklung erreicht. Das preußisch-deutsche Reich, der mit Bismarcks Name verbundene Nationalstaat militärisch-industrieller Prägung wurde mit Attributen einer großen Reichs-Vergangenheit geschmückt, die zum bloßen Reliquien- und Devotionalienkult verkamen.

Was einmal geschichtliche Wahrheit war, das universelle Kaisertum des *Heiligen Römischen Reiches deutscher Nation*, geriet zur politischen Lebenslüge und zur „Auto-idolâtrie" (NL, 1887/88; KSA 13, S. 80) im Sich-selber-verstehen als Deutsche. Deren zeitgenössisch expansiver *Nationalismus* war als völkischer Versuch zu identifizieren, „sein Wesen zum Gott zu erheben, und zwar nicht allein zum Gott für das eigene Volk, sondern womöglich für alle Völker" (Thiess 1947, S. 23).

Und so war es doch durchaus konsequent, dass George, wie man ihm – postum – abrechnend vorhielt, „seit 1910 aus der nationalen Überlieferung ausbrach" (Borchardt 1998, S. 106).

George wollte den Bismarckstaat also im Namen eines „Geheimen Deutschland" spirituell rekultivieren. Das war natürlich schon eine existentielle Zumutung, der sich George damit stellt.

Im Gedicht *Geheimes Deutschland* schlägt sich das schon in den Eröffnungsversen nieder:

> „Reiss mich an deinen rand
> Abgrund – Doch wirre mich nicht!"

Insgesamt war es Georges Bestreben, Deutschland wieder aus seiner alten übernationalen Reichsidee heraus begreifbar zu machen, die alle auf seinem Geschichtsboden entstandenen Überlieferungen von Antike, Christentum und Humanismus bis hin zur Klassik in sich schloss.

Und seine Poetik schützt sie vor grob naturalistisch-politischer Inanspruchnahme, und sie so bleibt im Ganzen, wie es im Abschlussvers heißt:

> „Wunder undeutbar für heut
> Geschick wird des kommenden tages.“

Die Idee vom *Geheimen Deutschland* begegnet uns dann ein letztes Mal wieder in einer dramatischen deutschen Stunde, als tragischer Hoffnungsruf am Ende jenes (Großdeutschen) NS-„Gegenreichs“, das als *Drittes* wollte gelten können. Als der Oberst Stauffenberg im Bendlerblock füsiliert wurde (am Abend des 20. Juli 1944), da war von ihm als sein letztes Wort zu hören:

> Es lebe das Geheime Deutschland!

So zeigte es sich, wie es jüngst der Historiker Helmut Scheible gesagt hat, es ist *Reich* „gerade kein konservativer, sondern, im Gegenteil, ein gegen zunehmende nationalistische Erstarrung kritisch gewendeter Begriff“.[5]

Kurzum:

Die poetische Botschaft des *Geheimen Deutschland* war dann inmitten des Triumphs der Nationalpolitik in Europa eine konsequente Überwindung „*der falschen Morgenröte des Nationalismus*“.[6] Es war ein anti-politischer Entwurf von europäischer Einheit in Freiheit, im Geist und in der Zeit. Und zwar „antipolitisch“ ganz im Sinne Nietzsches, einer Autorität, die gerade vom George-Kreis immer geschätzt war, – eben wenn es dort heißt: alles „was gross ist im Sinn der Cultur war unpolitisch, selbst *antipolitisch*“ (GD Deutschen; KSA 6, S. 106). Oder zeitgenössisch von heute her: Bei György Konrád etwa heißt es diesbezüglich: „Antipolitik ist eine Gegenmacht, die nicht an die Macht kommen will.“ (Konrád 1985, S. 210) Mit diesem – angenehm paradoxen – Begriff des *Antipolitischen* wäre eventuell also eine neue Perspektive im Verstehen zu eröffnen. Denn: „Die Antipolitik ist weder Stütze noch Opposition der Regierung, sie ist anders.“ (Konrád 1985, S. 213)

---

5 Helmut Scheible, „Reich, Romantik und Rätesystem“. In: *FAZ*, 24. Dez. 2013, Nr. 299, S. N 4.
6 Thomas Mann, „Antwort“. In: *Das Tage-Buch* [Berlin], v. 5. Dez. 1931, S. 1897.

3 Deutsch-sein heißt Europäisch-sein

Seit Anfang der Achtziger Jahre kann man bei Nietzsche konstatieren, dass sich sein „Urtheil und sein Auge für alles Europäische zu schärfen" (KSB 6, S. 68) beginnt. Damit stand er in Deutschland gar nicht allein. So wurde gerade in jenen Jahren moniert, es mache sich ein „Rückschritt der Deutschen, ein falsches Streben nach Nationalität in der Literatur [Gustav Freitag, Scheffel] geltend" und

> „dies Wesen wurde selbst in der musikalischen Welt zum Wahnsinn in Wagner. [...] Die Größe des deutschen Genius, ja seine wahrste und innerste Nationalität, bestand bisher in seiner kosmopolitischen und humanen Idee – nun sollen diese geweihten Gefilde verlassen werden und man zwingt uns in die Eiszeit des Germanentums mit ihren Recken, Lindwürmern und Höhlenbären zurück. Dieser Anachronismus wird sich rächen."[7]

Der *deutsche Geist* – sozusagen das *L'Allemagne éternelle* – stand immer in der (bisweilen auch tragisch selber unbegriffenen) Spannung nationaler Selbsttranszendenz. Wie unverstanden (und missdeutet) diese spirituelle Basis des „Deutschseins" gerade zwischen den Kriegen war, davon zeugt eine Erinnerung des polnischen PEN-Mitgliedes Jaroslaw Iwaszkiewicz, der in seinen Erinnerungen (um 1925) schrieb: „Der mystische Ghibellinismus, die Grundlage des deutschen Denkens und auch entscheidend für die neuere europäischer Geschichte, war für mich ein Buch mit sieben Siegeln." (Iwaszkiewicz 2011, S. 18)

Gerade das aber war doch der geistige Hintergrund des *Geheimen Deutschland*, den Karl Wolfskehl in die Verse brachte:

> „Und zum wahrsten Gibellinen
> Friedrich, aller Kronen Kron,
> Eilten, Guts und Bluts zu dienen,
> Jude, Christ und Wüstensohn."[8]

Das Reich und (der Kaiser der Hohenstaufer) Friedrich II. sind also die historischen Referenzgestalten des *Geheimen Deutschland*. Dies wurde der deutschen Öffentlichkeit namentlich von Ernst Kantorowicz mit seinem Werk über *Kaiser Friedrich der Zweite* (Verlag Helmut Küpper vormals Georg Bondi. Düsseldorf u. München 1927) zusammenfassend vermittelt; dieser Band erschien bis 1936 in vier Auflagen. Und das *Geheime Deutschland* war dann auch das Thema der Antrittsvorlesung von Ernst Kantorowicz, am 14. November 1933 in Frankfurt am Main.

---

7 Ferdinand Gregorovius an Ludwig Friedländer, v. 22. December 1876. In: Gregorovius 2013, S. 126.
8 Wolfskehl (1955), S. 5.

Im Frühjahr 1924 reisten einige Mitglieder des George-Kreises (dabei waren auch die seit dem Vorjahr zum Kreis gehörenden Stauffenberg-Brüdern) nach Italien. In Palermo besuchen sie den Palazzo Reale, wo der Hohenstaufer Friedrich II. – der „*erste* Europäer nach meinem Geschmack" (JGB, 5, Nr. 200; KSA 5, S. 121) – seine Kindheit verbrachte, und den Dom, wo er nach langer, turbulenter Regierungszeit seine letzte Ruhestätte fand. Hier legten sie, wahrscheinlich einer Inspiration Ernst Kantorowicz's oder Friedrich Wolters folgend, einen Kranz nieder mit der Inschrift

> Seinen Kaisern und Helden
> Das Geheime Deutschland.

Was heißt das fürs Begreifen des Deutschen? Überraschend für Viele war es eben, dass man das Lebendige am Deutschen nicht im Gepränge politischer, technologischer oder imperialer Artefakte oder Symbolik zu erwarten habe, sondern sich im Leisen poetischer Gedanken offenbare. So etwa, wenn es vom „Geheimen Deutschland" heißt, es sei zu verstehen als

> „ihr lezt geheimnis .. sie wandten
> Stoffes gesetze und schufen
> Neuen raum in den raum ..."

Deutsch-sein wird von nun an nicht mehr so sehr national-politisch abgrenzend, limitierend, als „völkisches" Attribut, verstanden, sondern jetzt gewissermaßen „katalytisch", als etwas Synthetisches, mit dem Erweiterungen, Kreationen, Verschmelzungen (denkerisch, künstlerisch, religiös, politisch) nach allen Seiten hin als Vernünftiges, Zumutbares, Ausgewogenes praktisch werden können. „Es scheint mir", so Nietzsche einmal, „ich bin etwas von einem Deutschen einer aussterbenden Art. Gut deutsch sein heißt sich entdeutschen – habe ich einmal gesagt: aber das will man mir heute nicht zugeben. Goethe hätte mir vielleicht Recht gegeben" (NL 1884; KSA 11, S. 255).

Dem Deutschen kommt man vermutlich nur mit einer gewissermaßen kantianischen Denkoperation auf die Spur, um ihn neu zu bestimmen als *citoyen du monde*, d.h., „nicht Weltbeschauer, sondern Weltbürger seyn." (Kant 1913, Refl.-Nr. 1170, S. 518)

Das *Europäische* ist in der Sicht, wie Nietzsche uns Deutsche (und dabei natürlich auch sich selber) sehen will, sozusagen ein Modus unserer Eigenart selber[9].

---

9 Vgl. Dietzsch, Steffen / Lehrke, Wilfried (2013), bes. S. 27–49 und S. 63–69.

Zur seelischen Ausstattung *des Deutschen* gehören demzufolge dessen integrative Potenzen als etwas Besonderes unseres Nationalcharakters. Wir Deutsche hätten die Eigenart, so sagte es einmal Karl Wolfskehl – der engste Freund Stefan Georges –, dass „wir wieder und wieder fremdes Seelengut zu dem unsern zu machen, [in] uns einzuschmelzen" (Wolfskehl 1930, S. 191) geneigt seien. Oder eben mit Nietzsche gesagt: „Gut deutsch sein heisst sich entdeutschen. [...] *Die Wendung zum Undeutschen* ist deshalb immer das Kennzeichen der Tüchtigkeit unseres Volkes gewesen." (MA II; KSA 2, S. 511 f.) Oder mit Thomas Mann auf den Begriff gebracht: *Weltdeutsch* (vgl. Mann 1932). Denn, wie er einige Jahre später, aus dem Exil schrieb, „Deutschtum ist Freiheit, Bildung, Allseitigkeit und Liebe" – und im Blick auf die „Volksdeutschen" daheim –, „dass sie's nicht wissen, ändert nicht daran" (Mann 1973, S. 302).

Das heißt: Deutschland sollte sich nie abgrenzend oder exklusiv verstehen wollen, als beispielsweise *Christus der Nationen* (wie Polen), oder als *Grande Nation* (wie Frankreich), weder als imperiales *Commonwealth* noch als ein auf sich selbst bezogenes *Reich der Mitte*.

Uns Deutschen ist damit sozusagen ein Minimalprogramm der Europäizität in die Wiege gelegt, das, in der Tonart der Weimarer Klassik gesagt, so klingt:

„Zur *Nation* euch zu bilden, ihr hofft es,
Deutsche, vergebens:
Bildet, ihr könnt es, dafür freier zu Menschen
euch aus."
(Goethe 1893, S. 103)

Literaturverzeichnis

Borchardt, Rudolf (1998): *Aufzeichnung Stefan Georges betreffend* [1936]. Hrsg. v. Ernst Osterkamp. (= Schriften der Rudolf-Borchardt-Gesellschaft, Bd. 6/7). München/Tübingen: Wilhelm Gulde.

Benjamin, Walter (1972): „Vom Weltbürger zum Großbürger". In: *Gesammelte Schriften*, Bd. 4.2, hrsg. v. Tilman Rexforth, Frankfurt a. M.: Suhrkamp, S. 815–862.

Dietzsch, Steffen / Lehrke, Wilfried (2013): *Geheimes Deutschland*. Von Deutschlands europäischen Gründen. Mollenberg b. Lindau: Philosophie im Elfenbeinturm.

George, Stefan (1907): „Nietzsche". In: George, Stefan: *Der siebente Ring*, Berlin: Bondi, S. 12 f.

George, Stefan (2001): *Das Neue Reich. Sämtliche Werke*, Bd. 9. Stuttgart: Klett-Cotta,

Getzeny, Hans (1988): „Jetzt ist die Zeit, wo Nietzsche wiederkehren muß". In: *Nietzsche-Studien*, 17, S. 280–297.

Goethe, Johann Wolfgang von (1893): „Xenien. Nr. 96". In: *Goethes Werke*. Weimarer Ausgabe, Abt. I, Bd. 5.1, Weimar: Böhlau.

Gundolf, Friedrich (1916): *Goethe*. Berlin: Bondi.

Gregorovius, Ferdinand (2013): *Briefe nach Königsberg 1852–1891*. Hrsg. v. Dominik Fugger u. Nina Schlüter. München: C.H. Beck.

Hellingrath, Norbert von (1936): „Hölderlin und die Deutschen" [1915]. In: Pigenot, Ludwig von (Hrsg.): *Hölderlin-Vermächtnis*, München: F. Bruckmann, S. 123–154.

Iwaszkiewicz, Jaroslaw (2011): „Europäische Erinnerungen". In: *Sinn und Form*, 63, Nr. 1, S. 11–21.

Kant, Immanuel (1913): „Handschriftlicher Nachlaß Anthropologie". In: *Kants gesammelte Schriften*. Akademie-Ausgabe, Bd. 15, Berlin: de Gruyter.

Kantorowicz, Ernst (1927): *Kaiser Friedrich der Zweite*. Düsseldorf/München: Helmut Küpper.

Konrád, György (1985): *Antipolitik. Mitteleuropäische Meditationen*. Frankfurt a.M.: Suhrkamp.

Mann, Thomas (1932): „München und das Weltdeutsche". Nachwort zum Goethe-Jahr. In: *Der Querschnitt*, 12, Nr. 11, S. 773–775.

Mann, Thomas (1973): *Lotte in Weimar* [1939]. Berlin/Weimar: Aufbau.

Mann, Thomas (1965): *Doktor Faustus* [1944]. Berlin/Weimar: Aufbau.

Schiller, Friedrich (1958): „*Deutsche Größe*. Zur Feier der Jahrhundertwende 1801". In: *Sämtliche Werke*, hrsg. v. Gerhard Fricke u. Herbert G. Göpfert, Bd. 1: *Gedichte / Dramen I*, München: Winkler.

Schmitz, Oscar A. H. (2007): *Durch das Land der Dämonen. Tagebücher*. Bd. 3: *1912–1918*, hrsg. v. Wolfgang Martynkewicz, Berlin: Aufbau.

Thiess, Frank (1947): *Despotie des Intellekts*. Streitschriften I, Kassel: Harriet Schleber.

Wolfskehl, Karl (1910): „Die Blätter für die Kunst und die neuste Literatur". In: *Jahrbuch für die geistige Bewegung*, hrsg. v. Friedrich Gundolf u. Friedrich Wolters, Berlin: Bondi, S. 1–18.

Wolfskehl, Karl (1930): „Geist und Gegenwart". In: Wolfskehl, Karl: *Bild und Gesetz. Gesammelte Abhandlungen*, Berlin/Zürich: Deutsch-Schweizerische Verlagsanstalt, S. 129–140.

Wolfskehl, Karl (1955): „An die Deutschen". In: Agora, Heft 4: *Karl Wolfskehl*, Heidelberg / Darmstadt: Lambert Schneider, S. 5–7.

Nicola Nicodemo
Die moralische Aufgabe der „guten Europäer" und die „zukünftigen Europäer"

> „Der Kriegsglorien-Baum kann nur mit Einem Male,
> durch einen Blitzschlag zerstört werden:
> der Blitz aber kommt, ihr wisst es ja, aus der Wolke
> — und von der Höhe." (MA II, WS 284; KSA 2, S. 679)

1 Der gute Europäer: ein Vexierbild

Im Laufe seines geistigen Schaffens hat Nietzsche sich selbst eine philosophische Aufgabe gestellt. Indem er jeweils versuchte, seine selbstgestellte Aufgabe zu lösen, gewann er neue grundlegende, philosophische Einsichten. Dies wird besonders deutlich ab *Menschliches, Allzumenschliches*. Von dieser Schrift ab wendet sich Nietzsche von der in *Die Geburt der Tragödie* unter dem Einfluss von Wagner und Schopenhauer vertretenen „Artisten-Metaphysik" sowie von der in den *Unzeitgemäßen Betrachtungen* durchtränkten Metaphysik des Genius ab. Er hält nicht mehr die Kunst für die höchste Aufgabe und „die eigentlich metaphysische „Thätigkeit" dieses Lebens (vgl. GT Vorwort; KSA 1, S. 24), er beansprucht nicht einmal die in der dritten *Unzeitgemäßen Betrachtung* als philosophisch anerkannte Aufgabe zu erfüllen, nämlich *das Bild des* Lebens zu malen. Er geht von jetzt an von einer nicht metaphysischen Auffassung der Welt und des Daseins aus und fordert die Menschheit und die großen Geister zu einer neuen, ungeheuren Aufgabe auf:

> „Jedenfalls muss, wenn die Menschheit sich nicht durch eine solche bewusste Gesammtregierung zu Grunde richten soll, vorher eine alle bisherigen Grade übersteigende *Kenntniss der Bedingungen der Cultur*, als wissenschaftlicher Maassstab für ökumenische Ziele, gefunden sein. Hierin liegt die ungeheure Aufgabe der grossen Geister des nächsten Jahrhunderts." (MA I, 25; KSA 2, S. 46)

Nietzsche arbeitet also nach wie vor an der Kultur. Anders aber als in seinen vorherigen Schriften will er hier die Kultur nicht als Kunstwerk des Genies rechtfertigen, sondern sie einer radikalen Kritik unterziehen. Er arbeitet deshalb an der *Umschaffung* der der Kultur zugrundeliegenden Überzeugungen und Vorurteile.

Durch die Kulturkritik bezweckt Nietzsche ferner die Idee des Fortschritts der Menschheit von der teleologischen Auffassung zu befreien. Auf diese Weise sei der Fortschritt nicht *notwendig*, aber doch *möglich*. Nietzsche ist nämlich der Ansicht, dass

> „die Menschen mit *Bewusstsein* beschliessen [können], sich zu einer neuen Cultur fortzuentwickeln, während sie sich früher unbewusst und zufällig entwickelten: sie können jetzt bessere Bedingungen für die Entstehung der Menschen, ihre Ernährung, Erziehung, Unterrichtung schaffen, die Erde als Ganzes ökonomisch verwalten, die Kräfte der Menschen überhaupt gegen einander abwägen und einsetzen." (MA I, 24; KSA 2, S. 45)

Dies hängt davon ab, dass die Menschheit sich im 19. Jahrhundert in einer geschichtlich glücklichen Lage nämlich im „Zeitalter der Vergleichung" befindet, in dem „die verschiedenen Weltbetrachtungen, Sitten, Culturen verglichen und neben einander durchlebt werden können" (MA I, 23; KSA 2, S. 44). Dies ermöglicht den Menschen, sich autonom ökumenische Ziele zu setzten:

> „In Hinsicht auf die Vergangenheit geniessen wir alle Culturen und deren Hervorbringungen und nähren uns mit dem edelsten Blute aller Zeiten [...]. In Hinsicht auf die Zukunft erschliesst sich uns zum ersten Male in der Geschichte der ungeheure Weitblick menschlich-ökumenischer, die ganze bewohnte Erde umspannender Ziele. Zugleich fühlen wir uns der Kräfte bewusst, diese neue Aufgabe ohne Anmaassung selber in die Hand nehmen zu dürfen, ohne übernatürlicher Beistände zu bedürfen [...]: die Menschheit kann von nun an durchaus mit sich anfangen, was sie will." (MA II, VM 179; KSA 2, S. 457f.)

Eine solche Aufladung des schöpferischen Potentials der Menschheit sollte „endlich, jenen jetzt noch so fernen Zustand der Dinge vorbereiten, wo den guten Europäern ihre grosse Aufgabe in die Hände fällt: die Leitung und Ueberwachung der gesammten Erdcultur" (MA II, WS 87; KSA 2, S. 592).

Wenn Nietzsche die Aufgabe der guten Europäer auf der einen bestimmt, bleibt auf der andern Seite in seinem ganzen Werk unbestimmt, ob die guten Europäer gegenwärtig sind – er zählt sich selbst zu den guten Europäern –, oder sie eine neue zu bildende und zukommende Art Menschen seien. Eindeutig ist es, dass Nietzsche immer von „guten Europäer" im Plural spricht. Zur Erziehung der guten Europäer sind zuletzt der Krieg und die Demokratie gleichsam unentbehrlich; zu ihrem Wesen gehören die Skepsis, der historische Sinn und die verklärende Kraft des Geistes; sie müssen übereuropäisch sein, aber zugleich auch sich zum Ganzen disziplinieren.

2 Der Krieg unentbehrlich?

Wenn man Nietzsches Betrachtungen über Europa, die guten Europäer und sein Projekt der „großen Politik" erwägt, tritt sofort die Frage auf, ob für ihn der Krieg unentbehrlich sei. In allen seiner Schaffensphasen war Nietzsche tatsächlich der Auffassung, dass man bei der Förderung und Hervorbringung der Kultur auf Leidenschaften, Laster und Bosheiten durchaus nicht verzichten kann. Zum schöpferischen Potential des Menschen gehört nach ihm zweifelsohne die Barbarei bzw. das Triebhafte; Das ist die Kraft, welche „die Räderwerke in den Werkstätten des Geistes" (MA II, 477; KSA 2, S. 312) in Betrieb hält. Um das schöpferische Potential der Menschheit in der Geschichte sowie in der Gesellschaft aufzuladen und vor allem, um es freizusetzen, ist nach Nietzsche doch der Krieg unentbehrlich. Denn man muss einsehen, „dass eine solche hoch cultivirte und daher nothwendig matte Menschheit, wie die der jetzigen Europäer, nicht nur der Kriege, sondern der grössten und furchtbarsten Kriege — also zeitweiliger Rückfälle in die Barbarei — bedarf, um nicht an den Mitteln der Cultur ihre Cultur und ihr Dasein selber einzubüssen" (MA II, 477; KSA 2, S. 312). Klingt aber diese Aussage nicht widersprüchlich? Wie lässt sich diese Behauptung mit der Forderung, die Aufklärung vom Geist der Revolution zu befreien,[1] in Einklang bringen?

Zunächst darf man nicht übersehen, dass der Krieg nach Nietzsche ein Ausnahmezustand und daher vorläufig ist: Nietzsche spricht ja nämlich von „zeitweiligen Rückfällen in der Barbarei". Zweitens ist der Krieg nicht das Ziel der Menschheit, sondern ein Mittel, um zur einen höheren Kultur zu gelangen, welche er als eine auf die Vergeistigung und Vertiefung der Grausamkeit[2] beruhende Kultur ansieht. Drittens plädiert Nietzsche aufs Ganze gesehen nicht für einen Gesamtkriegszustand. Nietzsche greift auf den Krieg zurück, weil er der Meinung ist, dass die Menschheit eine „überschüssige Kraft" (MA I, 477; KSA 2, S. 312) nur durch den Krieg erringen kann, vor allem wenn sie in eine matte Lage geraten ist: daher zeigt sich der Krieg als extrema ratio.

Darüber hinaus lässt sich der Rekurs auf den Krieg durch die *Menschliches, Allzumenschliches* durchziehende These, dass „Etwas aus seinem Gegensatz entstehen kann" (MA 1; KSA 2, S. 23), verstehen. Dementsprechend kann man

> *„Sich wehrlos machen, während man der Wehrhafteste war*, aus einer *Höhe* der Empfindung heraus, — das ist das Mittel zum *wirklichen Frieden*, welcher immer auf einem Frieden der Gesinnung ruhen muss: während der sogenannte bewaffnete Friede, wie er jetzt in allen Ländern einhergeht, der Unfriede der Gesinnung ist, der sich und dem Nachbar nicht traut und halb aus Hass, halb aus Furcht die Waffen nicht ablegt." (MA II, WS 284; KSA 2, S. 678–679)

---

1 Ich verweise auf den Aphorismus 463 „Ein Wahn in der Lehre vom Umsturz" in *Menschliches, Allzumenschliches* und den Aphorismus 221 „Die Gefährlichkeit der Aufklärung" in *Der Wanderer und sein Schatten*.
2 Nietzsche drückt diese Idee insbesondere in *Jenseits von Gut und Böse* und in *Zur Genealogie der Moral* aus.

An dieser Stelle liegt Nietzsches Absicht einer Vergeistigung des Krieges nahe. Der von Staaten, Völkern oder Individuen durchgeführte Krieg ist nur der Ausdruck des im Innern des Menschen sich abspielenden Kriegs. Der Sinn des Kriegs für die Menschheit lässt sich zuletzt nur aus einem Nachdenken über die Natur des Menschen[3] verstehen. Den Mangel an diesem Nachdenken wirft Nietzsche den Liberalen, den Sozialisten sowie Platon vor:

> „Plato's utopistische Grundmelodie, die jetzt noch von den Socialisten fortgesungen wird, beruht auf einer mangelhaften Kenntniss des Menschen: ihm fehlte die Historie der moralischen Empfindungen, die Einsicht in den Ursprung der guten nützlichen Eigenschaften der menschlichen Seele. Er glaubte, wie das ganze Alterthum, an gut und böse wie an weiss und schwarz: also an eine radicale Verschiedenheit der guten und der bösen Menschen, der guten und der schlechten Eigenschaften." (MA II, WS 285; KSA 2, S. 680 f.)

3 Die Forderung einer gleichmäßigen Ausbildung aller Kräfte und einer höheren Kultur

Auch wenn Nietzsche also für den Krieg plädiert, damit die Menschheit neue Kräfte erzielen und sich erneuern kann, ist er in der Tat kein fanatischer Verfechter des Kriegs. Geht man dem weiteren Kontext von *Menschliches, Allzumenschliches*, besonders *Vermischte Meinungen und Sprüche* und *Der Wanderer und sein Schatten* nach, lässt sich die von Nietzsche dem Krieg zugesprochene Bedeutung auf eine geistige Ebene erklären und konturieren.

Zunächst darf man Nietzsches Absicht nicht verkennen, in *Menschliches, Allzumenschliches* die religiösen, moralischen und ästhetischen Empfindungen und Begriffe nicht nur zu demaskieren, sondern auch sie hinsichtlich des Aufbaus einer höheren Kultur in Einklang zu bringen. Von hohem Belang ist, dass Nietzsche im achten Hauptstück dieses Buches, wo er einen „Blick auf den Staat" – so

---

3 Nietzsches programmatisches Unternehmen ist, eine „Chemie" der moralischen, religiösen und ästhetischen Empfindungen und Begriffe des Menschen in Bezug auf sich selbst, die Gesellschaft und die Kultur durchzuführen: „Alles, was wir brauchen und was erst bei der gegenwärtigen Höhe der einzelnen Wissenschaften uns gegeben werden kann, ist eine *Chemie* der moralischen, religiösen, ästhetischen Vorstellungen und Empfindungen, ebenso aller jener Regungen, welche wir im Gross- und Kleinverkehr der Cultur und Gesellschaft, ja in der Einsamkeit an uns erleben: wie, wenn diese Chemie mit dem Ergebniss abschlösse, dass auch auf diesem Gebiete die herrlichsten Farben aus niedrigen, ja verachteten Stoffen gewonnen sind? Werden Viele Lust haben, solchen Untersuchungen zu folgen? Die Menschheit liebt es, die Fragen über Herkunft und Anfänge sich aus dem Sinn zu schlagen: muss man nicht fast entmenscht sein, um den entgegengesetzten Hang in sich zu spüren? —" (MA 1; KSA 2, S. 24)

heißt nämlich dieser Hauptstück – wirft, das Maß als Merkmal des Freigeistes bezeichnet. Indem das Maß ihm zur Eigenschaft wird, kann er mäßig handeln: er kann demnach seine Triebe schwächen und all seine Kräfte für die Förderung geistiger Zwecke aufwenden.[4] Dem Menschen, der nach Größe strebt, ist Nietzsche zufolge sicherlich „eine *gleichmässige* Ausbildung seiner Kräfte" (MA I, 260; KSA 2, S. 214) nützlich und glückbringend.

Die gleichmäßige Ausbildung der Kräfte hat ihre entscheidende politische sowie kulturelle Bewandtnis.

Was die Politik betrifft, ist es bekannt, dass Nietzsche in der sogenannten mittleren Periode seines Schaffens die Idee vertritt, dass die Gerechtigkeit auf das Prinzip des Gleichgewichts beruht. Da Nietzsche ein Philosoph und kein Politiker ist, geht es ihm primär um die Macht nicht um das Recht. Um die Machtfrage zu lösen, muss man wissen, wie stark eine Kraft – oder die an dieser Frage beteiligten Kräfte – ist. Daher muss man erwägen, in welcher Modifikation sie „noch als mächtiger Hebel innerhalb des [...] politischen Kräftespiels benutzt werden kann; unter Umständen müsste man selbst Alles thun, [sie; N.N.] zu kräftigen. Die Menschheit muss bei jeder grossen Kraft — und sei es die gefährlichste — daran denken, aus ihr ein Werkzeug ihrer Absichten zu machen" (MA I, 446; KSA 2, S. 290). Nietzsches paradoxe These lautet daher: ein Krieg, „ein Umsturz [kann] wohl eine Kraftquelle in einer mattgewordenen Menschheit sein, nimmermehr aber ein Ordner, Baumeister, Künstler, Vollender der menschlichen Natur" (MA I, 463; KSA 2, S. 299). Zu diesem Zweck ist die Gerechtigkeit zu fördern und den gewalttätige Instinkt zu entkräften. Dies geschieht aber nur durch moralische Bildung der Menschen und zwar indem man ihre Denkart und Wesensart umschafft.[5] Wie Platon ist Nietzsche sich völlig bewusst, dass die Machtfrage die Gesellschaft sowie die ganze Geschichte der Menschheit betrifft und bedingt. Er weiß auch, dass alle in der Gesellschaft sich entwickelnden Verhältnisse das Verhältnis zwischen Volk und Regierung nachbilden.[6]

---

4 *„Maass.* – Die volle Entschiedenheit des Denkens und Forschens, also die Freigeisterei, zur Eigenschaft des Charakters geworden, macht im Handeln mässig: denn sie schwächt die Begehrlichkeit, zieht viel von der vorhandenen Energie an sich, zur Förderung geistiger Zwecke, und zeigt das Halbnützliche oder Unnütze und Gefährliche aller plötzlichen Veränderungen." (MA I, 464; KSA 2, S. 300)

5 Zum Beispiel: „Nicht gewaltsame neue Vertheilungen, sondern allmähliche Umschaffungen des Sinnes thun noth, die Gerechtigkeit muss in Allen grösser werden, der gewaltthätige Instinct schwächer." (MA I, 453; KSA 2, S. 294)

6 MA 450: „denn das Verhältniss zwischen Volk und Regierung ist das stärkste vorbildliche Verhältniss, nach dessen Muster sich unwillkürlich der Verkehr zwischen Lehrer und Schüler, Hausherrn und Dienerschaft, Vater und Familie, Heerführer und Soldat, Meister und Lehrling bildet. Alle diese Verhältnisse gestalten sich jetzt, unter dem Einflusse der herrschenden con-

Vor diesem Hintergrund ist nach Nietzsche die eigentliche Aufgabe der Politik „die Erzeugung der höchsten Culturgüter" (MA I, 480; KSA 2, S. 314). Nietzsches Ziel ist die Hervorbringung einer höheren Kultur, in der der innerliche Kampf der Triebe des Menschen und der Anspruch auf deren Versöhnung projiziert, fortgeführt und womöglich aufgehoben wird. Eine höhere Kultur ergibt sich also als Makrokosmos des als Mikrokosmos angesehenen Menschen und ihre Aufgabe besteht darin, „die einander widerstrebenden Mächte zur Eintracht vermöge einer übermächtigen Ansammlung der weniger unverträglichen übrigen Mächte zu zwingen, ohne sie desshalb zu unterdrücken und in Fesseln zu schlagen" (MA 276; KSA 2, S. 228).

Im Großen und Ganzen erklärt sich Nietzsche weder für die Barbarei, noch für eine Anarchie der Instinkte und nicht einmal für eine bloße Auslassung der Kräfte. Er ist in der Tat kein Irrationalist oder Kriegsschwärmer: Für ihn ist nur der *Grad der Vernunft in der Kraft* entscheidend:

> „Immer noch liegt man vor der *Kraft* auf den Knieen — nach alter Sclaven-Gewohnheit — und doch ist, wenn der Grad von *Verehrungswürdigkeit* festgestellt werden soll, nur *der Grad der Vernunft in der Kraft* entscheidend: man muss messen, inwieweit gerade die Kraft durch etwas Höheres überwunden worden ist und als ihr Werkzeug und Mittel nunmehr in Diensten steht!" (M I, 548; KSA 3, S. 318)

Die an dieser Stelle erwähnte Vernunft ist „die dichtende Vernunft" (M 2, 119; KSA 3, S. 113). Sie ist eine Vernunft, die Nietzsche als Organ des Leibes zum Ausgleich der Kräfte interpretiert. Es handelt sich um ein performatives Vermögen, durch das das Individuum seine innerlichen, einander widersprechenden Gefühlsregungen organisiert und gleichsam dem Leben sein Weltbild aufprägt:[7] auf diese Weise verklärt der Mensch das Dasein.[8]

---

stitutionellen Regierungsform, ein Wenig um: sie *werden* Compromisse. Aber wie müssen sie sich verkehren und verschieben, Namen und Wesen wechseln, wenn jener allerneueste Begriff überall sich der Köpfe bemeistert hat! — wozu es aber wohl ein Jahrhundert noch brauchen dürfte. Hierbei ist Nichts mehr zu wünschen, als Vorsicht und langsame Entwickelung." (MA I, 450; KSA 2, S. 292f.)

7 Ich verweise auf meinen Aufsatz „Nietzsches ‚dichtende Vernunft‘" (Nicodemo 2012b).

8 Dazu mein Aufsatz: „Das Große Leben als Verklärungsprozess" (Nicodemo 2012a).

4 Die Vergeistigung der Feindschaft und der Geisterkrieg

Die Vergeistigung der Krieg gewinnt m.e. eine maßgebliche Bedeutung in Nietzsches späten Werken. Der späte Nietzsche bezeichnet ab *Also sprach Zarathustra* auf der Grundlage des Willens des Menschen die Welt und das Dasein als Willen zur Macht. In *Jenseits von Gut und Böse* stellt er die *Hypothese* auf, dass die Welt Wille zur Macht wäre und nichts außerdem.[9] Das hat seine besondere Bewandtnis, weil Nietzsche die Krankheit der Menschheit und Europas als „die Krankheit des Willens" diagnostiziert, indem er die Naturgeschichte der Moral – so lautet der Titel des fünften Hauptstücks von *Jenseits von Gut und Böse* – unter die Lupe nimmt:

> „...das Meiste von dem, was sich heute als „Objektivität", „Wissenschaftlichkeit", „l'art pour l'art", „reines willensfreies Erkennen" in die Schauläden stellt, nur aufgeputzte Skepsis und Willenslähmung ist, — für diese Diagnose der europäischen Krankheit will ich einstehn." (JGB 7, 208; KSA 5, S. 139)

Die Gründe einer durchaus möglichen *„Gesammt-Entartung des Menschen"* (JGB 203; KSA 5, S. 127) sind nach Nietzsche insbesondere den Religionen bzw. der Kirche und den Sozialisten zuzuschreiben, die das Ideale der Gleichheit aller Menschen vertreten und damit den Menschen „zum vollkommenen Heerdenthiere" (JGB 5, 203; KSA 5, S. 127) herabsetzen. Im Aphorismus 62 wendet Nietzsche bei den Religionen und zugleich bei der Kirche ein, dass „es sich immer theuer und fürchterlich [bezahlt], wenn Religionen nicht als Züchtungs- und Erziehungsmittel in der Hand des Philosophen, sondern von sich aus und *souverän* walten, wenn sie selber letzte Zwecke und nicht Mittel neben anderen Mitteln sein wollen" (JGB 3, 62; KSA 5, S. 81).

Am heftigsten und wirksamsten greift Nietzsche die christliche Moral in *Zur Genealogie der Moral* an. In dieser „Streitschrift" nimmt er noch einmal den Menschen und seinen Willen sowie die Moral unter die Lupe, nicht nur um wiederum ihren triebhaften Ursprung ans Licht zu bringen, sondern auch um die Geschichte der Menschheit hinsichtlich der Geschichte der (christlichen) Moral zu deuten. Der Mensch wird als das krankhafte bzw. leidende, leidgewohnteste Tier gekennzeichnet, das ein „Wozu" in seinem Leben braucht. Es ermangelt ihm an einem Ziel bzw. einem Sinn. Er fragt sich: „Wozu der Mensch überhaupt? Wozu

---

9 „Die Welt von innen gesehen, die Welt auf ihren ‚intelligiblen Charakter' hin bestimmt und bezeichnet — sie wäre eben ‚Wille zur Macht' und nichts ausserdem. —" (JGB 2, 36; KSA 5, S. 55)

leiden?" Einen Sinn, ein „Dazu", bot ihm gerade das asketische Ideal. Von da an konnte der Mensch sein Leiden und sein ganzes Leben rechtfertigen. Er hatte einen *Sinn*, er konnte nunmehr Etwas *wollen*: „*der Wille selbst war gerettet.*" (GM III, 28; KSA 5, S. 412) Was aber der Mensch will ist laut Nietzsche das Nichts: „lieber will noch der Mensch *das Nichts* wollen, als *nicht* wollen..." (GM III, 28; KSA 5, S. 412) Aus diesem Grund stellt er die Hypothese auf, dass in ihrem historischen Verlauf die Moral durch sich selbst zugrundegeht und zwar durch einen Akt der Selbstaufhebung, welche sich nach Nietzsche in ihm und seinesgleichen vollzieht:[10]

> „Nachdem die christliche Wahrhaftigkeit einen Schluss nach dem andern gezogen hat, zieht sie am Ende ihren *stärksten Schluss*, ihren Schluss *gegen* sich selbst; dies aber geschieht, wenn sie die Frage stellt „*was bedeutet aller Wille zur Wahrheit?*"... Und hier rühre ich wieder an mein Problem, an unser Problem, meine *unbekannten* Freunde (– denn noch *weiss* ich von keinem Freunde): welchen Sinn hätte unser ganzes Sein, wenn nicht den, dass in uns jener Wille zur Wahrheit sich selbst *als Problem* zum Bewusstsein gekommen wäre?... An diesem Sich-bewusst-werden des Willens zur Wahrheit geht von nun an – daran ist kein Zweifel – die Moral *zu Grunde*: jenes grosse Schauspiel in hundert Akten, das den nächsten zwei Jahrhunderten Europa's aufgespart bleibt, das furchtbarste, fragwürdigste und vielleicht auch hoffnungsreichste aller Schauspiele..." (GM III, 28; KSA 5, S. 410f.)

Dem Thema der Décadence geht Nietzsche weiterhin in der *Götzendämmerung* nach. Die Décadence wird nach wie vor als europäisches Ereignis präsentiert. Die Formel der Décadence lautet: „Die Instinkte bekämpfen *müssen*." (GD Sokrates; KSA 6, S. 73)

> Moral, wie sie bisher verstanden worden ist – wie sie zuletzt noch von Schopenhauer formulirt wurde als „Verneinung des Willens zum Leben" – ist der *décadence-Instinkt* selbst, der aus sich einen Imperativ macht: sie sagt: „geh zu Grunde!" – sie ist das Urtheil Verurtheilter... (GD Moral; KSA 6, S. 86)

Nietzsche zufolge beruht die „*Décadence-Moral*" auf einer „physiologische[n] Thatsächlichkeit: [...] Disgregation der Instinkte!" (vgl.: GD Streifzüge; KSA 6, S. 133f.). Die Décadence durchtränkt so das menschliche Leben, dass „das Pathos sich verändert [hat], nicht bloss die Intellektualität" (GD Deutschen; KSA 6, S. 105). Das heißt, dass die Ernste, die Tiefe, „die *Leidenschaft* in geistigen Dingen abwärts geht" (GD Deutschen; KSA 6, S. 105). Zugleich wird mehr und mehr die Kluft zwischen Mensch und Mensch, Stand und Stand immer kleiner, die Vielheit der Typen immer geringer, und „der Wille, selbst zu sein, sich abzuheben" (GD

---

10 So Nietzsche: „In uns vollzieht sich, gesetzt, dass ihr eine Formel wollt, – *die Selbstaufhebung der Moral*. – –" (M Vorrede 4; KSA 3, S. 16)

Streifzüge; KSA 6, S. 138), d.h. das Pathos der Distanz lässt immer mehr nach. Dies bleibt nicht folgenlos, sondern wirkt sich auf die Gesellschaft und die Kultur aus:

> „Die Spannkraft, die Spannweite zwischen den Extremen wird heute immer kleiner, — die Extreme selbst verwischen sich endlich bis zur Ähnlichkeit… Alle unsre politischen Theorien *und* Staats-Verfassungen, das „deutsche Reich" durchaus nicht ausgenommen, sind Folgerungen, Folge-Nothwendigkeiten des Niedergangs; die unbewusste Wirkung der décadence ist bis in die Ideale einzelner Wissenschaften hinein Herr geworden. Mein Einwand gegen die ganze Sociologie in England und Frankreich bleibt, dass sie nur die *Verfalls-Gebilde* der Societät aus Erfahrung kennt und vollkommen unschuldig die eigenen Verfalls-Instinkte als *Norm* des sociologischen Werthurteils nimmt. Das *niedergehende* Leben, die Abnahme aller organisirenden, das heisst trennenden, Klüfte aufreissenden, unter- und überordnenden Kraft formulirt sich in der Sociologie von heute zum *Ideal* …" (GD Streifzüge; KSA 6, S. 138 f.)

Um die Menschheit aus der Décadence bzw. dem Nihilismus herauszuziehen, setzt sich Nietzsche vor, die Umwertung aller Werte durchzuführen. Sein Anspruch ist „eine Aufgabe gross genug, die Völker wieder zu *binden*" (EH WA 2; KSA 6, S. 360). Die Aufgabe der Umwertung aller Werte bestimmt daher nach Nietzsche das Leben des Einzelnen bzw. des Philosophen, indem sie ihm einen Sinn zuweist, und zugleich die Geschichte der Menschheit. Sie soll eine Wertewende bewirken, die sich zugleich als eine Zeitwende erweist, welche eine *Katastrophé* im etymologischen Sinn des Wortes[11] voraussetzt: „— Die *Entdeckung* der christlichen Moral ist ein Ereigniss, das nicht seines Gleichen hat, eine wirkliche Katastrophe. Wer über sie aufklärt, ist eine force majeure, ein Schicksal, — er bricht die Geschichte der Menschheit in zwei Stücke. Man lebt *vor* ihm, man lebt *nach* ihm…" (EH Schicksal 8; KSA 6, S. 373)

Wie Nietzsche in *Jenseits von Gut und Böse* behauptet, zielt er darauf, den geschichtlichen Prozess der europäischen Krankheit bzw. des Nihilismus zu beschleunigen. Das sollte sich praktisch durch die Entfesselung eines „Geisterkriegs" (EH Schicksal 1; KSA 6, S. 366) vollziehen, welche die von der Umwertung der Werte bedingte neue Gesetzgebung, die Schöpfung neuer Gütertafeln – die Nietzsche in *Die fröhliche Wissenschaft* und in *Also sprach Zarathustra* ankündigt – zustande bringen wird. Die neuen Philosophen, welche den Geisterkrieg durchzuführen haben, müssen in Europa die Schlacht gegen Platon schlagen, d.h. „gegen den christlich-kirchlichen Druck von Jahrtausenden — denn Christenthum ist Platonismus für's ‚Volk'" (JGB Vorrede; KSA 5, S. 12–13). Nur auf diese Weise

---

11 Das Wort Katastrophe stammt aus lat. *catastropha*, griech. *katastrophḗ* (καταστροφή) „Umkehr, Wendung", speziell „Umschwung der Handlung in der Tragödie", eigentl. „Wendung nach unten" (d.h. „zum Schlimmen"); zu griech. *Katastréphein* (καταστρέφειν) „umkehren, umwenden".

können sie „eine prachtvolle Spannung des Geistes" schaffen, „wie sie auf Erden noch nicht da war: mit einem so gespannten Bogen kann man nunmehr nach den fernsten Zielen schiessen" (JGB Vorrede; KSA 5, S. 12–13). Die vom Geisterkrieg verursachte Spannung des Geistes wird nach Nietzsche von europäischen Menschen als Notstand und zwar als Not des Geistes empfunden (siehe JGB Vorrede; KSA 5, S. 12–13). Aus dieser existentiellen Not heraus geht die Aufgabe einer Umwertung aller Werte hervor: „wir *guten Europäer* und freien, *sehr* freien Geister — wir haben sie noch, die ganze Noth des Geistes und die ganze Spannung seines Bogens! Und vielleicht auch den Pfeil, die Aufgabe, wer weiss? das Ziel....." (JGB Vorrede; KSA 5, S. 13)

In der Not des Geistes ergibt sich, dass Aufgabe und Wille zur Macht aufeinander bezogen sind. Daher gewinnen beide eine entscheidende praktische, existentielle Bedeutung: Die Aufgabe erweist sich als Herausforderung des Philosophen an sich selbst und an die Menschheit; der Wille zur Macht zeigt sich als Wille zu einem Geisterkrieg und zwar einem „Krieg ohne Pulver und Dampf, ohne kriegerische Attitüden, ohne Pathos und verrenkte Gliedmaassen" (EH MA 1; KSA 6, S. 323). Nietzsche strebt also nicht nach einer Beseitigung, sondern nach einer „Vergeistigung der Feindschaft": Man muss den Wert der Feindschaft begreifen, weil man nur im Gegensatz notwendig wird. Dies hat wiederum philosophische und existentielle Bedeutung: „Man ist nur *fruchtbar* um den Preis, an Gegensätzen reich zu sein; man bleibt nur *jung* unter der Voraussetzung, dass die Seele nicht sich streckt, nicht nach Frieden begehrt..." (GD Moral; KSA 6, S. 84) Da der Geisterkrieg geistig ist, hängt zuletzt davon ab, dass für Nietzsche der Wille zur Macht nicht rein physiologisch definierbar ist. Indem er das Leben als Wille zur Macht interpretiert, hebt er ausdrücklich die Komplexität des Willens hervor: „der Wille ist nicht nur ein Complex von Fühlen und Denken, sondern vor Allem noch ein *Affekt*: und zwar jener Affekt des Commando's." (JGB 1, 19; KSA 5, S. 32) Wille zur Macht ist demnach ein Überwältigen und Herrwerden und dies alles ist ein Neu-Interpretieren und Zurechtmachen. Im Lichte des Willens zur Macht erweist sich alles Geschehen in der organischen Welt als Interpretationsvorgang, in dem Sinn und Zweck jeweils umgedeutet werden. Das Ziel jeder Interpretation ist das Wachstum der Macht sowie die Überwindung engerer Interpretationen und die Verstärkung und Machterweiterung neuer Perspektiven. Der Geisterkrieg lässt sich also als einen Krieg verstehen, wo entscheidend ist, dass man nicht bloß um Macht, sondern um Werte kämpft. Der Geisterkrieg ist demnach Voraussetzung und Konsequenz gleichsam der Umwertung der Werte.

5 Die Überwindung Europas und die existentielle Frage nach dem Sinn des Lebens

Wie lässt sich nach der Selbstaufhebung der Moral, die nach Nietzsche die Geschichte Europas bestimmt, die Aufgabe der guten Europäer zusammenfassen? Wie können die guten Europäer die gesamte Erdkultur überwachen und leiten (MA WS 87; KSA 2, S. 592)? Die Antwort auf diese Frage lässt sich m.E. aus dem Aphorismus 357 im fünften Buch der *fröhlichen Wissenschaft* ableiten. Hier bezeichnet Nietzsche Schopenhauer als „europäisches Ereignis", weil er das „Problem vom *Werth des Daseins*" (FW 5, 357; KSA 3, S. 599) aufgeworfen hatte. Er „war als Philosoph der *erste* eingeständliche und unbeugsame Atheist" (FW 5, 357; KSA 3, S. 599):

> „der unbedingte redliche Atheismus ist eben die *Voraussetzung* seiner Problemstellung, als ein endlich und schwer errungener Sieg des europäischen Gewissens, als der folgenreichste Akt einer zweitausendjährigen Zucht zur Wahrheit, welche am Schlusse sich die *Lüge* im Glauben an Gott verbietet ... [...] — mit dieser Strenge, wenn irgend womit, sind wir eben gute Europäer und Erben von Europa's längster und tapferster Selbstüberwindung. Indem wir die christliche Interpretation dergestalt von uns stossen und ihren „Sinn" wie eine Falschmünzerei verurtheilen, kommt nun sofort auf eine furchtbare Weise die *Schopenhauerische* Frage zu uns: *hat denn das Dasein überhaupt einen Sinn?* — jene Frage, die ein paar Jahrhunderte brauchen wird, um auch nur vollständig und in alle ihre Tiefe hinein gehört zu werden." (FW 5, 357; KSA 3, S. 600)

Aufs Ganze gesehen sind die guten Europäer die von Nietzsche ersehnten und teilweise geschilderten freien Geister:[12] sie sind „die Herren" d.h. jene starke volle

---

12 „So habe ich denn einstmals, als ich es nöthig hatte, mir auch die ‚freien Geister' *erfunden*, denen dieses schwermüthig-muthige Buch mit dem Titel ‚Menschliches, Allzumenschliches' gewidmet ist: dergleichen ‚freie Geister' giebt es nicht, gab es nicht, — aber ich hatte sie damals, wie gesagt, zur Gesellschaft nöthig, um guter Dinge zu bleiben inmitten schlimmer Dinge (Krankheit, Vereinsamung, Fremde, Acedia, Unthätigkeit): als tapfere Gesellen und Gespenster, mit denen man schwätzt und lacht, wenn man Lust hat zu schwätzen und zu lachen, und die man zum Teufel schickt, wenn sie langweilig werden, — als ein Schadenersatz für mangelnde Freunde. Dass es dergleichen freie Geister einmal geben *könnte*, dass unser Europa unter seinen Söhnen von Morgen und Uebermorgen solche muntere und verwegene Gesellen haben wird, leibhaft und handgreiflich und nicht nur, wie in meinem Falle, als Schemen und Einsiedler-Schattenspiel: daran möchte ich am wenigsten zweifeln. Ich sehe sie bereits *kommen*, langsam, langsam; und vielleicht thue ich etwas, um ihr Kommen zu beschleunigen, wenn ich zum Voraus beschreibe, unter welchen Schicksalen ich sie entstehn, auf welchen Wegen ich sie kommen *sehe*?" (MA I, 2; KSA 2, S. 15)
Über die Identität von Freigeistern und guten Europäern siehe WS 87.

„Naturen, in denen ein Überschuss plastischer, nachbildender, ausheilender, auch vergessen machender Kraft ist" (GM I 10; KSA 5, S. 273). In solchen Naturen wirkt der „Krieg wie ein Lebensreiz und -Kitzel *mehr* —, und ist [...] zu ihren mächtigen und unversöhnlichen Trieben auch die eigentliche Meisterschaft und Feinheit im Kriegführen mit sich, also Selbst-Beherrschung, Selbst-Überlistung hinzuvererbt und angezüchtet" (JGB 5, 200; KSA 5, S. 121). Die guten Europäer sind nicht einfach Atheisten. Der Atheismus ist nur, wie bei Schopenhauer, die Voraussetzung zu einer neuen Wertschätzung bzw. Sinnerfindung. Der Verfall der ganzen europäischen Moral und das größte neue Ereignis vom Tod Gottes, das seine ersten Schatten über Europa wirft, sind für die Philosophen und freien Geister eine neue Morgenröte. Vor diesem Hintergrund ist eine neue Wertschätzung bzw. eine Umwertung aller Werte nur möglich durch eine Selbstaufhebung der Moral und Europas Selbstüberwindung zugleich. Zu diesem Zweck muss man im Stande sein, eine Stellung außerhalb der Moral einzunehmen, sowie „ein Jenseits von *unsrem* Gut und Böse, eine Freiheit von allem ‚Europa', letzteres als eine Summe von kommandirenden Werthurtheilen verstanden, welche uns in Fleisch und Blut übergegangen sind" (FW 5, 380; KSA 3, S. 633). In diesem Zusammenhang werden die schöpferischen Kräfte eingesetzt, nicht um die *Bedeutung* der Dingen zu ermitteln, sondern eher um der Kultur und dem Leben eine neue Richtung, einen neuen Sinn,[13] neue Ziele zusprechen zu können.

Wie dies geschehen soll, wird von Nietzsche am exemplarischen Beispiel von Goethe geschildert, der gleich Schopenhauer als europäisches Ereignis bezeichnet wird:

> „*Goethe* — kein deutsches Ereigniss, sondern ein europäisches: ein grossartiger Versuch, das achtzehnte Jahrhundert zu überwinden durch eine Rückkehr zur Natur, durch ein *Hinauf*kommen zur Natürlichkeit der Renaissance, eine Art Selbstüberwindung von Seiten dieses Jahrhunderts. — Er trug dessen stärkste Instinkte in sich: die Gefühlsamkeit, die Natur-Idolatrie, das Antihistorische, das Idealistische, das Unreale und Revolutionäre (— letzteres ist nur eine Form des Unrealen). Er nahm die Historie, die Naturwissenschaft, die Antike, insgleichen Spinoza zu Hülfe, vor Allem die praktische Thätigkeit; er umstellte sich mit lauter geschlossenen Horizonten; er löste sich nicht vom Leben ab, er stellte sich hinein; er war nicht verzagt und nahm so viel als möglich auf sich, über sich, in sich. Was er wollte, das war *Totalität*; er bekämpfte das Auseinander von Vernunft, Sinnlichkeit, Gefühl, Wille (— in abschreckendster Scholastik durch Kant gepredigt, den Antipoden Goethe's), er disciplinirte sich zur Ganzheit, er *schuf* sich... Goethe war, inmitten eines unreal gesinnten

---

13 Zur philosophischen Bedeutung des Wortes Sinn sowie zur großen Karriere der Frage nach dem Sinn des Lebens in der Philosophie seit der „Kant-Zeit" siehe: Volker Gerhardt: Art. *Sinn des Lebens*, in: Historisches Wörterbuch der Philosophie, Band 9 (1995), S. 815–824. Wesentliche Auskünfte zu diesem Thema vermittelt auch: Johannes Heinrichs, Art. *Sinn/Sinnfrage I. Philosophisch*, In: Theologische Realenzyklopädie 31 (2000), S. 285–293.

Zeitalters, ein überzeugter Realist: er sagte Ja zu Allem, was ihm hierin verwandt war, — er hatte kein grösseres Erlebniss als jenes ens realissimum, genannt Napoleon. Goethe concipirte einen starken, hochgebildeten, in allen Leiblichkeiten geschickten, sich selbst im Zaume habenden, vor sich selber ehrfürchtigen Menschen, der sich den ganzen Umfang und Reichthum der Natürlichkeit zu gönnen wagen darf, der stark genug zu dieser Freiheit ist; den Menschen der Toleranz, nicht aus Schwäche, sondern aus Stärke, weil er Das, woran die durchschnittliche Natur zu Grunde gehn würde, noch zu seinem Vortheile zu brauchen weiss; den Menschen, für den es nichts Verbotenes mehr giebt, es sei denn die *Schwäche*, heisse sie nun Laster oder Tugend... Ein solcher *freigewordner* Geist steht mit einem freudigen und vertrauenden Fatalismus mitten im All, im *Glauben*, dass nur das Einzelne verwerflich ist, dass im Ganzen sich Alles erlöst und bejaht — *er verneint nicht mehr*... Aber ein solcher Glaube ist der höchste aller möglichen Glauben: ich habe ihn auf den Namen des *Dionysos* getauft." (GD Streifzüge; KSA 6, S. 151f.)

Goethe ist also ein freigewordener Geist, weil er die Vergangenheit einverleibte und sie in einer neuen Gestalt organisierte, den Menschen als einheitliches Ganzes ansah und sich selbst zur Ganzheit disziplinierte. In dieser Selbstdisziplin besteht die Autopoiesis bzw. Selbstbestimmung des Künstlers und des Philosophen. Wie Nietzsche 1885 in einem Notat über Goethe schreibt: „dergestalt nämlich hält er die große Auffassung des Menschen fest, daß der Mensch *der Verklärer des Daseins* wird, wenn er sich selbst verklären lernt." (NL 1885, KSA 11, S. 588) Dieses Charakteristikum verweist – wie am Ende des oben angeführten Aphorismus angedeutet wird – auf den dionysischen Zustand, den Nietzsche in *Götzendämmerung* als schöpferischen Zustand schlechthin (GD Streifzüge; KSA 6, S. 117) beschreibt. Als Verklärer des Daseins ist also Goethe ein europäisches Ereignis.

Am exemplarischen Fall von Schopenhauer und Goethe tritt schließlich die physiologische, psychologische, hermeneutische und existentielle Bedeutung der Aufgabe, des Willens zur Macht und des Geisterkriegs hervor. Hier zeigt sich die Größe des Daseins;[14] die Überschreitung der Kräfte; die große Herausforderung, die über die Grenze einer individuellen Aufgabe selbst hinaus geht. Mittels des Geisterkriegs wollen die guten Europäer eine neue Sinngebung und Wertschätzung des Lebens zustande bringen. Darin besteht auch der Wesenszug vom Nietzsches Projekt der „großen Politik".

---

14 Siehe dazu den Aphorismus 521 aus *Menschliches, Allzumenschliches*: „*Grösse heisst: Richtung-geben.* — Kein Strom ist durch sich selber gross und reich: sondern dass er so viele Nebenflüsse aufnimmt und fortführt, das macht ihn dazu. So steht es auch mit allen Grössen des Geistes. Nur darauf kommt es an, dass Einer die Richtung angibt, welcher dann so viele Zuflüsse folgen müssen; nicht darauf, ob er von Anbeginn arm oder reich begabt ist." (MA I; KSA 2, S. 324)

6 Die neuen Philosophen, die zukünftigen Europäer und die Demokratie der Zukunft

Die Vergeistigung der Feindschaft und des Kriegs betrifft also auch die große Politik. Es liegt nahe, dass Nietzsches Projekt der großen Politik mit dem Rekurs auf dem Krieg[15] einhergeht. Es ist aber auch nicht zu verkennen, dass die Idee der großen Politik eingehend untersucht sich zweideutig erweist. Im Aphorismus 208 aus *Jenseits von Gut und Böse*, obgleich Nietzsche dies nicht als wünschenswert hält, soll ein Krieg in Indien und Russland sich als praktischer Zwang auf die Willenslähmung seiner zeitgenössischen Europäer auswirken, damit sie wieder einen starken, eigenen Willen bekommen:

> „Ich sage dies nicht als Wünschender: mir würde das Entgegengesetzte eher nach dem Herzen sein, – ich meine eine solche Zunahme der Bedrohlichkeit Russlands, dass Europa sich entschliessen müsste, gleichermaassen bedrohlich zu werden, nämlich *Einen Willen zu bekommen*, durch das Mittel einer neuen über Europa herrschenden Kaste, einen langen furchtbaren eigenen Willen, der sich über Jahrtausende hin Ziele setzen könnte: – damit endlich die langgesponnene Komödie seiner Kleinstaaterei und ebenso seine dynastische wie demokratische Vielwollerei zu einem Abschluss käme. Die Zeit für kleine Politik ist vorbei: schon das nächste Jahrhundert bringt den Kampf um die Erd-Herrschaft, – den *Zwang* zur grossen Politik." (JGB 6, 208; KSA 5, S. 140)

Die Erd-Herrschaft scheint Europas Schicksal zu sein. Daher wettert Nietzsche gegen die „Vielwollerei" der dynastischen wie demokratischen Staaten. Wenn aber er eindeutig für die Vernichtung der dynastischen bzw. nationalen Staaten plädiert, spricht er der Demokratie eine zweideutige Bedeutung zu.

Im Aphorismus 475 aus *Menschliches, Allzumenschliches* warnt Nietzsche vor der Gefährlichkeit des europäischen „künstlichen Nationalismus". „Er ist in seinem Wesen ein gewaltsamer Noth- und Belagerungszustand, welcher von Wenigen über Viele verhängt ist, und braucht List, Lüge und Gewalt, um sich in Ansehen zu halten." (MA I, 475; KSA 2, S. 309) Ein solcher Nationalismus vertritt nur das Interesse bestimmter Fürstendynastien sowie bestimmter Klassen des Handels und der Gesellschaft und verwendet die geringste Aufmerksamkeit auf die Bedürfnisse der Völker. Während also der Nationalismus das Ziel verfolgt, die Nationen durch Erzeugung nationaler Feindseligkeiten voneinander abzuschließen, müssen *die guten Europäer* diesem Ziel entgegenwirken „und durch die That an der Verschmelzung der Nationen arbeiten: wobei die Deutschen durch ihre alte bewährte Eigenschaft, *Dolmetscher und Vermittler der Völker* zu sein, mit-

---

15 Dazu JGB 8, 254; KSA 5, S. 198 ff.

zuhelfen vermögen" (MA I, 475; KSA 2, S. 309). Diejenigen, die sich mit guten Europäer identifizieren, haben also nach Nietzsche an der Vernichtung und Verschmelzung der Nationen zu arbeiten und infolgedessen an der Entstehung „einer Mischrasse, der des europäischen Menschen" mitzuhelfen, die auch von den neu kulturellen, gesellschaftlichen, ökonomischen und geographischen Umständen des Zeitalters vollzogen wird. Die Entwicklung der Mischrasse des Europäers kann gerade durch die Demokratie begünstigt werden. Nietzsche setzt damit dem Begriff des nationalen Staats die Idee der Demokratie entgegen:

> „Die Missachtung, der Verfall und *der Tod des Staates*, die Entfesselung der Privatperson (ich hüte mich zu sagen: des Individuums) ist die Consequenz des demokratischen Staatsbegriffes; hier liegt seine Mission. Hat er seine Aufgabe erfüllt — die wie alles Menschliche viel Vernunft und Unvernunft im Schoosse trägt —, sind alle Rückfälle der alten Krankheit überwunden, so wird ein neues Blatt im Fabelbuche der Menschheit entrollt, auf dem man allerlei seltsame Historien und vielleicht auch einiges Gute lesen wird." (MA I, 472; KSA 2, S. 305)

In einer Demokratie befreien sich die Menschen vom Despotismus der Religion und des Staats und deren bedrückender Durchdringung und wechselseitiger Rechtfertigung. Daher scheint Nietzsche, „dass die Demokratisirung Europa's ein Glied in der Kette jener ungeheuren *prophylaktischen Maassregeln* ist, welche der Gedanke der neuen Zeit sind und mit denen wir uns gegen das Mittelalter abheben" (MA II, WS 275; KSA 2, S. 672). Eine Demokratie, obgleich sie ein Überbrückungsphänomen in der Entwicklung der Menschheit ist, ermöglicht den Menschen die Kultur auf sichere Fundamente aufzubauen und sie „gegen Barbaren, gegen Seuchen, gegen *leibliche und geistige Verknechtung*" (MA II, WS 275; KSA 2, S. 672) zu schützen. Einen weiteren Vorteil der Demokratie besteht darin, dass sie „es in der Hand hat, ohne alle Gewaltmittel, nur durch einen stätig geübten gesetzmässigen Druck, das König- und Kaiserthum *hohl* zu machen" (MA II, WS 281; KSA 2, S. 676). Pro und Contra der Demokratie bringt Nietzsche weiterhin im Aphorismus 242 von *Jenseits von Gut und Böse* zum Ausdruck. Er interpretiert die demokratische Bewegung Europas als „ein ungeheurer *physiologischer* Prozess, der immer mehr in Fluss geräth, — der Prozess einer Anähnlichung der Europäer" (JGB 8, 242; KSA 5, S. 182). Dieser Prozess „des *werdenden Europäers*" ereignet sich als „die langsame Heraufkunft einer wesentlich übernationalen und nomadischen Art Mensch, welche, physiologisch geredet, ein Maximum von Anpassungskunst und -kraft als ihre typische Auszeichnung besitzt" (JGB 8, 242; KSA 5, S. 182). Wenn der Nachteil der Demokratisierung Europas die Hervorbringung einer Ausgleichung und Vermittelmäßigung des Menschen ist, besteht ihr Nutzen darin, dass sie Ausnahme-Menschen herausbildet:

> „während also die Demokratisirung Europa's auf die Erzeugung eines zur *Sklaverei* im
> feinsten Sinne vorbereiteten Typus hinausläuft: wird, im Einzel- und Ausnahmefall,
> der *starke* Mensch stärker und reicher gerathen müssen, als er vielleicht jemals bisher gera-
> then ist, — Dank der Vorurtheilslosigkeit seiner Schulung, Dank der ungeheuren Vielfältig-
> keit von Übung, Kunst und Maske. Ich wollte sagen: die Demokratisirung Europa's ist
> zugleich eine unfreiwillige Veranstaltung zur Züchtung von *Tyrannen*, — das Wort in jedem
> Sinne verstanden, auch im geistigsten." (JGB 8, 242; KSA 5, S. 183)

Die Entstehung von starken Menschen in einer Demokratie geschieht, weil die
Menschen nach ihrem „Gefühl der Selbstbestimmung" handeln: „Sie *wollen* nun
einmal ihres Glückes und Unglückes eigene Schmiede sein" (MA 438; KSA 2,
S. 285). Diese Idee von Demokratie ist nach Nietzsche nachvollziehbar, vorausgesetzt aber, dass man nicht verlangt,

> „es solle *Alles* in diesem Sinne zur Politik werden, es solle *Jeder* nach solchem Maasstabe
> leben und wirken. Zuerst nämlich muss es Einigen mehr als je, erlaubt sein, sich der Politik
> zu enthalten und ein Wenig bei Seite zu treten: dazu treibt auch sie die Lust an der
> Selbstbestimmung, und auch ein kleiner Stolz mag damit verbunden sein, zu schweigen,
> wenn zu Viele oder überhaupt nur Viele reden." (MA I, 438; KSA 2, S. 286)

Damit meint Nietzsche, es solle den Philosophen möglich sein, in schweig-
samer Vereinsamung und nach eigenen Maßstäben zu leben. Vor diesem Hintergrund ergibt sich eine Idee der Demokratie als Regierungsform, welche
„möglichst Vielen *Unabhängigkeit* schaffen und verbürgen [will], Unabhängigkeit der Meinungen, der Lebensart und des Erwerbs" (MA II, WS 293; KSA 2,
S. 685). Wie im oben angeführten Aphorismus 242 aus *Jenseits von Gut und
Böse* von Europäern als von etwas Werdendem bzw. Zukünftigem spricht Nietzsche hier ebenso „von der Demokratie als von etwas Kommendem" (MA II, WS
293; KSA 2, S. 685). Dieser Prozess der werdenden Demokratisierung Europas
würde sich zunächst praktisch als „ein europäischer Völkerbund" ergeben, „in
welchem jedes einzelne Volk, nach geographischen Zweckmässigkeiten abge-
gränzt, die Stellung eines Cantons und dessen Sonderrechte innehat" (MA II,
WS 292; KSA 2, S. 684). Wenn die Grenzen Korrekturen bedürfen, müsste man
sie nach dem Nutzen der großen Kantone und zugleich des Gesamtverban-
des ausführen. Darüber hinaus behauptet Nietzsche: „die Gesichtspuncte für
diese Correcturen zu finden wird die Aufgabe der zukünftigen *Diplomaten*
sein, die zugleich Culturforscher, Landwirthe, Verkehrskenner sein müssen und
keine Heere, sondern Gründe und Nützlichkeiten hinter sich haben." (MA II,
WS 292; KSA 2, S. 684) An dieser Stelle ist bemerkenswert, dass nach Nietzsche die Verschmelzung der Nationen bzw. die Vereinigung Europas, durch
Diplomatie *nicht* durch den Krieg zu erreichen ist. Die Diplomaten sollen
zugunsten der Einheit handeln, über sie verhandeln und jeweils Gründe vor-

bringen.[16] Von Belang ist auch, dass Nietzsche als vernünftig und wünschenswert schätzt, beim politischen status quo zu verweilen und den Krieg zu vermeiden, wenn man noch keine Umstände für eine alternative (demokratische) Regierungsform vorhanden sind.[17]

Nietzsches Kritik wendet sich also der Demokratie seiner Zeit, welche er von einer historischen Perspektive aus als „die historische Form vom *Verfall des Staates*" (MA I, 472; KSA 2, 306) bezeichnet, der mit dem Verfall der Religion einhergeht. Nach der Selbstaufhebung der Moral und die Selbstüberwindung Europas will Nietzsche auch die Selbstaufhebung der Demokratie bewirken, um auf eine neue Form der Moral, der Demokratie und Europas zu gelangen. Zur Vollendung eines solchen Zwecks greift er einerseits zu einem Geisterkrieg und andererseits zur Selbstdisziplin und, wie bereits Platon, zu Menschbildung durch Moral:[18] Das ist eigentlich Nietzsches europäisches Problem: „denn ich rühre bereits an meinen *Ernst*, an das „europäische Problem", wie ich es verstehe, an die Züchtung einer neuen über Europa regierenden Kaste. —" (JGB 8, 251; KSA 5, S. 195) Obwohl es in *Jenseits von Gut und Böse* keine weitere Auskünfte über die Vorstellung dieser Kaste gibt, lässt sich meiner Meinung nach mit Bezugnahme auf andere Schriften von Nietzsche versuchen, diese Kaste zu konturieren. Man kann den Anfang von der oben zitierten Stelle nehmen: „die Demokratisirung Europa's ist zugleich eine unfreiwillige Veranstaltung zur Züchtung von *Tyrannen*, — das Wort in jedem Sinne verstanden, auch im geistigsten. (JGB 8, 242, KSA 5, S. 183) Als Oberbegriff von Tyrannen kann man die in *Jenseits von Gut und Böse* und hauptsächlich in *Zur Genealogie der Moral* geschilderten „Herren" annehmen. Konkret kann man des Weiteren behaupten, dass als „Tyrannen" Napoleon, Cesar, den Hohenstaufen Friedrich den Zweiten, Friedrich den Großen und Cesare Borgia gemeint sind. Im geistigsten Sinn hingegen sind die Tyrannen zweifelsohne die Philosophen: Die Philosophen sind nämlich die „Tyrannen des Geistes". Das gilt vor allem für die alten Griechen, bei denen „Philosophie eine Art höchsten Ringens um die Tyrannenherrschaft des Geistes" (M 5, 547; KSA 3,

---

16 In MA I, 225 (KSA 2, S. 189) kennzeichnet Nietzsche den freien Geist als den, der „Gründe fordert". Ihm stellt er den gebundenen Geist gegenüber, welcher „Glauben" fordert.

17 „An der Verbreitung und Verwirklichung dieser Vorstellung zu *arbeiten*, ist freilich ein an der Ding: man muss sehr anmaassend von seiner Vernunft denken und die Geschichte kaum halb verstehen, um schon jetzt die Hand an den Pflug zu legen, — während noch Niemand die Samenkörner aufzeigen kann, welche auf das zerrissene Erdreich nachher gestreut werden sollen. Vertrauen wir also ‚der Klugheit und dem Eigennutz der Menschen', dass jetzt *noch* der Staat eine gute Weile bestehen bleibt und zerstörerische Versuche übereifriger und voreiliger Halbwisser abgewiesen werden!" (MA I, 472; KSA 2, S. 307)

18 Dazu maßgeblich die brillante Monographie von H. Ottmann (1987).

S. 318) war. Bei den Griechen ereignete sich, „dass jeder grosse Denker im Glauben daran, Besitzer der absoluten Wahrheit zu sein, zum Tyrannen wurde [...]" (MA I, 261; KSA 2, S. 217). Nach Nietzsche ist aber die Zeit der Tyrannen des Geistes vorbei. An ihrer Stelle treten in einer höheren Kultur „die *Oligarchen des Geistes*" (MA I, 261; KSA 2, S. 217). Sie bilden eine Gesellschaft, deren Mitglieder „sich *erkennen* und *anerkennen*". Wenn früher trennten und verfeindeten sie wegen ihrer geistigen Überlegenheit, binden sie sich jetzt und kämpfen gemeinsam und einig

> „eben so sehr gegen den ochlokratischen Charakter des Halbgeistes und der Halbbildung, als gegen die gelegentlichen Versuche, mit Hülfe der Massenwirkung eine Tyrannei aufzurichten [. N.N.] Die Oligarchen sind einander nöthig, sie haben an einander ihre beste Freude, sie verstehen ihre Abzeichen, — aber trotzdem ist ein Jeder von ihnen frei, er kämpft und siegt an *seiner* Stelle und geht lieber unter, als sich zu unterwerfen." (MA I, 261; KSA 2, S. 218)

Zuletzt könnte die Philosophen bzw. die Oligarchen des Geistes gleichfalls als „die Genialen-Republik ansehen, von der einmal Schopenhauer erzählt" (UB II, 9; KSA 1, S. 317), und von der Nietzsche in *Die Philosophie im Zeitalter der Griechen* spricht.

Wesentlich ist in diesem Zusammenhang zu bemerken, dass nach Nietzsche vor allem die Philosophen diejenigen sind, welche der Welt, dem Leben und der Geschichte einen Sinn geben können. Die Philosophen sind diejenigen, die von sich ein Urteil nicht über die Wissenschaften, sondern über das Leben und den Wert des Lebens verlangen; die durch die umfänglichsten Erlebnisse hindurch gegangen sind; die die Verantwortung zu hundert Versuchen und Versuchungen des Lebens fühlen; die sich beständig riskieren.[19] Ihr philosophisches Merkmal ist laut Nietzsche ein besonderer „Grundwillen des Geistes", der herrschen und sich vermehren will, indem er durch seine Kraft sich Fremdes aneignet, das Mannigfaltige vereinfacht und neue Erfahrungen sich einverleibt.[20] Vor diesem Hinter-

---

19 Siehe dazu JGB 6, 205, 211, 212, 213 (KSA 5, S. 132, 144–149).

20 „Vielleicht versteht man nicht ohne Weiteres, was ich hier von einem ‚Grundwillen des Geistes' gesagt habe: man gestatte mir eine Erläuterung. — Das befehlerische Etwas, das vom Volke ‚der Geist' genannt wird, will in sich und um sich herum Herr sein und sich als Herrn fühlen: es hat den Willen aus der Vielheit zur Einfachheit, einen zusammenschnürenden, bändigenden, herrschsüchtigen und wirklich herrschaftlichen Willen. Seine Bedürfnisse und Vermögen sind hierin die selben, wie sie die Physiologen für Alles, was lebt, wächst und sich vermehrt, aufstellen. Die Kraft des Geistes, Fremdes sich anzueignen, offenbart sich in einem starken Hange, das Neue dem Alten anzuähnlichen, das Mannichfaltige zu vereinfachen, das gänzlich Widersprechende zu übersehen oder wegzustossen: ebenso wie er bestimmte Züge und Linien am Fremden, an jedem Stück ‚Aussenwelt' willkürlich stärker unterstreicht, heraushebt, sich zurecht

grund sind die Philosophen diejenige, welche als guten Europäer die Europäer der Zukunft zu bilden versuchen.

> „Bei allen tieferen und umfänglicheren Menschen dieses Jahrhunderts war es die eigentliche Gesammt-Richtung in der geheimnissvollen Arbeit ihrer Seele, den Weg zu jener neuen *Synthesis* vorzubereiten und versuchsweise den Europäer der Zukunft vorwegzunehmen: nur mit ihren Vordergründen, oder in schwächeren Stunden, etwa im Alter, gehörten sie zu den „Vaterländern", — sie ruhten sich nur von sich selber aus, wenn sie „Patrioten" wurden. Ich denke an Menschen wie Napoleon, Goethe, Beethoven, Stendhal, Heinrich Heine, Schopenhauer: man verarge mir es nicht, wenn ich auch Richard Wagner zu ihnen rechne, über den man sich nicht durch seine eignen Missverständnisse verführen lassen darf, — Genies seiner Art haben selten das Recht, sich selbst zu verstehen." (JGB 8, 256; KSA 5, S. 201f.)

In solchen tiefen und starken Persönlichkeiten zeigen sich „die unzweideutigsten Anzeichen [...], in denen sich ausspricht, dass *Europa Eins werden will*" (JGB 8, 256; KSA 5, S. 201). Solche guten Europäer müssen auch die Umstände zur Entstehung und Züchtung von neuen Philosophen vorbereiten, welche vor allem durch eine neue starke Skepsis[21] und „den sechsten Sinn" des neunzehnten Jahrhunderts bzw. den *historischen Sinn*[22] gekennzeichnet sind und zwar:

> „(die Fähigkeit, die Rangordnung von Werthschätzungen schnell zu errathen, nach welchen ein Volk, eine Gesellschaft, ein Mensch gelebt hat, der ‚divinatorische Instinkt' für die Beziehungen dieser Werthschätzungen, für das Verhältniss der Autorität der Werthe zur Autorität der wirkenden Kräfte)" (JGB 7, 224; KSA 5, S. 157f.).

Die eigentliche Aufgabe der Philosophen d.h. die Umwertung aller Werte[23] wird von Nietzsche als Bestimmung einer Rangordnung der Werte definiert. Die Aufgabe der (neuen) Philosophen ist also eine moralische Aufgabe, deren Erfüllung auch die „Züchtung" der *zukünftigen* Europäer einschließt. Die zukünftigen Europäer sind also keine reine Rasse, sondern eine Mischrasse, an der nach Nietzsche alle Rassen beteiligt sind, vor allem die Juden.[24] Die zukünftigen Europäer ergeben sich aus einer neuen, von den guten Europäern in Gang gesetzten und von

---

fälscht. Seine Absicht geht dabei auf Einverleibung neuer ‚Erfahrungen', auf Einreihung neuer Dinge unter alte Reihen, — auf Wachsthum also; bestimmter noch, auf das *Gefühl* des Wachsthums, auf das Gefühl der vermehrten Kraft." (JGB 7, 230; KSA 5, S. 167)

21 Dazu Sommer 2007.

22 Dazu Bertino 2013. Insbesondere Kap. 16: „Quali ideali per la cultura del senso storico: Umanità o buon Europeo?", S. 201ff.

23 *Alle* Wissenschaften haben nunmehr der Zukunfts-Aufgabe des Philosophen vorzuarbeiten: diese Aufgabe dahin verstanden, dass der Philosoph das *Problem vom Werthe* zu lösen hat, dass er die *Rangordnung der Werthe* zu bestimmen hat. — " (GM I, 17; KSA 5, 289)

24 Zu dieser Problematik: Gentili 2012.

neuen Philosophen durchgeführten Synthese, und zwar aus der Verschmelzung der Nationen. Die daraus entstandenen neuen Mischmenschen sind vielseitigere Geister, Erben und Fortführer der guten Europäer.

Die Fähigkeit – die die guten Europäer und die neuen Philosophen kennzeichnet –, sich des Fremden anzueignen und durch neue Erfahrungen eine neue Synthese zu Stande zu bringen, zeichnete nach Nietzsche auch die Griechen im tragischen Zeitalter aus: „Nichts ist thörichter als den Griechen eine autochthone Bildung nachzusagen, sie haben vielmehr alle bei anderen Völkern lebende Bildung in sich eingesogen, sie kamen gerade deshalb so weit, weil sie es verstanden den Speer von dort weiter zu schleudern, wo ihn ein anderes Volk liegen ließ." (PHG, KSA 1, S. 806)[25] In diesem Sinne kann man die Geschichte Europas als Fortsetzung der griechischen Geschichte verstehen.

In diesem Zusammenhang erweist sich auch die philosophische Bedeutung der großen Politik, deren politischen Einbußen[26] Nietzsche sich bewusst ist. Von einem philosophischen Standpunkt aus versteht Nietzsche die große Politik als den „alten Glauben", „es sei allein der grosse Gedanke, der einer That und Sache Grösse giebt" (JGB 8, 241; KSA 5, S. 181). Es liegt nahe, dass allein die guten Europäer und vor allem die Philosophen einer Tat bzw. einer Sache Größe verleihen können. Größe aber heißt: „Richtung-geben" und das führt uns zur existentiellen Frage nach dem Sinn des Lebens zurück. Die große Politik ist also nicht nur „der Wille des Wirkens in die Zukunft als Wille zum höchsten Menschen, zum Übermenschen" (Jaspers 1981, S. 289). Sie ist der Wille zu ökumenischen Zielen. Die einzige Regierungsform, in der die große Politik in die Tat umgesetzt wird, ist die von Nietzsche entworfene Demokratie der Zukunft: In ihr geht der Krieg in einen stätigen Geisterkrieg über, durch den jeder – sei er ein Individuum, eine Partei oder ein Volk – die Regierenden kontrollieren und unter Druck setzen kann, und sie gewährt die Selbstbestimmung des Menschen, welche die Eigenschaft des Philosophen ist. Wie in Platons *Politeia* spielt der Philosoph ebenso in Nietzsches Idee der großen Politik und der Demokratie eine wesentliche Rolle. Indem er sich selbst disziplinieren und sich selbst seine Gesetze geben kann, kann er in einer entgötterten Welt und in einer Demokratie Gesetzgeber und Befehlender im weitesten Sinn der Worte sein:

> *Die eigentlichen Philosophen aber sind Befehlende und Gesetzgeber*: sie sagen „so *soll* es sein!", sie bestimmen erst das Wohin? und Wozu? des Menschen und verfügen dabei über die Vorarbeit aller philosophischen Arbeiter, aller Überwältiger der Vergangenheit, — sie greifen mit schöpferischer Hand nach der Zukunft, und Alles, was ist und war, wird ihnen

25 Dazu Brusotti 2006, S. 73–87.
26 Dazu: MA I, 481 (KSA 2, S. 314 f.): „Grosse Politik und ihre Einbussen".

dabei zum Mittel, zum Werkzeug, zum Hammer. Ihr „Erkennen" ist *Schaffen*, ihr Schaffen ist eine Gesetzgebung, ihr Wille zur Wahrheit ist — *Wille zur Macht*. — Giebt es heute solche Philosophen? Gab es schon solche Philosophen? *Muss* es nicht solche Philosophen geben?" (JGB 6, 211; KSA 5, S. 145)

In dem von Nietzsche gewünschten „Geisterkrieg" haben die neuen Philosophen eine leitende Rolle und eine bestimmte Aufgabe. Jeder sucht sich einen gewaltigen Gegner oder Problem aus und *fordert* ihn bzw. es zum Zweitkampf *heraus*. „Die Aufgabe ist *nicht*, überhaupt über Widerstände Herr zu werden, sondern über solche, an denen man seine ganze Kraft, Geschmeidigkeit und Waffen-Meisterschaft einzusetzen hat, — über *gleiche* Gegner..." (EH weise 7; KSA 6, S. 274) Der Geisterkrieg ist demnach unentbehrlich: Sie ist die Voraussetzung zur Austausch und zum Pluralismus. Nach Nietzsche ist also die Notwendigkeit neuer Philosophen existentiell begründet, und zwar praktisch wie politisch zugleich. Daher wird gefragt: haben wir heutigen Europäer immer noch die Not des Geistes als Willen zur Umwertung der Werte und zur Überwindung einer kleinen, nationalen Politik? Gibt es heutzutage Philosophen, welche die Finanzkrise als moralische Wertkrise bezeichnen und überdies bereit sind, einen Geisterkrieg zu kämpfen, um aus dieser dürftiger Zeit bzw. aus dieser existentiellen Not, sich herausgefordert fühlen, neue Wege einzuschlagen, der Menschheit neue, ökumenische Ziele zu weisen?

Literaturverzeichnis

Bertino, C. Andrea (2013): *„Noi buoni Europei"*. Herder, Nietzsche e le risorse del senso storico. Mailand/Udine: Mimesis Edizioni.

Brusotti, Marco (2006): „„Europäisch und über-europäisch.' Zarathustra, der gute Europäer, und der Blick aus der Ferne". In: Mayer, Mathias (Hrsg.): *Also wie sprach Zarathustra? West-östliche Spiegelungen im kulturgeschichtlichen Vergleich*, Würzburg: Ergon, S. 73–87.

Gentili, Carlo (2012): „Der Begriff Europas. Friedrich Nietzsche und Karl Löwith im Vergleich". In: Reschke, Renate/Brusotti, Marco (Hrsg.): *„Einige werden Posthum geboren". Nietzsches Wirkungen*, Berlin/Boston: De Gruyter, S. 427–442.

Gerhardt, Volker/Reschke, Renate (2007): *Nietzsche und Europa – Nietzsche in Europa* (= Jahrbuch der Nietzscheforschung, Bd. 14). Berlin: Akademie.

Jaspers, Karl (1981): *Nietzsche. Einführung in das Verständnis seines Philosophierens*. Berlin/New York: De Gruyter.

Nicodemo, Nicola (2012a): „Das Große Leben als Verklärungsprozess". In: Caysa, Volker/Schwarzwald, Konstanze (Hrsg.): *Nietzsche – Macht – Größe*, Berlin/Boston: De Gruyter, S. 201–221.

Nicodemo, Nicola (2012b): „Nietzsches ‚dichtende Vernunft'". In Heit, Helmut/Abel, Günter/Brusotti, Marco (Hrsg.): *Nietzsches Wissenschaftsphilosophie / Nietzsches Philosophie of Science*, Berlin/Boston: De Gruyter, S. 223–234.

Ottmann, Henning (1987): *Philosophie und Politik bei Nietzsche*. Berlin/New York: De Gruyter.

Sommer, Andreas Urs (2007): „Skeptisches Europa? Einige Bemerkungen zum Sechsten Hauptstück: wir Gelehrten". In: Gerhardt, Volker/Reschke, Renate (Hrsg.): *Nietzsche und Europa – Nietzsche in Europa* (= Jahrbuch der Nietzscheforschung, Bd. 14), Berlin: Akademie, S. 67–78.

Bibliographie Renate Reschkes

Auswahl zusammengestellt von Claudia Terne

Monographien

1. (1972): *Geschichtsphilosophie und Ästhetik bei Friedrich Hölderlin. Über den Zusammenhang von Epochenwandel und Ästhetik* (= Diss. phil.). Berlin: (masch.-schriftl.).
2. (1983): *Die anspornende Verachtung der Zeit. Studien zur Kulturkritik und Ästhetik Friedrich Nietzsches. Ein Beitrag zu ihrer Rezeption* (= Habilitationsschrift). Berlin: (masch.-schriftl.).
3. (1998): *Die Asymmetrie des Ästhetischen. Asymmetrie als Denkfigur historisch-ästhetischer Reflexion*. Öffentliche Vorlesung am 25. Mai. 1995 an der HU Berlin. Berlin: Humboldt-Universität (= Schriftenreihe Öffentliche Vorlesungen, Heft 95).
4. (2000): *Denkumbrüche mit Nietzsche. Zur anspornenden Verachtung der Zeit*. Berlin: Akademie Verlag.
5. (2004): *Glanz des Schönen*. Mit Illustrationen von Ruth Tesmar. Leipzig: Verlag für die Frau.
6. (2011): *Eulengetier. Die klugen Vögel der Ruth Tesmar*. Berlin: Privatdruck (Limitierte Auflage).

Beiträge in Sammelbänden, Jahrbüchern und Periodika

1. (1978): Probleme der klassischen bürgerlichen deutschen Ästhetik (Textsammlung und einleitender Kommentar). In: *Schriftenreihe der Akademie für Weiterbildung*. Berlin: Volk & Wissen.
2. (1978): Ästhetik – Wissenschaft vom Schönen? In: Wolgang Behn (Hrsg.): *Wirkungsgeschichte von Christa Wolfs Nachdenken über Christa T*. Königstein im Taunus: Athenäum, S. 169 ff.
3. (1978): Ist die Ästhetik noch die Philosophie der schönen Künste? In: Autorenteam unter Ltg. v. Erwin Pracht (Hrsg.): *Ästhetik heute*. Berlin: Dietz.
4. (1985): Zu einigen Tendenzen der modernen bürgerlichen Nietzsche-Forschung in der BRD. In: *Mitteilungen aus der kulturwissenschaftlichen Forschung* Nr. 15. Berlin: Humboldt-Universität zu Berlin.
5. (1987): Maschinenkultur – Zeitrhythmus – Freizeitdispositionen. Reflexionen in der Kulturkritik Friedrich Nietzsches. In: *Mitteilungen aus der kulturwissenschaftlichen Forschung* Nr. 22. Berlin: Humboldt-Universität zu Berlin.
6. (1989): Die Angst vor dem Chaos. Friedrich Nietzsches Plebiszit gegen die Masse. In: Ernst Behler, Wolfgang Müller-Lauter, Heinz Wenzel (Hrsg.): *Nietzsche-Studien. Internationales Jahrbuch für die Nietzsche-Forschung*, Bd. 18. Berlin/New York: de Gruyter.
7. (1991): *Du wilde Weinesranke. Friedrich Nietzsche als Komponist*, Schauplatz Museum, Berlin: Manuskriptdruck.
8. (1992): Barbaren, Kult und Katastrophen. Nietzsche bei Benjamin. Unzusammenhängendes im Zusammenhang gelesen. In: Michael Opitz, Erdmut Wizisla (Hrsg.): *Aber ein Sturm weht vom Paradiese her. Texte zu Walter Benjamin*. Leipzig: Reclam.
9. (1992): „Pöbel – Mischmasch" oder Vom notwendigen Niedergang aller Kultur. Friedrich Nietzsches Ansätze zu einer Kulturkritik der Masse. In: Norbert Krenzlin (Hrsg.): *Zwischen*

Angstmetapher und Terminus. Theorien der Massenkultur seit Nietzsche. Berlin: Akademie Verlag.

10. (1992): „Korruption". Ein kulturkritischer Begriff Friedrich Nietzsches zwischen Geschichts-philosophie und Ästhetik. In: Ernst Behler, Eckhard Heftrich, Wolfgang Müller-Lauter, Heinz Wenzel (Hrsg.): *Nietzsche-Studien. Internationales Jahrbuch für die Nietzsche-Forschung*, Bd. 21. Berlin/New York: de Gruyter.

11. (1993): Musik kommt (fast) immer zu spät. Eine Skizze musikästhetischer Auffassungen Friedrich Nietzsches. In: Karin Heister-Grech, Hanns-Werner Heister, Gerhard Scheit, (Hrsg.): *Zwischen Aufklärung & Kulturindustrie*, Bd. 3 (= Musik / Gesellschaft), Festschrift für Georg Knepler zum 85. Geburtstag. Hamburg: Von Bockel.

12. (1994): Der Lärm der großen Stadt, der Tod Gottes und die Misere vom Ende des Menschen. Zu Nietzsches Kulturkritik der Moderne. In: Hans-Martin Gerlach, Ralf Eichberg, Hermann Josef Schmidt (Hrsg.): *Nietzscheforschung. Eine Jahresschrift*, Bd. 1. Berlin: Akademie Ver-lag.

13. (1995): Ein Zustand ohne Kunst ist nicht zu imaginieren. Friedrich Nietzsches frühe Skizze zu einer Ästhetik der Moderne. In: Ernst Behler, Eckhard Heftrich, Wolfgang Müller-Lauter, Jörg Salaquarda, Josef Simon (Hrsg.): *Nietzsche-Studien. Internationales Jahrbuch für die Nietzsche-Forschung*, Bd. 24. Berlin/New York: de Gruyter.

14. (1995): Ein Zustand ohne Kunst ist nicht zu imaginieren. Friedrich Nietzsches frühe Skizze zu einer Ästhetik der Moderne. (= Russ. Titel: Ницше [Nicše]. In: Карл М. Ка́нтор [Karl M. Kantor]: *Кентавр перед сфинксом: Германо-российские диалоги*. Москва: Апрель, 1995 [*Kentavr pered sfinksom: germano-rossijiskie dialogi*, Moskva: Apell].

15. (1995): Wolfgang Heise und die Kunst. In: Renate Reschke (Hrsg.): *Versuchendes Denken III. Künstler über einen Philosophen. Eine Hommage an Wolfgang Heise* (= Schriftenreihe am Institut für Ästhetik. Sonderheft). Berlin: Humboldt-Universität zu Berlin.

16. (1996): Das Gerücht Friedrich N. – Zu Innenansichten der Nietzsche-Rezeption in der DDR. In: Volker Gerhardt, Renate Reschke (Hrsg.): *Nietzscheforschung. Ein Jahrbuch*, Bd. 3. Berlin: Akademie Verlag.

17. (1997): Ecce Poeta. Nachdenken über den Künstler in der Moderne. Egon Friedells eigen-williger Nähe zu Friedrich Nietzsche. In: Werner Stegmaier, Daniel Krochmalnik (Hrsg.): *Jüdischer Nietzscheanismus* (= Monographien und Texte zur Nietzsche-Forschung, Bd. 36). Berlin/New York: de Gruyter.

18. (1997): „Welt-Klugheit" – Nietzsches Konzept vom Wert des Mediokren und der Mitte. Kulturkritische Überlegungen des Philosophen im Umkreis seiner Fröhlichen Wissenschaft. In: Ernst Behler, Eckhard Heftrich, Wolfgang Müller-Lauter, Jörg Salaquarda, Josef Simon (Hrsg.): *Nietzsche-Studien.* Internationales Jahrbuch für die Nietzsche-Forschung, Bd. 26. Berlin/New York: de Gruyter.

19. (1998): Philosophia Non Grata. Friedrich Nietzsche in the German Democratic Republic (1982–1989). In: Alice Freifeld, Peter Bergmann, Bernice Glatzer Rosenthal (Hrsg.): *East Europe Reads Nietzsche.* New York: Columbia University Press.

20. (1999): Wolfgang Heise und einige Quellen seines Denkens. Ein marxistischer Denker und seine Lektüre(n). In: Das Wolfgang-Heise-Archiv: Plädoyers für seine Zukunft – Vorträge anlässlich der Gemeinschaftsveranstaltung „Treffpunkt Geschichte" des Seminars für Ästhetik der HU Berlin und der Friedrich-Ebert-Stiftung (= Schriftenreihe Öffentliche Vor-lesungen, Heft 98). Berlin: Humboldt Universität zu Berlin.

21. (1999): Ein Zustand ohne Kunst ist nicht zu imaginieren. Friedrich Nietzsches frühe Skizze zu einer Ästhetik der Moderne. In: Andreas Schirmer und Rüdiger Schmidt im Auftrag der

Stiftung Weimarer Klassik (Hrsg.): *Entdecken und Verraten. Zu Leben und Werk Friedrich Nietzsches*. Weimar: Herrmann Böhlaus Nachfolger.

22. (2000): Laudatio auf Curt Paul Janz. In: Volker Gerhardt, Renate Reschke (Hrsg.): *Nietzscheforschung*, Bd. 5/6. Berlin: Akademie Verlag.

23. (2000): Die andere Perspektive: Ein Gott, der zu tanzen verstünde. Eine Skizze zur Ästhetik des Dionysischen im Zarathustra. In: Volker Gerhardt (Hrsg.): *Friedrich Nietzsche. „Also sprach Zarathustra"* (= Klassiker auslegen, Bd. 14). Berlin: Akademie Verlag.

24. (2000): Possenreißer der nächsten Ewigkeiten? Friedrich Nietzsche und das postmoderne Denken. In: Endre Kiss, Uschi Nussbaumer-Benz (Hrsg.): *Nietzsche, Postmoderne – und danach?*. Cuxhaven/Dartford: Junghans.

25. (2000): Zum Geleit. In: Hans-Joachim Koch (Hrsg.): *Neuere Arbeiten zur Nietzsche-Forschung*. Essen: Verlag Die Blaue Eule.

26. (2001): Zarathustra und die alten Männer oder Dionysos trifft den Papst. Tanz als Kritik des Christentums und der Moderne. In: Peter Villwock (Hrsg.): *Nietzsches „Also sprach Zarathustra"* (= 20. Nietzsche-Kolloquium der Stiftung Nietzsche-Haus in Sils-Maria 2000). Basel: Schwabe.

27. (2001): Versuchendes Denken. Friedrich Nietzsche im universitären Bildungsprogramm einer modernen Kulturwissenschaft. In: Federica Fanizza, Giorgio Penzo, Graziano Riccadonna (Hrsg.): *Attualià e Inattualità del pensiero di Friedrich Nietzsche*. Rapallo: Zona.

28. (2002): Klio, Chronos und Ästhetik. Zur historischen Dimension ästhetischen Denkens. In: Renate Reschke (Hrsg.): *Ästhetik. Ephemeres und Historisches. Beiträge zur Diskussion*. Hamburg: Verlag Dr. Kovac.

29. (2003): Die verlorene Geliebte und ihr neues Domizil. Friedrich Nietzsche über Religion und Kunst in der Moderne. In: Volker Gerhardt, Renate Reschke (Hrsg.): *Ästhetik und Ethik nach Nietzsche* (= Nietzscheforschung, Bd. 10). Berlin: Akademie Verlag.

30. (2004): Klio, Chronos und Ästhetik. Zur historischen Dimension ästhetischen Denkens (Überarbeitete Fassung). In: Renate Reschke, Karin Hirdina (Hrsg.): *Ästhetik. Aufgabe(n) einer Wissenschaftsdisziplin*. Freiburg i. Br.: Rombach.

31. (2004): Aufklärung ohne und mit Dionysos. Friedrich Nietzsches Kritik am aufklärerischen Klassizismus Johann Joachim Winckelmanns. In: Renate Reschke (Hrsg.): *Nietzsche. Radikalaufklärer oder radikaler Gegenaufklärer?* (= Nietzscheforschung, Sonderband 2). Berlin: Akademie Verlag.

32. (2005): „Die Sklaven der 3 M" (Momente, Meinungen, Moden). Nietzsches Kritik des Kultverhaltens in der Moderne. In: Beatrix Vogel, Harald Seubert (Hrsg.): *Die Auflösung des abendländischen Subjekts und das Schicksal Europas*. Symposion 2000 des Nietzsche-Forums München. Vorträge aus den Jahren 2000–2002. München: allitera.

33. (2006): „[...] ein armer Gondoliere in Venedig ist immer noch eine bessere Figur als ein Berliner wirklicher Geheimrath [...]" (1885). Italien und Preußen bei Friedrich Nietzsche. In: Max Kunze, Axel Rügler (Hrsg.): *Italien in Preußen. Preußen in Italien* (= Schriften der Winckelmann-Gesellschaft, Bd. 25). Stendal: Winkelmann-Gesellschaft.

34. (2006): Idealische, vernünftige Schönheit. Johann Joachim Winckelmanns Antikebild zwischen Aufklärung und Klassizismus. Das Beispiel Apollon. In: Konstantin Bröse, Andreas Hütig, Oliver Immel, Renate Reschke (Hrsg.): *Vernunft der Aufklärung. Aufklärung der Vernunft*. Berlin: Akademie Verlag.

35. (2006): „... den ihm und mir gemeinsamen Stoff hervorzuheben." – Friedrich Hölderlin als Mittlerfigur kultureller Perspektiven bei Rudolf Bahro und Wolfgang Heise. Zur Differenz ihrer Positionen. In: Maik Hosang, Kurt Seifert (Hrsg.): *Integration. Natur – Kultur – Mensch*.

Ansätze einer kritischen Human- und Sozialökologie. Symposiumsbeiträge zum 70. Geburtstag Rudolf Bahros. München: Oekom.

36. (2007): Den Mut haben, zu Ende zu denken ... – Friedrich Nietzsche als Zuschauer im modernen Weltenspiel. In: Csejtei Dezsö (Hrsg.): *Gedankensplitter zu Nietzsche.* Pro Philosophia Szegediensi Stiftung. Szeged: Librarius.

37. (2008): Das Ende des Menschen? Francis Fukuyama und Friedrich Nietzsche über Perspektiven und Risiken der Zukunft des Menschen. In: Beatrix Vogel, Maria Friedrich (Hrsg.): *Der Mensch sein eigenes Experiment.* Protokollband der Nietzsche-Symposien (= Publikationen des Nietzsche-Forums München, Bd.4). München: allitera.

38. (2008): Warum Kultur von Zeit zu Zeit an sich selbst zugrunde geht ...: Friedrich Nietzsche, die Décadence und die Ambivalenz einer ästhetisch dominierten Kultur. In: Andreas Urs Sommer (Hrsg.): *Nietzsche – Philosoph der Kultur(en)?*. Berlin/New York: de Gruyter.

39. (2008): „...dass die Weisen aller Zeiten unhistorisch gedacht haben." Friedrich Nietzsches Kritik am Zusammenhang von Geschichte und Medien. In: Volker Gerhardt, Renate Reschke (Hrsg.): *Friedrich Nietzsche – Geschichte. Affekte. Medien* (= Nietzscheforschung, Bd. 15). Berlin: Akademie Verlag.

40. (2009): Die Erfindung eines Gottes aus dem Geist der Aufklärung. Johann Joachim Winckelmanns „Apollon im Belvedere". In: Veit Elm, Günther Lottes, Vanessa de Senarclens (Hrsg.): *Die Antike der Moderne. Vom Umgang mit den antiken Quellen im 18. Jahrhundert* (= Aufklärung und Moderne, Bd. 18). Hannover: Wehrhahn.

41. (2009): Wie und warum Friedrich Nietzsche sich Heinrich Heine als Franzosen oder wie er sich Heine als Heine sah. In: Clemens Pornschlegel, Martin Stingelin (Hrsg.): *Nietzsche & Frankreich.* Berlin/New York: de Gruyter.

42. (2009): „Anekdotenmeister" (Novalis). Nietzsche und die deutsche Frühromantik über Philosophie und Poesie. In: Klaus Vieweg (Hrsg.): *Friedrich Schlegel und Friedrich Nietzsche. Transzendentalpoesie oder Dichtkunst mit Begriffen* (= Friedrich-Schlegel-Studien, Bd. 1). Paderborn: Schöningh.

43. (2009): Nietzsche stand wieder zur Diskussion. Zur marxistischen Nietzsche-Rezeption in der DDR der achtziger Jahre. In: Hans-Martin Gerlach, Hans-Christoph Rauh (Hrsg.): *Zur DDR-Philosophie in den 70/80er Jahren.* Berlin: Christoph Links.

44. (2009): Bürger Apollon? Vom griechischen Gott zum bürgerlichen Subjekt. Nachgelesen bei Winckelmann und Hegel. In: Jörg Heilinger, Colin G. King, Héctor Wittwer (Hrsg.): *Individualität und Selbstbestimmung.* Festschrift für Volker Gerhardt. Berlin: Akademie Verlag.

45. (2009): Im Labyrinth der Phänomenologie oder Hat der „Viertelphänomenologe" Nietzsche gelesen? Spurensuche in der Ästhetik Moritz Geigers. In: Leila Kais, Birgit Dietzsch (Hrsg.): *Das Dädalus-Prinzip. Ein Diskurs zur Montage und Demontage von Ideologien.* Steffen Dietzsch zum 65. Geburtstag. Berlin: ParErga.

46. (2009): Vom Schein der Authentizität. „Elisabeths Wille" von Sabine Schirdewahn im Kontext früher Nietzsche-Fotografien. In: Volker Gerhardt, Renate Reschke (Hrsg.): *Nietzsche im Film. Projektionen und Götzen-Dämmerungen* (= Nietzscheforschung, Bd. 16). Berlin: Akademie Verlag.

47. (2010): Der andere Apollon. Friedrich Nietzsches Denken aus der Perspektive des Dionysos-Bruders. In: Beatrix Vogel, Nikolaus Gerdes (Hrsg.): *Grenzen der Rationalität.* Kolloquien 2005–2009 des Nietzsche-Forums München. Regensburg: Roderer.

48. (2010): Höfische Kultur. Der kulturkritische und der soziologische Blick. Zur Differenz von Norbert Elias und Friedrich Nietzsche. In: Friederike Günther, Angela Holzer, Enrico Müller (Hrsg.): *Zur Genealogie des Zivilisationsprozesses.* Berlin/New York: de Gruyter.

49. (2010): Vorwort (Préface) zu: Anatoly Livry: *Nabokov le Nietzschéen*. Paris: Hermann Éditions.
50. (2011): APOLLON. Vom Olymp in den Pop- und Werbehimmel. Zur Karriere eines Gottes zwischen Medien, Kommerz und Alltagskunst. In: Stephanie-Gerrit Bruer und Detlef Rößler im Auftrag der Winckelmann-Gesellschaft (Hrsg.): *„…die Augen ein wenig zu öffnen". Der Blick auf die antike Kunst von der Renaissance bis heute*. Festschrift für Max Kunze. Ruhpolding, Mainz: Rutzen.
51. (2011): *НАБОКОВ – ДЕЙСТВИТЕЛЬНО НИЦШЕАНЕЦ*. In: [Anatoly Livry] Анатолий Ливри. Физиология Сверхчеловека, или Введение в третье тысячелетие. Санкт-Петербург: Алетейя, 2011 [Sankt Petersburg: Aleteja].
52. (2011): Götter in Friedens- und Kriegszeiten. Apollo und Mars im Umfeld des Siebenjährigen Krieges. Zum höfisch-klassizistischen Bildprogramm der Künste in Preußen und Sachsen. In: Susanne Hahn (Hrsg.): *Wissenschaft und Kunst im Zeichen von Krieg und Frieden* (= 3. Hubertusburger Friedensgespräche). Hubertusburg/Wermsdorf: o.A.
53. (2012) „[…] so beginnt die Philosophie mit einer Gesetzgebung der Größe". Größe in philosophischer, ästhetischer und kulturkritischer Sicht bei Friedrich Nietzsche. In: Volker Caysa, Konstanze Schwarzwald (Hrsg.). *Nietzsche – Macht – Größe*. Berlin/Boston: de Gruyter.
54. (2012): Utopien und Kritik mit Dionysos. Nietzsches Lieblingsgott im 20. Jahrhundert. Zwischen Macht und Rebellion, Gewalt und Illusion. In: Renate Reschke, Marco Brusotti (Hrsg.): *„Einige werden posthum geboren." Friedrich Nietzsches Wirkungen*. Berlin/Boston: de Gruyter.
55. (2012): Die Eule. In: Christian Kassung, Olaf B. Rader, Jasmin Mersmann, Jasmin (Hrsg.): *Zoologicon. Eine Kulturgeschichte der Tiere*. München: Wilhelm Fink.
56. (2012): Nietzsches Bild der Amazonen. Von Schiffen, starken Frauen und Wagnerianerinnen. In: Renate Reschke (Hrsg.): *Frauen: Ein Nietzschethema? – Nietzsche: Ein Frauenthema?* (= Nietzscheforschung, Bd. 19). Berlin: Akademie Verlag.
57. (2013): Medium Sprache – Thema Frieden. Kulturkritische und literarische Reflexionen von Herder bis Grass. In: Susanne Hahn (Hrsg.): *Sprache und Frieden* (= 4. Hubertusburger Friedensgespräche). Hubertusburg/Wermsdorf: o.A.

Beiträge in Lexika und Wörterbüchern

1. (1975/77): Stichworte: das Schöne, Mythologie. In: *Meyers Neues Lexikon*.18 Bde. Leipzig.
2. (1977/78): Stichworte: einfache Nachahmung, Manier, Stil, ästhetische Wertung, ästhetischer Wert, das Schöne, Friedrich Theodor Vischer. In: *Lexikon der Kunst*, Bde. 4 und 5. Leipzig: Seemann.
3. (1991): Stichwort: Philosophie (Kapitel V: Institutionelle Formen der Philosophie). In: Joachim Ritter, Karlfried Gründer (Hrsg.): *Historisches Wörterbuch der Philosophie*, Bd. 7. Basel: Schwabe Verlag. (Auch als Separatdruck in: Karlfried Gründer (Hrsg.): *Philosophie in der Geschichte ihres Begriffs*, Basel: Schwabe.)
4. (1991): Stichwort: Wolfgang Heise. In: *Philosophenlexikon*. Wiesbaden: Springer VS.
5. (2003): Stichworte: Schön, Schönheit. In: Karlheinz Barck, Martin Fontius, Dieter Schlenstedt, Burkhart Steinwachs, Friedrich Wolfzettel (Hrsg.): *Ästhetische Grundbegriffe. Historisches Wörterbuch in sieben Bänden*, Bd. 5. Stuttgart/Weimar: Metzler.

6. (2003): Stichwort: Friedrich Nietzsche. In: Bernd Lutz (Hrsg.): *Metzler Philosophen Lexikon*, 3. Auflage. Stuttgart/Weimar: Metzler.
7. (2004): Stichwort: Friedrich Nietzsche. In: *Metzler kompakt. 60 Klassiker der Philosophie, die die europäische Kultur- und Geistesgeschichte entscheidend geprägt haben.* Stuttgart/ Weimar: Metzler.
8. (2006): Stichworte: Antike Ästhetik, Apollinisch-dionysisch, Phänomenologische Ästhetik, Muße, Mythos/mythisch, Proportion, Querelle des anciens et des modernes, Schön/Schönheit, Schöngeist, Vollkommenheit. In: Achim Trebeß (Hrsg.): *Metzler Lexikon Ästhetik (Kunst, Medien, Design und Alltag)*. Stuttgart/Weimar: Metzler.
9. (2009): Stichworte: Chaos, Tanz, Artistenmetaphysik, Ästhetik. In: Christian Niemeyer (Hrsg.): *Nietzsche-Lexikon*. Darmstadt: Wissenschaftliche Buchgemeinschaft (Spanische Ausgabe = Madrid: Biblioteca Nueva 2012).
10. (2011): Stichworte: Troubadour, Hof (höfisch). In: Christian Niemeyer (Hrsg.): *Nietzsche-Lexikon*, zweite erweiterte Auflage. Darmstadt: Wissenschaftliche Buchgemeinschaft.

Herausgabe, Mitherausgabe: Zeitschriften und Periodika

1. (1978): Probleme der klassischen bürgerlichen deutschen Ästhetik (Textsammlung und einleitender Kommentar). In: *Schriftenreihe der Akademie für Weiterbildung*. Berlin: Volk & Wissen.
2. (1988–1995) (zus. mit Karin Hirdina): *angebote. organ für ästhetik* (= Bde. 1–8). Zeitschrift am Institut für Ästhetik, Humboldt-Universität zu Berlin.
3. (1990): *Friedrich Nietzsche. Die fröhliche Wissenschaft*, mit Anmerkungen und einem Essay *Friedrich Nietzsches Fröhliche Wissenschaft oder Vom zerbrechlichen Gleichgewicht einer Philosophie*. Leipzig: Reclam.
4. (1990): *Suche nach Maßstäben. Wolfgang Heise über den Umgang mit Geschichte* (Eine Text-Collage aus seinen Schriften). Berlin: Humboldt-Universität zu Berlin.
5. (1994) *Versuchendes Denken*. Eine Schriftenreihe am Institut für Ästhetik, Humboldt-Universität zu Berlin: Bd. 1: *Texte zu Nietzsches Zarathustra* (mit einem Vorwort der Hrsg.). Berlin: Humboldt-Universität zu Berlin.
6. (1994): *Versuchendes Denken*. Eine Schriftenreihe am Institut für Ästhetik, Humboldt-Universität zu Berlin: Bd. 2: *Friedrich Nietzsche als Kunstgestalt. Zwischen Selbst- und Fremdinszenierung* (mit einem Vorwort der Hrsg.). Berlin: Humboldt-Universität zu Berlin.
7. (1995): *Versuchendes Denken*. Eine Schriftenreihe am Institut für Ästhetik, Humboldt-Universität zu Berlin: Bd. 3: *Künstler über einen Philosophen. Eine Hommage an Wolfgang Heise* (mit einem Vorwort der Hrsg.). Berlin: Humboldt-Universität zu Berlin.
8. (2001): *Versuchendes Denken*. Eine Schriftenreihe am Institut für Ästhetik, Humboldt-Universität zu Berlin: Bd. 4 *Entdeckungen mit und an Nietzsche* (mit einem Vorwort der Hrsg.). Berlin: Humboldt-Universität zu Berlin.
9. (2004) *Versuchendes Denken*. Eine Schriftenreihe am Institut für Ästhetik, Humboldt-Universität zu Berlin: Bd. 5: *Metamorphosen in die Trivialität? Projektionen antiker Bildwelten im kulturellen Alltagsbewusstsein* (mit einem Vorwort der Hrsg.). Berlin: Humboldt-Universität zu Berlin.
10. (2004) (zus. mit Karin Hirdina): *Ästhetik. Aufgabe(n) einer Wissenschaftsdisziplin*. Freiburg i. Breisgau: Rombach.

11. (1995) (zus. mit Hans-Martin Gerlach): *Nietzscheforschung*. Bd. 2. Berlin: Akademie Verlag.
12. (1996–2009) (zus. mit Volker Gerhardt): *Nietzscheforschung*. Bde. 3–16. Berlin: Akademie Verlag.
13. (2001): *Zeitenwende-Wertewende*. Internationaler Kongress zum 100. Todestag Friedrich Nietzsches (= Nietzscheforschung, Sonderband 1). Berlin: Akademie Verlag.
14. (2003) (zus. mit Volker Gerhardt): *Ästhetik und Ethik nach Nietzsche* (= Nietzscheforschung, Bd. 10). Berlin: Akademie Verlag.
15. (2004): *Nietzsche. Radikalaufklärer oder radikaler Gegenaufklärer?* (= Nietzscheforschung, Sonderband 2). Berlin: Akademie Verlag.
16. (2004) (zus. mit Volker Gerhardt): *Antike und Romantik bei Nietzsche* (= Nietzscheforschung, Bd. 11). Berlin: Akademie Verlag.
17. (2005) (zus. mit Volker Gerhardt): *Bildung - Humanitas – Zukunft bei Nietzsche* (= Nietzscheforschung, Bd. 12). Berlin: Akademie Verlag.
18. (2006) (zus. mit Konstantin Bröse, Andrea Hütig und Oliver Immel): *Vernunft der Aufklärung. Aufklärung der Vernunft*. Berlin: Akademie Verlag.
19. (2006) (zus. mit Volker Gerhardt): *Friedrich Nietzsche – Zwischen Musik, Philosophie und Ressentiment* (= Nietzscheforschung, Bd. 13). Berlin: Akademie Verlag.
20. (2007) (zus. mit Volker Gerhardt): *Nietzsche und Europa– Nietzsche in Europa.* (= Nietzscheforschung, Bd. 14). Berlin: Akademie Verlag.
21. (2008) (zus. mit Volker Gerhardt): *Friedrich Nietzsche – Geschichte. Affekte. Medien* (= Nietzscheforschung, Bd. 15). Berlin: Akademie Verlag.
22. (2009) (zus. mit Volker Gerhardt): *Nietzsche im Film: Projektionen und Götzen-Dämmerungen* (= Nietzscheforschung, Bd. 16). Berlin: Akademie Verlag.
23. (2010) (zus. Mit Volker Gerhardt): *Nietzsche, Darwin und die Kritik der Politischen Theologie* (= Nietzscheforschung, Bd. 17). Berlin: Akademie Verlag.
24. (2011): *Bilder – Sprache – Künste: Nietzsches Künste: Nietzsches Denkfiguren im Zusammenhang* (= Nietzscheforschung, Bd. 18). Berlin: Akademie Verlag.
25. (2012): *Frauen: Ein Nietzschethema? – Nietzsche: Ein Frauenthema?* (= Nietzscheforschung, Bd. 19). Berlin: Akademie Verlag.
26. (2012) (zus. mit Marco Brusotti): *„Einige werden posthum geboren."– Nietzsches Wirkungen* (= Nietzsche Heute, Bd. 4). Berlin/Boston: de Gruyter.
27. (2013): *Wirklich. Wirklichkeit. Wirklichkeiten. Friedrich Nietzsches „wahre" und „scheinbare" Welten* (= Nietzscheforschung, Bd. 20). Berlin: Akademie Verlag.

Zeitschriftenaufsätze

1. (1969): Gedanken zur marxistischen Hegel-Rezeption auf dem Gebiet der Ästhetik – Hegels „These vom Ende der Kunst". In: *Wiss. Zeitschrift der Humboldt-Universität zu Berlin*, Heft 3.
2. (1969) (zus. mit Karin Kaminski, Norbert Krenzlin, Wolfgang Thierse): Denken in historischen Dimensionen. In: *FORUM*, Heft 10,
3. (1969) (zus. mit Wolfgang Thierse, Margard Wohlfarth): Für die Einheit von Aktualität und Systematik in der Ästhetik. Bemerkungen zu einem Buch von Erhard John. In: *Deutsche Zeitschrift für Philosophie*, Heft 11,

4. (1972): Bemerkungen zur Antikerezeption bei Friedrich Hölderlin. In: *Wiss. Zeitschrift der Friedrich-Schiller-Universität Jena*, Heft 3,

5. (1973): Aspekte einer Hölderlinschen Ästhetik. In: *Weimarer Beiträge*, Heft 6,

6. (1976): Ästhetik – Wissenschaft vom Schönen? Zur Genesis und Problematik der Kategorie des Schönen. In: *Weimarer Beiträge*, Heft 7,

7. (1976): Selbst- und Weltverständnis in antiker Dimension. Anmerkungen zum Antikebild Ludwig van Beethovens. In: *Beiträge zur Musikwissenschaft*, Heft 1,

8. (1980): Vom Wagnis der Legendenzerstörung. Anmerkungen zu einem neuen Hölderlin-Buch von Pierre Bertaux. In: *Weimarer Beiträge*, Heft 12,

9. (1983): Kritische Aneignung und notwendige Auseinandersetzung. Zu einigen Tendenzen moderner bürgerlicher Nietzsche-Rezeption. In: *Weimarer Beiträge*, Heft 7,

10. (1985): Die unterschiedlichen Gesichter des Friedrich Hölderlin. Der Dichter als Kunstgestalt. Zum DEFA-Film „Hälfte des Lebens". In: *Film und Fernsehen*, Heft 6,

11. (1986): Gescheitert an literarischer Satire. Zum DEFA-Film „Die Gänse von Bützow" In: *Film und Fernsehen*, Heft 5,

12. (1987): Der Fäulnis Farben. Alfred Polgars Blick hinter die Kulissen. In: *Film und Fernsehen*, Heft 11,

13. (1988) Ästhetik – aus der Sicht ihrer historischen Rekonstruktion. In: *angebote. organ für ästhetik* 1,

14. (1988): Ästhetik der Kunst (2. Kapitel). Diskussion und Kritik. In: *angebote. organ für ästhetik* 1,

15. (1989): Geschichte denken. Thesen zum Verhältnis von Reflexion und Empirie in der Geschichte der Ästhetik. In: *angebote. organ für ästhetik* 2,

16. (1989): Semantik demagogischer Bilder. Antisemitismus in der Propaganda der NS-Zeit. In: *Film und Fernsehen*, Heft 4,

17. (1989): Recherchen zu einer Revolution. Anmerkungen zu Walter Markovs und Albert Sobouls „1789 – Die Große Revolution der Franzosen". In: *Bildende Kunst*, Heft 7,

18. (1990): Fortgesetzte Faszination. Literarische Annäherungen an Friedrich Hölderlin. In: *Weimarer Beiträge*, Heft 1,

19. (1990): Der gelbe Fleck. Wurzeln und Wirkungen des Judenhasses in der deutschen Geschichte. Anmerkungen zu einem Buch von Rosemarie Schuder und Rudolf Hirsch. In: *Weimarer Beiträge*, Heft 1,

20. (1990): Durch Schreiben Identität gewinnen. Schriftstellerinnen in der DDR über ihre jüdische Herkunft. In: *Feministische Studien*, Heft 1,

21. (1990): Wenn die Wirklichkeit ihre Geschichte anerkennen muß. Notwendigkeit und Chance für historisches Denken. In: *angebote. organ für ästhetik* 3,

22. (1990): Geschichte und ihre Vermittlung zum Gegenwärtigen hin (Künstleransichten). Gespräche mit Wolfgang Herzberg und Rolf Xago. In: *angebote. organ für ästhetik* 3,

23. (1990): Suche nach Maßstäben. Wolfgang Heise über den Umgang mit Geschichte. Eine Text-Collage aus seinen Schriften mit einleitendem Kommentar. In: *angebote. organ für ästhetik* 3,

24. (1990): *Nietzsche* – ein Philosoph für alle und keinen? Zum 90. Todestag von Friedrich Nietzsche. In: *Leipziger Volkszeitung*, 25./26. 8.1990.

25. (1991): Einspruch gegen „abgeirrte Cultur". Zu einigen Konturen Nietzschescher Kulturkritik. In: *Weimarer Beiträge*, Heft 2,

26. (1991): Die Vision einer anderen Vernunft. Der Aufklärer Wolfgang Heise. Thesen und Fragen zu einem schwierigen Thema. *Die Wirklichkeit des Möglichen? Geschichte und Utopie –*

Entwicklungen bis zum Ende des 20. Jahrhunderts (= 1. Heise-Kolloquium). In: *Wiss. Zeitschrift der Humboldt-Universität*, Heft 8.

27. (1992): Wer den Sinnen traut … (Querdenker in Sachen Ästhetik). In: *angebote. organ für ästhetik 4*,

28. (1992): Der Ariadnefaden ist gerissen oder Geschichte hat keinen systematischen Ort mehr. Beobachtungen an postmodernen Positionen. In: *angebote organ für ästhetik 5*,

29. (1993): Das ästhetische Werten protestiert, wo die Theorie schweigt. Wolfgang Heise. In: *angebote. organ für ästhetik 6* (= 2. Heise-Kolloquium),

30. (1994): Ein Zustand ohne Kunst ist nicht zu imaginieren. Friedrich Nietzsches frühe Skizzen zur Ästhetik der Moderne. In: *VIA REGIA. Internationale Zeitschrift für kulturelle Kommunikation*, Nr. 14,

31. (1995): Realität als Phantasma oder Vom Unwirklichwerden des Wirklichen. Nietzsche, Mach und die Kunst der Zeit. In: *angebote. organ für ästhetik 8* (= 3. Heise-Kolloquium),

32. (1997): Wolfgang Heise (1925–1987). Zum 10. Todestag des Berliner Philosophen. In: *Humboldt-Spektrum*, Heft 2,

33. (1998): Die Götter sind unter uns. Antike Götterbilder und ihre fortgesetzte Wirkung. In: *Humboldt-Spektrum*, Heft 2,

34. (1998): El hilo de Ariadna se ha roto o la historia ya no tiene un lugar sistemático. Un estudio crítico sobre las posiciones postmodernas. In: *Aisthesis. Revista Chilenas de Investigaciones Estéticas*, Nr. 31,

35. (2000) (zus. mit Claudia Salchow): Gegen den stehenden Sumpf. Am 8. Oktober wäre der Philosoph Wolfgang Heise 75 Jahre alt geworden. In: *Berliner Zeitung*, 7./8. 10. 2000.

36. (2000): Feind war und musste er bleiben. Warum die DDR Nietzsche brauchte. Zum 100. Todestag des Philosophen. In: *Berliner Zeitung*, 25.8.2000.

37. (2000): Nietzsches 20. Jahrhundert. Nietzsche im 20. Jahrhundert. Zum 100. Todestag des umstrittenen Philosophen am 25. August 2000. In: *Humboldt-Spektrum*, Heft 2,

38. (2000): Gott ist tot. Nietzsches umstrittene These als Kulturkritik der Moderne. In: *Humanismus aktuell. Zeitschrift für Kultur und Weltanschauung*, Jg. 4, Heft 7.

39. (2001) (zus. mit Silke Siebrecht): „Der ist nicht positiv zu kriegen…“ Wie die DDR den Preußenkönig für sich entdeckt hat. Friedrich II. in Theater und Film zwischen 1980 und 1986 In: *Humboldt-Spektrum*, Heft 2,

40. (2001): Bildungskritik – Kulturkritik – Kulturwissenschaft. Friedrich Nietzsche im universitären Bildungsprogramm einer modernen Kulturwissenschaft. In: *Berliner Debatte Initial*, Jg. 12, Heft 5,

41. (2001): Die Sklaven der drei M. Friedrich Nietzsches Kritik des modernen Kulturverhaltens. In: *Hessisches Pfarrblatt. Zweimonatsschrift für Pfarrerinnen und Pfarrer aus Hessen-Nassau, Kurhessen-Waldeck und Thüringen*, Heft 5,

42. (2004): Immanuel Kants Leben literarisch. Zum 200. Todestag des Philosophen. In: *Humboldt-Spektrum*, Heft 1,

43. (2005): Immer wieder Schönheit. Das Schöne in ästhetischen Diskursen zwischen Antike und Moderne. In: *Positionen. Beiträge zur neuen Musik*, Heft 64,

44. (2005): Jaka historia estetyki? Władysław Tatarkiewicz i jego „sześć pojęć“ In: *Przegląd Filozoficzny*, Nowa Seria, Jg. 14, Heft 1,

45. (2005): Ante portas. Eine Ausstellung von Ruth Tesmar. In: *Humboldt-Spektrum*, Heft 3, 2005.

46. (2006) „… jene göttliche Bosheit.“ Heinrich Heine aus der Sicht Friedrich Nietzsches – Zum 150. Todestag des Dichters. In: *Humboldt-Spektrum*, Heft 2,

47. (2008): Ein Nietzsche-Denkmal für Naumburg. Rede anlässlich der Enthüllung am 15. 10. 2007. In: *Netzwerk Nietzsche*, Nr. 1,

48. (2008): Ecce Friedell. Zum 130. Geburtstag und 70. Todestag von Egon Friedell. In: *Humboldt-Spektrum*, Heft 1,

49. (2010): Der Weltgeist „in zischelndem Schwäbisch". Hegel an der Berliner Universität. Zum 200. Gründungstag der Alma mater. In: *Humboldt-Spektrum*, Heft 1–2,

50. (2010): Wolfgang Heises Entwurf einer Weltkulturgeschichte. In: *Kultursoziologie. Aspekte. Analysen. Argumente* (= Wissenschaftliche Halbjahreshefte der Gesellschaft für Kultursoziologie e.V. Leipzig), Jg. 19, Heft 2,

51. (2011): Kompromisslos phantasievoll. Die Bilderwelten der Ruth Tesmar. Zum 60. Geburtstag der Berliner Universitätszeichenlehrerin. In: *Humboldt-Spektrum*, Heft 1,

52. (2011): „Dass die Dinge ‚geschehen', ist nichts; dass sie ‚gewusst' werden, ist alles." Zwischen Objektivität und Erfindung, Narrativität und Anekdote. Zur Kulturgeschichte Egon Friedells. In: *Kultursoziologie. Aspekte. Analysen. Argumente* (= Wissenschaftliche Halbjahresschrift der Gesellschaft für Kultursoziologie e.V. Leipzig), Jg. 20, Heft 2,

53. (2013): Die andere Perspektive. Ein Gott, der zu tanzen verstünde. Eine Skizze zur Ästhetik des Dionysischen im „Zarathustra". In: Jun Oshikawa (Hrsg.): *Gendai-Shiso*. Heft 2, S. 215–233. (japanische Übersetzung). (Erstveröffentlichung in: Volker Gerhardt (Hrsg.): *Friedrich Nietzsche. Also sprach Zarathustra*, Berlin: Akademie Verlag 1998).

54. (2013): Krieg. Frieden. Sprache. Reflexionen von Herder bis Grass. In: *Kultursoziologie. Aspekte. Analysen. Argumente* (= Wissenschaftliche Halbjahresschrift der Gesellschaft für Kultursoziologie e.V. Leipzig), Jg. 22, Heft. 2.

Beiträge zu Kunstbänden

1. (2000): Zwischenrufe. In: Xago: *Nietzsches erste und letzte Grillen*, Berlin: Lava-Druck.

2. (2011): Brief an Ruth. In: Simone Eisensee, Ulrike Koloska, Pay Matthis Karstens, Menzel-Dach der Humboldt-Universität zu Berlin (Hrsg.): *60 Briefe für Ruth Tesmar*. Berlin Humboldt-Universität zu Berlin (Faksimile-Kleinauflage).

Zu den Autoren

Prof. Dr. Peter André Bloch, Mitglied de l'Académie d'Alsace, SR-Vizepräsident der Stiftung Nietzsche-Haus in Sils Maria

PD Dr. Marco Brusotti, Institut für Philosophie, Wissenschaftstheorie, Wissenschafts- und Technikgeschichte, Technischen Universität Berlin

Prof. Dr. Steffen Dietzsch, Kondylis-Instituts für Kulturanalyse und Alterationsforschung (Kondiaf), FernUniversität Hagen

Dr. Ralf Eichberg, Leiter des Nietzsche-Dokumentationszentrums Naumburg/ Saale

Prof. Dr. Knut Ebeling, Kunsthochschule Weißensee Berlin

Dr. Jutta Georg, Vorstand der Nietzsche-Gesellschaft e.V., Naumburg/Saale

Prof. Dr. Volker Gerhardt, OM der Berlin-Brandenburgischen Akademie der Wissenschaften, Institut für Philosophie, Humboldt-Universität Berlin

Prof. Dr. Stephan Günzel, Berliner Technische Kunsthochschule- Hochschule für Gestaltung (btk)

Dr. Helmut Heit, Dilthey-Fellow im Rahmen der Exzellenzinitiative 'Pro Geisteswissenschaften' der VolkswagenStiftung am Institut für Philosophie, Wissenschaftstheorie, Wissenschafts- und Technikgeschichte, Technischen Universität Berlin.

Prof. Dr. Beatrix Himmelmann, Department of Philosophy, Arctic University of Norway, Tromsø

Prof. Dr. Hans Gerald Hödl, Institut für Religionswissenschaft, Universität Wien

Dr. Leila Kais, Übersetzerin und Verlegerin, Hergensweiler b. Lindau/Bodensee

Prof. Dr. Cathleen Kantner, Institut für Sozialwissenschaften (SOWI), Universität Stuttgart

Prof. Dr. Ludger Lütkehaus, Deutsches Seminar – Neuere Deutsche Literatur, Albert-Ludwigs-Universität, Freiburg im Breisgau

Nicola Nicodemo, Institut für Philosophie, Humboldt-Universität zu Berlin

Dr. Sören Reuter, Hermann von Helmholtz-Zentrum für Kulturtechnik Berlin

Prof. Dr. Volker Riedel, Institut für Altertumswissenschaft, Friedrich-Schiller-Universität Jena

Prof. Dr. Karol Sauerland, Institut für Germanistik, Technische Universität in Częstochowa/Polen

Dr. Hans von Seggern, senior sales executive tonwelt GmbH

Prof. Dr. Andreas Urs Sommer, Deutsches Seminar – Neuere Deutsche Literatur, Albert-Ludwigs-Universität, Freiburg im Breisgau

Prof. Dr. Werner Stegmaier, Institut für Philosophie, Ernst-Moritz-Arndt-Universität, Greifswald

Claudia Terne, Institut für Kulturwissenschaft, Humboldt-Universität zu Berlin

Dr. Jens Thiel, Institut für Geschichtswissenschaften, Humboldt-Universität zu Berlin

PD Dr. Udo Tietz, Institut für Sozialwissenschaften (SOWI), Universität Stuttgart

Dr. Martin A. Völker, freischaffender Autor, Herausgeber, Science-Coach und Dozent der Lessing-Hochschule zu Berlin

Personenregister

Adelung, Johann Christoph 37
Adorno, Theodor W. 364f
Aischylos 88
Alleman, Beda v. 62, 371
Altenberg, Peter 33
Andreas-Salomé, Lou 186–194, 199, 240, 367
Andrejanoff, Victor v. 312
Anschütz, Georg 290
Aristoteles 8, 123, 225,m 288
Arnim, Achim v. 226
Artaud, Antonin 334
Ast, Georg Anton Friedrich 225
Austin, John L. 359

Bach, Johann Sebastian 166f
Bachelard, Gaston 352f
Bachofen, Louise 179
Baeumler, Alfred 255, 292f, 326
Baran, Bogdan 372
Barbaric, Damir 105
Barck, Simone V
Barloewen, Constantin v. 65
Bataille, Georges 335–337, 339–340
Baudelaire, Charles 311
Baumgarten, Marie 121
Baumgartner, Adolf 178
Baumgartner-Koechlin, Marie 178f
Beaufret, Jean 367
Bebel, August 148
Becher, Johannes R. 255
Beethoven, Ludwig van 206
Benedek, Therese 256
Benjamin, Walter 45, 52, 371, 375
Benn, Gottfried 255
Benne, Christian 94
Bense, Max 255
Berent, Waclaw 364
Berg, Leo 40
Biser, Eugen 129
Bismarck, Otto v. 206, 379
Bittner, Rüdiger 98
Bizet, Georges 315
Bloch, Ernst 45, 371
Blumenberg, Hans 126

Blümer, Rudolf 257
Böckenförde, Ernst-Wolfgang 146
Bölsche, Wilhelm 45
Bondi, Georg 381
Borgia, Cesare 313, 327, 401
Börne, Ludwig 72
Bourget, Paul 310
Boutonier, Juliette 241
Brandes, Georg 193
Brann, Helmut Walther 164
Breiting, Carl 240
Brenner, Albert 176, 185
Brevern, Claudine v. 197
Broch, Hermann 371
Bruno, Giordano 8
Brusotti, Marco 274f
Brzozowski, Stanislaw 368f
Buber, Martin 371
Bülow, Hans v. 171, 212
Bülow, Ulrich v. 301
Burbage, Frank 252
Burckhardt, Jacob 42, 59, 223
Bürde-Ney, Jenny 170
Butler, Judith 371

Canguilhem, Georges 347ff, 352f
Cases, Cesare 365
Cassirer, Ernst 288–291
Cassirer, Tony 292
Cavell, Stanley 111
Cavour, Camillo Graf v. 208
Chamisso, Adalbert v. 169f
Chopin, Frederic 364
Chouchans, Natalie 252
Churchill, Winston 329
Colli, Giorgio 59, 364
Conradi, Hermann 45
Cordier, Alfred 293
Corneille, Pierre 324
Cremer, Hermann 227

Danto, Arthur C. 87f, 111
Darwin, Charles 70, 312f, 350
De Landa, Manuel 129

Deleuze, Gilles 65, 114, 252, 274, 344, 356, 367

Demandt, Alexander 288

Derrida, Jacques 9, 111, 115, 118f, 121ff, 125, 127, 238

Descartes, René 8, 97, 102, 246, 252

Detering, Heinrich 59

Deussen, Marie 170

Deussen, Paul 170

Dietzsch, Steffen VII, 263, 382

Dilthey, Wilhelm 288, 349, 366

Diogenes Laertius 77

Dix, Otto 255

Döblin, Alfred 257

Druskowicz, Helene 197

Dubois-Reymond, Emil 244

Dühring, Eugen 275, 277

Duncan, Isidora 45

Düsing, Edith 66

Ebbinghaus, Hermann 193

Eichberg, Ralf VI

Einstein, Marie Johanna 290

Eiser, Otto 195

Eliade, Mircea 64

Engels, Friedrich 138, 142f, 148

Eschenbach, Wolfram v. 172

Ewers, Ludwig 306–311, 317

Fechner, Gustav 244

Feuerbach, Ludwig 69–72, 78, 349

Fichte, Johann Gottfried 9, 232f

Finn, Emely 197

Flaubert, Gustave 319

Fleck, Ludwik 373

Fontane, Theodor 227

Foucault, Michel 133, 346–361

Freitag, Gustav 381

Freud, Sigmund 241–253, 272–276, 343, 347, 360

Friedrich II. v. Preussen 8, 401

Friedrich II. von Hohenstaufen 381f, 401

Fritzsch, Ernst Wilhelm 193

Fröbel, Friedrich 174

George, Stefan 157, 374f, 377–379

Gerhardt, Volker 366, 396

Gerlach, Hans Martin VI

Gersdorff, Carl v. 176, 179f, 181, 194, 232

Gnoli, Antonio 63

Goethe, Johann Wolfgang 34, 95, 202, 242, 247, 249, 320, 383, 396

Goodman, Nelson 9

Gorki, Maxim 369

Grimm, Gebrüder 220, 226

Groddeck, Wolfram 128

Groß, Otto 371

Groth, Klaus 168

Gründer, Karlfried VI

Guattari, Félix 252

Gundolf, Friedrich 64, 377

Habermas, Jürgen 9

Halevy, Daniel 367

Händel, Georg Friedrich 167

Hardekopf, Ferdinand 257

Harden, Maximilian 320

Harich, Wolfgang Vf

Hartmann, Eduard v. 88

Hegel, Georg Friedrich Wilhelm 5, 9, 71, 112, 115, 134–137, 141–146, 158f, 288, 338, 342, 349

Heidegger, Martin 9f, 127, 238, 255, 289, 295, 351

Heine, Heinrich 31, 34f, 72, 306, 366

Heinrich IV. 327

Heise, Wolfgang Vf, 366

Hellingrath, Norbert v. 378

Helmholtz, Hermann v. 244

Heraklit 102

Herbst, Johannes 36f

Herder, Johann Gottfried 112

Herzen, Olga 176

Hesse, hermann 255

Hiller, Ferdinand 170

Hobbes, Thomas 8, 146, 155, 158

Hödl, Hans Gerald 278, 280

Hoffmann von Fallersleben, Heinrich 34, 168

Hofmannsthal, Hugo v. 129

Höhn, Hans-Joachim 69

Hölderlin, Friedrich VI, 60, 65, 225, 378

Hume, David 102, 112

Ibsen, Hendrik 323
Ismail Pascha, Vizekönig v. Ägypten 209
Iwaszkiewicz, Jaroslaw 381

James, William 126
Janz, Curt Paul 165, 170, 174, 176
Jaruzelski, Wojciech 367
Jaspers, Karl 129, 326, 404
Jung, Franz 371
Jünger, Ernst 63, 66, 368
Jünger, Friedrich Georg 63 f

Kafka, Franz 371
Kant, Immanuel 7, 9, 11 f, 22 f, 25 f 71, 91, 93,
    95 f, 101 f, 112, 146, 158 f, 252, 288, 349,
    351, 382
Kantorowicz, Ernst 381 f
Kassler, Kurt 265
Kaulbach, Friedrich 366
Kerényi, Karl 60, 64
Kierkegaard, Sören 9, 127
Kittler, Friedrich 238, 332, 335–337, 342–344
Klages, Ludwig 274
Klemperer, Victor 268
Klinger, Max 266
Klossowski, Pierre 57
Köhnke, Klaus Christian 98
Kojève, Alexandre 338
Komendant, Tadeusz 367, 372
Konrád, György 380
Koschwitz, Andrea 334
Köselitz, Heinrich 62, 72, 81, 121, 180, 191 f,
    196 f, 225 f, 238
Kouba, Pavel 281
Koyré, Alexandre 349
Krug, Gustav 71, 167 f, 174, 193
Krummel, Richard Frank 267, 312
Kues, Nicolaus v. 288, 293
Kuhn, Thomas S. 352, 373
Küpper, Helmut 381
Kym, Hedwig 197

Lagarde, Paul de 233
Landauer, Gustav 371
Landmann, Edith 377
Laplace, Pierre-Simon 70
Lasker-Schüler, Else 257

Lefebvre, Henri 59
Lehmann, Heinrich 308
Lehrke, Wilfried 382
Leibniz, Gotfried Wilhelm 8, 71, 242
Lenin, Wladimir Iljitsch 140, 328 f
Lessing, Gotthelf Ephraim 251, 324
Levin, David Michael 272
Levinas, Emanuel 3, 9, 12
Levy, Oscar 263, 375
Liebmann, Kurt 254–271
Liszt, Franz 167, 171, 174
Locke, John 102
Lokatis, Siegfried V
Losurdo, Domenico 228
Lunatscharski, Anatoli W. 368 f
Luther, Martin 34
Lütkehaus, Ludger 59
Lypp, Bernhard 52

Machiavelli, Nicoló 158
Mackiewicz, Witold 372
Malling-Hansen, Rasmus 239
Manet, Edouard 268
Mann, Golo 325, 327
Mann, Heinrich 45, 254, 305–331
Mann, Thomas V, 254, 326 f, 364, 374, 383
Mansuroff, Zina v. 197
Marées, Hans v. 268
Marinetti, Tommaso 257
Marivaux, Pierre Carlet de 224
Marx, Karl 9, 69 f, 72, 78, 82, 133–162, 288,
    290, 347, 349, 360
Maurer, Friedrich 224
Maurer, Reinhart VI
Meiners, Christoph 225
Mencwel, Andrzej 372
Mendel, Alfred O. 325
Mendelssohn, Felix 229
Menzel, Adolph 268
Merelli, Bartolomeo 210
Mette, Alexander 254–271
Meyer, Katrin 128
Meyerbeer, Giacomo 171, 209
Meysenbug, Malvida v. 174, 177, 179, 181,
    187 f, 190, 196, 199, 212
Miaskowski, Ida 179
Monod, Gabriel 176

Montaigne, Michel de 326 f
Montinari, Mazzino 59, 364 f
Mozart, Wolfgang Amadeus 171
Müller, Johannes 244
Müller-Lauter, Wolfgang VI, 109
Müntzer, Thomas 35, 39 f
Musil, Robert 45
Mussolini, Benito 263
Mynona (Salomo Friedlaender) 257

Napoleon 34, 70, 370, 401
Nebel, Gerhard 65
Nicolai, Gustav 37 f
Nicolas, Marius 326
Nietzsche, Elisabeth (Förster-Nietzsche) 166,
     190 f, 238, 240, 255, 326
Nietzsche, Erdmuthe 166
Nietzsche, Franziska 166
Nietzsche, Friedrich August Ludwig 265
Nohl, Ludwig 232, 234
Novalis 38
Nürnberger, Woldemar 31 ff

Oehler, Ida 168
Oehler, Max 255, 263 f, 296
Offenbach, Jacques 169, 171
Olde, Hans 266
Ortega y Gasset, José V
Ott, Louise 181 f, 184 ff, 194 f, 198 f
Otto, Walter F. 63, 65
Overbeck, Franz 73, 81, 177, 179 f, 187, 191,
     225 f
Overbeck-Rothpletz, Ida 199

Pahlen, Isabelle v. 197
Palestrina, Giovanni Pierluigi da 167
Paracelsus 35 f, 38–41
Patti, Adeline 170
Pausch, Pina 45
Peirce, Charles Sanders 126
Perler, Dominik 96
Petöfi, Sandor 169
Picht, Georg 51
Pieper, Annemarie 163
Pinder, Wilhelm 71, 167, 190
Platon 8, 19, 25, 27 f, 91, 93, 101 f, 106 f, 144 f,
     215, 404

Podach, Ernst F. 62
Podoroga, Valerij A. 128
Polin, Reymond 64
Pöppel, Ernst 373
Prantl, Carl 225
Przybyszewski, Stanislaw 364, 367
Puschkin, Alexander 169
Putnam, Hilary 9

Quine, Willard Van Orman 9

Raabe, Hedwig 171
Redtel, Anna 168
Rée, Paul 176, 179, 185, 187 f, 190, 193, 238
Reichensperger, Richard 333
Reinhardt, Ernst 266
Reschke, Renate VI f, 13, 45 f, 54, 57, 111,
     163
Ribbeck, Ernst Friedrich Gabriel 227
Ribbeck, Otto 227
Ricoeur, Paul 242, 250
Riedel, Manfred 112
Ritschl, Friedrich 91, 171
Ritter, Joachim 287–302
Röder-Wiederhold, Louise 197
Rohde, Erwin 171 f, 179, 205, 232, 375
Rohr, Berta 177
Rokotow, Timofei 328
Roos, Carl 61 f
Rosenberg, Alfred 293
Roskoff, Gustav 225
Rossini, Gioachino 171, 210
Rousseau, Jean-Jacques 8, 136, 146
Ruben, Peter 140
Rubiner, Ludwig 257
Russell, Bertrand 9

Salaquarda, Jörg 65, 278
Salis, Meta v. 197
Sand, George 319
Sandkühler, Hans Jörg 287, 289 f, 295
Sartre, Jean Paul 9
Sauerland, Karol 367, 371
Schaukal, Richard v. 317
Scheffel, Viktor v. 381
Scheible, Helmut 380
Scheler, Max 272 ff, 281–285

Schelling, Friedrich Wilhelm Georg 9
Schenkel, Moritz 168
Schiemann, Gregor 82
Schiller, Friedrich 95f, 202–205, 252, 378
Schlaf, Johannes 45
Schlechta, Karl 255, 287f, 292–302, 366
Schleef, Einar 332–344
Schleiermacher, Friedrich 106f, 230
Schmeitzner, Ernst 186, 376
Schmidt, Hermann Josef 164
Schmidt, Jochen 228
Schmitt, Carl 288
Schmitt-Halin, Oscar V
Schopenhauer, Arthur 7, 9, 11, 88, 108, 175, 242, 309, 396, 402, 404
Schumann, Clara 170
Schumann, Robert 167, 169
Schweda, Mark 301
Searle, John R. 359
Senger, Hugo 180
Severinus, Petrus 39
Shakespeare, William 34, 202, 212
Shdanow, Andrei Alexandrowitsch 328
Sickinger, Richard 371
Simmel, Georg 157
Simon, Josef 366
Skirl, Miguel 275
Sloterdijk, Peter 9, 121
Smith, Adam 8
Sokrates 8, 207, 367
Sömmering, Samuel Thomas 38
Sophokles 88
Sorel, George 368
Spinoza, Baruch de 3, 8, 241–253
Spir, Afrikan 102
Staff, Leopold 364
Stauffenberg, Graf Schenk zu 380, 382
Stegmaier, Werner 274f
Stendhal 216
Stirner, Max 9, 313
Storm, Theodor 32
Stöving, Curt 266
Strauss, David Friedrich 72, 170, 222
Strauss, Richard 45
Susman, Margarete 65
Syberberg, Hans 332
Szarota, Elida Maria 364, 366

Terne, Claudia VII
Thierbach, Erhart 297
Thorvaldsen, Bertel 189
Thukydides 21
Tilitzki, Christian 291
Tillich, Paul 61
Tolstoi, Leo 323, 329
Tönnies, Ferdinand 193
Trampedach, Mathilda v. 180f
Trenkel, Erna 255
Trotzki, Leo 140, 369
Türcke, Christoph 78f, 82
Turner, Victor 273

Valéry, Paul 336
Velázquez, Diego 268
Venturelli, Aldo 275
Verdi, Giuseppe 171, 202–218
Vergil 52
Vico, Gian Battista 8, 225
Vinci, Leonardo da 243f
Vischer-Bilfinger, Wilhelm 148
Vollbeding, Johann Christoph 225
Volpi, Franco 63
Voltaire 8, 112, 320

Wagner, Cosima 172 -174, 176, 185, 197, 199, 132, 297
Wagner, Richard 55, 85, 108, 157, 170f, 173, 175, 177, 180, 185, 191, 195f, 202–219, 224, 227–237, 321, 324, 326, 334, 376
Walden, Herwarth 257
Walser, Robert 235
Waltz, Sascha 45
Warhol, Andy 88
Weber, Max 153, 156, 158, 274, 379
Weber, Wilhelm Ernst 225
Wellmer, Albrecht 140
Wenzel, Heinz 364
White, Hayden 111f, 115
Widemann, Paul Heinrich 45, 180
Wieland, Christoph Martin 38
Wilamowitz-Moellendorff, Ulrich 94, 231
Wild, Markus 96
Wildebrandt 45
Willdenow, Clara 197

Wittgenstein, Ludwig 9, 111, 354, 359
Wolfskehl, Karl 374, 378, 381, 383
Wolters, Friedrich 382
Würzbach, Friedrich 255

Yovel, Yirmiyahu 252

Zimmern, Helen 197
Zola, Èmile 320, 323